다기준 의사결정 방법론
이론과 실제

권오정 저

Multi-criteria decision making methodology
Theory and Application

AHP
TOPSIS
ELECTRE
PROMETHEE
MACBETH

북스힐

이 책을 사랑하는 아내 장은주와 딸 하진, 예인에게 바칩니다.

머 리 말

1981년 대한민국 육군사관학교에 입학한 이후 35년 동안 군인으로서 국가를 위해 일할 수 있었던 것은 제겐 진정한 축복이자 행복이었습니다. 군인으로서 야전과 정책 부서에서 지휘관 및 참모로 국가 방위를 위해 일하고, KAIST에서 박사 학위 교육을 받을 수 있는 기회를 준 대한민국에 감사의 뜻을 전하고 싶습니다. 정책 부서인 육군 분석평가단과 한미연합사 연합전투모의실에서 근무하면서 육군의 정책과 사업에 대한 분석평가와 한미연합연습을 위한 국방 Modeling & Simulation을 담당하였습니다. 육군 분석평가단에서는 육군의 주요 의사결정을 지원하기 위해 Military Operations Research(OR)와 System Analysis(SA) 기법을 적용하여 다양한 문제를 다룰 수 있었습니다. 군에서 출발한 OR/SA로 현실적 국방 현안을 풀 수 있는 소중한 경험을 했다고 생각합니다.

이 책은 2015년 말에 예비역으로 전역하고 난 이후 2016년부터 'KAIST 산업 및 시스템공학과' 초빙교수로 강의한 '분석평가 사례연구' 과목 중 '다기준 의사결정 방법론'을 정리한 것입니다. 다기준 의사결정은 개인이나 기업, 공공, 국가 분야에서 의사결정을 하는 방법이지만, 다기준 의사결정 방법들은 수학적으로 잘 정리된 단일기준 의사결정 방법과는 달리 평가기준의 관점과 가치기준에 따라 결과가 상이할 수 있다는 특징을 가지고 있습니다. 이러한 특징은 우리 인간들의 의사결정 모습과 아주 유사한 형태를 가지고 있어 개인, 학교, 기업, 공공, 국방, 국가의 의사결정에 적용 가능한 소중한 인간의 과학적 업적이자 자산이라고 생각합니다.

다기준 의사결정 방법론은 직원 선발, 제품 생산 시 재료 선택, 기업의 전략 선택, 정부 및 지자체 사업 추진 여부 결정, 댐 건설 결정, 식생 관리, 교통체계 및 노선 선택, 해외 무기체계 도입, 원자력 발전소 지속 여부 결정, 핵 폐기물 관리, 환경 정책 수립, 국가 정책 수립 등 사회의 다양한 의사결정 분야에서 광범위하게 사용되고 있습니다. 다기준 의사결정 방법론은 기존의 의사결정 영역을 포함하여 IoT, Cloud Computing, Big Data, Mobile로 대표되는 제4차 산업혁명의 시대에 인공지능, 로봇, 드론, 바이오

공학 등 첨단 기술의 융합으로 발생하는 여러 가지 새로운 산물을 운용할 때 합리적 의사결정의 중요한 수단으로 자리매김할 것으로 확신합니다. 결국 인간이 첨단 기술과 그 융합물을 어떻게 활용할 것인가는 여러 가지 가치 기준에서 결정되어야 하기 때문입니다.

이 책을 저술하면서 다기준 의사결정에 관심이 있는 후학들에게 방법론의 정수를 쉽게 이해시키기 위해 많은 예제를 포함하였습니다. '다기준 의사결정 방법론의 이론과 실제'라는 책 제목이 이러한 노력을 반영하고 있습니다. 이 책은 대학 및 대학원의 교재, 사회과학 및 자연과학 분야의 연구소, 기업, 군 및 정부의 분석기관 등에서 사용될 수 있을 것으로 생각합니다.

개인적으로 이 책을 저술하면서 군 전역 후 새로운 사람들과 환경 속에서 정신적으로 힘든 시기를 보내기도 하였고 부족한 시간과 자료 해석의 어려움으로 많은 난관이 있었지만, 오히려 이 책을 집필하는 시간이 외부로부터 받은 상처를 치유하는 시간이 되기도 하였습니다. 또한 제 스스로를 게으르지 않도록 채찍질 한 시간이기도 했고, 제 자신의 인생을 되돌아 보는 귀중한 시간이기도 했습니다. 이 책을 집필하면서 얻은 지식은 제게 새로운 가르침을 주었고, 연구하고 공부할수록 다기준 의사결정의 놀라운 아이디어와 깊은 철학적 배경을 이해하는 계기가 되었습니다.

이 책이 나오기까지 많은 격려를 아끼지 않은 KAIST 신성철 총장님과 김수현 부총장 겸 안보융합연구원장님, 산업 및 시스템공학과 학과장 이태식 교수님을 비롯한 학과의 모든 교수님들께 감사의 말씀을 드립니다. 특히, 저의 박사학위 지도교수이자 은사이신 박성수 교수님께 존경의 말씀을 드리고 싶습니다. KAIST에서 초빙교수로 일할 수 있도록 기회를 준 한국연구재단 정진호 실장님, 한승환 팀장님, 홍정의 과장님께도 감사의 말씀을 드립니다. 또한, 이 책의 검토와 교정을 맡아준 국방대 문호석 교수, 육군분석평가단 김각규 박사, 고려대 김재오 박사께도 감사의 말씀을 드립니다. 집필간 전적인 신뢰를 표시해주고 힘을 보태준 아내 장은주와 두 딸 권하진, 권예인에게도 사랑과 감사의 말을 전하고 싶습니다.

그러나 이 책은 많은 내용을 국내외 각종 도서와 논문, 인터넷으로부터 가져와 나름대로 해석하고 정리한 것이기 때문에 내용적으로 완벽하지 않을 뿐만 아니라 많은 오류가 있을 수도 있습니다. 부족한 부분은 향후 개정판을 통하여 오류를 줄이고 더 많은 다기준 의사결정 방법론을 포함시켜 발전시켜 나갈 것을 약속드립니다.

– 日暮途遠 (해는 지는데 갈 길은 멀다) –

2018. 6. 30　KAIST에서 권오정

목 차

제2부 대안 우선순위 결정

제3부 MCDM을 넘어서

제1부

다기준 의사결정 방법론 개요

1장

의사결정

우리는 살면서 수많은 의사결정을 한다. '가족모임을 할 때 어떤 식당과 음식을 선택할까?', '학교로 가는 길에 커피를 한 잔 사서 갈까? 아니면 그냥 갈까?', '자동차를 살 때 어떤 자동차 브랜드와 차종을 사야 하나?', '어떤 배우자를 선택해야 할까?', '어떤 직장을 선택해야 하나?' 하는 개인적 의사결정부터 '다수 재료의 조합으로 신제품 생산', '가장 효율적인 원자재 선택', '최적의 작업 동선 선택', '재료 공급원의 선택', '제품 판로의 선택' 등 기업의 의사결정, '교육 체계 개선', '주요 공공사업의 환경평가', '교통체계 개선', '원전 정책 결정' 등 사회적 의사결정에 이르기까지 수많은 의사결정을 하고 있다. 뿐만 아니라, '중요 무기체계의 도입', '군사전략과 전술의 채택', '국방개혁의 최적안' 등과 같은 국방과 관련된 의사결정도 하고, '국가 간 조약 체결', '북한 핵무기에 대한 대응 방안' 등 국가적인 주요 의사결정도 한다.

좀 과장해서 말하면 우리 인간의 삶은 수많은 의사결정의 연속으로 이루어져 있고 태어나서 죽을 때까지 끊임없이 의사결정을 한다. 그러나 한 가지 분명히 말할 수 있는 것은 수많은 의사결정 시 보다 합리적인 의사결정을 위해 노력을 경주한다는 것이다. 합리적인 의사결정이란 수행 시간의 단축, 비용의 절감, 노력의 감소, 성과의 증대, 결과의 만족 등을 기대하는 의사결정이다. 일반적으로 직업 선택, 배우자 선택, 주거의 선택 등 개인적인 의사결정도 개인의 삶의 영역에서는 상당히 중요하지만, 기업과 사회, 정부의 의사결정은 다수의 구성원에게 영향을 미치게 되고 국가적 의사결정은 국가의 존망에도 영향을 발휘하게 되어 개인의 의사결정보다 더 중요하다고 생각되고 있다.

고대에서는 의사결정을 위해 점성술사들이 거북의 등껍질과 짐승의 어깨뼈를 구워 그 갈라진 모양에 따라 천기를 읽고 국가 중대사를 결정했다고 알려져 있다. 오늘날 관점에서 보면 고대 점성술사들의 선택은 비합리적이고 무작위적인 방법이지만 고대에서는 이러한 방법론들이 상당히 보편적이고 사회의 동의를 받은 의사결정 방법론이었다. 동양에서는 점술을 집대성하여 주역이라는 책을 만들어 의사결정에 사용하기도 하였고 화(火), 수(水), 목(木), 금(金), 토(土)의 오행관계를 중요시하는 명리학으로 사주와 작명, 관상 등을 보기도 하였다. 무속 또한 하나의 의사결정 체계로 간주되어 고대에서 현재까지 인간의 의사결정에 영향을 끼치기도 한다. 서양에서는 점성술과 연금술 등으로 사람의 운세를 읽는 점술의 계보를 이어왔다. 특히, 천체의 운행에 근거해 사람의 일생과 국가의 대사를 예측하는 것도 고대 서양에서는 자주 볼 수 있는 의사결정 방법이었다.

점성가들의 예언에 의지한 것은 비단 고대에서뿐만 아니라 현대에서도 수많은 사례를 찾을 수 있다. 2차 세계대전을 일으킨 독일의 히틀러는 자신의 집권을 예측한 점성가에릭 하누센을 총통관저로 불러 국가적인 일을 물어 보았다고 하고, 영국의 처칠 수상은 여성 점성가 바버라 헤리스의 조언을 경청했고, 소련의 스탈린은 점성가 겸 최면술사였던 월프 메신을 자주 크렘린궁으로 불러 들였다고 전해진다. 프랑스 대통령이었던 드골도 25년간 전속 점성가를 곁에 두고 도움을 받았다고 하고, 미국 대통령 영부인이었던 낸시 레이건이 점성가의 도움을 받아 영향력을 행사했다고 해서 논란이 일어난 사례도 있었다. 이처럼 인간은 미래에 대한 불확실성을 해소하기 위해 어떤 의사결정 조언에 경도되는 현상을 자주 보이는데 이것은 미래가 인간의 현재의 영역에서 제어할 수 없는 영역이기 때문이다.

인간의 역사가 진행될수록 중요한 의사결정에 대하여 한 사람의 생각보다 여러 사람의 생각이 더 합리적일 것이라는 생각이 보편화되었다. 고대 이스라엘의 장로제와 고대 그리스의 직접 민주주의 제도, 신라의 화백 제도 등은 이러한 의사결정체라고 할 수 있다. 특히, 화백 제도는 나라의 중대사를 의논하던 귀족회의 제도이며 의결 방법은 만장일치제였다. 즉, 한 사람의 반대라도 있으면 회의의 결정을 내리지 못했다고 알려져 있는데 다수결의 의사결정체와는 다소 거리가 있다.

어떤 의사결정을 내리더라도 그 시행은 미래의 영역에서 일어나는 것이어서 그 결정이 최선이었나 하는 것은 항상 의문으로 남을 수 있다. 그러나, 현재의 관점에서 모든 가용한 정보를 가지고 최선의 의사결정을 하고자 하는 것은 인간의 본능과 같은 것이어서, 우리는 순간순간의 아주 사소한 의사결정을 우리 두뇌 속에서 그 동안의 경험과 학습을 통해 배운 지식으로 의사결정을 한다. 예를 들어 비가 오는 날 점심식사를 위해 직장 밖으로 갈 것인지 구내 식당에서 식사를 할 것인지 하는 것과 퇴근 후 친구와 모임을 할 것인지 다음 날로 미룰 것인지 하는 것도 대부분 순간적으로 결정을 하곤 한다.

그러나, 다소 중요한 의사결정의 문제에 있어서는 많은 관련된 정보를 수집하고 최적의 의사결정을 위한 방법론을 동원하거나 주위의 도움을 받아 의사결정을 한다. 과학적 의사결정이란 인간이 성취해 놓은 수많은 수학적, 통계학적, 경제학적, 공학적 이론의 바탕하에서 검증된 방법론으로 의사결정을 하는 것이다. 의사결정은 결국 여러 대안들 중에서 하나의 대안을 선택하는 정신적 지각활동이며 이 선택의 결과로 어떤 행동 또는 선택이 이루어지게 된다. 정보처리 관점에서의 의사결정은 정보와 반응 사이의 다 대 일(Many-to-One)대응으로 나타난다. 심리학적인 관점에서 의사결정은 개인의 선호에 의해 가치를 갖는 상황 속에서 가장 가치가 높은 대안을 선택하는 것이다.

의사결정에 있어서 가장 기본적인 가정사항은 불확실성이다. 만약, 우리가 미래를 정확히 예측 가능하다면 의사결정은 쉬운 과정이고 선택에 따른 위험을 배제할 수 있다. 그러나 현실적으로 인간은 미래 영역의 아주 조그만 부분이라도 알 수가 없기 때문에 항상 선택에 따른 위험이 존재한다. 따라서 이러한 의사결정에 따른 위험을 조금이라도 줄이고자 하는 이론이 발전하게 되었는데, 운영분석(Operations Research)이 그 대표적인 학문이다. 운영분석은 수학, 통계학, 컴퓨터 과학을 망라하여 최적 대안을 찾아 내는 응용 수학의 한 분야라고 할 수 있다.

통계적 결정이론(Statistical Decision Theory)은 수학적, 통계적으로 불확실한 가운데 어떤 가치와 이에 관련된 결정문제들을 풀어 합리적인 의사결정을 내리는 방법이다. 결정이론에서는 대안들의 가치에 대해 어떤 평가를 내리게 되며 판단 확률로써 양적 가치를 매긴다. 동시에 대안의 선택에 따른 결과의 가치를 평가하여 효용을 판단한다. 그 다음 판단 확률에 의한 효용의 기대치를 결정하고 기대효용 최대화(Maximum Expected Value Utility, MEVU)가 되도록 결정한다. 이러한 이론을 통해 내린 결정은 불확실성 안에서 가장 합리적이고 적질한 결정이 될 수 있다고 주장한다. 통계적 가설과 검정과 같은 방법론이 가장 대표적인 것으로 관측된 데이터와 이론적 통계치를 상호 비교하여 의사결정을 내린다.

게임이론(Game Theory)은 상호 의존적인 의사결정에 관한 이론이다. 게임이란 효용 극대화를 추구하는 행위자들이 일정한 전략을 가지고 최고의 보상을 얻기 위해 벌이는 행위를 말하는데 사회과학, 경제학에서 활용되는 응용 수학의 한 분야이며 생물학, 정치학, 컴퓨터 공학, 철학, 군사학에서도 많이 사용된다. 게임이론은 참가자들이 상호작용하면서 변화해 가는 상황을 이해하는 데 도움을 주고, 그 상호작용이 어떻게 전개될 것인지 매 순간 어떻게 행동하는 것이 더 이득이 되는지를 수학적으로 분석해 준다.

통계적 결정이론, 게임이론 외 운영분석에서는 수많은 방법론이 개발되어 의사결정에 활용되고 있는데 선형계획법(Linear Programming), 비선형계획법(Non-linear Programming), 목표계획법(Goal Programming), 정수계획법(Integer Programming), 네트워크 분석(Network Analysis), 동적계획법(Dynamic Programming), 마아코프 과정(Markov Process), 의사결정나무 분석(Decision Making Tree Analysis), 모의실험(Simulation), 대기행렬 이론(Queueing Theory), 일정계획 분석(Scheduling Analysis), 자료포괄 분석(Data Envelopment Analysis), 계층적 분석(Analytic Hierarchy Process), 회귀 분석(Regression Analysis), 요인 분석(Factor Analysis), 주성분 분석(Principal Component Analysis), 실험계획법(Design of Experiment), 신뢰도 분석(Reliability

Analysis), 예측이론(Forecasting Theory) 등이 있다. 최근에는 Neural Network 기반 Machine Learning 기법도 의사결정을 위해 활용되고 있다.

이러한 여러 의사결정 방법론은 생산관리, 재고관리, 품질관리 등 산업체 전반에서 활용되고 있고 이동통신 기지국 위치 결정, 위성과 기지국간의 최적 데이터 전송 경로 결정, 인적자원 관리, 장비 구매, 프로젝트 평가, 투자 전략 선택, 공공기관 위치 선정, 에너지 정책 결정, 핵 폐기물 시설 위치 결정, 환경 평가, 공공 사업 추진 여부 결정, 최적 무기체계 획득 방법 결정, 무기-표적 할당 등 기업, 공공, 국방, 국가 정책 결정 분야에서 광범위하게 사용되고 있다.

표 1.1 다기준 의사결정의 분야(예)

• 통신 서비스 사업성 분석	• 대기 오염 통제
• 제품 콘셉트 평가	• 환경 지표 결정
• 컴퓨터 시스템 선정	• 쓰레기 처리 방법 결정
• 식품 선정	• 고체 쓰레기 관리 문제
• 잡지 선정	• 대지 사용 계획
• 공항 위치 결정	• 대지 간척 프로젝트
• 핵 발전 시설 위치 결정	• 해안 지대 개발 계획
• 펌프 저장 장소 위치 결정	• 파이프 라인 계획 결정
• 휴양시설 위치 결정	• 프로젝트 연구
• 주거환경 위치 결정	• 수자원 관리 분석 및 계획
• All-Star 농구선수 선정	• 대학 순위 평가
• 입사 인원 선정	• 방공 시스템 개발
• 종신직 전문직 후보자 결정	• 공항 개발 계획
• 자금 투자 계획	• 공공 시설 결정
• 건강 시설 계획	• 거래 은행 선택
• 어업 공동 투자 전략	• 병원 평가
• 삼림 관리 및 통제 문제	• 일자리 결정
• 수송 시스템 효율성 평가	• 학교 선정
• 대학 및 대학원 입학생 결정	• 상수도관망의 위험요소 평가
• 환경 통제 계획	• 의학 분야 및 체육분야 분석
• 교통 수단 선정	• 인공 신경망 네트워크
• 북한 핵무기 대응 방안	• 제품 관리 정책
• 군 경찰 등 안보기관 탄약 선정 문제	• 작업 순서 결정
• 기후 관리	• 사업 실패 예측 분석

수자원 및 기후 관리

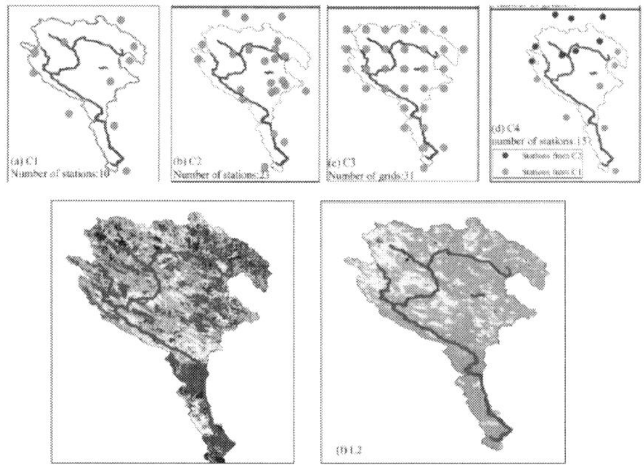

공항 및 철도 노선 선정

북핵 대응 정책 수립 및 핵 폐기물 관리

2장

다기준 의사결정 MCDM

다기준 의사결정(MCDM: Multi-Criteria Decision Making)은 통상적으로 서로 상충하는 다수의 기준하에서 하는 의사결정을 말한다. 이러한 의사결정 행태는 개인적으로는 직업 선택 시 직업의 가치, 직장의 위치, 급여, 승진 기회, 작업 환경 등을 고려해서 결정하는 것이 있다. 또한 승용차를 구매 시 가격, 연비, 외관, 안전, 안락함 등의 기준을 가지고 결정한다. 배우자 선택 시에는 지성미, 외모, 성격, 경제력, 집안 환경, 교육 배경 등을 고려하여 결정한다.

사업적 영역에서는 사업전략 설정 시 기간 중 기대 수익, 상품 가격, 시장 점유율, 사회적 평가, 노사 관계, 기업 이미지, 사회적 책무 등을 고려해서 결정한다. 자동차 생산자는 연료 효율성 최대화, 승차감 최대화, 생산비 최소화와 같은 기준을 고려하여 자원의 투입을 결정한다. 교육 분야에서는 대학의 미래 구조를 결정할 때 정규직 교원의 수, 비정규직 교원의 수, 학부생 수, 대학원생 수, 학비 수준, 교원 영향력, 새로운 계획 등의 기준을 고려할 수 있다. 공공 부분에서는 지역의 수자원개발 계획 수립 시 비용, 물 부족 가능성, 에너지 소요, 여가활동 활용성, 홍수 대책, 내지와 삼림에 끼치는 영향, 수자원 평등권 등을 고려할 수 있다. 정부정책 수립 영역을 예로 들면 교통담당 부서에서 교통체계를 수립할 때는 이동시간 최소화, 도착 지연시간 최소화, 요금 최소화, 승객 수 최대화, 이익 최대화 등을 고려하여 정책을 수립한다. 군에서 미사일 시스템을 수립할 때는 속도, 정확성, 투발 거리, 취약성, 신뢰성, 생산 능력 등을 고려한다.

다기준 의사결정 문제는 아주 다양한 특징을 가지고 있다. 그러나 다기준 의사결정 문제의 공통된 특성을 찾아 보면 다음과 같다. 첫째로 다수의 목표와 속성을 가지고 있다. 의사결정자는 관련된 목표와 속성을 식별할 수 있어야 한다. 둘째로 다수의 목표와 속성은 일반적으로 상호 비교할 수 없는 단위를 가지고 있다. 자동차 선택 문제에서는 연비는 Km/h로 표현되고 안락함은 탑승공간의 크기 m^3로 표현할 수 있고 가격은 원 또는 달러와 같은 화폐단위로 표현된다. 셋째 다기준 의사결정 문제로 문제의 설계를 할 수도 있고 다수의 대안 중 하나를 선택 할 수 있다. 선택의 영역에서는 무한한 대안들 중에 제약조건을 만족하면서 다목표 기준하 최적의 한 대안을 선택할 수도 있고 유한한 대안과 기준이 미리 설정된 조건에서 가장 매력 있는 하나의 대안을 선택할 수도 있다.

다기준 의사결정은 다속성 의사결정(MADM: Multi-Attribute Decision Making)과 다목표 의사결정(MODM: Multi-Objective Decision Making)으로 구분할 수 있다. MADM은 유한개의 대안들의 집합에서 하나의 대안이나 그와 선호도가 같은 몇 개의 대안을 선정하는 방법을 말하며 대안을 비교 시 여러 속성을 평가기준으로 고려한다. MADM 기법으로는 AHP, TOPSIS, ELECTRE, PROMETHEE, MAUT, Regime Method, ORESTE, ARAS 등이 있다.

MODM은 대안들을 무한개로 가정하고 이 무한개의 대안 집합 가운데 주어진 목표들과의 편차를 최소화하는 대안을 찾아내는 것이다. 즉, 선형계획법 형식의 일반 목적함수에 목표를 여러 개 두어 우선순위를 고려하여 제약조건에 의해 함축적으로 정의된 무한개의 대안 집합에서 고려 중인 목적을 가장 잘 만족하는 최적의 대안을 찾는 방법이다. MODM은 사전적으로는 대안들의 집합이 미리 결정되어 있는 것이 아니라 주어진 목적들을 가장 잘 만족하는 대안들을 탐색하는 방법이라 할 수 있다. 따라서 의사결정의 목표는 상호 갈등관계에 있을 수 있는 다양한 목표들을 일정 수준 달성하면서 의사결정자를 가장 만족시키는 대안을 발견하는 데 두고 있다. 이러한 MODM의 방법들로서는 유효해를 찾는 방법에 따라 가중치 부여법, ε-제약법, 목표계획법(Goal Programming) 등으로 구분한다. MADM은 선택과 평가를 위한 의사결정에 사용되고 MODM은 설계를 위한 의사결정에 주로 사용된다. MADM과 MODM의 차이점을 보면 표 2.1과 같다.

표 2.1 MADM과 MODM의 비교

구분	MADM	MODM
기준	속성	목적
목표	암시적	명백
속성	명백	암시적
제한 조건	없음	있음
대안	유한한 수	무한한 수
사용 목적	선택/평가	설계

3장

단일기준(Uni-criterion) 의사결정과 다기준(Multi-criteria) 의사결정

의사결정은 사회, 정치, 경제, 산업, 환경, 군사 등 다양한 분야에서 이루어지는데 의사결정 문제는 정의 가능하고 이해 가능하며 다룰 수 있어야 한다. 문제를 정의할 수 없으면 이해가 불가능하며 실제 문제를 풀 수 있는 방법이 없다. 정의할 수 있다는 것은 문제가 명확해야 한다는 것이다. 모호한 의미를 내포하여 무엇을 목적으로 하는지가 불명확하면 문제를 다루는 자체가 불가능하다.

의사결정 문제를 평가기준의 수 관점에서 분류해 보면 먼저 단일기준의 의사결정인지 다기준 의사결정인지로 분류할 수 있다. 단일기준의 의사결정이란 의사결정의 기준을 비용 최소화, 거리 최소화, 시간 최소화, 이익 최대화, 효율 최대화와 같이 하나의 기준으로 각 대안을 평가하는 것이다. 반면 다기준 의사결정은 의사결정을 위한 기준이 하나가 아닌 둘 이상의 기준이 있어서 다수의 기준을 고려하여 적절한 의사결정을 내려야 하는 문제이다.

단일기준하 의사결정은 가용한 자원의 제한 속에서 이익을 최대화하는 제품의 생산량을 결정하는 문제에서 사용될 수 있다. 담당 도시를 한 번씩만 방문하면서 다시 출발 도시로 되돌아 오는 가장 짧은 경로를 찾는 영업사원의 문제(Traveling Salesman's Problem)는 거리 최소화라는 단일기준하 의사결정 문제이다. 각 도시를 연결한 송유관 네트워크 용량의 제약 속에서 유류를 출발점에서 목적지까지 최대로 흘려 보내는 문제는 유통되는 유류량을 최대로 하는 단일기준 의사결정 문제이다. 대표적인 단일기준하 의사결정 문제는 Shortest Path Problem, Maximum Flow Problem, Traveling Salesman's Problem, Edge Coloring Problem, Node Packing Problem, Knapsack Problem 등이다.

우리는 단일기준하 의사결정도 하지만 현실에서는 다기준 의사결정을 하는 경우가 더 많은 것 같다. 예를 들어 배우자를 선택할 때 학력, 외모, 경제력, 성격, 집안 사정 등 다양한 기준을 놓고 최적의 배우자를 선택한다. 물론, 성격만 보고 배우자를 선택하기도 하지만 앞에서 예를 든 여러 기준을 고려하여 선택하는 것이 일반적이며 성격만 보고 배우자를 선택한 경우는 학력, 외모, 경제력, 집안 사정 등의 가중치를 전혀 고려하지 않는 특수한 경우라 생각할 수 있다. 신입사원을 채용하는 경우에도 학력, 기존 경력, 업무에 대한 태도, 외국어 구사 능력, 컴퓨터 능력, 발전 가능성 등 여러 기준을 설정해서 평가하는 것이 일반적이다. 차량을 구매할 때도 연비, 가격, 디자인, 금융 지원 조건 등 여러 기준을 가지고 평가하여 구매하는 것이 일반적이다. 일상 생활 속에서 결정하는 대부분 문제들이 다기준 의사결정에 해당되고 사회, 경제, 정치, 공공, 국방 등 다양한 분야의 문제에서 발생하는 문제들도 이로 간주될 수 있다.

단일기준 의사결정 문제와 다기준 의사결정 문제의 상호 연관성은 다기준 의사결정 문제를 해결하기 위해 단일기준 의사결정 문제를 Sub-problem으로 하여 풀어야 하는 경우가 있다는 것을 통해 알 수 있다. 대안들 간의 선호도 차이를 평가하여 다기준 의사결정 문제를 해결하는 MACBETH 방법의 경우 선형계획법(Linear Programming)을 Sub-problem으로 채택하고 있다. 순서형 데이터로 대안의 우선순위를 결정하는 Regime Method와 가중치와 대안의 우선순위를 동시에 결정하는 LINMAP 방법에서도 선형계획법은 중요한 역할을 한다. 그러나 단일기준 의사결정 문제를 해결하기 위해 다기준 의사결정 방법론을 Sub-problem으로 채택하고 있는 경우는 직접적으로는 없으나, 단일기준 의사결정 문제의 데이터를 생성하기 위해서는 다기준 의사결정 문제를 풀어야 할 경우도 있다.

단일기준 의사결정 문제를 수학적으로 표현하면 아래와 같다.

$$Optimize\{g(a) \mid a \in A\},$$

여기서 A는 대안들의 집합, a는 대안, $g(a)$는 대안 a의 평가값.

단일기준 의사결정 문제를 표현하는 위 모델은 수학적으로 잘 기술되어 있고 최적해와 대안들의 완전한 우선순위가 존재한다. 그러나 단일 의사결정 문제를 표현하는 모델은 사회, 경제, 정치, 군사적으로는 단일기준만 존재한다는 것이 비현실적이어서 이를 잘 기술하지 못한다. 또한 사회, 경제, 정치, 군사적인 문제 영역에서는 평가하기 위한 여러 기준들이 사전 정의되어 있어야 하고 결과를 수용하는 임계치(Threshold)가 반드시 존재해야 하기 때문에 단일기준 의사결정 문제를 표현하는 모델로는 사회, 경제, 정치, 군사 등의 분야 문제가 적합하지 않다.

반면 다기준 의사결정 문제를 해결하는 수학적 모형은 아래와 같다.

$$Optimize\{g_1(a),\ g_2(a),\ \cdots,\ g_m(a) \mid a \in A\},$$

여기서 A는 대안 집합, a는 대안, $g_i(a)$는 대안 a의 i번째 평가기준 평가값

이 다기준 의사결정 문제를 해결하는 모형은 수학적으로 잘 기술되지 못하고 있다. 즉, 최적해가 존재하지 않으며 수학적인 의미도 없다. 그러나 사회, 경제, 정치, 군사 등 제반 분야의 실제 문제를 더 잘 묘사할 수 있고 최적해(Optimal Solution)가 아니라 사전 결정된 기준에 의한 만족해(Satisficing Solution)를 찾는다.

다기준 의사결정 방법론은 다양한 관점에서 분류할 수 있는데 의사결정 행렬의 값에 따라 정량적 데이터인지 정성적 데이터인지에 따라 분류할 수도 있고, 의사결정 판단의 수준이 주어져 있을 때와 없을 때로 분류할 수도 있다.

표 3.1 다기준 의사결정 방법 분류

구 분	방 법 론
의사결정 판단 수준에 의한 방법	• Conjunctive Method • Disjunctive Method
순서 선호도에 의한 방법	• Lexicographic Method • Elimination by Aspect • Permutation Method • Regime Method
정량 선호도에 의한 방법	• Linear Assignment Method • Simple Additive Weighting Method • Hierarchical Additive Weighting Method • ELECTRE • TOPSIS
정량 선호도에 의한 방법 (대안, 평가기준 쌍대비교에 의한 방법)	• AHP • ANP • MACBETH • LINMAP • PROMETHEE • ELECTRE
정량 선호도에 의한 방법 (선호함수 추정)	• MAUT • UTA
정성적 및 정량적 선호도 동시 존재 문제해결 방법	• EVAMIX • UTA

그림 3.1은 우선순위 결정과 선택을 위한 MCDA(Multiple Criteria Decision Analysis) 문제들에 대한 입력과 출력 내용, 그리고 입력 데이터의 요구사항의 노력의 정도를 표현하고 있다.

	Inputs	Effort input	MCDA method	Output
Ranking/choice problem	utility function	Very HIGH	**MAUT**	Complete ranking with scores
	pairwise comparisons on a ratio scale and interdependencies	↑	**ANP**	Complete ranking with scores
	pairwise comparisons on an interval scale		**MACBETH**	Complete ranking with scores
	pairwise comparisons on a ratio scale		**AHP**	Complete ranking with scores
	indifference, preference and veto thresholds		**ELECTRE**	Partial and complete ranking (pairwise outranking degrees)
	indifference and preference thresholds	↓	**PROMETHEE**	Partial and complete ranking (pairwise preference degrees and scores)
	ideal option and constraints		**Goal programming**	Feasible solution with deviation score
	ideal and anti-ideal option		**TOPSIS**	Complete ranking with closeness score
	no subjective inputs required	Very LOW	**DEA**	Partial ranking with effectiveness score

* DEA: Data Envelopment Analysis

그림 3.1 우선순위 결정과 선택을 위한 MCDA 입출력과 노력 정도

그림 3.2는 분류를 위한 MCDA 문제들에 대한 입력과 출력내용, 그리고 입력 데이터의 요구사항의 노력의 정도를 표현하고 있다.

	Inputs	Effort Input	MCDA method	Output
Sorting method	utility function	HIGH	UTADIS	Classification with scoring
	pairwise comparisons on a ratio scale	↑	AHPSort	Classification with scoring
	indifference, preference and veto thresholds	↓	ELECTRE-TRI	Classification with pairwise outranking degrees
	indifference and preference thresholds	LOW	FLOWSORT	Classification with pairwise outranking degrees and scores

그림 3.2 분류를 위한 MCDA 입출력과 노력 정도

4장

다기준 의사결정 문제의 구성 요소

4.1 대안(Alternative, Action)

다기준 의사결정 문제를 구성하는 첫 번째 요소는 대안이다. 대안은 실행 가능한 대안이어야 하고 평가 가능한 성질이 있어야 한다. 다기준 의사결정 문제를 구성 시, 대안을 설정하는 단계부터 신중을 기해야 하는데 대안이 불명확하거나 실행 가능하지 않거나 평가 가능하지 않으면 대안으로서의 가치가 없기 때문이다. 예를 들어 차량을 구매하는 다기준 의사결정 문제를 구성할 때 현재 존재하지 않는 차량을 대안으로 선정한다든지 가격 자체가 구매자의 능력을 훨씬 초과하는 차량을 대안으로 선정한다면, 실제 그 차량이 최선의 대안으로 선정되더라도 구매할 수 없을 것이다. 다기준 의사결정 방법론에서 대안은 Alternative 또는 Action으로 불린다.

4.2 평가기준(Criteria, Attributes)

평가기준은 대안을 평가하기 위한 의사결정 기준을 말한다. 평가기준을 선정 시, 다기준 의사결정 문제를 기술하는 데 부족하지 않아야 하고 평가기준들 간에 서로 중복되지 않아야 한다. 물론, 현실 문제를 표현하는 데 수많은 의사결정 평가기준이 있을 수 있지만 그 모두를 다 평가기준으로 삼을 수는 없는 것이다.

평가기준을 선정할 때 참고할 만한 것은 인물의 특징을 잡아 그리는 Caricature이다. Caricature를 보면 누구를 묘사하는지 대부분의 사람들은 알 수 있고 특정 인물을 표현하기에 충분하다. 평가기준을 선정 시에도 문제를 표현하는 데 충분한 특징적 기준을 선정하되 이 평가기준들이 상호 의존적이지 않고 독립적이어야 한다.

예를 들어 차량 구매 선정 평가기준으로 연비와 경제성을 선택한다면 연비는 경제성의 부분집합으로 간주할 수 있기 때문에 '경제성이 연비를 제외한 연간 정비비나 주차비, 세금, 관리비 등을 포함한다'와 같은 합리적인 설명이 없으면 연비와 경제성 모두를 평가기준으로 선정하는 것은 부적절하다. 평가기준을 선정할 때는 주로 의사결정나무(Decision Making Tree)를 사용하여 문제를 구조화 하고 MECE(Mutually Exclusive Collectively Exhaustive) 원칙을 적용하는 것이 좋다.

4.3 평가값(Attainment)

대안과 속성으로 구성되는 의사결정 행렬에서 (대안, 속성)의 요소에 해당하는 것이 속성에 대한 대안의 평가값이다. 평가값은 각 속성별로 대안이 차지하는 값을 말하는데, 예를 들어 차량 구입의 문제에서 연비(Km/ℓ)라는 속성에 대안 A 차량의 평가값이 40이라면 A 차량의 연비는 40Km/ℓ라는 의미이다.

평가값은 정량적 데이터 또는 정성적 데이터가 될 수가 있는데 정량적 데이터는 수치로 표현되는 것이고 정성적 데이터는 '좋다', '아주 좋다', '나쁘다', '보통', '따뜻하다' 등과 같이 수치로 표현할 수 없는 데이터이다. 데이터는 명목형, 순서형, 간격형, 비율형 등 4가지 유형이 있다.

명목형 데이터(Nominal Data)는 논리적 순서를 정의할 수 없으며 데이터의 분류에만 사용된다. 예를 들어 남자를 '1', 여자를 '0'으로 분류하는 경우와 청군을 '0', 홍군을 '1', 백군을 '2'로 분류하는 경우 등을 명목형 데이터라고 한다. 명목형 데이터는 평균을 계산하는 것도 의미가 없다. 남자를 '1', 여자를 '0'으로 분류하는 경우, 그 평균은 아무런 의미를 가지지 않기 때문이다. 사람의 피부색, 성별 등도 명목형 데이터이다. 명목형 데이터를 표현할 때 백분율로 표현하는 것은 의미가 있다. 예를 들어 남자를 30%, 여자를 70%로 표현하는 것은 가능하다. 명목형 데이터는 범주형 데이터(Categorical Data)에 속한다.

순서형 데이터(Ordinal Data)는 논리적 순서를 가지며 값들 간의 차이가 일정하지 않다. 예를 들어 배우자 후보들의 선호도를 '1', '2', '3', '4'로 매겼을 때는 단지 선호도에 대한 순위만 매긴 것이다. 선호도 '1'을 받은 배우자 후보자가 선호도 '4'를 받은 배우자 후보자보다 4배 더 좋다고 할 수 없는 것이다. 제품의 품질, 등급, 순위 등은 순서형 데이터이다. 순서형 데이터는 명목형 데이터처럼 개수를 세어 백분율로 표현할 수 있다. 순서형 데이터도 범주형 데이터에 속한다.

간격형 데이터(Interval Data)는 연속적이며 논리적 순서에 의존한다. 값들 간의 차이가 규칙적이며 차이가 0인 경우는 배제한다. 간격형 데이터의 대표적인 값은 시간이라 할 수 있는데 11시와 11시 5분의 차이는 15시 20분과 15시 25분의 차이와 동일하다. 또한, 온도 역시 간격형 데이터이다. 단, 간격형 데이터에서는 절대적 원점(Zero Point)이 없다. 시간에서 0시나 온도에서 0도는 절대적 기준이 아닌 상대적 기준으로, 우리가 정해 놓은 기준일 뿐이다.

비율형 데이터(Ratio Data)는 간격형 데이터처럼 연속적이며 논리적 순서에 의존한다.

값들 차이가 규칙적이며 차이가 0일 수도 있다. 비율형 데이터는 절대적 기준이 존재함에 따라 우리가 수행하는 사칙연산을 모두 수행할 수 있다. 나이, 몸무게, 신장 등의 데이터가 비율형 데이터라고 할 수 있다.

각 데이터 유형의 특징을 정리해 보면 표 4.1과 같다.

표 4.1 데이터 특징

데이터 종류	특 징			
	분류 가능	순서 가능	간격 동일	원점 존재
명목형	O	X	X	X
순서형	O	O	X	X
간격형	O	O	O	X
비율형	O	O	O	O

정량직 데이터에 의존한 분석과 정성적 네이터에 의존한 분석은 상호보완적인 관계에 있으며 정성적 데이터에 근거해 정량적 데이터를 다룰 기준을 설정하기도 한다. 정량적 데이터에 근거해 분석하고 그 결과를 다시 정성적 분석의 결과로 해석하여 제시하는 것도 일반적이다. 정성적 분석을 위한 방법으로는 FGI(Focus Group Interview), Fishbone Diagram, SWOT(Strength, Weak, Opportunity, Threat) 분석, Brainstorming 등이 있다.

의사결정 기준은 정량적 기준과 정성적 기준으로 분류할 수 있는데 정량적 기준은 수치화 할 수 있는 기준을 말하며 정성적 기준은 수치화 하기 곤란한 기준을 말한다. 예를 들어 차량의 연비를 말하면 1ℓ당 12.7Km를 갈 수 있다고 수치화 할 수 있다. 따라서 차량의 연비는 정량적 기준으로 말할 수 있고, 배우자의 외모 기준을 'A', 'B', 'C', 'D'로 나눈다면 이는 외모를 상황적으로 묘사한 것이기 때문에 정성적 기준으로 말할 수 있다. 즉, 정성적 데이터는 자연언어에 의해 표현되는 범주형 데이터라고 할 수 있다.

정량적 자료 데이터 유형으로는 간격형 데이터와 비율형 데이터가 있고 정성적 자료 데이터 유형으로는 명목형 데이터와 순서형 데이터가 있다. 정량적 데이터와 정성적 데이터의 특징과 비교는 표 4.2에 기술되어 있다.

표 4.2 정량적 데이터 및 정성적 데이터 분류

정량적 데이터	정성적 데이터
정형 데이터	비정형 데이터
통계 분석	요약
객관적 결론	주관적 결론
간격형/비율형 데이터	명목형/순서형 데이터

평가값의 결측치(Missing Data)가 있을 때에는 속성과 유사한 값으로 대체한다든지 이전 연구에서 도출된 값으로 간주하기도 한다. 어떨 때는 그 속성의 평균이나 중간값, 최빈값 등 대표값으로 대체하기도 한다. 아니면 회귀 분석을 통해 추정한 것을 결측치 대신으로 사용할 수도 있다.

4.4 가중치(Weight)

각 기준에는 최적의 대안을 분석하기 위해 가중치가 부여된다. 가중치는 각 기준의 중요도를 표현하는 것이다. 즉, 최적의 대안을 선택하기 위해 평가기준의 중요도를 사용하겠다는 의미이며 동일한 중요도를 표현하기 위해서 모든 기준의 가중치는 1을 기준의 수로 나눈 수가 된다. 만약 기준의 수가 n이면 동일한 기준의 가중치는 $1/n$이다. 이것은 가중치의 합을 주로 1로 표준화하여 사용하기 때문이다. 그러나 일반적으로 대안분석 시에는 각 기준의 가중치가 동일하지 않기 때문에 기준의 가중치를 선택하는 것이 대안 분석의 핵심적 요소이다. 가중치 선택을 위한 방법론이 많이 개발되어 있는데 AHP (Analytic Hierarchy Process), Delphi Method, Brainstorming Method, Entropy Method, SMART(Simple Multi-Attribute Rating Technique), Swing Method, Balance Beam Method, Centroid Method, LINMAP(LINear programming technique for Multi dimensional Analysis of Preference) 등이 있다.

5장

다기준 의사결정 행렬

다기준 의사결정 분석을 위한 의사결정 행렬로는 주로 대안과 평가기준을 표현하는 형식을 많이 사용한다. 대안을 행으로, 평가기준을 열로 표현하는 형식을 주로 사용하고 그 반대의 형식도 사용이 가능하다. 기준에는 분석가가 설정하는 가중치가 부여된다.

예를 들어 Plant 위치를 결정하는 다기준 의사결정 의사결정 행렬은 표 5.1과 같다. 각 대안인 후보 Site들이 행으로 표현되어 있고 평가기준인 설치 비용, 환경 평가, 주민과의 갈등, 원자재 공급 거리, 완제품 수요지 거리 등이 표현되어 있다. 이러한 평가기준들의 데이터는 정량적 데이터이거나 정성적 데이터일 수 있고 각 평가기준의 단위도 상이하다. 각 평가기준들에 대한 가중치는 합이 1인 형태로 부여된다. 대안과 평가기준이 만나는 각 행렬 요소에는 대안을 평가기준으로 평가값들이 표현되어 있다.

표 5.1 Plant 위치 결정을 위한 다기준 의사결정 행렬 예

가중치	0.3	0.2	0.2	0.15	0.15
평가기준 / 대안	설치 비용 (억 원)	환경 평가	주민 갈등	원자재 공급 거리(Km)	완제품 수요지 거리(Km)
Site 1	1,000	양호	적음	30	60
Site 2	2,000	대단히 양호	다소 적음	50	30
Site 3	1,500	부정적	큼	20	50
Site 4	1,800	대단히 양호	대단히 큼	10	20

표 5.2는 차량을 구매할 때 사용하는 다기준 의사결정 행렬이다. 차량의 종류를 대안으로, 차량 구매비용, 연비, 크기, 엔진 힘, 안락함, 디자인을 평가기준으로 선정하였고 평가기준에 대한 가중치를 부여하였다. 구매비용, 연비, 엔진 힘은 정량적 데이터이고 크기, 안락함, 디자인은 정성적 데이터로 구성되어 있다.

표 5.2 차량 선택을 위한 다기준 의사결정 행렬 예

가중치	0.3	0.2	0.1	0.15	0.1	0.15
평가기준 / 대안	구매 비용 (천만 원)	연비 (Km/ℓ)	크기	엔진 힘 (마력)	안락함	디자인
A	3.0	12	보통	60	Good	Good
B	4.0	15	다소 작음	70	Very Good	Very Good
C	5.0	8	큼	80	Bad	Excellent
D	3.8	13	대단히 큼	57	Excellent	Bad

6장

다기준 의사결정 모델링 절차

6.1 대안 설정

다기준 의사결정 분석 시 대안 선정은 다룰 수 있는 적절한 수의 대안을 선정해야 최선의 대안을 선택하는 데 유리하다. 물론 이 대안 선정 기준이 대안 수 선정에 특정한 제한을 가하는 것은 아니지만 적절한 수를 유지하는 것은 중요한 요소이다. 다기준 의사결정 문제에서 대안은 일반적으로 유한하게 주어지고 평가기준(속성)과 평가기준 가중치가 부여된다.

선형계획법에서 고려되는 대안은 그림 6.1의 오른쪽 그림과 같이 무한 집합으로 구성되어 있다. 이러한 대안 집합은 제약조건을 만족하는 영역으로 정의되며 무한한 집합 속에서 가장 목적함수를 최적화하는 대안을 선정하는 것을 목표로 한다. 다목표계획법도 선형계획법 방법론을 이용하여 실행 가능 영역이 없는 경우에 제약식의 우선순위에 따라 제약식의 부족 부분과 잉여 부분의 합이 최소화 되도록 문제를 해결한다.

다기준 의사결정 분석 대안을 선정할 때 대안은 실행 가능한 비교적 소수의 대안이어야 한다. 현실성 없는 대안은 대안으로서의 가치가 없다. 예를 들어 최적의 대안으로 선정이 되더라도 채택할 수 없는 대안은 애초에 대안 선정 시 제외시키는 것이 바람직하다. 대안 선정 시에는 실행 가능한 대안을 열거해 놓고 상호 중복 여부나 독립성 여부를 판단하여 최종 대안의 후보로 선정한다.

다기준 의사결정 문제의 대안 집합

		가중치			
		0.2	0.3	0.4	0.1
		연비	비용	신뢰성	디자인
차종	A	7	9	2	6
	B	9	7	8	8
	C	8	5	4	8
	D	6	3	8	9

선형계획법의 대안 집합

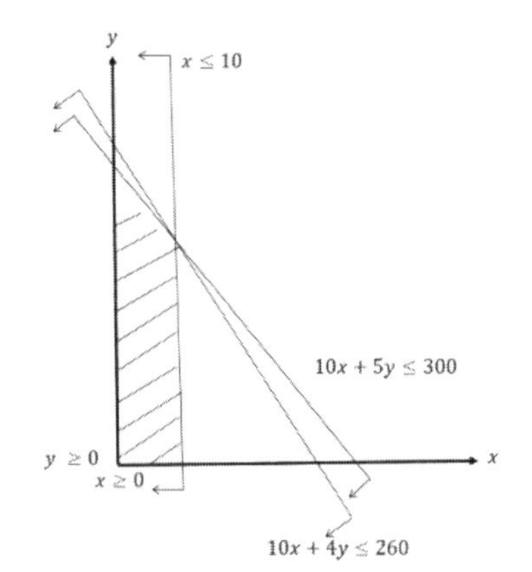

그림 6.1 다기준 의사결정 문제의 대안 집합과 선형계획법의 대안 집합

6.2 평가기준 설정

평가기준은 의사결정 문제의 모든 면을 포함하여야 하며 의사결정자의 모든 목표를 다 설명할 수 있는 평가기준을 포함하여야 한다. 또한 평가기준들 간에는 상호 중복이 있어서는 안 된다. 즉, MECE(Mutually Exclusive Collectively Exhaustive)한 원칙이 준수되어야 한다. 정성적 데이터의 척도의 수는 일관성 있는 평가를 위해서 7±2개가 적절하다. 중립적인 척도를 둘 것인가도 미리 생각하여야 한다. 예를 들어 'Very good, Good, Average, Bad, Very bad'으로 선정한다든지 'Yes, No'로 구분하기도 하고, '++, +, 0, –, ––'와 같이 중립적인 상태를 표현하기도 하고 '++, +, –, ––'와 같이 중립적인 표현을 제외시키기도 한다. 이러한 정성적 데이터 척도는 수치적으로 전환하여 표현하여야 한다.

평가기준은 2가지로 분류할 수 있는데 크면 클수록 좋은 평가기준과 작으면 작을수록 좋은 평가기준이 있다. 크면 클수록 좋은 평가기준을 Benefit Criteria(Benefit Attribute, Positive Indicator)라고 하고 작으면 작을수록 좋은 평가기준을 Cost Criteria(Cost Attribute, Negative Indicator)라고 한다. 차량 선택 다기준 의사결정 문제에서 Benefit Criteria는 '연비', '안락함', '차량 크기', '안전성' 등이고 Cost Critera는 '차량 가격'이 될 수 있다. 직장 선택 다기준 의사결정 문제에서는 Benefit Criteria는 '연봉', '복지', '안정성', '발전 가능성' 등이고 Cost Criteria는 '집으로부터 거리', '업무 난이도'가 될 수 있다.

6.3 가중치 설정

가중치는 앞에서 정의한 평가기준에 대한 중요도를 표현하는 것으로 일반적으로 모든 평가기준의 가중치 합이 1이 되도록 정규화하여 사용한다. 가중치는 의사결정자가 정할 수도 있지만 전문가 집단에 의해 가중치를 부여하게 하거나 기존에 연구되어 있는 가중치를 검토해서 문제에 맞게 조정하여 사용할 수도 있다.

6.4 선호도 평가

다기준 의사결정 방법론에서 많이 사용되고 있는 분석방법은 대안을 2개씩 서로 비교하고 모든 쌍을 비교한 결과를 바탕으로 우선순위를 최종적으로 결정하는 것이다. a와 b 두 가지 대안을 비교한다면 우리는 3가지 결론을 내릴 수 있다. 첫째, a가 b보다 더 우수한 대안이거나 b가 a보다 더 우수한 대안이다. 둘째, a와 b를 비교해 보니 선호도 측면에서 차이가 없다. 셋째, a와 b의 선호도를 비교할 수 없다.

a가 b보다 더 우수한 대안이라는 표현을 '$a\mathrm{P}b$'라고 하고 a와 b의 선호도 차이가 없다를 '$a\mathrm{I}b$'로 표현하고 a와 b를 비교할 수 없다를 '$a\mathrm{R}b$'로 표현하면 아래와 같이 3가지 형태의 비교로 표현 가능하다.

1. 선호도(Preference) 비교: $a\mathrm{P}b$ 또는 $b\mathrm{P}a$
2. 무차별(Indifference): $a\mathrm{I}b$
3. 비교 불가능(Incomparability): $a\mathrm{R}b$

선호도의 논리적 구조와 특징은 표 6.1과 같다.

표 6.1 선호도 논리 구조와 특징

$a\mathrm{P}b \rightarrow$ not $b\mathrm{P}a$	P is asymmetric
$a\mathrm{I}a$	I is reflexive
$a\mathrm{I}b \rightarrow b\mathrm{I}a$	I is symmetric
Not $a\mathrm{R}a$	R is irreflexive
$a\mathrm{R}b \rightarrow b\mathrm{R}a$	R is symmetric

만약 대안 a가 대안 b보다 더 선호된다면 대안 b는 대안 a보다 더 선호되지 않는다. 이것은 선호도 비교 평가구조 P는 비대칭적(Asymmetric)이라는 의미가 된다. 대안 a는 대안 자신인 a와 무차별하다는 의미로 무차별 평가구조 I는 반사적(Reflexive)이다. 또한 대안 a와 대안 b가 무차별하면 대안 b와 대안 a도 무차별하다. 즉 무차별 평가구조 I는 대칭적(Symmetric)이다. 대안 a가 자신과 비교 불가능한 것은 아니라는 의미의 비교 불가능 평가 구조 R은 비반사적(Irrelexive)이다. 또한 만약 대안 a가 대안 b와 비교 불가능하다면 대안 b 역시 대안 a와 비교 불가능하다. 즉 비교 불가능 평가구조 R은 대칭적이다.

전통적인 선호도 평가에서는 다음과 같은 결론을 얻을 수 있다. 하나의 평가기준에서 대안 집합 A의 원소인 대안 a와 대안 b를 평가한 결과가 대안 a가 대안 b보다 더 선호된다면

$g(a) > g(b)$라고 말할 수 있고 그 역도 성립한다. 만약 대안 a와 대안 b가 무차별하다면 $g(a) = g(b)$라고 말할 수 있고 그 역도 성립한다.

$$\forall\ a,\ b \in A: \begin{cases} aPb \leftrightarrow g(a) > g(b) \\ aIb \leftrightarrow g(a) = g(b) \end{cases}$$

결론적으로 비교 불가능 평가구조 R은 어떤 결론을 내릴 수 없고 선호도 비교 평가구조 P는 전이가능(Transitive)하다. 즉, 대안 a가 대안 b보다 더 선호되고 대안 b가 대안 c보다 더 선호되면 대안 a는 당연히 대안 c보다 더 선호된다.

$$aPb,\ bPc \rightarrow aPc$$

또한, 무차별 평가구조 I 역시 전이가능하다.

$$aIb,\ bIc \rightarrow aIc$$

여기서 선호도 비교 평가구조 P와 무차별 평가구조 I에 대해 조금 더 발전시켜 보자. 전통적인 선호도 비교 평가구조 P에서는 $g(a)$가 조금이라도 $g(b)$보다 크다면 대안 a가 대안 b보다 더 선호된다고 말했다. 그러나 현실에서는 그렇지 않는 경우가 많다. 예를 들어 두 사람의 재산을 평가하여 어느 사람이 더 부자인가를 평가하는 경우에 한 사람의 재산이 10억 원이고 다른 한 사람의 재산이 10.0001억 원이라면, 10.0001억 원 재산을 가진 사람이 10억 원 재산을 가진 사람보다 더 부자라고 말하기는 어려울 것이다. 이를 현실적인 감각으로 재조정하여 두 사람 재산의 차이가 최소 1억 원 이상 날 때 한 사람이 다른 사람보다 더 부자라고 말한다면, 평가기준의 차이를 말하는 1억 원은 평가기준의 차이를 말하는 임계치(Threshold)가 된다. 물론 각 평가기준의 임계치 q는 다르게 설정될 수 있고 의사결정자가 설정한다.

또한, 전통적인 무차별 평가구조 I는 $g(a) = g(b)$일 때, 즉 대안 a와 대안 b는 평가값이 완전히 서로 같을 때 차이가 없다고 한다. 그러나, 현실적으로 이러한 경우보다는 대안 a와 대안 b의 평가값 차이가 어느 일정량 q 이하일 때는 대안 a와 대안 b는 서로 같은 평가값을 갖는다고 말할 수 있다. 예를 들어 재산을 10억 원 가진 사람과 10.0001억 원을 가진 사람 중에 누가 부자인가 하는 문제를 평가할 때 우리는 두 사람의 재산은 거의 대등하다고 이야기 할 수 있지 않을까? 즉, 어느 일정량 q 이상 차이가 나야 한 사람의 재산이 다른 한 사람의 재산보다 더 많이 가지고 있어 더 부자라고 말할 수 있다. 물론 일정량 q를 결정하는 것은 의사결정자의 몫이다. 우리는 이 q를 무차별 평가구조 I를 위한 임계치라고 부른다. 즉, 위에서 정의한 무차별 평가구조 I를 현실적인 감각으로 좀 더 확장하면 다음과 같이 정의할 수 있다.

$$\forall\ a,\ b \in A: \begin{cases} aPb \leftrightarrow g(a) > g(b) + q \\ aIb \ \leftrightarrow |g(a) - g(b)| \leq q \end{cases}$$

이러한 경우 선호도 평가구조 P는 여전히 전이가능하나 무차별 평가구조 I는 비전이적이 된다. 물론 선호도 평가구조 P와 무차별 평가구조 I의 임계치도 다르게 설정할 수 있다. 만약 선호도 평가구조 P의 임계치가 p이고 무차별 평가구조 I의 임계치가 q'이라면 우리는 다음과 같이 위의 식을 수정할 수 있다.

$$\forall\ a,\ b \in A: \begin{cases} aPb \leftrightarrow g(a) > g(b) + p \\ aIb \ \leftrightarrow |g(a) - g(b)| \leq q' \end{cases}$$

만약 하나의 평가기준하에서 모든 대안들을 서로 2개씩 상호 비교한다면 우리는 대안들 간의 완전한 선호관계를 파악할 수 있다. 그러나 평가기준은 다기준 의사결정하에서는 하나의 기준이 아니라 여러 개의 평가기준으로 대안들 간의 우선순위를 결정해야 하므로 단순한 문제가 아니다. 예를 들어 모든 평가기준하에서 대안 a가 대안 b보다 더 선호된다고 평가가 된다면 당연히 대안 a가 대안 b보다 더 우수한 대안이라고 말할 수 있다. 그러나 평가기준별로 대안 a와 대안 b가 서로 선호도가 다르다면 우리는 어떻게 의사결정을 해야 할까? 이것이 다기준 의사결정의 가장 핵심 문제이고 본질이다.

앞에서 설명한 대안 정의, 평가기준 정의, 선호도 평가를 그림으로 표현하면 그림 6.2와 같다. 그림 6.2에서는 대안은 a, b, c 등으로, 평가기준은 g_1, g_2, g_3 등으로, 가중치는 w_1, w_2, w_3 등으로 표현되었고, 선호도는 $g_1(a)$, $g_2(a)$, $g_3(a)$ 등으로 표현하는데 $g_j(i)$는 평가기준 j에서 대안 i의 선호도를 평가한 값을 표현한다.

다음은 다기준 의사결정 방법들은 다양하게 많이 개발되었는데 왜 모든 방법들의 결과가 동일한 대안의 우선순위를 주지 못하는가 하는 문제에 대해 알아보자. 선형계획법이나 다목표계획법, 비선형계획법, 네트워크 분석 기법 등은 하나의 입력 데이터에 대해 항상 동일한 최적해를 제공해 준다. 반면 다기준 의사결정 문제를 해결하는 방법론들은 항상 동일한 대안의 우선순위를 제공하지는 않는데 그 이유는 문제를 바라보는 관점이 상이하기 때문이다.

가중치

w_1 w_2 w_3 ....

평가기준

대안		g_1	g_2	g_3	…
	a	$g_1(a)$	$g_2(a)$	$g_3(a)$	…
	b	$g_1(b)$	$g_2(b)$	$g_3(b)$	…
	c	…	평가값		
	…	…			

그림 6.2 다기준 의사결정 문제 구조

그러나 많은 다기준 의사결정 방법론들이 대안의 우선순위에 대해 완전히 다른 결과를 산출하지는 않는다. 예를 들어 A 다기준 의사결정 방법론에서 최고로 우수하다고 한 대안이 B 다기준 의사결정 방법에서 일반적으로 가장 나쁜 결과를 산출하지는 않는다. 많은 다기준 의사결정 방법론으로 같은 문제를 풀어 보면 좋은 대안들은 다소 차이는 있어도 상위 순위에 있고 나쁜 대안들은 하위 순위로 나타난다. 완전히 동일한 결과를 제공하지 않는 것은 문제를 보는 관점이 다르고 접근방법이 상이하기 때문이다. 이것은 인간의 의사결정과 판단이 문제를 바라보는 관점에 따란 결과가 다른 것과 동일하다.

그래서 다기준 의사결정 문제를 가지고 대안을 평가할 때는 적어도 2개 이상의 방법론으로 접근하여 상호 비교해 보는 것을 추천한다. 물론 방법론에도 가중치를 부여하여 각 방법론에서 나온 결과를 가중합 하는 방법도 있다. 다기준 의사결정 방법론을 많이 동원하여 비교해 보는 것이 더 좋은 결과를 얻을 수 있지만, 분석하는 비용과 시간 등 자원의 투입도 고려하여 분석하는 방법의 수를 결정하여야 한다.

다음에 예를 든 후보 선출 문제는 판단의 기준과 접근법에 따라 완전히 다른 결과를 보여주는 극단적인 예이므로 다기준 의사결정 문제를 바라보는 데 도움이 되리라 생각하여 제시한다.

7장

후보 선출 방법

다기준 의사결정을 본격적으로 이야기하기 전에 투표를 통해 후보자를 선출하는 문제를 먼저 살펴본다. 이 문제를 먼저 언급하는 것은 의사결정 시 선출의 기준이 얼마나 중요한 것인가를 잘 이해하기 위해서이다. 후보 선출 이론과 관련된 문제는 다음과 같다. 유권자들은 선거에 출마한 후보자들을 선출하며 각 유권자들은 그들의 선호도에 따라 개인별 순위를 부여한다. 그렇다면 어떤 후보자가 선출되어야 하는가? 어떤 투표 절차가 가장 최선인가? 후보 선출 이론을 다기준 의사결정 문제와 연계하여 보면 후보자는 대안으로, 유권자는 평가기준으로 간주할 수 있다. 후보 선출 방법에서 사용되는 투표방법은 최고로 선호하는 후보 1명만 지정하는 것이 아니라 각 후보들의 우선순위를 각 유권자가 부여하는 형식으로 진행한다.

수많은 후보 선출 방법이 있을 수 있지만 여기에서는 다수결(Relative Majority) 방법, Condorcet 방법, 프랑스 대통령 선거 방식인 2차 결선투표 방법(Second Ballot in French Presidential), Borda Count 방법, 연속적인 제거(Successive Eliminations) 방법 등 5가지의 선출 방법을 가지고 각 방법의 장단점을 분석해 본다.

7.1 Relative Majority 방법

A, B, C 3명의 후보가 입후보한 상태이며 30명의 유권자가 각 후보에게 투표한 결과 그림 7.1과 같이 11명의 유권자는 A, B, C 순으로 선호도의 순위를 부여하였고 10명의 유권자는 B, C, A 순으로, 나머지 9명은 C, B, A 순으로 선호도를 표현하였다. 다수결 방법의 원리는 가장 많은 수의 유권자들이 부여한 우선순위를 따르는 방법이다. 즉 11명이 다수로 A, B, C 순으로 선호도의 순위를 부여하여 A가 선출된다. 다수결 방법의 문제점을

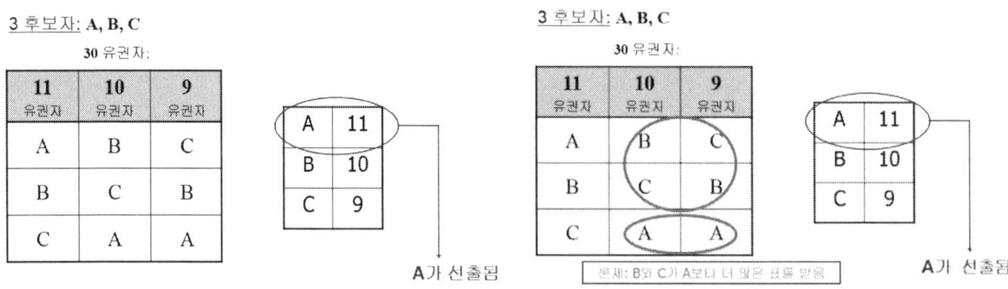

그림 7.1 다수결 방법

살펴보면 A보다 B와 C를 더 선호하는 유권자의 수는 총 19명으로 A를 B와 C보다 더 선호하는 11명 보다 훨씬 더 많은 것이다. 다수결의 원리는 간단하지만 그림 7.1과 같은 상황이 발생했을 때 전체 유권자의 의지와는 다른 결과를 도출할 수도 있다.

7.2 Condorcet 방법

Marie Jean Antoine Nicolas de Caritat, Marquis de Condorcet(1743~1794)는 프랑스의 수학자이자 정치가이다. Condorcet가 제안한 선출 방법은 각 후보자들을 1:1로 선호 우선순위를 비교해서 가장 선호되는 후보자를 선출하는 방법이다. 다수결 방법에서 사용한 투표 결과를 그대로 사용해서 Condorcet 방법을 적용해 보면 그림 7.2의 왼쪽 그림과 같이 B를 A보다 더 선호한다고 투표한 유권자의 수는 19명이며, B를 C보다 더 선호한다고 투표한 유권자는 21명이다. 따라서 B를 A나 C보다 더 선호하는 유권자는 40명이다. 반면 C를 A보다 더 선호한다고 투표한 유권자는 19명이며 C를 B보다 더 선호하는 유권자는 9명이다. 그러므로 C를 A와 B보다 더 선호하는 유권자는 28명이 된다. 다음으로 A를 B와 C보다 더 선호하는 유권자는 11명에 지나지 않는다. 이러한 결과를 종합해 보면 자신을 제외한 다른 두 후보자보다 더 선호되는 후보자는 B이므로 B가 선출된다.

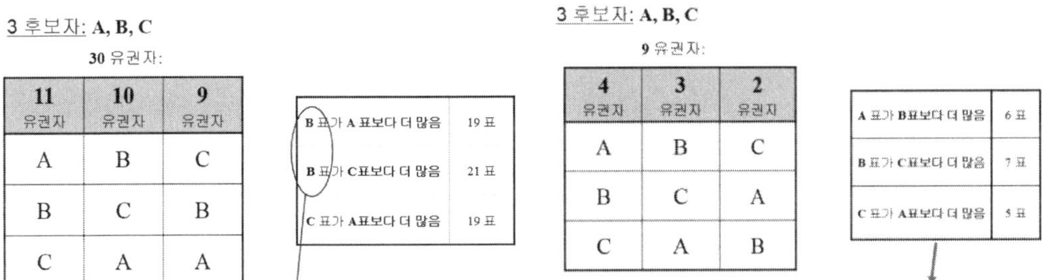

그림 7.2 Condorcet 방법

그러나 Condorcet 방법은 투표 결과에 따라 후보자를 선출을 하지 못하는 결과를 초래할 수도 있는데 그림 7.2의 오른쪽 그림과 같은 투표 결과가 나온 경우가 그 예이다. A는 B보다 B는 C보다 C는 A보다 더 선호된다면 우리는 후보자 선출에 대해 결론을 내릴 수 없다.

7.3 Second Ballot 방법

프랑스 대통령 선거에서는 1차 투표 결과 과반수를 획득한 후보자가 없으면 상위 2명의 후보를 대상으로 2차 결선투표를 하여 다수결 원리로 대통령을 선출한다. 이러한 방법을 2차 결선투표 방법이라고 한다.

예를 들어 4명의 A, B, C, D 후보자가 있고, 63명의 유권자가 각 후보들에 대한 우선순위가 그림 7.3의 왼쪽과 같은 경우를 보자. 1차 투표에서는 B를 가장 선호하는 유권자가 22명이며 C를 가장 선호하는 유권자가 21명으로 B와 C가 상위 1, 2등이다. 그러나 B와 C 어느 누구도 63명의 과반인 32명의 지지를 확보하지 못했으므로 이 두 사람을 대상으로 결선투표를 진행한다. 여기에서는 1차 투표의 결과를 완전히 부정하고 새롭게 하는 것이 아니라, 최초 투표한 결과를 그대로 사용하여 2차 결선투표 성격의 결과를 도출한다.

B와 C 두 후보만 비교하여 누가 더 선호되는지를 판단해 보면 B를 C보다 더 선호하는 유권자는 22명인데 반해 C를 B보다 더 선호하는 유권자는 21명과 20명을 합한 41명이다. 따라서 C가 최종적으로 선출된다.

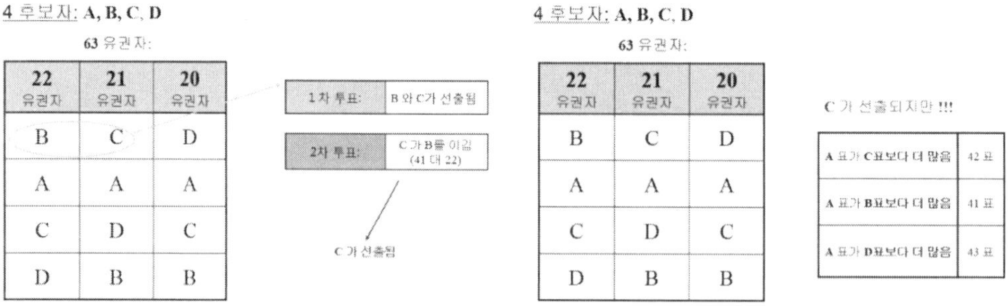

그림 7.3 2차 결선투표 방법 (1)

그러나 2차 결선투표 방법도 완전히 객관성을 보장하는 방법은 아니다. 위의 예를 보면 그림 7.3의 오른쪽 그림과 같이 C가 선출되었지만 A를 C보다 더 선호하는 유권자가 42명이고 A를 B보다 더 선호하는 유권자는 41명, A를 D보다 더 선호하는 유권자는 43명으로 모두 과반수를 넘기는 수이다. 즉, A가 다른 후보들보다 과반수 이상 더 선호되는 후보인 것이다. 그럼에도 불구하고 이러한 결선투표 방식으로 선출된 후보는 C이다.

2차 결선투표의 또 다른 예를 살펴보자. 그림 7.4의 왼쪽 그림과 같이 이번엔 A, B, C 3명의 후보가 입후보하여 2차 결선투표 방법으로 선출한 후보는 A이다.

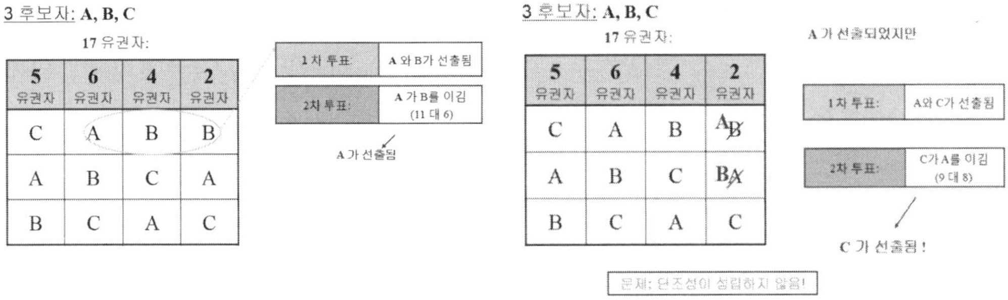

그림 7.4 2차 결선투표 방법(2)

그림 7.4의 왼쪽 그림의 우선순위 데이터에서 그림 7.4의 오른쪽 그림과 같이 2명의 유권자가 매긴 우선순위가 B, A, C 순에서 A, B, C 순으로 변경되었다고 하자. 일반적으로 이런 우선순위 변경은 A에게 유리한 변경이어서 A 선출결과에 영향을 주지 않는다고 생각된다. 그러나 변경된 우선순위를 가지고 2차 결선투표 방식으로 후보를 선출해 보면 C가 선출된다. 상식과 약간의 괴리가 발생하는 것 같은 느낌이 있는 것이다. 이것을 비(非) 단조성(Non-monotonicity)이라 한다.

7.4 Borda Count 방법

Jean Charles de Borda(1733~1799)는 프랑스의 수학자, 물리학자이자 항해가이다. Borda가 주장한 후보 선출 방법은 각 후보자들이 받은 우선순위에 가중치(점수)를 곱하여 합하고 그 결과를 비교하여 최다 득점을 한 후보자를 선출하는 것이다.

Jean Charles de Borda

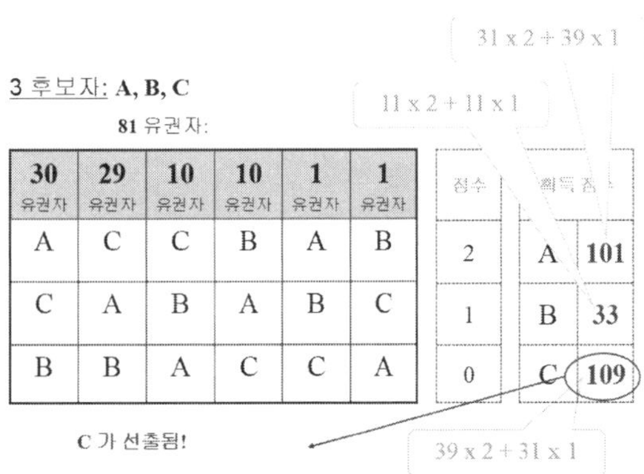

그림 7.5 Borda Count 방법 (1)

그림 7.5에서와 같이 81명의 유권자들이 투표하여 A, B, C 3명의 후보를 선출할 때 각 유권자들이 3명의 후보에 대해 우선순위를 매겼다. Borda 방법에서는 각 우선순위에 대한 가중치(점수)를 미리 부여하는데 이 예에서는 첫 번째 우선순위에는 2점을, 두 번째 우선순위에는 1점을, 세 번째 우선순위에는 0점을 부여하였다. 이 가중치는 Borda Count 방법에서 고정된 값이 아니라 의사결정자들의 상황에 따라 변경 가능한 것이다.

A가 획득한 총 점수는 30명의 유권자가 첫 번째 우선순위를 부여하였으므로 각 2점을 획득하고 29명과 10명의 유권자가 두 번째 우선순위를 부여하였으므로 총 39명에 대해 각 1점을 획득하게 되어 101점이 된다. 동일한 방법으로 계산해 보면 B는 33점을 획득했고 C는 109점을 획득하여 가장 많은 점수를 획득한 C가 선출된다. Borda 방법은 유권자가 부여한 모든 순위가 가중치에 의해 선출결과에 반영되고 우선순위에 대한 차별적 가중치가 부여되는 특징이 있다.

그러나 Borda Count 방법에도 결점이 있다. 투표 결과를 자세히 보면 비록 C가 선출되었지만 그림 7.6의 왼쪽 그림에서와 같이 A가 C보다 더 낫다고 생각한 유권자의 수가 41명으로 전체 81명의 과반수를 초과한다는 것이다. 이러한 결과는 우선순위에 부여한 가중치에 의해 전반적인 우열의 결과와 상이한 결과를 초래할 수 있다는 점을 보여준다.

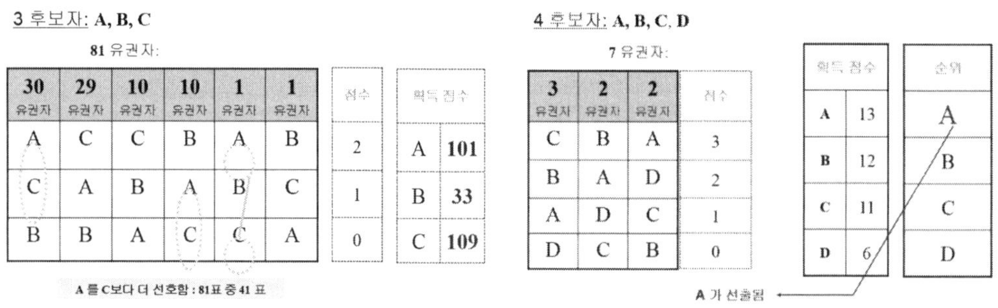

그림 7.6 Borda Count 방법 (2)

또 다른 Borda 방법의 예를 살펴보자. A, B, C, D 4명의 후보자에게 7명의 유권자들이 투표한 결과가 그림 7.6의 오른쪽 그림과 같다고 하면 Borda 방법에 의해 총 획득점수가 가장 큰 A가 선출된다. 여기에서는 4명의 후보자가 있으므로 각 우선순위에 대해 3점에서 0점까지의 가중치를 부여했다.

그림 7.7과 같이 동일한 투표 결과를 놓고 만약 D가 후보사퇴를 한 경우이거나 아예 D를 제외한 3명의 후보가 입후보하여 3명에 대한 동일한 우선순위를 매긴 경우에는 선출결

과가 달라진다. 이 경우 후보자가 3명이므로 우선순위 가중치는 2점에서 0점으로 부여되고 Borda Count 방법에 의해 C가 선출된다. 이처럼 Borda Count 방법도 우선순위에 부여한 가중치의 값과 상황의 변화에 따라 선출결과가 상이하다는 문제가 있다. 그러나 가장 높은 우선순위만 고려하는 다수결 방법이나 높은 우선순위를 받은 투표수만 고려하는 2차 결선투표 방법과 다르게, Borda Count 방법은 각 우선순위에 적절한 값의 가중치가 고려되어 의사결정이 된다는 장점도 있다.

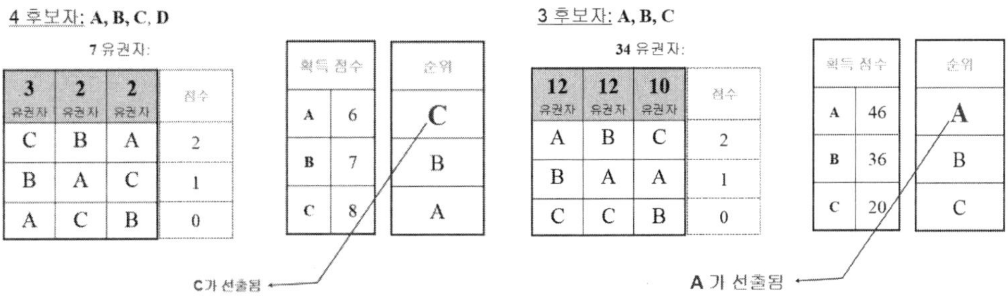

그림 7.7 Borda Count 방법 (3)

그림 7.8은 Borda Count 방법을 선출방식으로 선정했을 때 조작에 의해 선출결과가 달라질 수 있는 것을 보여준다. 그림 7.7의 오른쪽 그림과 같이 A, B, C 3명의 후보자가 입후보하여 Borda Count 방법으로 투표를 하면 A가 선출된다.

이러한 결과를 예상한 B가 가짜 후보 X를 입후보시켜 4명의 후보가 경쟁하는 선거로 만들면 그림 7.8의 왼쪽 그림과 같은 결과가 나올 수 있다. 그림 7.8과 같이 가짜 후보 X가 포함됨으로써 각 후보 간 우선순위를 매긴 결과와 유권자 수가 달라져서 B가 선출될 수도 있다. 이러한 전략은 실제 선거 판에서도 자주 발생하는 선거전략이다. 다기준 의사결정 방법의 하나인 AHP(Analytic Hierarchy Process)에서도 동일한 대안이 하나 추가되거나 유사한 대안이 하나 더 추가 되면 이전에 선정된 가장 우수한 대안이 최적 대안이 되지 못하고 다른 대안이 최적 대안으로 선정되는데, Borda Count 방법도 이와 유사한 것이다. AHP에서 동일대안이나 유사대안 추가 시 발생하는 현상은 이 책의 15장 AHP 방법론에서 자세하게 다룰 예정이다.

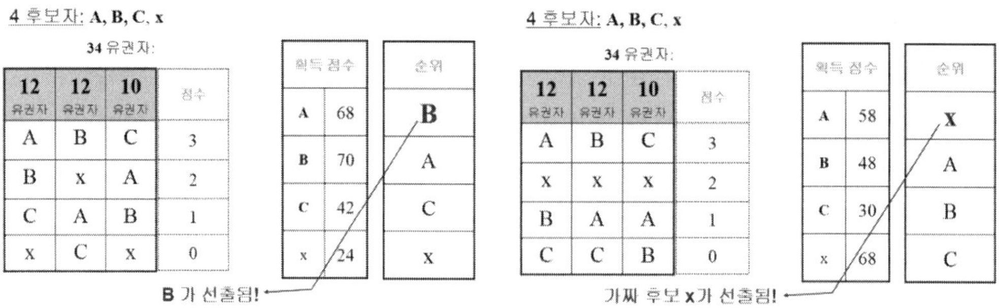

그림 7.8 Borda Count 방법 (4)

그림 7.8의 오른쪽 그림과 같이 심지어 가짜 후보 X가 선출되는 결과도 나올 수 있다.

7.5 Successive Elimination 방법

연속적 제거 방법(Successive Elimination)은 가장 열등한 후보부터 하나씩 제거해 나가는 방법이다. 그림 7.9와 같이 5명의 후보자가 입후보하여 25명의 유권자들이 각 후보에 대한 우선순위를 매긴 경우를 예를 들어 연속적 제거 방법을 설명한다.

5 후보자: A, B, C, D, E

25 유권자:

8 유권자	7 유권자	4 유권자	4 유권자	2 유권자
A	B	E	D	C
C	D	C	E	E
D	C	D	B	D
B	E	B	C	B
E	A	A	A	A

5 후보자: ~~A~~, B, C, D, E

25 유권자:

8 유권자	7 유권자	4 유권자	4 유권자	2 유권자
A	B	E	D	C
C	D	C	E	E
D	C	D	B	D
B	E	B	C	B
E	A	A	A	A

그림 7.9 연속적 제거(Successive Elimination) 방법 (1)

그림 7.9의 왼쪽 그림을 보면 A가 17명으로부터 우선순위가 제일 낮은 것으로 평가되었다. 따라서 첫 번째 단계에서는 A를 제거한다.

다음으로 4번째 우선순위 행을 보면 B가 8명, 4명, 2명으로부터 가장 낮은 우선순위를 받아 총 14명으로부터 E(7명), C(4명)보다 더 나쁜 평가를 받았으므로 그림 7.10의 왼쪽 그림과 같이 B를 제거한다.

5 후보자: ~~A~~, ~~B~~, C, D, E

25 유권자:

8 유권자	7 유권자	4 유권자	4 유권자	2 유권자
A	B	E	D	C
C	D	C	E	E
D	C	D	B	D
B	E	B	C	B
E	A	A	A	A

5 후보자: ~~A~~, ~~B~~, C, ~~D~~, E

25 유권자:

8 유권자	7 유권자	4 유권자	4 유권자	2 유권자
A	B	E	D	C
C	D	C	E	E
D	C	D	B	D
B	E	B	C	B
E	A	A	A	A

5 후보자: ~~A~~, ~~B~~, ~~C~~, ~~D~~, E

25 유권자:

8 유권자	7 유권자	4 유권자	4 유권자	2 유권자
A	B	E	D	C
C	D	C	E	E
D	C	D	B	D
B	E	B	C	B
E	A	A	A	A

그림 7.10 연속적 제거(Successive Elimination) 방법 (2)

다음 단계는 세 번째 우선순위를 보여주는 3행을 보면 B는 이미 제거되었으므로 D와 C만 대상으로 해서 보면 D는 8명과 4명으로부터 C는 7명으로부터 가장 나쁜 우선순위 평가를 받았으므로 그림 7.10의 가운데 그림과 같이 D를 제거한다.

같은 방법으로 두 번째 우선순위를 보여주는 2행을 보면 C와 E만 고려 대상으로 남는데, C는 8명과 4명으로부터 E은 4명과 2명으로부터 두 번째 우선순위 평가를 받았으므로 그림 7.10의 오른쪽 그림과 같이 C를 제거한다. 따라서 E만 남게 되어 E가 선출된다.

7.6 선출 방법의 비교

그림 7.11의 데이터를 가지고 위에서 설명한 Relative Majority 방법, Condorcet 방법, Second Ballot 방법, Borda Count 방법, Successive Eliminations 방법으로 후보자를 선출해 보자.

5 후보자: **A, B, C, D, E**

25 유권자:

8 유권자	**7** 유권자	**4** 유권자	**4** 유권자	**2** 유권자
A	B	E	D	C
C	D	C	E	E
D	C	D	B	D
B	E	B	C	B
E	A	A	A	A

5 후보자: **A, B, C, D, E**

25 유권자:

8 유권자	**7** 유권자	**4** 유권자	**4** 유권자	**2** 유권자
A	B	E	D	C
C	D	C	E	E
D	C	D	B	D
B	E	B	C	B
E	A	A	A	A

Relative majority :
└→ **A** 가 선출됨
Second ballot:
└→ **B** 가 선출됨
Condorcet:
└→ **C** 가 선출됨
Borda:
└→ **D** 가 선출됨
Successive eliminations:
└→ **E** 가 선출됨

그림 7.11 선출 방법의 비교

놀랍게도 5가지 선출 방법의 결과가 다 다르다. 물론 이 예는 극도로 상이한 결과를 도출하기 위해 만든 투표 결과이기도 하지만 그 시사점은 크다고 할 수 있다. Relative Majority 방법에서는 A가, Condorcet 방법에서는 B가, Second Ballot 방법에서는 C가, Borda Count 방법에서는 D가, Successive Eliminations 방법에서는 E가 선출된다. 따라서 후보 선출 방법의 선택은 결과를 다르게 가져 올 수 있으므로, 선거에서는 후보 선출 방법부터 먼저 합의를 봐야 한다.

앞에서 설명한 것과 같이 선거와 다기준 의사결정 방법을 비교하면 후보자는 대안으로, 유권자는 평가기준으로 간주할 수 있기 때문에 앞으로 설명할 다기준 의사결정 방법에 대한 직관력을 줄 수 있다. 다기준 의사결정 방법론도 다양한 방법론이 발전되어 왔기 때문에 모든 방법론들이 항상 우수한 대안을 동일하게 제시하는 것은 아니다. 즉, 방법론에 따라 각 대안의 우선순위가 상이할 수 있다. 그러나, 근본 철학이 각각 다르게 설계된 다기준 의사결정 방법들을 공부해 보면 대개 우수한 대안들은 상위에 분포하는 형태를 보여 준다. 이러한 결과를 잘 활용하면 어느 대안이 우수한 대안인지를 평가할 수 있다.

8장

데이터 정규화(Data Normalization)

데이터 정규화는 범위가 다른 다양한 형태의 데이터를 사용함에 있어서 데이터의 범위를 일치시키거나 분포를 유사하게 만들어 주는 작업이다. 다기준 의사결정 방법론에 있어서 데이터 정규화는 일반적으로 각 평가기준의 단위가 서로 다르기 때문에 비교 가능하도록 하는 작업이다.

데이터 정규화를 표현하는 가장 적절한 말은 사과와 오렌지를 동일한 기준으로 비교할 수 없다는 것이다. 사과와 오렌지를 동일한 기준으로 만들어 놓고 비교를 하여야 합리적인 비교 결과를 얻을 수 있다. 만약 다기준 의사결정 분석 시 각 기준의 데이터를 주어진 그대로 사용한다면 각 기준의 가중치를 반영하여 대안을 비교 시 왜곡현상이 발생할 수 있다. 각 평가기준의 단위가 달라 발생하는 왜곡과 데이터 크기가 달라 발생하는 왜곡현상이 있을 수 있다. 다기준 의사결정 문제의 평가기준은 일반적으로 다른 단위를 사용하므로 단위가 없는 데이터로 변경시키는 것이 필요하고, 크기가 다른 데이터들을 정규화 함으로써 왜곡현상을 방지하고, 동일한 영향이 미치도록 해야 한다.

예를 들어 자동차 구매 평가기준에서 연비와 가격은 그 단위가 각각 'Km/ℓ'와 '원'이므로 이들은 서로 비교할 수 없다. 직장을 선택하는 다기준 의사결정 문제에서 평가기준을 직장의 명성, 연봉, 집으로부터 거리, 승진기회, 근무조건, 발전 가능성, 복지 등으로 선정하였다면 이들의 단위는 서로 다르다. 직장의 명성은 '상', '중', '하'로 나눌 수 있고, 연봉은 8천만 원, 9천만 원, 1억 원 등 단위가 '원'이고, 집으로부터 직장까지의 거리는 2Km, 5Km, 10Km 등으로 단위가 'Km'이다. 이렇게 서로 다른 단위를 서로 비교가 가능하게 데이터 비교 단위를 일치시키는 것이 데이터 정규화이다. 상이한 평가기준의 데이터를 비교 시 상호 비교 가능한 데이터로 변환하는 것이 중요하고 이를 위해 데이터를 정규화한다. 데이터 정규화가 필요한 또 하나의 이유는 평가기준 값들이 범위가 서로 다르기 때문이다. 예를 들어 어떤 평가기준은 1,000단위의 값들로 되어 있고 다른 평가기준의 값들은 10단위의 값들로 되어 있다면, 평가기준에 따른 대안들 간의 값 차이가 동일한 기준으로 평가한 것이 아니고 어떤 평가기준의 값이 더 많은 영향을 미칠 수 있기 때문에 이러한 것을 방지하기 위하여 데이터 정규화는 필요하다.

데이터 정규화는 다기준 의사결정 분석 이전에 이루어져야 하는데 많은 기법들이 개발되어 있다. 대표적인 데이터 정규화 기법으로는 비율 정규화, 범위 정규화, Z 정규화, 비중 정규화, 벡터 정규화 방법 등이 있다. 데이터 정규화의 구체적인 방법은 8장을 참조하라. 데이터 정규화가 항상 필요한 것은 아니지만 Maxmin 방법, Simple Additive Weighting, TOPSIS, ELECTRE 방법 등에서는 반드시 필요한 선행 작업이다.

그림 8.1을 예를 들어 정규화 필요성에 대해 생각해 보자.

		평가기준			
		C1	C2		
	가중치	0.1	0.9	종합평가	순위
대안	A1	90	1	9.9	1
	A2	10	9	9.1	2

그림 8.1 2가지 대안과 2개의 평가기준 의사결정 문제 (1)

2개의 대안과 2개의 평가기준과 각 평가기준의 가중치가 주어진 문제이다. 첫 번째 평가기준 C1에서 대안 A1은 90으로 평가하고 있고 대안 A2는 10으로 평가하고 있다. 두 번째 평가기준 C2에서 대안 A1은 1, 대안 A2는 9로 평가하고 있고 각 대안의 가중치는 0.1과 0.9라고 하자. 이러한 경우 평가값을 정규화하지 않고 원래 값을 가지고 그대로 우리가 평소 많이 사용하는 가중합(Additive Weight Sum) 방법으로 종합 평가해 보면 대안 A1은 $0.1 \times 90 + 0.9 \times 1 = 9.9$가 되고 대안A2는 $0.1 \times 10 + 0.9 \times 9 = 9.1$이 되어 대안 A1이 더 우수한 대안이 된다.

그러나 만약 평가기준 C1의 단위가 m^2이고 평가기준 C2의 단위가 화폐단위인 $라면 이 두 가지 상이한 단위를 비교하는 것이 어떤 의미가 있을 것인지 심각하게 고민을 해 보아야 한다. 단위의 차이가 80(=90−10)인 것과 $단위 차이 8(=9−1)인 것을 같은 잣대로 비교할 수는 없을 것이다. 따라서 모든 평가기준을 동일한 잣대로 평가하기 위해 평가값을 정규화하는 것이 필요하다. 정규화는 여러 방법이 있는데 여기서는 각 평가값을 해당 평가기준의 최댓값으로 나누어 정규화시키는 비율 정규화 방법을 사용하여 정규화하여 우선순위를 결정해 보면 그림 8.2와 같이 우선순위 결과가 바뀌는 것을 알 수 있다.

		평가기준			
		C1	C2		
	가중치	0.1	0.9	종합평가	순위
대안	A1	1.00	0.11	0.20	2
	A2	0.11	1.00	0.91	1

그림 8.2 2가지 대안과 2개의 평가기준 의사결정 문제 (2)

정규화되고 난 이후 가중합 방법으로 우선순위를 평가해 보면 대안 A2가 대안 A1보다 더 우수하다는 것을 알 수 있다. 이러한 결과가 도출되는 이유는 평가기준 C2의 가중치가 평가기준 C1의 가중치보다 9배나 큰 상황이어서 정규화 이후 평가기준 내 대안들의 평가값들의 상대적인 값의 크기가 잘 반영되었기 때문이다.

8.1 정성적 데이터의 정량화

정성적 데이터를 다기준 의사결정 문제에 사용하기 위해서는 계량화하여 수치로 변환시켜야 한다. 예를 들어 자동차 선택 문제에서 '안락함' 평가기준으로 평가된 값이 '대단히 좋음', '좋음', '보통', '나쁨', '대단히 나쁨'이라면 이 데이터로는 계량적 의사결정을 할 수 없기 때문이다. 정성적 데이터를 계량화시킬 때에는 주로 Likert 양극척도(Bipolar Scale)를 사용한다.

Likert 척도는 설문조사 등에 사용되는 응답 척도의 하나로, 각종 조사에 널리 사용되고 있다. Likert 척도에서는 응답자가 제시된 문장에 대해 얼마나 동의하는지를 답변하도록 한다. Likert 척도는 단극 척도(Unipolar Scale)와 양극 척도(Bipolar Scale)로 나눌 수 있는데, 양극 척도는 중립적 개념이 들어가는 척도로 양극단으로 긍정과 부정, 좋고 나쁨, 적고 많음, 강하고 약한 정도가 표현된다. Likert 척도는 5점 척도, 7점 척도, 9점 척도 등과 같이 세분화 정도에 따라 분류할 수 있는데 설문자의 의도에 따라 편리하게 사용할 수 있다. 응답자들은 그 문장에 대해 동의와 비동의 수준을 응답하고, 그 문장에 대해 객관적 또는 주관적 평가를 응답한다. 응답 범주는 명확한 서열성이 있어야 하며 설문지에서 문항들이 갖는 상대적인 강도를 결정해야 한다.

- 5단계 Likert 척도를 사용한 예

아이스크림은 아침 식사로 적합하다

1. 전혀 그렇지 않다
2. 그렇지 않다
3. 보통이다
4. 그렇다
5. 매우 그렇다

그림 8.3 Likert 척도 (1)

양극 Likert 척도는 그 문장에 대한 긍정적 반응과 부정적 반응을 측정하는 것이다. 경우에 따라서는 가운데에 있는 "보통이다"를 없애고 긍정과 부정 중 어느 한쪽을 선택하도록 하기도 한다. Likert 척도는 어떤 요인에 의해 결과에 왜곡이 발생할 수 있다. 응답자는 극단적인 선택을 피하려는 경향이 있고, 제시된 문장에 동의하고 싶어하는 경향이 있으며, 자신과 자신이 속한 조직이 긍정적으로 보이도록 하려는 경향이 있다. 그림 8.4는 기업 이미지와 활동에 대한 양극 Likert 5점 척도와 7점 척도의 예이다.

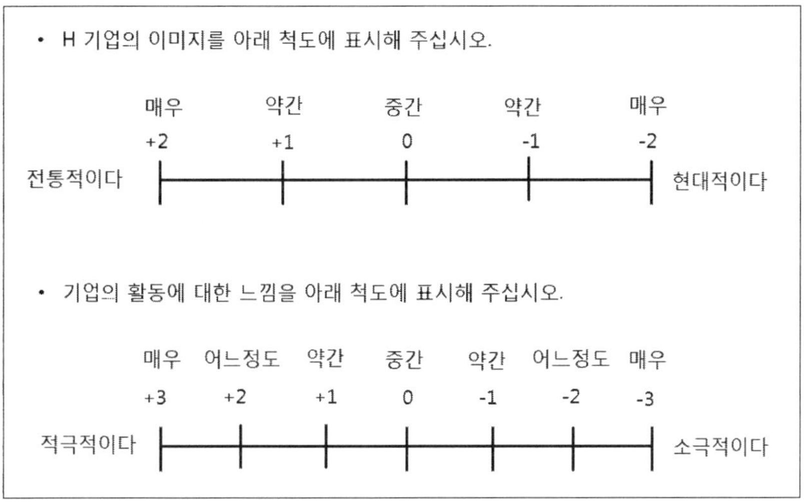

그림 8.4 Likert 척도 (2)

다기준 의사결정 문제에서 정성적 데이터로 속성을 평가한 경우에는 Likert 척도를 이용하여 정량적 데이터로 변화시켜 준다. 이를 위해 사전에 분석가들이 설정한 척도와 기준에 따라 변환시키면 된다.

8.2 평가기준(속성)의 2가지 종류

데이터 정규화를 위해 먼저 Benefit Criteria(Positive Criteria)와 Cost Criteria (Negative Criteria, Non-Benefit Criteria) 집합을 정의하자. J^+를 Benefit Criteria Set, J^-를 Cost Criteria Set으로 정의하자. Benefit Criteria는 평가값이 크면 클수록 좋은 평가기준이고 Cost Criteria는 평가값이 작으면 작을수록 좋은 평가기준이다. 정규화

는 각 평가기준의 종류에 따라 구분하여 정규화 하여야 한다.

$$J^+ = \{\text{값이 클수록 좋은 평가기준 } j\text{의 집합}\}$$

$$J^- = \{\text{값이 작을수록 좋은 평가기준 } j\text{의 집합}\}$$

8.3 선형 비율 기반 정규화

선형 비율 기반 정규화 방법에는 비율 정규화와 비율 제곱 정규화가 있다. 이 두 방법의 결점은 단위제거에 있어서의 비효율성이다. 이것은 정규화된 값($x_{ij,}$ $i = 1, 2, 3, \cdots, m$, $j = 1, 2, 3, \cdots, n$)이 평가기준 함수 $\varphi_{ij} = \alpha p_{ij} + \beta$(여기서 α, β는 정규화 계수)의 정규화된 값과 다르다는 것이다. 또한 선형 기반 정규화에서는 Benefit criteria 정규화 방법과 Cost Criteria 정규화 방법을 잘못 선택하면 대칭이 되지 않는 문제점이 있다.

8.3.1 비율 정규화(Ratio Normalization, Linear Scale Transformation Max)

모든 획득 가능한 평가값을 포함하지 못하는 정성적 척도들을 갖는 평가기준들의 경우에 부분가치들은 상대적으로 최고 평가값과의 비율로 계산되어야 한다. 하나의 방법으로 각 대안 i와 평가기준 j에 해당하는 평가값 x_{ij}가 있다면 평가기준 j의 평가값의 최대치 $max_i(x_{ij})$와 최소치 $min_i(x_{ij})$를 찾고 Benefit Criteria에서는 각 평가값 x_{ij}들을 최대치로 나누고 Cost Criteria에서는 최소치로 각 평가값 x_{ij}를 나누어 정규화한다. 비율 정규화된 평가값 p_{ij}는 식 (8.3-1)~(8.3-6)과 같다.

(1) 비율 정규화 방법 1

$$p_{ij} = \frac{x_{ij}}{max_i(x_{ij})} \quad i = 1, 2, \cdots, m, \;\; j = 1, 2, \cdots, n, \;\; j \in J^+ \tag{8.3-1}$$

$$p_{ij} = \frac{min_i(x_{ij})}{x_{ij}} \quad i = 1, 2, \cdots, m, \;\; j = 1, 2, \cdots, n, \;\; j \in J^- \tag{8.3-2}$$

(2) 비율 정규화 방법 2

$$p_{ij} = \frac{x_{ij}}{max_i(x_{ij})} \quad i=1, 2, \cdots, m, \; j=1, 2, \cdots, n, \; j \in J^+ \qquad (8.3\text{-}3)$$

$$p_{ij} = 1 - \frac{x_{ij} - min_i(x_{ij})}{max_i(x_{ij})} \quad i=1, 2, \cdots, m, \; j=1, 2, \cdots, n, \; j \in J^- \qquad (8.3\text{-}4)$$

(3) 비율 정규화 방법 3

$$p_{ij} = \frac{x_{ij}}{max_i(x_{ij})} \quad i=1, 2, \cdots, m, \; j=1, 2, \cdots, n, \; j \in J^+ \qquad (8.3\text{-}5)$$

$$p_{ij} = \frac{1/x_{ij}}{1/max_i(x_{ij})} = \frac{max_i(x_{ij})}{x_{ij}} \quad i=1, 2, \cdots, m, \; j=1, 2, \cdots, n, \; j \in J^- \qquad (8.3\text{-}6)$$

만약 Cost Criteria만으로 구성된 평가값이라면 $p_{ij} = 1 - \frac{x_{ij}}{max_i(x_{ij})}$, $i=1, 2, \cdots, m$, $j=1, 2, \cdots, n$, $j \in J^-$로 정규화해도 된다. $p_{ij} = \frac{x_{ij}}{max_i(x_{ij})}$에 가장 좋은 Cost Criteria 정규화 방법은 $p_{ij} = \frac{x_{ij} - min_i(x_{ij})}{max_i(x_{ij})}$으로 알려져 있다. 비율 정규화를 하면 $0 \leq p_{ij} \leq 1$이 되고 p_{ij}이 1에 가까울수록 다속성 의사결정 문제에서는 더 선호도가 높다는 것을 의미한다. 비율 정규화는 선형 변환(비율 변환)으로 이루어지기 때문에 정규화 이후와 정규화 이전의 상대적인 크기가 동일하다.

8.3.2 비율 제곱 정규화(Ratio Square Normalization)

비율 제곱 정규화는 식 (8.3-7)~(8.3-8)과 같이 최대(최소)값과 해당 값의 비율의 제곱으로 정규화하는 것이다.

$$t_{ij} = \left(\frac{x_{ij}}{max_i(x_{ij})} \right)^2 \quad i=1, 2, \cdots, m, \; j=1, 2, \cdots, n, \; j \in J^+ \qquad (8.3\text{-}7)$$

$$t_{ij} = \left(\frac{min_i(x_{ij})}{x_{ij}} \right)^2 \quad i=1, 2, \cdots, m, \; j=1, 2, \cdots, n, \; j \in J^- \qquad (8.3\text{-}8)$$

8.4 범위 정규화(Range Normalization,

Linear Scale Transformation, Max-Min)

범위 정규화 방법은 선형 최대-최소 무차원 정규화 방법(Linear Max-Min Dimensionless Normalization Method) 중 하나이다. 범위 정규화는 Min-Max 정규화라고 말한다. 식 (8.4-1)~(8.4-2)와 같이 정규화시키면 모든 정규화 대상 데이터는 0~1 사이의 값으로 변환되기 때문에 [0-1] 변환이라고 하기도 한다.

(1) 범위 정규화 방법 1

$$r_{ij} = \frac{x_{ij} - min_i(x_{ij})}{max_i(x_{ij}) - min_i(x_{ij})}$$

$$i = 1, 2, \cdots, m,\ j = 1, 2, \cdots, n,\ j \in J^+ \quad (8.4-1)$$

$$r_{ij} = \frac{max_i(x_{ij}) - x_{ij}}{max_i(x_{ij}) - min_i(x_{ij})} = 1 - \frac{x_{ij} - min_i(x_{ij})}{max_i(x_{ij}) - min_i(x_{ij})}$$

$$i = 1, 2, \cdots, m,\ j = 1, 2, \cdots, n,\ j \in J^- \quad (8.4-2)$$

(2) 범위 정규화 방법 2

$$r_{ij} = \frac{x_{ij}}{max_i(x_{ij}) - min_i(x_{ij})} \quad i = 1, 2, \cdots, m,\ j = 1, 2, \cdots, n,\ j \in J^+ \quad (8.4-3)$$

$$r_{ij} = \frac{x_{ij}}{min_i(x_{ij}) - max_i(x_{ij})} \quad i = 1, 2, \cdots, m,\ j = 1, 2, \cdots, n,\ j \in J^- \quad (8.4-4)$$

(3) 범위 정규화 방법 3

$$r_{ij} = 1 - \left| \frac{max_i(x_{ij}) - x_{ij}}{max_i(x_{ij})} \right| \quad i = 1, 2, \cdots, m,\ j = 1, 2, \cdots, n,\ j \in J^+ \quad (8.4-5)$$

$$r_{ij} = 1 - \left| \frac{min_i(x_{ij}) - x_{ij}}{max_i(x_{ij})} \right| \quad i = 1, 2, \cdots, m,\ j = 1, 2, \cdots, n,\ j \in J^- \quad (8.4-6)$$

(범위 정규화 방법 1)의 장점은 모든 값이 0~1 사이의 값으로 변환된다는 것이지만

단점은 정규화 이후의 값이 정규화 이전의 값과 비율적으로 변환되지 않는다는 것이다. 식 (8.4-1)~(8.4-6)은 대안을 추가하거나 삭제하면 최댓값 또는 최솟값이 변경될 수 있기 때문에 대안의 수가 정규화 결과에 영향을 미치는 문제가 있다. 식 (8.4-3)~(8.4-6)은 정규화 이후 0~1 값을 보장하지 않기 때문에 적절한 선형 및 비선형방법으로 변환하여 사용한다.

범위 정규화의 의미를 명확하게 이해하기 위하여 한국 성인 남성의 키와 아프리카에서 가장 작은 부족으로 알려져 있는 피그미족 성인 남성의 키를 예를 들어 설명해 보면 다음과 같다. 한국 성인 남성 키의 최대치는 185cm, 최소치는 160cm로 알려져 있고 피그미족 성인 남성 키의 최대치는 160cm, 최소치는 140cm로 알려져 있다고 가정하자. 만약 어떤 한국 남성의 키가 168cm라면 이를 한국 남성 키로 범위 정규화를 해보면 0.32로 표현되는데, 이는 최솟값을 0, 최댓값을 1로 했을 때 0.32 정도에 위치하게 된다는 의미이다. 반면, 어떤 피그미족 성인 남성의 키가 156cm라면 피그미족 키로 정규화 해보면 0.8이 되는데, 피그미족 키 중에는 상당히 큰 편에 속한다. 비록 156cm 키의 피그미족 남성이 168cm의 한국 남성의 키보다는 상당히 작은 키이지만 상대적 비율은 오히려 피그미족이 더 클 수가 있다.

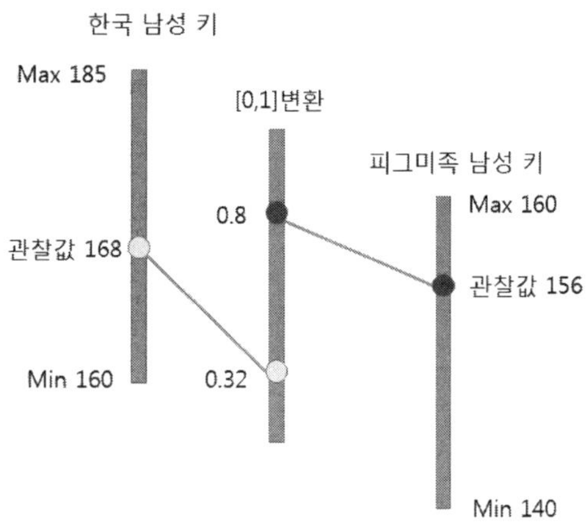

그림 8.5 [0-1] 변환

범위 정규화와 유사한 식 (8.4-7), (8.4-8)과 같은 정규화 방법도 있다.

$$b_{ij} = 1 - \frac{max_i(x_{ij}) - x_{ij}}{\sum_{i=1}^{m}(max_i(x_{ij}) - x_{ij})} \quad i = 1, 2, \cdots, m, \ j = 1, 2, \cdots, n, \ j \in J^+$$

(8.4-7)

$$b_{ij} = 1 - \frac{\frac{1}{x_{ij}}}{\sum_{i=1}^{m}(x_{ij} - min_i(x_{ij}))} \quad i = 1, 2, \cdots, m, \; j = 1, 2, \cdots, n, \; j \in J^- \tag{8.4-8}$$

8.5 Z 정규화(Z Normalization)

Z 정규화는 평균(Mean)과 표준편차(Standard Deviation)를 이용하여 원 자료에서 자료의 평균을 빼고 그것을 표준편차로 나누어 데이터를 정규화하는 방법이다

Benefit Criteria와 Cost Criteria에 해당하는 데이터의 정규화 공식은 식 (8.5-1), (8.5-2)와 같다.

$$z_{ij} = \frac{x_{ij} - \mu_j}{\sigma_j} \quad i = 1, 2, \cdots, m, \; j = 1, 2, \cdots, n, \; j \in J^+ \tag{8.5-1}$$

$$z_{ij} = -\frac{x_{ij} - \mu_j}{\sigma_j} = \frac{\mu_j - x_{ij}}{\sigma_j} \quad i = 1, 2, \cdots, m, \; j = 1, 2, \cdots, n, \; j \in J^- \tag{8.5-2}$$

단, 평균 μ_j와 표준편차 σ_j는 식 (8.5-3)과 같다.

$$\mu_j = \frac{\sum_{i=1}^{m} x_{ij}}{m}, \quad \sigma_j = \sqrt{\frac{\sum_{i=1}^{m}(x_{ij} - \mu_j)^2}{n}} \quad j = 1, 2, \cdots, n \tag{8.5-3}$$

만약 데이터에 이상치(Outlier)가 많이 있을 경우에는 평균값 대신 중간값(Median)을 사용하는 것이 이상치에 덜 민감하다.

8.6 합 기반 무차원 방법(Sum-based Dimensionless Methods)

합 기반 무차원 정규화 방법에는 비중 정규화 방법과 벡터 정규화 방법이 있다. 이 두 방법의 약점은 단위 제거에 있어서의 비효율성이다. 이것은 정규화된 값(x_{ij}, $i = 1, 2, 3, \cdots, m$, $j = 1, 2, 3, \cdots, n$)이 평가기준 함수 $\varphi_{ij} = \alpha r_{ij} + \beta$(여기서 α, β는 정규화 계수)

의 정규화된 값과 다르다는 것이다. 뿐만 아니라, 벡터 정규화의 Benefit criteria 정규화 값과 Cost Criteria 정규화 값은 대칭이 되지 않는다. 비중 정규화 방법과 벡터 정규화 방법에서 대안을 추가하거나 삭제하면 분모의 값이 변경될 수 있기 때문에 대안의 수가 정규화 결과에 영향을 미칠 수 있어서 우선순위의 역전이 발생할 수 있다. 또한, 비중 정규화에서는 의사결정 행렬 값 중에 음수가 있을 때 적용이 불가능하다.

8.6.1 비중 정규화(Linear Scale Transformation Sum)

비중 정규화는 각 데이터를 하나의 평가기준에 해당하는 모든 대안들의 데이터의 합을 계산한 후, Benefit Criteria에서는 각 데이터를 데이터의 합으로 나누고 Cost Criteria에서는 데이터의 역수를 데이터 역수의 합으로 나누어 정규화한다. 비중 정규화된 평가값 d_{ij}는 식 (8.6-1) ~(8.6-2)와 같다.

$$d_{ij} = \frac{x_{ij}}{\sum_{i=1}^{m} x_{ij}} \quad i = 1, 2, \cdots, m, \ j = 1, 2, \cdots, n, \ j \in J^{+} \tag{8.6-1}$$

$$d_{ij} = \frac{\frac{1}{x_{ij}}}{\sum_{i=1}^{m} \frac{1}{x_{ij}}} \quad i = 1, 2, \cdots, m, \ j = 1, 2, \cdots, n, \ j \in J^{-} \tag{8.6-2}$$

8.6.2 벡터 정규화(Vector Normalization)

벡터 정규화는 크기가 다양한 벡터의 크기를 1로 만들어 단위 벡터가 되도록 만드는 것을 말하는데 각 성분을 벡터의 크기로 나누면 벡터 정규화가 된다. Benefit Criteria 벡터 u를 정규화하기 위해서는 u의 크기로 나누면 된다. 만약 벡터가 $u = (x_1, x_2, \cdots, x_n)$ 라면 각 성분을 벡터의 크기인 $\|u\| = \sqrt{x_1^2 + x_2^2 + \cdots + x_n^2}$ 으로 나누어 $\hat{u} = \frac{u}{\|u\|}$ 로 정규화된다. 벡터 정규화 방법은 식 (8.6-3)~(8.6-6)과 같다.

(1) 벡터 정규화 방법 1

$$v_{ij} = \frac{x_{ij}}{\sqrt{\sum_{i=1}^{m} x_{ij}^{2}}} \quad i=1, 2, \cdots, m, \ j=1, 2, \cdots, n, \ j \in J^{+} \qquad (8.6-3)$$

$$v_{ij} = 1 - \frac{x_{ij}}{\sqrt{\sum_{i=1}^{m} x_{ij}^{2}}} \quad i=1, 2, \cdots, m, \ j=1, 2, \cdots, n, \ j \in J^{-} \qquad (8.6-4)$$

(2) 벡터 정규화 방법 2

$$v_{ij} = \frac{x_{ij}}{\sqrt{\sum_{i=1}^{m} x_{ij}^{2}}} \quad i=1, 2, \cdots, m, \ j=1, 2, \cdots, n, \ j \in J^{+} \qquad (8.6-5)$$

$$v_{ij} = 1 - \frac{\frac{1}{x_{ij}}}{\sqrt{\sum_{i=1}^{m} \left(\frac{1}{x_{ij}^{2}} \right)}} \quad i=1, 2, \cdots, m, \ j=1, 2, \cdots, n, \ j \in J^{-} \qquad (8.6-6)$$

예를 들어 벡터가 $u = (1, 2, 3)$이라면 각 성분을 벡터의 크기인 $\sqrt{1^2 + 2^2 + 3^2} = \sqrt{14}$로 나누어 $\hat{u} = \frac{u}{\|u\|} = \left(\frac{1}{\sqrt{14}}, \frac{2}{\sqrt{14},} \frac{3}{\sqrt{14}} \right)$으로 정규화된다.

벡터 (3, 1, 2)는 x, y, z 3차원 공간상에 위치하는 벡터이다. 이 벡터의 크기는 $\sqrt{3^2 + 2^2 + 1^2} = \sqrt{14} = 3.742$가 되며 벡터 정규화 이후의 값은 $\left(\frac{3}{\sqrt{14}}, \frac{1}{\sqrt{14},} \frac{2}{\sqrt{14}} \right)$이 되며 $x = 3.0/3.742 = 0.802$, $y = 1.0/3.742 = 0.267$, $z = 2.0/3.742 = 0.534$로서 벡터

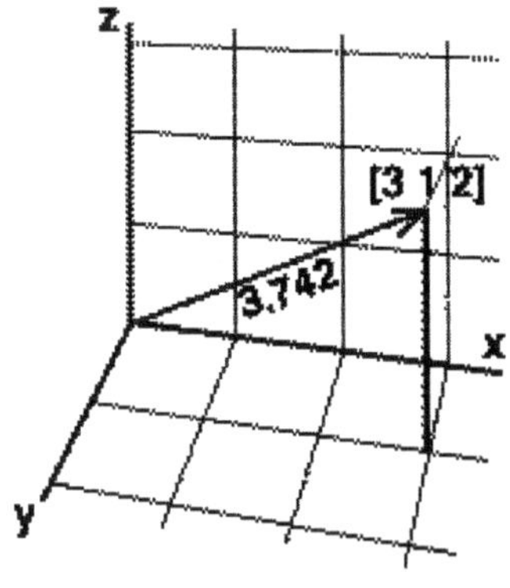

그림 8.6 벡터 정규화 예

의 크기가 1이 되는 단위 벡터가 된다.

만약 벡터가 Cost Criteria $u=(1,2,3)$이라면 각 성분을 벡터의 크기인 $\sqrt{1^2+2^2+3^2}=\sqrt{14}$로 나누어 $1-\hat{u}=1-\frac{u}{\|u\|}=\left(1-\frac{1}{\sqrt{14}}, 1-\frac{2}{\sqrt{14}}, 1-\frac{3}{\sqrt{14}}\right)=(0.733, 0.466, 0.198)$로 정규화된다.

벡터 정규화의 장점은 정규화 이후 모든 평가기준의 단위가 없어진다는 점이다. 따라서 평가기준들 간의 비교를 용이하게 해준다. 그러나 벡터 정규화의 결점은 같은 크기로 정규화되지 않는다는 점이다. 즉, 벡터 정규화는 비선형 정규화 방법이기 때문에 정규화 이후의 값이 정규화 이전의 값과 비율적이지 않다. 그리고 각 평가기준에서 최댓값과 최솟값이 동일하지 않아 직접적인 비교가 어렵다는 단점이 있다. 벡터 정규화는 주로 TOPSIS나 ELECTRE 같은 다속성 의사결정 방법에서 사용된다.

기타 합 기반 무차원 정규화 방법에는 다음과 같은 정규화 방법이 있다. 이러한 방법들도 대안 추가나 삭제에 의한 우선순위 역전현상이 발생할 수 있다.

8.6.3 로그 정규화(Logarithmic Normalization)

로그 정규화 방법은 식 (8.6-7)~(8.6-8)과 같다.

$$a_{ij}=\frac{\ln x_{ij}}{\ln\left(\Pi_{i=1}^{m} x_{ij}\right)} \quad i=1,2,\cdots,m,\ j=1,2,\cdots,n,\ j\in J^{+} \tag{8.6-7}$$

$$a_{ij}=\frac{1-\dfrac{\ln x_{ij}}{\ln\left(\Pi_{i=1}^{m} x_{ij}\right)}}{m-1} \quad i=1,2,\cdots,m,\ j=1,2,\cdots,n,\ j\in J^{-} \tag{8.6-8}$$

8.7 평균 상하 지표를 이용한 정규화

$\bar{x}$를 $x_i\ i=1,2,\cdots,n$의 평균이라고 하고 p를 평균 주변의 지대의 범위를 표현하는 임계값이라고 정의하면 평균 상하를 표시하는 지표는 식 (8.7-1)과 같다.

$$1=\begin{cases} 1 & if\ x_i>\bar{x}+p \\ 0 & if\ \bar{x}-p\le x_i\le \bar{x}+p \\ -1 & if\ x_i<\bar{x}-p \end{cases} \tag{8.7-1}$$

8.8 범주형 데이터 정규화

범주형 데이터를 정규화하는 방법은 각 범주별로 정량적인 값을 부여하는 것이다. 예를 들면 식 (8.8-1)과 같이 범주별 값을 부여할 수 있다. 여기서 P^a는 a Percentile이다.

예)

$$\mathrm{I} = \begin{cases} 0 & if\ \ x > P^{15} \\ 20 & if\ \ P^{15} \le x < P^{25} \\ 40 & if\ \ P^{25} \le x < P^{65} \\ 50 & if\ \ P^{65} \le x < P^{85} \\ 60 & if\ \ P^{85} \le x < P^{95} \\ 100 & if\ \ P^{95} \le x \end{cases} \tag{8.8-1}$$

8.9 정규화 방법의 분류

앞에서 설명한 여러 정규화 방법을 분류해 보면 Linear Normalization과 Non-Linear Normalization으로 구분할 수 있다.

8.9.1 Benefit Criteria에서 Linear Normalization

Benefit Criteria에서 Linear Normalization는 비율 정규화, 범위 정규화, 비중 정규화 등이고 이는 식 (8.9-1)~(8.9-3)과 같다.

$$p_{ij} = \frac{x_{ij}}{max_i(x_{ij})} \quad i = 1, 2, \cdots, m, \ \ j = 1, 2, \cdots, n, \ \ j \in J^+ \tag{8.9-1}$$

$$r_{ij} = \frac{x_{ij} - min_i(x_{ij})}{max_i(x_{ij}) - min_i(x_{ij})} \quad i = 1, 2, \cdots, m, \ \ j = 1, 2, \cdots, n, \ \ j \in J^+ \tag{8.9-2}$$

$$d_{ij} = \frac{x_{ij}}{\sum_{i=1}^{m} x_{ij}} \quad i = 1, 2, \cdots, m, \ \ j = 1, 2, \cdots, n, \ \ j \in J^+ \tag{8.9-3}$$

8.9.2 Benefit Criteria에서 Non-Linear Normalization

Benefit Criteria에서 Non-Linear Normalization은 식 (8.9-4), (8.9-5)와 같이 Z

정규화, 벡터 정규화이다.

$$z_{ij} = \frac{x_{ij} - \mu_j}{\sigma_j} \quad i = 1, 2, \cdots, m, \ \ j = 1, 2, \cdots, n, \ \ j \in J^+ \tag{8.9-4}$$

$$\hat{u} = \frac{u}{\|u\|} \frac{x_{ij}}{\sqrt{\sum_{i=1}^{m} x_{ij}^{\ 2}}} \quad i = 1, 2, \cdots, m, \ \ j = 1, 2, \cdots, n, \ \ j \in J^+ \tag{8.9-5}$$

8.9.3 Cost Criteria에서 Linear Normalization

Cost Criteria에서 Linear Normalization의 대표적인 예는 식 (8.9-6)과 같은 범위 정규화이다.

$$r_{ij} = \frac{max_i(x_{ij}) - x_{ij}}{max_i(x_{ij}) - min_i(x_{ij})} = 1 - \frac{x_{ij} - min_i(x_{ij})}{max_i(x_{ij}) - min_i(x_{ij})}$$

$$i = 1, 2, \cdots, m, \ \ j = 1, 2, \cdots, n, \ \ j \in J^- \tag{8.9-6}$$

8.9.4 Cost Criteria에서 Non-Linear Normalization

Cost Criteria에서 Non-Linear Normalization의 대표적인 예는 식 (8.9-7)과 같은 비율 정규화이다.

$$p_{ij} = \frac{min_i(x_{ij})}{x_{ij}} \quad i = 1, 2, \cdots, m, \ \ j = 1, 2, \cdots, n, \ \ j \in J^- \tag{8.9-7}$$

8.10 다기준 의사결정 기법을 적용하기 위한 정규화 예

P1(Person 1)부터 P5(Person 5)까지 5명의 인원을 대상으로 회사에서 신입사원을 선발하는 문제를 생각해 보자. 회사에서는 C1부터 C7까지 7가지의 평가기준으로 신입사원을 선발하려고 계획 중이다. 평가기준 중에서 C2와 C5는 Cost Criteria에 해당하는 평가기준이고 나머지는 Benefit Criteria이다. 인원과 평가기준에 해당되는 평가값들은 행렬에 표현되어 있다. 또한 각 평가기준의 가중치는 제일 상단 행에 표현되어 있다.

각 정규화 방법으로 정규화시키기 위해 필요한 각 평가기준에 해당되는 최댓값(Max),

최솟값(Min), 합(Sum), 평균(Mean), 표준편차(SD) 등이 하단 행렬에 표현되어 있다.

표 8.1 다기준 의사결정 문제 예

가중치	0.1420	0.1430	0.1421	0.1422	0.1423	0.1400	0.1484
	C1	C2	C3	C4	C5	C6	C7
P1	4	7	3	2	2	2	2
P2	4	4	6	5	3	3	7
P3	7	5	4	2	4	5	3
P4	3	2	6	3	3	2	6
P5	4	2	2	5	5	3	6
max	7	7	6	5	5	5	7
min	3	2	2	2	2	2	2
Sum	22	20	21	17	17	15	24
mean	4.4	4	4.2	3.4	3.4	3	4.8
SD	1.36	1.90	1.60	1.36	1.02	1.10	1.94

먼저 식 (8.3-1)과 (8.3-2)를 적용하여 비율 정규화를 수행해 보면 아래 표와 같다. 비율 정규화된 평가값은 Benefit Criteria에서 최댓값이 1이 되고 최솟값은 정규화하기 이전의 평가값에 따라 달라진다.

표 8.2 비율 정규화 수행 이후 데이터

	C1	C2	C3	C4	C5	C6	C7
P1	0.571	0.286	0.500	0.400	1.000	0.400	0.286
P2	0.571	0.500	1.000	1.000	0.667	0.600	1.000
P3	1.000	0.400	0.667	0.400	0.500	1.000	0.429
P4	0.429	1.000	1.000	0.600	0.667	0.400	0.857
P5	0.571	1.000	0.333	1.000	0.400	0.600	0.857

식 (8.4-1)과 (8.4-2)를 적용한 범위 정규화된 평가값은 항상 최솟값이 0이 되고 최대 1이 되는 것을 알 수 있다.

표 8.3 범위 정규화 수행 이후 데이터

	C1	C2	C3	C4	C5	C6	C7
P1	0.250	0.000	0.250	0.000	1.000	0.000	0.000
P2	0.250	0.600	1.000	1.000	0.667	0.333	1.000
P3	1.000	0.400	0.500	0.000	0.333	1.000	0.200
P4	0.000	1.000	1.000	0.333	0.667	0.000	0.800
P5	0.250	1.000	0.000	1.000	0.000	0.333	0.800

식 (8.6-1)과 (8.6-2)를 적용하여 비중 정규화되고 난 이후의 평가값은 정규화되기 이전의 평가값을 전체 평가값의 합으로 나눈 것이기 때문에 항상 0보다는 크고 1보다는 작은 값이 된다.

표 8.4 비중 정규화 수행 이후 데이터

	C1	C2	C3	C4	C5	C6	C7
P1	0.182	0.090	0.143	0.118	0.309	0.133	0.083
P2	0.182	0.157	0.286	0.294	0.206	0.200	0.292
P3	0.318	0.126	0.190	0.118	0.155	0.333	0.125
P4	0.136	0.314	0.286	0.176	0.206	0.133	0.250
P5	0.182	0.314	0.095	0.294	0.124	0.200	0.250

Z 정규화는 모든 속성을 평균 0, 표준편차 1로 하는 공통된 척도로 만든다. 평균이 0이라는 점은 속성의 차이로 기인하는 통합의 왜곡을 회피할 수 있는 장점이 있다.

표 8.5 Z 정규화 수행 이후 데이터

	C1	C2	C3	C4	C5	C6	C7
P1	−0.295	−1.581	−0.750	−1.032	1.373	−0.913	−1.444
P2	−0.295	0.000	1.125	1.180	0.392	0.000	1.135
P3	1.917	−0.527	−0.125	−1.032	−0.588	1.826	−0.928
P4	−1.032	1.054	1.125	−0.295	0.392	−0.913	0.619
P5	−0.295	1.054	−1.375	1.180	−1.569	0.000	0.619

벡터 정규화되고 난 이후의 평가값 벡터는 단위벡터가 된다.

표 8.6 벡터 정규화 수행 이후 데이터

	C1	C2	C3	C4	C5	C6	C7
P1	0.389	0.293	0.299	0.244	0.748	0.280	0.173
P2	0.389	0.596	0.597	0.611	0.622	0.420	0.605
P3	0.680	0.495	0.398	0.244	0.496	0.700	0.259
P4	0.291	0.798	0.597	0.367	0.622	0.280	0.518
P5	0.389	0.798	0.199	0.611	0.370	0.420	0.518

9장

가중치(Weight) 설정방법

가중치는 다기준 의사결정 방법에서 가장 핵심적인 역할을 하는 요소 중 하나이다. 가중치에 따라 가장 우수한 대안이 변경되는 경우는 아주 흔한 일이다. 따라서 평가기준의 가중치를 어떻게 정하는가 하는 것은 대단히 중요한 일이다. 여기에서는 가중치를 구하는 다양한 방법에 대해 설명한다.

가중치를 구하는 방법은 여러 가지가 있다. 우선 가장 간단한 방법은 각 평가기준의 우선순위만 가지고 있다면 이 우선순위를 가지고 가중치를 산출할 수 있다. 물론 우선순위는 전문가 집단의 의견을 수렴하여 구할 수도 있고 분석가의 주관에 의해 설정할 수도 있다.

9.1 Rank Sum(RS) Method

Rank Sum 가중치는 식 (9-1)과 같이 각 순위를 전체 순위의 합으로 나누어 구한다. $w_i(RS)$는 Rank Sum으로 구한 i번째 순위의 가중치이다.

$$w_i(RS) = \frac{(n+1-i)}{n(n+1)/2} \quad i = 1, 2, \cdots, n \tag{9-1}$$

여기서 n은 우선순위를 부여한 평가기준의 수이고 i는 우선순위이다. 예를 들어 5개 평가기준의 가중치는 다음과 같고 평가기준의 수에 따라 가중치는 아래와 같이 구해진다.

$$W_1(RS) = \frac{(5+1-1)}{5(5+1)/2} = 0.3333$$

$$W_2(RS) = \frac{(5+1-2)}{5(5+1)/2} = 0.2667$$

$$W_3(RS) = \frac{(5+1-3)}{5(5+1)/2} = 0.2000$$

$$W_4(RS) = \frac{(5+1-4)}{5(5+1)/2} = 0.1333$$

$$W_5(RS) = \frac{(5+1-5)}{5(5+1)/2} = 0.0667$$

RS 가중치

순위	2	3	4	5	6	7	8	9	10
					평가기준 수				
1	0.6667	0.5000	0.4000	0.3333	0.2857	0.2500	0.2222	0.2000	0.1818
2	0.3333	0.3333	0.3000	0.2667	0.2381	0.2143	0.1944	0.1778	0.1636
3		0.1667	0.2000	0.2000	0.1905	0.1786	0.1667	0.1556	0.1455
4			0.1000	0.1333	0.1429	0.1429	0.1389	0.1333	0.1273
5				0.0667	0.0952	0.1071	0.1111	0.1111	0.1091
6					0.0476	0.0714	0.0833	0.0889	0.0909
7						0.0357	0.0556	0.0667	0.0727
8							0.0278	0.0444	0.0545
9								0.0222	0.0364
10									0.0182

그림 9.1 1~10 순위의 RS 가중치

그림 9.1에서는 평가기준 수에 따른 각 순위의 가중치가 제시되어 있다. 평가기준의 수는 2~10까지 나와 있고 순위는 평가기준들의 우선순위다. 예를 들어 평가기준이 3개인 경우 첫 번째 우선순위 평가기준의 가중치는 0.5가 되고 두 번째 우선순위를 받은 평가기준의 가중치는 0.3333이 되며 세 번째 우선순위 평가기준의 가중치는 0.1667이 되고 이들의 합은 1이 된다.

9.2 Rank Reciprocal(RR) Method

Rank Reciprocal 가중치를 구하는 공식은 식 (9-2)와 같다. 여기서 i는 대안이다. 즉 대안이 n개 있고 각 대안에 부여된 우선순위가 1부터 n까지 있을 때 아래 공식을 이용하여 가중치를 계산한다.

$$w_i(RR) = \frac{\frac{1}{i}}{\sum_{j=1}^{n} \frac{1}{j}} \quad i = 1, 2, \cdots, n \tag{9-2}$$

예를 들어 5개 평가기준의 가중치는 다음과 같고, 평가기준의 수에 따라 가중치는 아래와 같이 구해진다.

$$w_1(RR) = \frac{1/1}{\left(1+\frac{1}{2}+\frac{1}{3}+\frac{1}{4}+\frac{1}{5}\right)} = 0.4379$$

$$w_2(RR) = \frac{1/2}{\left(1+\frac{1}{2}+\frac{1}{3}+\frac{1}{4}+\frac{1}{5}\right)} = 0.2190$$

$$w_3(RR) = \frac{1/3}{\left(1+\frac{1}{2}+\frac{1}{3}+\frac{1}{4}+\frac{1}{5}\right)} = 0.1460$$

$$w_4(RR) = \frac{1/4}{\left(1+\frac{1}{2}+\frac{1}{3}+\frac{1}{4}+\frac{1}{5}\right)} = 0.1095$$

$$w_5(RR) = \frac{1/5}{\left(1+\frac{1}{2}+\frac{1}{3}+\frac{1}{4}+\frac{1}{5}\right)} = 0.0876$$

그림 9.2는 평가기준의 수가 2~10일 때 각 우선순위에 따른 가중치를 RR 방법으로 구한 것이다.

RR 가중치

	평가기준 수								
	2	3	4	5	6	7	8	9	10
순위									
1	0.6667	0.5455	0.4800	0.4379	0.4082	0.3857	0.3679	0.3535	0.3414
2	0.3333	0.2727	0.2400	0.2190	0.2041	0.1928	0.1840	0.1767	0.1707
3		0.1818	0.1600	0.1460	0.1361	0.1286	0.1226	0.1178	0.1138
4			0.1200	0.1095	0.1020	0.0964	0.0920	0.0884	0.0854
5				0.0876	0.0816	0.0771	0.0736	0.0707	0.0682
6					0.0680	0.0643	0.0613	0.0589	0.0569
7						0.0551	0.0525	0.0505	0.0488
8							0.0460	0.0442	0.0427
9								0.0393	0.0379
10									0.0341

그림 9.2 1~10 순위의 RR 가중치

9.3 Rank Order Centroid(ROC) Method

Rank Order Centroid 가중치를 구하는 공식은 식 (9-3)과 같다. 평가기준의 가중치는 해당 평가기준 우선순위부터 평가기준 수까지의 역수의 합을 구하고 평가기준 수로 나눈다.

$$W_i(ROC) = \frac{\sum_{j=1}^{n}\left(\frac{1}{j}\right)}{n} \quad i = 1,\ 2,\ \cdots,\ n \tag{9-3}$$

예를 들어 평가기준이 5개가 있고 1번부터 5번까지 우선순위를 부여 받았다면 각 우선순위를 부여 받은 평가기준의 가중치는 아래와 같이 구한다.

$$w_1(ROC) = \frac{1}{5}\left(1 + \frac{1}{2} + \frac{1}{3} + \frac{1}{4} + \frac{1}{5}\right) = 0.4567$$

$$w_2(ROC) = \frac{1}{5}\left(\frac{1}{2} + \frac{1}{3} + \frac{1}{4} + \frac{1}{5}\right) = 0.2567$$

$$w_3(ROC) = \frac{1}{5}\left(\frac{1}{3} + \frac{1}{4} + \frac{1}{5}\right) = 0.1567$$

$$w_4(ROC) = \frac{1}{5}\left(\frac{1}{4} + \frac{1}{5}\right) = 0.0900$$

$$w_5(ROC) = \frac{1}{5}\left(\frac{1}{5}\right) = 0.0400$$

이 방법으로 구한 가중치는 그림 9.3과 같다.

ROC 가중치

	평가기준 수								
	2	3	4	5	6	7	8	9	10
순위									
1	0.7500	0.6111	0.5208	0.4567	0.4083	0.3704	0.3397	0.3143	0.2929
2	0.2500	0.2778	0.2708	0.2567	0.2417	0.2276	0.2147	0.2032	0.1929
3		0.1111	0.1458	0.1567	0.1583	0.1561	0.1522	0.1477	0.1429
4			0.0625	0.0900	0.1028	0.1085	0.1106	0.1106	0.1096
5				0.0400	0.0611	0.0728	0.0793	0.0828	0.0846
6					0.0278	0.0442	0.0543	0.0606	0.0646
7						0.0204	0.0334	0.0421	0.0479
8							0.0156	0.0262	0.0336
9								0.0123	0.0211
10									0.0100

그림 9.3 1~10 순위의 ROC 가중치

9.4 Rank Order Distribution(ROD) Method

Rank Order Distribution 방법은 직접 평가로부터 명확한 가중치를 얻을 수 있다고 생각하는 가중치 근사방법이다. 이 방법에서는 가장 중요하다고 생각하는 평가기준 가중치를 100으로 두고 다른 평가기준의 가중치는 이를 고려하여 상대적으로 중요성을 평가한다. 각 평가기준들에 대한 가중치를 구한 다음 가중치의 합이 1이 되도록 정규화하면 된다. 가장 우선순위가 높은 평가기준을 100으로 두면 두 번째 우선순위가 높은 평가기준은 0보다는 크고 100 이하가 되며, 세 번째 우선순위가 높은 평가기준은 0보다 크고 두 번째 우선순위가 높은 평가기준 이하가 된다.

$$w_1^* = 100, \quad 0 < w_2^* \leq 100, \quad 0 < w_3^* \leq w_2^*$$

일반적으로 $0 < w_i^* \leq w_{i-1}^* (where\ i \neq 1)$이 된다. ROD는 의사결정자에 따라 다른 결과를 산출할 수 있다. 그림 9.4는 어떤 의사결정자가 ROD에 의해 구한 가중치의 예이다.

ROD 가중치

순위 \ 평가기준 수	2	3	4	5	6	7	8	9	10
1	0.6932	0.5232	0.4180	0.3471	0.2966	0.2590	0.2292	0.2058	0.1867
2	0.3068	0.3240	0.2986	0.2686	0.2410	0.2174	0.1977	0.1808	0.1667
3		0.1528	0.1912	0.1955	0.1884	0.1781	0.1672	0.1565	0.1466
4			0.0922	0.1269	0.1387	0.1406	0.1375	0.1332	0.1271
5				0.0619	0.0908	0.1038	0.1084	0.1095	0.1081
6					0.0445	0.0679	0.0805	0.0867	0.0893
7						0.0334	0.0531	0.0644	0.0709
8							0.0263	0.0425	0.0527
9								0.0211	0.0349
10									0.0173

그림 9.4 1~10 순위의 ROD 가중치 (예)

가중치의 참값에 대한 불확실성은 가중치의 참값이 균등분포(Uniform Distribution)를 따른다고 가정한다는 것으로 표현된다. 일반적 문제의 ROD 가중치를 결정하기 위해서는 정규화 이전의 가정으로부터 정규화된 가중치의 확률분포를 고려하는 것이 필요하다.

9.5 Rank Exponent(RE) Method

Rank Exponent 가중치는 Exponent의 값에 의해 가중치 값이 변화하는데 식 (9-4)로 가중치를 구한다.

$$w_i(RE) = \frac{(n-i+1)^z}{\sum_{j=1}^{n}(n-j+1)^z} \quad i = 1, 2, \cdots, n \tag{9-4}$$

여기서 z는 가중치의 분산정도

1~5의 우선순위를 가지는 5가지 평가기준에 대해 Exponent z가 0, 0.5, 1, 2, 3,⋯, 10일 때 구한 가중치는 표 9.1과 같다. Exponent가 0일 때는 동일 가중치(Equal Weight)가 되며 Exponent가 클수록 우선순위가 높은 평가기준에 가중치가 높게 부여된다.

표 9.1 Exponent에 따른 1~5 순위의 RE 가중치

순위 \ Exponent(z)	0	0.5	1	2	3	….	10
1	0.2	0.27	0.33	0.45	0.56	….	0.90
2	0.2	0.24	0.27	0.29	0.29	….	0.10
3	0.2	0.21	0.20	0.16	0.12	….	0.00
4	0.2	0.17	0.13	0.08	0.03	….	0.00
5	0.2	0.11	0.07	0.02	0.00	….	0.00
합계	1	1	1	1	1		1

10개 평가기준에 대한 Rank Sum(RS), Rank Order Centroid(ROC), Rank Order Distribution(ROD), Rank Reciprocal(RR)로 구한 가중치를 비교하면 그림 9.5와 같다. RS과 ROD 가중치는 비슷한 모습을 보이고 ROC는 첫 번째 우선순위가 다른 기법에 대해 큰 편이고 4 이하의 우선순위의 가중치는 RS이나 ROD보다는 낮은 수준이다. RR에 의한 가중치는 우선순위가 높은 항목은 다른 방법에 의한 것보다 큰 가중치를 부여하나 순위가 떨어질수록 다른 가중치 부여 방법보다 상대적으로 작아지다가 9순위부터 다시 다른 방법에 의한 가중치보다 커진다.

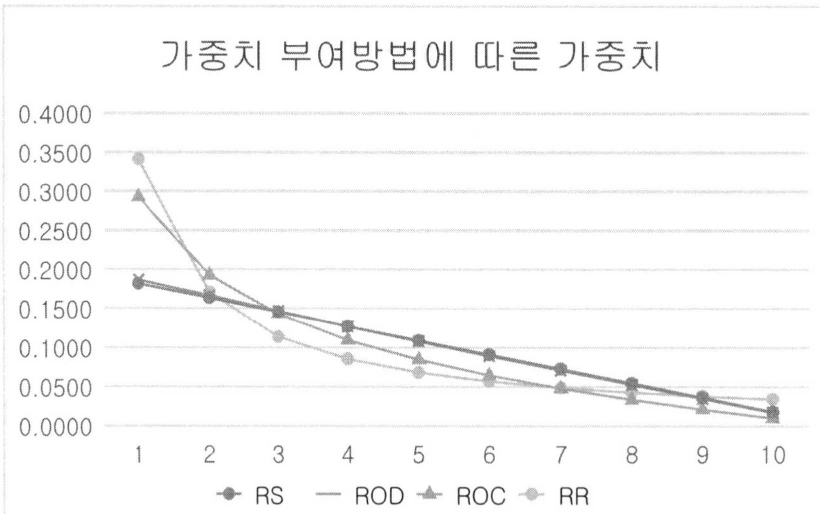

그림 9.5 가중치 부여 방법 비교

9.6 Churchman-Ackoff Method

Churchman-Ackoff 가중치 부여 방법 역시 항목의 우선순위만 가지고 있을 때 각 항목의 가중치를 부여하는 방법이다. 이 방법에서는 우선순위를 역순으로 다시 정렬한 다음 가중치를 평가한다. 즉, 가장 중요하다고 생각하는 우선순위에 n을 부여하고 우선순위가 가장 낮은 것에 1을 부여한 다음 시작한다. 이렇게 하는 이유는 가장 우선순위가 높은 항목에 부여하는 가중치를 크게 하기 위해서이다.

Churchman-Ackoff 가중치 부여 방법은 식 (9-5)와 같은 공식으로 결정한다. w_i는 역으로 정렬한 i번째 순위의 가중치이고 n은 전체 항목의 수이다.

$$w_i = \frac{i}{\sum_{i=1}^{n} i} = \frac{2i}{n(n+1)} \quad i = 1, 2, \cdots, n \tag{9-5}$$

예를 들어 5개의 항목에 대해 각각 가중치를 구해보면 다음과 같다.

$$w_1 = \frac{1}{\sum_{i=1}^{5} i} = \frac{2 \times 1}{5(5+1)} = 0.067$$

$$w_2 = \frac{2}{\sum_{i=1}^{5} i} = \frac{2 \times 2}{5(5+1)} = 0.113$$

$$w_3 = \frac{3}{\sum_{i=1}^{5} i} = \frac{2 \times 3}{5(5+1)} = 0.2$$

$$w_4 = \frac{4}{\sum_{i=1}^{5} i} = \frac{2 \times 4}{5(5+1)} = 0.267$$

$$w_5 = \frac{5}{\sum_{i=1}^{5} i} = \frac{2 \times 5}{5(5+1)} = 0.333$$

가장 우선순위가 높은 항목의 가중치는 0.333이 되고 두 번째 우선순위가 높은 항목은 0.267이 된다. 각 가중치의 합은 자동적으로 1이 된다.

9.7 Revised Churchman-Ackoff Method

Churchman-Ackoff 가중치 부여 방법은 의사결정자 1명이 각 항목에 대해 우선순위를 설정했을 때 가중치를 구하는 방법이나 수정 Churchman-Ackoff 가중치 부여 방법은 다수의 의사결정자가 참여하여 각 항목에 대해 우선순위를 매겼을 때 이를 종합하여 하나의 가중치로 설정하는 방법이다.

R_{jk}를 항목 j에 대하여 의사결정자 k가 할당한 우선순위라고 하면 Churchman-Ackoff 가중치 부여방법에 따르면 의사결정자 k가 항목 j에 부여한 가중치는 식 (9-6)과 같다.

$$w_{jk} = \frac{2R_{jk}}{n(n+1)} \quad j=1, 2, \cdots, n, \ \ k=1, 2, \cdots, m \tag{9-6}$$

의사결정자는 m명이 있으므로 이들의 우선순위를 종합하여 하나의 우선순위로 결정하는 공식은 아래와 같으며 m명이 결정한 산술평균과 같다.

$$w_j = \frac{1}{m}\Sigma_{k=1}^{m} w_{jk} = \frac{2\Sigma_{k=1}^{m} R_{jk}}{m \times n(n+1)} \quad j=1, 2, \cdots, n$$

예를 들어 3명의 의사결정자가 3개의 항목에 대해 다음과 같은 우선순위를 매겼다고 해보자. 의사결정자 B가 매긴 우선순위는 '나' 항목이 가장 중요하고 '가' 항목이 그 다음 중요하며 '다' 항목이 가장 덜 중요하다는 것이다.

표 9.2 Revised Churchman-Ackoff 방법 예

의사결정자 \ 항목	가	나	다
A	1	2	3
B	2	1	3
C	3	2	1

계산 편의상 의사결정자 'A', 'B', 'C'를 '1', '2', '3'으로 두고 항목 '가', '나', '다'를 '1', '2', '3'으로 Index를 변경시켜 두고 k 평가자가 j 항목에 대한 우선순위 R_{jk}를 확인해 보면 다음과 같다.

$$R_{11} = 1, \ \ R_{21} = 2, \ \ R_{31} = 3$$

$$R_{12} = 2,\ R_{22} = 1,\ R_{32} = 3$$

$$R_{13} = 3,\ R_{23} = 2,\ R_{33} = 1$$

3명의 평가자가 3개의 항목에 대한 우선순위를 매긴 정보를 종합하여 Churchman-Ackoff 가중치 부여 방법의 공식은 $w_{jk} = \frac{2R_{jk}}{n(n+1)}$이므로 이를 계산하면 다음과 같다.

$$w_{11} = \frac{2\times 1}{3(3+1)} = \frac{1}{6} \quad w_{21} = \frac{2\times 2}{3(3+1)} = \frac{1}{3} \quad w_{31} = \frac{2\times 3}{3(3+1)} = \frac{1}{2}$$

$$w_{12} = \frac{2\times 2}{3(3+1)} = \frac{1}{3} \quad w_{22} = \frac{2\times 1}{3(3+1)} = \frac{1}{6} \quad w_{32} = \frac{2\times 3}{3(3+1)} = \frac{1}{2}$$

$$w_{13} = \frac{2\times 3}{3(3+1)} = \frac{1}{2} \quad w_{23} = \frac{2\times 2}{3(3+1)} = \frac{1}{3} \quad w_{33} = \frac{2\times 1}{3(3+1)} = \frac{1}{6}$$

최종적으로 각 평가자들이 평가한 가중치의 산술평균을 구하면 각 항목의 가중치는 다음과 같다.

$$w_1 = \frac{w_{11} + w_{12} + w_{13}}{3} = \frac{\frac{1}{6} + \frac{1}{3} + \frac{1}{2}}{3} = \frac{1}{3}$$

$$w_2 = \frac{w_{21} + w_{22} + w_{23}}{3} = \frac{\frac{1}{3} + \frac{1}{6} + \frac{1}{3}}{3} = \frac{5}{18}$$

$$w_3 = \frac{w_{31} + w_{32} + w_{33}}{3} = \frac{\frac{1}{2} + \frac{2}{2} + \frac{1}{6}}{3} = \frac{7}{18}$$

9.8 Scoring Method

Scoring Method은 각 평가자가 항목에 대해 순위를 매기는 것이 아니라 점수를 부여하는 방법이다. 즉, 1, 2, 3, ⋯, n의 순위가 아니라 0~10점 등 점수를 부여하였을 때 가중치를 결정하는 방법이다. 여기서 더 중요한 항목일수록 높은 점수를 부여한다. r_{jk}를 평가기준 $j(j=1, 2, 3, \cdots, n)$에 대하여 다수의 의사결정자 $k(k=1, 2, 3, \cdots, m)$가 부여한 평점이라고 하고 평점 방법에 의한 가중치 결정방법에 따르면 의사결정자 k가 항목 j에 부여한 가중치는 식 (9-7)과 같다.

$$w_{jk} = \frac{r_{jk}}{\sum_{j=1}^{n} r_{jk}} \quad j = 1, 2, \cdots, n, \ k = 1, 2, \cdots, m \tag{9-7}$$

식 (9-7)의 의미는 k 평가자가 j 항목에 부여한 가중치는 k 평가자가 모든 항목에 부여한 점수와 k 평가자가 j 평가항목에 준 점수의 비율이라는 것이다. 최종적으로 j 항목의 가중치는 모든 평가자들이 모든 항목에 부여한 가중치의 합과 모든 평가자들이 부여한 j 항목에 대한 가중치와 비율이다. 식 (9-7)을 다시 정리하면 식 (9-8)과 같이 된다.

$$w_j = \frac{\sum_{k=1}^{m} w_{jk}}{\sum_{j=1}^{n} \sum_{k=1}^{m} w_{jk}} \quad j = 1, 2, \cdots, n \tag{9-8}$$

예를 들어 3명의 의사결정자가 3개의 항목에 대해 다음과 같은 점수를 매겼다고 해보자. 의사결정자 B가 '가' 항목에는 3점, '나' 항목에는 4점, 그리고 '다' 항목에는 5점을 주었다.

표 9.3 의사결정자가 항목에 부여한 점수

의사결정자 \ 항목	가	나	다
A	5	7	10
B	3	4	5
C	2	4	6

계산 편의상 의사결정자 'A', 'B', 'C'를 '1', '2', '3'으로 두고 평가항목 '가', '나', '다'를 '1', '2', '3'으로 Index를 변경시켜 두고 k 평가자의 j 항목에 대한 점수 r_{jk}를 확인해 보면 다음과 같다.

$$r_{11} = 5, \ r_{21} = 7, \ r_{31} = 10$$

$$r_{12} = 3, \ r_{22} = 4, \ r_{32} = 5$$

$$r_{13} = 2, \ r_{23} = 4, \ r_{33} = 6$$

그러면 k 평가자가 j 평가항목에 대해 부여한 가중치는 식 (9-9)로 구할 수 있다.

$$w_{jk} = \frac{r_{jk}}{\sum_{j=1}^{n} r_{jk}} \quad j=1,\ 2,\ \cdots,\ n,\ \ k=1,\ 2,\ \cdots,\ m \tag{9-9}$$

이를 계산하면 다음과 같다.

$$w_{11} = \frac{5}{(5+7+10)} = \frac{5}{22} \quad w_{21} = \frac{7}{(5+7+10)} = \frac{7}{22} \quad w_{31} = \frac{10}{(5+7+10)} = \frac{10}{22}$$

$$w_{12} = \frac{3}{(3+4+5)} = \frac{3}{12} \quad w_{22} = \frac{4}{(3+4+5)} = \frac{4}{12} \quad w_{32} = \frac{5}{(3+4+5)} = \frac{5}{12}$$

$$w_{13} = \frac{2}{(2+4+6)} = \frac{2}{12} \quad w_{23} = \frac{4}{(2+4+6)} = \frac{4}{12} \quad w_{33} = \frac{6}{(2+4+6)} = \frac{6}{12}$$

다음으로 각 항목의 가중치는 전체 k 평가자가 j 평가항목에 부여한 가중치를 합하고 각 평가항목 가중치의 합과 비율로 식 (9-10)과 같이 구한다.

$$w_j = \frac{\sum_{k=1}^{m} w_{jk}}{\sum_{j=1}^{n} \sum_{k=1}^{m} w_{jk}} \quad j=1,\ 2,\ \cdots,\ n \tag{9-10}$$

$$w_1 = \frac{w_{11}+w_{12}+w_{13}}{3} = \frac{\frac{5}{22}+\frac{3}{12}+\frac{2}{12}}{3} = \frac{85}{396}$$

$$w_2 = \frac{w_{21}+w_{22}+w_{23}}{3} = \frac{\frac{7}{22}+\frac{4}{12}+\frac{4}{12}}{3} = \frac{130}{396}$$

$$w_3 = \frac{w_{31}+w_{32}+w_{33}}{3} = \frac{\frac{10}{22}+\frac{5}{12}+\frac{6}{12}}{3} = \frac{181}{396}$$

9.9 Resistance to Change Method

Resistance to Change Method는 두 평가기준을 쌍대비교하여 어느 것이 우월한지를 나타내는 행렬을 구하고 Resistance to Change 행렬로부터 가중치를 구하는 방법이다.

평가기준 i와 $j(i \neq j)$를 비교 시 평가기준 i가 평가기준 j에 대하여 변화에 저항적이라면 의사결정자는 평가기준 i가 평가기준 j보다 상대적으로 더 중요하다고 생각할 수 있다.

예를 들어 다음과 같은 평가기준을 생각해 보자. 각 평가기준 쌍별비교를 통해 R, C, I를 평가한다. (i, j) 쌍이 R로 평가되었다면 평가기준 i가 j보다 더 중요하다고 생각할 수 있다. 반대로 (i, j) 쌍이 C로 평가되었다면 평가기준 j가 i보다 더 중요하다고 생각할 수 있다. I라고 표시된 것의 의미는 두 평가기준 간에 차이가 없다는 표현이다. 대안의 비교 횟수는 ${}_8C_2=28$회이지만 동등한 평가를 받은 I가 1개 있기 때문에 평가횟수는 27회로 계산한다.

n을 평가기준의 수라고 하면 k 평가기준의 가중치는 식 (9-11)과 같이 계산된다.

$$w_k = \frac{(\sum R + \sum C)}{n} \quad k = 1, 2, \cdots, n \tag{9-11}$$

표 9.4 평가기준 간 Resistance to Change

평가기준	C1	C2	C3	C4	C5	C6	C7	C8	ΣR	$\Sigma R + \Sigma C$	가중치 (w_i)	순위
C1	-	R	R	R	R	R	R	R	7	7	0.259	1
C2		-	R	R	R	R	R	R	6	6	0.222	2
C3			-	C	R	C	C	C	1	1	0.037	6
C4				-	R	I	R	C	3	3	0.111	4
C5					-	C	R	C	1	1	0.037	6
C6						-	R	C	1	3	0.111	4
C7							-	C	0	1	0.037	6
C8								-	0	5	0.185	3
	0	0	0	1	0	2	1	5		비교횟수 =27	1	

9.10 Eigen Vector Method

의사결정자는 대안들 간의 중요성을 쌍대비교 행렬 A로 다음과 같이 나타낼 수 있다. 대안의 수가 n개라면 총 비교해야 할 횟수는 ${}_nC_2 = n(n-1)/2$번이 된다.

$$A = \begin{pmatrix} 1 & a_{12} & \cdots & a_{1n} \\ a_{21} & 1 & \cdots & a_{2n} \\ \vdots & \vdots & \ddots & \vdots \\ a_{n1} & a_{n2} & \cdots & 1 \end{pmatrix}$$

A를 쌍대비교 행렬이라 하고 W를 대안의 중요성을 나타내는 $(w_1, w_2, \cdots, w_n)^T$인 가중치 벡터라고 하자. 그러면 첫 번째 평가항목의 가중치를 w_1, 두 번째 평가항목의 가중치를 w_2, n번째 평가항목의 가중치를 w_n으로 표현 가능하고 쌍대비교 행렬 A의 의미는 아래와 같이 표현할 수 있다. 즉 $\frac{w_1}{w_2}$의 의미는 두 번째 평가항목의 가중치와 첫 번째 평가항목의 가중치의 비율이다.

$$A = \begin{pmatrix} \frac{w_1}{w_1} & \frac{w_1}{w_2} & \cdots & \frac{w_1}{w_n} \\ \frac{w_2}{w_1} & \frac{w_2}{w_2} & \cdots & \frac{w_2}{w_n} \\ \vdots & \vdots & \ddots & \vdots \\ \frac{w_n}{w_1} & \frac{w_n}{w_2} & \cdots & \frac{w_n}{w_n} \end{pmatrix}$$

A는 완전한 일관성(Perfect Consistency)를 갖춘, 즉 모든 i, j, k에 대해 $a_{ij} = a_{ik}a_{kj}$가 성립하는 정방행렬이 된다. 이 행렬은 모든 원소가 양수인 역수행렬이다. 역수행렬은 식 (9-12)의 성질을 가지고 있다.

$$a_{ij} = 1/a_{ji}, \quad a_{ij} = a_{ik}/a_{jk} \tag{9-12}$$

그러면 행렬 A와 가중치 벡터 W의 곱 AW는 다음과 같다.

$$AW = \begin{pmatrix} \frac{w_1}{w_1} & \frac{w_1}{w_2} & \cdots & \frac{w_1}{w_n} \\ \frac{w_2}{w_1} & \frac{w_2}{w_2} & \cdots & \frac{w_2}{w_n} \\ \vdots & \vdots & \ddots & \vdots \\ \frac{w_n}{w_1} & \frac{w_n}{w_2} & \cdots & \frac{w_n}{w_n} \end{pmatrix} \begin{pmatrix} w_1 \\ w_2 \\ \vdots \\ w_n \end{pmatrix} = \begin{pmatrix} nw_1 \\ nw_2 \\ \vdots \\ nw_n \end{pmatrix} = n \begin{pmatrix} w_1 \\ w_2 \\ \vdots \\ w_n \end{pmatrix} = nW$$

$a_{ij} = a_{ik}/a_{jk}$의 성질 때문에 $(AW - n\mathrm{I})W = 0$와 같은 선형식이 성립한다. 일반적으로 $\frac{w_i}{w_j}(i, j = 1, 2, \cdots, n)$는 정확히 알지 못하고 추정되어야 하는 값으로 의사결정자가 판단

하는 값이기 때문에 인간의 인지적 오차를 포함할 수 있다. 의사결정자가 판단한 A 쌍대비교 행렬을 A'라고 하고 여기에 해당하는 가중치 벡터를 W'라고 하면 $A'W' = \lambda_{max} W'$이다. 여기서 λ_{max}는 A'의 가장 큰 Eigen Value이다. 그렇다면 $(A'W' - \lambda_{max}\mathrm{I})W' = 0$ 선형식을 풀어서 W'를 구할 수 있다.

다음과 같은 쌍대비교 행렬의 가중치를 구해 보자.

$$A' = \begin{bmatrix} 1 & 1/3 & 1/2 \\ 3 & 1 & 3 \\ 2 & 1/3 & 1 \end{bmatrix}$$

$$\det(A' - \lambda\mathrm{I}) = \begin{bmatrix} 1-\lambda & 1/3 & 1/2 \\ 3 & 1-\lambda & 3 \\ 2 & 1/3 & 1-\lambda \end{bmatrix} = 0$$

A'의 가장 큰 Eigen Value $\lambda_{max} = 3.0536$이므로

$$\begin{bmatrix} -2.0536 & 1/3 & 1/2 \\ 3 & -2.0536 & 3 \\ 2 & 1/3 & -2.0536 \end{bmatrix} \begin{pmatrix} w_1' \\ w_2' \\ w_3' \end{pmatrix} = \begin{pmatrix} 0 \\ 0 \\ 0 \end{pmatrix}$$

$w_1' + w_2' + w_3' = 1$이라는 정규화 제약식을 추가하여 선형식을 풀면

$$\begin{pmatrix} w_1' \\ w_2' \\ w_3' \end{pmatrix} = \begin{pmatrix} 0.1571 \\ 0.5936 \\ 0.2493 \end{pmatrix}$$

와 같이 가중치를 추정할 수 있다. 자세한 내용은 이 책의 15장에 기술된 AHP 방법을 참고하라.

9.11 Weighted Least Square Method

Eigen Vector Method에서 정의한 것을 준용하면 쌍대비교 행렬의 원소 a_{ij}는 식 (9-13)과 같이 w_i와 w_j의 비율 추정치이다.

$$a_{ij} \simeq \frac{w_i}{w_j} \tag{9-13}$$

이 비율 추정치의 오차를 최소화하기 위해 오차제곱의 합을 최소화하는 수리계획모형을 구성하면 아래의 (WLSM)과 같다. 식 (9-14)와 같이 가중치를 정규화하는 제약식을 둔다.

(WLSM)

$$\min z = \Sigma_{i=1}^{n}\Sigma_{j=1}^{n}(a_{ij}w_j - w_i)^2$$

$$\text{s.t } \Sigma_{i=1}^{n} w_i = 1 \qquad (9\text{-}14)$$

z를 최소화하는 방법론으로 Lagrangian Multiplier 방법을 사용하기 위해 식 (9-15)와 같이 Lagrangian 함수를 구성한다.

$$L = \Sigma_{i=1}^{n}\Sigma_{j=1}^{n}(a_{ij}w_j - w_i)^2 + \lambda(\Sigma_{i=1}^{n} w_i - 1) \qquad (9\text{-}15)$$

위 식을 w_k에 대해 편미분하면 식 (9-16)과 같은 n개의 식을 구한다.

$$\Sigma_{i=1}^{n}(a_{ik}w_k - w_i)a_{ik} - \Sigma_{j=1}^{n}(a_{kj}w_j - w_k) + \lambda = 0 \quad k = 1, 2, 3, \cdots, n \qquad (9\text{-}16)$$

식 (9-16)의 n개의 식과 $\Sigma_{i=1}^{n} w_i = 1$의 하나의 식을 포함하여 $n+1$개 비동형 선형식으로 n개의 w_i와 1개의 λ를 포함한 $n+1$개의 미지수를 찾는다. 이 선형식을 행렬식 표현으로 하면 식 (9-17)과 같이 표현할 수 있다.

$$BW = m \qquad (9\text{-}17)$$

여기서 $W = (w_1, w_2, \cdots, w_n, \lambda)^T$

$m = (0, 0, \cdots, 0, 1)^T$

B : b_{ij}를 원소로 하는 $(m+1)\times(n+1)$ 행렬

$$b_{ii} = (n-1) + \sum_{j=1}^{n} a_{ji}^2 \quad i, j = 1, 2, \cdots, n$$

$$b_{ij} = -(a_{ij} + a_{ji}) \quad i, j = 1, 2, \cdots, n$$

$$b_{k,n+1} = b_{n+1,k} = 1 \quad k = 1, 2, \cdots, n$$

$$b_{n+1,n+1} = 0$$

다음과 같은 쌍대비교 행렬의 가중치를 Eigen Vector 방법으로 구해 보자.

$$A = \begin{bmatrix} 1 & 1/3 & 1/2 \\ 3 & 1 & 3 \\ 2 & 1/3 & 1 \end{bmatrix}$$

$$\sum_{i=1}^{3}(a_{ik}w_k - w_i)a_{ik} - \sum_{j=1}^{3}(a_{kj}w_j - w_k) + \lambda = 0 \quad k = 1,\ 2,\ 3$$

$$\sum_{i=1}^{3} w_i = 1$$

을 적용하면

$$15w_1 - \frac{10}{3}w_2 - \frac{5}{2}w_3 + \lambda = 0$$

$$-\frac{10}{3}w_1 + \frac{20}{9}w_2 - \frac{10}{3}w_3 + \lambda = 0$$

$$-\frac{5}{2}w_1 - \frac{10}{3}w_2 + \frac{45}{4}w_3 + \lambda = 0$$

$$w_1 + w_2 + w_3 = 1$$

이 되고 $W^T = (0.1735,\ 0.6059,\ 0.2206)$이다.

9.12 Swing Method

Swing이란 속성을 좋고 나쁜 것으로 상정하는 '방향전환'을 의미로 사용되는 용어이다. Swing 방법은 가장 열악한 가상의 항목을 설정하고 그 항목의 가중치를 0으로, 가장 좋다고 생각하는 항목을 100으로 놓고, 나머지 항목들은 평가자가 임의의 점수를 부여한 다음 점수의 합이 1이 되도록 정규화하여 각 기준의 가중치를 구하는 방법이다. 이때 사전에 보상법으로 각 대안별 가중치를 미리 구해 놓아 대상들의 우선순위를 결정 할 수도 있다.

예를 들어 표 9.5처럼 3개의 대안과 3개의 평가기준이 있는 문제를 생각해 보자. 여기서 비용과 생산 소요시간은 Cost Criteria이고 신뢰도는 Benefit Criteria이다.

표 9.5 Swing Method 의사결정 행렬

평가기준 / 대안	비용 ($)	신뢰도	생산 소요시간 (시간)
A	2,200	좋음	60
B	2,500	아주 좋음	25
C	3,000	보통	40

먼저 평가기준별로 가장 우수한 대안을 '1'로 가장 좋지 않은 대안을 '0'으로 두고, 이 가운데의 값은 보삽법으로 0~1 사이의 값을 부여한다. 비용 측면에서는 가장 비용이 적게 드는 A가 가장 좋은 대안이므로 1점을 주고 가장 나쁜 대안인 C는 0점을 준다. 대안 B는 보삽법으로 0.625점을 준다. 신뢰도 측면에서는 가장 좋은 대안인 B를 1로 설정하고 상대적으로 가장 열악한 대안인 C에게 0점을 주고 그 사이 값인 A는 0.5점을 준다. 이렇듯 점수를 줄 때 상대적인 점수를 부여한다.

표 9.6 평가기준별로 0~1 값으로 변환

평가기준 / 대안	비용 ($)	신뢰도	생산 소요시간 (시간)
A	1	0.5	0
B	0.625	1	1
C	0	0	0.571

다음으로 가상의 Benchmark 평가기준을 설정하는데 각 평가기준에 해당하는 데이터는 평가기준별 가장 나쁜 평가기준 평가값으로 설정한다. Benchmark 평가기준의 평가값은 비용 측면에서는 '3,000$'가 가장 비싼 비용이므로 '3,000$'로 설정하고, 신뢰도 측면에서는 '보통'이 '좋음'이나 '아주 좋음'보다 더 나쁜 평가값이므로 가장 나쁜 평가값을 '보통'으로 설정한다. 생산 소요시간에서도 '60'시간이 가장 긴 시간이므로 가장 나쁜 평가값을 '60'시간으로 설정한다.

다음 단계에서는 위의 행렬의 행의 요소와 열의 요소 모두를 평가기준인 행렬로 다시 설정하여 각 요소값들을 설정한다. 즉, 행과 열이 평가기준인 항목들로 재정리된 행렬을

만든다. 행과 열에서 각 평가기준이 동일한 요소에는 해당 평가기준의 가장 좋은 값을 부여하고 나머지 값들은 가장 나쁜 값을 부여한다. 예를 들어, (비용, 비용) 요소값에는 '2,200'이 가장 좋은 값이므로 '2,200'을 부여하고 (신뢰도, 비용), (생산 소요시간, 비용) 요소에는 '3,000'이 가장 비싼 비용이므로 '3,000'을 부여한다. 마찬가지로 (신뢰도, 신뢰도) 요소에는 가장 좋은 '아주 좋음'을 부여하고 (비용, 신뢰도), (생산 소요시간, 신뢰도)는 가장 나쁜 요소인 '보통'을 부여하는 것이다. 이렇게 모든 요소들에 대해 평가기준별 행렬 요소를 설정한다.

표 9.7 Benchmark 대안 추가

평가기준	비용 ($)	신뢰도	생산 소요시간 (시간)
Benchmark	3,000	보통	60
비용 ($)	**2,200**	보통	60
신뢰도	3,000	**아주 좋음**	60
생산 소요시간 (시간)	3,000	보통	**25**

다음 단계는 이러한 행렬을 가지고 각 평가항목의 순위를 매기는 것이다. 당연히 Benchmark는 가장 나쁜 평가기준들로만 구성되어 있으므로 최하위 순위를 받게 되고 나머지 평가기준의 순위는 평가자가 가장 중요하게 생각하는 기준부터 우선순위를 부여한다. 예를 들어 평가자가 비용과 신뢰도, 생산 소요시간 중 비용을 가장 중요하다고 생각하면 비용 평가기준에 최우선순위를 부여하고, 신뢰도가 그 다음으로 중요하다고 생각하면 두 번째이고, 그 다음이 생산 소요시간으로 순위를 부여하는 것이다. Benchmark를 제외한 평가기준의 우선순위는 온전히 평가자의 선호도에 따라 결정된다.

표 9.8 평가기준별 우선순위 부여

평가항목	비용 ($)	신뢰도	생산 소요시간 (시간)	순위
Benchmark	3,000	보통	60	4
비용 ($)	**2,200**	보통	60	1
신뢰도	3,000	**아주 좋음**	60	2
생산 소요시간 (시간)	3,000	보통	**25**	3

다음 단계는 우선순위를 부여한 평가기준들에 대한 점수를 부여하는 것이다. 최우선순위를 부여 받은 평가기준은 100점을 주고 최고로 나쁜 평가기준으로 설정된 Benchmark 평가기준에는 0점을 준다. 최우선순위 평가기준과 최고로 나쁜 평가기준 사이의 우선순위 평가기준의 점수는 평가자가 각 요소들의 구성을 보고 0~100점 사이의 점수를 부여한다. 이 예에서는 신뢰도에는 40점을, 생산 소요시간에는 10점을 부여하였다. 이 때 순위와 점수의 인과관계를 위반하면 안 된다. 예를 들어 2등 우선순위 평가기준이 3등 우선순위 평가기준보다 낮은 점수를 부여 받으면 안 되는 것이다.

표 9.9 순위별 점수 부여

평가항목	비용 ($)	신뢰도	생산 소요시간 (시간)	순위	점수
Benchmark	3,000	보통	60	4	0
비용 ($)	**2,200**	보통	60	1	100
신뢰도	3,000	**아주 좋음**	60	2	40
생산 소요시간 (시간)	3,000	보통	**25**	3	10

다음 단계에서는 부여 받은 점수를 0~1점 사이의 값으로 만들고 합이 1이 되도록 정규화 한다. 정규화하는 방법은 모든 평가기준의 점수를 다 더한 점수와 각 평가기준의 점수의 비율로 구한다.

$$w_{\text{비용}} = \frac{100}{100+40+10} = \frac{100}{150} \cong 0.667$$

$$w_{\text{신뢰도}} = \frac{40}{100+40+10} = \frac{40}{150} \cong 0.267$$

$$w_{\text{생산소요시간}} = \frac{10}{100+40+10} = \frac{10}{150} \cong 0.067$$

평가기준의 가중치를 구하는 것은 여기서 마무리 지을 수 있으나 앞에서 구한 (대안, 평가기준) 행렬의 가중치와 평가기준의 가중치로 다속성 유용성(MAUT: Multi-Attribute UTility)을 평가하여 표 9.10에서 보는 것과 같이 대안의 우선순위를 결정할 수도 있다.

표 9.10 MAUT 평가를 위한 행렬

대안 \ 평가기준	비용 ($) (가중치 : 100/150)	신뢰도 (가중치 : 40/150)	생산 소요시간 (시간) (가중치 : 10/150)
A	1	0.5	0
B	0.625	1	1
C	0	0	0.571

$$A_{MAUT} = 1 \times \frac{100}{150} + 0.5 \times \frac{40}{150} + 0 \times \frac{10}{150} = 0.8$$

$$B_{MAUT} = 0.625 \times \frac{100}{150} + 1 \times \frac{40}{150} + 1 \times \frac{10}{150} = 0.75$$

$$C_{MAUT} = 0 \times \frac{100}{150} + 0 \times \frac{40}{150} + 0.571 \times \frac{10}{150} = 0.036$$

각 대안을 MAUT 순으로 평가해 보면 $A_{MAUT} > B_{MAUT} > C_{MAUT}$이므로 A, B, C 순으로 좋은 대안이라는 것을 알 수 있다.

결론적으로 Swing 방법은 비록 평가자의 주관적 요소가 많이 개입되지만 각 평가기준의 가중치를 결정할 수 있고 대안들의 MAUT를 평가함으로써 대안들의 우선순위도 결정할 수 있는 방법이다.

9.13 Balance Beam Method

Balance Beam 방법에 의한 가중치 결정방법은 각 평가항목의 우선순위를 주관적으로 부여하고 평가항목 간 중요도의 관계식을 구성한 다음 관계식을 기초로 가중치를 구하는 방법이다.

의사결정자는 모든 가중치를 부여하고자 하는 평가항목에 주관적인 가중치를 매긴다. 다음과 같은 연속적인 질문을 한다.

1. 가중치를 수치로 설정하고자 하는 평가자는 각 평가항목의 중요도를 대략적으로 구상한다.

2. 평가자가 아직 숫자로 평가하지 않은 첫 번째 가장 중요도가 큰 평가항목의 중요도가 두 번째 큰 평가항목의 중요도와 세 번째 큰 평가항목의 중요도의 합보다 더 큰가? 작은가? 같은가?
3. 만약, 더 작다고 평가되면 세 번째 평가항목을 제외하고 그 자리에 네 번째 큰 평가항목을 대체하여 두 번째 큰 평가항목의 중요도와 네 번째 큰 평가항목의 중요도를 더해 앞에서 질문한 내용과 동일한 질문을 한다.
4. 1번의 질문에서 만약, 더 크다고 평가되면 두 번째와 세 번째 중요도가 큰 평가항목에 네 번째 큰 평가항목의 중요도를 더해 3개의 중요도를 더해 다시 동일한 1번의 질문을 한다.
5. 이러한 연속적인 질문을 통해 모든 평가항목 중요도의 관계식을 만들어 낸다.
6. 제일 중요도가 작다고 평가된 평가항목의 가중치를 '1'로 놓고 앞에서 구한 관계식을 기초로 적절한 가중치를 설정한다.
7. 이렇게 설정된 가중치를 합이 '1'이 되도록 0~1 사이의 값으로 정규화한다.

Balance Beam 방법에 의한 가중치를 설정하는 예를 들어 보면 다음과 같다.

어떤 자전거를 생산하는 회사에서 신제품을 생산하는 데 가장 중요하게 여겨야 할 요소가 무엇인지 판단하고자 한다. 시장조사를 통해 소비자들에게 내구성과 가격 그리고 자전거 무게가 중요한 요소인지를 알았다. 그리고 이러한 3가지 요소들을 앞으로의 생산과 판매 정책에 어떻게 반영할 것인지 가중치를 설정해 보기로 했다. 의사결정자는 내구성, 가격, 자전거 무게에 대해 우선순위를 결정했는데 그 순위는 가격, 무게, 내구성 순이었다. 왜냐하면 소비자 입장에서는 일단 가격이 자전거를 구입하는 데 가장 결정적인 요소로 작용한다는 여러 시장 조사 보고서가 있기 때문이었다. 그리고 차량이나 지하철로 이동하기 위해서는 무게가 가벼운 것이 최근에 많이 선호되기 때문이다. 내구성은 자전거의 수명과 관계되기 때문에 중요하기는 하지만 구입 시 고려 요소로는 중요도가 떨어진다고 보았다.

이러한 경우, 앞에서 설명한 순위에 기반한 가중치 결정방법인 Rank Sum, Rank Exponent, Rank Reciprocal, Rank Order Centroid 등으로 가중치를 결정할 수 있지만 의사결정자는 Balance Beam 방법으로 가중치를 결정해 보기로 하였다.

1. 가격의 중요도가 자전거 무게와 내구성의 중요도의 합보다 큰가? 작은가? 같은가? 의사결정자는 자전거 가격의 중요도가 나머지 2가지 요소의 중요도의 합보다는 작다고 생각하였다. 따라서 내구성의 중요도를 제외하고 다음으로 중요한 항목을 포함하고자 했으나 이 문제에서는 3가지 평가항목만 있으므로 다음과 같은 관계식을 얻었다.

$$w_{가격} < w_{자전거무게} + w_{내구성}$$

$$w_{가격} > w_{자전거무게}$$

$$w_{자전거무게} > w_{내구성}$$

2. 가장 중요도가 작은 내구성의 가중치를 '1'로 둔다.

$$w_{내구성} = 1$$

3. 자전거 무게의 중요도는 내구성의 중요도보다 커야 하므로 적절한 크기로 120%인 1.2로 설정하였다. 다음으로 가격의 중요도는 무게의 중요도인 1.2보다는 커야 하는데 첫 번째 관계식으로 봤을 때 자전거 무게의 중요도와 내구성의 중요도 합인 2.2보다는 작아야 한다. 따라서 가격의 중요도는 1.2보다는 크고 2.2보다는 작아야 하는 값을 설정하는데 내구성과 자전거 무게의 가중치를 고려하여 주관적으로 1.5를 설정하였다.

4. 그러면 $w_{가격} = 1.5$, $w_{자전거무게} = 1.2$, $w_{내구성} = 1$로 설정되는데 이를 합이 1이 되는 0~1인 값으로 정규화하여 최종적인 가중치를 구한다.

$$w_{가격} = \frac{1.5}{1+1.2+1.5} = \frac{15}{37} \cong 0.405$$

$$w_{자전거무게} = \frac{1.2}{1+1.2+1.5} = \frac{12}{37} \cong 0.324$$

$$w_{내구성} = \frac{1}{1+1.2+1.5} = \frac{10}{37} \cong 0.270$$

9.14 Centroid Method

Centroid Method(무게중심 방법)에 의한 가중치 결정 방법은 가중치의 Polyhedral Set(다면체 집합)의 Centroid로 가중치의 대표성을 부여하는 방법이다. 이 방법을 사용하기 위해서는 먼저 문제를 구조적으로 분해하는 것이 필요하다. 문제를 분해 시, 구조화된 항목들이 서로 중복되지 않고 하위항목들은 그 항목들 위에 있는 상위항목을 모두 충분히 설명할 수 있어야 한다.

Centroid Method에 의한 가중치 결정방법을 예를 들어 설명해 보자. 직업을 선택하는데 임금(Pay)과 회사의 위치(Location), 일의 형태(Work type), 기회(Opportunity), 조건(Condition)을 평가항목으로 결정을 했다고 생각해 보자. 첫 번째 평가항목인 임금으로부터 조건까지의 가중치를 0.5부터 0.1까지로 평가자가 정하였다. 이 평가자는 직업을 결정하는 데 임금을 전체 항목의 절반을 차지할 만큼 중요하다고 생각하는 것이다. 그래서 임금(Pay)을 다시 급여(Salary) 정도, 수수료(Commission) 여부, 인상(Raises) 가능성, 보험(Insurance) 가입으로 다시 세분화하고 가중치를 각각 결정하였는데, 급여 정도를 가장 중요한 요소로 결정하였다.

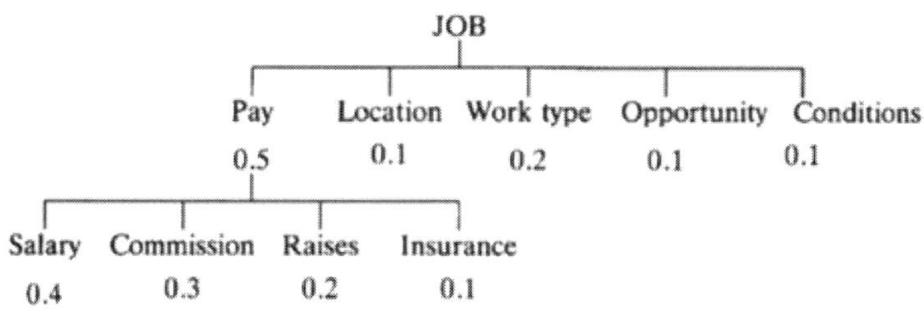

그림 9.6 JOB 선택 의사결정 요소 계층구조

다음으로 모든 끝 단의 평가항목의 가중치를 고려하여 계수를 구하고 평가항목 계수와 평가항목을 가중합하여 하나의 식을 구성한다. 예를 들어 Salary의 계수는 그 자체의 가중치 0.4와 Pay의 가중치 0.5를 곱해 0.2가 된다. 마찬가지로 Insurance의 계수는 그 자체의 가중치 0.1과 Pay의 가중치 0.5를 곱해 평가항목으로 더한 0.05가 된다. 하위항목이 없는 상위항목의 끝 단의 평가항목 계수는 가중치를 그대로 사용한다. 이렇게 구성된 식은 아래와 같다.

0.2 Salary + 0.15 Commission + 0.1 Raises + 0.05 Insurance
+ 0.1 Location + 0.2 Work Type + 0.1 Opportunity + 0.1 Conditions

위의 식으로 다음과 같은 관계식을 추정할 수 있다. Salary의 계수와 Work Type의 계수는 0.2로서 동일하므로 이 두 항목은 동일한 중요도를 가지고 있다. 다음으로 계수가 큰 Commission은 앞의 Salary와 Work Type의 중요도보다는 엄격하게 작고 Raises와 Location, Opportunity, Condition과 동일한 가중치를 가진다. 가장 중요하지 않은 항목은 보험 가입 여부이다.

Salary(S) = Work Type(W) 〉 Commission(Com) 〉 Raises(R) = Location(L)
= Opportunity(O) = Condition(Con) 〉 Insurance(I)

그러면 아래와 같은 조건을 구할 수 있다.

$$w_S = w_W$$

$$w_W > w_{com} \text{ (at the limit } w_W \geq w_{com})$$

$$w_{com} > w_R \text{ (at the limit } w_{com} \geq w_R)$$

$$w_R = w_L = w_O = w_{con}$$

$$w_{con} > w_I \text{ (at the limit } w_{con} \geq w_I)$$

각 항목의 가중치는 합을 1로 정규화하기 때문에 다음의 제약식이 추가된다.

$$w_S + w_W + w_{com} + w_R + w_L + w_O + w_{con} + w_I = 1$$

수학적으로 엄격하게 크거나 작은 부등식은 다면체를 구성할 수가 없기 때문에 아주 작은 값 ε을 빼거나 더해 '크거나 같은' 또는 '작거나 같은' 부등식으로 변경시킨다. 위에서 정의된 관계식으로 구성된 다면체의 Extreme Point(EP)는 표 9.11과 같다. EP는 표 9.11과 같이 4개를 구하였고 제일 하단에 있는 것은 각 열의 산술평균으로 찾은 Centroid 값이다.

표 9.11 가중치로 구성된 다면체의 Extreme Point

변수	w_S	w_W	w_{com}	w_R	w_L	w_O	w_{con}	w_I
EP. 1	0.5	0.5	0	0	0	0	0	0
EP. 2	0.333	0.333	0.333	0	0	0	0	0
EP. 3	0.143	0.143	0.143	0.143	0.143	0.143	0.143	0
EP. 4	0.125	0.125	0.125	0.125	0.125	0.125	0.125	0.125
Centroid	0.2753	0.2753	0.1503	0.0670	0.0670	0.0670	0.0670	0.0312

첫 번째 EP인 $w_S = 0.5$, $w_W = 0.5$, $w_{com} = 0$, $w_R = 0$, $w_L = 0$, $w_O = 0$, $w_{con} = 0$, $w_I = 0$은 $w_S + w_W + w_{com} + w_R + w_L + w_O + w_{con} + w_I = 1$도 만족시키고 나머지 관계식도 만족시키는 Solution이다. 두 번째 EP인 $w_S = 0.333$, $w_W = 0.333$, $w_{com} = 0.333$, $w_R = 0$, $w_L = 0$, $w_O = 0$, $w_{con} = 0$, $w_I = 0$은 합이 0.999이지만 1/3을 0.333으로 표현해서 생긴 Rounding Error이며 이 해 역시 모든 관계식을 만족한다. Salary의 가중치인 w_S는 0.125부터 0.5까지의 값이며 Commission의 가중치인 w_{com}은 0.125부터 0.333까지 범위의 값으로 간주될 수 있다. 이 방법의 정수는 구조화된 항목의 가중치로부터 각 항목 가중치의 범위를 구할 수 있다는 점이다.

이와 같이 모든 EP를 구한 다음 Polyhedral Set의 무게 중심점인 Centroid를 각 평가항목에 해당하는 해의 산술평균으로 구하면 $w_S = 0.2753$, $w_W = 0.2753$, $w_{com} = 0.1503$, $w_R = 0.0670$, $w_L = 0.0670$, $w_O = 0.0670$, $w_{con} = 0.0670$, $w_I = 0.0312$가 되며 중심점(Centroid)이 각 항목의 가중치로 간주된다.

만약 모든 평가항목의 중요도가 동일한 것이 없고 엄격하게 크거나 작은 부등식으로 표현 가능 하면 $\sum_{i=k}^{n}(1/i)$, $k = 1, \cdots, n$으로 가중치를 구할 수 있다. 이렇게 구한 가중치는 그림 9.7과 같이 계산된다. 그림 9.7에서 N은 요소의 수이고 열의 합은 1이 된다.

가중치

	N									
	1	2	3	4	5	6	7	8	9	10
1	1.00000	0.75000	0.61111	0.52083	0.45667	0.40833	0.37041	0.33973	0.31433	0.29290
2		0.25000	0.27778	0.27083	0.25667	0.24167	0.22755	0.21473	0.20322	0.19290
3			0.11111	0.14583	0.15667	0.15833	0.15612	0.15223	0.14766	0.14290
4				0.62500	0.90000	0.10278	0.10850	0.11057	0.11063	0.10956
5					0.04000	0.06111	0.07279	0.07932	0.08285	0.08456
6						0.02778	0.04422	0.05432	0.06063	0.06456
7							0.02041	0.03348	0.04211	0.04790
8								0.01563	0.02623	0.03361
9									0.01235	0.02111
10										0.01000

	N									
	11	12	13	14	15	16	17	18	19	20
1	0.27453	0.25860	0,24463	0.23225	0.22122	0.21130	0.20233	0.19417	0.18672	0.17989
2	0.18363	0.17527	0.16770	0.16083	0.15455	0.14880	0.14350	0.13862	0.13409	0.12989
3	0.13817	0.13360	0.12924	0.12511	0.12122	0.11755	0.11409	0.11084	0.10778	0.10489
4	0.10787	0.10582	0.10360	0.10130	0.09899	0.09671	0.09448	0.09232	0.09023	0.08822
5	0.08514	0.08499	0.08437	0.08344	0.08233	0.08109	0.07978	0.07843	0.07707	0.07572
6	0.06696	0.06832	0.06898	0.06916	0.06899	0.06859	0.06801	0.06732	0.06655	0.06572
7	0.05181	0.05443	0.05616	0.05725	0.05788	0.05817	0.05821	0.05806	0.05778	0.05739
8	0.03882	0.04253	0.04518	0.04705	0.04836	0.04924	0.04981	0.05013	0.05026	0.05024
9	0.02746	0.03211	0.03556	0.03812	0.04002	0.04143	0.04245	0.04318	0.04368	0.04399
10	0.01736	0.02285	0.02701	0.03019	0.03262	0.03449	0.03592	0.03701	0.03783	0.03844
11	0.00826	0.01452	0.01932	0.02304	0.02595	0.02824	0.03003	0.03145	0.03257	0.03344
12		0.00694	0.01233	0.01655	0.01989	0.02255	0.02469	0.02640	0.27780	0.02889
13			0.00592	0.01060	0.01433	0.01734	0.01978	0.02177	0.02340	0.02473
14				0.00510	0.00921	0.01254	0.01526	0.01750	0.01935	0.02088
15					0.00444	0.00807	0.01106	0.01353	0.01559	0.01731
16						0.00391	0.00714	0.00983	0.01208	0.01398
17							0.00346	0.00635	0.08790	0.01085
18								0.00309	0.00569	0.00791
19									0.00277	0.00513
20										0.00250

그림 9.7 항목별 중요도가 동일한 것이 없을 때 중요도에 따른 가중치

9.15 SMART(Simple Multi-Attribute Rating Technique) Method

SMART 방법은 평가기준의 가중치를 순위를 결정한 후 가장 우선순위가 낮은 평가기준에 10점을 부여한 후 실시한다. 그 다음 우선순위가 낮은 평가기준이 가장 우선순위가 낮은 평가기준보다 몇 배 더 중요한가를 의사결정자가 결정해서 그 비율만큼 점수를 준다. 예를 들어 두 번째로 우선순위가 낮은 평가기준이 가장 우선순위가 낮은 평가기준보다

1.2배 중요하다고 생각하면 12점을 주는 것이다. 다음으로 세 번째로 우선순위가 낮은 평가기준이 가장 우선순위가 낮은 평가기준보다는 몇 배 더 중요하고, 두 번째 우선순위가 낮은 평가기준보다는 몇 배 더 중요한 것인가를 의사결정자가 결정한다. 이렇게 판단해 보면 같은 평가가 일관성 있게 나오지 않을 수도 있다.

예를 들어 세 번째로 우선순위가 낮은 평가기준이 가장 우선순위가 낮은 평가기준보다는 5배 더 중요하고, 두 번째 우선순위가 낮은 평가기준보다는 3배 더 중요하다고 평가했다면 50(=10×5)과 36(=12×3)이 된다. 이 경우 두 번째 우선순위가 낮은 평가기준의 점수를 조정하거나 세 번째 우선순위가 낮은 평가기준의 판단을 조정한다. 이러한 방법으로 모든 평가기준에 대해 점수를 결정한 다음 정규화하여 가중치를 구한다.

구한 가중치로 전체 Utility를 계산해서 각 대안의 우선순위를 결정하는데 각 평가항목들의 단위가 서로 상이하고 데이터 종류가 다를 수 있기 때문에 정규화하여 Multi-Attribute Utility를 구한다.

[SMART 예제]

출처: Decision Aids for Selection Problems(David L. Olson)

거주할 주택을 선택하는 문제가 있다. 주택을 선택할 수 있는 후보는 Ramshackle, Baltic Avenue, Tennessee Avenue, Illinois Avenue, Park Place 5곳이 있고 대안이 된다. 각 후보 주택들을 선택할 때의 평가기준으로 월세($), 투자가치(1,000$), 외관(범주형 데이터), 학교까지의 거리(Block), 직장까지 거리(Miles) 5가지로 정하였고 대안과 평가기준에 해당하는 평가값들은 표 9.12와 같다. 여기에서 투자가치, 외관, 직장까지 거리는 Benefit Criteria이고 월세, 학교까지 거리는 Cost Criteria이다. 직장과의 거리는 대부분 가까우면 가까울수록 좋다고 생각하는데, 이 문제의 의사결정자는 직장과 적절히 떨어져 있어야 출퇴근 분위기를 느낄 수 있어서 직장과 가정과의 이격된 거리를 선호한다고 가정한다. 만약 어떤 의사결정자가 직장과의 거리를 가까울수록 더 선호한다면 이 평가항목은 Cost Criteria가 된다.

표 9.12 주택 선택 문제의 의사결정 행렬

대안/속성	Payment ($)	Investment (1,000$)	Appearance (범주형 데이터)	School (Block)	Work (Miles)
Ramshackle	400	50	0	1	10
Baltic	500	55	0.2	8	3
Tennessee	650	70	0.5	7	15
Illinois	800	90	0.6	15	25
Park Place	1,000	120	0.9	12	45

주택을 결정하는 의사결정자는 그림 9.8과 같이 전체평가를 위해 평가요소를 구조화하였다. 월세와 투자가치는 금융에 해당하는 것이므로 Fiscal이라는 평가항목을 추가하였고 학교와 직장과의 거리는 편리성으로 생각하여 Convenience로 평가항목을 추가하였다.

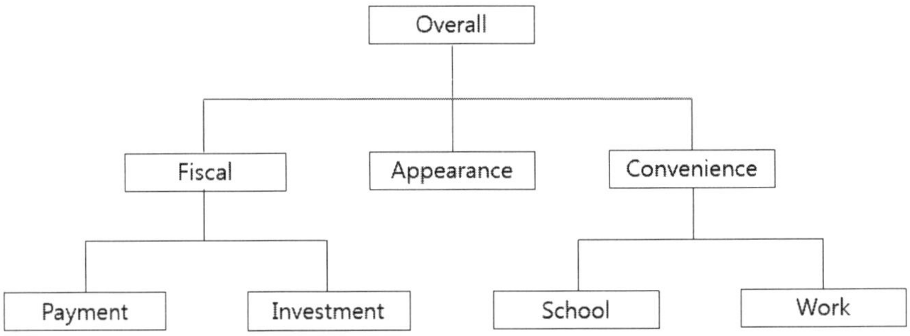

그림 9.8 주택 선택 문제의 평가요소 구조화

의사결정자는 제일 마지막 단에 위치하는 평가항목들의 우선순위를 다음과 같이 결정하였다. 즉, 주택을 선택할 때 Appearance, School, Investment, Payment, Work 순으로 고려하겠다는 것이다. 의사결정자는 집을 살 때 멋있는 외관이 가장 중요하다고 생각하고 그 다음으로는 아이들을 위해 학교가 가까워야 한다고 생각한다. 그 다음으로는 집을 팔 때를 고려하여 투자가치를 생각하고, 구매가격을 투자가치보다 더 낮은 우선순위로 매긴 것은 현재의 구매가격보다는 투자에 대한 기대를 더 중요시 하기 때문이다. 직장과의 거리는 시간이 좀 걸리더라도 차량 통근이나 대중교통 이용이 가능하다는 생각으로 마지막 우선순위로 고려하였다.

Appearance 〉 School 〉 Investment 〉 Payment 〉 Work

이러한 정보를 가지고 각 평가기준의 가중치를 설정하기 위해서 우선 가장 우선순위가 낮은 직장과의 거리 항목에 10점을 준다. 두 번째로 낮은 우선순위를 부여 받은 구매가격은 직장과의 거리보다는 1.2배 더 중요하다고 주관적으로 생각하여 12점을 부여한다. 투자가치 평가항목이 구매가격보다 그 다음으로 중요하기 때문에 우선 직장과의 거리와 비교했을 때 1.4배 더 중요하고 구매가격보다는 1.2배 중요하다고 생각해서 14점이나 15점을 줄 수 있는데 실질적으로 이 두 개의 점수는 거의 대등하다. 두 점수 중에서 15점으로 결정한다.

학교와의 거리는 직장과의 거리보다 1.4배 더 중요하고 구매가격보다는 1.25배, 투자가치보다는 1.1배 더 중요하다고 주관적으로 생각해서 이들의 점수를 계산해 보면 14점, 15점, 15.4점이 되는데 이들도 실질적으로는 거의 대등한 점수이다. 앞에서 투자가치 항목 점수를 15점으로 주었는데 학교와의 거리는 투자가치 항목 점수보다는 더 중요하기 때문에 16점으로 부여한다.

외관은 직장과의 거리보다는 2배 더 중요하고 구매가격보다는 1.7배, 투자가치보다는 1.4배, 학교와의 거리보다는 1.3배 더 중요하다고 주관적으로 생각이 되어 이들의 점수를 계산해 보면 20점, 20.4점, 21점, 20.8점이 된다. 이들의 평균 20.5점으로 점수를 설정한다.

각 평가기준의 점수는 표 9.13과 같고 점수의 합으로 각 점수를 나누어 정규화하면 각 평가항목의 정규화된 점수 즉, 가중치를 구할 수 있다.

표 9.13 각 평가요소별 가중치 산출

구 분	Appearance	School	Investment	Payment	Work	합계
점 수	20.5	16	15	12	10	73.5
가중치	0.279	0.218	0.204	0.163	0.136	-

가중치를 구하는 과정은 여기서 종료된다. 좀 더 나아가서 앞의 평가값과 가중치를 가지고 대안을 어떻게 선택하는지 알아보자. 각 평가기준의 단위가 $, 1,000$, Category, Block, Miles로 각각 상이하여 이를 정규화하는 작업이 먼저 필요하다. 데이터 정규화를 할 때 범위 정규화 방법을 주로 사용한다. 앞의 정규화 방법론에서 설명한 대로 Benefit Criteria Set J^+와 Cost Criteria Set J^-의 범위 정규화 방법은 아래와 같다.

$$r_{ij} = \frac{x_{ij} - min_i(x_{ij})}{max_i(x_{ij}) - min_i(x_{ij})}$$

$$i = 1,\ 2,\ \cdots,\ m,\ \ j = 1,\ 2,\ \cdots,\ n,\ \ j \in J^+$$

$$r_{ij} = \frac{max_i(x_{ij}) - x_{ij}}{max_i(x_{ij}) - min_i(x_{ij})} = 1 - \frac{x_{ij} - min_i(x_{ij})}{max_i(x_{ij}) - min_i(x_{ij})}$$

$$i = 1,\ 2,\ \cdots,\ m,\ \ j = 1,\ 2,\ \cdots,\ n,\ \ j \in J^-$$

먼저, 월세를 살펴보면 평가항목 월세는 연속적인 비율 데이터이므로 범위 정규화를 할 수 있다. 은행에 문의한 결과 합리적인 최대 월세는 1,000$이고 최소 월세는 400$라는 것을 알았다. 따라서 범위 정규화 방법을 사용하여 각 평가값들을 아래의 공식으로 데이터를 정규화한다.

$$r_{payment} = (1{,}000 - x_{payment})/(1{,}000 - 400)$$

계산상 편리를 위해 정규화된 데이터를 0~100까지의 값으로 변환시키기 위해 $r_{payment}$에 100을 곱해 준다.

투자가치에 대해서는 합리적으로 생각해서 최대 투자가치는 120,000$이고 최소 투자가치는 0$가 될 것이라고 의사결정자는 생각한다. 투자가치는 크면 클수록 좋은 Benefit Criteria이므로 각 평가값들을 아래와 같이 정규화한다.

$$r_{invest} = \frac{x_{payment} - 0}{120{,}000 - 0} = \frac{x_{payment}}{120{,}000}$$

계산상 편리를 위해 정규화된 데이터를 0~100까지의 값으로 변환시킬 목적으로 r_{invest}에 100을 곱해 준다.

외관에 부여한 평가값은 범주를 설정해서 주관적으로 설정한 값이므로 정성적 데이터이고 이를 범위 정규화하기는 어렵다. 단순히 평가값을 0~100까지의 값으로 변환시키는 목적으로 $x_{appearance}$에 100을 곱해 준다.

학교와의 거리는 가까우면 가까울수록 좋은 것이다. 현재 원래의 평가값은 Block으로 되어 있어 이를 비율 데이터로 고려하기도 어렵다. 의사결정자가 주관적으로 가장 이상적인(Ideal) 거리를 100점으로 하고 가장 반(反)이상적인(Negative Ideal) 거리를 0점으로 해서 점수를 부여한다.

직장과의 거리에 대해서는 의사결정자는 멀면 멀수록 더 선호한다고 가정하였으므로 Benefit Criteria로 간주할 수 있고 단위가 Miles이므로 비율 데이터이며 범위 정규화가 가능하다. 의사결정자는 45Mile을 가장 최대거리로 생각하여 다음과 같이 정규화한다.

$$r_{work} = \frac{x_{work} - 0}{45 - 0} = \frac{x_{work}}{45}$$

계산상 편리를 위해 정규화된 평가값을 0~100까지의 값으로 변환시킬 목적으로 r_{work}에 100을 곱해 준다.

각 평가항목들을 정규화 내지 주관적으로 부여한 점수에 100을 곱하여 새로 얻은 평가값들은 표 9.14와 같다.

표 9.14 데이터 정규화 수행 이후 의사결정 행렬

대안/속성	Payment	Investment	Appearance	School	Work
가중치	0.163	0.204	0.279	0.218	0.136
Ramshackle	100	41.7	0	75	22.22
Baltic	83.3	45.8	20	20	6.7
Tennessee	58.3	58.3	50	25	33.3
Illinois	33.3	75	60	5	55.6
Park Place	0	100	90	10	100

각 평가기준의 가중치와 의사결정 행렬의 평가값을 이용하여 각 대안의 유용성(Utility)을 계산해 보면 아래와 같다.

Ramshackle:

$$0.163 \times 100 + 0.204 \times 41.7 + 0.279 \times 0 + 0.218 \times 75 + 0.136 \times 22.2 = 44.2$$

Baltic:

$$0.163 \times 83.3 + 0.204 \times 45.8 + 0.279 \times 20 + 0.218 \times 20 + 0.136 \times 6.7 = 33.8$$

Tennessee:

$$0.163 \times 58.3 + 0.204 \times 58.3 + 0.279 \times 50 + 0.218 \times 25 + 0.136 \times 33.3 = 45.3$$

Illinois:

$$0.163 \times 33.3 + 0.204 \times 75 + 0.279 \times 60 + 0.218 \times 5 + 0.136 \times 55.6 = 46.1$$

Park Place:

$$0.163 \times 0 + 0.204 \times 100 + 0.279 \times 90 + 0.218 \times 10 + 0.136 \times 100 = 61.3$$

따라서 Utility가 가장 큰 Park Place를 가장 우수한 대안으로 선정할 수 있고 그 다음으로 Illinois, Tennessee, Ramshackle, Baltic 순으로 우수한 대안이라고 생각할 수 있다.

9.16 SMARTS(SMART with Swing) Method

SMARTS(SMART with Swing)는 SMART 방법에서 가중치를 구하는 절차에 Swing Method를 사용하는 방법이다. Swing Mcthod를 이용하여 가중치를 구하는 절차는 다음과 같다.

SMART에서 예를 든 문제에 SMARTS를 적용해 보자. 평가기준의 우선순위는 동일하다.

Appearance 〉 School 〉 Investment 〉 Payment 〉 Work

여기서 적용하는 Swing Method는 앞에서 설명한 Swing Method와 같은 개념의 방법이나 더 간략화된 방법이다. 가장 중요한 평가기준인 Appearance에 100점을 부여하고 가상의 가장 좋지 않은 평가기준을 하나 정하고 이 평가기준의 점수는 0점을 준다. 두 번째 중요한 평가기준인 School은 0~100점 사이의 값으로 점수를 준다. 이 예제에서는 60점을 주었다고 가정하자. 다음 중요한 평가기준인 Investment는 0~60점 사이 값으로 50점을 주고 동일한 방법으로 Payment는 30점, Work는 10점을 주었다고 가정하자. 이 경우 모든 평가요소의 점수 합은 100+60+50+30+10=250점이다. 평가요소 점수 합으로 정규화를 실시하면 각 평가요소의 가중치는 표 9.15와 다음과 같다.

표 9.15 평가요소 가중치 산출

평가요소	Appearance	School	Investment	Payment	Work
가중치	100/250=0.4	0.24	0.2	0.12	0.04

앞에서 구한 가중치를 적용하고 데이터 정규화 이후 표 9.16과 같은 의사결정 행렬을 구할 수 있다.

표 9.16 SMARTS로 구한 가중치와 정규화 수행 이후 의사결정 행렬

대안/속성	Payment	Investment	Appearance	School	Work
가중치	0.12	0.2	0.4	0.24	0.04
Ramshackle	100	41.7	0	75	22.22
Baltic	83.3	45.8	20	20	6.7
Tennessee	58.3	58.3	50	25	33.3
Illinois	33.3	75	60	5	55.6
Park Place	0	100	90	10	100

각 대안의 Utility는 다음과 같이 구할 수 있다.

Ramshackle: $0.12 \times 100 + 0.2 \times 14.7 + 0.4 \times 0 + 0.24 \times 75 + 0.04 \times 22.2 = 39.2$

Baltic: $0.12 \times 83.3 + 0.2 \times 45.8 + 0.4 \times 20 + 0.24 \times 20 + 0.04 \times 6.7 = 32.2$

Tennessee: $0.12 \times 58.3 + 0.12 \times 58.3 + 0.4 \times 50 + 0.24 \times 25 + 0.04 \times 33.3 = 46.0$

Illinois: $0.12 \times 33.3 + 0.2 \times 75 + 0.4 \times 60 + 0.24 \times 5 + 0.04 \times 55.6 = 46.4$

Park Place: $0.12 \times 0 + 0.2 \times 100 + 0.4 \times 90 + 0.24 \times 10 + 0.04 \times 100 = 62.4$

그러므로 가장 좋은 대안은 Park Place, Illinois, Tennessee, Ramshackle, Baltic 순이다.

9.17 SMARTER(SMART Exploiting Ranks) Method

SMARTER 방법은 SMART의 가중치를 구하는 절차를 좀 더 쉽게 개선한 방법이다. SMART에서는 평가기준(속성)의 가중치를 구하기 위해 우선순위를 결정하고 우선순위에 따라 평가기준의 가중치를 상대적 비율에 근거하여 조정해 나가는 절차를 수행하였다.

SMARTER에서는 속성의 우선순위를 유지하는 모든 가능한 가중치의 무게중심(Centroid)을 식별하여 최대 오차를 최소화하는 방법으로 가중치를 구한다.

무게중심을 구하는 방법은 만약 평가기준이 n개 있고 각 속성의 우선순위를 1, 2, …, n으로 매긴다면 각 우선순위의 가중치는 다음과 같다.

$$w_1 = \left(1 + \frac{1}{2} + \frac{1}{3} + \cdots + \frac{1}{n}\right) \Big/ n$$

$$w_2 = \left(0 + \frac{1}{2} + \frac{1}{3} + \cdots + \frac{1}{n}\right) \Big/ n$$

$$w_3 = \left(0 + 0 + \frac{1}{3} + \cdots + \frac{1}{n}\right) \Big/ n$$

……

$$w_n = \left(0 + 0 + \cdots + 0 + \frac{1}{n}\right) \Big/ n$$

이 방법으로 구한 가중치 합은 $w_1 + w_2 + \cdots + w_n = 1$이 자명하다. 평가기준이 2개일 때 $w_1 = \dfrac{1 + \frac{1}{2}}{2} = 0.75$, $w_2 = \dfrac{0 + \frac{1}{2}}{2} = 0.25$이며 극단적 가중치 $w_1 = 1$, $w_2 = 0$와 $w_1 = 0.5$, $w_2 = 0.5$와 같은 최대 오차를 최소화할 수 있다. 평가기준이 2개일 때는 오차가 상당히 큰 값이지만 평가기준이 많아질수록 오차는 작아진다.

SMART에서 예를 든 문제에 SMARTER를 적용해 보자. 평가기준의 우선순위는 동일하다.

Appearance 〉 School 〉 Investment 〉 Payment 〉 Work

앞에서 제시한 방법으로 각 항목의 가중치를 구하면 다음과 같다.

$$Appearance\ w_1 = \frac{1 + \frac{1}{2} + \frac{1}{3} + \frac{1}{4} + \frac{1}{5}}{5} = 0.457$$

$$School\ w_2 = \frac{0 + \frac{1}{2} + \frac{1}{3} + \frac{1}{4} + \frac{1}{5}}{5} = 0.257$$

$$Investment\ w_3 = \frac{0+0+\frac{1}{3}+\frac{1}{4}+\frac{1}{5}}{5} = 0.157$$

$$Payment\ w_4 = \frac{0+0+0+\frac{1}{4}+\frac{1}{5}}{5} = 0.090$$

$$Work\ w_5 = \frac{0+0+0+0+\frac{1}{5}}{5} = 0.040$$

앞에서 구한 가중치를 적용하여 의사결정 행렬을 정리하면 다음과 같다.

표 9.17 SMARTER로 구한 가중치와 정규화 수행 이후 의사결정 행렬

대안/속성	Payment	Investment	Appearance	School	Work
가중치	0.090	0.157	0.457	0.257	0.040
Ramshackle	100	41.7	0	75	22.22
Baltic	83.3	45.8	20	20	6.7
Tennessee	58.3	58.3	50	25	33.3
Illinois	33.3	75	60	5	55.6
Park Place	0	100	90	10	100

각 대안의 Utility는 다음과 같이 구할 수 있다.

Ramshackle:

$$0.090\times100+0.157\times41.7+0.457\times0+0.257\times75+0.040\times22.2=35.7$$

Baltic: $0.090\times83.3+0.157\times45.8+0.457\times20+0.257\times20+0.040\times6.7=29.2$

Tennessee:

$$0.090\times58.3+0.157\times58.3+0.457\times50+0.257\times25+0.040\times33.3=45.0$$

Illinois: $0.090\times33.3+0.157\times75+0.457\times60+0.257\times5+0.040\times55.6=45.7$

Park Place: $0.090\times0+0.157\times100+0.457\times90+0.257\times10+0.040\times100=63.4$

그러므로 가장 좋은 대안은 Park Place, Illinois, Tennessee, Ramshackle, Baltic 순이다.

9.18 Simos Procedure

Simos가 제안한 순서에 기반한 가중치 결정방법은 아래와 같다

1. 각 평가기준의 이름을 기록한 카드를 의사결정자에게 무작위 순서로 준다.
2. 우선순위를 결정하는 의사결정자는 카드의 우선순위를 매겨 비감소 순위(Non-decreasing order)로 놓는다. 가장 중요하지 않은 카드를 왼쪽에 놓고 오른쪽으로 가면서 중요도가 높아져서 가장 오른쪽 칸에 가장 중요한 카드를 위치시킨다.
3. 만약 카드의 우선순위가 동일한 것이 있으면 그 카드들은 동일 그룹으로 생각하고 동일 우선순위 카드의 수 때문에 생기는 간격을 고려하여 white 카드를 끼워 놓는다.
4. 마지막으로 평균 가중치를 모든 평가기준의 위치의 합으로 나누어 정규화된 가중치를 구한다.

그림 9.9로 Simos Procedure를 설명한다. 가중치를 매겨야 할 항목은 {a, b, c, d, e, f, g} 7개가 있고, {a, c}가 가장 중요하고 {d}가 가장 중요하지 않은 항목이라고 생각하자. 가장 중요하지 않은 항목에 해당하는 카드를 가장 왼쪽 칸에 위치시키고 중요한 순으로 오른쪽 칸에 카드를 위치시킨다. {g, f}는 동일한 중요도를 가져 같은 칸에 위치시키고 2개가 같은 중요도를 가지고 있으므로 그 다음 칸은 white 카드를 위치시킨다. 이 상태에서 각 항목의 가중치를 구하는 절차는 표 9.18로 설명한다.

순서 r	1	2	3	4	5	6
실제 우선순위	5	4	3		2	1
평가항목	d	e	g, f		b	a, c

그림 9.9 Simos Procedure 예제 1

표 9.18의 첫 번째 열(순서 r)은 나열한 순서이고 두 번째 열(Criteria)은 평가기준들이

다. 여기서는 평가기준 {d}가 제일 중요하지 않고, {a, c}가 가장 중요한 평가기준이다. 세 번째 열(No. of criteria in rank r, N_r)은 순서에 위치한 평가기준의 개수이다. 즉 순서 r의 3위와 6위의 우선순위에는 각각 {g, f}와 {a, c} 2개의 평가기준이 있으므로 2이고 1, 2, 5 순서는 1개의 평가기준이 있으므로 1로 기록한다. 네 번째 열(Weight, W)은 Criteria의 평가순위를 비감소 순위로 매기는데 {g, f}는 2개가 있으므로 3, 4등으로 매기지만 실제 이들의 우선순위는 동일하다고 간주된다. 우선순위 4행에는 순서 r의 3위 평가항목이 2개 있으므로 가상의 5등을 부여하고 그 다음 우선순위 평가기준을 6등으로 기록한다. 다섯 번째 열(Average weights, $Q_r = \sum W/N_r$)은 네 번째 열의 요소 산술평균이다. 여섯 번째 열(Relative weight, $(Q_r/\sum W)\times 100$)은 다섯 번째 열의 요소를 네 번째 열에 있는 전체 Weight의 합으로 나눈 값이다.

첫 번째 순서를 보면 다섯 번째 열의 요소 Q_r이 1이므로 $(Q_r/\sum W)\times 100 = (1/31) \times 100 = 3.2$가 된다. 마지막 열 Total의 각 상대적 가중치들을 다 더해 보면 100이 되는데 100으로 정규화되었다는 의미이다. 이렇게 가중치를 매겨보면 첫 번째로 중요하다고 한 {a, c}의 가중치는 0.241이 되고 가장 덜 중요하다고 생각한 d는 0.032가 된다.

표 9.18 그림 9.9 예제에 대한 우선순위 결정

순서 r	Criteria	No of Criteria in r, N_r	Weight W	Average weight $Q_r = \sum W/N_r$	Relative weight $(Q_r/\sum W)\times 100$	Total
1	d	1	1	1	3.2	3.2×1=3.2
2	e	1	2	2	6.4	6.4×1=6.4
3	g, f	2	3, 4	(3+4)/2=3.5	11.2	11.2×2=22.4
4			(5)			
5	b	1	6	6	19.3	19.3×1=19.3
6	a, c	2	7, 8	(7+8)/2=7.5	24.1	24.1×2=48.2
합	7		31			100

그림 9.10으로 또 다른 예를 들어 보자. 그림 9.10의 각 열의 순서와 의미는 표 9.18과 약간 다르지만 내용은 동일하다. {c, g, l, d, b, f, i, j}는 평가기준이다. {c, g, l}이 우선순위가 가장 낮은 동일한 평가기준들이며 그 다음으로 우선순위가 높은 평가기준은 {d}이다. {b, f, i, j}가 실제 가장 우선순위가 높은 항목이다. 이 예에서는 순서 r의 첫

번째 칸에 있는 항목이 3개이지만 다음에 오는 {d} 이전에 2개의 white 카드를 놓지 않고 바로 {d}를 놓았고 {d}와 {b, f, i, j} 사이에 1개의 white 카드만 놓고 있다. 즉, 항목의 중요성을 의사결정자의 판단에 근거해서 위치시킨 것이다.

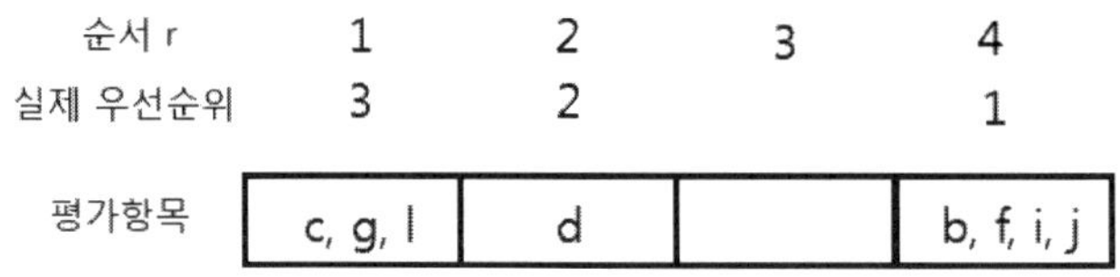

그림 9.10 Simos Procedure 예제 2

표 9.19 그림 9.10 예제에 대한 우선순위 결정

순서 r	Criteria	No of Criteria in r, N_r	Weight W	Average weight $Q_r = \Sigma W/N_r$	Relative weight $(Q_r/\Sigma W)\times 100$	Total
1	c,g,l	3	1, 2, 3	(1+2+3)/3=2	(2/40)×100=5	3×5=15
2	d	1	4	4	(4/40)×100=10	1×10=10
3						
4	b,f,i,j	4	6, 7, 8, 9	(6+7+8+9)/4=7.5	(7.5/40)×100=18.75	4×18.75=75
합	7	9	40			100

첫 번째 열(순서 r)은 각 항목의 순서를 나열한 것이고 각 순서에 따라 두 번째 열(Criteria)에 위치시킨다. 그림 9.9와는 다르게 여러 항목이 동일한 중요도를 가져도 바로 뒤에 white 카드를 동일 순위 카드를 고려하여 놓지 않고, 다음 중요한 항목을 바로 뒤에 위치시키든지 white 카드를 위치시킨다. 그 다음 열부터는 표 9.18에서 설명한 것과 동일한 개념으로 가중치를 계산한다. 가장 중요한 {b, f, i, j}의 가중치는 각각 0.1875가 되고 가장 덜 중요하다고 생각한 {c, g, l}은 각각 0.05가 된다.

9.19 Revised Simos Procedure

그림 9.11로 Revised Simos Procedure를 설명한다. Revised Simos Procedure은 각 평가항목의 우선순위를 순차적으로 표현하는 대신 중요성의 크기를 표현할 수 있는 방법이며, 의사결정자의 가장 높은 가중치와 가장 낮은 가중치의 비율을 반영할 수 있는 방법이다.

우선 각 평가기준을 우선순위에 따라 배치하되 간격으로 우선순위의 중요성의 크기를 표현하는 방식으로 다시 정리한다. 그림 9.11에서와 같이 {C3}이 가장 중요하지 않고 그 다음으로 {C1, C4, C6} 3개의 평가기준이 동일하게 두 번째로 덜 중요하지만 이들의 중요성은 {C3} 바로 옆이 아니라 한 칸의 간격이 떨어진 만큼 덜 중요하다. 그러나 세 번째 덜 중요한 {C8}은 {C1, C4, C6}과 바로 옆에 위치한다. 마찬가지로 네 번째 덜 중요한 우선순위를 가지는 {C5, C7}은 {C8}보다 2칸 떨어진 거리에 위치하고 {C3}와는 5칸 떨어진 6번째 칸에 위치한다. 이 의미는 {C5, C7}이 {C3}보다 6배 더 중요하다는 의미가 된다.

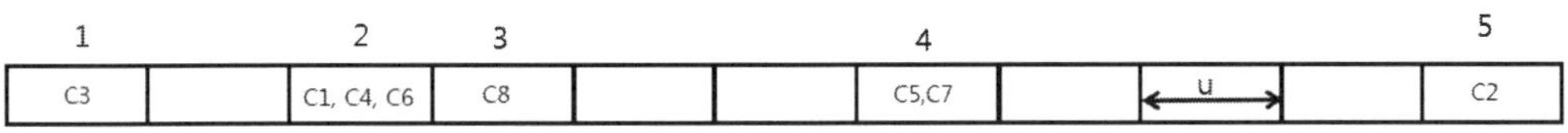

그림 9.11 Revised Simos Procedure 예제

표 9.20에서 r을 나열하는 순위라고 하자. 그림 9.9~9.10에서 설명한 대로 가장 중요하지 않은 항목을 왼쪽에 위치시키고 오른쪽으로 갈수록 실제 중요도가 높은 항목을 위치시킨다. S_r'을 r 순위에 있는 카드에서 뒤에 오는 카드와의 거리라고 정의하면 {C3}과 {C1, C4, C6} 간의 거리는 white 카드 1장이고 {C1, C4, C6}과 {C8} 사이에는 white 카드가 없으므로 0이 된다. 동일한 방법으로 모든 r에 대한 S_r'을 결정할 수 있다.

$\overline{n}$을 white 카드가 아닌 항목이 하나 이상 위치하는 그룹의 수라고 하고 $S_r = S_r' + 1$로 $S = \sum_r S_r$로 정의하면 각 S_r', S_r의 계산결과는 표 9.20과 같고 $S = 2+1+3+4 = 10$이 된다. 정규화가 되기 전 가중치 $P_r = 1 + u(S_0 + \cdots, S_{r-1})$, $r = 1, 2, \cdots, \overline{n}$로 결정된다. 여기서 $S_0 = 0$, $P(r) = 1$이며 $z =$(가장 높은 가중치/가장 낮은 가중치)로 의사결정자가 결정한다. z는 의사결정자가 결정하는 것이기 때문에 Revised Simos Procedure의 특징이다. $u = \dfrac{z-1}{S}$로 정의되며 의사결정자가 가장 높은 가중치와 가장 낮은 가중치의 비율을 고려하여 카드의 한 칸의 길이를 결정하기 위한 계수이다. 이 예에서는 $u = \dfrac{z-1}{S} = \dfrac{10-1}{10} = \dfrac{9}{10}$으로 결정된다.

표 9.20 그림 9.11 예제에 대한 우선순위 결정 중간 단계

순서 r	1	2	3	4	5
No of r	1	3	1	2	1
S_r'	1	0	2	3	
S_r	2	1	3	4	
P_r	1	1+(9/10)(0+2) =2.8	1+(9/10)(0+2+1) =3.7	1+(9/10)(0+2+1+3) =6.4	1+(9/10)(0+2+1+3+4) =10

표 9.21로 각 항목의 가중치를 정규화하여 합이 1인 정규화된 가중치를 계산해 보면 다음과 같다.

$$\Sigma(P_r \times No\ of\ r) = 1 \times 1 + 2.8 \times 3 + 3.7 \times 1 + 6.4 \times 2 + 10 = 35.9$$

$$P_1 / \Sigma(P_r \times No\ of\ r) = 1/35.9 = 0.0278$$

$$P_2 / \Sigma(P_r \times No\ of\ r) = 2.8/35.9 = 0.07799$$

$$P_3 / \Sigma(P_r \times No\ of\ r) = 3.7/35.9 = 0.103$$

$$P_4 / \Sigma(P_r \times No\ of\ r) = 6.4/35.9 = 0.178$$

$$P_5 / \Sigma(P_r \times No\ of\ r) = 10/35.9 = 0.2785$$

표 9.21 Revised Simos Procedure 예제에 대한 우선순위 결정

평가항목	C3	C1, C4, C6	C8	C5, C7	C2	합
가중치	0.0278	0.07799	0.103	0.178	0.2785	
가중치 합	0.0278	0.07799×3 =0.23397	0.103	0.178×2 =0.356	0.2785	0.99927 ≅ 1

9.20 Entropy Method

물리학에서 Entropy는 무질서도를 의미한다. 정보이론에서의 Entropy 역시 정보의

무질서도를 말한다. 정보 Entropy 이론은 미국의 수학자이자 전기공학자인 Claude Shannon(1916~2001)이 제안한 이론이다. Claude Shannon은 정보이론의 아버지라고 불리며, 그가 작성한 'A Mathematical Theory of Communication' 논문은 정보이론의 시초가 되었다. 또한 Bool 논리를 전기회로로 구현할 수 있는 방법을 발명하여 디지털 회로 이론을 창시하였다.

그는 1948년의 논문 'A Mathematical Theory of Communication'에서 정보를 수량적으로 다루는 방법을 고찰하였다. '정보량'의 개념을 만들고 이 개념을 사용하여 통신의 효율화와 정보전달에 대해 이론적인 해결책을 제시하였다. Boltzman의 Entropy 방정식 S = KlogW와 같은 형태의 함수로 정보량을 정의하였다. Entropy는 어떤 물질로 이루어진 집합 전체의 배열을 확률의 개념으로 정리한 것이다. 어떤 기호의 연속이 얼마나 많은 정보를 가질 수 있는지를 파악하기 위해 'Channel Capacity Theorem'를 제시하였다. 정보이론의 중심 아이디어는 Entropy 개념에서 나왔다. 그가 제시한 함수는 bit의 열이 얼마나 예측 불가능한가에 대한 척도이다. 예측 가능성이 낮을수록 bit 열로부터 메시지 전체를 생성해 낼 가능성이 낮다. 메시지의 잉여 부분이 적을수록 그 메시지에 들어갈 정보의 양은 많아진다. 그는 예측 불가능성을 측정함으로써 그 메시지에 저장된 정보의 양을 측정할 수 있다고 생각했다. 이런 면에서 정보는 Entropy와 유사하다.

Shannon의 정보이론을 쉽게 이해하기 위하여 Entropy를 정의하자. Entropy는 어떤 확률변수의 불확실성을 측정하는 것이다. 또한 Entropy는 정보량을 의미한다. 이를 이해하기 위해 다음과 같은 예를 들어 보자.

Claud Shannon

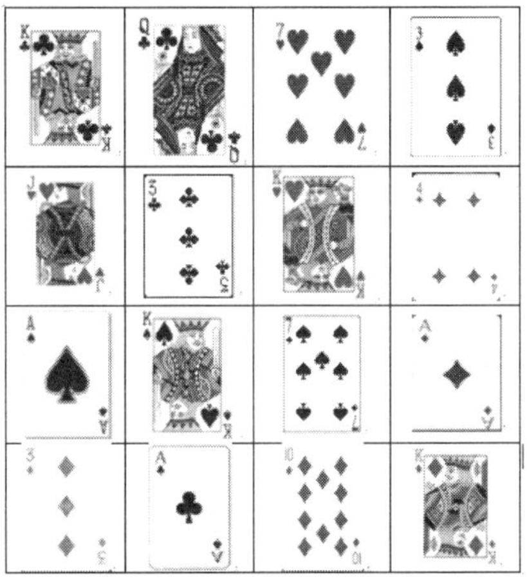

그림 9.12 정보이론의 창시자 Claud Shannon과 16개의 카드

그림 9.12의 오른쪽과 같이 16개의 카드가 있는데 Clover 3을 맞히기 위해서는 몇 번의 질문이 필요할까? 첫 번째 행의 첫 번째 열에 있는 Clover King으로부터 '이것이 Clover 3입니까?'라고 묻고 아니면 그 다음 오른쪽에 있는 Clover Queen에게 '이것이 Clover 3입니까?'라는 질문을 계속해 나가면 Clover 3을 찾을 수 있다. 만약 첫 번째 행과 첫 번째 열에 Clover 3이 있으면 한 번만에 찾을 수 있지만 4번째 행과 4번째 열에 Clover 3이 있으면 15번만에 찾을 수 밖에 없다. 왜냐하면 15번 다 질문을 물어보아서 Clover 3이 없을 경우는 마지막 카드에 있다고 추정할 수 있기 때문이다. 카드가 n개 있을 때 이러한 방법으로 하나의 카드를 찾는 것은 최악의 경우 $n-1$번의 질문을 해야 한다. 확률론적으로 보면 무작위적으로 선택해서 Clover 3을 맞출 확률은 1/16이다.

좀 더 현명한 방법을 생각해 보면 다음과 같다. 행을 기준으로 2개의 그룹으로 나누어 'Clover 3이 위에 있습니까?' 하고 묻고 '위에 있다'는 답을 얻으면 탐색해야 할 대상은 8개로 줄어든다. 다시 좌우 2개의 그룹으로 나누어 'Clover 3이 오른쪽에 있습니까?' 하고 질문을 하면 '아니오'라는 답을 듣는다. 그러면 이제 탐색해야 할 대상이 4개로 줄고 다시 상하나 좌우로 2개의 그룹으로 나누어 동일한 질문을 반복해 나가면 4번만에 Clover 3이 어디에 위치하는지 알 수 있다.

다시 정리하면 대상은 16개가 있고 4번의 질문을 통해 우리가 찾고자 하는 대상을 찾을 수 있다. 이를 수학적으로 표현하면 $2^4 = 16$이 되고 Claude Shannon은 정보량을 4bit라고 정의하였다. 왜냐하면 4번의 질문으로 불확실성을 해소했기 때문이다. Claude Shannon은 정보량을 구하는 공식을 다음과 같이 제시하였다.

$$h(x) = -\log_2 p(x),\ where\ p(x)\text{는 무작위로 선택해서 맞힐 확률}$$

여기에서 앞에 '-'를 붙인 이유는 $p(x)$가 0~1 사이의 확률 함수 값이므로 $\log_2 p(x)$는 음수가 되어 계산의 편의를 위해 양수로 바꿔주기 위해서이다. 앞의 예에서 $p(x) = \frac{1}{16}$이므로 $h(x) = -\log_2 p(x) = -\log_2\left(\frac{1}{16}\right) = 4$가 된다. 정보량의 단위를 bit라고 정의했으므로 이 예에서는 4bit의 정보량을 가진다. 이 개념을 좀 더 확장해서 확률분포의 기댓값을 계산하는 방식으로 Entropy $H(x)$를 식 (9-17)과 같이 정의할 수 있다.

$$H(x) = -\sum p(x)\log_2 p(x) \tag{9-17}$$

$H(x)$는 $\log_2 p(x)$를 발생할 확률 $p(x)$로 곱하여 합산하는 기댓값 개념이다. 예를 들어

어떤 확률변수가 (1/4, 1/4, 1/4, 1/4)로 동일한 확률로 나타난다고 하면 $H(x)$는 다음과 같이 계산된다.

$$H(x) = -\sum p(x)\log_2 p(x) = -4 \times \left\{\frac{1}{4} \times \log_2(1/4)\right\} = 2\,bit$$

그러나 만약 어떤 확률변수가 (3/8, 1/8, 3/8, 1/8)로 확률이 동일하지 않다면 $H(x)$는 1.8075bit로 작아진다.

$$\begin{aligned} H(x) &= -\sum p(x)\log_2 p(x) \\ &= -\left\{\frac{3}{8} \times \log_2\left(\frac{3}{8}\right) + \frac{1}{8} \times \log_2\left(\frac{1}{8}\right) + \frac{3}{8} \times \log_2\left(\frac{3}{8}\right) + \frac{1}{8} \times \log_2\left(\frac{1}{8}\right)\right\} \\ &= 1.8075\,bit \end{aligned}$$

이렇게 불균형한 확률분포를 보이는 경우에 Entropy가 작아지는데 그 이유는 무작위 선택으로 인해서 맞힐 확률이 더 커지기 때문이다. 즉, 불확실성이 줄어들기 때문이다.

다기준 의사결정 방법에서 Entropy 방법에 의한 가중치를 구하는 기본 아이디어는 다음과 같다. 다기준 의사결정 행렬로부터 가중치 벡터를 추정해 내는데 이 행렬은 Entropy 관점에서 가중치 추정 정보를 가지고 있다. 하나의 평가기준 벡터를 보면 대안들 간의 차이가 큰 기준은 중요한 기준이고 대안들 간의 차이가 작은 기준은 덜 중요한 기준이라는 것이다. 이러한 측면에서 Entropy 척도 개념은 다기준 의사결정 문제의 주어진 평가값들 간의 차를 확인, 검토 및 평가할 때 매우 유용할 것으로 판단된다. 따라서 주어진 모든 대안들의 어느 한 속성이 동일한 평가값을 가지는 경우 해당 속성은 대안의 선정에 있어서 특별한 작용을 하지 못하기 때문에 작은 가중치를 적용시킬 수 있을 것이다.

m개의 대안과 n개의 평가기준을 가진 의사결정 행렬을 생각해 보자.

$$\begin{pmatrix} x_{11} & \cdots & x_{1n} \\ \vdots & \ddots & \vdots \\ x_{m1} & \cdots & x_{mn} \end{pmatrix}$$

여기에서 x_{ij}는 j 평가기준에서의 i 대안 평가값이다.

먼저, 단위가 다른 각 평가기준을 정규화하기 위해 비중 정규화 방법을 택해 정규화하는데 여기서는 모든 평가기준이 Benefit Criteria라고 가정하고 정규화하였다.

$$p_{ij} = \frac{x_{ij}}{\sum_{i=1}^{m} x_{ij}} \quad i=1,\,2,\,\cdots,\,m,\;\; j=1,\,2,\,\cdots,\,n$$

정규화를 한 다음 속성 j의 Entropy를 식 (9-18)과 같이 계산한다. 여기서 k는 E_j를 0~1 사이 값으로 만들기 위한 상수이다.

$$E_j = -k\sum_{i=1}^{m} p_{ij}\log_2 p_{ij} \quad j=1,\,2,\,\cdots,\,n \tag{9-18}$$

$$k = \frac{1}{\log_2 m}$$

$$0 \le E_j \le 1$$

다음으로 평가기준 j의 다양함의 정도(Degree of Diversification)를 계산한다.

	C1	C2	C3	C4	C5	C6	C7	C8	C9
A1	113,270,000	60.4	8	7	28.5	1	24.98	251,000	1
A2	111,130,000	37.2	6	10	23.4	9	29.97	260,000	6
A3	117,050,000	60.8	8	6	24.8	3	19.7	283,000	5
A4	114,470,000	10.4	8	5	26	7	29.5	226,000	4
A5	111,350,000	40.6	1	3	26.1	9	24.98	274,000	10
A6	113,990,000	90.3	9	2	23.4	4	24.5	283,000	2
A7	112,310,000	52.3	5	7	30.1	2	24.5	253,000	2
A8	115,080,000	66.8	1	3	22.6	5	29.68	301,000	1
A9	110,990,000	10.4	10	5	29.9	6	24.93	281,000	4
A10	111,070,000	32.3	9	9	24.8	1	29.79	265,000	9
A11	111,190,000	10.8	7	6	27.4	8	23.96	225,000	1
A12	113,710,000	20.4	6	1	21.8	2	24.99	200,000	4
A13	119,990,000	51.4	4	4	27	9	24.91	224,000	4
A14	119,440,000	70.2	3	5	20	10	29.22	246,000	7
A15	116,230,000	43.8	8	8	23.7	1	24.39	238,000	4

그림 9.13 Entropy로 가중치를 구하기 위한 의사결정 행렬

다양함의 정도는 $d_j = 1 - E_j$로 정의하는데 왜냐하면 각 평가기준 j의 가중치를 $w_j = \frac{d_j}{\sum_{j=1}^{n} d_j}$로 계산하기 때문에 다양함의 정도가 큰 평가기준이 가중치가 크게 된다. 즉, Entropy가 작은 평가기준이 가중치가 크게 되고 Entropy가 작다는 것은 데이터의 불확실성이 큰 것이다. 대안들 간 차이가 큰 기준을 더 중요한 기준으로 삼을 수 있기

때문이다.

Entropy에 의한 가중치를 결정하는 방법의 예를 들어 보면 그림 9.13과 같이 15개의 대안과 9개의 평가기준으로 이루어진 행렬이 있다. 각 행렬값들은 (대안, 평가기준)에 해당하는 평가값들이다.

이를 비중 정규화 방법을 사용하여 각 평가기준 값들을 정규화해 보면 그림 9.14와 같다. 원 평가기준의 평가값들의 단위가 상당히 차이가 있으나 정규화 이후 평가값들은 0보다 크고 1보다 작은 값들로 다 변환되었다. 다만 비중 정규화 방법에서는 하나의 값만 가지고 나머지 값들이 0이지 않은 이상은 1이 되는 경우는 없다.

	C1	C2	C3	C4	C5	C6	C7	C8	C9
A1	0.0662	0.0918	0.0860	0.0864	0.0751	0.0130	0.0641	0.0659	0.0156
A2	0.0649	0.0565	0.0645	0.1235	0.0617	0.1169	0.0768	0.0682	0.0938
A3	0.0684	0.0924	0.0860	0.0741	0.0653	0.0390	0.0505	0.0743	0.0781
A4	0.0669	0.0158	0.0860	0.0617	0.0685	0.0909	0.0756	0.0593	0.0625
A5	0.0651	0.0617	0.0108	0.0370	0.0688	0.1169	0.0641	0.0719	0.1563
A6	0.0666	0.1372	0.0968	0.0247	0.0617	0.0519	0.0628	0.0743	0.0313
A7	0.0656	0.0795	0.0538	0.0864	0.0793	0.0260	0.0628	0.0664	0.0313
A8	0.0672	0.1015	0.0108	0.0370	0.0596	0.0649	0.0761	0.0790	0.0156
A9	0.0649	0.0158	0.1075	0.0617	0.0788	0.0779	0.0639	0.0738	0.0625
A10	0.0649	0.0491	0.0968	0.1111	0.0653	0.0130	0.0764	0.0696	0.1406
A11	0.0650	0.0164	0.0753	0.0741	0.0722	0.1039	0.0614	0.0591	0.0156
A12	0.0664	0.0310	0.0645	0.0123	0.0574	0.0260	0.0641	0.0525	0.0625
A13	0.0701	0.0781	0.0430	0.0494	0.0711	0.1169	0.0639	0.0588	0.0625
A14	0.0698	0.1067	0.0323	0.0617	0.0527	0.1299	0.0749	0.0646	0.1094
A15	0.0679	0.0666	0.0860	0.0998	0.0625	0.0130	0.0625	0.0625	0.0625

그림 9.14 정규화 수행 이후 의사결정 행렬

다음으로 이 정규화된 값을 가지고 각 평가기준의 Entropy와 다양함의 정도를 계산하고 다양함의 정도를 이용하여 최종적으로 가중치를 산출하면 그림 9.15의 w_j와 같다.

	C1	C2	C3	C4	C5	C6	C7	C8	C9
E_j	0.9999	0.9423	0.9546	0.9578	0.9977	0.9182	0.9977	0.9979	0.9258
d_j	0.0001	0.0577	0.0454	0.0422	0.0023	0.0818	0.0023	0.0021	0.0742
w_j	0.0004	0.1872	0.1475	0.1368	0.0076	0.2656	0.0073	0.0069	0.2409

그림 9.15 다양함의 정도 및 가중치 산출

9.21 Standard Deviation Method

어떤 평가기준을 대상으로 봤을 때 각 대안의 평가값이 아주 작은 차이들로만 구성되어 있다면 표준편차 방법으로 가중치를 구할 수도 있다. m개의 대안과 n개의 평가기준이 있는 다기준 의사결정 행렬에서 j 평가기준의 i 대안 평가값을 x_{ij}라 하고 j 평가기준에 해당하는 각 대안들의 평가값 산술평균을 $\overline{x}_j$라고 하면 표준편차 σ_j와 이를 이용한 가중치 w_j는 식 (9-19)~(9-20)과 같이 구할 수 있다. 즉 가중치는 모든 평가기준 표준편차의 합과 해당 평가기준의 표준편차의 비율로 구할 수 있다. Entropy 방법과 비슷한 개념으로 대안별 평가값의 산포도가 크면 가중치가 크고 산포도가 적으면 가중치가 작은 것이다. 대안별로 비슷한 평가값들로 이루어진 평가기준은 상당히 큰 차이의 평가값들로 이루어진 평가기준보다 덜 중요하다. 왜냐하면 어떤 특정한 정보를 주기에는 부족하기 때문이다.

$$w_j = \frac{\sigma_j}{\sum_{j=1}^{n} \sigma_j} \quad j = 1, 2, \cdots, n \tag{9-19}$$

$$\text{여기서 } \sigma_j = \sqrt{\frac{\sum_{i=1}^{m} (x_{ij} - \overline{x_j})^2}{m}} \quad j = 1, 2, \cdots, n \tag{9-20}$$

9.22 LINMAP

LINMAP 방법에 의한 가중치 결정 절차는 이 책의 18장에 설명되어 있는 LINMAP 방법을 참고하라.

제2부

대안 우선순위 결정

10장

대안 우선순위 결정방법

10.1 대안 우선순위 결정 개념

우선순위를 결정하는 방법에는 여러 가지가 있다. 그러나 가장 기본적인 방법은 Utility가 높은 대안을 가장 우수한 대안으로 선정하는 것이다. 일반적으로 Utility 함수는 가치함수 $V(x_1, x_2, x_3, \cdots, x_m)$로 표현된다. 만약 $(x_1, x_2, x_3, \cdots, x_m)$로 구성되는 가치가 $(x_1', x_2', x_3', \cdots, x_m')$로 구성되는 가치보다 크다면 $(x_1, x_2, x_3, \cdots, x_m)$는 $(x_1', x_2', x_3', \cdots, x_m')$보다 최소한 나쁘지는 않다고 말할 수 있다.

$$V(x_1, x_2, x_3, \cdots, x_m) \geq V(x_1', x_2', x_3', \cdots, x_m')$$

또한 각 x_i가 독립적이라면 $x_1, x_2, x_3, \cdots, x_m$의 가치는 다음과 같은 각 x_i의 가치와 가중치 w_i의 가중합 또는 각 x_i의 가치의 가중치 w_i 제곱 승으로 표현 가능하다.

$$V(x_1, x_2, x_3, \cdots, x_m) = \sum_{i=1}^{m} w_i V(x_i) = \sum_{i=1}^{m} w_i r_i$$

$$V(x_1, x_2, x_3, \cdots, x_m) = \prod_{i=1}^{m} V(x_i)^{w_i}$$

여기에서 $V(\bullet)$는 i 대안의 가치함수이고 r_i는 비교 가능하게 변환된 i 대안이다. Utility 함수는 가치함수가 될 수 있지만 가치함수는 반드시 Utility 함수가 되지 않는다.

$$U(x_1, x_2, x_3, \cdots, x_m) \rightarrow V(x_1, x_2, x_3, \cdots, x_m)$$

이러한 기본 개념을 가지고 대안의 우선순위를 결정하는 방법론에 대해 알아보자.

10.2 SAW(Simple Additive Weight) · WSM(Weighted Sum Model)

SAW(WSM)는 아마 가장 잘 알려지고 가장 많이 사용되는 대안 분석 방법이다.

m개의 대안과 n개의 평가기준이 다기준 의사결정 행렬에서 j 평가기준의 i 대안 평가값을 x_{ij}라 하고 w_j를 j 평가기준의 가중치라 하면 SAW(WSM)에서 가장 우수한 대안 A_{SAW}^*은 식 (10-1)과 같이 구할 수 있다.

$$A^*_{SAW}(A^*_{WSM}) = \left\{A_i \mid max_i\left(\Sigma^n_{j=1} w_j x_{ij} / \Sigma^n_{j=1} w_j\right)\right\} \tag{10-1}$$

가중치는 일반적으로 $\Sigma^n_{j=1} w_j = 1$로 정규화하여 사용하며 이 때 $A^*_{SAW}(A^*_{WSM})$은 식 (10−2)와 같다.

$$A^*_{SAW}(A^*_{WSM}) = \left\{A_i \mid max_i \Sigma^n_{j=1} w_j x_{ij}\right\} \tag{10-2}$$

각 대안 측면에서 해당 대안의 각 평가기준의 평가값을 평가기준의 가중치를 곱해 가장 최대가 되는 값을 가지는 대안을 가장 우수한 대안으로 선택하는 것이다. 예를 들어 그림 10.1과 같은 3개의 대안과 4개의 평가기준이 있는 다기준 의사결정 행렬을 생각해 보자.

weight	0.2	0.15	0.4	0.25
	C 1	C 2	C 3	C 4
A 1	25	20	15	30
A 2	10	30	20	30
A 3	30	10	30	10

그림 10.1 다기준 의사결정 행렬

$$A_1 = \sum_{j=1}^{n} w_j x_{1j} = 0.2 \times 25 + 0.15 \times 20 + 0.4 \times 15 + 0.25 \times 30 = 21.5$$

$$A_2 = \sum_{j=1}^{n} w_j x_{2j} = 0.2 \times 10 + 0.15 \times 30 + 0.4 \times 20 + 0.25 \times 30 = 22$$

$$A_3 = \sum_{j=1}^{n} w_j x_{3j} = 0.2 \times 30 + 0.15 \times 10 + 0.4 \times 30 + 0.25 \times 10 = 20$$

A2의 가중합이 가장 크므로 A2가 가장 우수한 대안이고 A2, A1, A3 순으로 우선순위가 정해진다.

그러나 앞에서 설명한 대로 데이터의 정규화 없이 다기준 의사결정 행렬만으로 WSM 방법을 적용해서 최선의 대안을 선택하는 것은 사과와 오렌지를 더하여 평가하는 것과 같다. 왜냐하면 평가기준의 단위가 서로 다른 것이 일반적인 다기준 의사결정 문제이기 때문이다. 이러한 의사결정을 하기 전에 데이터의 정규화가 선행되어야 한다.

비율 정규화 방법을 사용하여 정규화한 후 대안을 비교 평가하면 다음과 같다. 모든 평가기준이 Benefit Criteria라고 생각하고 비율 정규화를 실시한 이후 대안을 평가해 보면 A1 〉 A2 = A3라고 평가할 수 있다.

	0.2	0.15	0.4	0.25
	C1	C2	C3	C4
A1	25	20	15	30
A2	10	30	20	30
A3	30	10	30	10
max	30	30	30	30

	0.2	0.15	0.4	0.25	
	C1	C2	C3	C4	가중합
A1	0.833	0.667	0.500	1.000	0.717
A2	0.333	1.000	0.667	1.000	0.733
A3	1.000	0.333	1.000	0.333	0.733

그림 10.2 비율 정규화 수행 이후 가중합 평가

SAW 방법에서는 여러 속성의 가치 또는 Utility는 각 속성의 가치 또는 Utility로 나눌 수 있다는 가정이 있다. 그러나 하나의 속성의 가치가 높아질 때 다른 속성의 가치를 높이거나 낮출 수가 있는 경우에는 SAW 방법을 사용하는 것이 적절치가 않다. 이러한 경우에는 Quasi-Additive 또는 Multilinear 형태로 총 가치를 계산할 수 있다. 그러나 많은 연구에 의해 SAW는 아주 복잡한 방법의 결과와 매우 유사한 결과를 얻을 수 있고 사용과 이해에 용이하다는 장점이 있어 SAW가 광범위하게 사용되고 있다.

10.3 WPM(Weighted Product Model)

Weighted Product Model은 Weighted Sum Model과 매우 유사하다. 두 방법의 차이는 Weighted Sum Model이 요소의 합으로 대안을 평가하는 데 비해 Weighted Product Model에서는 두 대안의 평가값 비율을 가중치로 거듭제곱하여 대안을 평가한다는 것이다. 두 대안 A_k와 A_l을 비교하기 위해 식 (10-3)의 $R\left(\frac{A_k}{A_l}\right)$를 계산한다.

$$R\left(\frac{A_k}{A_l}\right) = \Pi_{j=1}^{n}\left(\frac{a_{kj}}{a_{lj}}\right)^{w_j} \quad k,\, l = 1,\, 2,\, \cdots,\, m \tag{10-3}$$

Benefit Criteria에서 만약 $R\left(\frac{A_k}{A_l}\right)$가 1보다 크거나 같으면 '$A_k$가 A_l보다 나쁘진 않다'라는 의미로 해석된다. 최고로 좋은 대안 k는 다른 대안들과 비교해서 모든 $R\left(\frac{A_k}{A_l}\right)$, $k \neq l$이 1보다 크거나 같은 대안이다.

WSM에서 사용한 데이터를 가지고 WPM으로 대안을 분석해 보자. 모든 평가기준이 완전히 동일한 단위를 가지고 있다고 가정한다.

weight	0.2	0.15	0.4	0.25
	C 1	C 2	C 3	C 4
A 1	25	20	15	30
A 2	10	30	20	30
A 3	30	10	30	10

그림 10.3 다기준 의사결정 행렬

$$R\left(\frac{A_1}{A_2}\right) = \left(\frac{25}{10}\right)^{0.2} \times \left(\frac{20}{30}\right)^{0.15} \times \left(\frac{15}{20}\right)^{0.4} \times \left(\frac{30}{30}\right)^{0.25} = 1.007 > 1$$

$$R\left(\frac{A_1}{A_3}\right) = \left(\frac{25}{30}\right)^{0.2} \times \left(\frac{20}{10}\right)^{0.15} \times \left(\frac{15}{30}\right)^{0.4} \times \left(\frac{30}{10}\right)^{0.25} = 1.067 > 1$$

$$R\left(\frac{A_2}{A_3}\right) = \left(\frac{30}{10}\right)^{0.2} \times \left(\frac{30}{10}\right)^{0.15} \times \left(\frac{20}{30}\right)^{0.4} \times \left(\frac{30}{10}\right)^{0.25} = 1.059 > 1$$

최고로 좋은 대안은 A_1이다. 왜냐하면 A_1이 A_2와 A_3보다 더 좋기 때문이다. A_2와 A_3를 비교해 보면 A_2가 더 좋다. 따라서 대안의 우선순위는 A_1, A_2, A_3 순이다.

또 다른 WPM 방법은 다른 대안과의 비율에 의존하지 않고 대안 자신의 값만으로 대안을 평가하는 방법이다. 이 경우 대안 A_k의 가치를 평가하는 식은 (10-4)와 같다.

$$P(A_k) = \Pi_{j=1}^{n}(a_{kj})^{w_j} \quad k = 1,\, 2,\, \cdots,\, m \tag{10-4}$$

앞에서 예를 든 자료로 이 방법을 사용해 보면 다음과 같이 각 대안의 가치를 계산할 수 있다.

weight	0.2	0.15	0.4	0.25
	C 1	C 2	C 3	C 4
A 1	25	20	15	30
A 2	10	30	20	30
A 3	30	10	30	10

그림 10.4 다기준 의사결정 행렬

$$P(A_1) = 25^{0.2} \times 20^{0.15} \times 15^{0.4} \times 30^{0.25} = 20.628$$

$$P(A_2) = 10^{0.2} \times 30^{0.15} \times 20^{0.4} \times 30^{0.25} = 20.477$$

$$P(A_3) = 30^{0.2} \times 10^{0.15} \times 30^{0.4} \times 10^{0.25} = 19.332$$

$P(A_1) > P(A_2) > P(A_3)$이므로 대안의 우선순위는 A_1, A_2, A_3 순이다. 앞에서 비율의 곱으로 구한 방법과 비교 시 대안의 우선순위는 완전히 같다. WPM 방법 적용 시는 데이터의 정규화가 필요하지 않다. 왜냐하면 WPM의 수학적 구조가 평가기준의 단위를 제거하기 때문에 정규화 효과가 발생하기 때문이다.

10.4 HAWM(Hierarchical Additive Weighting Method)

SAW에서 각 대안의 최종 평가는 $A_i = \Sigma_{j=1}^{n} w_j x_{ij} / \Sigma_{j=1}^{n} w_j$로 실시하고 일반적으로 $\Sigma_{j=1}^{n} w_j = 1$로 정규화하여 사용한다. 이러한 경우 $A_i = \Sigma_{j=1}^{n} w_j x_{ij}$로 대안을 평가하고 x_{ij}는 i 대안이 j 평가기준에 대한 기여라고 생각할 수 있다. 가중치 벡터가 각 평가기준의 중요도를 나타내듯이 벡터 $\underline{x}_j = (x_{1j}, x_{2j}, x_{3j}, \cdots, x_{mj})$는 j 평가기준에 대한 기여 벡터라고 생각할 수 있다.

만약 $\Sigma_{i=1}^{m} x_{ij} = 1$, $j = 1, 2, \cdots, n$으로 만들면 SAW는 다른 수준으로부터 가중치를 종합하는 역할을 할 수 있다. 이러한 원리를 가지고 Analytic Hierarchical Process(AHP)가 개발되었고 AHP에서는 이 방법으로 대안의 우선순위를 비교한다. 예를 들어 어떤 문제를 해결하기 위해 목표를 정하고 각 평가기준을 설정하고 각 평가기준의 가중치 합이

1이 되도록 하고 평가기준에 기여하는 대안들의 비교도 각 가중치의 합이 1이 되도록 만든다면, 각 대안이 각 평가기준에 기여하는 정도를 합하면 대안이 전체 목표에 기여하는 정도를 알 수 있다.

만약 문제의 구조가 그림 10.5와 같다고 해보자. 평가기준의 가중치 합은 0.3+0.5+0.2=1.0이고 평가기준 1 밑에 위치한 대안 1, 2, 3의 가중치 합도 0.2+0.7+0.1=1.0이다. 동일하게 모든 평가기준 밑에 위치한 대안들의 가중치 합도 1이 된다. 여기에서 가중치는 바로 위에 있는 계층의 원소에 기여하는 기여도로 해석할 수 있다. 즉 평가기준 2는 목표에 대해 전체의 50% 기여를 하고 평가기준 3의 밑에 있는 대안 3은 평가기준 3에 대해 40%의 기여를 하고 있다. 이런 계층적 구조를 가진 문제에서 특정 대안이 전체 대안에 기여하는 정도는 각 평가기준의 가중치와 해당 평가기준에 기여하는 대안의 가중치를 곱하고 이를 모두 더해서 구한다. 대안 1이 전체 목표에 기여하는 정도는 0.3×0.2+0.5×0.4+0.2 ×0.5 =0.36이 된다. 대안 2와 대안 3에 대해서도 목표에 기여하는 총 기여도를 구해 대안의 우선순위를 구할 수 있다.

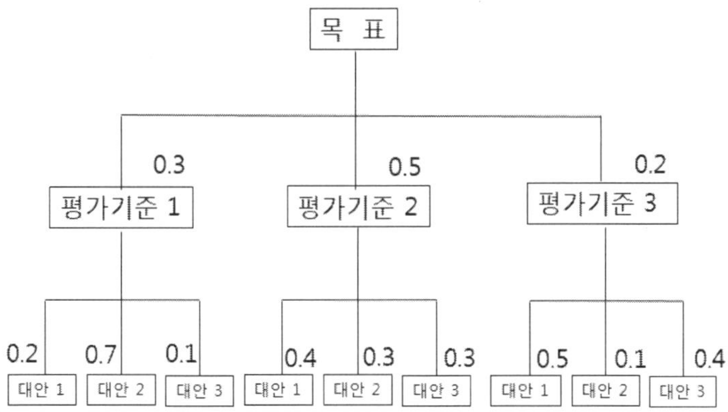

그림 10.5 다기준 다계층 문제 구조 예

10.5 WAM(Weighted Arithmetic Mean) · WGM(Weighted Geometric Mean)

정규화된 평가값과 가중치를 가지고 각 대안의 우선순위를 결정하는 방법은 여러 가지가 있는데 가중 평균값을 이용하거나 이상점(Ideal Point)과의 거리를 최소화, 중간점

(Median Point)과의 거리 최소화, 하나의 대안이 선택되었을 때 다른 대안들을 포기한 정도를 최소화, 2개의 대안끼리 쌍대비교를 통해 우선순위를 결정하는 방법 등이 있다.

다른 방법은 나중에 설명하도록 하고 여기에서는 가중 평균값 중 가중 산술평균과 가중 기하평균에 대해 설명한다. 각 평가기준에는 가중치가 부여되어 있다. 각 m개의 평가기준이 있고 평가기준 j의 가중치를 w_j라고 하면 $\sum_{j=1}^{m} w_j = 1$로 가정한다. 가중 산술평균은 가중치와 평가값으로 산술평균을 하는 것을 말하고 가중 기하평균은 가중치와 평가값으로 기하평균을 내어 대안의 우선순위를 정하는 것을 뜻한다. 일반적으로 기하평균은 이상치(Outlier)에 둔감한 것으로 알려져 있다.

이 책의 8.3~8.6절에서 설명한 비율, 범위, Z, 비중 정규화된 값으로 계산된 가중 산술평균은 각각 식 (10-5)~(10-8)과 같다고 하자.

$$P_i = \sum_{j=1}^{n} w_j p_{ij}, \quad i = 1, 2, 3, \cdots, m \tag{10-5}$$

$$R_i = \sum_{j=1}^{n} w_j r_{ij}, \quad i = 1, 2, 3, \cdots, m \tag{10-6}$$

$$Z_i = \sum_{j=1}^{n} w_j z_{ij}, \quad i = 1, 2, 3, \cdots, m \tag{10-7}$$

$$D_i = \sum_{j=1}^{n} w_j d_{ij}, \quad i = 1, 2, 3, \cdots, m \tag{10-8}$$

비율 정규화 가중 기하평균 P_i^g와 비중 정규화 가중 기하평균 D_i^g를 구하면 다음과 같다. 범위 및 Z-정규화에 대해 가중 기하평균으로 통합하지 못하는 이유는 범위 정규화 값은 0이 나올 수 있고 Z 정규화 값은 음수가 나오므로 기하평균을 구할 수 없기 때문이다. 비율 정규화를 수행한 데이터의 가중 기하평균은 식 (10-9)와 같다.

$$\begin{aligned} P_i^g &= \Pi_{j=1}^{n} p_{ij}^{w_j} = \Pi_{j=1}^{j \in J^+} \left\{ \frac{x_{ij}}{\max_i(x_{ij})} \right\}^{w_j} \Pi_{j=1}^{j \in J^-} \left\{ \frac{\min_i(x_{ij})}{x_{ij}} \right\}^{w_j} \\ &= \Pi_{j=1}^{j \in J^+} \left\{ \frac{1}{\max_i(x_{ij})} \right\}^{w_j} \Pi_{j=1}^{j \in J^-} \{\min_i(x_{ij})\}^{w_j} \Pi_{j=1}^{j \in J^+} \{x_{ij}\}^{w_j} \Pi_{j=1}^{j \in J^-} \{x_{ij}\}^{-w_j} \\ &= C_p \Pi_{j=1}^{j \in J^+} \{x_{ij}\}^{w_j} \Pi_{j=1}^{j \in J^-} \{x_{ij}\}^{-w_j} \end{aligned} \tag{10-9}$$

비중 정규화를 수행한 데이터의 가중 기하평균은 식 (10-10)과 같다.

$$D_i^g = \Pi_{j=1}^{n} d_{ij}^{w_j} = \Pi_{j=1}^{j \in J^+} \left\{ \frac{x_{ij}}{\sum_{i=1}^{m} x_{ij}} \right\}^{w_j} \Pi_{j=1}^{j \in J^-} \left\{ \frac{\frac{1}{x_{ij}}}{\sum_{i=1}^{m} \frac{1}{x_{ij}}} \right\}^{w_j}$$

$$= \Pi_{j=1}^{j \in J^+} \left\{ \frac{1}{\sum_{i=1}^{m} x_{ij}} \right\}^{w_j} \Pi_{j=1}^{j \in J^-} \left\{ \frac{1}{\sum_{i=1}^{m} \frac{1}{x_{ij}}} \right\}^{w_j} \Pi_{j=1}^{j \in J^+} \{x_{ij}\}^{w_j} \Pi_{j=1}^{j \in J^-} \{x_{ij}\}^{-w_j}$$

$$= C_d \Pi_{j=1}^{j \in J^+} \{x_{ij}\}^{w_j} \Pi_{j=1}^{j \in J^-} \{x_{ij}\}^{-w_j} \qquad (10-10)$$

식 (10-9)와 (10-10)에서 보는 것과 같이 P_i^g와 D_i^g는 $\Pi_{j=1}^{j \in J^+} \{x_{ij}\}^{w_j} \cdot \Pi_{j=1}^{j \in J^-} \{x_{ij}\}^{-w_j}$에 각각 상수 C_p와 C_d를 곱한 것과 같은 결과이다. 그러므로 식 (10-11)을 이용하여 순위를 구한 것과 같은 결과이다. 즉 비율 정규화와 비중 정규화한 값의 가중 기하평균으로 순위를 구하는 것은 정규화 과정 없이 원래 평가된 값 x_{ij}로 가중 기하평균을 계산하여 순위를 구한 것과 동일하다.

$$M_i = \Pi_{j=1}^{j \in J^+} \{x_{ij}\}^{w_j} \cdot \Pi_{j=1}^{j \in J^-} \{x_{ij}\}^{-w_j} \qquad (10-11)$$

11장

정규화 방법의 선택

어떤 정규화 방법을 사용하는 것이 좋을 것인가? 다기준 의사결정 문제를 분석할 때 가중 산술합을 사용하는 방법을 SAW(Simple Additive Weight)라고 하는데 정규화 방법에 따라 우선순위의 변동이 발생할 수 있다. 다음의 예로 이러한 경우가 발생하는 것을 볼 수 있다. P1~P5까지 입사를 희망하는 후보 5명을 놓고 Benefit Criteria 2개와 평가값과 평가기준의 가중치가 표 11.1과 같다고 가정하자.

표 11.1 다기준 의사결정 행렬

가중치	0.49999000	0.50001000
후보/평가기준	C1	C2
P1	1	76
P2	5	8
P3	60	6
P4	7	6.9
P5	90	7.9

비율 정규화를 수행 후 가중합으로 각 후보의 우선순위를 결정하면 표 11.2와 같이 P1~P5의 우선순위가 P5, P1, P3, P4, P2 순으로 결정된다.

표 11.2 비율 정규화 수행 후 대안 우선순위

	C1	C2	가중합	순위
P1	0.011	1.000	0.51	2
P2	0.056	0.105	0.08	5
P3	0.667	0.079	0.37	3
P4	0.078	0.091	0.08	4
P5	1.000	0.104	0.55	1

그러나 비중 정규화로 각 후보의 우선순위를 결정하면 P1~P5의 우선순위는 표 11.3과 같이 P1, P5, P3, P4, P2 순이다.

표 11.3 비중 정규화 수행 이후 대안 우선순위

	C1	C2	가중합	순위
P1	0.006	0.725	0.37	1
P2	0.031	0.076	0.05	5
P3	0.368	0.057	0.21	3
P4	0.043	0.066	0.05	4
P5	0.552	0.075	0.31	2

이러한 예는 하나의 평가기준에서 상당히 큰 차이의 평가값이 존재하고 가중치 차이가 아주 작을 때 발생할 수 있다. 또 다른 하나의 예를 들어 보자. 표 11.4와 같이 평가기준 7개와 선발할 지원자가 5명일 경우의 의사결정 행렬이다.

표 11.4 다기준 의사결정 행렬

가중치	0.1420	0.1430	0.1421	0.1422	0.1423	0.1400	0.1484
	C1	C2	C3	C4	C5	C6	C7
P1	4	7	3	2	2	2	2
P2	4	4	6	5	3	3	7
P3	7	5	4	2	4	5	3
P4	3	2	6	3	3	2	6
P5	4	2	2	5	5	3	6

P1부터 P5까지 5명의 입사 희망자를 대상으로 신입사원을 선발하는 문제로 평가기준은 학력, 외국어 구사능력, 경험 등 7개의 Benefit Criteria로 구성되어 있고 각 평가기준의 가중치가 부여되어 있다. 비율, 범위, 비중, Z, 벡터 정규화로 평가값을 각 평가기준에 따라 정규화한 다음 가중합으로 순위를 매겨보면 그림 11.1에 나타난 것과 같이 P1~P5의 우선순위는 P2, P3, P5, P4, P1가 되어 동일한 결과를 준다.

								가중합	순위
비율정규화	0.571	1.000	0.500	0.400	0.400	0.400	0.286	0.51	5
	0.571	0.571	1.000	1.000	0.600	0.600	1.000	0.76	1
	1.000	0.714	0.667	0.400	0.800	1.000	0.429	0.71	2
	0.429	0.286	1.000	0.600	0.600	0.400	0.857	0.60	4
	0.571	0.286	0.333	1.000	1.000	0.600	0.857	0.67	3
Max-Min	0.250	1.000	0.250	0.000	0.000	0.000	0.000	0.21	5
(범위 정규화)	0.250	0.400	1.000	1.000	0.333	0.333	1.000	0.62	1
	1.000	0.600	0.500	0.000	0.667	1.000	0.200	0.56	2
	0.000	0.000	1.000	0.333	0.333	0.000	0.800	0.36	4
	0.250	0.000	0.000	1.000	1.000	0.333	0.800	0.49	3
비중정규화	0.182	0.350	0.143	0.118	0.118	0.133	0.083	0.16	5
	0.182	0.200	0.286	0.294	0.176	0.200	0.292	0.23	1
	0.318	0.250	0.190	0.118	0.235	0.333	0.125	0.22	2
	0.136	0.100	0.286	0.176	0.176	0.133	0.250	0.18	4
	0.182	0.100	0.095	0.294	0.294	0.200	0.250	0.20	3
Z 정규화	-0.295	1.581	-0.750	-1.032	-1.373	-0.913	-1.444	-0.61	5
	-0.295	0.000	1.125	1.180	-0.392	0.000	1.135	0.40	1
	1.917	0.527	-0.125	-1.032	0.588	1.826	-0.928	0.38	2
	-1.032	-1.054	1.125	-0.295	-0.392	-0.913	0.619	-0.27	4
	-0.295	-1.054	-1.375	1.180	1.569	0.000	0.619	0.09	3
Vector 정규화	0.389	0.707	0.299	0.244	0.252	0.280	0.173	0.33	5
	0.389	0.404	0.597	0.611	0.378	0.420	0.605	0.49	1
	0.680	0.505	0.398	0.244	0.504	0.700	0.259	0.47	2
	0.291	0.202	0.597	0.367	0.378	0.280	0.518	0.38	4
	0.389	0.202	0.199	0.611	0.630	0.420	0.518	0.42	3

그림 11.1 정규화 수행 방법에 따른 대안 우선순위 비교

그러나 표 11.5의 예와 같이 평가값에 과도한 편차값이 있을 경우에는 정규화 방법에 따라 결과가 달라지기도 한다. 다음의 예를 보자. 의사결정 행렬에서 진하게 표시된 원소는 한 평가기준에서 다른 원소와 비교해 보면 과도하게 편차가 있다. 이러한 경우에 순위변동이 생기는지 알아보자.

표 11.5 다기준 의사결정 행렬

가중치	0.1420	0.1430	0.1421	0.1422	0.1423	0.1400	0.1484
	C1	C2	C3	C4	C5	C6	C7
P1	4	7	3	2	2	2	2
P2	4	4	6	**43**	**32**	3	7
P3	7	**66**	4	2	**87**	5	3
P4	3	2	**66**	3	3	2	**67**
P5	4	2	2	5	5	3	6

이 경우는 그림 11.2에서와 같이 비율, 비중, 벡터 정규화에서는 P3, P4, P2, P5, P1 순으로 우수하다고 알려주지만 범위, Z 정규화에서는 P3, P2, P4, P5, P1 순으로 우선순위가 결정된다.

비율정규화	0.571	0.106	0.045	0.047	0.023	0.400	0.030	0.173	5
	0.571	0.061	0.091	1.000	0.368	0.600	0.104	0.397	3
	1.000	1.000	0.061	0.047	1.000	1.000	0.045	0.589	1
	0.429	0.030	1.000	0.070	0.034	0.400	1.000	0.427	2
	0.571	0.030	0.030	0.116	0.057	0.600	0.090	0.212	4
Max-Min	0.250	0.078	0.016	0.000	0.000	0.000	0.000	0.049	5
(범위 정규화)	0.250	0.031	0.063	1.000	0.353	0.333	0.077	0.299	2
	1.000	1.000	0.031	0.000	1.000	1.000	0.015	0.574	1
	0.000	0.000	1.000	0.024	0.012	0.000	1.000	0.296	3
	0.250	0.000	0.000	0.073	0.035	0.333	0.062	0.107	4
비중정규화	0.182	0.086	0.037	0.036	0.016	0.133	0.024	0.073	5
	0.182	0.049	0.074	0.782	0.248	0.200	0.082	0.230	3
	0.318	0.815	0.049	0.036	0.674	0.333	0.035	0.322	1
	0.136	0.025	0.815	0.055	0.023	0.133	0.788	0.285	2
	0.182	0.025	0.025	0.091	0.039	0.200	0.071	0.090	4
Z 정규화	-0.295	-0.368	-0.529	-0.561	-0.731	-0.913	-0.598	-0.570	5
	-0.295	-0.489	-0.409	1.995	0.190	0.000	-0.399	0.082	2
	1.917	1.995	-0.489	-0.561	1.879	1.826	-0.558	0.848	1
	-1.032	-0.569	1.997	-0.499	-0.700	-0.913	1.995	0.054	3
	-0.295	-0.569	-0.569	-0.374	-0.639	0.000	-0.439	-0.413	4
Vector 정규화	0.389	0.105	0.045	0.046	0.022	0.280	0.030	0.130	5
	0.389	0.060	0.090	0.989	0.344	0.420	0.103	0.340	3
	0.680	0.992	0.060	0.046	0.936	0.700	0.044	0.491	1
	0.291	0.030	0.993	0.069	0.032	0.280	0.989	0.387	2
	0.389	0.030	0.030	0.115	0.054	0.420	0.089	0.160	4

그림 11.2 정규화 수행 방법에 따른 대안의 우선순위 비교

이 예로 미루어 보아 정규화 방법에 따라 우선순위가 달라지는 경우가 발생하여 어떤 정규화 방법이 좋은지 문제의 성격에 맞는 정규화 방법을 적용해야 하고, 어느 범위 내에서 정규화 방법에 따라 순위가 변하지 않는지 검토할 필요가 있다. 과도한 편차가 없어도 정규화 형태에 따른 우선순위 변동이 나타나는 예는 다음과 같다. 예를 드는 정규화 형태는 비율 정규화와 범위 정규화, 벡터 정규화 3가지이다.

표 11.6 정규화 형태에 따른 정규화 방법

정규화 형태	평가기준 형태	
	Benefit Criteria	Cost Criteria
비율 정규화(N1)	$\frac{x_{ij}}{\max_i(x_{ij})}$	$\frac{\min_i(x_{ij})}{x_{ij}}$
범위 정규화(N2)	$1-\frac{\max_i(x_{ij})-x_{ij}}{\max_i(x_{ij})-\min_i(x_{ij})}$	$1-\frac{x_{ij}-\min_i(x_{ij})}{\max_i(x_{ij})-\min_i(x_{ij})}$
벡터 정규화(N3)	$\frac{x_{ij}}{\sqrt{\sum_{i=1}^{m} x_{ij}^2}}$	$\frac{\frac{1}{x_{ij}}}{\sqrt{\sum_{i=1}^{m}\left(\frac{1}{x_{ij}^2}\right)}}$

대안은 A1~A5로 5가지가 있고 평가기준은 X1~X4로 4가지이다. 각 평가기준의 가중치는 동일한 값이라고 가정하고 모든 평가기준은 Benefit Criteria라고 가정한다. 먼저 비율 정규화로 정규화한 후 Simple Additive Weighting 방법으로 대안을 평가해 보면 A1, A2, A3, A4, A5 순이다. 비율 정규화 수행 이후 대안을 비교 평가해 보면 표 11.7과 같다.

표 11.7 비율 정규화 수행 이후 대안 평가

대안	평가기준 및 정규화 이전 평가값				N1정규화 이후 평가기준 및 값				대안 평가
	X1	X2	X3	X4	S1(X1)	S2(X2)	S3(X3)	S4(X4)	$V(A_i)=\Sigma S_i$
A1	2	7	180	100	0.2222	0.7778	1	1	3.0000
A2	3	8	140	98	0.3333	0.8889	0.7778	0.98	2.9800
A3	5	5	155	100	0.5555	0.5555	0.8611	1	2.9721
A4	1	9	155	95	0.1111	1	0.8611	0.95	2.9222
A5	9	1	160	90	1	0.1111	0.8889	0.90	2.9000

범위 정규화에 따른 대안 평가결과는 표 11.8과 같다.

표 11.8 범위 정규화 수행 이후 대안 평가

대안	N2 정규화 이후 평가기준 및 값				대안 평가 $V(A_i) = \Sigma S_i$
	S1	S2	S3	S4	
A1	0.125	0.75	1	1	2.875
A2	0.25	0.875	0	0.8	1.925
A3	0.5	0.5	0.375	1	2.375
A4	0	1	0.375	0.5	1.875
A5	1	0	0.5	0	1.500

벡터 정규화에 따른 대안 평가결과는 표 11.9와 같다.

표 11.9 벡터 정규화 수행 이후 대안 평가

대안	N3 정규화 이후 평가기준 및 값				대안 평가 $V(A_i) = \Sigma S_i$
	S1	S2	S3	S4	
A1	0.1826	0.4719	0.5078	0.4626	1.6249
A2	0.2739	0.5394	0.3949	0.4533	1.6615
A3	0.4564	0.3371	0.4373	0.4626	1.6934
A4	0.0913	0.6068	0.4373	0.4395	1.5749
A5	0.8216	0.0673	0.4514	0.4163	1.7567

정규화 방법에 따른 순위는 아래 표와 같이 각 대안의 순위가 정규화 방법에 따라 상이한 것을 알 수 있다.

표 11.10 정규화 수행 방법에 따른 대안의 우선순위

정규화 \ 순위	1	2	3	4	5
N1	A1	A2	A3	A4	A5
N2	A1	A3	A2	A4	A5
N3	A5	A3	A2	A1	A4

좋은 정규화 방법을 선택하는 기준에 대해서는 여러 환경에 따라 분석한 논문이 많이 발간되고 있다. Yu Liping은 그의 논문에서 좋은 정규화 방법에 대해 다음과 같은 원칙을 제시하고 있다. 첫째, 정규화 이전과 이후의 평가값 간 상대적인 차이가 일정한 것이 좋다. 둘째, 정규화 이전과 이후의 평가값 간 상대적인 차이가 가변적이어야 한다. 셋째, 정규화 이후 최댓값은 동일해야 한다.

첫째 기준을 설명하기 위해 그림 11.3을 참고한다.

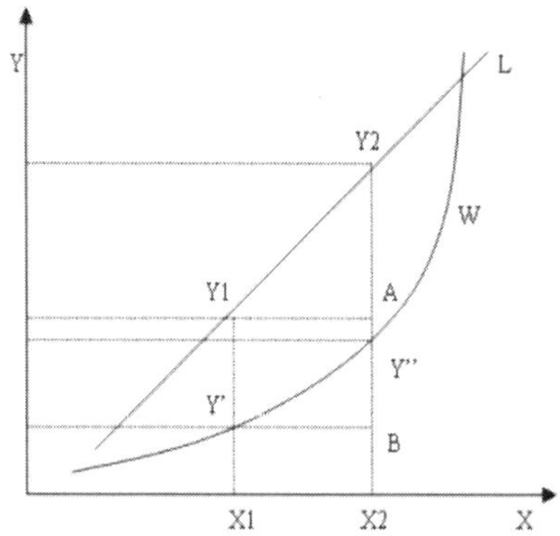

그림 11.3 선형 정규화 및 비선형 정규화 방법 예

직선 L과 곡선 W는 정규화 방법을 표현하는데 L은 선형 정규화 방법이고 W는 비선형 정규화 방법이다. X는 정규화 이전 데이터를 표현하고 Y는 정규화 이후의 데이터를 표현한다. 예를 들어 정규화 이전 값 X1, X2를 L로 정규화하고 나면 Y1, Y2가 된다. X1과 X2를 비선형 정규화 방법인 W로 정규화하고 나면 Y′, Y″가 된다. 선형 정규화에서 (Y2−Y1)/(X2−X1)은 일정하다.

선형 정규화는 $y_{ij} = \alpha x_{ij} + \beta$(여기서 α, β는 정규화 계수)로 정규화되는 것을 말한다. 평가기준 k에서 대안 m과 n의 평가값을 각각 x_{mk}, x_{nk}라 하자. 정규화 이전의 상대적 간격은 $\triangle_1$으로서 식 (11-1)과 같다.

$$\triangle_1 = \frac{x_{mk} - x_{nk}}{\max(x_k) - \min(x_k)} \tag{11-1}$$

범위 정규화 이후의 상대적 간격은 $\triangle_2$로 정규화 이전의 상대적 간격 $\triangle_1$과 같고 전개과정은 식 (11-2)와 같다.

$$\Delta_2 = \frac{(\alpha x_{mk} + \beta) - (\alpha x_{nk} + \beta)}{\max(\alpha x_k + \beta) - \min(\alpha x_k + \beta)}$$

$$= \frac{\alpha(x_{mk} - x_{nk})}{\alpha(\max(x_k) - \min(x_k))} = \Delta_1 \quad (11-2)$$

따라서 정규화 이전과 정규화 이후의 상대적 차이는 동일하다. 정규화 이전과 이후의 상대적 간격의 차이가 일정한 정규화 방법이 바람직하다고 할 수 있다.

비선형 정규화 W의 경우, $\Delta_3 = (Y'' - Y')/(X2 - X1)$값은 곡선의 곡률에 따라 다를 수 있어서 일정한 값이 아니다. 또한 X2와 X1을 어디로 결정하느냐에 따라 Δ_3가 상이하다.

두 번째 평가값 간 상대적인 차이는 정규화 이전과 이후가 가변적이어야 한다는 것에 대해 알아보면 다음과 같다. 상이한 정규화 방법에서 정규화 과정은 원데이터의 변화율이 다르기 때문에 정규화 이후의 값은 당연히 가변적이다. 어떤 정규화 방법에서는 값의 변동율이 크고 어떤 정규화 방법에서는 값의 변동율이 상대적으로 작다. 각 평가기준에서의 평가값들은 분포나 값들의 차이가 있기 때문에 이러한 것들을 그대로 반영하면 좋다. Benefit Criteria의 비율 정규화 방법으로 예를 든다.

$$y_{ij} = \frac{x_{ij}}{\max_i(x_{ij})} \quad i = 1, 2, \cdots, m, \; j = 1, 2, \cdots, n$$

이 방법의 정규화는 최댓값이 1로 되지만 최솟값은 주어진 데이터에 따라 다르다. 정규화 이후 범위는 정규화 이전 범위의 함수이다. 평가기준 j에서의 최댓값과 최솟값의 차이는 식 (11-3)과 같다.

$$\max(y_{ij}) - \min(y_{ij}) = \frac{\max_i(x_{ij})}{\max_i(x_{ij})} - \frac{\min_i(x_{ij})}{\max_i(x_{ij})} = 1 - \frac{\min_i(x_{ij})}{\max_i(x_{ij})} \quad (11-3)$$

이렇게 정규화하면 최댓값은 1이 되고 최솟값은 불확실하다.

만약 $y_{ij} = 1 - \dfrac{x_{ij}}{\max_i(x_{ij})}$의 정규화 방법을 따르면 평가기준 j에서의 정규화 이후의 최댓값과 최솟값의 차이는 식 (11-4)와 같다.

$$\max(y_{ij}) - \min(y_{ij}) = \left(1 - \frac{\max_i(x_{ij})}{\max_i(x_{ij})}\right) - \left(1 - \frac{\min_i(x_{ij})}{\max_i(x_{ij})}\right)$$

$$= \frac{\min_i(x_{ij})}{\max_i(x_{ij})} - 1 \quad (11-4)$$

이 방법에 의한 정규화는 최댓값은 0이 되고 최솟값은 0보다 작아진다.

만약 $y_{ij} = \frac{x_{ij}}{\sum_{i=1}^{n} x_{ij}}$의 비중 정규화 방법을 따르면 평가기준 j에서의 정규화 이후의 최댓값과 최솟값의 차이는 식 (11-5)와 같다.

$$\begin{aligned} \max(y_{ij}) - \min(y_{ij}) &= \frac{\max_i(x_{ij})}{\sum_{i=1}^{m} x_{ij}} - \frac{\min_i(x_{ij})}{\sum_{i=1}^{m} x_{ij}} \\ &= \frac{\max_i(x_{ij}) - \min_i(x_{ij})}{\sum_{i=1}^{m} x_{ij}} \end{aligned} \qquad (11\text{-}5)$$

이 방법에 의한 정규화는 정규화 이전 최댓값과 최솟값의 범위에 의해 정규화가 영향을 받는다.

이러한 정규화 방법은 정규화 이전의 최댓값과 최솟값의 범위에 의해 반영된 정규화 이후의 범위를 잘 반영하고 있다.

그러나 $y_{ij} = \frac{\max_i(x_{ij}) - x_{ij}}{\max_i(x_{ij}) - \min_i(x_{ij})}$와 $y_{ij} = \frac{x_{ij} - \min_i(x_{ij})}{\max_i(x_{ij}) - \min_i(x_{ij})}$는 정규화 이후의 최댓값은 항상 1이고 최솟값은 0이기 때문에 정규화 이전의 데이터 범위를 정확히 반영하기는 어렵다고 할 수 있다.

세 번째 기준인 정규화 이후 최댓값은 동일해야 한다는 것에 대해 설명한다. 정규화 이후의 최댓값은(일반적으로 1) 동일해야 한다. 그렇지 않으면 정규화는 의미가 없다. 만약 어떤 평가기준에서 최댓값이 1보다 작다면 모든 평가기준으로부터 도출된 대안의 평가값은 작아진다. 이렇게 되면 일반적으로 결과를 받아들이기 힘들어 진다. 모든 평가기준에서 최고의 평가를 받은 대안은 최종 대안의 평가값이 1이 되어야 대안을 판단하기가 용이하기 때문이다. 다음 4가지 정규화 방법은 정규화 이후의 최댓값이 1이다.

① $\frac{x_{ij}}{\max_i(x_{ij})}$ ② $\frac{\max_i(x_{ij}) - x_{ij}}{\max_i(x_{ij}) - \min_i(x_{ij})}$ ③ $\frac{x_{ij} - \min_i(x_{ij})}{\max_i(x_{ij}) - \min_i(x_{ij})}$ (선형 정규화 방법)

① $\frac{\min_i(x_{ij})}{x_{ij}}$ (비선형 정규화 방법)

그러나 다음 5가지 정규화 방법은 정규화 이후의 최댓값이 항상 1이라고 할 수 없다.

① $\frac{x_{ij}}{\sum_{i=1}^{m} x_{ij}}$ ② $1-\frac{x_{ij}}{\max_i(x_{ij})}$ (선형 정규화 방법)

① $\frac{x_{ij}}{\sqrt{\sum_{i=1}^{m} x_{ij}^2}}$ ② $z_{ij}=\frac{x_{ij}-\mu_i}{\sigma_j}$ ③ $\frac{1}{x_{ij}}$ (비선형 정규화 방법)

Cost Criteria 정규화의 경우 Benefit Criteria와 동일한 정규화 방법을 사용할 수 없다. Cost Criteria에서는 약간의 수정이 필요한데 만약 $y_{ij}=1-\frac{x_{ij}}{\max_i(x_{ij})}$를 사용한다면 정규화 이후의 최댓값은 항상 1이 되지 않는다. 따라서 식 (11-6)과 같이 약간의 수정을 가해서 정규화 이후의 최댓값이 1이 되도록 수정한다.

$$y_{ij}=1-\frac{x_{ij}}{\max_i(x_{ij})}+\left[1-\max\left\{1-\frac{x_{ij}}{\max_i(x_{ij})}\right\}\right] \tag{11-6}$$

식 (11-6)은 선형 정규화 방식에 속하며 정규화 이전과 이후의 범위가 고정되어 있지 않다. 따라서 이것은 평가기준의 차이를 반영할 수 있다. 앞에서 말한 3가지 정규화 원칙에 부합한다. 그러나 이러한 기준으로 모든 문제에 적용 가능한 가장 최적의 정규화 방법을 찾을 수는 없으며 문제의 특성에 따른 정규화 방법에 대해 고민해야 한다. 다기준 의사결정 방법별로 개발된 정규화 방법을 따르는 것이 좋다. 일반적으로 TOPSIS, ELECTRE에서는 벡터 정규화 방법을 WSM, COPRAS에서는 비율 정규화를, ARAS에서는 비중 정규화를 사용한다.

12장

Compensatory Model과 Non-Compensatory Model

Compensatory Model은 하나의 평가기준의 열등함이 다른 평가기준에서의 우수함으로 상쇄될 수 있다는 관점에서 보는 모델이다. 주로 Compensatory Model은 Weighted Sum Model과 같이 각 평가기준의 가중치와 평가값으로 전체의 가중합이 큰 대안을 가장 우수한 대안으로 선정하기 때문에 열등한 평가기준이 있더라도 다른 평가기준의 우수함으로 상쇄될 수 있다. Compensatory Model은 AHP, TOPSIS, ELECTRE, PROMETHEE, MAUT, Regime Method 등이 있다.

그러나 Non-Compensatory Model은 한 평가기준에서의 열등함이 다른 평가기준에서의 우수함으로 보상되지 않은 모델이다. Non-Compensatory Model은 선택의 시간이 충분치 않은 상황에서 신속한 대안을 선택할 수 있는 장점이 있고, 대안들이 아주 많을 때 어느 정도 조건이 맞는 대안들을 우선적으로 선택할 수 있는 방법이다. Non-Compensatory Model은 Single Attribute Model, Conjunctive Model, Disjunctive Model, Lexicographic Model 등이 있다.

다기준 의사결정 문세에서 선택은 쉬운 문제가 아닌데 그 이유는 첫째, 선택을 위한 평가기준들이 서로 같은 방향으로 좋고 나쁨이 결정되는 것이 아니기 때문이다. 예를 들어 배우자 선택문제에서 성품과 학력이 좋으면 외모, 경제력, 가정환경 등 다른 속성들이 나쁠 수 있기 때문에, 어느 것을 더 중요시하고 어느 것을 덜 중요시해야 하는 문제가 발생한다. 서로 반대 방향의 속성이 존재할 때 Non-Compensatory Model에서 전체적인 속성을 고려한 최종 의사결정 체계가 필요하다. 둘째, 다수의 속성이 서로 충돌하는 관계에 있으면 서로 어느 정도 절충하여 의사결정을 내리는 계량화가 필요하다.

이 계량화를 위해 우선적으로 필요한 것이 각 속성별 가중치이고 각 대안-속성별 평가값들의 단위를 일치시키기 위한 정규화가 우선 선행되어야 한다. 정규화 시에는 어떤 정규화 방법을 선택할 것인가를 고민하여야 한다. 가중치를 설정하는 수많은 방법 중에서 어떤 가중치 설정방법을 선택할 것인가도 중요하다. 가중치 설정방법에 따라 가중치는 다르게 나올 수 있다. 결국 분석하는 사람이 최종보고를 받는 사람 또는 평가결과를 수용하는 사람을 설득시킬 논리적 근거가 필요하다. 정부사업, 공공사업, 국방사업, 기업의 의사결정에서도 이러한 가중치 결정은 대안 선택의 결과에 지대한 영향을 미치기 때문에 가중치 결정방법은 모든 구성원들의 동의를 받는 방법을 선택하는 것이 필요하다. 특히 배우자 선택 시, 외모나 가정환경, 성품 등은 정성적인 속성이어서 이 속성을 계량화하여 선호도를 일관성 있게 측정하는 것은 쉬운 일이 아니다.

12.1 Single Attribute Model

Single Attribute Model은 여러 속성들이 있는 다속성 의사결정 방법에서 오직 하나의 속성을 고려해서 의사결정을 하는 방법이다. 예를 들어 배우자 선택을 위한 의사결정에서 성품, 학력, 외모, 경제력, 가정환경 등 여러 속성이 있지만 성품 하나만 보고 배우자를 결정한다든지, 자동차를 구매할 때 가격, 연비, 외관, 내구성, 실내공간 크기 등 여러 가지 속성이 있지만 외관만 보고 자동차 모델을 결정하는 것이다. 대부분 의사결정자들은 다기준 의사결정 문제에서 단일 속성만 보고 의사결정을 하지 않는다.

12.2 Conjunctive Model

Conjunctive Model은 소비자 행동 이론에서 발전된 모델로 모든 평가기준에서 사전 설정된 수용 가능한 최소수준을 모두 만족하는 대안을 선택하는 방법이다. 만약 하나의 평가기준에서 수용 가능한 최소수준을 만족하지 못하면 그 대안을 선택하지 않는다.

다음과 같은 Notation을 정의하고 문제를 수리적으로 모형화해 보면 다음과 같다.

A : 대안의 집합

C : 평가기준의 집합

x_{ij} : 대안 i의 평가기준 j에 대한 평가값

w_j : 평가기준 j의 가중치

T_{ij} : 대안 i의 평가기준 j에 대한 수용 가능한 최소수준

대안 i의 평가기준 j에 대한 수용 가능한 수준인 경우는 1 그렇지 않은 경우는 0으로 표시하면 식 (12-1)과 같다.

$$\delta_{ij} = \begin{cases} 1 & if \ x_{ij} \geq T_{ij} \quad for \ all \ i \in A \ \ j \in C \\ 0 & if \ x_{ij} < T_{ij} \quad otherwise \end{cases} \tag{12-1}$$

Conjunctive Model에서 가장 선호하는 대안은 모든 평가기준에서 수용 가능한 최소수준을 만족하는 대안 $i \in A(\delta_{ij} = 1 \ for \ all \ j \in C)$를 대상으로 각 평가기준의 가중치 w_i를

x_{ij}와 곱해 선정하든지 최소수준을 높여서 다시 평가하든지 또는 다른 방법으로 선정된 대안이다.

$$A_i = \Sigma_j w_j x_{ij} \quad \text{(Weighted Sum Model)}$$

예를 들어 그림 12.1과 같은 문제를 생각해 보자. 4개의 대안 A1, A2, A3, A4와 4개의 평가기준 C1, C2, C3, C4가 있고 각 평가기준의 최소수준이 제시되어 있다. 대안 A1을 보면 평가기준 C1, C2, C4에서는 최소수준 이상이지만 C3에서는 최소수준 7보다 낮은 6으로 선호 대안 후보에서 탈락된다. 왜냐하면 모든 평가기준에서 최소수준보다는 높아야 하기 때문이다. 대안 A2는 모든 평가기준에서 최소수준보다 높아서 후보가 될 수 있다. 이렇게 각 평가기준으로 각 대안의 후보 가능 여부를 평가해 보면 대안 A2와 A4가 최종적으로 최소수준 이상이라는 것을 알 수 있다.

만약, 모든 대안이 최소수준을 하나라도 만족하지 못해 선호 대안을 선정할 후보군을 형성하지 못하면 최소수준을 낮추어서 다시 평가한다. 만약 이 예와 같이 후보 대안이 다수일 때는 후보 대안 중에서 Weighted Sum Model을 사용하든지 최소수준을 높여서 다시 선정하든지 하는 방법으로 선호 대안을 선정하는 절차를 반복한다.

	가중치	0.3	0.1	0.2	0.4
		평가 기준			
		C1	C2	C3	C4
대안	A1	10	8	6	8
	A2	8	9	8	3
	A3	6	9	10	5
	A4	9	7	7	8
	최소 수준	7	6	7	2

그림 12.1 의사결정 행렬과 최소 만족 수준

또 다른 예를 들어 보면 그림 12.2와 같다. 컴퓨터를 구매하는 선택의 문제에서 컴퓨터의 브랜드 대안은 Apple, Compaq, Dell, IBM 4개가 있고 평가기준은 Memory Capacity, Graphics Capability, Software Availability, Price가 있다. 각 브랜드 대안과 평가기준에 해당하는 평가값들과 각 평가기준의 최소수준이 제시되어 있다. 다음 문제에서 모든 평가값들은 각 평가기준 관점에서 평가한 점수라고 가정하고 크면 클수록 더 좋은 것이다. 예를 들면 Price의 경우 모든 평가기준의 최소수준을 만족하는 브랜드 대안은 Compaq뿐이므로 Compaq을 최우수 대안으로 선정한다.

		Attribute			
		Memory Capacity	Graphics Capability	Software Availability	Price
Alternative	Apple	10	8	6	8
	Compaq	8	9	8	3
	Dell	6	8	10	5
	IBM	4	3	7	8
	Minimum Requriement	7	6	7	2

그림 12.2 컴퓨터 브랜드 대안 선정 문제 (1)

12.3 Disjunctive Model

Disjunctive Model은 최소수준을 하나라도 만족하면 선호 대안 후보로 선택하는 모델이다. Conjunctive Model에서는 모든 평가기준에서 최소수준 이상이어야 선호 대안 후보가 될 수 있어서 AND 모델이라고 하는데 Disjunctive Model에서는 최소수준을 하나라도 만족하면 선호 대안 후보가 될 수 있어 OR 모델이라고 부른다.

예를 들어 그림 12.3과 같은 컴퓨터 대안을 선택하는 문제에서 Graphics Capability와 Price 기준은 최소수준이 없다. 따라서 Memory Capacity와 Software Availability의 최소수준 중 하나라도 만족하는 대안을 보면 Apple과 Dell이 선호 후보 대안이 된다.

만약, 후보 대안이 하나라도 없으면 최소수준을 낮추어 선택하는 절차를 반복하고 후보 대안이 다수일 때는 Weighted Sum Model과 같은 방법으로 최선호 대안을 선택한다.

		Attribute			
		Memory Capacity	Graphics Capability	Software Availability	Price
Alternative	Apple	10	8	6	8
	Compaq	8	9	8	3
	Dell	6	8	10	5
	IBM	4	3	7	8
	Minimum Requriement	9	None	9	None

그림 12.3 컴퓨터 브랜드 대안 선정 문제 (2)

12.4 Lexicographic Model

Lexicographic Model에서는 각 평가기준의 우선순위가 제시되어 있다. 아래의 문제에서 모든 평가값들은 실제 값을 말하는 것이 아니라 각 평가기준 관점에서 평가한 점수라고 가정하고 크면 클수록 더 좋은 것이다. 예를 들면, Price는 일반적으로 가장 저렴한 것이 가장 좋은 것이지만 이 예에서는 실제 가격을 고려해서 점수로 평가한 평가값이기 때문에 크면 클수록 좋은 것이다. 가장 우선순위가 높은 평가기준이 Price이므로 Apple과 IBM이 가장 좋은 대안이 되고 Compaq과 Dell은 선호 대안 후보에서 탈락된다. 두 번째 우선순위를 가지는 평가기준은 Software Availability이므로 Apple과 IBM을 대상으로 보면 IBM이 더 우수하므로 최고로 선호되는 대안은 IBM이다.

		Attribute			
		Memory Capacity	Graphics Capability	Software Availability	Price
Alternative	Apple	10	8	6	8
	Compaq	8	9	8	3
	Dell	6	8	10	5
	IBM	4	3	7	8
	Attribute Priority	4th	3rd	2nd	1st

그림 12.4 컴퓨터 브랜드 대안 선정 문제 (3)

12.5 Elimination By Aspect(EBA) Model

Elimination By Aspect Model은 우선순위에 따라 최소수준을 만족하지 못하는 대안을 탈락시켜 나가는 방법이다. 이 책의 7장에서 설명한 후보 선출 문제에서의 Successive Elimination과 유사한 방법이다. 아래의 예로 이 모델을 설명해 보면 첫 번째 우선순위인 Price의 최소수준 2 이상인 대안은 Apple을 비롯한 모든 대안이 해당된다. 따라서 이 단계에서 탈락되는 대안은 없다. 다음 두 번째 우선순위인 Software Availability의 최소수준은 7인데 이를 충족하지 못하는 대안은 Apple이어서 Apple은 선호 대안 후보에서 탈락한다. 세 번째 우선순위 평가기준인 Graphics Capability의 최소수준은 6이고 이를 충족하지 못하는 대안은 IBM이어서 IBM은 선호 대안 후보에서 탈락된다. Compaq과 Dell을 대상으로 네 번째 우선순위 평가기준인 Memory Capacity의 최소수준 7로 평가해 보면 Dell은 탈락하고 최종적으로 Compaq이 최고로 선호되는 대안으로 선택된다.

		Attribute			
		Memory Capacity	Graphics Capability	Software Availability	Price
Alternative	Apple	10	8	6	8
	Compaq	8	9	8	3
	Dell	6	8	10	5
	IBM	4	3	7	8
	Attribute Priority	4th	3rd	2nd	1st
	Minimum Requriement	7	6	7	2

그림 12.5 컴퓨터 브랜드 대안 선정 문제 (4)

12.6 Borda-Kendall(BK) Method

Borda Count 방법은 앞의 후보 선출 이론을 참조하면 된다. Borda-Kendall Method는 평가자들이 각 대안들에 대한 평가를 하고 그 선호도가 수렴된 점을 선호도의 평균으로 보고 이 평균점으로부터 가장 가까운 평가자의 순위를 대안의 우선순위로 간주하는 방법이다.

다음과 같은 Notation을 정의하고 문제를 수리적으로 모형화해 보면 다음과 같다.

i : 평가자 $i = 1, 2, 3, \cdots, m$

j : 대안 $j = 1, 2, 3, \cdots, n$

E : 평가자의 집합

A : 대안의 집합

x_{ij} : 평가자 i의 대안 j에 대한 평가 우선순위 값(Ratio Data) $for\ all\ i \in E\ j \in A$

$\overline{x}_j$: 모든 평가자들의 대안 j에 대한 평가값 평균 $\overline{x}_j = \sum_{i \in E} x_{ij} / m$

U_i : 평가자 i가 대안 j에 대해 평가한 값과 전체 평가자들이 각 대안에 대해 평가한 평가값 평균 차이의 제곱합 $U_i = \sum_{j \in A} (x_{ij} - \overline{x}_j)^2 \quad i \in E$

채택할 평가자의 의견은 식 (12-2)와 같이 U_i가 최소인 평가자의 의견이다.

$$\min_{i \in E} U_i \tag{12-2}$$

아래의 예와 같이 평가자(Evaluator) 5명이 대안 A부터 D까지 평가한 점수가 그림 12.6과 같다고 하자. 이 값은 우선순위대로 평가한 값인데 단순한 Ordinal 데이터가 아니라 우선순위가 반영된 Ratio 데이터라고 가정하자.

		대안			
		A	B	C	D
평가자	E1	1.0	1.5	2.8	4.0
	E2	1.0	2.6	3.0	4.5
	E3	1.0	1.5	3.0	4.0
	E4	3.8	1.0	2.0	2.5
	E5	4.0	3.0	2.2	1.0
	평균	2.16	1.92	2.60	3.20

그림 12.6 대안별 평가자의 평가점수

이 평가결과로 각 대안별 평균 점수를 구할 수 있다. A 대안의 평균 점수는 E1 평가자부터

E5 평가자까지가 매긴 점수의 평균으로 (1.0+1.0+1.0+3.8+4.0)/5 = 2.16이다. 마찬가지로 B 대안의 평균은 1.92이고 C, D 대안의 평균은 각각 2.60과 3.20이 된다.

표 12.1 대안별 평균 점수

대안	A	B	C	D
평균 점수	2.16	1.92	2.60	3.20

그러면 각 평가자들이 매긴 점수와 각 대안의 평균 간의 차이 제곱의 합을 계산해서 가장 작은 값을 가진 평가자의 점수를 채택하고 이 점수의 크기에 따라 대안의 우선순위를 선정한다.

		대안				
		A	B	C	D	합
평가자	E1	1.3456	0.1764	0.0400	0.6400	2.2020
	E2	1.3456	0.4624	0.1600	1.6900	3.6580
	E3	1.3456	0.1764	0.1600	0.6400	2.3220
	E4	2.6896	0.8464	0.3600	0.4900	4.3860
	E5	3.3856	1.1664	0.1600	4.8400	9.5520

그림 12.7 평가자의 대안 평가와 평균과의 차이 제곱 합

그림 12.7의 A와 E1에 해당하는 값 1.3456은 E1 평가자가 A 대안에 대해 매긴 값 1과 A 대안의 평균값 2.16의 차이의 제곱인 $(1-2.16)^2$이다. 이 값의 의미는 E1 평가자가 A 대안을 평가한 값과 전체 평가자들이 A 대안을 평가한 평균값과의 차이를 제곱한 것이다. 차이를 제곱한 것은 차이의 크기가 조금이라도 더 크면 영향을 많이 주려는 의미가 있다.

다음으로 각 평가자들이 각 대안에 대해 평가한 값과 전체 평가자들의 평가의 평균 차이의 제곱합을 다 합하여 가장 작은 값을 가지는 평가자의 의견을 선택한다. 이 예에서는 평가자 E1의 값이 가장 작으므로 E1의 평가결과를 채택하고 E1은 A, B, C, D 순으로 우선순위와 점수를 주었으므로 대안 A, B, C, D 순으로 우선순위를 결정한다.

12.7 Minimum Variance(MV) Method

Minimum Variance Method는 선호도 집합의 거리 차이를 최소화하는 평가자의 평가결과를 따르는 것이다.

다음과 같은 Notation을 정의하고 문제를 수리적으로 모형화해 보면 다음과 같다.

i : 평가자 $i = 1, 2, 3, \cdots, m$

j : 대안 $j = 1, 2, 3, \cdots, n$

E : 평가자의 집합

A : 대안의 집합

x_{ij} : 평가자 i의 대안 j에 대한 평가 우선순위 값(Ratio Data) $for\ all\ i \in E\ j \in A$

d_{ik} : 대안 j에 대한 평가자 i와 평가자 k의 대안들에 대한 평가값 차이의 제곱합

$$d_{ik} = \Sigma_{j=1}^{n}(x_{ij} - x_{kj})^2\ \ for\ all\ i, k \in E$$

M_i : 평가자 i와 다른 평가자 k의 d_{ik} 합

$$M_i = \Sigma_{k=1}^{m} d_{ik}\ \ for\ all\ i$$

채택할 평가자의 의견은 식 (12-3)과 같이 M_i가 최소인 평가자의 의견이다.

$$\min_{i \in E} M_i \tag{12-3}$$

앞의 Borda-Kendall Method에서 예를 든 문제로 Minimum Variance Method를 설명해 보자. 평가자(Evaluator) 5명이 대안 A부터 D까지 평가한 점수가 그림 12.8과 같다고 하자. 이 값은 우선순위대로 평가한 값인데 단순한 Ordinal 데이터가 아니라 우선순위가 반영된 Ratio 데이터라고 가정하자.

		대안			
		A	B	C	D
	E1	1.0	1.5	2.8	4.0
	E2	1.0	2.6	3.0	4.5
평가자	E3	1.0	1.5	3.0	4.0
	E4	3.8	1.0	2.0	2.5
	E5	4.0	3.0	2.2	1.0

그림 12.8 대안별 평가자 평가점수

평가자 E1과 E2의 평가 차이의 크기를 각 대안별로 계산해 본다. 먼저 대안 A에 대해서는 평가자 E1과 E2의 평가값 차이가 (1.0−1.0)이고 이것의 제곱은 $(1.0-1.0)^2$이다. 대안 A, B, C, D에 대해 전체 평가의 차이를 계산해 보면 $(1.0-1.0)^2+(1.5-2.6)^2+(2.8-3.0)^2+(4.0-4.5)^2=1.5$가 된다. 같은 방법으로 각 평가자들의 의견차이 제곱의 합을 구해보면 그림 12.9와 같다. 각 평가자들의 다른 평가자들과의 의견차이의 제곱합은 그림 12.9와 같다.

이 중에서 가장 작은 값은 평가자 E1의 평가인데 이는 평가자 E1이 다른 평가자들과의 평가결과 값과 차이가 가장 작다는 것을 의미한다. 따라서 평가자 E1의 평가결과를 따른다. E1은 A, B, C, D 순으로 우선순위와 점수를 주었으므로 대안 A, B, C, D 순으로 우선순위를 결정한다.

	E1	E2	E3	E4	E5	합
E1		1.5	0.04	10.98	20.61	33.13
E2	1.5		1.46	15.4	22.05	40.41
E3	0.04	1.46		11.34	20.89	33.73
E4	10.98	15.4	11.34		6.33	44.05
E5	20.61	22.05	20.89	6.33		69.88
합	33.13	40.41	33.73	44.05	69.88	

그림 12.9 평가자 간 평가점수 차의 제곱

Minimum Variance Method의 결과는 Borda-Kendall Method 결과와 항상 같다.

12.8 Utopian Point(UP) Approach

Utopian Point Approach는 Xanthopulos가 제안한 거리척도 최소화에 기반한 다기준 의사결정 방법으로 다수의 기준을 고려하는 데 효과적으로 알려져 있다. Utopian Point Approach는 평가자들의 선호 대안들이 어느 한 영역에 집중되어 있지 않고 제각각 흩어져 분산되어 있을 때 적용하기 용이한 방법이다. 대안들의 분산이 어느 정도 큰 경우에는 평가자들의 의견을 하나로 종합하기가 어렵기 때문에 이상적인 대안(Utopian Point, Ideal Point)을 설정하고 이상적인 대안에 가장 가까운 대안을 가장 선호하는 대안으로 선택한다.

그림 12.10은 2차원상에서 평가기준 Z_1과 Z_2만 있을 때 Benefit Criteria의 정규화된 공간(Normalized Space)상에서 이상적인 대안(Utopian Point)은 각 평가기준의 최대치가 되고 의사결정자가 평가한 평가값(대안)들은 (Z_1, Z_2)로 표시되는 각 점들로 구성되는 것을 보여준다.

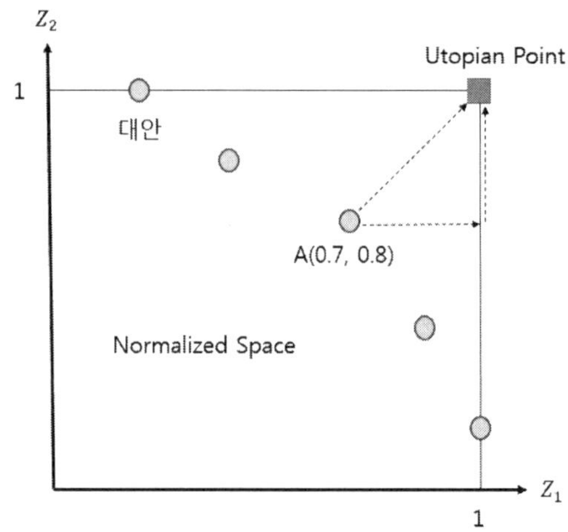

그림 12.10 정규화 공간에서의 Utopian Point와 대안

이상적인 대안의 위치와 각 평가자들이 평가한 대안들의 위치를 가지고 이격된 거리의 개념으로 평가해야 하는데 거리척도는 Euclidean Distance, City-block (Manhattan) Distance, Chebychev Distance를 사용할 수 있다. Euclidean Distance는 (x, y) 점의 거리를 $\left(\sum_{i=1}^{n} (x_i - y_i)^2\right)^{1/2}$로 표현하는 것이며 City-block Distance는 $\sum_{i=1}^{n} | x_i - y_i |$로

Chebychev Distance는 $\max_i |x_i - y_i|$로 표현한다. 그림 12.10에서 Utopian Point와 A의 거리를 각 척도로 표현해 보면 Euclidean Distance는 $\sqrt{(1-0.7)^2+(1-0.8)^2}$ $=0.36$이 되며 City-block Distance는 $|1-0.7|+|1-0.8|=0.5$이며 Chebychev Distance는 $\max\{|1-0.7|, |1-0.8|\}=0.3$이 된다.

표 12.2 다양한 거리척도 및 특징

Euclidean	$D(x, y)=\left(\sum_{i=1}^{n}(x_i-y_i)^2\right)^{1/2}$	다차원 공간 거리. 주로 정규화 이전 원데이터로 계산. 새로운 대상 추가 시에도 영향을 받지 않음. 척도의 차이에 의한 심대한 영향을 받음. 예를 들면 같은 대상을 Centimeter와 meter로 측정 시.
Squared Euclidean	$D(x, y)=\sum_{i=1}^{n}(x_i-y_i)^2$	멀리 떨어진 대상에 점진적으로 더 크게 거리 이격 차이를 보임. 일반적으로 정규화 이전 데이터에 적용.
City-block(Manhattan)	$D(x, y)=\sum_{i=1}^{n}\|x_i-y_i\|$	각 차원 거리의 평균 거리 개념. Euclidean 거리와 유사한 결과. Outlier의 영향이 적음.
Chebychev	$D(x, y)=\max_i\|x_i-y_i\|$	각 측정방법은 각 차원이 다른 척도로 정의되어 있을 때 주로 사용됨.
Power	$D(x, y)=\left(\sum_{i=1}^{n}(x_i-y_i)^p\right)^{1/r}$	비교대상이 매우 다를 때 점진적인 가중치를 증가시키거나 감소시키고 싶을 때 사용. Parameter p와 r은 사용자가 정의.
Percent Disagreement	$D(x, y)=number\ of\ x_i \neq y_i$	범주형 데이터일 때 유용

Utopian Point Approach는 거리오차를 정규화한 Utilization Index(UI)의 개념을 도입하는데 UI는 i번째 평가자가 선택한 j번째 대안의 평가값을 Benefit Criteria, Cost Criteria로 구분하여 비율 정규화를 하고 각 정규화 값의 평균이다. UI의 의미는 Utopian Point 대비 달성 수준이라고 할 수 있다. 그림 12.10에서 대안 A의 UI값은 이상적인 대안 Utopian Distance의 Z_1 방향으로 0.7, Z_2 방향으로 0.8 수준이므로 그 평균값인 (0.7+0.8)/2=0.75가 된다.

Z_1, Z_2 2개의 차원을 가지는 2차원 속성을 가진 다기준 의사결정 문제에서 Utopian Point의 평균값은 (1+1)/2=1이다. 만약 Z_1 방향이 0.9, Z_2 방향이 0.1이라면 (0.9+0.1)/2=0.5가 된다. 이것은 Z_1 방향이 0.5, Z_2 방향이 0.5인 평가자의 평가결과 (0.5+0.5)/2=0.5와 동일하다. 따라서 이러한 경우를 동일하게 여길 것인가는 의사결정자의 설정에 따른 문제이지만 Utopian Point Approach에서는 Utilization Index를 사용하기 때문에 동일한 결과로 간주한다.

그림 12.11은 (Z_1, Z_2)가 (0.4, 0.7)과 (0.6, 0.6)일 때의 각 대안의 UI를 비교한 것이다.

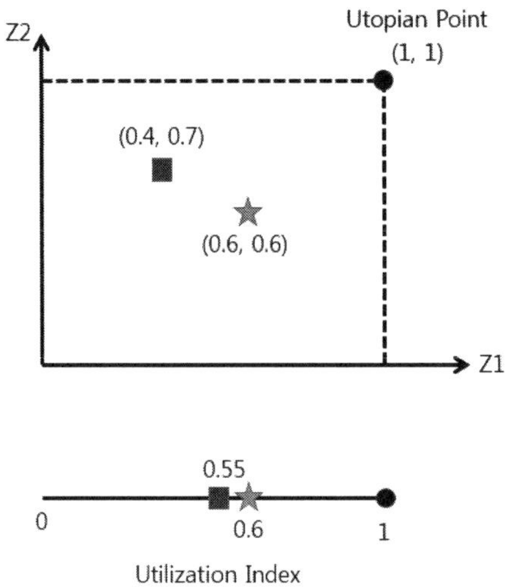

그림 12.11 Utilization Index 개념

물론 의사결정자가 Utopian Point와 거리를 Euclidean Distance로 측정하여 가장 가까운 거리를 가지는 의사결정자의 선택을 채택할 수도 있고 City Distance나 Chebychev Distance로 결정해도 무방하다. 어떤 목적의 문제이냐에 따라 거리척도를 결정하는 것이 문제를 정의하고 해결하는 분석가의 몫이라 하겠다. Utopian Point Approach에서 사용하는 거리척도는 위에서 설명한 3가지 척도는 아니지만 약간 비슷한 개념은 City-block Distance이다. City-block Distance는 Utopian Point와 어떤 대안 사이의 거리를 나타내지만 여기서 사용하는 Utilization Index는 원점에서 어떤 점(대안)의 City-block Distance의 평균 거리 개념이다. 다음과 같은 Notation을 정의하고 문제를 수리적으로 모형화해 보면 다음과 같다.

i : 평가자 $i = 1, 2, 3, \cdots, m$

j : 대안 $j = 1, 2, 3, \cdots, n$

E : 평가자의 집합

A : 대안의 집합

x_{ij} : 평가자 i의 대안 j에 대한 평가 우선순위 값 $for\ all\ i \in E\ j \in A$

x_j^* : 대안 j 기준 모든 x_{ij} 중 가장 큰 값 $x_j^* = \max_{i \in E}(x_{ij})$ $for\ all\ j \in A$

u_{ij} : 평가자 i의 대안 j에 대한 평가가 Utopian Point 비교 시 달성 수준 (Utilization Index)

$$u_{ij} = \left(\frac{x_{ij}}{x_j^*}\right) \times 100\ \ for\ all\ i \in E\ j \in A$$

TU_i : 평가자 i의 총 Utilization Index 합

$$TU_i = \sum_{j \in A} u_{ij}\ \ for\ all\ i \in E$$

평가자(Evaluator) 5명이 대안 A부터 D까지 평가한 점수가 그림 12.12와 같다고 하자. 이 값은 우선순위대로 평가한 값인데 단순한 Ordinal 데이터가 아니라 우선순위가 반영된 Ratio 데이터라고 가정하자. 각 평가기준은 모두 Benefit Criteria이다.

		대안			
		A	B	C	D
평가자	E1	1	1.5	2.8	4
	E2	1	2.6	3	4.5
	E3	1	1.5	3	4
	E4	3.8	1	2	2.5
	E5	4	3	2	1
	최대값	4	3	3	4.5

그림 12.12 대안별 의사결정자가 부여한 점수

그림 12.12의 행렬에서 각 대안들의 최댓값은 각 대안들을 평가자들이 평가한 값 중 최댓값이며 (A, B, C, D)=(4, 3, 3, 4.5)라면 현재 가지고 있는 정보로 구성된 가장 이상적인 대안들의 값이 된다. 우리는 여기서 가상의 이상적인 대안 최댓값이며 (A, B, C, D)=(4,

3, 3, 4.5)를 구할 수 있고 이 이상적인 대안과 평가자가 평가한 대안들의 평가값과의 차이로 어느 평가자가 가장 이상적인 대안과 차이가 작게 평가했는가를 알 수 있다.

그림 12.12의 행렬을 비율 정규화(Ratio Normalization) 방법을 사용하여 정규화하여 그림 12.13과 같은 행렬을 얻는다. 비율 정규화를 수행하면 최댓값을 가진 값은 1로 바뀌고 나머지 값들은 0~1 사이의 값들로 전환된다. Benefit Criteria인지 Cost Criteria인지에 따라서 정규화 수행 과정은 상이하다. 비율 정규화 방법은 이 책의 8장에 있는 정규화 방법론을 참조하라.

		대안			
		A	B	C	D
평가자	E1	0.25	0.50	0.93	0.89
	E2	0.25	0.87	1.00	1.00
	E3	0.25	0.50	1.00	0.89
	E4	0.95	0.33	0.67	0.56
	E5	1.00	1.00	0.67	0.22

그림 12.13 비율 정규화 이후 평가값

정규화된 행렬의 의미를 살펴보면 평가자 E1은 A 대안에 대해 (1.0−0.25)=0.75만큼의 거리에 떨어져 있고 B 대안에 대해서는 (1−0.50)=0.50만큼 떨어져 있다. 다시 말하면 E1이 평가한 A 대안에 대한 평가값은 이상적인 대안의 25%에 해당하고 C 대안에 대해서는 이상적인 대안의 93%에 해당된다. Utilization Index는 평가자가 평가한 값들의 합으로 계산되는데 평가자 E1은 평균적으로 (0.25+0.50+0.93+0.89)/4=0.6425(=64.25%)가 된다. 이를 %의 단위로 나타내기 위해 위 행렬의 값을 100으로 곱한 후, 평균값 즉 Utilization Index를 구하면 그림 12.14와 같다.

		대안				Utilization
		A	B	C	D	Index
평가자	E1	25.00	50.00	93.33	88.89	64.31
	E2	25.00	86.67	100.00	100.00	77.92
	E3	25.00	50.00	100.00	88.89	65.97
	E4	95.00	33.33	66.67	55.56	62.64
	E5	100.00	100.00	66.67	22.22	72.22

그림 12.14 의사결정자의 Utilization Index

평가자 E2가 가장 이상적인 대안과 가장 가까운 평가를 했으므로 E2의 평가결과를 따른다. 즉 대안 D, C, B, A 순으로 우선순위를 정하고 그 값들의 중요성을 평가한 값으로 간주한다.

12.9 Weighted Utopian Point(WUP) Approach

Utopian Point Approach는 속성이 다수일 때 사용 가능하며 적용이 아주 간단하다는 장점이 있다. 그러나 Utopian Point Approach에서는 각 속성별 가중치가 동일하다는 가정사항이 있다. 현실적인 문제는 항상 각 속성별 또는 대안별, 평가자별 가중치가 존재한다는 것이다. 이러한 제한사항을 극복하기 위하여 Weighted Utopian Point Approach가 개발되었다.

Weighted Utopian Point Approach의 개념은 그림 12.15와 같다. 먼저 Utopian Point Approach를 사용하여 데이터 정규화를 통해 정규화된 공간을 만들고 각 속성별 가중치를 적용하여 가중치가 적용된 정규화 공간으로 만든다. 그림 12.15와 같이 정규화된 공간에서 각 속성별로 가중치를 적용하여 비율 정규화로 각 속성의 최댓값이 1로 된 공간에서 각 속성별 가중치가 최대가 되는 공간으로 변환한다. 다음으로 Weighted Utopian Point Approach에서 가장 선호하는 의사결정자(DM, 평가자)의 대안을 선택하는 것은 Euclidean Distance 중 가장 가까운 대안을 선택한다.

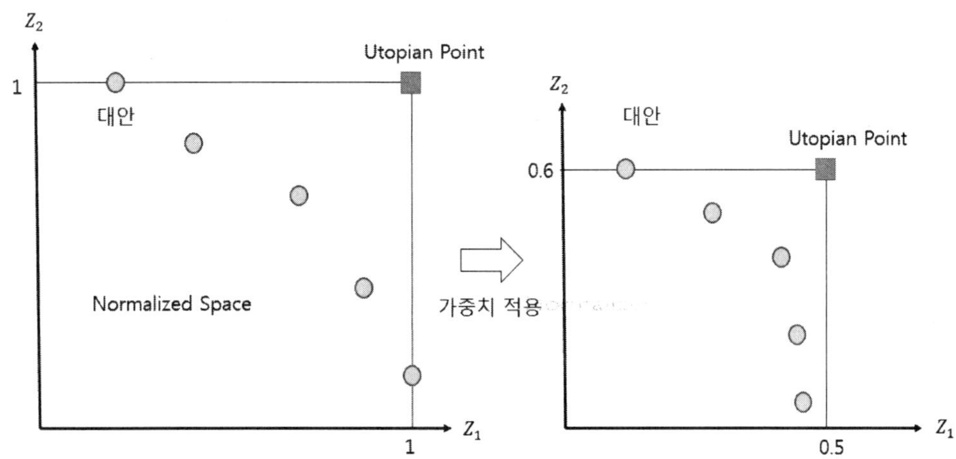

그림 12.15 정규화된 공간에 가중치 적용

앞에서 설명한 것과 같이 Euclidean Distance는 아래 그림 12.16과 같이 구할 수 있다.

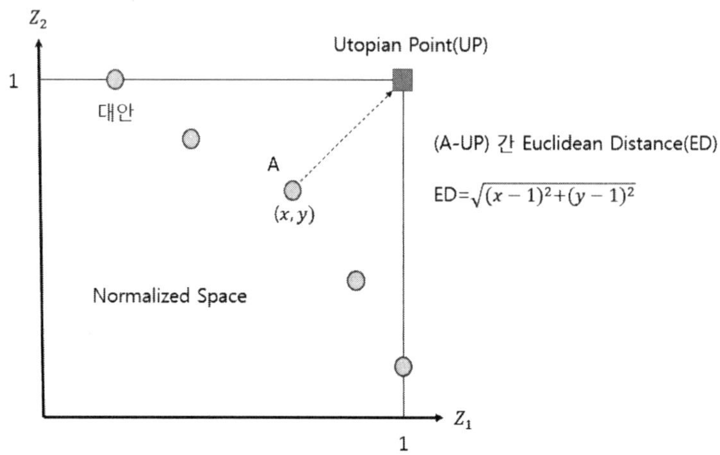

그림 12.16 대안과 Utopian Point간의 Euclidean Distance

	가중치	0.202	0.198	0.443	0.158
		Internal Factor	External Factor	Structural Failure	Non Structural Failure
pipe	1	0.9633	0.0629	0.4410	0.0000
	2	0.9998	0.2865	0.4410	0.3159
	3	0.9414	0.5440	0.3499	0.5128
	4	0.0603	0.5406	0.3499	0.3780
	5	0.0526	0.2680	0.0789	0.3736
	6	0.0018	0.5135	0.0874	0.1924
	7	0.0185	0.2753	0.0212	0.2942
	8	0.9872	0.4000	0.3499	0.3285
	9	0.9802	0.0986	0.3499	0.4476
	10	0.9992	0.0986	0.0036	0.2447
	11	0.9998	0.2865	0.0789	0.3054
	12	0.9998	0.2865	0.0789	0.1924
	13	0.9998	0.2865	0.0789	0.1130
	14	0.9967	0.5320	0.3499	0.2313
	15	0.0258	0.5112	0.0278	0.3159
	16	0.9836	0.0936	0.0161	0.0000
	17	0.9984	0.5014	0.0117	0.0594
	18	0.9891	0.5135	0.0011	0.1181
	19	1.0000	0.0594	0.0095	0.0587
	20	0.9145	0.5014	0.0066	0.0996
	21	0.9663	0.2753	0.0180	0.0996

그림 12.17 Pipe와 고장 유형별 데이터

Weighted Utopian Point Approach를 이해하기 위하여 그림 12.17의 예를 들어 설명해 보자. 먼저 21개의 Pipe가 있고 Internal Factor, External Factor, Structural Failure,

Non Structural Failure와 같은 4개의 속성이 있다. 여기에서 Pipe는 선택하고자 하는 대안이라고 할 수 있다. 각 속성별로는 중요도를 표현하는 가중치가 주어져 있다. 각 속성들은 모두 Benefit Criteria이다. 비록 Structural Failure나 Non Structural Failure와 같이 문맥상으로는 작으면 작을수록 좋은 Cost Criteria처럼 보이지만 이러한 특징을 다 고려하여 크면 클수록 좋은 데이터로 변환한 데이터라고 생각하고 모든 속성을 Benefit Criteria라고 가정한다. 그러면 어떤 Pipe를 선택하는 것이 가장 좋은가 하는 다기준 의사결정 문제를 풀어보자.

각 속성별 최댓값 기준 비율 정규화를 하면 그림 12.18과 같이 변환된 행렬을 구할 수 있다. 그림 12.18의 최댓값은 원 데이터의 최댓값이다.

		비율 정규화			
	가중치	0.202	0.198	0.443	0.158
		Internal Factor	External Factor	Structural Failure	Non Structural Failure
	1	0.9633	0.1156	1.0000	0.0000
	2	0.9998	0.5267	1.0000	0.6160
	3	0.9414	1.0000	0.7934	1.0000
	4	0.0603	0.9938	0.7934	0.7371
	5	0.0526	0.4926	0.1789	0.7285
	6	0.0018	0.9439	0.1982	0.3752
	7	0.0185	0.5061	0.0481	0.5737
	8	0.9872	0.7353	0.7934	0.6406
	9	0.9802	0.1813	0.7934	0.8729
	10	0.9992	0.1813	0.0082	0.4772
Pipe	11	0.9998	0.5267	0.1789	0.5956
	12	0.9998	0.5267	0.1789	0.3752
	13	0.9998	0.5267	0.1789	0.2204
	14	0.9967	0.9779	0.7934	0.4511
	15	0.0258	0.9397	0.0630	0.6160
	16	0.9836	0.1721	0.0365	0.0000
	17	0.9984	0.9217	0.0265	0.1158
	18	0.9891	0.9439	0.0025	0.2303
	19	1.0000	0.1092	0.0215	0.1145
	20	0.9145	0.9217	0.0150	0.1942
	21	0.9663	0.5061	0.0408	0.1942
	최대값	1.0000	0.5440	0.4410	0.5128

그림 12.18 비율 정규화 수행 이후 데이터

비율 정규화된 행렬에 각 속성별 가중치를 적용한 행렬은 그림 12.19와 같다. 이렇게 가중치가 적용된 행렬에서 가장 이상적인 가상의 대안은 가중치 벡터가 된다. 앞의 Utopian Point Approach에서는 정규화된 최댓값 벡터 (1, 1, …, 1)이 가장 이상적인 가상 대안이 되지만 Weighted Utopian Point Approach에서는 가중치 벡터가 가장 이상적인 가상 대안이 된다. 다음 단계는 각 가중치가 적용된 행렬에서 각 대안과 이상적인 가상 대안 간의 거리를 Euclidean Distance로 측정하여 가장 가까운 대안을 최고로 선호되는 대안으로 선택하는 것이다.

	가중치	0.202 Internal Factor	0.198 External Factor	0.443 Structural Failure	0.158 Non Structural Failure
	1	0.1946	0.0229	0.4430	0.0000
	2	0.2020	0.1043	0.4430	0.0973
	3	0.1902	0.1980	0.3515	0.1580
	4	0.0122	0.1968	0.3515	0.1165
	5	0.0106	0.0975	0.0793	0.1151
	6	0.0004	0.1869	0.0878	0.0593
	7	0.0037	0.1002	0.0213	0.0906
	8	0.1994	0.1456	0.3515	0.1012
	9	0.1980	0.0359	0.3515	0.1379
	10	0.2018	0.0359	0.0036	0.0754
Pipe	11	0.2020	0.1043	0.0793	0.0941
	12	0.2020	0.1043	0.0793	0.0593
	13	0.2020	0.1043	0.0793	0.0348
	14	0.2013	0.1936	0.3515	0.0713
	15	0.0052	0.1861	0.0279	0.0973
	16	0.1987	0.0341	0.0162	0.0000
	17	0.2017	0.1825	0.0118	0.0183
	18	0.1998	0.1869	0.0011	0.0364
	19	0.2020	0.0216	0.0095	0.0181
	20	0.1847	0.1825	0.0066	0.0307
	21	0.1952	0.1002	0.0181	0.0307

그림 12.19 가중 정규화 의사결정 행렬

Euclidean Distance를 구해보면 그림 12.20과 같고 3번 Pipe가 0.0923으로 Utopian Point에 가장 가까워서 최우수 대안인 것을 알 수 있다.

	가중치	0.202	0.198	0.443	0.158	Euclidean	
		Internal Factor	External Factor	Structural Failure	Non Structural Failure	Distance	rank
	1	0.1946	0.0229	0.4430	0.0000	0.2360	7
	2	0.2020	0.1043	0.4430	0.0973	0.1116	2
	3	0.1902	0.1980	0.3515	0.1580	0.0923	1
	4	0.0122	0.1968	0.3515	0.1165	0.2148	6
	5	0.0106	0.0975	0.0793	0.1151	0.4253	12
	6	0.0004	0.1869	0.0878	0.0593	0.4204	11
	7	0.0037	0.1002	0.0213	0.0906	0.4809	19
	8	0.1994	0.1456	0.3515	0.1012	0.1198	3
	9	0.1980	0.0359	0.3515	0.1379	0.1873	5
	10	0.2018	0.0359	0.0036	0.0754	0.4756	18
Pipe	11	0.2020	0.1043	0.0793	0.0941	0.3810	8
	12	0.2020	0.1043	0.0793	0.0593	0.3884	9
	13	0.2020	0.1043	0.0793	0.0348	0.3953	10
	14	0.2013	0.1936	0.3515	0.0713	0.1262	4
	15	0.0052	0.1861	0.0279	0.0973	0.4635	17
	16	0.1987	0.0341	0.0162	0.0000	0.4838	20
	17	0.2017	0.1825	0.0118	0.0183	0.4536	13
	18	0.1998	0.1869	0.0011	0.0364	0.4585	16
	19	0.2020	0.0216	0.0095	0.0181	0.4884	21
	20	0.1847	0.1825	0.0066	0.0307	0.4552	15
	21	0.1952	0.1002	0.0181	0.0307	0.4543	14

그림 12.20 Euclidean Distance 기준 대안별 우선순위

12.10 Median Point(MP) Approach

Median Point Approach는 의사결정자들의 선택이 특정 영역에 편중될 때 적용하는 방법이다. 이 방법은 의사결정자들이 평가한 대안의 중간점(Median Point)을 구하고 중간점에서 가장 가까운 대안을 모든 의사결정자들의 합의 대안으로 선택하는 방법이다. Utopian Point Approach와 다른 점은 선택의 기준점이 Utopian Point인지 Median Point인지이다. 각 의사결정자들의 평가의 분산이 광범위할 때는 Utopian Point Approach를 사용하고 어느 정도 모여 있을 때는 Median Point Approach를 적용하는 것이 좋다. 분산이 어느 정도일 때 어떤 방법을 사용하는가 하는 문제는 또 다른 분석을 요구하는 문제이며 현재까지 특정한 기준은 나와 있지 않다.

그림 12.21의 2개의 속성을 가진 다기준 의사결정 문제에서 A, B, C, D, E는 5명의 의사결정자가 평가한 2개의 속성값에 대한 위치이다. Median Point Approach를 적용하기 위해서는 먼저 중간점(MP)을 구해야 한다. 이 중간점은 가상의 최고로 선호되는 대안의 위치라고 가정하므로 Ideal Vector라고도 한다.

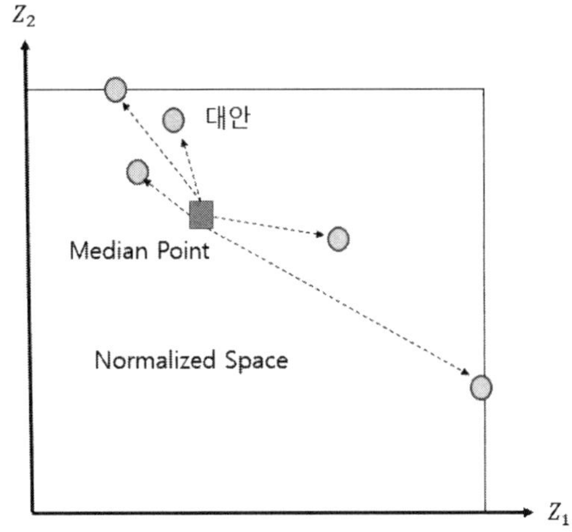

그림 12.21 Median Point 개념

물론 이 문제 역시 원 데이터를 정규화하여 Z_1 속성과 Z_2 속성의 단위의 불일치성을 해결해야 한다. 먼저 n 차원의 속성을 가진 문제에서 $z^i = (z_1^i,\ z_2^i,\ z_3^i,\ \cdots,\ z_n^i)\ \ i = 1,\ 2,\ 3,\ \cdots,\ m$를 i 의사결정자가 평가한 대안의 평가결과라고 하면 중간점을 구하는 방법은 식 (12-4)와 같이 제약식이 없는 k개의 최적화 문제를 반복적으로 풀면 된다.

$$\min_{z_j}|z_j - z_j^1| + |z_j - z_j^2| + |z_j - z_j^3|,\ \cdots,\ |z_j - z_j^m| \quad j = 1,\ 2,\ 3,\ \cdots,\ n \qquad (12-4)$$

이 문제의 최적해를 $z_j^*(j = 1,\ 2,\ 3,\ \cdots,\ n)$라고 하면 중간점은 $z^* = (z_1^*,\ z_2^*,\ \cdots,\ z_n^*)$이 된다. 만약 최적해가 다수 존재한다면 다중해(Multi Optimal Solution) 중 하나를 선택해야 하는데 최대화 목적을 갖는 기준의 경우는 최댓값을, 최소화 목적을 갖는 기준의 경우는 최솟값을 갖는 해를 선택한다. 만약 의사결정자가 평가한 대안의 속성값 벡터가 중간점과 일치하는 대안이 있으면 그 의사결정자의 선택을 따른다. 그러나 현실적으로는 어떤 의사결정자의 선택이 중간점과 일치하는 경우는 거의 드물기 때문에 의사결정자의 평가 중 중간점과 가장 가까운 평가를 최고로 선호하는 의사결정으로 정하고 전체 의사결정자의 합의안으로 결정한다.

이를 위해 의사결정자의 평가와 중간점 간의 오차거리 A_i를 (12-5)와 같이 먼저 계산한다.

$$A_i = \Sigma_{j=1}^{n} \frac{|z_j^i - z_j^*|^p}{|z_j^+ - z_j^*|^p} \quad i = 1,\ 2,\ 3,\ \cdots,\ m \qquad (12-5)$$

여기에서 z_j^+는 j 평가기준의 최댓값, z_j^*는 j 평가기준의 중간값이며, z_j^i는 j 평가기준에서 i 평가자의 평가값이고 P값은 L^p metric을 의미한다. 거리오차를 계산하는 개념은 최댓값과 중간점 간의 거리와 각 의사결정자가 평가한 점과 중간점 간의 거리 비율이며 이를 각 평가기준별로 계산하여 합하여 거리오차를 구한다. 다시 말하면 의사결정자의 평가한 점과 중간점 간의 거리를 최댓값과 중간점 간의 거리로 나누어 정규화하는 것이다.

각 의사결정자들의 중간점으로부터의 오차거리를 계산하고 난 후 가장 작은 오차거리를 가진 의사결정자의 평가결과를 채택하고 나머지 의사결정자들은 자신의 평가결과를 포기하고 전체 그룹의 합의안으로 받아들인다.

Median Point Approach는 의사결정자의 선호도를 잘 수렴할 수 있는 장점은 있지만 앞에서 설명한 비선형 최적화 문제를 연속적으로 풀어야 하는 부담이 있다. 또 의사결정자와 속성의 수가 그리 크지 않다면 비선형 최적화 문제를 푸는 것도 가능하겠지만 의사결정자와 속성의 수가 많다면 이러한 접근법은 상당히 제한적인 방법이다. 또, 중간점을 찾을 때 모든 속성 기준을 놓고 동시에 중간점을 찾는 것이 아니라 각 속성별로 중간점을 찾아 조합하는 형태이기 때문에 전체 속성을 고려하여 전역 최적화 형태에서 중간점을 찾는 것과 상이할 수가 있다. 실제로 개별 속성별 중간점을 찾아 조합으로 전체 속성의 중간점을 선정했을 때 빈번이 다중해가 구해진다. 다중해가 구해질 때는 최대화 문제에서는 A_i의 최댓값을, 최소화 문제에서는 A_i의 최솟값을 선택한다. 물론, 이렇게 해도 전역적인 관점에서의 중간점을 찾지 못하는 한계가 있다.

그림 12.22와 같이 4명의 평가자가 3개의 평가기준을 가지고 평가한 결과를 가지고 중간점을 찾아보자. 각 평가기준은 값이 크면 클수록 좋은 Benefit Criteria이다. 앞에서 설명한 것과 같이 각 평가기준별 중간점을 찾는 방법을 통해 전체의 중간점을 찾아보자.

		평가기준		
		C1	C2	C3
평가자	E1	4,620.91	5,138.25	6,511.64
	E2	3,784.28	3,767.61	8,266.04
	E3	7,720.69	6,403.19	3,447.95
	E4	7,998.50	5,970.45	3,596.20

그림 12.22 평가기준별 의사결정자의 평가값

평가기준 C2를 가지고 중간점을 찾는 방법을 설명한다. 평가기준 C2는 평가자 E2가

3,767.61로, 평가자 E1은 5,138.25로, 평가자 E4는 5,970.45로, 평가자 E3가 6,403.19로 평가하였으므로 4개의 데이터 중 중간점은 그림 12.23과 같이 가운데 있는 E1과 E4가 평가한 5,138.25, 5,970.45 둘 중 하나이다. 중간점 후보인 2개의 데이터를 가지고 각 후보로부터 다른 데이터까지의 거리의 합을 구해 본다. 먼저 평가자 E1이 평가한 5,138.25로부터 나머지 평가자들이 평가한 데이터까지의 거리의 합은 1,370.64 + 832.20 + 1,264.94=3,467.78이 된다. 다음 중간점 후보 E4가 평가한 5,970.45로부터 나머지 평가자들이 평가한 데이터까지의 거리의 합을 구해보면 2,202.84 + 832.2 + 432.74=3,467.78이 된다. 두 중간점 후보의 다른 평가자 평가값과 거리의 합이 동일하게 3,467.78이므로 다중해가 발생하였다. 앞에서 설명한 대로 C2의 값은 크면 클수록 좋은 Benefit Criteria이므로 이중 최댓값을 선택하여 E4가 평가한 5,970.45를 중간점으로 선정한다.

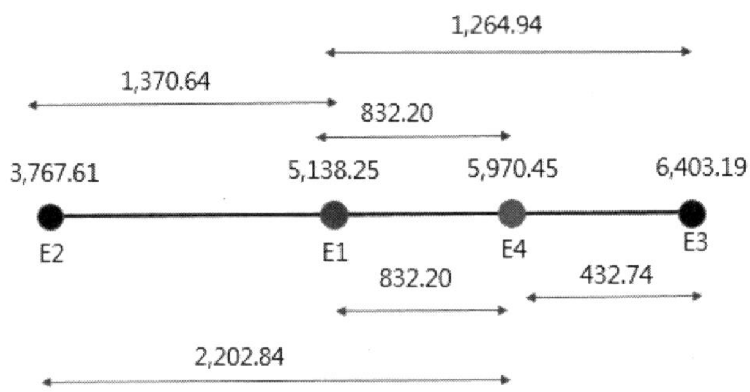

그림 12.23 중간점 선택 기준

동일한 방법으로 C1과 C3에서 중간점을 구해보면 C1에서는 E3가 평가한 7,720.69가 중간점이 되고 C3에서는 E1이 평가한 6,511.64가 중간점이 된다. 따라서 각 평가기준별로 구한 중간점을 모두 종합하면 (7,720.69, 5,970.45, 6,511.64)가 된다.

다음 단계는 각 평가자가 평가한 평가값과 중간점과의 거리오차를 $A_i = \Sigma_{j=1}^{n} \frac{|z_j^i - z_j^*|^p}{|z_j^+ - z_j^*|^p}$ $i = 1, 2, 3, \cdots, m$를 통해 구한다. 우선 각 평가기준의 최댓값은 각각 7,998.50(C1), 6,403.19(C2), 8,266.04(C3)인 것을 확인한다. L^p metric에서 p 값을 1로 하여 A_i $i = 1, 2, 3, 4$를 구해 본다.

$$A_1 = \frac{|4{,}620.91 - 7{,}720.69|}{|7{,}998.50 - 7{,}720.69|} + \frac{|5{,}138.25 - 5{,}970.45|}{|6{,}403.19 - 5{,}970.45|} + \frac{|6{,}511.64 - 6{,}511.64|}{|8{,}266.04 - 6{,}511.64|}$$
$$= 13.08$$

$$A_2 = \frac{|3{,}784.28 - 7{,}720.69|}{|7{,}998.50 - 7{,}720.69|} + \frac{|3{,}767.61 - 5{,}970.45|}{|6{,}403.19 - 5{,}970.45|} + \frac{|8{,}266.04 - 6{,}511.64|}{|8{,}266.04 - 6{,}511.64|}$$
$$= 20.26$$

$$A_3 = \frac{|7{,}720.69 - 7{,}720.69|}{|7{,}998.50 - 7{,}720.69|} + \frac{|6{,}403.19 - 5{,}970.45|}{|6{,}403.19 - 5{,}970.45|} + \frac{|3{,}447.95 - 6{,}511.64|}{|8{,}266.04 - 6{,}511.64|}$$
$$= 2.75$$

$$A_4 = \frac{|7{,}998.50 - 7{,}720.69|}{|7{,}998.50 - 7{,}720.69|} + \frac{|5{,}970.45 - 5{,}970.45|}{|6{,}403.19 - 5{,}970.45|} + \frac{|3{,}596.20 - 6{,}511.64|}{|8{,}266.04 - 6{,}511.64|}$$
$$= 2.66$$

따라서 그림 12.24와 같이 거리오차가 제일 작은 E4의 평가를 따르고 E4가 선택한 평가값을 전체 그룹의 합의안으로 간주한다.

평가자 \ 평가기준		C1	C2	C3
평가자	E1	4,620.91	5,138.25	6,511.64
	E2	3,784.28	3,767.61	8,266.04
	E3	7,720.69	6,403.19	3,447.95
	E4	7,998.50	5,970.45	3,596.20

	C1	C2	C3
중간점	7,720.69	5,970.45	6,511.64
최댓값	7,998.50	6,403.19	8,266.04

	C1	C2	C3		
E1	11.16	1.92	0.00	A_1	13.08
E2	14.17	5.09	1.00	A_2	20.26
E3	0.00	1.00	1.75	A_3	2.75
E4	1.00	0.00	1.66	A_4	2.66

그림 12.24 평가값과 중간점 간의 거리오차

그림 12.22의 데이터를 비율 정규화를 먼저 실시하고 동일한 절차를 거쳐도 거리오차는 동일하게 나타난다. 비율 정규화를 먼저 실시하고 거리오차를 계산한 결과는 그림 12.25와 같다.

평가기준

	C1	C2	C3
E1	0.58	0.80	0.79
E2	0.47	0.59	1.00
E3	0.97	1.00	0.42
E4	1.00	0.93	0.44

최댓값	1.00	1.00	1.00
중간점	0.97	0.93	0.79

E1	11.16	1.92	0.00	A_1	13.08
E2	14.17	5.09	1.00	A_2	20.26
E3	0.00	1.00	1.75	A_3	2.75
E4	1.00	0.00	1.66	A_4	2.66

그림 12.25 비율 정규화 수행 후 거리오차

12.11 Concession Value Method

Utopian Point Approach나 Median Point Approach에서는 한 사람의 의사결정자가 평가한 결과를 채택하여 그룹의 의사결정으로 합의하는 개념이다. 이렇게 되면 선택되지 못한 다른 사람의 의견은 모두 버려지는데 좋은 의미로 말하면 양보를 하게 된다. 따라서 Concession Value(양보값)에 의해 의사결정을 하는 방법의 개념은 하나의 평가결과가 채택될 때 양보하는 나머지 평가자들의 양보하는 양을 최소화하는 것이다. 앞의 Median Point Approach에서 사용한 데이터로 Concession Value에 의한 의사결정방법을 설명한다.

다음과 같이 Notation을 정의한다.

E : 의사결정자 집합

C : 평가기준 집합

CV_i^j : i 의사결정자 의견을 따를 때 j 의사결정자의 양보값

CV_i^* : i 의사결정자 의견을 따를 때 다른 의사결정자들의 양보값 합

x_{ik} : i 의사결정자의 k 평가기준에 대한 평가값

x_k^+ : k 평가기준의 최댓값

x_k^- : k 평가기준의 최솟값

한 사람의 의사결정자 의견을 따르면 다른 의사결정자들의 의견은 채택이 안 되며 채택된 사람의 의사결정에 따라야 하므로 양보를 하게 된다. 따라서 이 양보값은 의사결정자 두 명씩 짝을 지어 평가하게 되고 각 평가기준별의 차이값을 평가기준의 최댓값과 최솟값의 차이로 정규화한다. 이렇게 구한 각 쌍의 양보값을 다 합하면 한 사람의 의사결정자 의견을 따를 때 다른 의사결정자들의 양보값을 식 (12-6)과 같이 구할 수 있다. 식 (12-7)은 i 의사결정자의 의견을 따를 때 다른 의사결정자들의 양보값 합이다.

$$CV_i^j = \Sigma_{k \in C} \frac{|x_{ik} - x_{jk}|}{x_k^+ - x_k^-} \quad i,\ j \in E \tag{12-6}$$

$$CV_i^* = \Sigma_{j \in E,\, j \neq i} CV_i^j \quad i \in E \tag{12-7}$$

좀 더 자세히 설명하면 A, B, C, D 네 사람의 의사결정자가 있을 때 A의 의견을 채택할 때 B의 양보값과 C의 양보값, 그리고 D의 양보값을 구하여 합한다. 이 값이 바로 A의 의견을 채택할 때 발생하는 다른 의사결정자의 양보값이다. 모든 의사결정자에 대한 양보값을 구한 다음 가장 작은 양보값을 발생시키는 의사결정자의 의견을 채택한다.

		평가기준		
		C1	C2	C3
평가자	E1	4,620.91	5,138.25	6,511.64
	E2	3,784.28	3,767.61	8,266.04
	E3	7,720.69	6,403.19	3,447.95
	E4	7,998.50	5,970.45	3,596.20

그림 12.26 평가기준별 의사결정자 평가값

그림 12.26과 같은 4명의 의사결정자가 3개의 평가기준으로 각각 평가를 했다고 가정하자. 만약 E1의 의견이 채택되어 그룹의 의견으로 간주된다면 나머지 E2, E3, E4의 의견은 E1을 위해 양보하게 된다. 그럼 나머지 의사결정자가 양보하는 값의 합을 최소화하는 방법을 찾아보자.

먼저 각 평가기준의 최댓값과 최솟값을 구해서 최댓값과 최솟값의 차이를 계산한다. 왜냐하면 양보값을 최댓값과 최솟값의 차이로 정규화하기 위해서이다. C1의 최댓값은 7,998.5이고 최솟값은 3,784.28이다. 최댓값과 최솟값의 차이는 7,998.5-3,784.28=4,214.22이다. C2의 최댓값과 최솟값의 차이는 2,635.58이고 C3의 최댓값과 최솟값의 차이는 4,818.09이다.

E1의 의견이 채택되어 그룹의 의견으로 간주된다고 가정하면 E2의 양보값은 1.08이고 E3의 양보값은 1.85이며 E4의 양보값은 1.72가 되고 이들의 합은 1.08+1.85+1.72=4.66이다. 즉 E1이 합의안으로 채택되면 E2, E3, E4가 양보해야 할 값의 합은 4.66이 된다.

$$\frac{|4,620.91-3,784.28|}{(7,998.50-3,784.28)}+\frac{|5,138.25-3,767.61|}{(6,403.19-3,767.61)}+\frac{|6,511.64-8,266.04|}{(8,266.04-3,447.95)}=1.08$$

$$\frac{|4,620.91-7,720.69|}{(7,998.50-3,784.28)}+\frac{|5,138.25-6,403.19|}{(6,403.19-3,767.61)}+\frac{|6,511.64-3,447.95|}{(8,266.04-3,447.95)}=1.85$$

$$\frac{|4,620.91-7,998.50|}{(7,998.50-3,784.28)}+\frac{|5,138.25-5,970.45|}{(6,403.19-3,767.61)}+\frac{|6,511.64-3,596.20|}{(8,266.04-3,447.95)}=1.72$$

동일한 방법으로 E2가 합의안으로 채택될 때 E1, E3, E4가 양보해야 할 양보값의 합을 계산해 보면 각각 6.82, 5.05, 4.79가 된다. 따라서 가장 양보값이 작은 E1의 선택을 합의안으로 하는 것이 다른 평가자들의 평가의 희생을 줄이는 방법이다.

E1 채택시	E2양보값	1.08	E2채택시	E1양보값	1.08
	E3양보값	1.85		E3양보값	2.93
	E4양보값	1.72		E4양보값	2.81
	양보값 합	4.66		양보값 합	6.82
E3채택시	E1양보값	1.85	E4채택시	E1양보값	1.72
	E2양보값	2.93		E2양보값	2.81
	E4양보값	0.26		E3양보값	0.26
	양보값 합	5.05		양보값 합	4.79

그림 12.27 1명의 의사결정자 의견 채택 시 다른 의사결정자 양보값

13장

Delphi Method

13.1 Delphi Method 개요

Delphi Method는 예측하려는 문제에 관하여 전문가들의 견해를 유도하고 종합하여 집단적 판단으로 정리하는 일련의 절차로서 미국의 RAND 연구소에서 1950년대에 개발하였다. Delphi Method는 미 국방성의 요청에 따라 긴급한 국방문제에 관하여 전문가들의 합의를 도출하는 데 많이 활용되었으며 Delphi Method는 미 국방성에서 10년간 비밀로 분류하여 보호할 만큼 당시에는 획기적인 의사결정 방법이었다. Delphi Method로 명명된 것은 예언의 신 '아폴로'의 신전에서 고대의 성현들이 모여 중요사항이나 예언에 관련된 토론을 벌였던 기록에서 유래한다.

Delphi Method는 동일집단을 대상으로 설문을 수 회에 걸쳐 반복하고 이전 설문결과를 설문대상자에게 제공하여 설문대상자가 집단 의견과 개인 의견의 차이를 인지한 후 이전 결과를 반영하여 재설문한다. 설문을 통해 전문가들의 의견을 체계화, 객관화하고 대면 토의과정에서 나타날 수 있는 부정적 효과를 제거한다. 대면 회의에서 나타날 수 있는 소수의견 무시, 권위자의 발언, 사전 집단 조율, 한번 취한 입장의 고수 등 여러 문제를 해소할 수 있다.

Delphi Method의 논리적 근거는 추정하려는 문제에 대한 정확한 정보가 없을 때 두 사람의 의견이 한 사람의 의견보다 정확하다는 계량적 객관의 원리와 다수의 판단이 소수의 판단보다 정확하다는 민주적 의사결정 원리이다. Delphi Method에서는 비대면 설문을 기본으로 하기 때문에 물리적인 회의장소에서 직접 대면하는 과정을 제거하여 전문가의 익명성을 보장하여 각 전문가의 자유로운 의견개진을 가능하게 하고 객관적 결론을 유도할 수 있다.

13.2 Delphi Method 절차

Delphi Method의 수행절차는 다음과 같다.

1. 초기계획수립: 측정대상 전제조건 확인, 전문가 섭외, 역할 배정
2. 산정: 전문가 각자의 경험지식 기반 산정
3. 합의도출: 의견조정 작업, 합의도출, 중재, 반복수행
4. 정리 및 기록: 합의결과 정리, 산정치 결정, 전제조건 정의

1단계: 문제설정 및 관련분야 전문가 집단 구성

먼저 문제를 잘 설정하여야 한다. 어떤 문제를 해결할 것인가 하는 것부터 정의하여야 하며 문제를 잘 정의하지 않으면 명확한 목표가 상실되어 Delphi Method를 적용 시 상당한 혼선이 있을 수 있다.

Delphi Method에서는 전문가 집단의 일치된 의견을 도출하는 데에 목적이 있으므로 적절한 전문가 선정이 중요하다. 실제 Delphi Method의 성패를 좌우하는 것은 전문가 집단의 선정에 있다. 어떤 사람이 전문가인가는 여러 관점이 있을 수 있다. 어떤 분야의 전문가를 정의하는 것은 각 사안에 따라 상이할 수 있으나 대체적으로 해당 분야 직무에 오랫동안 근무한 사람, 그 분야에 학위를 가지고 있는 사람, 현재 그 분야 업무를 실제 담당하는 사람 등으로 나눌 수 있고 사회적인 평판이 전문가로 인정되어야 한다. 효율적인 집단의 규모는 통상적으로 최소 30명 이상에서 최대 100명까지로 선정하는 것이 실질적인 분석과 Delphi Method를 적용, 관리에 유용하다.

2단계: 1차 설문

1차 설문은 관련문제에 대해서 개방형 질문들로 구성된 설문지를 작성하여 비대면 설문을 통해 자유로운 의견 개진이 가능토록 한다. 이렇게 함으로써 해당 분야 전문가가 문제와 관련된 개괄적인 자료를 수집하여 분석의 기초자료로 활용한다. 개방형 설문이란 아래와 같이 육하원칙에 의해 자유롭게 대답하도록 유도하는 질문 형식이다.

- 개방형 질문: 육하원칙에 의해 자유롭게 대답하도록 유도하는 질문 형식
  - (예문) 자동차의 효과 판단요소로서 어떤 것들이 있을까요?
- 폐쇄형 질문: '예', '아니오' 식의 단답형 대답으로 유도하는 질문 형식
  - (예문) 엔진이 자동차의 효과에 미치는 영향은 몇 %일까요?

3단계: 2차 설문

1단계에서 설문한 개방형 설문지를 통해 수집된 응답들을 바탕으로 내용을 통계적 분석을 해서 평균값과 분산 등 자료를 제공하고 폐쇄형 질문들로 설문서를 구성한다. 2차 설문지를 동일 전문가에게 보내 비대면으로 설문을 실시한다.

4단계: 3차 설문

2차 설문으로부터 수집된 결과를 항목별로 종합하고 통계 처리하고
다시 동일 전문가 집단에게 3차 설문을 실시한다.

5단계: 피드백

3차 설문의 결과를 종합하여 전문가들 사이의 합의점 및 최종결과를 도출한다.
다수의 의견을 수렴하고 Feedback하여 수렴점을 찾는다.

결론에 도달 시까지 설문과 결과 제시를 반복하며 결론을 유도한다.

Delphi Method를 적용 시 의견의 수렴도나 합의도를 점검하면서 의견의 분산을 줄여나간다.

- 수렴도: (Q3-Q1)/2

  Q1: $\frac{1}{4}$ 분위 값

  Q3: $\frac{3}{4}$ 분위 값

  * 수렴도가 작을수록 전문가의 의견이 수렴되었다고 판단한다.

- 합의도: 1-(Q3-Q1)/M

  M: 중간값

  * 합의도가 0.7이라는 것은 4분 범위(Q3-Q1)와 중간값(M)의 비가 0.3이라는 의미이며, 중간 50%의 응답자의 간격이 중간값을 중심으로 0.3×중간값 범위에 존재한다는 것이다. 합의도 0.7보다 0.9가 조사자의 응답이 더 합의된 것으로 판단 가능하다.

13.3 Delphi Method 장단점

Delphi Method의 장점은 의사결정계층 설계 시 전문가들의 다양한 의견수집이 가능하다는 것이다. Delphi Method는 전문가들의 의견을 통해서 배경지식을 쌓아서 초기의 의사결정계층을 설계하는 데 용이하다. 또한 직접 대면 시 토의에 쏟는 시간과 노력의 낭비를 줄일 수 있을 뿐만 아니라 토의의 과정을 다수에 걸친 설문으로 체계화하여 효율적으로 집단의 통일된 의견을 도출할 수 있다.

동시에 전(前) 단계 설문의 결과를 공개하기 때문에 일련의 설문에 응하면서 토의를 한 것과 비슷한 효과를 얻을 수 있다. Delphi Method의 또 다른 장점은 다수의 전문가 의견을 수렴, 피드백 할 수 있다는 것이다. 이전 설문결과를 제공하여 설문대상자가 집단 의견과 개인 의견의 차이를 인지하고 다음 설문에 응할 수 있기 때문에 전문가 집단의 의견을 체계화, 객관화시킬 수 있다. 이는 절차의 반복과 통제된 피드백으로 구성되기 때문이다.

더욱 중요한 장점은 설문에 참여하는 몇몇 사람의 의견이나 분위기, 권위에 휩쓸리지 않는다는 것이다. Delphi Method는 비대면 설문을 하기 때문에 대면 토의과정에서 나타날 수 있는 소수의견 무시, 권위자의 발언, 사전 집단조율, 한 번 취한 입장 고수 등 부정적 효과를 방지할 수 있다. 대면 조사 시 권위자 의견에 대한 편승효과(Band-wagon Effect)나 집단소음(Group Noise), 후광효과(Halo Effect)와 같은 심리적 효과를 회피할 수 있고 설문자의 익명성을 보장하기 때문에 소신 있게 자신의 의견을 개진할 수 있다.

그러나 Delphi Method의 한계도 존재하는데 설문지 자체에 결함이 있을 수 있다는 것이다. 설문지 질문들의 오류로 인하여 전문가 집단의 의견이 편향되어 수렴될 수 있는 가능성은 언제든지 있다. 따라서 단계별 설문지 작성에 개연성을 유지하는 데 노력이 반드시 필요하다. 또한 반복적 조사이고 30명 이상의 집단을 대상으로 3~4회에 걸쳐 설문을 요구해야 하기 때문에 시간이 오래 걸리며 회수율이 낮아질 우려가 있다. 따라서 설문조사의 수를 미회수율을 고려해서 충분한 수로 시작해야 한다.

결론적으로 Delphi Method는 다양한 전문가 의견수렴을 통해 합의된 결론 도출이 가능하며 집단의 의견을 도출하는 데 체계적이고 객관적인 방법이라고 할 수 있다. Delphi Method는 토의와 비슷한 효과를 가지나 그 시간과 노력을 줄일 수 있다고도 할 수 있으며 문제해결을 위한 의사결정 설계에 효과적이다. 특히, 주제에 대한 배경지식이 부족한 단계에서 의사결정계층을 설계하는 데 매우 도움이 되는 기법이다. 그러나 Delphi Method는 전문가의 선택이 핵심적으로 중요한 사항이고 장기간의 연구가 수행되며 전문가 패널리스트의 지원 유지가 필요하고 설문지 구성에 신중을 기하여야 한다.

[Delphi Method 예제]

보병의 병력 수송이나 보병 탑승 전투를 위해 사용되는 장갑차의 효과요소를 찾아내고자 한다. 장갑차의 효과요소를 찾아내고 각 효과요소의 가중치를 도출하고자 하는데 이와 관련된 사전지식이 부족한 상태라고 가정한다. 따라서 장갑차와 관련된 전문가들의 의견을 수렴하여 효과요소와 효과요소의 가중치를 도출하기 위해 Delphi Method를 적용하고자 한다.

첫 번째 단계에서 해야 할 일은 관련분야 전문가 집단을 구성하는 일이다. 전문가 집단을 설문조사 패널로 선정할 때 해당 분야의 전문가를 선정하는 것이 Delphi Method 성패의 핵심요소이다. 여기서는 장갑차 개발과 전투 및 교육훈련에 관련이 있는 국방과학연구소와 기계화부대 근무경력이 있는 보병 장교 및 부사관 등으로 70명의 전문가를 선정하였다.

그림 13.1 장갑차 종류

> 향후 장갑차 전력화 시 한반도 환경에서 장갑차가 전투효과를 발휘할 때 무엇이 효과요소로 작용할지 적어주시기 바랍니다.
>
> (예) 화력, 기동성, 생존성, 크기, 가용포탄, 비용 등
>
> 1.
> 2.
> 3.

두 번째 단계는 1차 설문을 하는 것이다. 관련문제에 대한 개방형 설문지를 작성하고, 이를 관련분야 전문가에게 분배하여 문제와 관련된 자료를 수집하고 분석한다. 개방형 설문지 예시는 다음과 같다. 1차 설문의 목적은 장갑차의 전투효과를 설정하는 것이다.

장갑차 전투효과 항목 설문을 받아 분석해 본 결과 다음과 같은 결과를 얻었다.

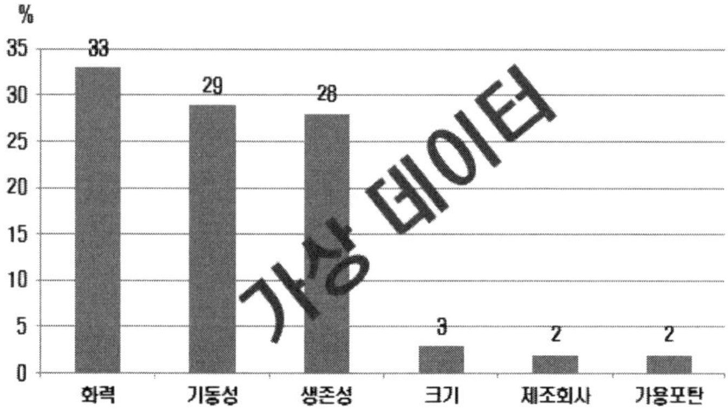

그림 13.2 1차 설문 데이터 분석 결과

따라서 설문자들의 개방형 설문으로 화력과 기동성, 생존성이 장갑차 전투효과로 가장 많이 고려된 것을 알 수 있고 크기, 제조회사, 가용포탄은 고려대상에서 제외해도 된다는 결론을 얻었다.

세 번째 단계는 1차 설문결과를 바탕으로 2차 설문을 한다. 1차 설문을 통해서 전투력을 측정하는 주요 기준으로 화력, 기동성, 생존성을 채택한 후, 이들의 중요도 즉 가중치를 묻는 설문을 작성한다. 2차 설문지의 예시는 다음과 같다.

차륜형 장갑차 전투효과 항목 가중치 설문

다음은 전문가님께서 제시하신 차륜형 장갑차의 효과 항목입니다. 전문가님께서 생각하시는 합리적인 판단과 전문적인 식견으로 효과 항목이 차륜형 장갑차 전투효과 발휘에 몇 % 반영이 될지 나타내 주시기 바랍니다. 반영 비율의 합은 100%가 되도록 평가하여 주십시오.

구 분	계	화력	기동성	생존성
반영 비율(%)	100%			

2차 설문을 해서 나온 분석결과는 다음과 같다. 여기서는 전투효과별 최솟값, 최댓값, $\frac{1}{4}$ 분위수, $\frac{3}{4}$ 분위수, 중간값 등 기초 데이터를 도출해 낸다.

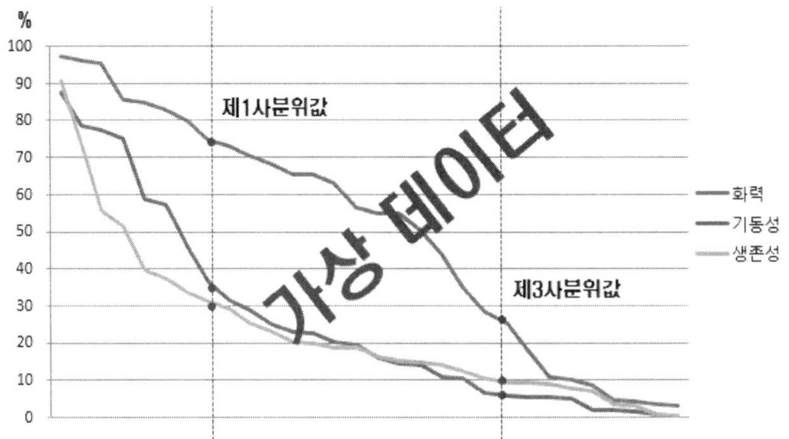

그림 13.3 2차 설문 데이터 분석 결과

네 번째 단계에서는 2차 설문결과를 바탕으로 3차 설문을 다시 실시한다. 3차 설문지 예시는 아래와 같다. 3차 설문에서는 전문가가 전체 전문가 집단의 의견을 보고 2차 설문 시에 자신이 부여한 가중치를 수정할 수 있도록 유도한다. 만약 $\frac{1}{4}$ 분위수와 $\frac{3}{4}$ 분위수를 벗어난 가중치를 다시 부여 시, 그 이유를 설명하도록 의견란을 부여하고 있다.

차륜형 장갑차 전투효과 항목 가중치 설문

아래 평가요소 상단에는 제2차 설문에 대한 전문가들의 응답 결과를 요약하여 중간값, 제 $\frac{1}{4}$ 분위수, 제 $\frac{3}{4}$ 분위수에 해당하는 수치를 기록하였습니다. 2차 개인 의견란에는 전문가님의 가중치를 다시 응답할 수 있도록 하였습니다. 제 $\frac{1}{4}$ 분위수, 제 $\frac{3}{4}$ 분위수 범위를 벗어날 경우 그 이유를 의견란에 기록해 주시기 바랍니다.

평가요소	1차 개인 의견	1차 집단의견			2차 개인 의견	의견
		$\frac{1}{4}$ 분위수	중간값	$\frac{3}{4}$ 분위수		
화력	0.3	0.45	0.35	0.21		
기동성	0.25	0.5	0.4	0.18		
생존성	…	…	…	…	…	

다섯 번째 단계는 피드백 단계로서 네 번째 단계의 결과를 가지고 전문가들 사이에 합의점 및 최종결과를 도출하는 단계이다. 만약 어떤 전문가가 제 $\frac{1}{4}$ 분위수와 제 $\frac{3}{4}$ 분위수를 벗어난 의견을 제시했다면 이유를 기술한 의견을 수렴하여 타당성을 판단한다. 이는 소수 의견에 대한 검토를 진행한다는 것이다. 이러한 절차를 거쳐 각 전투효과의 대표값들을 이용하여 최종결과를 표 13.1과 같이 도출하였다.

표 13.1 장갑차 전투효과 가중치

* : 가상 데이터

화력	기동성	생존성
0.504*	0.263*	0.233*

14장

Brainstorming Method

14.1 Brainstorming 개념

Brainstorming은 1941년 미국의 광고회사 사장인 Alex Faickney Osborn이 개발한 것으로 창조적 대안을 개발하는 기법으로 단순하다. 어떤 문제가 생기면 집단 대면하여 창의적 아이디어를 활발하게 제안하고 토의하는 기법으로, 6~12명이 약 20~60분 동안 Leader로부터 문제의 설명을 듣고 될 수 있는 대로 많은 대안을 제시하여 토의하고 분석하여 결정하는 방법이다. 더 융통성 있는 사고와 구성원들의 창조성을 수렴할 수 있는 방법이다. 다기준 의사결정 방법에서 가장 쉬우면서도 전문가의 의견을 광범위하게 자유로운 분위기에서 수렴할 수 있는 방법이다.

Brainstorming라는 용어는 Osborn의 저서 'Applied Imagination'으로부터 대중화되었다. 뇌를 의미하는 'Brain'이라는 단어와 '폭풍'을 가리키는 'Storm'이 조합이 되어서 만들어진 단어이며 마치 머릿속에 폭풍이 몰아치듯이 다양한 신선한 아이디어가 샘솟는 것에서 유래하였다. 용어에서 보듯이 Brainstorming은 집단적으로 창의적 의견을 도출하는 방법이다.

Brainstorming은 창의적인 아이디어를 생산하기 위한 학습 도구이자 회의 기법이며 집단적 창의적 발상 기법으로 집단에 소속된 인원들이 자발적으로 자연스럽게 제시된 아이디어 목록을 통해서 특정한 문제에 대한 해답을 찾고자 노력한다. Brainstorming으로 다기준 의사결정을 하기 위해 가중치를 찾는다든지 대안의 우선순위를 결정하는 절차는 우선 전문가 집단을 잘 선정하여야 한다. 어떤 조건을 만족해야 전문가인가 하는 것은 별도로 연구해야 할 주제이지만 해당 분야의 전문가를 대면하여 한 장소에서 전문가들의 의견을 수렴하는 것은 익명성이 보장되는 Delphi Method와는 본질적으로 다르다.

Brainstorming의 특징은 전문가들이 모여 자유로운 토의를 통해 창의적 아이디어를 모으고 그 속에서 의견의 차이를 좁혀가서 결론을 도출하는 방식이라는 점이다. 이 때 창의적인 아이디어 제공을 위해 자유로운 의견이 개진될 수 있도록 자유로운 분위기가 조성되어야 하며 서열에 의한 강압이나 강한 의견에 의해 지배 받는 일이 없도록 여건을 조성해 주어야 한다.

Delphi Method는 익명성이 보장되어 대면 토의과정에서 나타날 수 있는 소수의견 무시, 권위자의 발언, 사전 집단 조율, 한 번 취한 입장의 고수 등 여러 문제를 해소할 수 있는 반면 Brainstorming에서는 그 반대로 권위자의 발언에 따라 갈 가능성이 많으며 사전 집단 조율이 발생할 수도 있고 소수의견 무시와 한 번 취한 입장의 고수 등이 유지될 가능성이 많다. 어떤 위원회나 의사결정체에서 조직의 수장이나 영향력 있는 인사의 의견을 조직원들이 반대하기는 쉽지 않다. 따라서 Brainstorming의 취지를 살려 창의적인 아이디어를 내기 위해서는 여러 가지 선행 조치를 취해야 한다. 조직 문화가 자유롭든지 Brainstorming을 하는 집단이 동등한 의견을 개진할 수 있는 구성원으로 구성되어야 한다.

14.2 Brainstorming 규칙

Brainstorming의 4가지 기본 규칙은 다음과 같다.

1. 양(量)에 포커스를 맞추기

'양이 질을 낳는다'는 격언을 따라 문제해결을 꾀하는 것으로 많은 아이디어가 창출될 수 있어야 한다. 우선 질(質)보다는 양(量)에 포커스를 맞추어 가급적 많은 아이디어가 모여야 한다.

2. 질책, 냉소적 반응, 비판, 비난 자제

어떤 참가자의 의견에 질책, 냉소적 반응, 비판, 비난이 있다면 자유로운 의견 개진이 힘들 것이다. 따라서 어떠한 의견도 경청할 수 있는 분위기가 조성되어야 한다.

3. 특이한 아이디어 환영

의견 중에는 아주 또는 다소 엉뚱한 의견이 있을 수도 있다. 그러나 어떠한 의견이라도 창의적 아이디어로 간주되어야 한다. 특히, 일반적인 의견이 아닌 특이한 아이디어를 환영하는 분위기가 조성되어야 한다. 신선한 아이디어를 놓치지 않도록 주의하여야 한다.

4. 아이디어 조합 및 개선

다양한 의견이 개진되면 이를 조합하고 융합하여 새로운 아이디어를 창출할 수 있어야 한다. 아이디어 결합을 위해 토의간 목록을 작성하고 Brainstorming Leader가 회의간 지속적으로 참여자의 토의를 주도한다.

14.3 Brainstorming 장단점

Brainstorming의 장점으로는 특이한 의견을 포함한 여러 의견을 종합하고 조합하여 새로운 아이디어를 만들어 내는 과정에 있다. 한 사람의 의견보다는 여러 사람의 의견이 더 나을 수 있는 것이 일반적 현상이다. 이러한 여러 사람의 의견을 종합하여 시너지 효과를 창출한다면 문제를 해결할 수 있는 적합한 해결방안을 구할 수 있는 가능성이 많다. 이러한 단계는 한 단계에서 끝나는 것이 아니라 단계별로 의견을 좁혀 나간다면 다양한 의견이 조화롭게 융화되어 우수한 아이디어를 만들어 낸다.

그러나 일부 학자들은 Brainstorming이 시간낭비라고 말하는 사람들도 있다. 이러한 사람들은 창의적인 생각이란 여러 사람과 같이 있을 때 생기는 것이 아니라 사람들과 떨어져 혼자 생각할 때 독창적인 생각이 발생한다고 주장한다. 이러한 주장을 하는 사람들은 여러 사람들이 모여 토의하면 자기 외 다른 사람이 창의적인 아이디어를 제공해 주겠지 하는 적극적이지 못한 행동이 발현될 수 있다고 주장한다.

또한, 어떤 엉뚱한 이야기를 하면 다른 사람의 냉소적 반응, 무관심, 비난, 비판의 대상이 될 수 있다고 염려한다. 특히, 성격이 내성적이거나 자신감이 없을 때 이러한 현상은 더 발생한다. 다음의 현상은 평균으로의 저하인데 어떤 우수한 구성원이 있다고 해도 전체 집단의 평균으로 회귀하는 현상을 종종 볼 수 있다. 우수한 구성원의 의견이 전체 집단의 구성원의 평균으로 종결되는 현상이다. 때로는 평균으로 종결되는 것보다 특정인의 의견으로 따라 가는 경향도 가끔씩 볼 수 있다. 또한 대면 회의에서 발생할 수 있는 권위자의 의견으로 경도, 소수 의견 무시, 한 번 취한 의견 고수와 같은 자존심과 연결된 문제도 발생할 가능성이 있고 조직 문화가 권위적이라면 조직 내 Brainstorming은 성공할 가능성이 작다고 할 수 있다.

Brainstorming을 성공시키기 위한 여건 조성이 필요한데 책상에 앉아 있는 것보다 일어서서 돌아다니며 정신을 맑게 하는 것도 필요하며 바로 모여 시작하는 것보다 10분 이상 대화와 차를 마시며 분위기를 조성하는 것도 좋다. 가장 쾌적하고 창의적인 아이디어가 나오도록 편안하고 충분한 공간을 확보하는 것도 필요하다. Brainstorming을 할 때 평소의 이성적인 면보다는 완전히 새로운 아이디어를 낼 수 있도록 감성적인 면이 필요할 수 있으며 아이디어에만 집중할 수 있도록 기분을 상하게 하는 어떤 조건도 배제하는 것이 좋다. Brainstorming 중에는 어떤 비판도 삼가고 다소 엉뚱한 의견이 나오더라도 격려와 칭찬이 필요하다.

이러한 문제에도 불구하고 Brainstorming이 필요한 이유는 한 사람의 의견보다는 다수의 의견이 더 좋을 가능성이 있고 이러한 의견의 종합과 조화는 새로운 창의적 의견을 창출할 수 있다는 대원칙이 있기 때문이다. Brainstorming의 장단점을 잘 알고 장점은 키우고 단점은 제거하여 가장 합리적인 의견을 획득한다면 Brainstorming의 효과를 기대할 수 있을 것이다.

14.4 Brainstorming 방법

14.4.1 Gorden법

이 기법은 Arthur D. Little 컨설팅사의 William Gordon이 설계한 기법이다. 문제해결자가 문제에 너무 가깝게 근접해 있어서 그 나무로 이루어진 숲을 보지 못하면, 이들은 오직 사소하고 자명한 해결책만을 생각해서 창조적인 아이디어를 제안하지 못할 수 있다. 이 기법은 문제해결자들을 '숲 밖으로' 끌어내는 데 특히 효과적이다.

Gordon법은 처음에는 리더가 원래 문제를 참가자들에게 알려주지 않고 문제를 추상적으로 정의하여 알려주고 아이디어를 요청한다. 시간이 지나면서 점점 구체적으로 문제를 정의하여 알려주고 그때마다 참가자들에게 아이디어를 요청한다. 맨 마지막에는 원래 문제를 알려주고 그때까지 나왔던 아이디어들을 참조하여 문제해결을 위한 아이디어를 제시해 줄 것을 요청한다. 이 기법은 문제해결자가 시야를 넓게 가져야 할 필요가 있을 때 사용하는 것이 좋다.

14.4.2 역 Brainstorming

리더가 참가자들에게 주어진 문제에 대하여 잘못될 수 있는 것, 해서는 안 될 일, 일어나서는 안 될 일, 또는 다른 더 부정적인 접근방식에 대한 아이디어를 내보라고 요청한다. 이런 시간을 짧게 가진 다음에 긍정적인 아이디어를 찾는 원래의 Brainstorming을 수행한다. 이 기법은 발상의 전환을 통하여 반대의 관점으로 문제를 바라보게 함으로써 새로운 아이디어를 얻고자 할 때 사용하는 것이 좋다.

14.4.3 Brainwriting Pool

이 기법은 Battelle Institute에서 개발된 기법들 중의 하나이다. 6~8명의 사람들이 테이블 주위에 둘러앉아서 주어진 문제에 대한 자신의 아이디어를 종이에 적는다. 참가자가 자신의 아이디어를 4개 적으면 바로 테이블의 가운데에 놓는다. 그러나 참가자들은 반드시 종이를 테이블 가운데에 놓아야 하는 것은 아니고 계속해서 자신의 아이디어를 적어도 된다. 참가자들의 아이디어가 고갈되었을 때는 자신이 갖고 있던 종이를 테이블 한 가운데에 놓여져 있는 종이 중 하나와 바꾸고 그 종이에 적혀있는 아이디어에 편승해서 새로운 아이디어를 산출해낸다. 결국 모든 참가자들은 테이블 가운데에 쌓여있는 종이 중 하나를 자기 것과 바꾸어야 한다. 이 기법은 Brainwriting에 참가하는 사람들이 적극적이어서 옆 사람이 종이를 건네줄 때까지 기다리지 않도록 해야 할 필요가 있다고 판단될 때 사용하는 것이 좋다.

14.4.4 Brainstorming 게시판

사무실에서 창조적 아이디어를 Brainstorming 하기 위해 게시판을 이용한다. 게시판을 사무실 중앙이나 눈에 잘 띄는 곳에 설치하고, 색종이에 해결해야 할 과제를 적어 흥미를 느끼는 모든 사람들이 쉽게 볼 수 있도록 게시판의 중앙에 붙여 놓는다. 그 문제에 대한 아이디어나 제안을 가진 사람은 누구든지 하얀 종이에 자기 생각을 써서 문제의 색종이 아래 부착하거나 쓴다. 누구라도 언제든지 새로운 아이디어를 추가할 수 있고 기존의 아이디어에 편승할 수도 있다. 몇 주가 경과하여 게시판의 아이디어를 수거한 후 팀이나 한 사람이 평가를 한다. 이 기법은 아이디어를 얻기 위해 참가자들을 별도로 모으기가 어려울 경우에 사용하는 것이 좋다.

14.5 Brainstorming으로 가중치와 대안의 우선순위 결정

Brainstoriming으로 가중치와 대안의 우선순위를 결정하는 절차는 앞에서 설명한 Brainstorming 절차를 따라 진행하면 된다. 먼저 해당 문제의 전문가 집단을 구성하고 전문가 집단의 Brainstorming을 위해 먼저 환경 등 여건을 조성하고 자유로운 분위기 속에서 의견 조율이 가능하도록 하여야 한다. 전문가 집단 구성 시 가급적 서로 영향력을 발휘할 수 있는 인적 구성은 회피하고 상호 의견을 자유롭게 개진할 수 있는 전문가들로 구성하는 것이 좋다. 상하 관계에 있다든지 학맥에서 자유롭지 못한 관계, 상호 이익이 충돌할 수 있는 조직에서 전문가들을 초청하는 것은 피해야 한다.

Gordon법에서와 같이 처음에는 Brainstorming 리더가 원래 문제를 참가자들에게 알려주지 않고 문제를 추상적으로 정의하여 알려주고 아이디어를 요청한다. 시간이 지나면서 점점 구체적으로 문제를 정의하여 알려주고 그때마다 참가자들에게 아이디어를 요청한다. 맨 마지막에는 원래 문제를 알려주고 그때까지 나왔던 아이디어들을 참조하여 문제해결을 위한 아이디어를 제시해 줄 것을 요청한다. 이 기법은 문제해결자가 시야를 넓게 가져야 할 필요가 있을 때 사용하는 것이 좋다. 이 외에도 역 Brainstorming, Brainwriting Pool, Brainstorming 게시판 등 기법을 적절히 활용하여 아주 자유로운 분위기 속에서 창의적인 아이디어를 도출해 낸다.

어떻게 보면 Brainstorming은 공학적 배경이 부족한 기법이지만 다른 특정한 공학적 기법으로 다기준하 대안의 우선순위를 결정할 수 있는 방법이 없을 때 유용하게 활용할 수 있는 방법이다.

15장

AHP(Analytic Hierarchy Process)

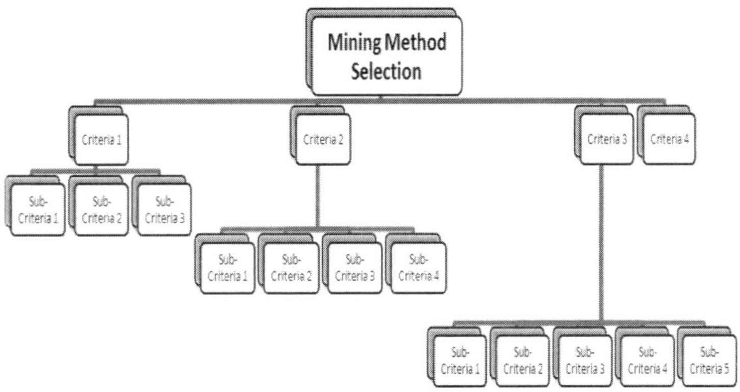

Criteria	Experience	Education	Charisma	Age	Priority
Experience	1	4	3	7	0.547
Education	1/4	1	1/3	3	0.127
Charisma	1/3	3	1	5	0.270
Age	1/7	1/3	1/5	1	0.056

Sum of Priorities 1.000
Inconsistency 0.044

15.1 AHP 개요

AHP는 다수의 대안에 대하여 다수의 평가기준과 다수 주체에 의한 의사결정을 위해 설계된 의사결정 방법의 하나로서 1970년대 초 Thomas L. Saaty에 의해 개발된 기법으로 계층분석적 의사결정 기법이라고도 불린다. AHP는 전문가들의 평가를 종합해 전문가들의 평가가 일관성 있게 평가했는가를 검증하고 검증에 통과한 평가결과만 취합해 종합적으로 대안의 우선순위를 정하는 기법이다. AHP는 평가를 담당한 전문가 집단의 의견을 수학적으로 검토하는 절차를 가지고 있으며 그 유용성이 대단히 뛰어난 기법이다.

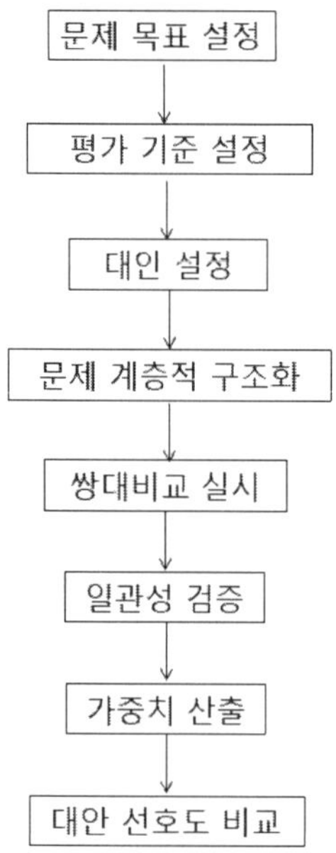

그림 15.1 AHP 분석 절차

AHP를 사용하여 가장 선호하는 대안을 선택하려고 하면 먼저 목표와 평가기준, 대안을 설정한 후 분석하려는 문제를 계층적으로 구조화한다. 우선 분석하려는 목표를 최상위 계층에 놓고 목표를 달성하기 위한 요소들을 큰 틀에서 분해하여 제1계층의 항목들로 설정한다. 제1계층에 있는 각 항목들별로 다시 그 항목들을 달성하기 위한 세부 요소들로 분해하여 제2계층 항목들로 설정한다. 계층은 일률적으로 동일하게 존재하는 것이 아니라 어떤 항목은 n개 계층으로 분해되고 어떤 항목은 m개 계층으로 분해되는 것과 같이 문제에 따라 계층의 단계가 상이할 수 있다. 이렇게 문제 전체를 설명 가능한 영역까지

계층화하여 문제를 구조화할 필요가 있다.

문제 구조화에서 중요한 것은 너무 계층이 깊어서 문제의 복잡성 증가를 초래하거나 계층이 너무 얕아서 문제를 충분히 설명하지 못하는 것은 바람직하지 않다는 것이다. 물론 문제를 Decision Tree 형태로 구조화하는 것은 각 계층 간 항목별로 중복되지 않아야 하고 상위 계층 항목을 충분히 설명할 수 있는 MECE(Mutually Exclusive Collectively Exhaustive) 원리가 그대로 적용되어야 한다. Mutually Exclusive하다는 것은 계층에 있는 항목들은 상호 독립적이어야 한다는 의미이며, Collectively Exhaustive 하다는 의미는 하위 계층 항목들은 상위항목을 설명하는 데 부족하지 않아야 한다는 의미이다. AHP의 마지막 계층은 각 대안들로서 대안들은 문제 구조화의 마지막 계층별 항목들에 연결되어 평가된다.

AHP는 각 계층에 있는 항목별 가중치 산출이 가능하고 궁극적으로 계층의 항목별 가중치와 제일 끝 단에 있는 항목에 기여하는 대안별 가중치로서 전체 목표를 달성하기 위한 대안의 우선순위를 평가한다. 복수의 대안들 사이에 최선의 대안 선택을 위한 대안 간 비교가 필요하며 평가기준들 사이 계량적인 요소와 비계량적인 요소가 동시 존재하여 합리적 의사결정이 곤란할 시 AHP 방법은 유용하다. 만약 각 계층별로 독립적이지 않고, 종속적인 경우 내·외부 상관관계를 반영한 ANP(Analytic Network Process) 기법을 사용하게 된다. 각 계층별로 독립적이라고 간주되는 문제는 AHP를 사용하는 것이 좋다. AHP는 정성적이거나 부분적으로 정량적인 대안 선정에 있어서 각 평가 요소 간의 우선순위를 계층적으로 비교하고 서로 경쟁되는 평가기준, 평가항목, 평가요소들에 대한 전문가들의 주관적인 판단을 종합하여 하나의 우수한 대안을 선정할 수 있다.

AHP에서 예하 계층에 있는 항목들이 상위항목에 기여하는 정도, 즉 가중치를 평가할 때는 n개 항목들을 2개씩 짝지어 쌍대비교를 하게 되는데 이렇게 평가하게 되면 ${}_nC_2$번의 쌍대비교를 해야 하므로 과도한 비교행위가 요구되는 단점이 있다. 그러나 AHP 계층을 설계할 때 적절한 계층 수와 항목들을 설정하면 이러한 단점을 극복할 수 있으며 설문에 참가하는 전문가들의 의견을 잘 수렴할 수 있는 장점이 있다.

AHP의 기본공리는 그림 15.2에서 표현된 것과 같이 두 요인에 대한 선호의 강도는 상호 역수조건을 만족한다는 역수성(Reciprocal), 선호도는 범위가 제한된 척도로 표현 가능하다는 동질성(Homogeneity), 상위계층에는 종속되고 인접한 계층 간에는 독립적이라는 독립성(Independency), 의사결정의 목적을 계층이 완전하게 포함한다는 기대성(Expectation) 등이다.

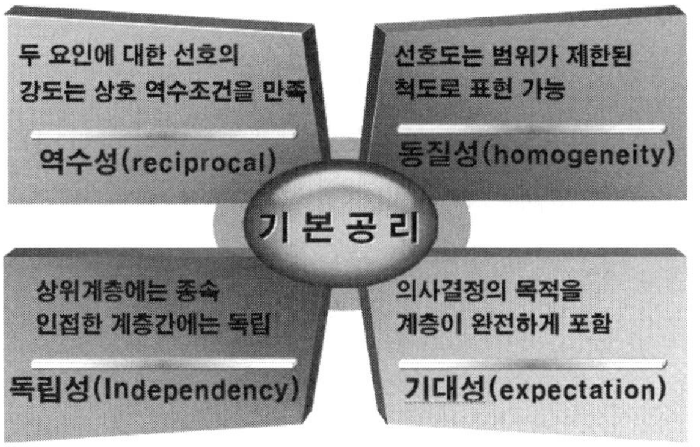

그림 15.2 AHP 기본 공리

15.2 AHP 절차

일반적으로 AHP에서 대안을 평가하는 절차는 다음과 같다.

- 1단계: 대안을 설정
- 2단계: 의사결정 문제를 상호 관련된 의사결정 사항들의 계층으로 구조화하여 의사결정계층을 설정
- 3단계: AHP 설문지를 작성하여 관련 전문가에게 설문 수렴
- 4단계: 전문가 의견의 일관성을 검사하고 상대적 가중치 설정
- 5단계: 4단계에서 얻어진 각 평가기준의 상대적 가중치와 각 기준에 대한 대안의 상대적 '평가값'을 이용하여 대안의 종합 효과 평가

15.3 AHP 구성 요소

먼저 의사결정 문제의 결정 구조(Decision Hierarchy)이다. 이는 문제의 기본적인 구성 요인들을 포착하기 위해 계층을 작성하는 것으로 주로 전문가 집단의 Brainstorming을 통해 이루어진다. 문제의 분해는 우선 MECE 원리하에 실시하여야 한다. 즉 각 단계별 하위항목별 상호 독립적이고 중복이 없으며 상위단계를 모두 설명할 수 있는 분해 방법을

사용하여야 한다. 이러한 과정을 Logic Tree로 설명할 수 있는데 전문가들이 토의에 이해 이루어질 수 있다.

Logic Tree를 만드는 기본 3가지는 그림 15.3과 같다.

① 각 계층이 가능한 〈MECE〉인가?
② Tree의 오른편이 구체적인 원인과 해결책으로 되어 있는가?
③ 원인과 해결책이 논리의 인과관계로 주요 과제와 연결되어 있는가?

Logic Tree 작성 프로세스는 다음과 같다.
① 왼쪽에서 오른쪽으로 가는 것에 따라 개념적인 내용을 구체적 내용으로 만든다.
② 각 단을 가능한 〈MECE〉로 하지만 혹시 빠짐이 있다면 즉시 그 외의 항목이 있는지를 토의하여 구상한다.
③ 기존의 틀에 들어가지 않으면 어떻게 해서라도 새로운 틀을 만든다.
④ 각각 인과의 논리를 체크한다.
⑤ 자신 이외의 다른 몇 사람의 체크를 받는다.

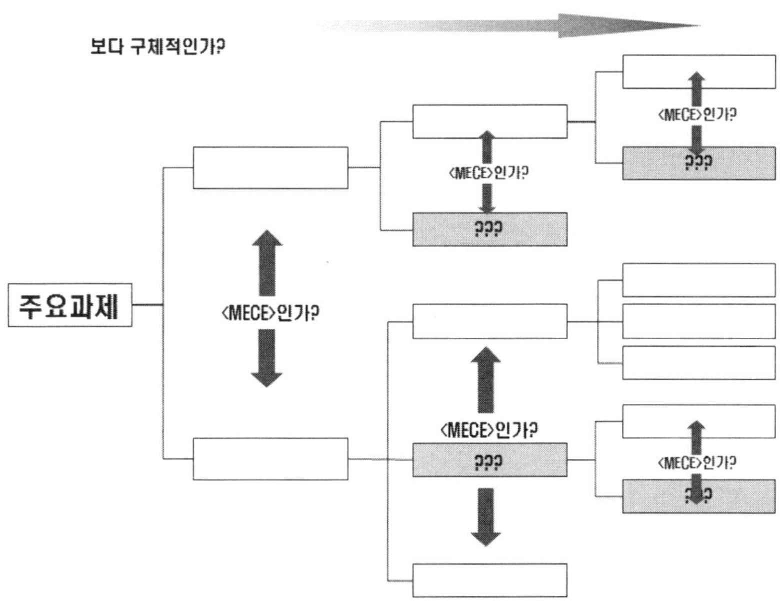

그림 15.3 Logic Tree 및 MECE 검사

15.4 Logic Tree에 의한 문제 분해

다음으로 쌍대비교 판단(Pairwise Comparison)인데 이는 상위계층에 포함되어 있는 한 요인의 관점에서 하위계층을 구성하고 있는 요인들이 갖는 상대적 중요성을 상호 비교함으로써, 비교척도를 산출하기 위한 행렬을 구하는 것을 말한다.

마지막으로 선호도의 논리적 일관성 검증(Consistency of Preference)이다. 이는 설문에 응한 전문가의 답변에 대한 논리적 일관성을 판단하여 자료의 실효성 여부를 검증하는 것이다. 검증된 자료만 사용평가자가 설문을 통해 대안이나 항목별 쌍대비교를 했는데 논리적 일관성이 없으면 이 평가자가 평가한 사항은 채택할 수가 없다. 논리적 일관성이란 서수적 일관성(Ordinal Consistency)과 기수적 일관성(Cardinal Consistency)을 말하며 서수적 일관성 및 기수적 일관성 둘 다를 만족해야 일관성을 만족한다고 할 수 있다.

서수적 일관성이란 A가 B보다 좋고 B가 C보다 좋으면 A가 C보다 좋아야 하는 것이다. 만약 어떤 평가자가 A가 B보다 좋고 B가 C보다 좋은데 C가 A보다 좋다고 평가한다면 이는 서수적 일관성을 위반한 것이다. 기수적 일관성이란 A가 B보다 2배 좋고 B가 C보다 3배 좋다면 A는 C보다 6배 좋다고 평가해야 기수적 일관성을 유지하는 것이다. 만약 어떤 평가자가 A가 B보다 2배 좋고 B가 C보다 3배 좋은데 A는 C보다 3배 좋다고 평가한다면 이는 기수적 일관성을 위배한 것이다.

실제 설문조사를 통한 대안이나 항목의 쌍대비교 시 인간의 불완전성으로 인해 이러한 서수적 일관성과 기수적 일관성이 완전하기를 기대하는 것은 무리이다. 따라서 AHP에서는 인간의 불완전성을 인정하고 일정 부분의 비일관성을 인정하는데 그 범위는 10% 정도이다. 다시 말하면 90%가 일관성이 있으면 이 평가자의 일관성은 인정되고 평가결과를 수용한다.

15.5 계층구조 설정

먼저 문제를 분해해서 계층적 구조를 만드는 것이 AHP의 첫 단계이다. 계층구조를 만들 때는 계층들 간의 중복성이 있으면 안 되고 전체를 표현하는 데 있어서 부족하지 않도록 항목을 설정하고 계층화한다. 일반적으로 문제를 표현하는 항목설정과 계층구조는 그림 15.4에서 보는 것과 같이 의사결정의 가장 일반적인 목표를 '계층 1'로 설정하고 이를 달성할 수 있는 의사결정 요소들을 '계층 2'로 설정하며 '계층 2'에 있는 의사결정 요소들을 다시 세분화하여 더 세밀한 의사결정 요소로 표현한다. 그리고 마지막 계층에서 본 각 의사결정 요소에 기여할 수 있는 대안들의 기여도를 쌍대비교 행렬을 구한다.

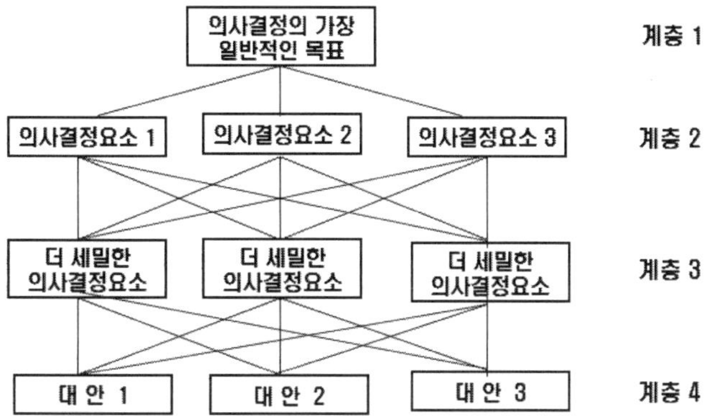

그림 15.4 AHP 계층구조

문제의 계층화 구조의 몇 가지 예를 들면 최적 의복 평가 기준은 그림 15.5와 같이 상징성, 실용성, 경제성, 유형성, 심미성으로 2단계 항목으로 설정하고 각 2단계 항목을 다시 세분화하여 3단계 항목으로 설정할 수 있다. 이때 2단계에서 설정된 5가지 평가항목들은 최적 의복평가 기준을 설명하는 전체 세부항목이 되어야 하고 상호 중첩되지 않은 배타적 속성을 가져야 한다.

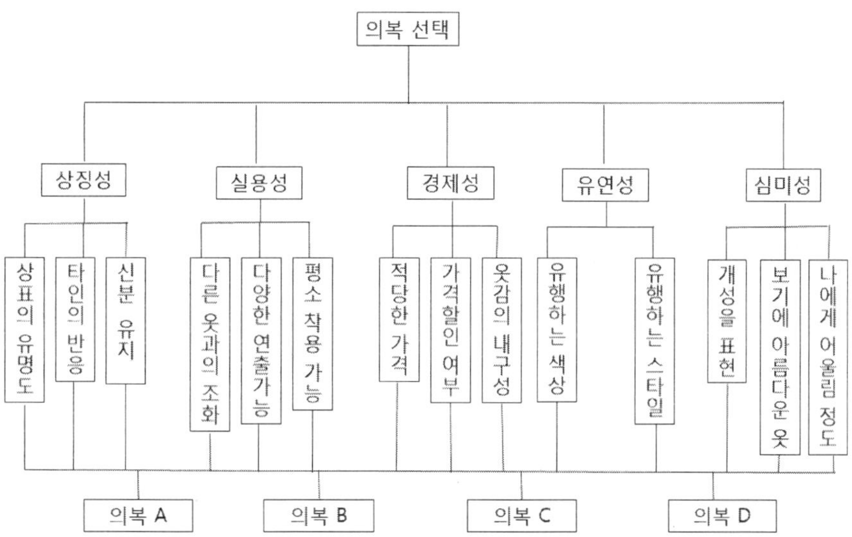

그림 15.5 의복 선택 문제 계층구조

배우자 선택의 계층화 예를 보면 그림 15.6과 같이 배우자 선택의 기준이 성격, 외모, 학력, 경제력과 집안분위기와 같은 항목들로 세분화 가능하고 여기에 A, B, C가 후보로서 고려되는 구조이다.

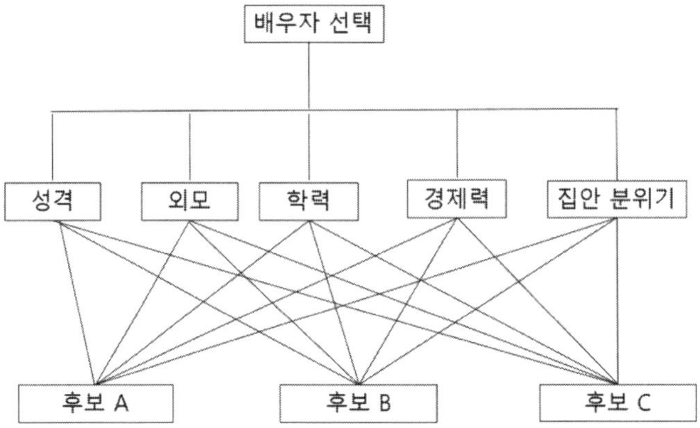

그림 15.6 배우자 선택 문제 계층구조

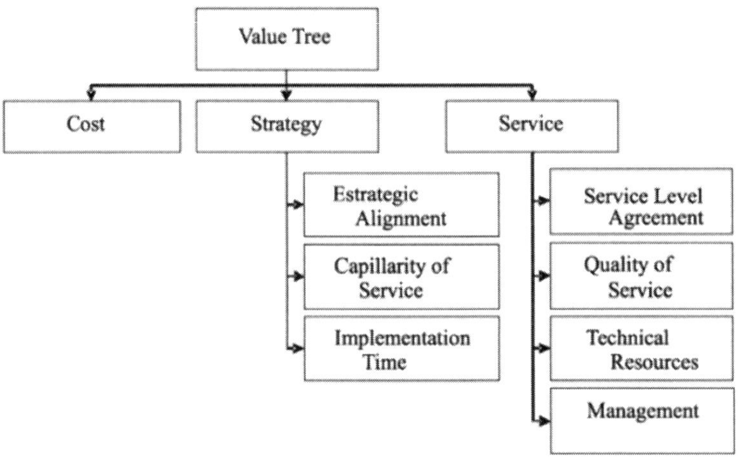

그림 15.7 계층 깊이가 다른 구조화 예

일반적으로 평가항목은 세분화가 가능하며 각 평가항목의 세부항목의 수가 같을 필요는 없다. 예를 들면 위 그림 15.7과 같이 계층 깊이가 다르게 문제를 구조화할 수도 있다. 목표를 달성하는 데 기여하는 제1계층의 항목은 'Cost', 'Strategy', 'Service'로 구성되고 'Cost'는 하위항목이 없는 데 비해 'Strategy'와 'Service'는 각각 3개와 4개의 하위항목들을 가지고 있다.

그림 15.8과 같이 공격헬기 기종결정을 위한 평가항목을 서로 다른 깊이의 계층으로 나누어도 AHP를 적용하는 데는 문제가 없다.

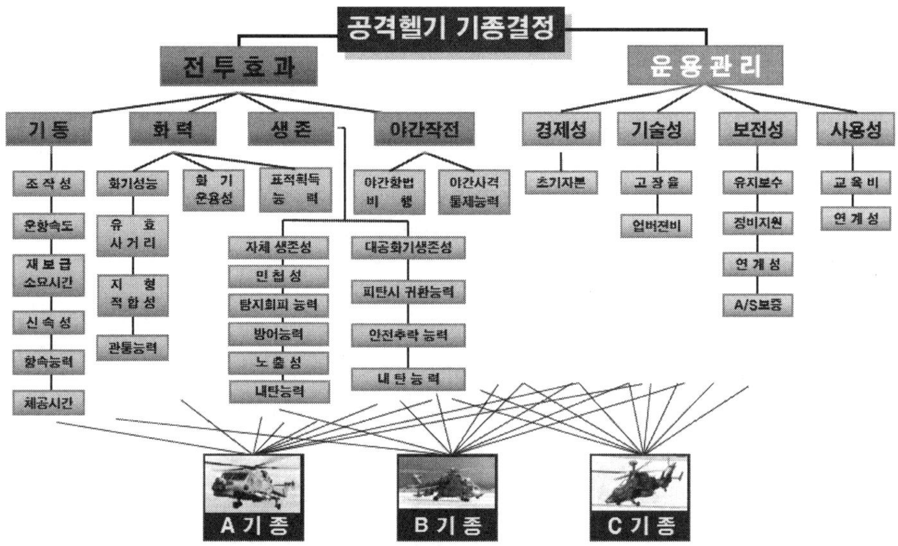

그림 15.8 공격헬기 기종결정을 위한 계층구조

그림 15.9는 Sports Shop의 위치를 결정하는 의사결정 계층화의 예이다. 3개의 수준으로 구성되어 있고 최종목표인 Sports Shop의 위치를 결정하기 위해 2단계에서는

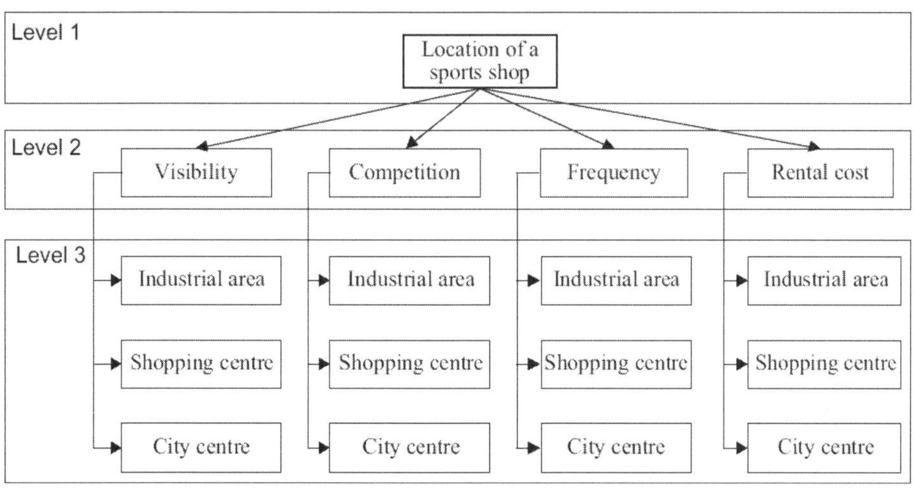

그림 15.9 Sports shop 위치 선정을 위한 계층구조

Visibility, Competition, Frequency, Rental cost를 두었고 2단계 항목의 예하 항목인 3단계 항목을 3개씩 설정하고 있다.

정부나 지방자치 단체의 공공사업에 대한 예비타당성 조사에 AHP를 적용하기 위해 구성한 계층구조는 그림 15.10과 같다. 1계층에는 '경제성 분석', '정책성 분석', '지역균형발전 분석'을 두었고 2계층, 3계층까지 세분화형 구조화를 하였다. 대안으로는 '사업 시행'과 '사업 미시행' 2가지로 설정하였다.

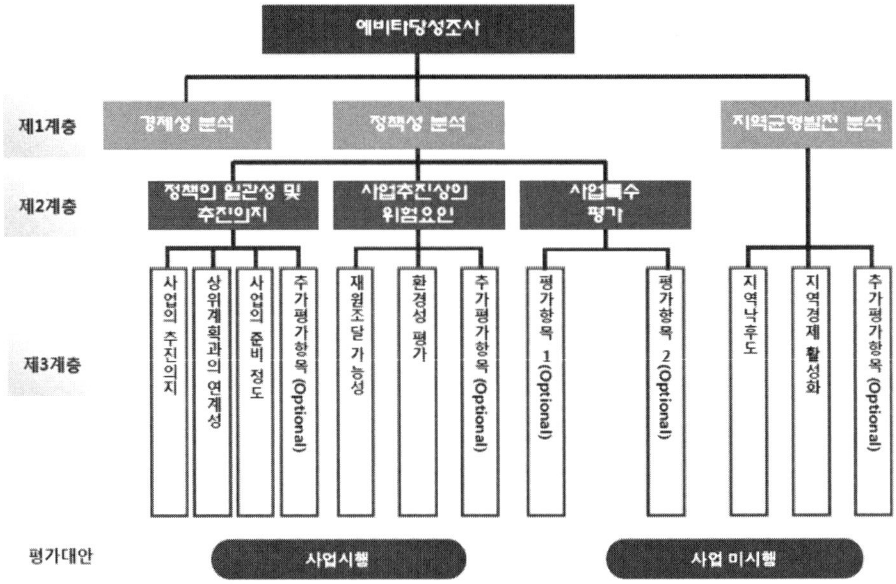

그림 15.10 공공사업의 예비타당성 조사를 위한 계층구조

15.6 AHP에서의 대안 평가방법

AHP에서의 대안 평가방법은 Hierarchical Additive Weighting Method를 사용한다. AHP에서는 문제를 구조화한 이후 각 평가기준 및 대안들에 대한 가중치를 쌍대비교를 통해 구한다. 만약 대안의 우선순위를 분석하기 위해 아래와 같이 문제를 구조화하고 목표에 기여하는 각 평가기준들의 기여도 즉 가중치와 각 평가기준에 기여하는 대안들의 기여도 즉 가중치를 그림 15.11과 같이 구하였다고 가정하자. 이 경우 대안들이 목표에 기여하는 기여도는 다음과 같이 구할 수 있다.

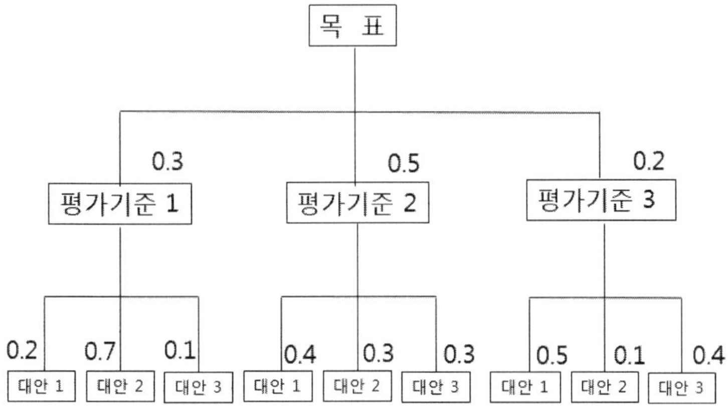

그림 15.11 AHP에서 항목별 가중치로 대안 평가방법

대안 1의 목표에 대한 기여도 = 평가기준 1의 가중치 × 평가기준 1 하위 대안 1의 가중치 + 평가기준 2의 가중치 × 평가기준 2 하위 대안 1의 가중치 + 평가기준 3의 가중치 × 평가기준 3 하위 대안 1의 가중치 = 0.3 × 0.2 + 0.5 × 0.4 + 0.2 × 0.5 = 0.36

대안 2의 목표에 대한 기여도 = 평가기준 1의 가중치 × 평가기준 1 하위 대안 2의 가중치 + 평가기준 2의 가중치 × 평가기준 2 하위 대안 2의 가중치 + 평가기준 3의 가중치 × 평가기준 3 하위 대안 2의 가중치 = 0.3 × 0.7 + 0.5 × 0.3 + 0.2 × 0.1 = 0.38

대안 3의 목표에 대한 기여도 = 평가기준 1의 가중치 × 평가기준 1 하위 대안 3의 가중치 + 평가기준 2의 가중치 × 평가기준 2 하위 대안 3의 가중치 + 평가기준 3의 가중치 × 평가기준 3 하위 대안 3의 가중치 = 0.3 × 0.1 + 0.5 × 0.3 + 0.2 × 0.4 = 0.26

따라서 대안 2가 목표에 기여하는 바가 0.38로 가장 크고 대안 1이 그 다음이며 대안 3이 가장 기여하는 바가 작다. 이 경우 우리는 대안 2를 최적의 대안으로 선택한다. 그럼 어떻게 목표에 기여하는 하위 평가기준들의 가중치와 상위 평가기준들에 기여하는 하위 평가기준들의 가중치, 그리고 제일 끝 단에 있는 평가기준에 기여하는 대안들의 가중치를 찾는지 알아보자.

15.7 쌍대비교에 의한 평가

선택의 기준이 다수인 문제에서는 평가기준의 상대적 중요도(가중치) 기준하 각 평가기준하 각 대안이 선호도가 결정된다. 평가기준의 가중치와 대안의 선호도를 결정할 때 AHP에서는 대안 및 평가항목별 쌍대비교를 하는데 1955년 Miller의 실험에 의하면 인간의 두뇌가 단기간 담아 둘 수 있는 개수는 7±2가 가장 적합하다. 비교대상이 7개 정도인 경우에는 그래도 변별력이 어느 정도 유지되지만 10개 이상이 되면 변별력이 상당히 떨어진다. 즉, '인간은 7±2개의 대상을 혼동 없이 동시에 비교가 가능하다.'는 것이다. 이는 인간의 제한된 단기 기억 용량(Limited Short Term Memory Capacity)과 인간의 제한된 판별 능력(Limited Discrimination Ability)에 따른 것이다. 실제 인간이 가장 잘 구분할 수 있는 개수는 2개로 말할 수 있다. 2개 보다는 3개의 상대적 평가가 더 어렵고 3개 보다는 4개의 상대적 평가가 더 어렵다고 말할 수 있다. 쌍대비교의 장점은 다수 비교보다 상대적으로 쉽게 측정 가능하지만 쌍대비교의 단점으로는 비교 횟수가 과다히 많은 것이 지적되고 있다. n개의 항목을 쌍대비교 하기 위해서는 ${}_nC_2$회의 비교가 필요하기 때문에 대안이 9개이면 ${}_9C_2 = 36$회의 쌍대비교가 이루어져야 한다. 이는 평가자에게는 상당히 지루하고 산만하여 일관성 있는 답변이 곤란해질 수 있는 평가 절차이다.

전체 평가항목을 한꺼번에 놓고 가중치를 평가하는 절대적 비교는 평가자들에게 상당히 어려운 과제이다. 또한 절대적 비교 시 지배적인 요소에 의해 지배당할 가능성이 높은 현상이 종종 발생한다. 예를 들면 어떤 지배적인 항목에 높은 가중치가 부여되고 나머지 요소들은 상대적으로 낮은 가중치가 부여될 가능성이 높다. AHP에서는 이러한 문제를 극복하기 위해 각 평가항목 2개씩 쌍대적 비교가 쉽다는 가정하에 쌍대비교를 통해 판단의 정확도를 높이는 Divide & Conquer 전략을 사용한다고 할 수 있다. Divide & Conquer 전략은 해결 가능한 문제로 분해하여 부분을 먼저 해결하고 이를 종합하여 전체를 해결하는 접근법이다.

일반적으로 2개의 평가항목을 쌍대비교하는 방법은 그림 15.12와 같은 설문지를 사용하여 평가한다. 이러한 형식의 설문지는 평가자들에게 평가 시 혼란을 막고 일관적인 평가를 유도하기 위한 방법이다. 그림 15.12에서 보는 것과 같이 A와 B를 비교 시 절대, 매우, 중요, 약간 이라는 척도를 사용하는 것과 같은 것이다.

A 요소가 B요소보다 약간 더 중요

	절대	매우	상당	약간	동등	약간	상당	매우	절대	
A	⑨	⑦	⑤	③	①	③	⑤	⑦	⑨	B
C	⑨	⑦	⑤	③	①	③	⑤	⑦	⑨	D
E	⑨	⑦	⑤	③	①	③	⑤	⑦	⑨	F

그림 15.12 평가항목 쌍대비교 방법

AHP에서 주로 사용되는 평가 척도는 표 15.1과 같이 9점 척도이다. 만약 평가항목 A와 B가 중요도 면에서 동일하다면 1점을, 약간 더 중요하다면 3점, 상당히 더 중요하면 5점, 매우 더 중요하면 7점, 절대적으로 더 중요하다면 9점을 주는 방식이다. 중요도가 1, 3, 5, 7, 9 홀수 중요도 사이에 위치하면 2, 4, 6, 8과 같이 짝수 중요도도 부여할 수 있다. 만약 A가 B보다 절대적으로 더 중요하여 9점을 부여하면 자동적으로 B는 A보다 1/9배 더 중요(9배 덜 중요)하다고 평가된다.

표 15.1 AHP 9점 척도 의미

중 요 도	의 미
1	동일한 중요 (Equal Important)
3	약간 더 중요 (Moderate Important)
5	상당히 더 중요 (Essential or Strong Important)
7	매우 더 중요 (Demonstrated important)
9	절대적으로 더 중요 (Extreme Important)
2, 4, 6, 8	홀수 중요도 1,3,5,7,9의 중간 값 (Intermediate value)

쌍대비교의 유용성은 표 15.2에 설명된 것과 같이 Saaty의 도형크기 비교 실험(1996), 음료수 소비량 비교 실험(1996), 음식물 단백질 함유량 비율에 대한 쌍대비교 실험(1996), 국부(國富) 비교 평가 실험, 지역 간 거리 평가 실험 등에서 검증되었다. 물론, 쌍대비교 실험 시 각 문제에 대한 평가자들은 그 분야의 전문가들이 수행한 것을 반드시 알아야 한다. 전문가 그룹의 쌍대비교를 통해 실제 값과 평가값의 차이가 거의 없다는 것은 절대비교보다 쌍대비교의 우위성을 말해 주고 있는 것이다.

표 15.2 AHP 쌍대비교 효과 평가를 위한 다양한 실험

실험 제목	실험 내용	비 고
도형크기의 비교	5가지 도형의 크기를 쌍대비교를 통해 추정	쌍대비교의 힘과 우월성, 효과 실험
음료수 소비량 비교	미국 내 다양한 음료수 소비량 비율을 쌍대비교로 추정	
음식물 단백질 함유량 비율 비교	음식물 내 단백질 함유량 비율을 쌍대비교로 추정	
국부(國富) 비교	주요 7개국 국부의 크기를 쌍대비교로 추정	
지역 간 거리 평가	지역 간 거리 비율을 쌍대비교로 추정	

* 이러한 실험들을 통해 전문가 집단들의 AHP 쌍대비교를 통해 실제 값과 유사하게 추정 값을 도출할 수 있음을 증명

1996년에 Saaty는 도형크기의 비교 실험을 그림 15.13과 같이 실시하였다.

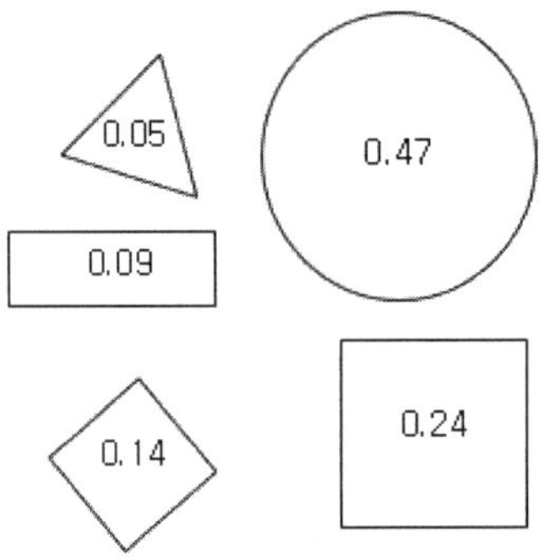

그림 15.13 도형크기 판단 비교 실험

그림 15.13의 5개의 도형을 놓고 각 도형끼리 2개씩 짝을 지어 크기를 비교하도록 하였다. 한꺼번에 5개를 모두 주고 크기를 상대적으로 비교하라고 한 것보다 쌍대비교를 통한 도형의 크기 비교를 통해 각 도형의 크기를 가중치로 평가해 본 것이 실제 크기와 아주 유사한 결과를 얻었다. 사각형 0.24는 전체 도형의 크기를 1로 했을 때 0.24, 즉 24%를 차지한다는 것이다. 이것이 쌍대비교의 힘이다. 절대비교 시에는 지배적인 요소, 즉 원의 크기에 많이 영향을 받을 수 있는 데 비해 쌍대비교는 각 요소들끼리 2개씩 비교함으로써

크기를 상대적으로 비교하는 힘이 생기는 것이다.

Saaty는 같은 해에 미국에서 소비되는 음료수의 소비량을 분석하였다. 커피, 와인, 차 등 7가지 음료수의 소비량을 전문가 집단에 쌍대비교를 의뢰하여 그림 15.14와 같은 종합된 결과를 얻었다. 이 행렬에서 커피와 와인의 경우를 보면 커피가 와인보다 9배 많이 소비된다고 전문가들은 평가하고 있고 커피가 물보다는 1/2 정도 소비된다고 보고 있다.

음료수	커피	와인	차	맥주	소다	우유	물
커피	1	9	5	2	1	1	1/2
와인	1/9	1	1/3	1/9	1/9	1/9	1/9
차	1/5	3	1	1/3	1/4	1/3	1/9
맥주	1/2	9	9	1	1/2	1	1/3
소다	1	9	4	2	1	2	1/2
우유	1	9	3	1	1/2	1	1/3
물	2	9	9	3	2	3	1

그림 15.14 음료수 소비량 비교 판단 쌍대비교 행렬

이 쌍대비교 행렬로부터 각 음료수의 소비량을 가중치로 간주하여 계산해 보니 그림 15.15와 같은 놀라운 결과를 얻었다. 실제 각 음료수의 소비량과 전문가 집단의 AHP 평가로부터 얻은 소비량 추정치가 큰 차이가 없다는 것이다. 만약 커피로부터 물까지 7가지의 음료수를 놓고 한꺼번에 평가하라고 하면 이러한 결과를 도출하기는 어려운 과제이다. 이 실험 역시 쌍대비교의 놀라운 능력을 보여 준다.

구분	커피	와인	차	맥주	소다	우유	물
실제 소비	0.177	0.019	0.042	0.116	0.19	0.129	0.327
AHP 평가	0.180	0.010	0.040	0.120	0.180	0.140	0.330
실제소비 - AHP 평가	-0.003	0.009	0.002	-0.004	0.01	-0.011	-0.003

그림 15.15 음료수의 실제 소비 및 AHP 평가결과 비교

Saaty는 음식물에 포함되어 있는 단백질 함유량 비율을 전문가 집단에 의한 쌍대비교로 평가하였다. 전문가들은 그림 15.16과 같이 각 음식물에 포함되어 있는 단백질 함유량

비교를 하였다. 예를 들어 소고기에 들어 있는 단백질은 감자에 들어 있는 단백질보다 9배 많고 콩보다는 6배 많으며 생선과는 동일하다고 답한 것이다. 이 행렬 역시 쌍대비교 행렬이므로 역수행렬이다.

음식물	소고기	감자	사과	콩	통밀빵	케이크	생선
소고기	1	9	9	6	4	5	1
감자	1/9	1	1	1/2	1/4	1/3	1/4
사과	1/9	1	1	1/3	1/3	1/5	1/9
콩	1/6	2	3	1	1/2	1	1/6
통밀빵	1/4	4	3	2	1	3	1/3
케이크	1/5	3	5	1	1/3	1	1/5
생선	1	4	9	6	3	5	1

그림 15.16 음식물에 포함되어 있는 단백질 함유량 비율 쌍대비교 행렬

이 쌍대비교 행렬로부터 가중치를 산출하여 실제 음식물에 포함되어 있는 단백질의 양의 비율을 가중치로 간주하여 비교해 본 결과는 그림 15.17과 같다. 놀랍게도 쌍대비교 행렬로부터 얻은 결과와 실제 음식물에 포함되어 있는 단백질의 상대적 차가 그리 크지 않다는 것이다. 전문가들의 놀라운 2가지 쌍의 음식물 단백질 양에 대한 비교의 결과이다. 다시 말하지만 이러한 실험은 해당 분야 전문가들에게 실시해야 한다. 전혀 해당 분야에 대한 전문지식이 없는 사람들에게 쌍대비교를 시키는 것은 아무런 의미가 없다.

구 분	소고기	감자	사과	콩	통밀빵	케이크	생선
실제함유량 비율	0.370	0.040	0.000	0.070	0.110	0.090	0.320
AHP추정치	0.345	0.031	0.03	0.065	0.124	0.078	0.328
실제 함유량 - AHP 추정치 차이	0.025	0.009	-0.03	0.005	-0.014	0.012	-0.008

그림 15.17 실제 음식물 단백질 함유량 및 AHP 추정치 비교

Saaty는 Khouja와 함께 1976년 기준 국부(國富) 평가 실험도 실시했는데 미국, 소련, 중국, 프랑스, 영국, 일본, 서독의 국부에 대해 전문가 집단의 의견을 수렴해 놓은 쌍대비교 행렬은 그림 15.18과 같다. 전문가들은 미국의 국부가 소련의 국부보다 4배 더 높은 것으로 평가하였고 중국보다는 9배, 프랑스와 영국보다는 6배, 일본보다는 5배, 서독보다는 5배 더 높은 것으로 평가하였다.

국가	US	USSR	China	France	UK	Japan	W. Germany
US	1.00	4.00	9.00	6.00	6.00	5.00	5.00
USSR	0.25	1.00	7.00	5.00	5.00	3.00	4.00
China	0.11	0.14	1.00	0.20	0.20	0.14	0.20
France	0.17	0.20	5.00	1.00	1.00	0.33	0.33
UK	0.17	0.20	5.00	1.00	1.00	0.33	0.33
Japan	0.20	0.33	7.14	3.03	3.03	1.00	2.00
W. Germany	0.20	0.25	5.00	3.03	3.03	0.50	1.00

$$\lambda_{max} = 7.608,\ \ CI = 0.10,\ \ CR = 0.08$$

그림 15.18 국가 간 부 비교 실험 쌍대비교 행렬

여기에서 λ_{max}, CI, CR은 쌍대비교 행렬의 일관성을 검증 지표이다.

이러한 쌍대비교 행렬로 구한 가중치가 그림 15.19의 Normalized Eigen Vector로 표시되어 있는데 실제 각국의 GNP의 비율과 비교한 결과는 매우 근접하다. 즉, 쌍대비교 행렬로 구한 가중치가 실제 문제의 가중치로 적용 가능함을 보여주는 사례이다. 실제 GNP의 단위는 10억 달러이다.

	Normalized Eigen vector	Actual GNP(1972)	Fractions of GNP Total
US	0.427	1,167	0.413
USSR	0.230	635	0.225
China	0.021	120	0.043
France	0.052	196	0.069
UK	0.052	154	0.055
Japan	0.123	294	0.104
W. Germany	0.094	257	0.091

그림 15.19 국가 간 실제 부 및 AHP 판단 비교

지역 간 거리 평가 실험은 미국 도시로부터의 상대적인 거리를 여행을 자주하거나 지리적인 거리에 관심이 있는 전문가들에게 실시한 것이다. 그림 15.20의 해석은 다음과 같다. Philadelphia로부터 Cairo까지의 거리는 Philadelphia로부터 Tokyo까지의 거리의 1/3에 해당한다. 마찬가지로 Philadelphia로부터 San Francisco까지의 거리는 Philadelphia로부터 Montreal까지의 거리의 6배에 해당한다.

Distance from Philadelphia	Cairo	Tokyo	Chicago	San Francisco	London	Montreal
Cairo	1	1/3	8	3	3	7
Tokyo	3	1	9	3	3	9
Chicago	1/8	1/9	1	1/6	1/5	2
San Francisco	1/3	1/3	6	1	1/3	6
London	1/3	1/3	5	3	1	6
Montreal	1/7	1/9	1/2	1/6	1/6	1

$\lambda_{max} = 6.45,\ \ \mathrm{CI} = 0.09,\ \ \mathrm{CR} = 0.07$

그림 15.20 도시별 거리 판단 쌍대비교 행렬

전문가들의 의견을 종합해서 AHP로 구한 가중치인 Eigen Vector와 실제 거리로 구한 가중치 Normalized Distance를 비교해 보면 그림 15.21에 나타난 것과 같이 그리 나쁘지 않고 근접한 결과를 도출했다는 것을 알 수 있다. 이것 역시 쌍대비교와 AHP의 강력한 힘을 말해 주는 사례이다.

	Distance from Philadelphia	Normalized Distance	Eigen vector
Cairo	5,729	0.278	0.263
Tokyo	7,449	0.361	0.397
Chicago	660	0.032	0.033
San Francisco	2,732	0.132	0.116
London	3,658	0.177	0.164
Montreal	400	0.019	0.027

그림 15.21 도시 간 실제 거리와 AHP 추정 결과 비교

쌍대비교를 하는 방법은 평가항목들을 2쌍씩 짝지어 서로 비교하는 것이다. 예를 들어 그림 15.22와 같이 '인프라 구축'과 '식문화 홍보'라는 2가지 평가항목을 서로 비교하는 경우를 들어 보자. '중요성' 측면에서 '인프라 구축'이 '식문화 홍보'보다 매우 더 중요하면 '인프라 구축' 방향의 7에다 표시를 하면 된다. '시급성' 측면에서 '인프라 구축'과 '식문화 홍보'의 중요성을 평가하는 경우에 '식문화 홍보'가 약간 더 중요와 상당히 더 중요 사이에 위치한다면 '식문화 홍보' 방향 4에다 표시를 하면 된다. 마지막으로 '효과성' 측면에서 '인프라 구축'과 '식문화 홍보'를 비교 시 '인프라 구축'이 '식문화 홍보'보다 상당히 더 중요하다면 '인프라 구축' 방향의 5에다 표시를 하면 된다.

	인프라 구축					식문화 홍보			
중요성	⑨	**(⑦)**	⑤	③	①	③	⑤	⑦	⑨
시급성	⑨	⑦	⑤	③	①	③	**(⑤)**	⑦	⑨
효과성	⑨	⑦	**(⑤)**	③	①	③	⑤	⑦	⑨

그림 15.22 쌍대비교 방법

쌍대비교를 할 때 척도는 9점 척도를 사용하는데 9점 척도를 사용하는 이유는 9점 척도가 다른 척도보다 우수한 척도로 평가되었기 때문이다. Satty는 어떤 척도가 가장 좋은 척도인가를 실험하기 위해 그림 15.23과 같은 27가지의 척도 후보를 설정하였다. 그림 15.23의 첫 번째 열 Scale (1) 척도는 1~3까지를 사용하는 척도이고 (5) 척도는 1~11까지를 척도로 가지는 방법이다. (12) 척도는 1~9척도에 0.9를 곱해 사용하는 척도이다.

Scale	Equal	Betwn	Weak	Betwn	Strong	Betwn	Demon	Betwn	Absol
(1) 1-3	1	2	2	2	2	3	3	3	3
(2) 1-5	1	2	2	3	3	4	4	5	5
(3) 1-7	1	2	2	3	4	5	6	6	7
(4) 1-9	1	2	3	4	5	6	7	8	9
(5) 1-11	1	3	4	5	7	8	9	10	11
(6) 1-13	1	3	4	6	7	9	10	12	13
(7) 1-15	1	3	5	7	8	9	11	13	15
(8) 1-17	1	3	5	7	9	11	13	15	17
(9) 1-18	1	4	6	8	10	12	14	16	18
(10) 1-26	1	5	8	11	14	17	20	23	26
(11) 1-90	1	20	30	40	50	60	70	80	90
(12) 0.9		0.9 times corresponding values in 1-9 scale above							
(13) 0.7		0.7 times corresponding values in 1-9 scale above							
(14) 0.5		0.5 times corresponding values in 1-9 scale above							
(15) 0.3		0.3 times corresponding values in 1-9 scale above							
(16) 0.1		0.1 times corresponding values in 1-9 scale above							
(17) 1+0.x		1+0.x where x is the corresponding value in 1-9 scale							
(18) 2+0.x		2+0.x where x is the corresponding value in 1-9 scale							
(19) 3+0.x		3+0.x where x is the corresponding value in 1-9 scale							
(20) 4+0.x		4+0.x where x is the corresponding value in 1-9 scale							
(21) $\sqrt{x}$		$\sqrt{x}$ where x is the corresponding value in 1-9 scale							
(22) x^2		x^2 where x is the corresponding value in 1-9 scale							
(23) x^3		x^3 where x is the corresponding value in 1-9 scale							
(24) x^4		x^4 where x is the corresponding value in 1-9 scale							
(25) x^5		x^5 where x is the corresponding value in 1-9 scale							
(26) $2^{n/2}$	$2^0 = 1$	$2^{0.5} = 1.414$	$2^1 = 2$	$2^{1.5} = 2.82$	$2^2 = 4$	$2^{2.5} = 5.657$	$2^3 = 8$	$2^{3.5} = 11.31$	$2^4 = 16$
(27) $9^{x/8}$	1	$9^{1/8}$	$9^{2/8}$	$9^{3/8}$	$9^{4/8}$	$9^{5/8}$	$9^{6/8}$	$9^{7/8}$	9

그림 15.23 27가지 척도 정의

이 척도의 후보 중에서 9점 척도의 우수성은 AHP를 개발한 Thomas L. Saaty의 1983년 쌍대비교의 척도실험을 통해 검증되었다. 여러 가지 실험을 실시하였는데 여기서는 1980년 Saaty가 빛의 밝기 측정 실험 시 27개의 척도를 사용하여 실제 거리와 상대적 거리감을 구한 실험을 예로 든다. 빛의 밝기 측정 실험으로 9점 척도가 가장 신뢰성 높은 것으로 나타났다.

빛의 밝기 측정 실험은 9, 15, 21, 28 yard의 거리에 의자를 두고 실제 빛의 밝기 값은 빛의 역자승 법칙으로 측정하였고 평가자들의 평가값은 각각의 척도가 갖는 강도의 쌍대비교로 밝기를 측정하였다. 검증을 위한 두 가지 적용 척도는 RMS(Root Mean Square deviation)와 MAD(Median Absolute Deviation about the median)를 사용하였다. 여기서 a_i와 b_i는 9, 15, 21, 28 yard 각 거리이다.

– RMS(Root Mean Square) Deviation

$$\sqrt{\frac{1}{n}\Sigma_{i=1}^{n}(a_i - b_i)^2}$$

– MAD(Median Absolute Deviation about the median)

$$Median[|(a_i - b_i) - median(a_i - b_i)|]$$

그림 15.24에서 보는 것과 같이 3점 척도, 5점 척도, 7점 척도, 9점 척도 등 27가지의 척도를 가지고 의자의 밝기 실험을 했는데 이중 가장 우수한 상대적 거리감을 보인 것은 9점 척도였다. 9점 척도로 사용한 것이 RMS와 MAD 측정기준을 가장 최솟값을 보여 주었다.

Eigen Vector for each scale					λ_{max}	RMS	MAD
(1)	0.451	0.261	0.169	0.119	4.071	0.091	0.008
(2)	0.531	0.237	0.141	0.091	4.087	0.045	0.006
(3)	0.577	0.222	0.125	0'077	4.034	0.019	0.006
(4)	0.617	0.224	0.097	0.062	4.102	**0.008**	**0.005**
(5)	0.659	0.213	0.083	0.044	4.230	0.031	0.011
(6)	0.689	0.198	0.074	0.039	4.261	0.047	0.008
(7)	0.702	0.199	0.066	0.034	4.353	0.055	0.013
(8)	0.721	0.188	0.060	0.031	4.292	0.066	0.010
(9)	0.732	0.185	0.057	0.026	4.451	0.072	0.010
(10)	0.779	0.162	0.042	0.017	4.639	0.099	0.012
(11)	0.886	0.098	0.014	0.003	6.545	0.162	0.031
(12)	0.596	0.229	0.105	0.070	4.072	0.009	0.008
(13)	0.545	0.238	0.124	0.094	4.023	0.037	0.009
(14)	0.470	0.243	0.151	0.135	4.008	0.081	0.024
(15)	0.352	0.236	0.191	0.221	4.094	0.156	0.071
(16)	0.141	0.162	0.230	0.467	4.762	0.316	0.231
(17)	0.340	0.260	0.212	0.187	4.004	0.158	0.042
(18)	0.445	0.271	0.171	0.113	4.143	0.094	0.005
(19)	0.513	0.266	0.142	0.078	4.332	0.056	0.016
(20)	0.561	0.259	0.122	0.059	4.521	0.031	0.022
(21)	0.431	0.260	0.172	0.137	4.025	0.103	0.017
(22)	0.860	0.111	0.021	0.009	4.421	0.147	0.027
(23)	0.953	0.043	0.003	0.001	4.992	0.203	0.057
(24)	0.984	0.015	0.001	0.000	5.871	0.223	0.071
(25)	0.995	0.005	0.000	0.000	7.142	0.230	0.076
(26)	0.604	0.214	0.107	0.076	4.000	0.008	0.005
(27)	0.531	0.233	0'134	0.102	4.000	0.046	0.077

그림 15.24 빛의 밝기 비교 실험

15.8 일관성 평가

표 15.3 AHP 9점 척도에 의한 평가 예

기준항목	중요 <--------------------------> 중요																	비교대상 항목
A	9	8	7	6	5	4	③	2	1	2	3	4	5	6	7	8	9	B
A	9	8	⑦	6	5	4	3	2	1	2	3	4	5	6	7	8	9	C
B	9	8	7	6	5	4	③	2	1	2	3	4	5	6	7	8	9	C

표 15.3의 쌍대비교에서 A는 B보다 3배 좋으며 A는 C보다 7배 좋다는 의미이다. 만약 A가 B보다 n배 좋다면 B는 A보다 $1/n$배 좋아야 하며 A가 B보다 2배 좋고, B가 C보다 3배 좋다면 A는 C보다 6배 좋아야 서수적 및 기수적 일관성이 유지된 평가라고 말할 수 있다.

15.9 쌍대비교 행렬

앞에서 설명한 비교 설문을 통해 표 15.4와 같은 쌍대비교 행렬을 구할 수 있다. 평가항목 A는 B보다 3배 더 중요하고 C보다는 7배 더 중요하며 B는 C보다 5배 더 중요하다는 의미를 포함하고 있다. 물론 3배와 7배는 앞에서 설명한 '약간 더 중요'와 '매우 더 중요'를 수치로 표현한 것이다. 평가자가 완전한 무오류의 생각을 가진 사람이라면 평가대상들의 쌍대비교 시 서수적, 기수적 일관성을 유지할 것이다. 그러나 인간이 많은 쌍대비교를 할 때 모든 비교에서 서수적, 기수적 일관성을 유지하기는 힘들다. 설문조사 시 서수적, 기수적 일관성 유지를 강요해서도 안 된다. AHP에서는 인간의 오류를 인정하고 설문 시 그때그때의 상황에 맞는 2개 평가 쌍들의 쌍대비교만 집중해서 평가해 주기를 바라고 있다. 따라서 우리는 이러한 쌍대비교 행렬의 일관성을 검증할 필요성이 있다.

표 15.4 AHP 쌍대비교 행렬 (예)

대안	A	B	C
A	1	3	7
B	1/3	1	5
C	1/7	1/5	1

일반적으로 쌍대비교 행렬 A는 다음과 같이 나타낼 수 있다.

$$A = \begin{pmatrix} 1 & a_{12} & \cdots & a_{1n} \\ a_{21} & 1 & \cdots & a_{2n} \\ \vdots & \vdots & \ddots & \vdots \\ a_{n1} & a_{n2} & \cdots & 1 \end{pmatrix}$$

A를 쌍대비교 행렬이라 하고 W를 $(w_1, w_2, \cdots, w_n)^T$인 가중치 벡터라고 하자. 그러면

첫 번째 평가항목의 가중치는 w_1, 두 번째 평가항목의 가중치는 w_2, n번째 평가항목의 가중치를 w_n으로 표현 가능하고 쌍대비교 행렬 A의 의미는 아래와 같이 표현할 수 있다. 즉 $\frac{w_1}{w_2}$의 의미는 첫 번째 평가항목의 가중치와 두 번째 평가항목의 가중치의 비율이다.

$$A = \begin{pmatrix} \frac{w_1}{w_1} & \frac{w_1}{w_2} & \cdots & \frac{w_1}{w_n} \\ \frac{w_2}{w_1} & \frac{w_2}{w_2} & \cdots & \frac{w_2}{w_n} \\ \vdots & \vdots & \ddots & \vdots \\ \frac{w_n}{w_1} & \frac{w_n}{w_2} & \cdots & \frac{w_n}{w_n} \end{pmatrix}$$

A는 완전한 일관성(Perfect Consistency)를 갖춘, 즉 모든 i, j, k에 대해 $a_{ij} = a_{ik}a_{kj}$가 성립하는 정방행렬이 된다. 그러면 다음과 같은 식이 성립한다.

$$AW = nW$$

$$A = \begin{pmatrix} \frac{w_1}{w_1} & \frac{w_1}{w_2} & \cdots & \frac{w_1}{w_n} \\ \frac{w_2}{w_1} & \frac{w_2}{w_2} & \cdots & \frac{w_2}{w_n} \\ \vdots & \vdots & \ddots & \vdots \\ \frac{w_n}{w_1} & \frac{w_n}{w_2} & \cdots & \frac{w_n}{w_n} \end{pmatrix} \begin{pmatrix} w_1 \\ w_2 \\ \vdots \\ w_n \end{pmatrix} = \begin{pmatrix} nw_1 \\ nw_2 \\ \vdots \\ nw_n \end{pmatrix} = n \begin{pmatrix} w_1 \\ w_2 \\ \vdots \\ w_n \end{pmatrix}$$

15.10 쌍대비교 행렬에서의 각 원소의 의미

앞에서 설명한 것과 같이 쌍대비교 행렬의 특징은 정방형 행렬(Square Matrix)이며 대각선이 모두 '1'인 역수행렬(Reciprocal Matrix)이다. 정방형 행렬은 고유치(Eigen Value: λ)를 가지며 행렬이 완전한 일관성을 가지면 1개의 λ는 n, 나머지 $n-1$개의 λ는 0이 된다. 또한, 행렬의 계급값 rank(A)는 1이 되며 $\sum_{i=1}^{n} \lambda_i = n$이다. 그리고 n개의 λ 중 가장 큰 값인 $\lambda_{\max}$에 해당하는 W 벡터는 우리가 이미 안다고 가정한 열벡터 $(w_1, w_2, \cdots, w_n)^T$가 되며 고유벡터(Eigen Vector)에 해당한다.

그러나, 평가자들이 평가한 쌍대비교 행렬은 완전한 일관성을 유지하는 것이 어렵기 때문에 일반적으로 $\sum_{i=1}^{n} \lambda_i \neq n$이다. 쌍대비교 행렬이 일관성을 충족할수록 λ 중 가장 큰 값인 $\lambda_{\max}$는 n보다 조금 큰 값, 나머지 $n-1$개의 λ는 0보다 조금 큰 값이 된다. 일관성 충족이라는 기본 전제하에 λ의 근사치인 $\lambda_{\max}$를 구할 수 있다. 이 때 $\lambda_{\max}-n$은 $\lambda_{\max}$를 제외한 $n-1$개의 λ의 합이라고 말할 수 있다.

여기서 우리는 다음과 같은 사실을 알 수 있다. 완전한 일관성을 가진 $n \times n$ 쌍대비교 행렬 A의 $\lambda_{\max}=n$이므로 $\lambda_{\max}$의 값이 n에 가까워질수록 쌍대비교 행렬 A는 일관성을 가진다고 추정할 수 있다. $\lambda_{\max}$와 n을 비교함으로써 평가자들이 평가한 결과에 대한 일관성을 평가할 수 있으며 어느 정도 일관성이 있는 평가결과만 선택하여 최종적인 결과를 내릴 수 있다. 만약, 일관성이 결여된 평가결과라 하면 다시 설문을 하든지 일관성이 결여된 평가결과는 빼고 일관성이 있는 평가결과들만 종합하여 결론을 내려야 한다.

Eigen Value와 Eigen Vector를 구하는 방법을 몇 가지 소개하면 다음과 같다.

15.11 고유치(Eigen Value)와 고유벡터(Eigen Vector) 방법

A를 쌍대비교 행렬이라 하고 W를 $(w_1, w_2, \cdots, w_n)^T$인 가중치 벡터라고 하면 식 (15-1)이 성립한다.

$$AW = nW \tag{15-1}$$

$$AW = \begin{pmatrix} \frac{w_1}{w_1} & \frac{w_1}{w_2} & \cdots & \frac{w_1}{w_n} \\ \frac{w_2}{w_1} & \frac{w_2}{w_2} & \cdots & \frac{w_2}{w_n} \\ \vdots & \vdots & \ddots & \vdots \\ \frac{w_n}{w_1} & \frac{w_n}{w_2} & \cdots & \frac{w_n}{w_n} \end{pmatrix} \begin{pmatrix} w_1 \\ w_2 \\ \vdots \\ w_n \end{pmatrix} = \begin{pmatrix} nw_1 \\ nw_2 \\ \vdots \\ nw_n \end{pmatrix} = n \begin{pmatrix} w_1 \\ w_2 \\ \vdots \\ w_n \end{pmatrix} = nW$$

따라서 $(AW-n\mathrm{I})W=0$이 성립하게 된다. 자명한 W인 $(0, 0, 0, \cdots, 0)^T$벡터가 아닌 $W \neq 0$이 성립하기 위해서는 n이 A의 고유치가 되어야 하고 W는 A의 고유벡터가 된다. 쌍대비교 행렬 A의 계급, 즉 독립적 행의 수 Rank(A) = 1이므로 고유치 $\lambda_i(i=0,$

1, 2, ⋯ , n)은 하나만이 0이 아니며 다른 것은 0이다. 쌍대비교 행렬 A의 주 대각선 요소의 합은 n이므로 0이 아닌 λ_i를 $\lambda_{\max}$로 하면 $\lambda_{\max}=n$이 되고 나머지 $\lambda_i=0$이 된다. 여기서 벡터 W는 A의 최대 고유치 $\lambda_{\max}$에 대한 정규화된 고유벡터가 된다.

설문으로 구성된 $n\times n$ 행렬 A의 고유치 λ와 그에 대한 고유벡터 W는 $AW=\lambda W$, $W=(w_1, w_2, \cdots, w_n)^T$을 만족하는 스칼라 λ와 0이 아닌 벡터 W를 말한다. 결국 $A-\lambda\mathrm{I}$의 행렬식이 0이 되어야 한다. 즉, λ에 대한 n차 방정식 $|A-\lambda\mathrm{I}|=0$을 얻고, 이 중 λ의 최댓값을 최대 고유치라 한다. 고유치 λ가 정해졌을 때, 고유벡터 W는 스칼라 배를 통해서 무수히 많이 존재하지만, AHP 기법에서는 성분의 합이 1인 벡터로 정규화하여 사용한다. 만약 쌍대비교 행렬 A가 완전한 일관성을 갖는다면 $\lambda_{\max}=n$이고 나머지 λ는 0이다. 따라서 $\lambda_{\max}$는 n의 추정치가 된다. $\lambda_{\max}$가 n에 근접할수록 쌍대비교의 신뢰성이 높다고 말할 수 있다. 고유치(Eigen Value) 및 고유벡터(Eigen Vector)에 의한 가중치를 결정하는 예를 다음 쌍대비교 행렬로 생각해 보자.

$$A=\begin{pmatrix}1 & 1/3 & 2\\ 3 & 1 & 3\\ 1/2 & 1/3 & 1\end{pmatrix}\ \text{단위행렬}\ \mathrm{I}=\begin{pmatrix}1 & 0 & 0\\ 0 & 1 & 0\\ 0 & 0 & 1\end{pmatrix}\text{라고 하면}$$

1단계: Eigen Value λ 계산

W를 가중치 벡터라고 하면 다음과 같은 식이 성립한다.

$$AW=\lambda W$$

$$AW-\lambda W=0$$

$$(A-\lambda\mathrm{I})W=0$$

행렬 A를 위 식에 대입하면 다음과 같이 전개 가능하다.

$$(A-\lambda\mathrm{I})W=\left[\begin{pmatrix}1 & 1/3 & 2\\ 3 & 1 & 3\\ 1/2 & 1/3 & 1\end{pmatrix}-\begin{pmatrix}\lambda & 0 & 0\\ 0 & \lambda & 0\\ 0 & 0 & \lambda\end{pmatrix}\right]W=\begin{pmatrix}1-\lambda & 1/3 & 2\\ 3 & 1-\lambda & 3\\ 1/2 & 1/3 & 1-\lambda\end{pmatrix}W=0$$

$$(A-\lambda\mathrm{I})W=\left[\begin{pmatrix}1 & 1/3 & 2\\ 3 & 1 & 3\\ 1/2 & 1/3 & 1\end{pmatrix}-\begin{pmatrix}\lambda & 0 & 0\\ 0 & \lambda & 0\\ 0 & 0 & \lambda\end{pmatrix}\right]\begin{pmatrix}w_1\\ w_2\\ w_n\end{pmatrix}=\begin{pmatrix}1-\lambda & 1/3 & 2\\ 3 & 1-\lambda & 3\\ 1/2 & 1/3 & 1-\lambda\end{pmatrix}\begin{pmatrix}w_1\\ w_2\\ w_n\end{pmatrix}=\begin{pmatrix}0\\ 0\\ 0\end{pmatrix}$$

(w_1, w_2, w_3)의 자명한 해인 (0, 0, 0)이 아닌 해가 존재하려면 역행렬 A^{-1}이 존재하면 안 된다.

즉, 위의 행렬식(Determinant)이 0이 되어야 하므로

$$\left[\left\{(1-\lambda)^3 + \left(\frac{1}{3}\times 3\times\frac{1}{2}\right) + \left(3\times\frac{1}{3}\times 2\right)\right\}\right]$$
$$-\left[\left\{2\times(1-\lambda)\times\frac{1}{2}\right\} + \left\{3\times\frac{1}{3}\times(1-\lambda)\right\} + \left\{3\times\frac{1}{3}\times(1-\lambda)\right\}\right] = 0$$

이 된다.

위의 방정식을 계산하여 최대 고유치 $\lambda_{max} = 3.054$를 구한다.

2단계: 가중치 W 계산

가중치를 계산하기 위하여 앞의 방정식에 구한 λ_{max}를 λ에 대입하여

$$\begin{pmatrix} 1-\lambda_{max} & 1/3 & 2 \\ 3 & 1-\lambda_{max} & 3 \\ 1/2 & 1/3 & 1-\lambda_{max} \end{pmatrix}\begin{pmatrix} w_1 \\ w_2 \\ w_3 \end{pmatrix}$$
$$= \begin{pmatrix} 1-3.054 & 1/3 & 2 \\ 3 & 1-3.054 & 3 \\ 1/2 & 1/3 & 1-3.054 \end{pmatrix}\begin{pmatrix} w_1 \\ w_2 \\ w_3 \end{pmatrix} = \begin{pmatrix} 0 \\ 0 \\ 0 \end{pmatrix}$$

$$w_1 + w_2 + w_3 = 1$$

연립해서 풀면 $w_1 \cong 0.25$, $w_2 \cong 0.6$, $w_3 \cong 0.15$를 구할 수 있다.

쌍대비교 행렬의 크기가 3×3 이상인 경우 고유치와 고유벡터에 의해 가중치를 구하는 것은 계산적 어려움이 있다. 따라서 현실적으로 쌍대비교 행렬의 크기가 3×3 이상인 경우 다른 방법으로 가중치를 구하는데 균형모델에 의한 방법, 멱승법에 의한 방법, 기하평균에 의한 방법 등이 있다.

15.12 균형모델에 의한 방법

균형모델의 수학적 배경은 Perron·Frobenius Theorem이다.

정리 1. 모든 요소가 양수인 정방행렬 A는 다음의 성질을 가지는 고유치를 λ_{max}를 가진다.

① $\lambda_{max} > 0$이며 λ_{max}는 고유 방정식의 단일 근이다.

② λ_{max}에 대응하는 양수의 고유벡터가 존재한다.
또한 비음수의 고유벡터를 가지는 고유치는 λ_{max}뿐이다.

③ λ_{max} 이외 A의 고유치의 절대치는 λ_{max}보다 작다.

n개 항목의 쌍대비교 행렬 $A_{ij} = (a_{ij})$의 제 i, j요소 a_{ij}는 평가항목 j를 기준으로 한 평가항목 i를 평가한 비율이다. 즉, $a_{ij} = w_i / w_j$이다. 이것은 평가항목 i의 j로부터의 평가이다. 평가항목 i는 자신 이외의 $n-1$개의 외부평가를 받으므로 그 평균치가 자기 평균치 w_i와 일치하도록 w_i를 정하면 된다. 자기 평균치와 외부평가 평균치의 불일치 정도를 대비척도로 표현하고 그 비율의 분산 정도를 최소화하는 w_i를 구하려고 한다면 식 (15-2)와 (15-3)과 같은 2개의 분산 정도 최소화 문제를 얻을 수 있다.

$$\min\max_{i=1,2,\cdots,n} \frac{\sum_{i \neq j} a_{ij} w_j}{(n-1)w_i} \quad s.t\ w_i > 0 \quad i = 1, 2, \cdots, n \tag{15-2}$$

$$\max\min_{i=1,2,\cdots,n} \frac{\sum_{i \neq j} a_{ij} w_j}{(n-1)w_i} \quad s.t\ w_i > 0 \quad i = 1, 2, \cdots, n \tag{15-3}$$

정리 2. 쌍대비교 행렬 $A_{ij} = (a_{ij})$의 최대 고유치를 λ_{max}로 한다.

이 경우 임의의 양수 벡터 $W > 0$에 대해 아래 부등식이 성립한다.

$$\min\left(\frac{AW}{w_1}, \frac{AW}{w_2}, \cdots, \frac{AW}{w_n}\right) \le \lambda_{max} \le \max\left(\frac{AW}{w_1}, \frac{AW}{w_2}, \cdots, \frac{AW}{w_n}\right)$$

특히, A의 주고유벡터 w^*에 대해서는 등호가 성립한다.

$$\min\left(\frac{AW}{w_1^*}, \frac{AW}{w_2^*}, \cdots, \frac{AW}{w_n^*}\right) = \lambda_{max} = \max\left(\frac{AW}{w_1^*}, \frac{AW}{w_2^*}, \cdots, \frac{AW}{w_n^*}\right)$$

균형모델에 의한 계산의 예를 아래 쌍대비교 행렬 A로 들면 아래와 같다.

① 쌍대비교 행렬 A의 각 열의 합을 구한다.
② ①단계에서 구한 열의 합으로 쌍대비교 행렬 A를 정규화한다.
③ ②단계에서 정규화된 행렬의 행의 평균으로 가중치 W를 구한다.
④ 쌍대비교 행렬 A와 정규화된 가중치 W를 곱한다.
⑤ ④단계에서 구한 값 AW를 가중치 W로 나눈다.
⑥ ⑤단계에서 구한 값의 평균이 λ_{max}이다.

의사결정 행렬 A

	C1	C2	C3	C4	C5
A1	1	3	3	7	9
A2	1/3	1	1	5	7
A3	1/3	1	1	3	5
A4	1/7	1/5	1/3	1	1
A5	1/9	1/7	1/5	1	1
①열의 합	1.92	5.34	5.53	17.00	23.00

② 정규화 수행 / ③ 행의 평균 (가중치)

	C1	C2	C3	C4	C5	③ 행의 평균 (가중치)
A1	0.5207	0.5615	0.5422	0.4118	0.3913	0.4855
A2	0.1736	0.1872	0.1807	0.2941	0.3043	0.2280
A3	0.1736	0.1872	0.1807	0.1765	0.2174	0.1871
A4	0.0744	0.0374	0.0602	0.0588	0.0435	0.0549
A5	0.0579	0.0267	0.0361	0.0588	0.0435	0.0446

④ 쌍대 비교 행렬 A와 정규화된 가중치 W를 곱한다.

	C1	C2	C3	C4	C5	W	AW	⑤ AW/W	⑥ average(AW/W)
A1	1	3	3	7	9	0.4855	2.5162	5.1829	
A2	1/3	1	1	5	7	0.2280	1.1635	5.1034	λmax
A3	1/3	1	1	3	5	0.1871	0.9645	5.1562	5.0990
A4	1/7	1/5	1/3	1	1	0.0549	0.2768	5.0442	
A5	1/9	1/7	1/5	1	1	0.0446	0.2234	5.0082	

그림 15.25 균형모델에 의한 가중치 결정 방법

15.13 멱승법 방법(Power Method)

$n \times n$ 행렬의 고유치는 그 특성 방정식을 풀어서 구할 수 있다. 하지만 n이 3 이상인 행렬에서는 고유치와 고유벡터 방법에 의한 고유치를 구하는 것은 계산상 어려움이 많다. 따라서, n이 3 이상인 쌍대비교 행렬 A의 최대 고유치 λ_{max}의 근사적 계산법을 멱승법(Power Method)이라 한다. λ_{max}가 실수이거나 유일한 해일 경우 멱승법이 가장 간단하고 효율적이다. AHP에서 다루는 쌍대비교 행렬은 멱승법을 적용할 수 있는 성질을 가지고 있다.

멱승법의 절차는 아래와 같다.

① 쌍대비교 행렬 A의 임의의 열을 선정한다. 쌍대비교 행렬 A와 임의로 선정한 열의 곱으로 벡터를 구하고 이 벡터의 합으로 정규화하여 W_1 벡터를 구한다.

② 쌍대비교 행렬 A와 ①에서 구한 W_1 벡터를 곱하여 새로운 벡터를 구하고 이 벡터의 합으로 정규화하여 W_2 벡터를 구한다.

③ 쌍대비교 행렬 A와 ②에서 구한 W_2 벡터를 곱하여 새로운 벡터를 구하고 이 벡터의 합으로 정규화하여 W_3 벡터를 구한다.

이러한 절차를 반복하여 정규화된 벡터가 적절한 값으로 수렴될 때까지 진행하고 수렴된 벡터를 가중치 벡터로 사용한다. λ_{max}를 구하기 위해 쌍대비교 행렬과 수렴된 가중치를 곱하여 새로운 벡터를 구하고 이 벡터의 합이 최대 고유치이다.

멱승법의 예를 그림 15.26과 같은 쌍대비교 행렬로 설명한다. A1~A5 5개의 대안과 C1~C5 5개의 평가기준을 가진 다기준 의사결정 문제에서 그림 15.26과 같은 쌍대비교 행렬을 얻었다. 멱승법에서는 각 평가기준을 대상으로 어떤 평가기준에 해당하는 열을 선택해도 상관이 없는데 이 예에서는 첫 번째 열을 선택해서 최초의 가중치 벡터로 둔다.

	C1	C2	C3	C4	C5
A1	1	3	3	7	9
A2	1/3	1	1	5	7
A3	1/3	1	1	3	5
A4	1/7	1/5	1/3	1	1
A5	1/9	1/7	1/5	1	1

그림 15.26 AHP 쌍대비교 행렬

의사결정 행렬 A

①

	C1	C2	C3	C4	C5
A1	1	3	3	7	9
A2	1/3	1	1	5	7
A3	1/3	1	1	3	5
A4	1/7	1/5	1/3	1	1
A5	1/9	1/7	1/5	1	1

W0		AW0	W1=AW0/합(AW0)
1		5.0000	0.4748
1/3		2.4921	0.2367
1/3		1.9841	0.1884
1/7		0.5746	0.0546
1/9		0.4794	0.0455
	합(AW0)	10.5302	

②

	C1	C2	C3	C4	C5
A1	1	3	3	7	9
A2	1/3	1	1	5	7
A3	1/3	1	1	3	5
A4	1/7	1/5	1/3	1	1
A5	1/9	1/7	1/5	1	1

W1		AW1	W2=AW1/합(AW1)
0.4748		2.5418	0.4894
0.2367		1.1749	0.2262
0.1884		0.9747	0.1877
0.0546		0.2781	0.0535
0.0455		0.2243	0.0432
	합(AW1)	5.1937	

③

	C1	C2	C3	C4	C5
A1	1	3	3	7	9
A2	1/3	1	1	5	7
A3	1/3	1	1	3	5
A4	1/7	1/5	1/3	1	1
A5	1/9	1/7	1/5	1	1

W2		AW2	W3=AW2/합(AW2)
0.4894		2.4945	0.4900
0.2262		1.1471	0.2253
0.1877		0.9536	0.1873
0.0535		0.2744	0.0539
0.0432		0.2210	0.0434
	합(AW2)	5.0906	

④

	C1	C2	C3	C4	C5
A1	1	3	3	7	9
A2	1/3	1	1	5	7
A3	1/3	1	1	3	5
A4	1/7	1/5	1/3	1	1
A5	1/9	1/7	1/5	1	1

W3		AW3	W4=AW3/합(AW3)
0.4900		2.4960	0.4898
0.2253		1.1494	0.2255
0.1873		0.9548	0.1873
0.0539		0.2748	0.0539
0.0434		0.2214	0.0434
	합(AW3)	5.0964	

⑤

	C1	C2	C3	C4	C5
A1	1	3	3	7	9
A2	1/3	1	1	5	7
A3	1/3	1	1	3	5
A4	1/7	1/5	1/3	1	1
A5	1/9	1/7	1/5	1	1

W4		AW4	W5=AW4/합(AW4)
0.4898		2.4969	0.4898
0.2255		1.1499	0.2255
0.1873		0.9551	0.1873
0.0539		0.2749	0.0539
0.0434		0.2215	0.0434
	λ Max	5.0982	

그림 15.27 멱승법에 의한 가중치 결정

그림 15.27에서 보는 바와 같이 고유치와 고유벡터는 단계가 진행될수록 점차 수렴해 간다. 초기 벡터 열을 선정할 때는 쌍대비교 행렬의 임의의 열을 선정할 수도 있고 $(1/n, 1/n, \cdots, 1/n)$으로 선정해도 무방하다.

15.14 기하평균법(Geometric Mean Method)

기하평균법에 의한 가중치를 구하는 방법은 오차 모델에 근거한다. 오차 모델은 실제 사람의 의사결정에는 오차가 포함되어 있다는 가정하에 그 오차를 최소화하는 값을 가중치로 선정한다는 것이다. 즉, 다소의 오차를 허용하고 중요도의 근사치를 준다는 방법이다. 만약 쌍대비교 행렬 요소 i와 j를 비교한 것을 a_{ij}라 하면 $a_{ij} = w_i / w_j$라고 일반적으로 말할 수 있으나 오차 e_{ij}가 포함되어 있다면 $a_{ij} = w_i / w_j \times e_{ij}$라고 말할 수 있다. 이를 간단히 만들기 위해 양변을 log화 하면 $\log a_{ij} = \log w_i - \log w_j + \log e_{ij}$라고 할 수 있다. 여기서 오차항 $\log e_{ij}$를 최소화시키는 w_i를 추정치로 하는 것이 오차 모델이다. 이 방법은 대수 최소제곱법(Logarithmic Least Square Method)으로 불리며 중요도 w_i로 다음과 같은 최적화 문제(LLSM)를 구성할 수 있다.

(LLSM)

$$Min \sum_{i,j=1}^{n} (\log w_i - \log w_j + \log e_{ij})$$

$$s.t \sum_{i=1}^{n} \log w_i = 0$$

계산의 편의를 위해 $\dot{a}_{ij} = \log a_{ij}$, $\dot{w}_i = \log w_i$, $\dot{e}_{ij} = \log e_{ij}$로 놓으면 $\dot{a}_{ij} = \dot{w}_i - \dot{w}_j + \dot{e}_{ij}$ $\forall\ i, j, i < j$이다. 여기에서 $E(\dot{e}_{ij}) = 0$, $V(\dot{e}_{ij}) = \sigma^2$이라고 가정한다. 위 식에 대한 일차식에 대한 추정 가운데 최소제곱법의 정도가 가장 좋은 최량의 추정을 Gauss-Markov 정리로부터 찾을 수 있는데 최소제곱추정 $\hat{w}_i$가 $\dot{w}_i$에 대한 최량의 추정치이다. $E(\dot{e}_{ij}) = 0$, $V(\dot{e}_{ij}) = \sigma^2$ 이외 $\dot{e}_{ij}$가 정규분포를 따른다고 가정한다면 일차식이라는 제한이 없어도 최소제곱추정이 최량 추정치이다.

대수 최소제곱법을 n이 4일 때의 경우를 예를 들어 설명한다. n이 4인 경우 쌍대비교 행렬은 다음과 같이 표현할 수 있다.

$$\begin{pmatrix} 1 & a_{12} & a_{13} & a_{14} \\ 1/a_{21} & 1 & a_{23} & a_{24} \\ 1/a_{13} & 1/a_{23} & 1 & a_{34} \\ 1/a_{14} & 1/a_{24} & 1/a_{34} & 1 \end{pmatrix}$$

$$\dot{a}_{ij} = \dot{w}_i - \dot{w}_j + \dot{e}_{ij} \ \forall \ i, j, i < j$$

식을 정리해서 적어보면 다음과 같다.

$$\dot{a}_{12} = \dot{w}_1 - \dot{w}_2 + \dot{e}_{12}$$

$$\dot{a}_{13} = \dot{w}_1 - \dot{w}_3 + \dot{e}_{13}$$

$$\dot{a}_{14} = \dot{w}_1 - \dot{w}_4 + \dot{e}_{14}$$

$$\dot{a}_{23} = \dot{w}_2 - \dot{w}_3 + \dot{e}_{23}$$

$$\dot{a}_{24} = \dot{w}_2 - \dot{w}_4 + \dot{e}_{24}$$

$$\dot{a}_{34} = \dot{w}_3 - \dot{w}_4 + \dot{e}_{34}$$

최소제곱법은 오차의 제곱을 최소화하는 모수의 추정방법이므로

$$\begin{aligned} S &= \dot{e}_{12}{}^2 + \dot{e}_{13}{}^2 + \dot{e}_{14}{}^2 + \dot{e}_{23}{}^2 + \dot{e}_{24}{}^2 + \dot{e}_{34}{}^2 \\ &= (\dot{a}_{12} - \dot{w}_1 + \dot{w}_2)^2 + (\dot{a}_{13} - \dot{w}_1 + \dot{w}_3)^2 + (\dot{a}_{14} - \dot{w}_1 + \dot{w}_4)^2 \\ &\quad + (\dot{a}_{23} - \dot{w}_2 + \dot{w}_3)^2 + (\dot{a}_{24} - \dot{w}_2 + \dot{w}_4)^2 + (\dot{a}_{34} - \dot{w}_3 + \dot{w}_4)^2 \end{aligned}$$

를 최소화해야 한다. 여기서 $a_{ij} = \dfrac{w_i}{w_j} \times e_{ij}$이라고 가정하였으므로 w_i와 w_j는 비율의 문제이며 일정배는 임의이다. 따라서 $\dot{w}_1 \ i = 1, 2, 3, \cdots, n$은 일정치를 부여하는 경우로 임의이다. 그래서 $\log w_1 + \log w_2 + \log w_3 + \log w_4 = 0$으로 가정하여도 일반성을 잃지 않는다.

S를 최소화하기 위해서는 Lagrangian Multiplier법을 이용한다. Lagrange 함수 $L = S + \lambda(\dot{w}_1 + \dot{w}_2 + \dot{w}_3 + \dot{w}_4)$에 대해서 식 (15-4)와 같이 각 $\dot{w}_i$로 편미분하여 0으로 둔다.

$$\frac{\partial L}{\partial \dot{w}_i} = \frac{\partial S}{\partial \dot{w}_i} + \lambda = 0 \quad i = 1, 2, 3, 4 \tag{15-4}$$

$$\frac{\partial L}{\partial \dot{w}_1} = 2\left\{-(\dot{a}_{12} - \dot{w}_1 + \dot{w}_2) - (\dot{a}_{13} - \dot{w}_1 + \dot{w}_3) - (\dot{a}_{14} - \dot{w}_1 + \dot{w}_4)\right\} + \lambda$$

$$= 2(-\dot{a}_{12} - \dot{a}_{13} - \dot{a}_{14} + 3\dot{w}_1 - \dot{w}_2 - \dot{w}_3 - \dot{w}_4) + \lambda$$

$$= 2(-\dot{a}_{12} - \dot{a}_{13} - \dot{a}_{14} + 4\dot{w}_1) + \lambda = 0$$

$$\frac{\partial L}{\partial \dot{w}_2} = 2\left\{(\dot{a}_{12} - \dot{w}_1 + \dot{w}_2) - (\dot{a}_{23} - \dot{w}_2 + \dot{w}_3) - (\dot{a}_{24} - \dot{w}_2 + \dot{w}_4)\right\} + \lambda$$

$$= 2(\dot{a}_{12} - \dot{a}_{23} - \dot{a}_{24} + 3\dot{w}_2 - \dot{w}_1 - \dot{w}_3 - \dot{w}_4) + \lambda$$

$$= 2(\dot{a}_{12} - \dot{a}_{23} - \dot{a}_{24} + 4\dot{w}_2) + \lambda = 0$$

$$\frac{\partial L}{\partial \dot{w}_3} = 2\left\{(\dot{a}_{13} - \dot{w}_1 + \dot{w}_3) + (\dot{a}_{23} - \dot{w}_2 + \dot{w}_3) - (\dot{a}_{34} - \dot{w}_3 + \dot{w}_4)\right\} + \lambda$$

$$= 2(\dot{a}_{13} + \dot{a}_{23} - \dot{a}_{34} + 3\dot{w}_3 - \dot{w}_1 - \dot{w}_2 - \dot{w}_4) + \lambda$$

$$= 2(\dot{a}_{13} - \dot{a}_{23} - \dot{a}_{34} + 4\dot{w}_3) + \lambda = 0$$

$$\frac{\partial L}{\partial \dot{w}_4} = 2\left\{(\dot{a}_{14} - \dot{w}_1 + \dot{w}_4) + (\dot{a}_{24} - \dot{w}_2 + \dot{w}_4) + (\dot{a}_{34} - \dot{w}_3 + \dot{w}_4)\right\} + \lambda$$

$$= 2(\dot{a}_{14} + \dot{a}_{24} + \dot{a}_{34} + 3\dot{w}_4 - \dot{w}_1 - \dot{w}_2 - \dot{w}_3) + \lambda$$

$$= 2(\dot{a}_{14} + \dot{a}_{24} + \dot{a}_{34} + 4\dot{w}_4) + \lambda = 0$$

위 식의 양변을 모두 더하고 $\dot{w}_1 + \dot{w}_2 + \dot{w}_3 + \dot{w}_4 = 0$ 조건을 이용하면 $\lambda = 0$임을 알 수 있다. 일반적으로 일차식 조건의 이차식 최소화문제에 대한 Lagrange Multiplier λ는 항상 0이다. 따라서 구하고자 하는 최소제곱추정은 다음과 같다.

$$\hat{w}_1 = \frac{1}{4}(\dot{a}_{12} + \dot{a}_{13} + \dot{a}_{14})$$

$$\hat{w}_2 = \frac{1}{4}(-\dot{a}_{12} + \dot{a}_{23} + \dot{a}_{24})$$

$$\hat{w}_3 = \frac{1}{4}(-\dot{a}_{13} - \dot{a}_{23} + \dot{a}_{34})$$

$$\hat{w}_4 = \frac{1}{4}(-\dot{a}_{14} - \dot{a}_{24} - \dot{a}_{34})$$

따라서 위 식의 해를 구하고 log를 취소시키면 w_i는 행렬 A의 각 행의 기하평균 $w_i = \left(\Pi_{i-1}^{n} a_{ij}\right)^{1/n}$이 된다. 따라서, 기하평균법은 대수 최소제곱법이 된다.

$$w_1 = (a_{12} \cdot a_{13} \cdot a_{14})^{1/4}$$

$$w_2 = \left(\frac{1}{a_{12}} \cdot a_{23} \cdot a_{24}\right)^{1/4}$$

$$w_3 = \left(\frac{1}{a_{13}} \cdot \frac{1}{a_{23}} \cdot a_{34}\right)^{1/4}$$

$$w_4 = \left(\frac{1}{a_{14}} \cdot \frac{1}{a_{24}} \cdot \frac{1}{a_{34}}\right)^{1/4}$$

n이 4인 경우 쌍대비교 행렬은 다음과 같이 표현할 수 있다고 하였으므로

$$\begin{pmatrix} 1 & a_{12} & a_{13} & a_{14} \\ 1/a_{21} & 1 & a_{23} & a_{24} \\ 1/a_{13} & 1/a_{23} & 1 & a_{34} \\ 1/a_{14} & 1/a_{24} & 1/a_{34} & 1 \end{pmatrix}$$

(w_1, w_2, w_3, w_4)는 위 쌍대비교 행렬의 1~4행의 기하평균임을 알 수 있다. 이러한 원리는 n이 어떤 수라도 적용되는 일반적인 원리이다.

이러한 이론적 배경하 쌍대비교 행렬 A의 기하평균으로 가중치를 구하고 가중치와 쌍대비교 행렬을 가지고 가장 큰 Eigen Value를 구하는 방법의 예는 아래와 같다.

① 쌍대비교 행렬 A의 각 행의 기하평균을 구한다.
② 각 행 기하평균의 합을 구한다.
③ 기하평균의 합으로 각 행 기하평균을 정규화한다.
④ 쌍대비교 행렬 A와 정규화된 가중치 W를 곱한다.
⑤ ④단계에서 구한 값을 가중치 W로 나눈다.
⑥ ⑤단계에서 구한 값의 평균이 λ_{max}이다.

의사결정 행렬 A

	C1	C2	C3	C4	C5
A1	1	3	3	7	9
A2	1/3	1	1	5	7
A3	1/3	1	1	3	5
A4	1/7	1/5	1/3	1	1
A5	1/9	1/7	1/5	1	1

① 각 행의 기하평균	③ 기하평균 정규화 W
3.5540	0.4883
1.6345	0.2246
1.3797	0.1896
0.3942	0.0542
0.3165	0.0435

② 각 행 기하평균의 합
7.2790

④ 쌍대 비교 행렬 A와 정규화된 가중치 W를 곱한다.

	C1	C2	C3	C4	C5	가중치 W	AW	⑤ AW/W	⑥ average(AW/W)
A1	1	3	3	7	9	0.4883	2.5010	5.1223	λ Max
A2	1/3	1	1	5	7	0.2246	1.1520	5.1302	5.0979
A3	1/3	1	1	3	5	0.1896	0.9567	5.0474	
A4	1/7	1/5	1/3	1	1	0.0542	0.2755	5.0863	
A5	1/9	1/7	1/5	1	1	0.0435	0.2219	5.1033	

그림 15.28 기하평균에 의한 가중치 결정

15.15 쌍대비교 행렬의 일관성 평가

정합성 지수(CI: Consistency Index)는 $(\lambda_{max} - n)/(n-1)$로 정의된다. 여기서 n은 평가항목의 수이다. 정합성 지수는 평가자 설문에 대한 일관성 지수이다. 앞에서 설명한 대로 평가자 설문이 완전한 일관성을 가지고 있다면 $\lambda_{max} = n$이 되어 CI = 0이 된다. 일관성이 결여될수록 λ_{max}가 n보다 크게 되어 CI는 0보다 큰 수가 된다. 그러나 n이 클수록 CI는 커지기 때문에 CI를 Random Index(RI)로 나눈 것이 정합성 비율 CR (Consistency Ratio)이 되고 CR로 일관성을 평가한다.

RI는 평가항목 n의 크기에 따른 대각선이 '1'인 정방형 역수행렬을 많이 만들고 나머지 원소들을 무작위적으로 생성하여 만든 행렬의 CI 값 평균이다. RI를 생성 시는 무작위 쌍대비교 행렬을 많이 만들어 이를 시뮬레이션하여 그 평균값을 구한 것이다. 따라서 CR은 무작위로 만든 행렬의 CI 평균과 평가자들이 평가한 쌍대비교 행렬의 CI 비율이라고 말할 수 있다. 즉, 이 비율이 0.1이라면 평가자의 무작위 비율이 10%라고 말하는 것이고 90%는 일관성 있게 평가했다고 말할 수 있다. AHP에서는 일관성 확인의 기준치를 CR이 0.1 이하인 것은 일관성이 있다고 판단하고 0.1~0.2 사이 값은 허용 가능한 것으로 간주한다. 그러나 이러한 기준치는 AHP 분석자의 주관적인 판단으로 변경될 수도 있다. 예를 들어 분석자가 0.25 이하인 것은 허용한다는 기준을 정한다면 그렇게 따를 수 있다. 다만 CR이 커지면 커질수록 일관성은 떨어지는 것이 분명하다.

n의 값이 커지게 되면 CI도 같이 커지는 성질이 있기 때문에 이점을 보완하기 위해서 다수의 쌍대비교 행렬의 CI들의 평균치인 RI를 구하여 나누어준다. 통상적으로 CR이 0.1보다 작거나 같으면 해당 쌍대비교 행렬이 정합성이 있다고 판단한다. n의 크기에 따른 RI는 AHP를 만든 Thomas Saaty가 계산하여 제시하고 있다. RI는 n이 커질수록 증가하는 경향이 있다. 수많은 모의실험 결과 얻은 결과가 표 15.5에 나와 있다.

표 15.5 평가항목 수에 따른 RI(Saaty, 1980)

n	1	2	3	4	5	6	7	8	9	10	11	12	13	14	15
RI	0.00	0.00	0.58	0.90	1.12	1.24	1.32	1.41	1.45	1.49	1.51	1.48	1.56	1.57	1.59

RI에서 보는 것과 같이 2 이하인 쌍대비교 행렬은 완전한 일관성을 가지고 있기 때문에 Random한 쌍대비교 행렬의 CI는 0이다. 예를 들어 2×2 행렬의 경우 쌍대비교 행렬을 만들기 위해서는 대각선 요소는 1로 두어야 하고 나머지 2개 요소에서 하나를 a로 두면 대칭되는 나머지 하나의 요소는 $1/a$이 되어야 하므로 완전한 일관성을 가질 수 밖에 없다.

$$\begin{pmatrix} 1 & a \\ 1/a & 1 \end{pmatrix}$$

15.16 집단 평가 종합 방법

AHP 설문조사를 통해 각 평가항목별 중요도를 평가하는 평가자는 통상 2인 이상이다. 가능하면 될수록 많은 전문가가 참가하는 것이 전문가 집단의 의견을 정확히 수렴할 수 있다. 여기에서는 2명의 전문가가 평가한 쌍대비교 행렬을 어떻게 종합하는지에 대한 예를 든다. 3명 이상 AHP 설문조사도 동일한 방법으로 종합하면 된다.

첫 번째 설문응답자(평가자)의 쌍대비교 행렬은 표 15.6과 같다.

표 15.6 첫 번째 설문응답자 AHP 쌍대비교 행렬

평가항목	A	B	C
A	1	1/3	1/2
B	3	1	2
C	2	1/2	1

이 쌍대비교 행렬의 λ_{max}는 3.009이며 CI는 $\frac{\lambda_{max}-n}{n-1}=\frac{3.009-3}{3-1}=0.0045$이며 RI는 0.58, CR = 0.0045/0.58 = 0.008이다. 따라서 CR이 0.1보다 작은 값이어서 평가자의 평가가 일관성이 있다고 말할 수 있다. 따라서 첫 번째 평가자의 평가를 채택 가능하고 이 쌍대비교 행렬로 구한 가중치는A(0.163), B(0.540), C(0.297)이다.

두 번째 설문응답자(평가자)의 쌍대비교 행렬은 표 15.7과 같다.

표 15.7 두 번째 설문응답자 AHP 쌍대비교 행렬

평가항목	A	B	C
A	1	3	3
B	1/3	1	1
C	1/3	1	1

두 번째 평가자의 쌍대비교 행렬의 λ_{max}는 3.0이며 CI는 $\frac{\lambda_{max}-n}{n-1}=\frac{3-3}{3-1}=0$이며 RI는 0.58, CR은 0/0.58 = 0이어서 0.1보다 작은 값으로 일관성이 있다고 말할 수 있다. 따라서 두 번째 평가자의 평가도 채택 가능하고 이 쌍대비교 행렬로 구한 가중치는 A(0.6), B(0.2), C(0.2)이다.

15.16.1 원소값 기하평균 방법

원소값 기하평균 방법은 AHP를 만든 Saaty가 제안한 방법으로 2개의 쌍대비교 행렬의 각 원소들의 기하평균을 구해 다시 하나의 행렬로 만드는 것이다. 이렇게 하면 2개 이상의 행렬의 원소를 기하평균하여 종합한 새로운 행렬 역시 대각선이 1이고 역수행렬인 쌍대비

교 행렬의 성질을 그대로 유지하게 된다. 또한 기하평균은 원소값의 이상치 영향을 산술평균보다 줄여주는 역할을 한다. 만약 산술평균으로 2개 이상의 쌍대비교 행렬을 종합하면 종합된 행렬은 우리가 일반적으로 알고 있는 쌍대비교 행렬의 기본성질인 역수행렬이 유지되지 않아 사용할 수가 없다.

기하평균은 원소가 x_1, x_2, x_3, $\cdots$, x_n 즉 n개 있을 때 $(x_1 \times x_2 \times x_3 \times \cdots \times x_n)^{1/n}$으로 평균하는 것을 말한다. 앞에서 예를 든 2개 쌍대비교 행렬의 기하평균으로 구한 종합된 쌍대비교 행렬은 표 15.8과 같다.

표 15.8 기하평균으로 종합된 쌍대비교 행렬

평가항목	A	B	C
A	1	1	1.22
B	1	1	1.43
C	0.82	0.70	1

쌍대비교 행렬의 $\lambda_{\max}$는 3.003이며 CI는 $\frac{\lambda_{\max} - n}{n-1} = \frac{3.003-3}{3-1} = 0.0015$이며 RI는 0.58, CR은 0.0015/0.58 = 0.0025이어서 0.1보다 작은 값으로 상당한 일관성이 있다고 말할 수 있다. 이 종합된 쌍대비교 행렬로 구한 가중치는 A(0.354), B(0.371), C(0.275)이다.

원소값 기하평균 방법은 여러 가지 장점이 있는데 먼저 기하평균 자체의 성질에 의해 평균으로부터 많이 멀어져 있는 이상치에 대한 영향력이 상당히 감소한다는 점이다. 예를 들어 데이터가 15, 14, 17, 20, 50이 있을 때 산술평균은 (15+14+17+20+50)/5 = 23.2이지만 기하평균은 $\sqrt[5]{15 \times 14 \times 17 \times 20 \times 50} = 20.44$가 되어 이상치로 보이는 50에 대한 영향력이 줄어 든다. 또 다른 원소값 기하평균 방법의 장점은 2개 이상의 쌍대비교 행렬로 구한 원소값 기하평균 쌍대비교 행렬은 쌍대비교 행렬의 성질을 그대로 유지한다는 점이다. 즉, 대각선이 1인 역수행렬의 성질을 그대로 유지한다. 위의 예에서 0.82는 1.22의 역수이며 0.70은 1.43의 역수이다. 그러므로 원소값 기하평균으로 얻은 새로운 쌍대비교 행렬로 가중치를 얻을 수 있다.

15.16.2 고유벡터 기하평균 방법

고유벡터 기하평균 방법은 여러 평가자들의 쌍대비교 행렬의 일관성을 점검하고 일관성 있는 평가자들의 쌍대비교 행렬로부터 가중치를 구하여 이를 각각 기하평균으로 새로운 가중치를 구하는 방법이다. 기하평균은 이상치의 영향력을 상당히 줄여주는 효과가 있어 이상치의 영향이 우려되는 데이터의 평균을 구할 때 많이 사용하는 방법이다. 각 평가자가 평가한 특정 대안의 가중치가 x_1, x_2, x_3, $\cdots$, x_n으로 나타나면 기하평균은 $(x_1 \times x_2 \times x_3 \times \cdots \times x_n)^{1/n}$이다.

표 15.9 2명의 평가자 가중치 벡터

대안 / 평가자	첫 번째 평가자 가중치	두 번째 평가자 가중치
A	0.163	0.600
B	0.540	0.200
C	0.297	0.200

앞의 예에서 구한 2명의 평가자의 가중치가 표 15.9와 같이 나타나 있다면 대안 A의 종합된 가중치는 $\sqrt{0.163 \times 0.600} = 0.313$이 된다. 동일한 방법으로 B의 종합된 가중치는 $\sqrt{0.540 \times 0.200} = 0.329$, C의 종합된 가중치는 $\sqrt{0.297 \times 0.200} = 0.244$가 된다. 새로 구한 가중치 합이 1이 되지 않을 경우는 합이 1이 되도록 정규화하여 사용한다.

15.16.3 고유벡터 산술평균 방법

고유벡터 산술평균은 각 평가자들이 수행한 쌍대비교 행렬로부터 구한 가중치의 산술평균을 종합된 가중치로 간주하는 방법이다. 각 평가자가 평가한 특정 대안의 가중치가 x_1, x_2, x_3, $\cdots$, x_n으로 나타나면 산술평균은 $\sum_{i=1}^{n} x_i / n$이다. 따라서 위의 예에서 A의 가중치는 (0.163+0.600)/2=0.38이 되며 B는 (0.540+0.200)=0.37, C는 (0.297+0.200) =0.25가 된다. 가중치가 1로 정규화된 가중치들을 고유벡터 산술평균 방법으로 새로운 가중치를 구하면 그 합은 항상 1이 된다.

15.16.4 고유벡터 가중 산술평균 방법

만약 평가자들의 전문성에 기초해서 가중치를 부여할 수 있다면 우리는 평가자가 가지는 가중치를 활용하여 새로운 가중치를 만들 수 있다. 각 평가자가 평가한 특정 대안의 가중치가 x_1, x_2, x_3, $\cdots$, x_n으로 나타나면 가중 산술평균은 $\sum_{i=1}^{n} w_i x_i / n$이다.

예를 들어 두 명의 평가자 중 첫 번째 평가자는 0.3의 가중치를 가지고 두 번째 평가자는 0.7의 가중치를 가진다고 가정하면 A의 종합된 가중치는 [(0.3×0.163)+(0.7×0.600)]/2=0.234로 판단할 수 있다. B의 종합된 가중치는 [(0.3×0.540)+(0.7×0.200)]/2=0.302이고 C의 종합된 가중치는 [(0.3×0.297)+(0.7×0.200)]/2=0.229이다. 새로 구한 가중치 합이 1이 되지 않을 경우는 합이 1이 되도록 정규화하여 사용한다.

15.17 대안 평가방법

AHP로 의사결정을 하는 국방분야 의사결정의 하나의 예로 AHP의 전(全) 과정을 설명한다.

1단계: 대안 설정

목표는 가장 우수한 장갑차를 획득하기 위한 것이며 여러 대안들 중 최선의 대안을 선택하기 위해 AHP 방법을 사용하기로 하였다. 우선 가용한 대안을 먼저 설정한다. 현재 가용한 대안은 차륜형 장갑차와 K000 장갑차, KM000 장갑차 3가지 종류로 한정되어 이 3가지 장갑차를 대안으로 설정한다.

그림 15.29 장갑차 선택 대안

2단계: 의사결정 문제에 대한 효과 구조 설계

의사결정 목적은 '장갑차 전투효과 산출'을 통한 최선의 장갑차 획득이다. 장갑차 전투효과 산출을 위해 '화력', '기동성', '생존성'을 계층 2의 효과항목으로 설정한다. 효과항목의 추가 여부는 전문가 의견 및 교범을 참고하여 화력의 세부항목은 '사거리', '지속발사속도', '조준 관측장비'로, 기동성의 세부항목은 '최대속도', '항속거리', '장애물 극복'으로, 생존성의 세부항목은 '장갑 방호력', '화생방 보호'로 선정하였다. 따라서 이 문제에 대한 계층구조는 그림 15.30과 같다.

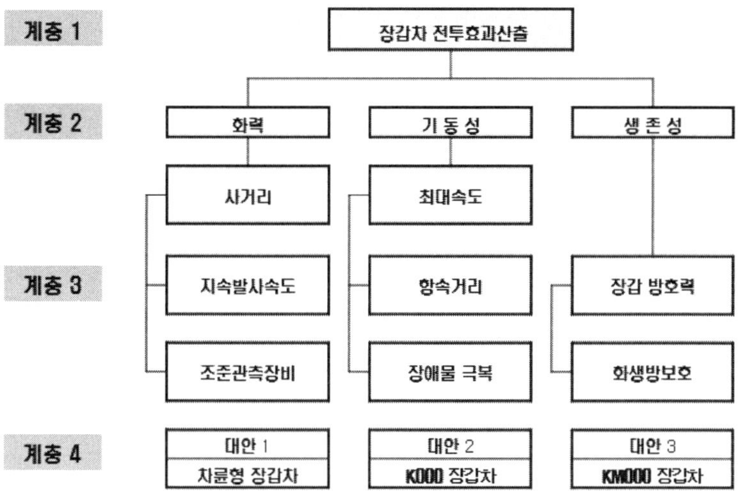

그림 15.30 장갑차 전투효과 산출 계층구조

3단계: 장갑차 성능에 대한 전문가의 의견을 수렴한다.

AHP 설문을 받는 데 각 계층별로 평가항목별 쌍대비교를 한다. 그림 15.31은 계층 2의 '화력', '기동성', '생존성'에 대한 쌍대비교의 설문 예이다. 만약 설문결과가 아래 그림과 같으면 이 설문자는 '장갑차 전투효과 산출'에 '기동성'이 '화력'보다 3배 더 중요하다고 생각하는 것이고 '화력'은 '생존성'보다 2배 더 중요하다고 생각한다는 의미이다.

(질문1) ' 장갑차 전투효과 산출'에 대해서 **화력, 기동성, 생존성** 중에서 어느 항목이 얼마나 더 중요하다고 생각하십니까?

기 준	중요 <--> 중요																	기 준
화 력	9	8	7	6	5	4	3	2	1	2	**3**	4	5	6	7	8	9	기동성
화 력	9	8	7	6	5	4	3	**2**	1	2	3	4	5	6	7	8	9	생존성
기동성	9	8	7	6	5	4	**3**	2	1	2	3	4	5	6	7	8	9	생존성

그림 15.31 계층 2 쌍대비교

그림 15.32와 같이 '화력' 예하 항목인 '사거리', '지속발사 속도', '조준 관측장비'에 대해서도 동일한 유형의 설문을 받아야 하며 '기동성' 예하 항목인 '최대속도', '항속거리', 장애물 극복' 3개 항목에 대해서도 동일한 설문을 받는다. 마찬가지로 '생존성' 예하 항목인 '장갑 방호력', '화생방 보호' 역시 2가지 항목에 대해 설문을 받는다. 이 때 주의할 점은 각 예하 항목들은 상위항목에 기여하는 바를 염두에 두고 쌍대비교를 해야 하는 것이다. '사거리', '지속발사 속도', '조준 관측장비'를 (사거리-지속발사 속도), (사거리-조준 관측장비), (지속발사 속도-조준 관측장비)를 쌍대비교 시에는 이들의 비교 기준이 '화력'에 기여하는 바가 되어야 한다.

(질문2) ' 장갑차 화력'에 대해서 **사거리, 지속발사속도, 조준관측장비** 중에서 어느 항목이 얼마나 더 중요하다고 생각하십니까?

기 준	중요 <--> 중요																	기 준
사거리	9	8	7	6	5	4	3	2	1	2	3	4	**5**	6	7	8	9	지속발사속도
사거리	9	8	7	6	**5**	4	3	2	1	2	3	4	5	6	7	8	9	조준관측장비
지속발사속도	9	**8**	7	6	5	4	3	2	1	2	3	4	5	6	7	8	9	조준관측장비

그림 15.32 계층 3 쌍대비교 예

그림 15.33과 같이 최종적으로 제일 끝 단에 위치한 평가항목들 기준 각 대안들이 기여하는 바를 쌍대비교한다. 이 예에서는 '사거리', 지속발사 속도', '조준 관측장비', '최대속도', '항속거리', 장애물 극복', '장갑 방호력', '화생방 보호'가 마지막 평가항목 끝 단에 위치한 것들이므로 이들 기준으로 각 대안들이 기여하는 바를 쌍대비교한다. 예를 들어 '사거리'에 기여하는 '대안 1', '대안 2', '대안 3'의 평가를 (대안 1 - 대안 2), (대안 1 - 대안 3),

(대안 2 - 대안 3)으로 비교한다.

(질문) ' 사거리'에 대해서 **대안** 1, **대안** 2, **대안** 3 중에서 어느 항목이 얼마나 더 중요하다고 생각하십니까?

기 준	중요 <--> 중요																	기 준
대안 1	9	8	7	6	5	4	3	2	1	2	3	4	5	6	7	8	9	대안 2
대안 1	9	8	7	6	5	4	3	2	1	2	3	4	5	6	7	8	9	대안 3
대안 2	9	8	7	6	5	4	3	2	1	2	3	4	5	6	7	8	9	대안 3

그림 15.33 사거리에 대한 대안 쌍대비교

다음으로 설문지 의견을 통해 나온 결과를 바탕으로 각 평가항목별 가중치를 구한다. 먼저 설문자의 의견을 쌍대비교 행렬로 표현한다. 첫 번째 질문인 장갑차 전투 효과 산출 측면에서 '화력', '기동성', '생존성'의 비교 행렬은 표 15.10과 같다.

표 15.10 계층 2의 쌍대비교 행렬

전투효과 산출	화력	기동성	생존성
화력	1	1/3	2
기동성	3	1	3
생존성	1/2	1/3	1

이 쌍대비교 행렬로부터 가중치를 찾는다.

$$\begin{pmatrix} -2.054 & 1/3 & 2 \\ 3 & -2.054 & 3 \\ 1/2 & 1/3 & -2.054 \end{pmatrix}\begin{pmatrix} w_1 \\ w_2 \\ w_3 \end{pmatrix} = \begin{pmatrix} 0 \\ 0 \\ 0 \end{pmatrix}$$

$$w_1 + w_2 + w_3 = 1$$

위의 두 식으로부터 고유치와 고유벡터 방법에 의해 위 행렬의 최대 고유치를 구해보면 $\lambda_{max} = 3.054$가 나오고 구해진 고유치에 해당하는 정규화된 고유벡터는 $(0.25,\ 0.60,\ 0.15)^T$이다. 이로부터 (화력, 기동성, 생존성)의 상대적인 가중치는 (0.25, 0.60, 0.15)이다.

다음으로 정합성 비율을 통해서 신뢰도를 판단한다. $\lambda_{max} = 3.054$였음으로, CI=(3.054 −3)/2=0.027이며 $n = 3$이므로, RI 표를 참조하여 RI=0.52이고 CR=CI/RI=0.052를 얻는다. CR 0.1 이하이므로 이 데이터는 정합성이 있다고 판단할 수 있다. 다른 계층에 대해서도 이와 같은 방법으로 가중치를 구하고 정합성을 판단하여 일관성 있는 설문결과인지를 확인한다. 만약 CR이 0.1보다 크다면 설문을 다시 받든지 이 설문자의 결과는 버리고 다른 설문자 중 정합성이 있는 설문자 것만 모아 집단의 의견으로 대신한다. CR의 기준치 0.1은 AHP를 만든 Saaty의 추천 기준이며 분석자에 따라 0.15, 0.2까지도 사용할 수 있다.

'화력' 하위 평가항목인 '사거리', '지속발사 속도', '조준 관측장비'에 대해서도 앞에서 설명한 것과 같이 동일한 방법으로 가중치를 산출하고, '기동성' 하위 평가항목인 '최대속도', '항속거리', '장애물 극복'도 동일한 방법으로 가중치를 산출한다. 마찬가지로 '생존성' 하위 평가항목인 '장갑 방호력'과 '화생방 보호'도 동일한 방법으로 가중치를 산출한다. 최종적으로 최하위 평가항목인 '사거리'로부터 '화생방보호'까지 각 항목을 기준으로 대안들이 기여하는 바를 동일한 설문서로 설문을 한 다음 가중치를 산출한다.

전문가 한 사람의 의견을 모두 일관성 검증을 하고 일관성이 있다고 판단된 다수의

표 15.11 HAWM에 의한 대안평가

수치는 가상데이터임

계층 1	계층 2		계층 3		계층 4			종합평가		
	효과 항목	가중치 w_1	효과 항목	가중치 w_2	대안평가 w_3			$w_1 \times w_2 \times w_3$		
					대안1	대안2	대안3	대안1	대안2	대안3
장갑차	화력	0.25	사거리	0.45	0.665	0.245	0.090	0.075	0.028	0.010
			지속발사 속도	0.45	0.665	0.245	0.090	0.075	0.028	0.010
			조준관측장비	0.10	0.709	0.212	0.079	0.018	0.005	0.002
	가동성	0.60	최대속도	0.20	0.747	0.060	0.193	0.090	0.007	0.023
			항속거리	0.20	0.709	0.079	0.212	0.085	0.009	0.025
			장애물 극복	0.60	0.250	0.655	0.095	0.090	0.236	0.034
	생존성	0.15	장갑 방호력	0.50	0.444	0.489	0.067	0.033	0.037	0.005
			화생방 보호	0.50	0.635	0.287	0.078	0.048	0.022	0.006
	합계							0.513	0.371	0.116

그림 15.34 최적 대안 선정

평가자들의 의견을 종합하여 가중치를 산출한 것이 표 15.11과 같다고 가정하자. ('화력', '기동성', '생존성')의 가중치는 (0.25, 0.60, 0.15)이며 '화력'의 예하 항목인 ('사거리', '지속발사 속도', '조준관측장비')의 가중치는 (0.45, 0.45, 0.10)이다. 또한 '사거리'에 기여하는 ('대안1', '대안 2', '대안 3')의 기여도는 (0.665, 0.245, 0.090)이다. 동일한 방법으로 각 가중치를 구한 다음 대안에 대한 종합 평가는 ('대안 1', '대안 2', '대안 3')이 (0.513, 0.371, 0.116)이 되어 '대안 1'이 가장 우수한 평가를 받았다.

15.18 순위역전 현상

우리가 지금까지 연구한 AHP 방법은 평가기준 및 대안들을 2개씩 짝지어 쌍대비교한 행렬로부터 가중치를 구해 전체적인 관점에서 각 대안들이 최고 상위의 목표를 달성하는 데 기여한 바를 평가하는 방법이었다. 이러한 방법은 상대적 AHP라 부른다. 상대적 AHP 방법에서는 평가기준은 동일하게 유지되는 상황에서 새로운 대안이 추가되거나 기존 대안이 삭제될 경우 기존에 결정된 대안들의 상대적 우선순위가 변동되는 현상이 발생한다. 우리는 이러한 현상을 순위역전(Rank Reveral) 현상이라 부른다.

만약 모든 평가기준에서 기존 대안보다 우수하거나 열등한 대안이 추가되면 이 대안의 선호도는 가장 우수하거나 가장 열등하게 될 것이다. 이러한 대안을 우리는 관련성 없는 대안(Irrelevant Alternatives)이라고 부른다. 문제는 관련성 없는 대안이 추가되어도 기존 대안들의 상대적 우선순위가 변동될 수 있다는 것이다. 예를 들어 A, B, C, D 대안이 있고 각 대안들의 우선순위를 AHP로 평가해 보니 A, B, C, D 순이었다. 그런데 관련성 없는 가장 열등한 대안인 E가 추가되면 E는 당연히 가장 낮은 우선순위로 평가가 되지만 A와 B의 순위가 바뀌어 B, A, C, D, E 순으로 우선순위 변동이 될 수 있다는 것이다.

이러한 현상을 우리는 순위역전 현상이라 부른다.

이러한 현상은 얼핏 보면 잘 이해가 안 되는 현상이지만 새로운 대안이 추가됨으로써 발생하는 희석효과(Dilution Effect)나 대체효과(Substitution Effect)로 해석할 수 있는데 특정 기준의 효과를 희석시킴과 동시에 다른 기준의 중요도를 부각시킴으로써 기존 대안들의 우선순위 역전현상을 가능하게 한다. 이러한 순위역전 현상은 가끔씩 AHP 방법을 선호하지 않는 요인이 되기도 한다.

15.18.1 동일 대안 추가에 의한 순위역전

Belton과 Gear는 어떤 하나의 대안과 동일한 복제 대안을 추가했을 때 기존 대안과 그 복제된 대안의 우선순위가 내려가는 현상을 발견하였다. 이 현상은 다음과 같이 설명할 수 있다. 대안 A, B, C가 있고 우선순위가 A 〉 B 〉 C 순이었다. 그런데 대안 A와 동일한 A′을 추가하여 A, A′, B, C 4개의 대안으로 평가하면 우선순위가 B 〉 C 〉 A=A′이 될 수 있다는 것이다.

순위역전 현상을 다음과 같은 예로 설명해 보자. 어떤 구간의 교통수단을 결정하는 문제를 결정하기 위해 AHP 방법으로 하기로 하고 문제의 평가기준과 대안을 가지고 문제를 그림 15.35와 같이 구조화하였다. 평가기준은 편리성 측면, 환경적 측면, 비용적 측면으로 구분하였고 교통시스템의 대안으로는 KTX, 고속버스, 항공으로 정하였다.

평가기준의 쌍대비교를 통해 각 평가기준의 가중치는 (편리성 측면, 환경적 측면, 비용적 측면)=(0.4434, 0.3874, 0.1692)로 결정하였다.

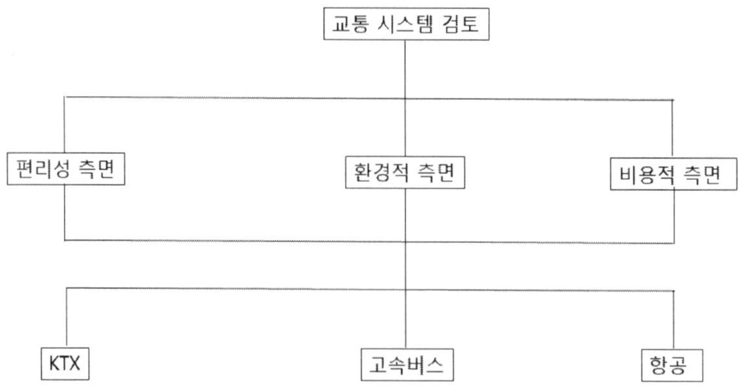

그림 15.35 교통 시스템 선택을 위한 계층구조

우선 기존의 KTX, 고속버스, 항공 3가지 교통수단을 비교 평가하기 위해 그림 15.36과 같이 쌍대비교 행렬을 구하였다.

편리성 측면 평가	KTX	고속버스	항공
KTX	1	5	9
고속버스	1/5	1	3
항공	1/9	1/3	1

$$\lambda_{max} = 3.001, \quad CI = 0.001$$

그림 15.36 편리성 측면으로 평가한 대안별 쌍대비교 행렬

환경적 측면 평가	KTX	고속버스	항공
KTX	1	1/7	1/3
고속버스	7	1	3
항공	3	1/3	1

$$\lambda_{max} = 3.007, \quad CI = 0.004$$

그림 15.37 환경적 측면으로 평가한 대안별 쌍대비교 행렬

비용적 측면 평가	KTX	고속버스	항공
KTX	1	1/5	1/9
고속버스	5	1	1/2
항공	9	2	1

$$\lambda_{max} = 3.006, \quad CI = 0.003$$

그림 15.38 비용적 측면으로 평가한 대안별 쌍대비교 행렬

이러한 쌍대비교 행렬로 구한 각 대안의 평가는 다음과 같다.

(KTX, 고속버스, 항공)=(0.3841, 0.3856, 0.2303)

따라서 고속버스 〉 KTX 〉 항공 순으로 대안의 우선순위가 평가되었다.

그런데 이 쌍대비교 행렬에 '고속버스'와 동일한 평가를 한 '고속버스 2'를 추가하면 쌍대비교 행렬은 그림 15.39와 같다. 대안이 추가된 쌍대비교 행렬 역시 역수행렬의 성질을 유지한다.

편리성 측면 평가	KTX	고속버스	항공	고속 버스 2
KTX	1	5	9	5
고속버스	1/5	1	3	1
항공	1/9	1/3	1	1/3
고속 버스 2	1/5	1	3	1

$$\lambda_{\max} = 4.0328, \ \ \mathrm{CI} = 0.0109$$

환경적 측면 평가	KTX	고속버스	항공	고속 버스 2
KTX	1	1/7	1/3	1/7
고속버스	7	1	3	1
항공	3	1/3	1	1/3
고속 버스 2	7	1	3	1

$$\lambda_{\max} = 4.0079, \ \ \mathrm{CI} = 0.0026$$

비용적 측면 평가	KTX	고속버스	항공	고속 버스 2
KTX	1	1/5	1/9	1/5
고속버스	5	1	1/2	1
항공	9	2	1	2
고속 버스 2	5	1	1/2	1

$$\lambda_{\max} = 4.0014, \ \ \mathrm{CI} = 0.0005$$

그림 15.39 동일한 대안(고속버스 2) 추가 쌍대비교 행렬

위의 '고속버스 2'가 추가된 쌍대비교 행렬로부터 구한 가중치는 표 15.12와 같다.

표 15.12 동일한 대안 추가로 얻은 가중치

구 분	편리성 측면	환경적 측면	비용적 측면
KTX	0.6504	0.0540	0.0494
고속버스	0.1468	0.4016	0.2407
항공	0.0561	0.1428	0.4691
고속버스 2	0.1468	0.4016	0.2407

이 가중치와 앞에서 제시된 평가기준의 가중치로 각 대안을 평가해 보면 (KTX, 고속버스, 항공, 고속버스 2) = (0.3177, 0.2614, 0.1596, 0.2614)로 KTX 〉 고속버스 = 고속버스 2 〉 항공 순이 되어 KTX와 고속버스의 우선순위가 역전되었다. 기존 3개 대안의 쌍대비교

치가 변경되지 않았음에도 불구하고 우선순위가 바뀐 것이다. 이러한 현상은 '고속버스'라는 대안이 '고속버스 2'라는 대안이 추가됨으로써 희소성이 떨어져 발생한 것이라 생각할 수 있다.

15.18.2 대체안 추가에 의한 순위역전

앞의 교통시스템에서 복제 대안이 추가되더라도 대안들의 우선순위가 변동됨을 알았다. 이번에는 복제 대안이 아니라 새로운 대안이 추가되면 어떻게 우선순위 변동이 일어 나는지 알아보자. 앞의 기존 대안에 그림 15.40과 같이 '해상 이동'이라는 대안을 추가했을 때를 예를 들어 설명한다.

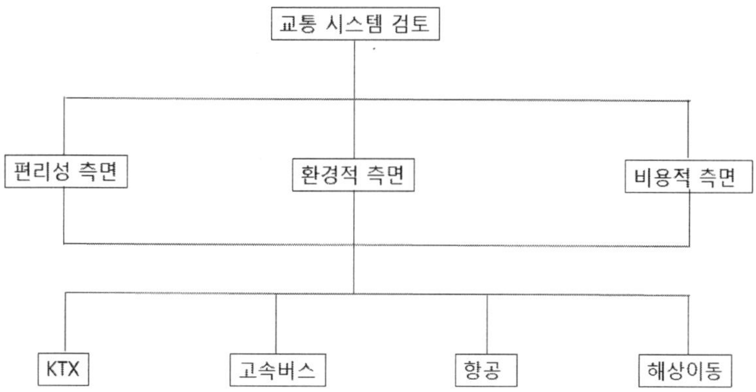

그림 15.40 대체안(해상 이동) 추가 계층구조

편리성 측면 평가	KTX	고속버스	항공	해상 이동
KTX	1	5	9	3
고속버스	1/5	1	3	1
항공	1/9	1/3	1	1/3
해상 이동	1/3	1	3	1

$$\lambda_{max} = 4.0328,\quad CI = 0.0109$$

환경적 측면 평가	KTX	고속버스	항공	해상 이동
KTX	1	1/7	1/3	1/5
고속버스	7	1	3	1
항공	3	1/3	1	1/3
해상 이동	5	1	3	1

$$\lambda_{max} = 4.033,\quad CI = 0.0011$$

비용적 측면 평가	KTX	고속버스	항공	해상 이동
KTX	1	1/5	1/9	2
고속버스	5	1	1/2	7
항공	9	2	1	9
해상 이동	1/2	1/7	1/9	1

$$\lambda_{\max} = 4.0512, \quad CI = 0.0171$$

그림 15.41 대체안(해상 이동) 추가 후 쌍대비교 행렬

그림 15.41의 쌍대비교 행렬과 평가기준 관점에서 각 대안의 가중치를 구해보면 표 15.13과 같다.

표 15.13 대체안(해상 이동) 추가 후 얻은 가중치

구 분	편리성 측면	환경적 측면	비용적 측면
KTX	0.6078	0.0607	0.0723
고속버스	0.1566	0.4112	0.3189
항공	0.0589	0.1471	0.5616
해상 이동	0.1767	0.3811	0.0472

이 가중치와 평가기준의 가중치로 각 대안을 평가해 보면 ('KTX', '고속버스', '항공', '해상 이동')=(0.3052, 0.2827, 0.1781, 0.2340)으로 평가할 수 있고 우선순위는 'KTX', '고속버스', '해상 이동', '항공' 순이어서 기존의 우선순위인 '고속버스', 'KTX', '항공' 순이 변경된다. 이 예는 새로운 대안이 추가될 때 기존 대안의 상대적 우선순위 변경이 가능하다는 것으로서 이를 해결하기 위한 여러 가지 방법이 제시되고 있다.

15.18.3 Belton·Gear 모델

Belton과 Gear는 가중치의 합계를 1로 하는 정규화 대신 평가항목 중 최대치를 1로 하는 정규화를 통해 순위역전을 방지할 수 있다고 주장하였다. 앞에서 순위역전 현상을 설명한 어떤 국가의 특정 도시 구간 교통체계의 예로 Belton과 Gear의 주장을 설명한다.

'편리성 측면', '환경적 측면', '비용적 측면'에서 'KTX', '고속버스', '항공'의 기여도 즉 가중치를 표 15.14와 같이 구하였다고 가정하자.

표 15.14 평가기준별 대안 가중치

구 분	편리성 측면	환경적 측면	비용적 측면
KTX	0.7608	0.0879	0.0751
고속버스	0.1576	0.6694	0.3332
항공	0.0816	0.2426	0.5917

각 평가항목의 최대치를 1로 하는 정규화를 수행하면 위의 표 15.14는 표 15.15와 같이 변경된다.

표 15.15 정규화 수행 이후 가중치

구 분	편리성 측면	환경적 측면	비용적 측면
KTX	0.7608/0.7608=1.0000	0.0879/0.6694=0.1313	0.0751/0.5917=0.1269
고속버스	0.1576/0.7608=0.2072	0.6694/0.6694=1.0000	0.3332/0.5917=0.5631
항공	0.0816/0.7608=0.1073	0.2426/0.6694=0.3624	0.5917/0.5917=1.0000

이런 과정을 거치면 각 대안의 가중치는 최초의 가중치보다 편리성 측면은 1/0.7608 =1.3144배가 증가되었고 환경적 측면은 1/0.6694=1.4938배가 증가되었으며 비용적 측면은 1/0.5917=1.690배만큼 증가되었다. 따라서 우리가 가지고 있는 각 평가기준의 가중치 (편리성 측면, 환경적 측면, 비용적 측면)=(0.4434, 0.3874, 0.1692)보다 가중치가 늘어난 배수만큼 나누어야 한다. 즉, (편리성 측면, 환경적 측면, 비용적 측면)=(0.4434/1.3144, 0.3874/1.4938, 0.1692/1.690) = (0.3373, 0.2593, 0.1001)이다. 이렇게 구한 가중치는 합이 1이 되지 않으므로 합이 1이 되도록 정규화하면 다음과 같다.

$$(0.3373 / (0.3373+0.2593+0.1001),\ 0.2593 / (0.3373+0.2593+0.1001),\ 0.1001 / (0.3373+0.2593+0.1001)) = (0.4841,\ 0.3722,\ 0.1437)$$

이 가중치와 각 평가기준의 최대치가 1이 되도록 정규화한 가중치로 각 대안의 선호도 H를 평가해 보면 다음과 같다. H를 계산하는 공식은 아래와 같다.

$$H = \sum_{\text{평가기준}} [\text{평가기준 가중치} \times (\text{해당 평가기준의 대안 가중치} / \text{가장 높은 평가기준의 가중치})]$$

$$H_{KTX} = 0.4841 \times 1 + 0.3722 \times 0.1313 + 0.1437 \times 0.1269 = 0.5512$$

$$H_{고속버스} = 0.4841 \times 0.2072 + 0.3722 \times 1 + 0.1437 \times 0.5631 = 0.5534$$

$$H_{항공} = 0.4841 \times 0.1073 + 0.3722 \times 0.3624 + 0.1437 \times 1 = 0.3305$$

각 대안의 우선순위는 고속버스, KTX, 항공 순이다. 이러한 우선순위는 평가기준의 평가값을 합이 1이 되도록 정규화하여 대안의 우선순위를 얻은 결과와 동일할 뿐만 아니라 대안의 우선순위 간 같은 비율로 되어 있는 것을 알 수 있다.

앞에서 예를 든 것과 같이 '해상 이동'이라는 새로운 교통수단을 추가하여 '편리성 측면', '환경적 측면', '비용적 측면'에서 각 교통수단 대안의 쌍대비교를 하고 이를 통해 얻은 가중치가 표 15.16과 같다고 가정한다.

표 15.16 대체안(해상 이동) 추가 후 평가기준별 가중치

구 분	편리성 측면	환경적 측면	비용적 측면
KTX	**0.6078**	0.0607	0.0723
고속버스	0.1566	**0.4112**	0.3189
항공	0.0589	0.1471	**0.5616**
해상 이동	0.1767	0.3811	0.0472

위 표를 각 평가항목의 최대 평가값을 1로 하는 정규화를 수행하면 표 15.17과 같다.

표 15.17 정규화 수행 이후 가중치

구 분	편리성 측면	환경적 측면	비용적 측면
KTX	1.0000	0.1475	0.1288
고속버스	0.2577	1.0000	0.5678
항공	0.0969	0.3577	1.0000
해상 이동	0.2907	0.9268	0.0841

앞에서 각 평가항목의 정규화된 가중치 (0.4841, 0.3722, 0.1437)을 사용하여 각 대안을 평가해 보면 다음과 같다.

$$H_{KTX} = 0.4841 \times 1.0000 + 0.3722 \times 0.1475 + 0.1437 \times 0.1288 = 0.5575$$

$$H_{고속버스} = 0.4841 \times 0.2577 + 0.3722 \times 1.0000 + 0.1437 \times 0.5678 = 0.5785$$

$$H_{항공} = 0.4841 \times 0.0969 + 0.3722 \times 0.3577 + 0.1437 \times 1.0000 = 0.3237$$

$$H_{해상이동} = 0.4841 \times 0.2907 + 0.3722 \times 0.9268 + 0.1437 \times 0.0841 = 0.4977$$

'해상 이동'이라는 대안의 추가 시 대안의 우선순위는 고속버스, KTX, 해상 이동, 항공 순으로서 기존 3개 대안의 상대적 우선순위는 변동이 없다. 따라서 Belton과 Gear가 주장한 평가기준의 최대 평가값을 1로 하는 정규화 이후 변동된 양만큼 평가기준의 가중치를 보정해 주면 새로운 대안 추가 시에도 기존 대안의 상대적 우선순위 변동이 없다는 주장이 실증되었다.

15.19 절대적 AHP 방법에 의한 평가방법

앞에서 설명한 AHP 방법은 각 평가요소나 대안을 쌍대비교하여 그 결과의 일관성을 검사하여 일관성이 있는 평가결과로 가중치를 구하는 방법이다. 우리는 이 방법을 상대적 AHP 방법이라 부를 수 있다. 그러나 현실적인 문제에서 상대적 AHP 분석 방법으로는 어려운 문제에 봉착할 수 있다. AHP 문제의 구조화에서 평가항목이 상당히 크면 평가항목 수가 n인 경우 ${}_nC_2$번 쌍대비교를 해야 하며 상당히 큰 수의 인원에 대한 상대적 AHP 평가는 각 인원에 대한 쌍대비교에 대해 상당한 부담을 안을 수 밖에 없다. 왜냐하면 많은 수의 쌍대비교는 평가자의 집중도를 떨어지게 할 뿐만 아니라 지루한 작업이기 때문이다. 따라서 일관성을 유지하기가 상당히 어려운 현상이 종종 발생한다.

이러한 상대적 AHP의 한계점을 극복하기 위해 절대적 AHP 방법이 개발되었다. 절대적 AHP에서도 문제의 구조화는 당연히 선행되어야 하는 과정이지만 상대적 AHP와 다른 점은 절대적 AHP에서는 각 평가기준하에서 대안들을 쌍대비교하는 것이 아니라 각 평가기준을 여러 개의 등급으로 나누고 각 대안이 갖는 속성값이 어떠한 등급에 속하는지를 평가하고 이를 기초로 점수화하는 것이다. 절대적 AHP의 절차는 다음과 같다. 절대적 AHP는 축적된 경험이나 지식을 기반으로 만들어진 표준 기준을 이용하여 각 대안을 각 평가기준하에서 어느 정도에 해당하는지 측정하는 것을 말한다.

1. 각 평가기준의 쌍대비교로 가중치를 찾는다.
2. 등급화가 된 하위 평가기준의 쌍대비교로 가중치를 찾는다.
3. 각 개인이 각 평가기준의 어느 등급에 속하는지 정한다.
4. 각 개인의 평가점수를 구한다.

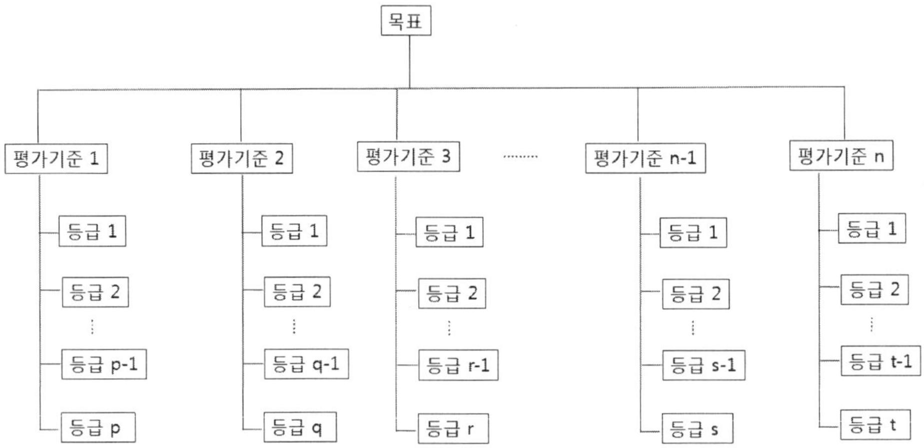

그림 15.42 절대적 AHP 평가 계층구조

절대적 AHP의 측정 방법에서는 등급화가 가장 중요하다. 각 평가기준을 대상으로 특성에 맞게 등급화를 시켜 그림 15.42와 같은 문제의 구조화를 실시한다. 예를 들어 직원의 선발을 절대적 AHP로 진행할 때 학력, 영어 구사 능력, 조직원과의 융화, 지원 동기의 적극성 등을 평가기준으로 선정하였다면 그 예하의 등급은 근거와 합리적 믿음이 선행되어야 한다. 직원을 선발하는 측이나 지원자 측면에서도 모두 수긍이 되는 등급화가 되어야 한다는 의미이다. 등급 자체가 불명확해서 애매모호하면 안 된다. 영어 구사 능력의 경우 등급화가 A, B, C, D, E로 하였으면 명확한 근거에 의해 등급이 정해져야 하며 서로 중복되면 안 된다. 또한 등급 간에는 차이가 분명히 설명될 수 있어야 한다.

그림 15.43과 같이 어떤 기관에서 초빙인사를 평가하는 데 활용목적의 명확성, 활용내용의 충실성, 초빙인사의 부합성, 교육·연구·사업의 내실화, 해당 분야 기여도로 5가지 평가기준을 정하였다면 각 등급은 다양하게 설정할 수 있다. 이러한 등급 설정은 각 평가요소에 맞도록 임의로 설정할 수가 있으며 등급의 수도 다양하게 설정 가능하다. 평가기준과 등급이 설정되었으면 각 평가기준과 등급에 대한 가중치를 설정해야 하는데 가중치 설정방

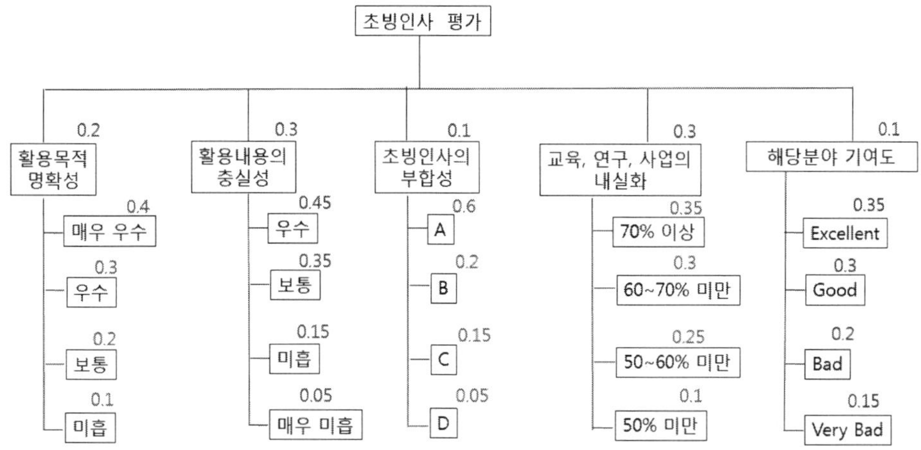

그림 15.43 초빙인사 평가 절대적 AHP 평가 구조

법은 AHP 가중치 설정방법에서 설명한 방법을 따라 설정하면 된다.

문제의 구조화와 가중치 설정이 완료되었으면 각 대안에 대한 선호도를 구해야 한다. 직원 선발 시에는 지원자들이 대안이 될 수가 있고 초빙인사의 평가 시에는 각 초빙인사들이 대안이 된다. 대안의 평가값 H는 다음과 같이 구할 수 있다.

$$H = \sum_{\text{평가기준}}[\text{평가기준 가중치} \times (\text{대안의 등급 선호도}/\text{가장 높은 등급의 선호도})]$$

이러한 공식으로 대안의 평가값을 구하면 항상 $0 \leq H \leq 1$을 만족하고 새로운 대안이 추가되거나 삭제되어도 기존 대안들의 순위에는 영향이 없게 된다. 절대적 AHP에서는 모든 평가기준에서 가장 높은 등급을 받은 대안의 선호도 점수는 '1'이 되고 대안의 선호도가 낮아짐에 따라 선호도 점수도 낮아진다. 대안들은 각 평가기준의 등급으로 평가를 받게 되고 절대적 기준인 등급의 최고 기준에 따라 비율에 의해 점수를 획득하게 됨으로써 절대적 AHP에서는 대안의 추가나 삭제에 의해 발생하는 상대적 AHP 방법의 순위역전이나 상대적 순위변동 현상이 발생하지 않는다.

절대적 AHP 측정을 이용했을 때 모든 평가기준에서 가장 높은 등급을 받은 대안의 가중치 점수는 '1'이 되고 초빙인사의 평가값이 떨어짐에 따라 종합 평가값은 낮아진다. 이러한 방법을 이용하면 초빙인사들은 각 기준하에서 다른 초빙인사들과 상대적으로 평가되는 것이 아니라 개별적으로 초빙인사들의 속성값이 각 기준의 어느 등급에 속하는지를 평가하므로 초빙인사들이 추가되거나 삭제되더라도 순위역전 현상은 발생하지 않을 뿐만 아니라 한번 계산된 평가값은 동일하게 유지되는 장점이 있다. 절대적 AHP에 의한 평가는 상대적 AHP를 사용했을 때 나타나는 수많은 쌍대비교의 어려움이나 이미 계산된 초빙인사의 점수가 새로운 초빙인사의 추가나 기존 초빙인사의 삭제로 인한 순위역전 현상을 방지할 수 있다.

그림 15.43에서 제시한 초빙인사의 예제를 가지고 초빙인사 5명의 순위를 결정해 보자. 초빙인사 5명의 평가가 표 15.18과 같이 주어졌다고 가정하자.

표 15.18 초빙인사의 평가기준별 평가값 행렬

구 분	활용목적의 명확성	활용내용의 충실성	초빙인사의 부합성	교육, 연구, 사업의 내실화	해당 분야 기여도	초빙인사 평가값
초빙인사 1	매우 우수	보통	B	67%	Good	0.81
초빙인사 2	매우 우수	미흡	A	60%	Excellent	0.74
초빙인사 3	미흡	우수	A	80%	Good	0.84
초빙인사 4	보통	우수	C	75%	Bad	0.78
초빙인사 5	우수	매우 미흡	D	90%	Very Bad	0.53

그러면 각 초빙인사들의 평가값은 아래와 같이 계산할 수 있다.

$$H_1 = 0.2\times(0.4/0.4)+0.3\times(0.35/0.45)+0.1\times(0.2/0.6) \\ +0.3\times(0.3/0.35)+0.1\times(0.3/0.35) = 0.81$$

$$H_2 = 0.2\times(0.4/0.4)+0.3\times(0.15/0.45)+0.1\times(06/0.6) \\ +0.3\times(0.3/0.35)+0.1\times(0.35/0.35)=0.74$$

$$H_3 = 0.2\times(0.1/0.4)+0.3\times(0.45/0.45)+0.1\times(0.6/0.6) \\ +0.3\times(0.35/0.35)+0.1\times(0.3/0.35) = 0.84$$

$$H_4 = 0.2\times(0.2/0.4)+0.3\times(0.45/0.45)+0.1\times(0.15/0.6) \\ +0.3\times(0.35/0.35)+0.1\times(0.2/0.35) = 0.78$$

$$H_5 = 0.2\times(0.3/0.4)+0.3\times(0.05/0.45)+0.1\times(0.05/0.6) \\ +0.3\times(0.35/0.35)+0.1\times(0.15/0.35) = 0.53$$

따라서 초빙인사 3이 가장 높은 평가를 받았고 초빙인사 5가 가장 낮은 평가를 받았다. 초빙인사가 추가되어 평가하여도 기존의 초빙인사들의 상대적 순위는 변동이 없다.

종합하면 AHP의 절대적 측정 방법은 계층적 구조가 상대적 측정과는 다르다. 각 평가기준을 등급화(Rating Intensity)함으로써 절대적 AHP 측정 방법에서는 새로운 대안이 기존 대안의 사이에 위치해도 기존 대안 간의 상대적 순위는 역전되지 않는다. 따라서 AHP 절대 평가법을 사용하는 이유는 첫째, 대안이 추가되는 경우 다시 대안 간의 비교를 하지 않기 위해서이다. 둘째, 대안 추가에 의한 순위역전 현상을 방지하기 위해서이다. 마지막으로 대안이 많아 질수록 쌍대비교를 위해 막대한 시간이 필요하며 일관성도 나빠지기 때문에 이를 방지하기 위해서이다.

15.20 쌍대비교에 결측치(Missing Data)가 있을 때

실제 AHP 분석을 할 때 쌍대비교 행렬의 데이터가 불완전하게 구성될 수 있다. 왜냐하면 평가항목이나 대안의 수가 과다하여 쌍대비교를 하기가 곤란할 수도 있고 서로 비교하기가 매우 난감한 상황이 있을 수도 있기 때문이다. 쌍대비교 행렬에 Missing Data가 있을 때 불완전 쌍대비교 행렬이라 부른다. 불완전한 쌍대비교 행렬로 가중치를 구하는 방법은 3가지가 있는데 Harker Method, Two Stage Method, Logarithm Least Square Method 이다.

15.20.1 Harker Method

Harker가 제안한 불완전한 쌍대비교 행렬로 가중치를 구하는 방법은 다음과 같다. 만약 쌍대비교 행렬이 아래와 같다고 가정하자. ■로 표시된 부분은 서로 비교하지 못한 결측치 부분이다.

$$\begin{pmatrix} 1 & 2 & \blacksquare & 4 \\ 1/2 & 1 & \blacksquare & \blacksquare \\ \blacksquare & \blacksquare & 1 & 1/5 \\ 1/4 & \blacksquare & 5 & 1 \end{pmatrix}$$

Harker는 쌍대비교 행렬 A는 $(w_1, w_2, \cdots, w_n)^T$인 가중치 벡터의 표현이라고 생각한다.

$$AW = \begin{pmatrix} \frac{w_1}{w_1} & \frac{w_1}{w_2} & \cdots & \frac{w_1}{w_n} \\ \frac{w_2}{w_1} & \frac{w_2}{w_2} & \cdots & \frac{w_2}{w_n} \\ \vdots & \vdots & \ddots & \vdots \\ \frac{w_n}{w_1} & \frac{w_n}{w_2} & \cdots & \frac{w_n}{w_n} \end{pmatrix}$$

따라서 위의 불완전한 쌍대비교 행렬은 아래와 같이 생각될 수가 있다고 간주한다.

$$\begin{pmatrix} 1 & 2 & w_1/w_3 & 4 \\ 1/2 & 1 & w_2/w_3 & w_2/w_4 \\ w_3/w_1 & w_3/w_2 & 1 & 1/5 \\ 1/4 & w_4/w_2 & 5 & 1 \end{pmatrix}$$

이 행렬을 가중치 벡터 $(w_1, w_2, \cdots, w_n)^T$와 곱해 Eigen Value를 찾는 절차를 진행한다.

$$\begin{pmatrix} 1 & 2 & w_1/w_3 & 4 \\ 1/2 & 1 & w_2/w_3 & w_2/w_4 \\ w_3/w_1 & w_3/w_2 & 1 & 1/5 \\ 1/4 & w_4/w_2 & 5 & 1 \end{pmatrix} \begin{pmatrix} w_1 \\ w_2 \\ w_3 \\ w_4 \end{pmatrix} = \lambda \begin{pmatrix} w_1 \\ w_2 \\ w_3 \\ w_4 \end{pmatrix}$$

$$w_1 + 2w_2 + w_1 + 4w_4 = \lambda w_1$$

$$\frac{w_1}{2} + w_2 + w_2 + w_2 = \lambda w_2$$

$$w_3 + w_3 + w_3 + \frac{w_4}{5} = \lambda w_3$$

$$\frac{w_1}{4} + w_4 + 5w_3 + w_4 = \lambda w_4$$

위 식을 정리하면

$$2w_1 + 2w_2 + 4w_4 = \lambda w_1$$

$$\frac{w_1}{2} + 3w_2 = \lambda w_2$$

$$3w_3 + \frac{w_4}{5} = \lambda w_3$$

$$\frac{w_1}{4} + 5w_3 + 2w_4 = \lambda w_4$$

위 식은 다음을 행렬로 표현한 것이다.

$$\begin{pmatrix} 2 & 2 & 0 & 4 \\ 1/2 & 3 & 0 & 0 \\ 0 & 0 & 3 & 1/5 \\ 1/4 & 0 & 5 & 2 \end{pmatrix} \begin{pmatrix} w_1 \\ w_2 \\ w_3 \\ w_4 \end{pmatrix} = \lambda \begin{pmatrix} w_1 \\ w_2 \\ w_3 \\ w_4 \end{pmatrix}$$

이 행렬은 최초의 불완전 행렬에서 ■ 부분은 '0'으로 바뀌었고 대각성분은 해당 행의 '■의 개수+1'로 치환한 것을 의미한다. Harker는 Missing data를 '0'으로 대각성분은 해당 행의 'Missing data 개수+1'로 하여 쌍대비교 행렬의 최대 고유치 벡터를 가중치로 보는 것과 같다.

1. 누락 데이터(Missing Data) 요소는 '0'으로 둔다.
2. 쌍대비교 행렬의 대각요소는 해당 행의 '누락요소 개수 + 1'을 더한 수로 치환한다.

$$A = \begin{pmatrix} 2 & 2 & 0 & 4 \\ 1/2 & 3 & 0 & 0 \\ 0 & 0 & 3 & 1/5 \\ 1/4 & 0 & 5 & 2 \end{pmatrix}$$

불완전 쌍대비교 행렬 A를 구하였으니 간이 계산법, 멱승법, Eigen Value(Eigen Vector)를 구하는 방법 등으로 가중치를 구하면 된다. 멱승법으로 가중치를 계산해 보면 $w_1 = 0.6021$, $w_2 = 0.3156$, $w_3 = 0.0120$, $w_4 = 0.0703$이 된다.

15.20.2 Two Stage Method

Two Stage Method에서는 2단계로 진행되는데 1단계에서는 가용한 쌍대비교 행렬의 요소만으로 기하평균법을 이용하여 가중치를 구한다. 2단계로 누락된 요소는 가중치의 비율로 근사치를 추정한다.

1단계: 쌍대비교 행렬 A의 각 행의 가용한 요소를 기하평균법을 사용하여 가중치의 근사치를 구한다.
2단계: 1단계에서 구한 가중치로 누락된 요소의 근사치를 구한다.

만약 쌍대비교 행렬이 아래와 같다고 가정하자. ■, Δ, ♥, ♡, ♧, ＊로 표시된 부분은 서로 비교하지 못한 부분이다.

$$\begin{pmatrix} 1 & 2 & \blacksquare & 4 \\ 1/2 & 1 & \Delta & \heartsuit \\ \heartsuit & \clubsuit & 1 & 1/5 \\ 1/4 & * & 5 & 1 \end{pmatrix}$$

먼저 각 행의 가용한 요소를 가지고 기하평균법을 사용하여 가중치의 근사치를 구한다.

$$w_1 = \sqrt[3]{(1 \times 2 \times 4)} = 2.000$$

$$w_2 = \sqrt[2]{(1/2 \times 1)} = 0.707$$

$$w_3 = \sqrt[2]{(1 \times 1/5)} = 0.447$$

$$w_4 = \sqrt[3]{(1/4 \times 5 \times 1)} = 1.077$$

다음으로 가중치의 근사치로 누락된 요소를 추정한다.

$$\blacksquare = \frac{w_1}{w_3} = \frac{2}{0.447} = 4.474$$

$$\Delta = \frac{w_2}{w_3} = \frac{0.707}{0.447} = 1.582$$

$$\heartsuit = \frac{w_2}{w_4} = \frac{0.707}{1.077} = 0.656$$

$$\heartsuit = \frac{w_3}{w_1} = \frac{0.447}{2.000} = 0.224$$

$$\clubsuit = \frac{w_3}{w_2} = \frac{0.447}{0.707} = 0.632$$

$$* = \frac{w_4}{w_2} = \frac{1.077}{0.707} = 1.523$$

$$A = \begin{pmatrix} 1.000 & 2.000 & 4.474 & 4.000 \\ 0.500 & 1.000 & 1.582 & 0.656 \\ 0.224 & 0.632 & 1.000 & 0.200 \\ 0.250 & 1.523 & 5.000 & 1.000 \end{pmatrix}$$

멱승법으로 가중치를 계산해 보면 $w_1 = 0.5098$, $w_2 = 0.1663$, $w_3 = 0.0819$, $w_4 = 0.2420$이 된다.

15.20.3 Logarithmic Least Square Method

이 책의 15.14절에서 설명한 Logarithmic Least Square Method로 불완전 쌍대비교 행렬로부터 가중치를 산출하는 절차를 설명하면 다음과 같다. 만약 쌍대비교 행렬 요소 i와 j를 비교한 것을 a_{ij}라 하면 $a_{ij} = w_i / w_j$라고 일반적으로 말할 수 있으나 오차 a_{ij}가 포함되어 있다면 $a_{ij} = w_i / w_j \times e_{ij}$라고 말할 수 있다. 이를 간단히 만들기 위해 양변을 log화 하면 $\log a_{ij} = \log w_i - \log w_j + \log e_{ij}$이다. 여기서 오차항 $\log e_{ij}$를 최소화시키는 w_i를 추정치로 하는 최적화 문제로 구성할 수 있다.

$$Min \sum_{i,j=1}^{n} (\log w_i - \log w_j + \log e_{ij})$$

$$s.t \sum_{i=1}^{n} \log w_i = 0$$

불완전한 쌍대비교 행렬이 아래와 같이 주어져 있다면 4개의 가중치를 구해야 하므로 아래의 쌍대비교 행렬에서 대각선과 불완전 요소를 제외한 4개의 가용한 요소로 다음과 같이 표현한다.

$$\begin{pmatrix} 1 & 2 & 1/2 & 2 \\ 1/2 & 1 & 2 & \blacksquare \\ 2 & 1/2 & 1 & \blacksquare \\ 1/2 & \blacksquare & \blacksquare & 1 \end{pmatrix}$$

$a_{12} = 2 = \frac{w_1}{w_2} e_{12}$ 양변에 log를 취하면 $\log 2 = \log w_1 - \log w_2 + \log e_{12}$가 된다. 동일한 방법으로 a_{13}, a_{14}, a_{23}에 대해 양변에 log를 취하면 다음과 같다.

$$\log\left(\frac{1}{2}\right) = \log w_1 - \log w_3 + \log e_{13}$$

$$\log 2 = \log w_1 - \log w_4 + \log e_{14}$$

$$\log 2 = \log w_2 - \log w_3 + \log e_{23}$$

계산의 편의를 위해 $\dot{a}_{ij} = \log a_{ij}$, $\dot{w}_i = \log w_i$, $\dot{e}_{ij} = \log e_{ij}$로 놓으면 $\dot{a}_{ij} = \dot{w}_i - \dot{w}_j + \dot{e}_{ij}$ $\forall\, i,\ j,\ i < j$이 되고 $E(\dot{e}_{ij}) = 0$, $V(\dot{e}_{ij}) = \sigma^2$이라고 가정한다.

$\dot{a}_{ij} = \dot{w}_i - \dot{w}_j + \dot{e}_{ij}$ $\forall\, i,\ j,\ i < j$ 식을 정리해서 적어보면 다음과 같다.

$$\dot{a}_{12} = \dot{w}_1 - \dot{w}_2 + \dot{e}_{12}$$

$$\dot{a}_{13} = \dot{w}_1 - \dot{w}_3 + \dot{e}_{13}$$

$$\dot{a}_{14} = \dot{w}_1 - \dot{w}_4 + \dot{e}_{14}$$

$$\dot{a}_{23} = \dot{w}_2 - \dot{w}_3 + \dot{e}_{23}$$

최소제곱법은 오차의 제곱을 최소화하는 모수의 추정방법이므로

$$\begin{aligned} S &= \dot{e}_{12}{}^2 + \dot{e}_{13}{}^2 + \dot{e}_{14}{}^2 + \dot{e}_{23}{}^2 \\ &= (\dot{a}_{12} - \dot{w}_1 + \dot{w}_2)^2 + (\dot{a}_{13} - \dot{w}_1 + \dot{w}_3)^2 + (\dot{a}_{14} - \dot{w}_1 + \dot{w}_4)^2 + (\dot{a}_{23} - \dot{w}_2 + \dot{w}_3)^2 \end{aligned}$$

을 최소화해야 한다.

S를 최소화하기 위해서는 Lagrangian Multiplier법을 이용한다.

Lagrange 함수 $L = S + \lambda(\dot{w}_1 + \dot{w}_2 + \dot{w}_3 + \dot{w}_4)$에 대해서 각 $\dot{w}_i$로 편미분하여 0으로 둔다.

$$\frac{\partial L}{\partial \dot{w}_i} = \frac{\partial S}{\partial \dot{w}_i} + \lambda = 0 \quad i = 1,\ 2,\ 3,\ 4$$

$$\begin{aligned} \frac{\partial L}{\partial \dot{w}_1} &= 2\left\{-(\dot{a}_{12} - \dot{w}_1 + \dot{w}_2) - (\dot{a}_{13} - \dot{w}_1 + \dot{w}_3) - (\dot{a}_{14} - \dot{w}_1 + \dot{w}_4)\right\} + \lambda \\ &= 2(-\dot{a}_{12} - \dot{a}_{13} - \dot{a}_{14} + 3\dot{w}_1 - \dot{w}_2 - \dot{w}_3 - \dot{w}_4) + \lambda \\ &= 2(-\dot{a}_{12} - \dot{a}_{13} - \dot{a}_{14} + 4\dot{w}_1) + \lambda = 0 \end{aligned}$$

$$\frac{\partial L}{\partial \dot{w}_2} = 2\{(\dot{a}_{12} - \dot{w}_1 + \dot{w}_2) - (\dot{a}_{23} - \dot{w}_2 + \dot{w}_3)\} + \lambda$$

$$= 2(\dot{a}_{12} - \dot{a}_{23} + 2\dot{w}_2 - \dot{w}_1 - \dot{w}_3) + \lambda = 0$$

$$\frac{\partial L}{\partial \dot{w}_3} = 2\{(\dot{a}_{13} - \dot{w}_1 + \dot{w}_3) + (\dot{a}_{23} - \dot{w}_2 + \dot{w}_3)\} + \lambda$$

$$= 2(\dot{a}_{13} + \dot{a}_{23} + 2\dot{w}_3 - \dot{w}_1 - \dot{w}_2) + \lambda = 0$$

$$\frac{\partial L}{\partial \dot{w}_4} = 2\{(\dot{a}_{14} - \dot{w}_1 + \dot{w}_4)\} + \lambda = 0$$

위 식을 양변 모두에 더하고 $\dot{w}_1 + \dot{w}_2 + \dot{w}_3 + \dot{w}_4 = 0$ 조건을 이용하면 $\lambda = 0$임을 알 수 있다. 정리하면 다음과 같다.

$$4\dot{w}_1 = \log 2$$

$$3\dot{w}_2 + \dot{w}_4 = 0$$

$$3\dot{w}_3 + \dot{w}_4 = 0$$

$$\dot{w}_2 + \dot{w}_3 + 2\dot{w}_4 = -\log 2$$

위 연립방정식을 풀면 $4\log w_1 = \log 2$가 되고 $w_1 = 2^{\frac{1}{4}} = 1.189$가 된다. 같은 방법으로 풀면 $w_2 = 0.189$, $w_3 = 0.189$, $w_4 = 0.595$가 되고 합이 1이 되도록 정규화시키면 $w_1 = 0.286$, $w_2 = 0.286$, $w_3 = 0.286$, $w_4 = 0.143$이 된다.

불완전 쌍대비교 행렬로부터 가중치를 구하는 방법을 설명하였는데 어떤 방법이 최우수 방법인지는 알려져 있지 않다. Harker Method, Two Stage Method, Logarithmic Least Square Method로 얻은 가중치는 일반적으로 상이하다. 경험적으로는 Harker Method는 누락 요소가 적은 문제에서 좋은 결과를 주지만 누락 요소가 많은 문제에서는 결과가 좋지 않다. Two Stage Method는 많은 경우에 비교적 안정적인 결과를 제공하며 Logarithmic Least Square Method는 Harker Method와 Two Stage Method의 중간에 위치한다고 할 수 있다.

15.21 CI의 결과가 좋지 않은 경우 재검토 방법

AHP에서 CI를 구해 RI와 비교하여 CR을 가지고 일관성 검사를 할 수 있음을 앞에서 설명하였다. CI가 좋지 않은 경우 설문을 한 전문가의 의견을 다시 듣든지 그 설문결과를 버려야 한다. 경우에 따라서 새롭게 전체 쌍대비교 행렬 요소를 다시 설문조사 하는 것은 상당히 많은 시간과 노력을 들여야 하는 것이고, 설문 자체를 버리는 것도 전문가의 수가 부족할 시에는 아쉬운 일이다. 따라서 CI가 좋지 않은 경우 약간의 노력을 들여 CI를 좋지 않게 하는 요소만 다시 설문을 해서 보완하는 방안이 좋은 대책이라고 할 수 있다. 이러한 경우 어떻게 판단하고 꼭 필요한 요소만 설문을 다시 할 것인가에 대해 설명한다.

예를 들어 다음과 같은 쌍대비교 행렬을 생각해 보자.

$$\begin{pmatrix} 1 & 1/7 & 3 & 7 & 1 \\ 7 & 1 & 7 & 3 & 3 \\ 1/3 & 1/7 & 1 & 1 & 1/5 \\ 1/7 & 1/3 & 1 & 1 & 1/7 \\ 1 & 1/3 & 5 & 7 & 1 \end{pmatrix}$$

이 쌍대비교 행렬의 $\lambda_{max} = 5.5720$ W=(0.1768, 0.5056, 0.0490, 0.0578, 0.2108), CI=(λ_{max}−5)/(5−1)=0.180이다. CI가 0.1보다 상당히 큰 값이므로 일관성이 부족한 것으로 나타난다. 그럼 어떻게 일관성이 부족한 것을 유발하는 행렬의 요소를 식별할 것인가가 문제이다. 쌍대비교 행렬로부터 각 평가항목 또는 대안의 가중치를 구하였으므로 이 가중치로 우리가 일반적으로 생각하는 완전한 일관성을 가진 쌍대비교 행렬을 생각해 본다. 완전한 일관성을 갖춘 쌍대비교 행렬은 아래와 같다.

$$A = \begin{pmatrix} \frac{w_1}{w_1} & \frac{w_1}{w_2} & \cdots & \frac{w_1}{w_n} \\ \frac{w_2}{w_1} & \frac{w_2}{w_2} & \cdots & \frac{w_2}{w_n} \\ \vdots & \vdots & \ddots & \vdots \\ \frac{w_n}{w_1} & \frac{w_n}{w_2} & \cdots & \frac{w_n}{w_n} \end{pmatrix}$$

앞에서 구한 가중치로 완전한 일관성을 갖춘 쌍대비교 행렬의 형식으로 구성해 본다. 예를 들어 $a_{12} = \frac{w_1}{w_2} = \frac{0.1768}{0.5056} = 0.350$으로 구하고 나머지 요소도 동일한 방법으로 구한다. 대칭되는 요소들은 행렬의 상위요소의 역수이므로 생략하였다.

$$\begin{pmatrix} 1 & 0.350 & 3.611 & 3.059 & 0.839 \\ & 1 & 10.32 & 8.745 & 2.399 \\ & & 1 & 0.847 & 0.232 \\ & & & 1 & 0.274 \\ & & & & 1 \end{pmatrix}$$

처음 전문가가 답변한 쌍대비교 행렬과 가중치로부터 구한 쌍대비교 행렬의 요소들끼리 나누어 보면 아래와 같은 결과를 얻을 수 있다.

$$\begin{pmatrix} 1 & \mathbf{0.408} & 0.831 & \mathbf{2.289} & 1.192 \\ & 1 & 0.678 & \mathbf{0.343} & 1.251 \\ & & 1 & 1.181 & 0.861 \\ & & & 1 & \mathbf{0.521} \\ & & & & 1 \end{pmatrix}$$

이론적으로 쌍대비교 행렬이 일관성이 있으면 가중치로부터 역산한 쌍대비교 행렬의 요소와의 비는 '1'에 가까울 것이다. '1'과 멀어질수록 그 요소는 일관성이 부족하다고 판단할 수 있다. '1'과 어느 정도 멀어져야 일관성이 부족하냐고 판단하는 것은 분석가가 정한 기준에 따라 다를 수 있다. 이 예에서는 50% 이상 차이가 나는 0.5 미만과 1.5를 초과하는 요소를 다시 설문해야 할 요소로 판단하여 굵은 글씨로 표시한 요소만 새로 설문을 하는 것으로 결정하였다. 이렇듯 설문을 한 전문가 의견에 일관성이 부족한 경우 전체를 다 재설문하는 것이 아니라 일정 요소만 재설문함으로써 시간과 노력을 줄일 수 있다. 재설문하여 일관성을 만족하면 전문가의 의견을 채택한다,

15.22 AHP 장점

AHP는 다기준 의사결정 방법으로 상당히 유용한 방법이다. 정성적 가치판단 문제에 대한 정량적 효과 산출이 가능하며 의사결정에 영향을 미치는 수많은 요소들을 고려하여 대안별 상대적 중요도 도출이 가능하다. 그래서 정성적인 계층별 비교를 설문을 통하여 최대한 객관적으로 수치화하는 데 도움을 준다. 또한 피설문자 의견의 신뢰도 파악이 가능하다. 정합성 지수 및 비율을 통해서 신뢰도가 떨어지는 의견들을 제외하고 반영하여 비교적 신뢰성 높은 데이터를 얻을 수 있다.

15.23 AHP 한계

AHP는 설문지 자체의 결함으로 인해 편향된 결과가 도출될 수 있으며 의사결정 계층구조에 따라 상이한 결과가 도출될 가능성 있다. 따라서 전문가 선정 시 객관성 유지를 위한 노력이 필요하며 해당 문제를 객관적으로 판단할 수 있는 위치의 전문가를 선정하는 것이 핵심 성공요소라고 할 수 있다. AHP 설문조사를 할 때 대안별 상대적 평가점수 부여 시 평가자의 비합리적 판단 가능성이 내재해 있으며 이러한 불합리성을 일관성 검사라는 도구를 통해 검사한다.

15.24 내부 종속법 및 외부 종속법 AHP

일반적인 AHP는 다음과 같은 사항을 가정하였다. 첫째, 각 계층에 속하는 평가기준 또는 대안들은 서로 독립적이다. 둘째, 하위계층은 상위계층에만 종속적이다. 이러한 가정은 AHP의 강력한 가정사항으로 평가기준 또는 대안 상호 간에는 독립성이 유지되어야 앞 장에서 설명한 쌍대비교에 의한 가중치 결정방법이 유의하다. 또한 하위계층에 있는 평가기준 또는 대안들은 바로 연결된 상위계층의 평가요소 또는 목표에만 종속적이어야 쌍대비교 시 상위계층의 요소 기준 평가를 할 수가 있다.

그러나 때에 따라서는 같은 계층에 있는 평가기준 간 상호 종속관계가 있을 수도 있고 각 계층 간에도 종속성이 있을 수도 있으며 평가기준뿐만 아니라 각 계층 간에도 종속성이 있을 수 있다. 이러한 경우는 앞 장에서 설명한 일반적 AHP로는 문제를 분석할 수가 없다. 이러한 경우 어떻게 AHP를 이용하여 대안의 우선순위를 결정할 것인가를 알아보자.

같은 계층에 속하는 평가요소 또는 대안 간 종속성이 있을 경우는 내부 종속법을 사용한다. 내부 종속법은 그림 15.45에서 보는 바와 같이 평가기준 또는 대안들 간 상호 종속성이

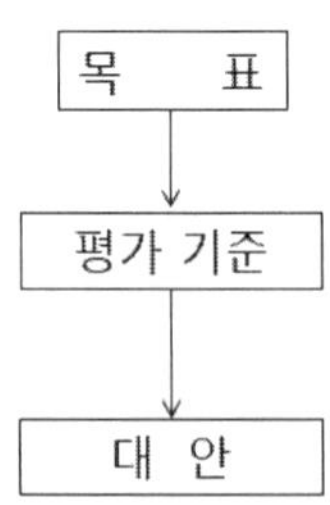

그림 15.44 일반적 AHP 계층구조

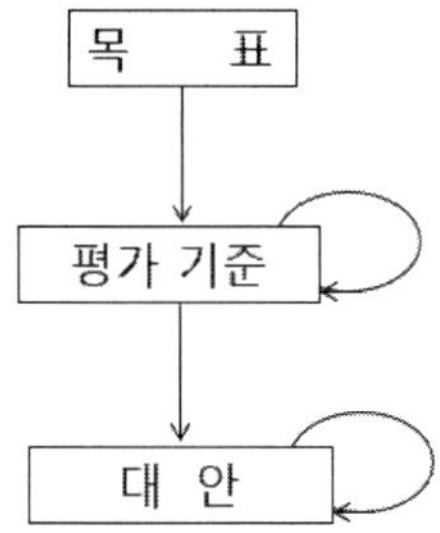

그림 15.45 내부 종속법 구조

있어 일반적 AHP에서 구한 가중치를 보정해 주는 작업을 해야 한다.

내부 종속법을 설명하기 위해 그림 15.46과 같은 문제의 계층구조를 생각해 보자. 국가안보라는 목표를 달성하기 위해 외교역량, 정보역량, 국방역량이 중요한 평가기준으로 설정되었고 대안은 3가지로 설정되었다고 가정한다. 각 평가기준 간 쌍대비교를 통해 구한 가중치와 평가기준을 달성하는 데 대안들의 기여도를 쌍대비교를 통해 구한 가중치가 제시되어 있다. 이러한 계층구조에 의한 가중치 설정은 기존 AHP 방법으로 구할 수 있는 것이다. 평가기준들 간 상호 영향을 끼치지 않고 독립적일 때는 대안들의 가중치는 (대안 1, 대안 2, 대안 3)=(0.36, 0.38, 0.26)이다.

그런데 외교역량, 정보역량, 국방역량 상호 영향력이 있다고 가정하면 어떻게 될까? 예를 들어 그림 15.47과 같이 외교역량은 외교역량 자체와 정보역량으로부터 영향을 받으며, 정보역량은 정보역량 자체와 외교역량과 국방역량으로부터 영향을 받고, 국방역량은 국방역량 자체와 정보역량으로부터 영향을 받는다고 가정을 하자. 이 경우 평가기준들

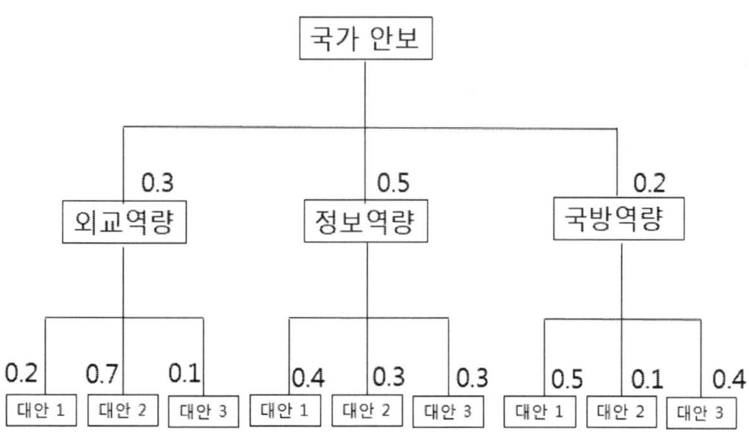

그림 15.46 국가안보를 목표로 하는 평가기준 및 대안의 계층화

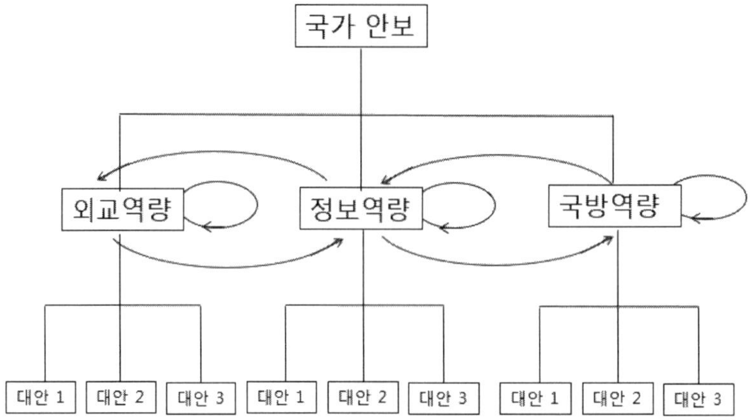

그림 15.47 평가기준별 종속성

간 상호 독립적일 때 구한 가중치를 보정하는 것이 필요하다.

가중치 보정을 위해 평가기준 간 영향도에 관한 쌍대비교를 추가적으로 실시해서 다음과 같은 결과를 얻었다. 외교역량 기준하 외교역량과 정보역량의 영향력을 상호 쌍대비교한 것이다. 앞에서 설명한 것과 같이 평가기준이 2개 이하일 경우의 CI는 완전한 일관성을 보인다.

외교역량

	외교역량	정보역량	가중치	CI
외교역량	1	3	0.75	0.0
정보역량	1/3	1	0.25	

그림 15.48 외교역량에서 본 외교역량과 정보역량의 쌍대비교 행렬

정보역량 기준하 외교역량, 정보역량, 국방역량의 영향력을 상호 쌍대비교한 것과 국방역량 기준하 정보역량과 국방역량의 쌍대비교는 그림 15.49~15.50과 같으며 가중치와 CI는 그림에서 표시된 것과 같다.

정보역량

	외교역량	정보역량	국방역량	가중치	CI
외교역량	1	3	4	0.625	0.009
정보역량	1/3	1	2	0.238	
국방역량	1/4	1/2	1	0.136	

그림 15.49 정보역량에서 본 평가기준별 쌍대비교 행렬

국방역량

	정보역량	국방역량	가중치	CI
정보역량	1	2	0.667	0.0
국방역량	1/2	1	0.333	

그림 15.50 국방역량에서 본 평가기준별 쌍대비교 행렬

평가기준 간 상호 영향력이 없을 때 구한 외교역량, 정보역량, 국방역량의 가중치가 0.3, 0.5, 0.2이었으므로 평가기준 간 상호 영향력이 있을 경우의 각 평가기준의 가중치 조정은 다음과 같이 실시한다.

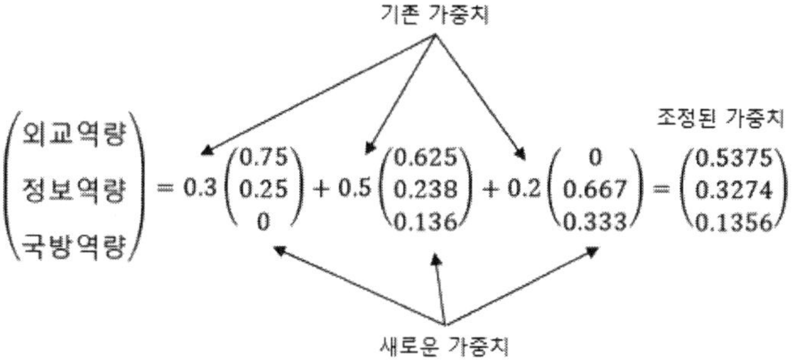

$$\begin{pmatrix} \text{외교역량} \\ \text{정보역량} \\ \text{국방역량} \end{pmatrix} = 0.3\begin{pmatrix} 0.75 \\ 0.25 \\ 0 \end{pmatrix} + 0.5\begin{pmatrix} 0.625 \\ 0.238 \\ 0.136 \end{pmatrix} + 0.2\begin{pmatrix} 0 \\ 0.667 \\ 0.333 \end{pmatrix} = \begin{pmatrix} 0.5375 \\ 0.3274 \\ 0.1356 \end{pmatrix}$$

최종적으로 조정된 평가기준 가중치 기준 대안들의 기여도를 고려하여 대안 평가를 실시한다.

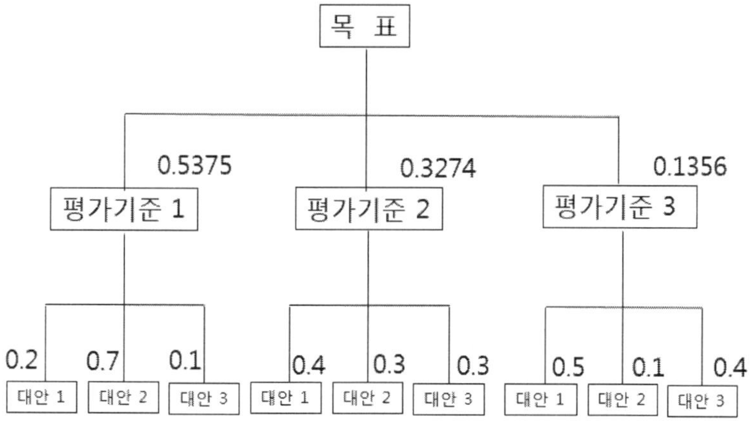

그림 15.51 조정된 가중치

$$\begin{pmatrix} \text{대안 1} \\ \text{대안 2} \\ \text{대안 3} \end{pmatrix} = 0.5375\begin{pmatrix}0.2\\0.7\\0.1\end{pmatrix} + 0.3274\begin{pmatrix}0.4\\0.3\\0.3\end{pmatrix} + 0.1356\begin{pmatrix}0.5\\0.1\\0.4\end{pmatrix} = \begin{pmatrix}0.306\\0.488\\0.206\end{pmatrix}$$

평가기준 간 영향력이 있는 경우에도 대안 2가 가장 우수한 대안으로 평가되었다. 이처럼 내부 종속법은 평가요소 간 또는 대안 간 상호 영향이 있을 경우 기존 AHP 방법에서 구한 가중치들을 조정하는 절차를 거치면 된다.

15.24.2 외부 종속법

외부 종속법에서는 평가기준의 가중치가 대안별로 동일한 것이 아니라 대안별로 상이할 수 있다는 가정을 한다. 즉, 일반적 AHP에서 대안 평가는 특정 평가기준에서 대안의 가중치를 선정하였는데 이를 기초로 하여 모든 평가기준의 가중치는 동일하게 사용되었다. 그러나 현실적으로는 대안별로 평가기준의 가중치를 다르게 하는 경우도 있을 것이다. 이러한 경우에 외부 종속법을 사용하며 개념도는 그림 15.52와 같다.

그림 15.52 외부 종속법 구조

외부 종속법을 설명하기 위해 그림 15.53과 같은 예를 들어 보자. 일반적 AHP 기법을 사용하여 국가안보 목표를 달성하기 위한 (외교역량, 정보역량, 국방역량)의 가중치는 (0.3, 0.5, 0.2)이고 외교역량에 기여하는 (대안 1, 대안 2, 대안 3)의 가중치는 (0.2, 0.7, 0.1)이다. 마찬가지로 정보역량에 기여하는 (대안 1, 대안 2, 대안 3)의 가중치는 (0.4, 0.3, 0.3)이며 국방역량에 기여하는 (대안 1, 대안 2, 대안 3)의 가중치는 (0.5, 0.1, 0.4)이다.

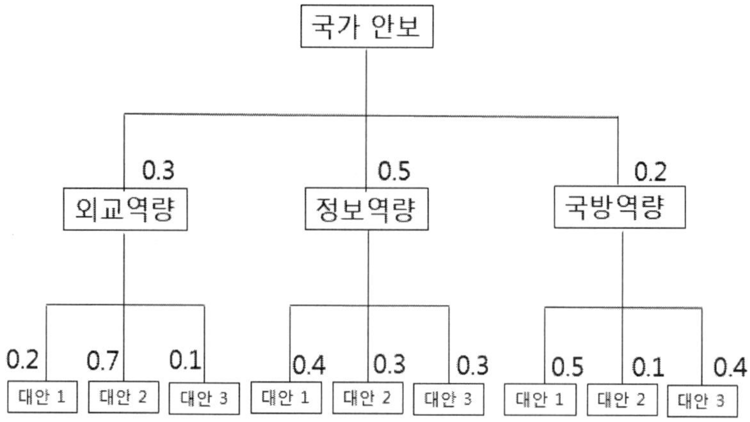

그림 15.53 국가안보를 목표로 하는 AHP 분석 계층구조

외부 종속법은 대안별로 평가기준의 가중치가 다를 수 있다고 하였으므로 각 대안별 평가기준의 가중치를 새로 쌍대비교에 의해 산출한다. 예를 들어 대안 1 기준 각 평가기준의 쌍대비교 행렬이 그림 15.54와 같다고 가정하자.

대안 1

	외교역량	정보역량	국방역량	가중치	CI
외교역량	1	3	4	0.625	0.009
정보역량	1/3	1	2	0.238	
국방역량	1/4	1/2	1	0.136	

대안 2

	외교역량	정보역량	국방역량	가중치	CI
외교역량	1	5	3	0.657	0.082
정보역량	1/5	1	2	0.196	
국방역량	1/3	1/2	1	0.147	

대안 3

	외교역량	정보역량	국방역량	가중치	CI
외교역량	1	5	4	0.680	0.099
정보역량	1/5	1	3	0.211	
국방역량	1/4	1/3	1	0.109	

그림 15.54 대안별 평가기준 간 쌍대비교 행렬

평가기준들을 기준한 대안들의 가중치 행렬과 대안을 기준한 평가기준들의 가중치 행렬로 다음과 같은 Super Matrix를 구성할 수 있다.

$$S = \begin{array}{c} \\ \text{평가기준} \\ \text{대안} \end{array} \begin{array}{c} \text{평가기준} \quad \text{대안} \\ \begin{pmatrix} 0 & W_C \\ W_A & 0 \end{pmatrix} \end{array}$$

Super Matrix S는 재귀성이 있어서 추이확률 행렬은 다음과 같은 극한 확률 행렬이 다음과 같은 행렬 S^*로 수렴된다. 즉, S의 무한곱은 S^*로 수렴된다. 다시 말하면 Super Matrix S는 $2k+1(k=0, 1, 2, \cdots)$번째 제곱 행렬에서 S와 같은 형태의 모습으로 나타나며 k가 어느 정도 커지면 극한 값으로 수렴한다.

$$S^2 = \begin{pmatrix} 0 & W_C \\ W_A & 0 \end{pmatrix}\begin{pmatrix} 0 & W_C \\ W_A & 0 \end{pmatrix} = \begin{pmatrix} W_C W_A & 0 \\ 0 & W_A W_C \end{pmatrix}$$

$$S^4 = \begin{pmatrix} W_C W_A & 0 \\ 0 & W_A W_C \end{pmatrix}\begin{pmatrix} W_C W_A & 0 \\ 0 & W_A W_C \end{pmatrix} = \begin{pmatrix} {W_C}^2 {W_A}^2 & 0 \\ 0 & {W_A}^2 {W_C}^2 \end{pmatrix}$$

$$\begin{aligned} S^5 = S^4 S &= \begin{pmatrix} {W_C}^2 {W_A}^2 & 0 \\ 0 & {W_A}^2 {W_C}^2 \end{pmatrix}\begin{pmatrix} W_C W_A & 0 \\ 0 & W_A W_C \end{pmatrix} \\ &= \begin{pmatrix} 0 & {W_C}^3 {W_A}^2 \\ {W_C}^2 {W_A}^3 & 0 \end{pmatrix} \end{aligned}$$

여기에서 가중치 행렬 W_C, W_A를 곱할 때는 앞의 행렬이 $m \times n$ 행렬이면 뒤의 행렬은 반드시 $n \times p$가 되어야 $m \times p$ 형태의 Matrix가 된다. 여기에서는 이러한 조건은 만족한다고 가정하고 행렬의 곱의 순서에 상관없이 곱의 형태만 표현하였다. 동일한 방법으로 계속 행렬을 곱해 나가면 $2k+1(k=1, 2, \cdots)$번째 곱에서는 최초 Super Matrix의 형태가 된다.

$$\lim_{k \to \infty} S^{2k+1}$$

$$S^* = \begin{array}{c} \\ \text{평가기준} \\ \text{대안} \end{array} \begin{array}{c} \text{평가기준} \quad \text{대안} \\ \begin{pmatrix} 0 & {W_C}^* \\ {W_A}^* & 0 \end{pmatrix} \end{array}$$

여기에서 W_A는 ${W_A}^*$로 수렴되고 W_C는 ${W_C}^*$로 수렴된다는 것을 알 수 있다.

앞에서 예를 든 문제의 Super Matrix를 그림 15.55와 같이 구할 수 있다.

	외교역량	정보역량	국방역량	대안 1	대안 2	대안 3
외교역량	0	0	0	0.625	0.657	0.680
정보역량	0	0	0	0.238	0.196	0.211
국방역량	0	0	0	0.136	0.147	0.109
대안 1	0.200	0.400	0.500	0	0	0
대안 2	0.700	0.300	0.100	0	0	0
대안 3	0.100	0.300	0.400	0	0	0

그림 15.55 Super Matrix

이 Super Matrix를 무한곱을 하면 그림 15.56과 같이 수렴하는 것을 알 수 있다.

	외교역량	정보역량	국방역량	대안 1	대안 2	대안 3
외교역량	0.00	0.00	0.00	0.65	0.65	0.65
정보역량	0.00	0.00	0.00	0.21	0.21	0.21
국방역량	0.00	0.00	0.00	0.14	0.14	0.14
대안 1	0.28	0.28	0.28	0.00	0.00	0.00
대안 2	0.53	0.53	0.53	0.00	0.00	0.00
대안 3	0.18	0.18	0.18	0.00	0.00	0.00

그림 15.56 Super Matrix의 무한곱

대안 1은 모든 평가기준하 0.28로 수렴하고 대안 2는 0.53, 대안 3은 0.18로 수렴한다. 따라서 대안의 선호도 우선순위는 대안 2, 대안 1, 대안 3 순이다. 또한 각 평가기준의 가중치는 외교역량은 0.65, 정보역량은 0.21, 국방역량은 0.14임을 알 수 있다.

16장

ANP(Analytic Network Process)

ANP 기법은 AHP 기법의 일반적인 형태로 1996년 Thomas. L. Saaty에 의해 개발되었다. ANP 개발 배경은 현실적인 문제에서는 평가기준들 간에 종속성을 고려해야 하는 경우가 많이 발생하고 있으나 AHP에서는 해결방안의 단순화를 위하여 평가기준 간 독립성을 가정하고 있어 이러한 간극을 해결하기 위함이다. ANP에서는 목표, 평가기준, 대안들 사이에 종속성과 Feedback을 포함하는 네트워크 구조 형태를 가지고 있다. 네트워크 구조의 특수한 형태가 Tree 구조이므로, ANP 기법의 연산은 AHP 기법의 연산을 포함하는 포괄적 방법이라고 할 수 있으며 다소 복잡한 절차와 계산을 요구한다. ANP에서는 요소들 상호 간 네트워크 구조의 영향력을 발휘할 때 각 요소가 네트워크 내에서 발휘하는 궁극적인 영향력을 알고자 한다. 즉, 영향력의 지배(Dominance of Influence) 정도를 측정하는 것이다.

ANP에서는 Super Matrix라는 개념을 사용하는데 극한 확률 개념에 의한 안정상태에 도달하는 행렬이며 Ergodic Markov Chain Process(Positive Recurrent, Aperiodic) 성질을 가진 행렬이다. ANP의 장점은 각 계층 간의 상호 의존성을 허용하고 있고 엄격한 세분화가 불필요한 것이다. ANP에서는 상호 인과관계에 의한 직관을 정량적으로 계산함으로써 현실에 근접한 모델링이 가능하다.

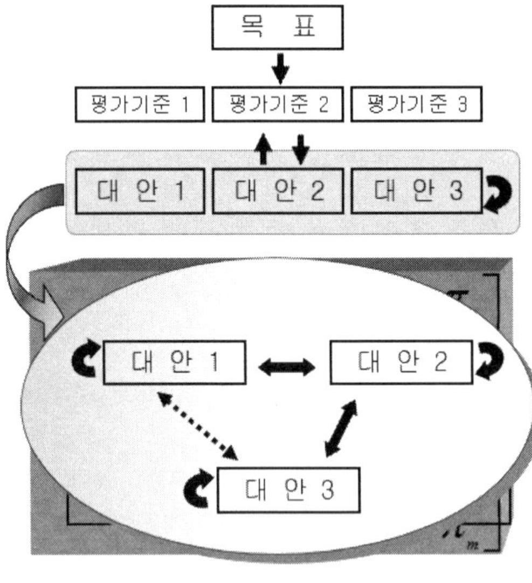

그림 16.1 ANP 문제 구조

ANP의 이론적 배경을 좀 더 알아 보면 Markov Chain Process는 시간의 경과에 따라 발생하는 상태 간의 전이확률이 전이가 발생하기 직전 상태에만 의존하는 확률 과정(Memoryless, Time Homogeneous)이며 Markov Chain이 Ergodic 하면 극한 확률 개념을 적용할 수 있다.

Ergodic Property

- Positive Recurrent: 어떤 방법을 사용하든지 n번 후에는 i 상태로 돌아오는 것
- Aperiodic: 상태 전이, 주기가 1을 의미

극한 확률 (Limiting Probability)

초기 상태에 의존적이면서 상태를 많이 전이하면 특정한 안정상태(Steady State)에 도달하는 확률 과정

* 전이는 확률의 곱셈을 의미 (이전 상태 확률 × 현재 상태 확률)

AHP와 ANP의 차이점을 요약하면 표 16.1과 같다.

표 16.1 AHP와 ANP 비교

구 분	AHP	ANP
구 조	Tree 구조 (목표, 평가기준, 대안)	Network 구조 (기준집합, 요소, 통제계층)
과 정	각 구성요소 간 상호 독립	각 구성요소 간 상관관계 존재
특 징	단방향 흐름 계산이 비교적 단순	상호종속성, 피드백 효과 계산이 복잡하여 시간 과다 소요
측 정	속성의 지배 정도를 측정	영향력의 지배 정도를 측정

16.1 내·외부 종속법

내·외부 종속법은 앞에서 설명한 내부 종속법과 외부 종속법이 결합된 형태로 평가기준 및 대안들이 같은 계층에 있는 요소들끼리 상호 영향을 끼치면서도 평가기준과 대안 간에도 상호 영향을 끼치는 형태이다. AHP를 만든 Saaty는 내부·외부 종속법을 ANP라고 불렀다.

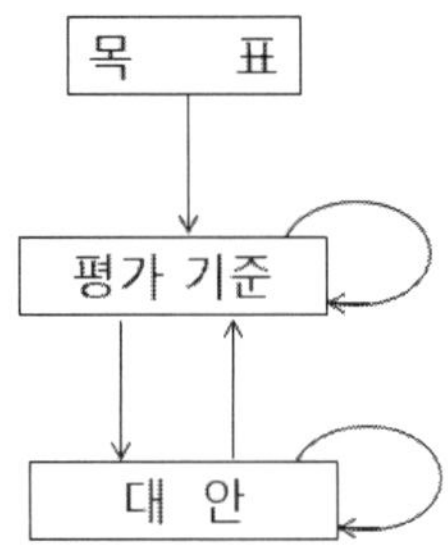

그림 16.2 ANP 계층구조

ANP에는 내·외부 종속법이 있고 Feedback형과 Series형으로 분류할 수 있다.

16.2 Feedback형 ANP

Feedback형 ANP에는 '목표' 대신 '시나리오'라는 항목이 대체된다. 다기준 의사결정 문제를 구성해서 사회적인 문제를 해결 시에 대안뿐만 아니라 시나리오도 복수로 필요할 수가 있다. 시나리오 자체도 목표에 의해 설정되는 것이 아니라 대안별로 설정되어 서로 다른 시나리오를 설정할 수 있다. 이러한 경우 문제의 구조는 그림 16.3과 같이 구성할 수 있다.

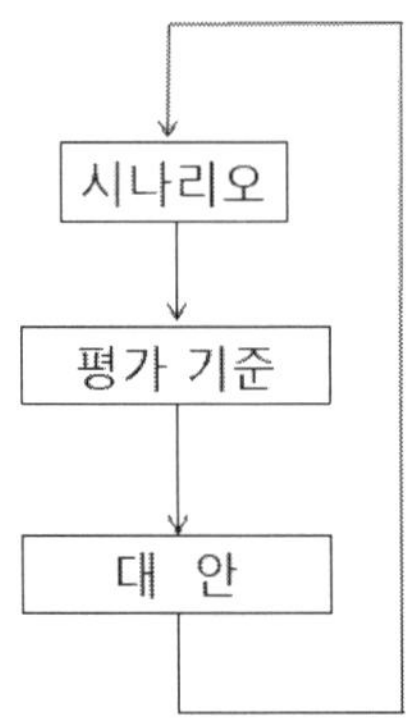

그림 16.3 Feedback형 ANP

그림 16.3과 같은 문제의 계층구조에서 시나리오 기준 평가기준의 가중치를 쌍대비교를 통해 구해서 W_C라 하고 평가기준 관점에서 대안의 가중치를 구해 W_A라 하고 대안 기준

시나리오의 가중치를 구해 W_S라 할 때 다음과 같은 Super Matrix를 구성할 수 있다.

$$S = \begin{array}{c} \text{시나리오} \\ \text{평가기준} \\ \text{대안} \end{array} \overset{\begin{array}{ccc} \text{시나리오} & \text{평가기준} & \text{대안} \end{array}}{\begin{pmatrix} 0 & 0 & W_S \\ W_C & 0 & 0 \\ 0 & W_A & 0 \end{pmatrix}}$$

Super Matrix의 각 요소 $W_{ij} = \dfrac{W_i}{W_j}$, $W_{jk} = \dfrac{W_j}{W_k}$라는 사실로부터 $W_{ij} \times W_{jk} = \dfrac{W_i}{W_j} \times \dfrac{W_j}{W_k} = \dfrac{W_i}{W_k}$의 간접적 근사가 된다. 따라서 $W_{ik}^{(2)} = \sum_j (W_{ij} \times W_{jk})$는 길이 2인 모든 경로에 의해 얻은 비율 $\dfrac{W_i}{W_k}$의 간접적 근사이다.

Super Matrix를 제곱하면 다음과 같은 형태의 행렬로 나타난다.

$$\begin{pmatrix} 0 & 0 & W_S \\ W_C & 0 & 0 \\ 0 & W_A & 0 \end{pmatrix}\begin{pmatrix} 0 & 0 & W_S \\ W_C & 0 & 0 \\ 0 & W_A & 0 \end{pmatrix} = \begin{pmatrix} 0 & W_S W_A & 0 \\ 0 & 0 & W_C W_S \\ W_C W_A & 0 & 0 \end{pmatrix}$$

여기에서 가중치 행렬 W_C, W_A, W_S를 곱할 때는 앞의 행렬이 $m \times n$ 행렬이면 뒤의 행렬은 반드시 $n \times p$가 되어야 $m \times p$ 형태의 Matrix가 된다. 여기에서는 이러한 조건은 만족한다고 가정하고 곱의 순서에 상관없이 곱의 형태만 표현하였다.

$$S^2 = \begin{array}{c} \text{시나리오} \\ \text{평가기준} \\ \text{대안} \end{array} \overset{\begin{array}{ccc} \text{시나리오} & \text{평가기준} & \text{대안} \end{array}}{\begin{pmatrix} 0 & W_S W_A & 0 \\ 0 & 0 & W_C W_S \\ W_C W_A & 0 & 0 \end{pmatrix}}$$

S^2를 제곱하면 다음과 같은 S^4를 구할 수 있다.

$$\begin{pmatrix} 0 & W_S W_A & 0 \\ 0 & 0 & W_C W_S \\ W_C W_A & 0 & 0 \end{pmatrix}\begin{pmatrix} 0 & W_S W_A & 0 \\ 0 & 0 & W_C W_S \\ W_C W_A & 0 & 0 \end{pmatrix} = \begin{pmatrix} 0 & 0 & W_S{}^2 W_A W_C \\ W_C{}^2 W_S W_A & 0 & 0 \\ 0 & W_A{}^2 W_C W_S & 0 \end{pmatrix}$$

$$
S^4 = \begin{matrix} \text{시나리오} \\ \text{평가기준} \\ \text{대안} \end{matrix}
\overset{\begin{matrix}\text{시나리오} & \text{평가기준} & \text{대안}\end{matrix}}{\begin{pmatrix} 0 & 0 & {W_S}^2 W_A W_C \\ {W_C}^2 W_S W_A & 0 & 0 \\ 0 & {W_A}^2 W_C W_S & 0 \end{pmatrix}}
$$

동일한 방법으로 곱을 계속해 나가면 $3k+1(k=1,\ 2,\ 3,\ \cdots)$번 곱에서 S는 S^*로 수렴된다. 즉, S^{3k+1}은 최초의 Super Matrix S와 동일한 형태로 변환된다.

$$\lim_{k \to \infty} S^{3k+1} = S^*$$

$$
S^* = \begin{matrix} \text{시나리오} \\ \text{평가기준} \\ \text{대안} \end{matrix}
\overset{\begin{matrix}\text{시나리오} & \text{평가기준} & \text{대안}\end{matrix}}{\begin{pmatrix} 0 & 0 & W_S^* \\ W_C^* & 0 & 0 \\ 0 & W_A^* & 0 \end{pmatrix}}
$$

이 때 시나리오의 가중치는 W_S^*가 되며 평가기준의 가중치는 W_C^*, 대안의 가중치는 W_A^*가 된다.

Feedback형 ANP를 예를 들어 설명해 보자. 서울과 광주 간 합리적 교통체계의 대안을 선택하는 문제를 생각해 보자. 교통체계의 대안으로는 'KTX', '고속버스', '항공'이 있고

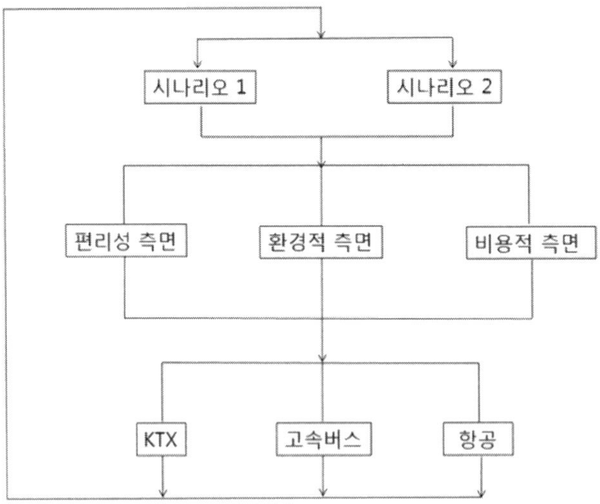

그림 16.4 교통체계를 선택하기 위한 ANP 계층구조

이를 평가하는 기준은 '편리성 측면', '환경적 측면', '비용적 측면'으로 설정하였다. 교통체계를 선택하는 문제에 시나리오를 2개 설정하였는데 '시나리오 1'은 '서울-대전-광주'를 연결하는 노선이고 '시나리오 2'는 '수서-공주-광주'를 연결하는 노선이다. 이러한 경우 각 시나리오들의 가중치는 대안들에 영향을 받게 되어 '시나리오→평가기준→대안→시나리오'를 연결하는 Feedback형 ANP 문제가 된다.

우선 '시나리오 1'을 기준하여 평가기준의 가중치를 쌍대비교를 통해 분석해 본 결과 $(W_{편리성\ 측면}, W_{환경적\ 측면}, W_{환경적\ 측면}) = (0.5, 0.2, 0.3)$이고 '시나리오 2'를 기준하여 평가기준의 가중치를 쌍대비교를 통해 분석해 본 결과 $(W_{편리성\ 측면}, W_{환경적\ 측면}, W_{환경적\ 측면}) = (0.2, 0.4, 0.4)$이었다.

$$\begin{array}{r} \\ 편리성\ 측면 \\ 환경적\ 측면 \\ 비용적\ 측면 \end{array} \begin{array}{c} \begin{array}{cc} 시나리오\ 1 & 시나리오\ 2 \end{array} \\ \begin{pmatrix} 0.5 & 0.2 \\ 0.2 & 0.4 \\ 0.3 & 0.4 \end{pmatrix} \end{array}$$

마찬가지로 각 평가기준하 대안들의 가중치를 분석해 본 결과 다음과 같은 결과를 얻었다.

$$\begin{array}{r} \\ KTX \\ 고속버스 \\ 항공 \end{array} \begin{array}{c} \begin{array}{ccc} 편리성\ 측면 & 환경적\ 측면 & 비용적\ 측면 \end{array} \\ \begin{pmatrix} 0.5 & 0.4 & 0.3 \\ 0.2 & 0.2 & 0.5 \\ 0.3 & 0.4 & 0.2 \end{pmatrix} \end{array}$$

동일한 방법으로 대안 기준 시나리오의 가중치를 분석해서 다음과 같은 결과를 얻었다.

$$\begin{array}{r} \\ 시나리오\ 1 \\ 시나리오\ 2 \end{array} \begin{array}{c} \begin{array}{ccc} KTX & 고속버스 & 항공 \end{array} \\ \begin{pmatrix} 0.6 & 0.3 & 0.5 \\ 0.4 & 0.7 & 0.5 \end{pmatrix} \end{array}$$

이러한 가중치 정보를 가지고 Super Matrix를 그림 16.5와 같이 구성할 수 있다.

	시나리오1	시나리오2	편리성측면	환경적측면	비용적측면	KTX	고속버스	항공
시나리오1	0	0	0	0	0	0.6	0.3	0.5
시나리오2	0	0	0	0	0	0.4	0.7	0.5
편리성측면	0.5	0.2	0	0	0	0	0	0
환경적측면	0.2	0.4	0	0	0	0	0	0
비용적측면	0.3	0.4	0	0	0	0	0	0
KTX	0	0	0.5	0.4	0.3	0	0	0
고속버스	0	0	0.2	0.2	0.5	0	0	0
항공	0	0	0.3	0.4	0.2	0	0	0

그림 16.5 Super Matrix

Super Matrix를 무한곱하면 그림 16.6과 같이 각 가중치들은 일정한 값으로 수렴한다.

$$\lim_{k \to \infty} S^{3k+1} = S^*$$

	시나리오1	시나리오2	편리성측면	환경적측면	비용적측면	KTX	고속버스	항공
시나리오1	0.00	0.00	0.00	0.00	0.00	0.48	0.48	0.48
시나리오2	0.00	0.00	0.00	0.00	0.00	0.52	0.52	0.52
편리성측면	0.34	0.34	0.00	0.00	0.00	0.00	0.00	0.00
환경적측면	0.30	0.30	0.00	0.00	0.00	0.00	0.00	0.00
비용적측면	0.35	0.35	0.00	0.00	0.00	0.00	0.00	0.00
KTX	0.00	0.00	0.40	0.40	0.40	0.00	0.00	0.00
고속버스	0.00	0.00	0.31	0.31	0.31	0.00	0.00	0.00
항공	0.00	0.00	0.30	0.30	0.30	0.00	0.00	0.00

그림 16.6 Super Matrix 무한곱

그림 16.6에서 대안들의 가중치를 살펴보면 KTX는 0.40, 고속버스는 0.31, 항공은 0.30이어서 KTX가 가장 우수한 대안으로 나타났다.

16.3 Series형 ANP

Series형 ANP는 '목표→시나리오→평가기준→대안'의 계층적 구조를 가진다. 목표 기준 시나리오의 가중치를 분석하고 시나리오 기준 평가기준의 가중치를, 평가기준하 대안의 가중치를 구해서 Super Matrix를 구성하여 무한곱으로 간접적 근사를 얻은 방법이다.

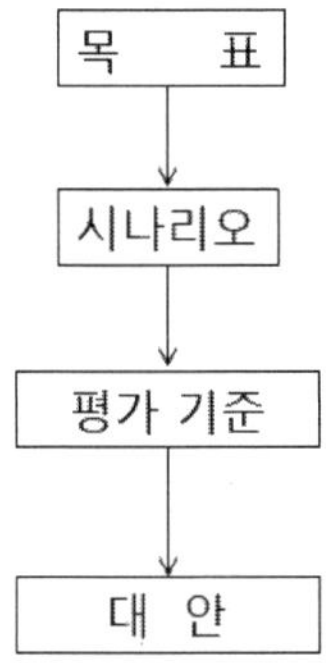

그림 16.7 Series형 ANP 구조

이러한 계층구조의 Super Matrix는 다음과 같은 형태로 구성된다.

$$S = \begin{array}{c} \\ \text{목표} \\ \text{시나리오} \\ \text{평가기준} \\ \text{대안} \end{array} \begin{array}{c} \begin{array}{cccc} \text{목표} & \text{시나리오} & \text{평가기준} & \text{대안} \end{array} \\ \begin{pmatrix} 0 & 0 & 0 & 0 \\ W_S & 0 & 0 & 0 \\ 0 & W_C & 0 & 0 \\ 0 & 0 & W_A & \mathrm{I} \end{pmatrix} \end{array}$$

S는 극한행렬로 수렴한다는 것을 알 수 있다.

$$S^* = S^{\infty}$$

$$S^* = \begin{array}{c} \\ \text{목표} \\ \text{시나리오} \\ \text{평가기준} \\ \text{대안} \end{array} \begin{array}{c} \begin{array}{cccc} \text{목표} & \text{시나리오} & \text{평가기준} & \text{대안} \end{array} \\ \begin{pmatrix} 0 & 0 & 0 & 0 \\ 0 & 0 & 0 & 0 \\ 0 & 0 & 0 & 0 \\ W_S W_C W_A & W_C W_A & W_A & \mathrm{I} \end{pmatrix} \end{array}$$

여기서 $W_S W_C W_A$는 목표에 대한 대안의 평가값이 되며 $W_C W_A$는 시나리오 기준 대안의 평가값이 된다.

Series형 ANP를 그림 16.8의 예제를 들어 설명해 보자. 앞에서 다룬 서울-광주 간 교통체계 대안을 분석하는 문제를 다음과 같이 수정해 본다. 이러한 경우 목표를 기준으로 한 시나리오의 가중치와 시나리오 기준 평가기준의 가중치, 평가기준하 대안의 가중치를 각각 구해서 Super Matrix를 구성해 본다. 목표 기준 시나리오의 가중치는 (시나리오 1, 시나리오 2)=(0.3, 0.7)이라고 가정하고 나머지 가중치는 Feedback형 ANP 예제에서 사용한 가중치를 그대로 사용한다. 다만 대안 기준 시나리오의 가중치는 Series형 ANP에서는 필요하지 않으므로 사용하지 않는다.

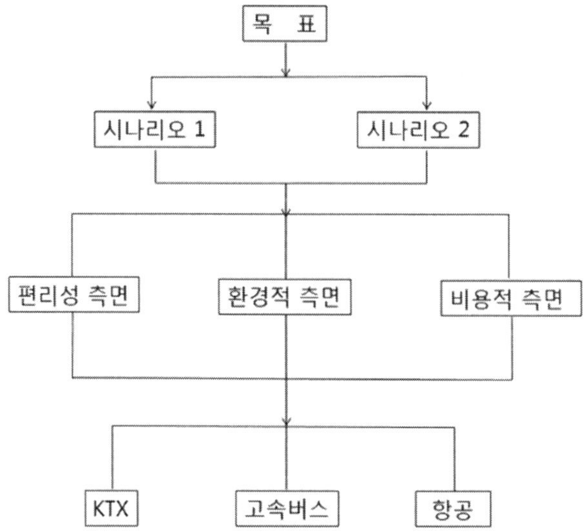

그림 16.8 교통체계를 선택하기 위한 Series형 ANP 구조

앞에서 주어진 가중치로 Series형 ANP의 Super Matrix를 구성하면 그림 16.9와 같다.

	목표	시나리오1	시나리오2	편리성측면	환경적측면	비용적측면	KTX	고속버스	항공
목표	0	0	0	0	0	0	0	0	0
시나리오1	0.3	0	0	0	0	0	0	0	0
시나리오2	0.7	0	0	0	0	0	0	0	0
편리성측면	0	0.5	0.2	0	0	0	0	0	0
환경적측면	0	0.2	0.4	0	0	0	0	0	0
비용적측면	0	0.3	0.4	0	0	0	0	0	0
KTX	0	0	0	0.5	0.4	0.3	1	0	0
고속버스	0	0	0	0.2	0.2	0.5	0	1	0
항공	0	0	0	0.3	0.4	0.2	0	0	1

그림 16.9 교통체계 선택을 위한 Series형 ANP의 Super Matrix

Super Matrix를 무한곱하면 그림 16.10과 같이 각 가중치들이 수렴하는 것을 알 수 있다. 목표에 대한 KTX의 가중치는 0.392이고 고속버스는 0.311, 항공은 0.297이다. 이 외에도 시나리오에 대한 대안들의 가중치와 평가기준에 대한 대안의 가중치를 알 수 있다.

	목표	시나리오1	시나리오2	편리성측면	환경적측면	비용적측면	KTX	고속버스	항공
목표	0	0	0	0	0	0	0	0	0
시나리오1	0	0	0	0	0	0	0	0	0
시나리오2	0	0	0	0	0	0	0	0	0
편리성측면	0	0	0	0	0	0	0	0	0
환경적측면	0	0	0	0	0	0	0	0	0
비용적측면	0	0	0	0	0	0	0	0	0
KTX	0.392	0.42	0.38	0.5	0.4	0.3	1	0	0
고속버스	0.311	0.29	0.32	0.2	0.2	0.5	0	1	0
항공	0.297	0.29	0.3	0.3	0.4	0.2	0	0	1

그림 16.10 Super Matrix 무한곱

17장

TOPSIS(Technique of Order Preference by Similarity to Ideal Solution) Method

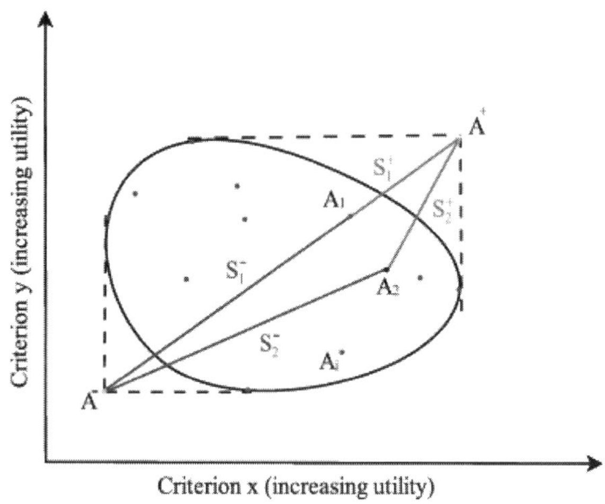

TOPSIS Method는 거리척도를 가지고 대안의 우선순위를 분석하는 다기준 의사결정 방법이다. TOPSIS Method에서는 두 가지의 가상 해를 구성한다. 하나는 이상적인 해, 즉 의사결정 행렬의 가용한 정보만을 가지고 만든 가상의 가장 좋은 해이고 다른 하나는 반대로 가장 반(反)이상적인 해(Negative Ideal Solution), 즉 가용한 정보만을 가지고 찾은 가장 나쁜 해이다. 이 두 가지 해를 만든 후 대안을 평가하는데 가장 좋은 대안은 당연히 이상적인 해에서는 가장 가깝고 반이상적인 해로부터 가장 먼 해이다. 여기서 거리척도는 Euclidean Distance 또는 City-block Distance를 사용한다. 이처럼 TOPSIS의 아이디어는 아주 간명하지만 상당한 유효성을 가지며 이해하기가 쉽고 적용하기도 용이하다. TOPSIS의 절차를 도표로 정리하면 그림 17.1과 같다.

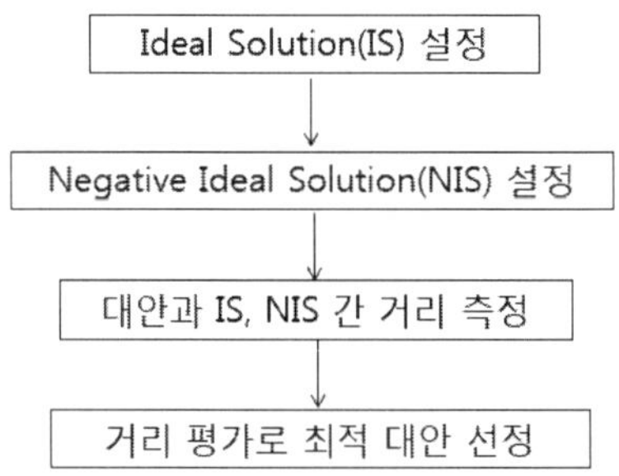

그림 17.1 TOPSIS 절차

그림 17.2와 같이 일반적인 다기준 의사결정 문제 구조를 생각해 보자.

				가중치		
		W_1	W_2	W_3	$\cdots$	W_n
				평가기준		
		C_1	C_2	C_3	$\cdots$	C_n
대안	A_1	x_{11}	x_{12}	x_{13}	$\cdots$	x_{1n}
	A_2	x_{21}				
	A_3	x_{31}		$\ddots$		
	$\vdots$	$\vdots$				$\vdots$
	A_m	x_{m1}		$\cdots$		x_{mn}

그림 17.2 다기준 의사결정 행렬

다기준 의사결정 행렬은 m개의 대안과 n개의 평가기준으로 구성된 $m \times n$ 행렬이고 i번째 대안을 j번째 평가기준으로 평가한 평가값 x_{ij}들이 있다. 각 평가기준은 중요도를 표시하는 가중치 w_j for $j = 1, 2, \cdots, n$이 있다. 평가기준은 Benefit Criteria와 Cost Criteria로 분류할 수 있다. J^+를 Benefit Criteria, J^-를 Cost Criteria로 정의하면 다음과 같다.

$$J^+ = \{\text{값이 클수록 좋은 평가기준 } j\text{의 집합}\}$$

$$J^- = \{\text{값이 작을수록 좋은 평가기준 } j\text{의 집합}\}$$

TOPSIS 분석을 하기 위해서 이러한 다기준 의사결정 행렬을 가지고 먼저 수행해야 할 일은 자료의 정규화이다. 평가기준별 자료의 단위가 다른 것을 무차원의 자료로 만들어 동일한 척도로 비교하기 위해서이다. TOPSIS에서 주로 사용되는 방법은 여러 가지가 있을 수 있으나 여기서는 벡터 정규화(Vector Normalization) 방법을 예를 들어 설명한다.

벡터 정규화는 벡터가 $u = (x_1, x_2, \cdots, x_n)$라면 각 성분을 벡터의 크기인 $\|u\| = \sqrt{{x_1}^2 + {x_2}^2 + \cdots + {x_n}^2}$로 나누어 $\hat{u} = \frac{u}{\|u\|}$로 정규화하는 것을 말한다. 다기준 의사결정 행렬에서 제시된 x_{ij}의 정규화는 식 (17-1)과 (17-2)와 같이 수행한다.

$$r_{ij} = \frac{x_{ij}}{\sqrt{\sum_i {x_{ij}}^2}} \quad i = 1, 2, \cdots, m,\ j = 1, 2, \cdots, n,\ j \in J^+ \tag{17-1}$$

$$r_{ij} = 1 - \frac{x_{ij}}{\sqrt{\sum_i {x_{ij}}^2}} \quad i = 1, 2, \cdots, m,\ j = 1, 2, \cdots, n,\ j \in J^- \tag{17-2}$$

다음으로 정규화된 r_{ij}들을 w_j를 곱해 식 (17-3)과 같이 가중 정규화 행렬 ν_{ij}를 만든다. 가중 정규화 행렬은 비교 가능한 무차원의 데이터에 가중치까지 고려된 행렬이 된다.

$$\nu_{ij} = r_{ij} w_i \text{ for } i = 1, 2, \cdots, m,\ j = 1, 2, \cdots, n \tag{17-3}$$

다음으로 Ideal Solution과 Negative Ideal Solution을 찾는다. 현재 가중 정규화 행렬로부터 우리가 가진 제한된 정보만 가지고 Ideal Solution과 Negative Ideal Solution을 찾는다. Ideal Solution A^*는 식 (17-4)와 같이 구할 수 있다.

$$\nu_j^* = \left\{ \max_i \nu_{ij} \text{ if } j \in J^+,\ \min_j \nu_{ij} \text{ if } j \in J^- \right\} \tag{17-4}$$

$$A^* = (\nu_1^*, \nu_2^*, \cdots, \nu_n^*)$$

가중 정규화 행렬에서 Benefit Criteria 속성은 크면 클수록 좋은 값이므로 최댓값으로 선정한다. 반면 Cost Criteria에서는 작으면 작을수록 좋은 값이므로 최솟값을 선정한다. 동일한 개념으로 Negative Ideal Solution A'는 식 (17-5)와 같이 구할 수 있다.

$$\nu_j' = \left\{ \min_i \nu_{ij} \text{ if } j \in J^+,\ \max_j \nu_{ij} \text{ if } j \in J^- \right\} \tag{17-5}$$

$$A' = (\nu_1', \nu_2', \cdots, \nu_n')$$

Benefit Criteria 속성은 작으면 작을수록 좋지 않은 값이므로 최솟값으로 선정한다. 반면 Cost Criteria에서는 크면 클수록 좋지 않은 값이므로 최댓값을 선정한다. 다음으로 가중 정규화 행렬에서 각 대안들이 각 평가기준에서 가지고 있는 평가값과 Ideal Solution 까지의 거리를 식 (17-6)과 같이 계산한다.

$$S_i^* = \sqrt{\Sigma_j (\nu_j^* - \nu_{ij})^2} \quad i = 1, 2, \cdots, m \tag{17-6}$$

동일한 개념으로 Negative Ideal Solution까지의 거리를 식 (17-7)과 같이 계산한다.

$$S_i' = \sqrt{\Sigma_j (\nu_j' - \nu_{ij})^2} \quad i = 1, 2, \cdots, m \tag{17-7}$$

마지막으로 Ideal Solution으로부터는 가장 가깝고 Negative Ideal Solution으로부터는 가장 먼 대안을 찾는다. $C_i^* = S_i'/(S_i^* + S_i')$로 정의하면 $0 < C_i^* < 1$이 만족하고 C_i^*가 가장 큰 대안이 Ideal Solution으로부터는 가장 가깝고 Negative Ideal Solution으로부터는 가장 먼 대안으로 최적의 대안으로 간주될 수 있다. $C_i^* = S_i'/(S_i^* + S_i')$ 식에서 분자로 Negative Ideal Solution까지의 거리 S_i'로 둔 이유는 C_i^*가 가장 큰 값을 최적의 대안으로 선정하기 위해서이다. 그림 17.3은 평가기준이 C_1과 C_2 2개인 경우 TOPSIS의 개념을 설명한 것이다. Ideal Solution과 Negative Ideal Solution을 찾고 각 대안들로부터 Positive Distance와 Negative Distance를 측정하여 Ideal Solution으로부터는 가장 가깝고 Negative Ideal Solution으로부터는 가장 먼 대안을 찾는 절차를 설명하고 있다.

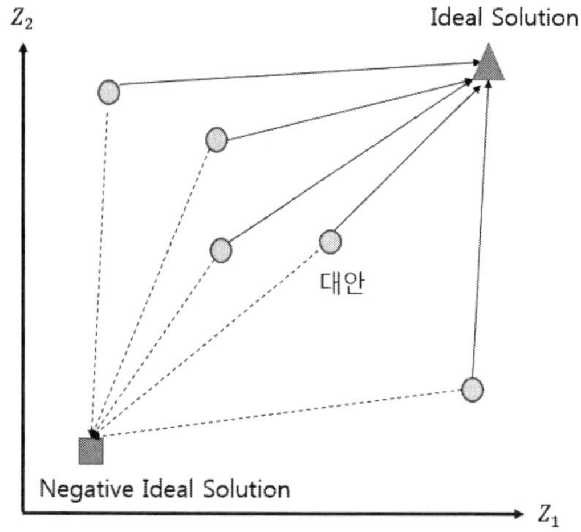

그림 17.3 Ideal Solution과 Negative Ideal Solution

여기서 Ideal Solution 및 Negative Ideal Solution까지의 거리를 Euclidean Distance를 사용하지 않고 City-block Distance를 사용할 수도 있다. i 대안과 k 대안 간의 City-block Distance는 식 (17-8)과 같다.

$$S_{ik} = \Sigma_{j=1}^{n} |\nu_{ij} - \nu_{kj}|, \ i, k = 1, 2, \cdots, m, \ i \neq k \tag{17-8}$$

City-block Distance는 식 (17-9)를 만족한다.

$$S_i^* + S_i' = S^0 = \varphi \quad i = 1, 2, \cdots, m, \ \varphi > 0 \tag{17-9}$$

$$C_i^* = S_i' / S^0 = S_i' / (S_i^* + S_i'), \ i = 1, 2, 3, \cdots, m$$

$A^+ = \{A_i \mid \max_i C_i^*\}$라고 하면 $A^+ = \{A_i \mid \max_i \Sigma_{j=1}^{n} \nu_{ij}\} = \{A_i \mid \max_i C_i^*\}$이다.

이 관계는 Ideal Solution에 가장 가까운 대안은 Negative Ideal Solution으로부터는 가장 멀다는 것이 보장된다. 그러나 Euclidean Distance를 적용하면 이 관계가 보장되지 않는다.

[TOPSIS 예제]

다음 의사결정 문제를 TOPSIS 방법으로 해결해 보자. 차량구입을 희망하는 소비자가 있다. 이 소비자는 차량구입 시 평가기준으로 연비, 비용, 신뢰성, 디자인을 선택했고 각 평가기준의 가중치를 구하였다. 이 소비자가 구매하려는 차종은 A, B, C, D 4종으로 각각의 대안과 평가기준에 해당하는 평가값들은 그림 17.4와 같다. 여기에서 연비, 신뢰성, 디자인은 크면 클수록 좋은 Benefit Criteria이고 비용은 작으면 작을수록 좋은 Cost Criteria이다. 즉, $J^+ = \{$연비, 신뢰성, 디자인$\}$, $J^- = \{$비용$\}$이 된다.

		가중치			
		0.2	0.3	0.4	0.1
		연비	비용	신뢰성	디자인
차종	A	7	9	2	6
	B	9	7	8	8
	C	8	5	4	8
	D	6	3	8	9

그림 17.4 차종 선택을 위한 의사결정 행렬

앞에서 설명한 TOPSIS 방법을 적용하기 위해서는 먼저 데이터 정규화를 수행하여야 한다. 벡터 정규화를 수행하면 그림 17.5와 같은 행렬을 구할 수 있다.

벡터 정규화 방법은 정규화 이론을 설명한 8장을 참고하고 Benefit Criteria와 Cost Criteria에 대해 그림 17.6과 같이 실시한다.

$$r_{ij} = \frac{x_{ij}}{\sqrt{\sum_{i=1}^{m} {x_{ij}}^2}} \quad i = 1, 2, \cdots, m,\ j = 1, 2, \cdots, n \text{ for Benefit Criteria}$$

$$r_{ij} = 1 - \frac{x_{ij}}{\sqrt{\sum_{i=1}^{m} {x_{ij}}^2}} \quad i = 1, 2, \cdots, m,\ j = 1, 2, \cdots, n \text{ for Cost Criteria}$$

	연비	비용	신뢰성	디자인
A	0.462	0.297	0.164	0.383
B	0.593	0.453	0.658	0.511
C	0.528	0.610	0.329	0.511
D	0.396	0.766	0.658	0.575

그림 17.5 벡터 정규화 수행 이후 의사결정 행렬

다음으로 정규화된 r_{ij}들을 w_j를 곱해 가중 정규화 행렬 ν_{ij}를 만든다. 가중 정규화 행렬은 그림 17.6과 같은 비교 가능한 무차원의 데이터에 가중치까지 고려된 행렬이 된다.

$$\nu_{ij} = r_{ij} w_j \text{ for } i = 1, 2, \cdots, m,\ j = 1, 2, \cdots, n$$

	연비	비용	신뢰성	디자인
A	0.092	0.089	0.066	0.038
B	0.119	0.136	0.263	0.051
C	0.106	0.183	0.132	0.051
D	0.079	0.230	0.263	0.057

그림 17.6 가중 정규화 행렬

이 가중 정규화 행렬로부터 Ideal Solution과 Negative Ideal Solution을 구한다. Benefit Criteria와 Cost Criteria를 고려하여 정규화를 실시하면 두 Criteria에서 모두 크면 클수록 좋은 값으로 변환된다. 따라서 연비, 신뢰성, 디자인, 비용은 모두 크면 클수록 좋은 평가기준으로 변환되어 Ideal Solution $A^* = (0.119, 0.230, 0.263, 0.057)$이다. Negative Ideal Solution은 $A' = (0.079, 0.089, 0.066, 0.038)$이다.

표 17.1 Ideal Solution과 Negative Ideal Solution

	연비	비용	신뢰성	디자인
A	0.092	<u>0.089</u>	<u>0.066</u>	<u>0.038</u>
B	**0.119**	0.136	**0.263**	0.051
C	0.106	0.183	0.132	0.051
D	<u>0.079</u>	**0.230**	**0.263**	**0.057**

강조 : Ideal Solution

밑줄 : Negative Ideal Solution

가중 정규화 행렬에서 그림 17.7과 같이 각 대안들이 각 평가기준에서 가지고 있는 평가값과 Ideal Solution과 Negative Ideal Solution까지의 거리를 계산한다.

$$S_i^* = \sqrt{\Sigma_j (\nu_j^* - \nu_{ij})^2} \quad i = 1, 2, \cdots, m$$

$$S_i' = \sqrt{\Sigma_j (\nu_j' - \nu_{ij})^2} \quad i = 1, 2, \cdots, m$$

	연비	비용	신뢰성	디자인	Ideal Solution 까지 거리	Negative Ideal Solution 까지 거리
A	0.092	0.089	0.066	0.038	0.244	0.013
B	**0.119**	0.136	**0.263**	0.051	0.094	0.207
C	0.106	0.183	0.132	0.051	0.140	0.118
D	0.079	**0.230**	**0.263**	**0.057**	0.040	0.243

강조 : Ideal Solution
밑줄 : Negative Ideal Solution

그림 17.7 대안과 (Negative) Ideal Solution 간 Euclidean 거리

$C_i^* = S_i'/(S_j^* + S_i')$을 구하면 그림 17.8과 같다. 따라서 C_i^*가 가장 큰 차종 D가 최적의 대안이며 B, C, A 순으로 좋은 대안으로 평가된다.

	Ideal Solution 까지 거리 S_i^*	Negative Ideal Solution 까지 거리 S_i'	$C_i^* = S_i'/(S_i^* + S_i')$
A	0.244	0.013	0.051
B	0.094	0.207	0.688
C	0.140	0.118	0.457
D	0.040	0.243	0.860

그림 17.8 최적 대안 선택

정규화 시 Benefit Criteria와 Cost Criteria를 고려하지 않고 Benefit Criteria 정규화 방법으로만 정규화하고 난 후 Cost Criteria에서 가장 작은 값을 Ideal Solution에 가장 큰 값을 Negative Ideal Solution 벡터의 요소로 두어도 동일한 결과를 얻을 수 있다. Benefit Criteria 정규화 방법만으로 그림 17.9와 같이 정규화를 실시한다.

$$r_{ij} = \frac{x_{ij}}{\sqrt{\sum_{i=1}^{m} {x_{ij}}^2}} \quad i = 1, 2, \cdots, m, \ \ j = 1, 2, \cdots, n$$

	연비	비용	신뢰성	디자인
A	0.462	0.703	0.164	0.383
B	0.593	0.547	0.658	0.511
C	0.528	0.390	0.329	0.511
D	0.396	0.234	0.658	0.575

그림 17.9 차종 선택을 위한 의사결정 행렬

다음으로 그림 17.10과 같이 정규화된 r_{ij}들을 w_j를 곱해 가중 정규화 행렬 ν_{ij}를 만든다. 가중 정규화 행렬은 비교 가능한 무차원의 데이터에 가중치까지 고려된 행렬이 된다.

$$\nu_{ij} = r_{ij} w_j \quad i = 1,\ 2,\ \cdots,\ m,\ \ j = 1,\ 2,\ \cdots,\ n$$

	연비	비용	신뢰성	디자인
A	0.092	0.211	0.066	0.038
B	0.119	0.164	0.263	0.051
C	0.106	0.117	0.132	0.051
D	0.079	0.070	0.263	0.057

그림 17.10 가중 정규화 행렬

이 가중 정규화 행렬로부터 Ideal Solution과 Negative Ideal Solution을 구한다.

연비, 신뢰성, 디자인은 크면 클수록 좋은 평가기준이고 비용은 작으면 작을수록 좋은 평가기준이기 때문에 Ideal Solution $A^* = (0.119,\ 0.070,\ 0.263,\ 0.057)$이다. Negative Ideal Solution은 $A' = (0.079,\ 0.211,\ 0.066,\ 0.038)$이다.

가중 정규화 행렬에서 각 대안들이 각 평가기준에서 가지고 있는 평가값과 Ideal Solution과 Negative Ideal Solution까지의 거리를 그림 17.11과 같이 계산한다.

$$S_i^* = \sqrt{\Sigma_j (\nu_j^* - \nu_{ij})^2} \quad i = 1,\ 2,\ \cdots,\ m$$

$$S_i' = \sqrt{\Sigma_j (\nu_j' - \nu_{ij})^2} \quad i = 1,\ 2,\ \cdots,\ m$$

	연비	비용	신뢰성	디자인	Ideal Solution 까지 거리	Negative Ideal Solution 까지 거리
A	0.092	0.211	0.066	0.038	0.244	0.013
B	**0.119**	0.164	**0.263**	0.051	0.094	0.207
C	0.106	0.117	0.132	0.051	0.140	0.118
D	0.079	**0.070**	**0.263**	**0.057**	0.040	0.243

강조 : Ideal Solution
밑줄 : Negative Ideal Solution

그림 17.11 대안과 (Negative) Ideal Solution 간 Euclidean 거리

$C_i^* = S_i'/(S_j^* + S_i')$을 구하면 그림 17.12와 같다. 따라서 C_i^*가 가장 큰 차종 D가 최적의 대안이며 B, C, A 순으로 좋은 대안이라고 할 수 있다.

	Ideal Solution 까지 거리 S_i^*	Negative Ideal Solution 까지 거리 S_i'	$C_i^* = S_i'/(S_i^* + S_i')$
A	0.244	0.013	0.051
B	0.094	0.207	0.688
C	0.140	0.118	0.457
D	0.040	0.243	0.860

그림 17.12 최적 대안 선택

2가지 방법 모두 동일한 C_i^* 값을 가지고 있음을 알 수 있다.

[TOPSIS **예제** 2]

그림 17.13과 같이 6개의 평가기준과 4개의 대안이 있는 다기준 의사결정 행렬을 생각해 보자. C4 평가기준만 Cost Criteria이고 나머지 평가기준은 Benefit Criteria이다. 이 문제를 TOPSIS로 해결하기로 했다.

가중치	0.2	0.1	0.1	0.1	0.2	0.3
	C1	C2	C3	C4	C5	C6
	Benefit	Benefit	Benefit	Cost	Benefit	Benefit
A1	2.0	1500	20000	5.5	5	9
A2	2.5	2700	18000	6.5	3	5
A3	1.8	2000	21000	4.5	7	7
A4	2.2	1800	20000	5	5	5

그림 17.13 의사결정 행렬

먼저 이 의사결정 행렬을 벡터 정규화 방법을 사용하여 정규화 행렬을 그림 17.14와 같이 구한다.

정규화 행렬

	C1	C2	C3	C4	C5	C6
가중치	0.2	0.1	0.1	0.1	0.2	0.3
A1	0.4671	0.3662	0.5056	0.5069	0.4811	0.6708
A2	0.5839	0.6591	0.4550	0.5990	0.2887	0.3727
A3	0.4204	0.4882	0.5308	0.4147	0.6736	0.5217
A4	0.5139	0.4394	0.5056	0.4608	0.4811	0.3727

그림 17.14 벡터 정규화 수행 이후 의사결정 행렬

다음으로 평가기준의 가중치를 정규화 행렬에 곱해 그림 17.15와 같이 가중 정규화 행렬을 구한다.

가중정규화 행렬

	C1	C2	C3	C4	C5	C6
가중치	0.2	0.1	0.1	0.1	0.2	0.3
A1	0.0934	0.0366	0.0506	0.0507	0.0962	**0.2012**
A2	**0.1168**	**0.0659**	0.0455	0.0599	0.0577	0.1118
A3	0.0841	0.0488	**0.0531**	**0.0415**	**0.1347**	0.1565
A4	0.1028	0.0439	0.0506	0.0461	0.0962	0.1118

강조 : Ideal Solution
밑줄 : Negative Ideal Solution

그림 17.15 가중 정규화 행렬로 구한 (Negative) Ideal Solution

가중 정규화 행렬로부터 각 평가기준별로 Benefit Criteria는 가장 큰 값으로 Cost Criteria에서는 가장 작은 값으로 Ideal Solution A^*와 Negative Ideal Solution A'을 구한다. 여기에서 주의해야 할 것은 벡터 정규화 시 모두 Benefit Criteria로 간주하고 정규화하였기 때문에 이 단계에서 Cost Criteria에서는 가장 작은 값을 가장 좋은 것으로 간주하고 Ideal Solution에 포함시키는 것이다.

$$A^* = (0.1168,\ 0.0659,\ 0.0531,\ 0.0415,\ 0.1347,\ 0.2012)$$

$$A' = (0.0841,\ 0.0366,\ 0.0455,\ 0.0599,\ 0.0577,\ 0.1118)$$

$$S_{A1}^{*} = 0.0545,\ S_{A2}^{*} = 0.1197,\ S_{A3}^{*} = 0.0580,\ S_{A4}^{*} = 0.1009$$

$$S_{A1}^{-} = 0.0841,\ S_{A2}^{-} = 0.0439,\ S_{A3}^{-} = 0.0920,\ S_{A4}^{-} = 0.0458$$

$$C_{A1}^{*} = \frac{S_{A1}^{'}}{S_{A1}^{*} + S_{A1}^{-}} = \frac{0.0983}{0.0545 + 0.0983},\ C_{A2}^{*} = 0.268,\ C_{A3}^{*} = 0.613,\ C_{A4}^{*} = 0.312$$

대안의 우선순위는 A1, A3, A4, A2 순이다.

Euclidean Distance와 City-block Distance를 비교해 보면 다음과 같다.

표 17.2 거리척도별 C_{Ai}^{*}

대안 \ 거리척도	Euclidean Distance	City-block Distance
A1	0.643	0.596
A2	0.268	0.244
A3	0.613	0.629
A4	0.312	0.328

City-block Distance를 측정거리로 사용하면 A3, A1, A4, A2 순으로 우선순위가 결정된다.

18장

LINMAP(LINear programming technique for Multidimensional Analysis of Preference) Method

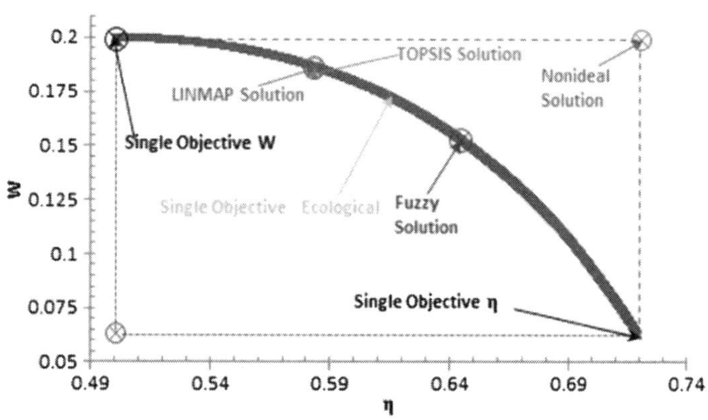

LINMAP은 대안쌍 간 우열이 알려져 있을 때 속성의 가중치 및 이상적 대안의 위치를 결정할 수 있고 대안의 우선순위를 결정할 수 있는 방법이다. m개의 대안과 n개의 속성이 있는 다기준 의사결정 문제가 있다고 가정하면 LINMAP에서는 n차원의 공간에서 m개의 대안이 다차원 공간 위치로 표현된다. 의사결정자가 각 속성의 이상적 위치를 찾는다면 이 위치 벡터가 가장 이상적인 대안(Ideal Solution)이 된다. TOPSIS에서 Benefit Criteria에서 가장 큰 값을 Cost Criteria에서 가장 작은 값을 Ideal Solution으로 간주하는 것과 같은 원리이다.

LINMAP에서 Ideal Solution이 결정되면 Ideal Solution으로부터 가장 가까운 거리에 있는 대안이 가장 좋은 대안이다. x_j^*를 j 속성에서 이상적인 대안의 값이라고 하면 Ideal Solution은 $(x_1^*, x_2^*, \cdots, x_n^*)$이 되고 가중치 w_j를 고려한 대안 i로부터 이상적인 대안(Ideal Solution)까지의 거리는 식 (18-1)과 같이 결정된다.

$$d_i = \sqrt{\sum_j w_j (x_{ij} - x_j^*)^2} \quad i = 1, 2, \cdots, m \tag{18-1}$$

d_i를 제곱해서 제곱근을 제거한 것을 식 (18-2)와 같이 S_i라고 하자.

$$S_i = d_i^2 = \sum_j w_j (x_{ij} - x_j^*)^2 \quad i = 1, 2, \cdots, m \tag{18-2}$$

$\Omega = \{(k, l)\}$는 k 대안과 l 대안을 비교 시 k 대안이 더 좋다고 판단된 대안 (k, l)쌍의 집합이다. 두 대안쌍의 우열비교는 Weighted Sum Model이나 Weighted Product Model 등 다기준 의사결정 방법에 의해 사전 결정될 수 있다고 가정한다. 사전 대안쌍의 우열비교의 예를 들면 대안 집합 $A_R = \{a_1, a_2, a_3, \cdots, a_m\}$을 우선순위에 따라 가장 중요한 순으로 다시 재정렬한 것이라 하면 모든 k에 대해 $a_k P a_{k+1}$ 또는 $a_k I a_{k+1}$가 되는 Weak Order 순으로 정렬된다. 따라서 다음의 관계가 성립한다. Weak Order 순을 정할 때는 원 의사결정 행렬의 행렬값들을 비율 정규화를 먼저 실시하고 대안별 비율 정규화 값의 합으로 정한다. 비율 정규화는 식 (18-3)~(18-4)의 식으로 정규화를 실시한다. J^+는 Benefit Criteria이고 J^-는 Cost Criteria이다.

$$p_{ij} = \frac{x_{ij}}{\max_i (x_{ij})} \quad i = 1, 2, \cdots, m, \ j = 1, 2, \cdots, n, \ j \in J^+ \tag{18-3}$$

$$p_{ij} = \frac{\min_i(x_{ij})}{x_{ij}} \quad i = 1, 2, \cdots, m, \; j = 1, 2, \cdots, n, \; j \in J^- \tag{18-4}$$

정규화된 행렬값의 $\sum_j p_{ij}$ 순으로 Weak Order를 결정할 수도 있다.

m개의 대안이 있을 때 자기 자신을 제외한 다른 대안과의 비교 회수는 $m(m-1)$번이나 이 중 $m(m-1)/2$만이 Ω 집합의 원소가 될 수 있어서 실제적으로 Ω의 원소수는 $m(m-1)/2$이다. LINMAP에선 모든 비교 가능한 대안쌍을 다 비교할 필요는 없다. 그러나 비교 대안쌍이 많으면 많을수록 LINMAP에 의해 구한 결과는 더 신뢰된다고 알려져 있다. 또한 일반적으로 대안 수가 속성 수보다 많을 때 LINMAP은 더 좋은 결과를 제공한다.

LINMAP에서 우리가 구하고자 하는 최종 해 $(\underline{w}, \underline{x}^*)$가 $\Omega = \{(k, l)\}$에 대해 $S_l \geq S_k$를 만족하면 $(\underline{w}, \underline{x}^*)$와 Ω의 일치성이 만족된다. 그러면 주어진 의사결정 행렬과 $\Omega = \{(k, l)\}$의 불일치성을 최소화 하는 $(\underline{w}, \underline{x}^*)$을 찾는 것이 LINMAP 문제이다. 식 (18-5)~(18-6)과 같이 Ω에 속해 있는 (k, l)의 불일치성 정도 $(S_l - S_k)^-$를 정의하자.

$$(S_l - S_k)^- = \begin{cases} 0 & \text{if } S_l \geq S_k \\ S_k - S_l & \text{if } S_l < S_k \end{cases} \tag{18-5}$$

$$= \max\{0, (S_k - S_l)\} \tag{18-6}$$

Ω에 있는 모든 대안의 쌍 (k, l)에 해당하는 $(S_l - S_k)^-$을 찾아 합하면 식 (18-7)과 같은 불일치성의 합 B를 구할 수 있다.

$$\mathrm{B} = \sum_{(k,l) \in \Omega} (S_l - S_k)^- \tag{18-7}$$

정의에 의해 $(S_l - S_k)^-$도 비음수(Non-Negative)이기 때문에 B도 비음수가 된다.

B를 최소화하기 위한 가중치 $\underline{w_j}$와 $\underline{x_j^*}$ $(j = 1, 2, \cdots, n)$를 찾아야 한다. 만약 $\underline{w_j} = 0$ $(j = 1, 2, \cdots, n)$라면 $\mathrm{B} = 0$이 되는 자명한 해가 있기는 하지만 이것은 우리가 찾는 해가 아니다. 이러한 상황을 방지하기 위해 다음과 같은 일치성 제약식 G를 추가한다. $(S_l - S_k)^+$를 Ω에 있는 모든 대안의 쌍 (k, l)의 일치성 정도라고 정의하면 식 (18-8)과 같이 표현할 수 있다.

$$(S_l - S_k)^+ = \begin{cases} S_l - S_k & \text{if } S_l \geq S_k \\ 0 & \text{if } S_l < S_k \end{cases} \tag{18-8}$$

Ω에 있는 모든 대안의 쌍 (k, l)에 해당하는 $(S_l - S_k)^+$을 찾아 합하면 식 (18-9)와 같이 일치성 G를 구할 수 있다.

$$\mathrm{G} = \sum_{(k,\, l) \in \Omega} (S_l - S_k)^+ \tag{18-9}$$

일치성 정도와 불일치성 정도는 $\mathrm{G} > \mathrm{B}$이 되어야 우리가 요구하는 가중치와 대안이 결정되는 것이다. $\mathrm{G} > \mathrm{B}$ 대신 $\mathrm{G} - \mathrm{B} = h$ 제약식을 추가하기도 한다. 여기서 h는 임의의 양수이나 일반적으로 Norm인 1로 둔다.

$S_l \geq S_k$인 경우 $(S_l - S_k)^+ = S_l - S_k$이고 $(S_l - S_k)^- = 0$이므로 $(S_l - S_k)^+ - (S_l - S_k)^- = S_l - S_k$이 되고 $S_l < S_k$인 경우 $(S_l - S_k)^+ = 0$이고 $(S_l - S_k)^- = S_k - S_l$이므로 $(S_l - S_k)^+ - (S_l - S_k)^- = S_l - S_k$이 된다. 따라서 식 (18-10)과 (18-11)이 성립한다.

$$(S_l - S_k)^+ - (S_l - S_k)^- = S_l - S_k \tag{18-10}$$

$$\sum_{(k,\, l) \in \Omega} (S_l - S_k) = h \tag{18-11}$$

따라서 다음과 같은 불일치성의 합을 최소화하는 (LINMAP 1)과 같은 수리계획 모형을 구성할 수 있다.

(LINMAP 1)

$$\min B = \sum_{(k,\, l) \in \Omega} \max\{0,\ (S_k - S_l)\}$$

$$\text{s.t} \sum_{(k,\, l) \in \Omega} (S_l - S_k) = h$$

(LINMAP 1)은 비선형 함수 $\max\{0,\ (S_k - S_l)\}$가 목적함수에 포함되어 있으므로 선형계획 모형으로 변환하기 위해 비음수 변수 Z_{kl}를 도입하여 (LINMAP 2)와 같은 선형계획 모형을 구성할 수 있다.

(LINMAP 2)

$$\min \sum_{(k,l)\in\Omega} Z_{kl}$$

$$\text{s.t } (S_l - S_k) + Z_{kl} \geq 0 \text{ for } (k, l) \in \Omega$$

$$\sum_{(k,l)\in\Omega} (S_l - S_k) = h$$

$$Z_{kl} \geq 0 \text{ for } (k, l) \in \Omega$$

이렇게 변환시킬 수 있는 이유는 다음과 같다. 새로운 비음수 변수 $Z_{kl} \geq 0$을 도입하면 $(S_l - S_k) + Z_{kl} \geq 0$는 $Z_{kl} \geq S_k - S_l$로 표현할 수 있다. $\max\{0, (S_k - S_l)\}$가 비음수 조건이기 때문에 $Z_{kl} \geq \max\{0, (S_k - S_l)\}$로 표현할 수 있다. 이 선형계획 모형에서는 목적함수를 최소화시키는 것이 목적이기 때문에 $Z_{kl} = \max\{0, (S_k - S_l)\}$일 때 목적함수가 가장 최소화된다. $S_l - S_k$를 앞에서 정의한 가중 거리의 합으로 대치하면 식 (18-12)와 같다.

$$\begin{aligned} S_l - S_k &= \Sigma_{j=1}^{n} (w_j (x_{lj} - x_j^*)^2 - w_j (x_{kj} - x_j^*)^2) \\ &= \Sigma_{j=1}^{n} w_j ({x_{lj}}^2 - {x_{kj}}^2) - 2\Sigma_{j=1}^{n} w_j x_j^* (x_{lj} - x_{kj}) \end{aligned} \tag{18-12}$$

여기서 x_j^*는 우리가 구하고자 하는 미지수이기 때문에 $w_j x_j^*$를 ν_j로 대체하면 LINMAP 3과 같은 선형계획 모형이 구성된다.

(LINMAP 3)

$$\min \sum_{(k,l)\in\Omega} Z_{kl}$$

$$\text{s.t } \Sigma_{j=1}^{n} w_j ({x_{lj}}^2 - {x_{kj}}^2) - 2\Sigma_{j=1}^{n} \nu_j (x_{lj} - x_{kj}) + Z_{kl} \geq 0 \text{ for } (k, l) \in \Omega$$

$$\sum_{j=1}^{n} w_j \sum_{(k,l)\in\Omega}^{n} (x_{lj}^2 - x_{kj}^2) - 2\sum_{j=1}^{n} \nu_j \sum_{(k,l)\in\Omega}^{n} (x_{lj} - x_{kj}) = h$$

$$w_j \geq 0$$

ν_j is unrestricted in sign $j = 1, 2, \cdots, n$

$Z_{kl} \geq 0 \quad (k, l) \in \Omega$

(LINMAP 3)는 다음과 같은 4가지 경우로 나눌 수 있다.

(1) if $w_j^* \geq 0$ *then* $x_j^* = \nu_j^* / w_j^*$

(2) if $w_j^* = 0$ and $\nu_j^* = 0$ *define* $x_j^* = 0$

(3) if $w_j^* = 0$ and $\nu_j^* > 0$ *then* $\nu_j^* > 0$ $x_j^* = \infty$

(4) if $w_j^* = 0$ and $\nu_j^* < 0$ *then* $\nu_j^* < 0$ $x_j^* = -\infty$

그러면 $\underline{x}^*$로부터 Square Distance는 다음과 같다.

$$S_i = \sum_{j'} w_{j'}^* (x_{ij'} - x_{j'}^*)^2 - 2\sum_{j''} \nu_{j''}^* x_{ij''} \quad i = 1, 2, \cdots, m$$

$$where\ j' = \{ j | w_j^* \geq 0 \},\ j'' = \{ j | w_j^* = 0 \text{ and } \nu_j^* \neq 0 \}$$

[LINMAP 예제]

출처: Ching-Lai, Kwangsun Yoon, Multiple Attribute Decision Making Method and Applications A State-of-the Art Survey Springer-Verlag Berlin Heidelberg New York 1981

다음과 같은 5개의 대안과 2개의 평가기준을 가진 다기준 의사결정 문제를 생각해 보자.

	C1	C2
A1	0	5
A2	5	4
A3	0	2
A4	1	3
A5	4	1

그림 18.1 의사결정 행렬

사전 대안의 우열 비교판단 대안쌍은 다음과 같다.

$$\Omega = \{(1,2), (3,1), (4,1), (5,1), (2,3), (2,4), (2,5), (4,3), (3,5), (4,5)\}$$

Ω 집합에 있는 원소 (1,2)는 대안 1이 대안 2보다 더 선호된다는 의미이고 (3,1)은 대안 3이 대안 1보다 더 선호된다는 의미이다. 그러나 대안 간 선호의 추이성은 보장되지 않는다. 예를 들어 대안 1이 대안 2보다 더 선호되고 대안 2가 대안 3보다 더 선호되더라도 대안 3이 대안 1보다 더 선호될 수 있다.

앞의 선형계획법에서 우리가 구하고자 하는 것은 최적의 가중치와 이상적 대안이다. 이상적 대안은 각 평가기준의 최적의 위치로 구성되는 벡터이다. Ω 집합에 들어 있는 원소, 즉 대안쌍과 관련된 제약식을 구해본다.

$$\sum_{j=1}^{n} w_j ({x_{lj}}^2 - {x_{kj}}^2) - 2\sum_{j=1}^{n} \nu_j (x_{lj} - x_{kj}) + Z_{kl} \geq 0$$

위 식을 가지고 다음과 같은 제약식을 구성한다. 먼저 (1,2)에 대해 구해보면 아래와 같다.

$$w_1(5^2 - 0^2) + w_2(4^2 - 5^2) - 2\nu_1(5-0) - 2\nu_2(4-5) + Z_{12} \geq 0$$
$$\rightarrow\ 25w_1 - 9w_2 - 10\nu_1 + 2\nu_2 + Z_{12} \geq 0$$

동일한 방법으로 모든 Ω 집합에 들어 있는 원소에 대해 구해 선형계획 모형을 구성한다.

$$\min\ Z^* = Z_{12} + Z_{31} + Z_{41} + Z_{51} + Z_{23} + Z_{24} + Z_{25} + Z_{43} + Z_{35} + Z_{45}$$

$$\text{s.t}\ \ 25w_1 - 9w_2 - 10\nu_1 + 2\nu_2 + Z_{12} \geq 0$$

$$-21w_2 - 6\nu_2 + Z_{31} \geq 0$$

$$-w_1 + 16w_2 + 2\nu_1 - 4\nu_2 + Z_{41} \geq 0$$

$$-16w_1 + 24w_2 + 8\nu_1 - 8\nu_2 + Z_{51} \geq 0$$

$$-25w_1 - 12w_2 + 10\nu_1 + 4\nu_2 + Z_{23} \geq 0$$

$$-24w_1 - 7w_2 + 8\nu_1 + 2\nu_2 + Z_{24} \geq 0$$

$$-9w_1 - 15w_2 + 2\nu_1 + 6\nu_2 + Z_{25} \geq 0$$

$$-w_1-5w_2+2\nu_1+2\nu_2+Z_{43}\geq 0$$

$$16w_1-3w_2-8\nu_1+2\nu_2+Z_{35}\geq 0$$

$$15w_1-8w_2-6\nu_1+4\nu_2+Z_{45}\geq 0$$

$$-20w_1+2w_2+8\nu_1+4\nu_2=1$$

$$w_1\geq 0,\ w_2\geq 0$$

$$Z_{12}\geq 0, Z_{31}\geq 0, Z_{41}\geq 0, Z_{51}\geq 0, Z_{23}\geq 0, Z_{24}\geq 0, Z_{25}\geq 0, Z_{43}\geq 0, Z_{35}\geq 0, Z_{45}\geq 0$$

$$\nu_1,\ \nu_2 : \text{unrestricted in sign}$$

이 선형계획 모형의 최적해는 다음과 같다.

$$Z^*=0.25$$

$$Z_{12}=0.25,\ Z_{12}=Z_{31}=Z_{41}=Z_{51}=Z_{23}=Z_{24}=Z_{25}=Z_{43}=Z_{35}=Z_{45}=0$$

$$w_1=0.0277,\ w_2=0.0554$$

$$\nu_1=0.0833,\ \nu_2=0.1944$$

가중치 w_1, w_2는 임의의 양수로 곱해도 같은 의미이므로 1/0.0277로 곱해서 간단하게 만들면 $w_1=1$, $w_2=2$가 되고 $\nu_1=3.0$, $\nu_2=7.0$을 구할 수 있다.

$$x_1^*=\frac{\nu_1}{w_1}=\frac{3}{1}=3$$

$$x_2^*=\frac{\nu_2}{w_2}=\frac{7}{2}=3.5$$

$(x_1^*, x_2^*)=(3, 3.5)$가 이상적인 대안의 위치이므로 이상적 대안으로부터 각 대안의 Square 거리를 $S_i=\sum_{j'}w_{j'}^*(x_{ij'}-x_{j'}^*)^2-2\sum_{j''}\nu_{j''}^*x_{ij''}$, $i=1, 2, \cdots, m$ 식을 이용하여 구하면 다음과 같다. $w_{j'}^*\geq 0$, $j=1, 2$이므로 $S_i=\sum_{j'}w_{j'}^*(x_{ij'}-x_{j'}^*)^2$을 이용한다.

$$S_1 = (3-0)^2 + 2(3.5-5)^2 = 13.5$$

동일한 방법으로 구하면 다음과 같다.

$$S_2 = 4.5,\ S_3 = 13.5,\ S_4 = 4.5,\ S_5 = 13.5$$

모든 S_1, S_2, S_3, S_4, S_5는 (1,2) 대안쌍에 대해서만 비일치하고 나머지 쌍에 대해서는 일치한다. $Z_{12} = 0.25$라는 의미는 $S_1 > S_2$라는 것을 의미하고 A1 대안이 A2 대안보다 더 선호된다는 것은 최적해에 위배된다. 의사결정자는 이상적 대안으로부터 가장 짧은 거리인 A2 또는 A4를 선택한다.

19장

LAM(Linear Assignment Method)

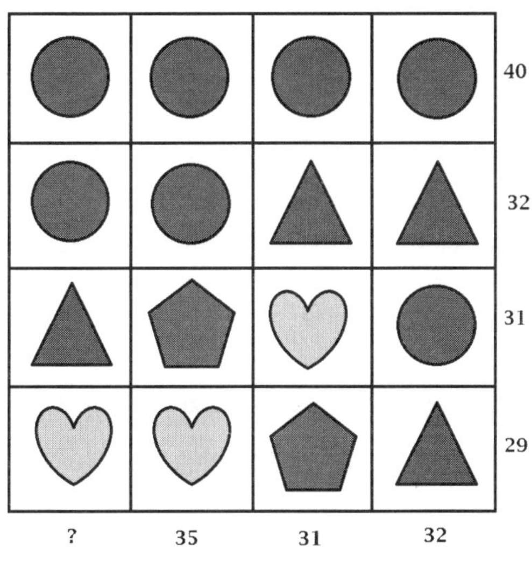

이 책의 17장 TOPSIS에서 사용한 예를 가지고 Linear Assignment Method를 설명한다. 다기준 의사결정 행렬은 m개의 대안과 n개의 평가기준으로 구성된 $m \times n$ 행렬이고 i번째 대안을 j번째 평가기준으로 평가한 평가값 x_{ij}들이 있다. 각 평가기준은 중요도를 표시하는 가중치 w_j $j = 1, 2, \cdots, n$이 있다.

				가중치		
		W_1	W_2	W_3	$\cdots$	W_n
				평가기준		
		C_1	C_2	C_3	$\cdots$	C_n
대안	A_1	x_{11}	x_{12}	x_{13}	$\cdots$	x_{1n}
	A_2	x_{21}				
	A_3	x_{31}		$\ddots$		
	$\vdots$	$\vdots$				$\vdots$
	A_m	x_{m1}		$\cdots$		x_{mn}

평가기준은 Benefit Criteria와 Cost Criteria로 분류할 수 있다. J^+를 Benefit Criteria, J^-를 Cost Criteria로 정의하면 다음과 같다.

$$J^+ = \{\text{값이 클수록 좋은 평가기준 } j\text{의 집합}\}$$

$$J^- = \{\text{값이 작을수록 좋은 평가기준 } j\text{의 집합}\}$$

차량구입을 희망하는 소비자가 있다. 이 소비자는 차량구입 시 평가기준으로 연비, 비용, 신뢰성, 디자인을 선택했고 각 평가기준의 가중치를 구하였다. 이 소비자가 구매하려는 차종은 A, B, C, D 4종으로 각각의 대안과 평가기준에 해당하는 평가값들은 그림 19.1과 같다. 여기에서 연비, 신뢰성, 디자인은 크면 클수록 좋은 Benefit Criteria이고 비용은 작으면 작을수록 좋은 Cost Criteria이다. 즉, $J^+ = \{$연비, 신뢰성, 디자인$\}$, $J^- = \{$비용$\}$이 된다.

		가중치			
		0.2	0.3	0.4	0.1
		연비	비용	신뢰성	디자인
차종	A	7	9	2	6
	B	9	7	8	8
	C	8	5	4	8
	D	6	3	8	9

그림 19.1 차종 선택을 위한 의사결정 행렬

원 평가값을 평가값 제곱의 합을 제곱근으로 구한 값으로 나누어 비교 가능한 무차원의 데이터로 변환한다. 변환한 이후 행렬값은 식 (19-1)과 같다.

$$r_{ij} = \frac{x_{ij}}{\sqrt{\sum_i {x_{ij}}^2}} \quad i = 1, 2, \cdots, m, \ j = 1, 2, \cdots, n \tag{19-1}$$

	연비	비용	신뢰성	디자인
A	0.462	0.703	0.164	0.383
B	0.593	0.547	0.658	0.511
C	0.528	0.390	0.329	0.511
D	0.396	0.234	0.658	0.575

그림 19.2 정규화 수행 이후 의사결정 행렬

각 평가기준 측면에서 각 대안들의 우선순위를 나열해 보면 그림 19.3과 같다. 연비 측면에서 대안 B가 가장 우수하고 그 다음 순위는 C, A, D 순이다. 비용 측면에서는 대안 D, C, B, A 순으로 좋고 신뢰성 측면에서는 대안 B, D가 공동 1등이고 대안 C는 단독 3등, 대안 A가 4등이다. 디자인 측면에서는 대안 D가 단독 1등이고 대안 B, C가 공동 2등, 대안 A가 단독 4등이 된다.

	가중치			
	W_1	W_2	W_3	W_4
	연비	비용	신뢰성	디자인
순 위				
1	B	D	B,D	D
2	C	C		B,C
3	A	B	C	
4	D	A	A	A

그림 19.3 평가기준별 대안의 우선순위로 재정렬

각 평가기준의 가중치 (w_1, w_2, w_3, w_4)를 고려하여 가중치를 위해서 정한 우선순위에 맞도록 대안별로 다시 배치해 보면 다음과 같다. B 대안의 경우 '연비'에서 단독 1등 순위, '비용'에서 단독 3등 순위, '신뢰성'에서 대안 D와 함께 공동 1등 순위, '디자인'에서 대안 C와 함께 공동 2등 순위를 기록하고 있다. 이러한 내용을 (대안, 순위) 행렬로 표현하는데 단독 순위이면 해당 대안의 가중치를 그대로 더해 주고 공동 순위이면 공동 순위를 이루는 대안 수만큼 나누어 더해 준다. 이러한 방법으로 표현한 것이 그림 19.4이다.

		순위			
		1	2	3	4
대안	A			W_1	$W_2+W_3+W_4$
	B	$W_1+W_3/2$	$W_4/2$	W_2	
	C		$W_1+W_2+W_4/2$	W_3	
	D	$W_2+W_3/2+W_4$			W_1

그림 19.4 대안별로 우선순위에 따른 가중치 분배

그림 19.4에 가중치 $(w_1, w_2, w_3, w_4) = (0.2, 0.3, 0.4, 0.1)$을 적용한 행렬 π를 다시 정리하면 표 19.1와 같다.

표 19.1 대안별·평가기준별 가중치 합

대안/평가기준	1	2	3	4
A	0	0	0.2	0.8
B	0.4	0.05	0.3	0
C	0	0.55	0.4	0
D	0.6	0	0	0.2

일반화하여 행렬 π의 $m \times m$ 행렬로서 요소를 π_{ik} for $i = 1, 2, \cdots, m$, $k = 1, 2, \cdots, m$이라 한다면 π_{ik} 값이 크면 클수록 대안 i를 k번째 서열에 위치시키는 것에 의견이 일치됨을 나타낸다. 따라서 $\sum_{i=1}^{m}\sum_{k=1}^{m}\pi_{ik}$을 최대화하는 서열 k에 대한 대안 i를 구하는 것이 문제가 된다. 이 문제를 수리적으로 표현하기 위해 이진변수 P_{ik}를 정의하는데 P_{ik}는 대안 i를 k번째 서열에 위치시키면 '1' 아니면 '0'의 값을 갖는 변수이다. 그러면 다음과 같이 Linear Programming 형태의 수리적 모형 (LAMP)을 만들 수 있다.

(LAMP)

$$\max \sum_{i=1}^{m}\sum_{k=1}^{m}\pi_{ik}P_{ik}$$

$$\text{s.t} \quad \sum_{i=1}^{m} P_{ik} = 1 \ \text{ for } \ k = 1, 2, \cdots, m$$

$$\sum_{k=1}^{m} P_{ik} = 1 \ \text{ for } \ i = 1, 2, \cdots, m$$

$$P_{ik} > 0 \ \text{ for } \ i = 1, 2, \cdots, m, \ k = 1, 2, \cdots, m$$

표 19.1의 예제를 LAMP에 적용하여 보면 다음과 같은 문제로 수리 모형화가 가능하다.

$$\max 0.2P_{13} + 0.8P_{14} + 0.4P_{21} + 0.05P_{22} + 0.3P_{23} + 0.55P_{32} + 0.4P_{33} + 0.6P_{41} + 0.2P_{44}$$

$$\text{s.t} \quad P_{13} + P_{14} = 1$$

$$P_{21} + P_{22} + P_{23} = 1$$

$$P_{32} + P_{33} = 1$$

$$P_{41} + P_{44} = 1$$

$$P_{21} + P_{41} = 1$$

$$P_{22} + P_{32} = 1$$

$$P_{13} + P_{23} + P_{33} = 1$$

$$P_{14} + P_{44} = 1$$

$$P_{11} \geq 0,\ P_{12} \geq 0,\ P_{13} \geq 0,\ P_{14} \geq 0,\ P_{21} \geq 0,\ P_{22} \geq 0,\ P_{23} \geq 0,\ P_{24} \geq 0,$$

$$P_{31} \geq 0,\ P_{32} \geq 0,\ P_{33} \geq 0,\ P_{34} \geq 0,\ P_{41} \geq 0,\ P_{42} \geq 0,\ P_{43} \geq 0,\ P_{44} \geq 0$$

위 문제를 Linear Programming의 해를 구하는 소프트웨어로 풀면 다음과 같은 결과를 얻는다.

	1	2	3	4
A	0	0	0	1
B	1	0	0	0
C	0	1	0	0
D	0	0	1	0

그림 19.5 LAMP의 최적해

대안 B가 가장 우선순위가 높고 대안 C가 두 번째 우선순위이며 D, A가 그 다음 순위이다. LAMP 문제는 이진 정수계획법(Binary Integer Programming) 문제이나 문제의 성격이 Totally Unimodular Property를 가지고 있어 Linear Programming 문제로 풀어도 이진 정수해를 준다.

[LAM 예제]

C1~C6까지 6개의 평가기준과 A, B, C, D 4개의 대안을 가진 다기준 의사결정 행렬을 생각해 보자. 주어진 평가값으로 각 대안을 평가기준에서 비교하여 순위를 얻은 것이 표 19.2와 같다고 가정하자.

표 19.2 우선순위별·평가기준별 대안 위치

가중치	0.2	0.1	0.1	0.1	0.2	0.3
평가기준	C1	C2	C3	C4	C5	C56
순위						
1	B	B	C	C	C	A
2	D	C	A, D	D	A, D	C
3	A	D		A		B, D
4	C	A	B	B	B	

C3, C5, C6에서 동일한 순위의 대안들이 있다. 따라서 위의 행렬은 새로운 평가기준 Index를 가지고 표 19.3과 같이 표현할 수 있다. C3는 C31과 C32로 분리하여 표현하고 C5, C6도 동일하게 분리하여 표현한다.

표 19.3 우선순위별·평가기준별 대안 재배치

순위	C1	C2	C31	C32	C4	C51	C52	C61	C62
1	B	B	C	C	C	C	C	A	A
2	D	C	A	D	D	A	D	C	D
3	A	D	D	A	A	D	A	B	D
4	C	A	B	B	B	B	B	D	B

π 행렬을 구해보면 그림 19.6과 같다. π의 원소는 $\pi_{11} = w_{61} + w_{62} = 0.15 + 0.15 = 0.3$, $\pi_{21} = w_{31} + w_{51} = 0.05 + 0.1 = 0.15$, $\pi_{13} = w_1 + w_{32} + w_4 + w_{52} = 0.2 + 0.05 + 0.1 + 0.1 = 0.4$와 같은 방법으로 구한다.

$$
\pi = \begin{array}{c|cccc} \text{순위} & 1 & 2 & 3 & 4 \\ \text{대안} & & & & \\ A & 0.3 & 0.15 & 0.45 & 0.1 \\ B & 0.3 & 0 & 0.15 & 0.55 \\ C & 0.4 & 0.4 & 0 & 0.2 \\ D & 0 & 0.45 & 0.4 & 0.15 \end{array}
$$

그림 19.6 π 행렬

π 행렬로 LAMP를 구성해 보면 다음과 같은 선형계획법을 만들 수 있다.

$$\max \sum_{i=1}^{4} \sum_{k=1}^{4} \pi_{ik} P_{ik}$$

$$\text{s.t} \quad \sum_{i=1}^{4} P_{ik} = 1 \ \text{ for } k = 1, 2, 3, 4$$

$$\sum_{k=1}^{4} P_{ik} = 1 \ \text{ for } i = 1, 2, 3, 4$$

$$P_{ik} \geq 0 \ \text{ for } i = 1, 2, 3, 4 \ \ k = 1, 2, 3, 4$$

이 선형계획 문제를 풀면 다음과 같은 최적해를 구할 수 있다.

대안 \ 순위	1	2	3	4
A	0	0	1	0
B	0	0	0	1
C	1	0	0	0
D	0	1	0	0

그림 19.7 LAMP의 최적해

대안의 우선순위는 C, D, A, B 순이다.

Linear Assignment Method는 평가기준에서 대안의 순위와 가중치만 주어지더라도 대안의 우선순위를 결정할 수 있는 장점이 있다. 만약, 정량적 데이터가 아니라 순위 데이터인 정성적 데이터만 주어지더라도 대안의 우선순위를 결정할 수 있어 더 적은 정보로 문제를 해결할 수 있다. 문제 구조가 특수한 경우라서 간단한 선형계획법을 풀 수 있는 소프트웨어로도 이진 정수계획법과 같은 해를 주기 때문에 문제해결 측면에서도 유용하다고 할 수 있다.

20장

ELECTRE(ELimination Et Choix Tranduisant la REalit´e) Method

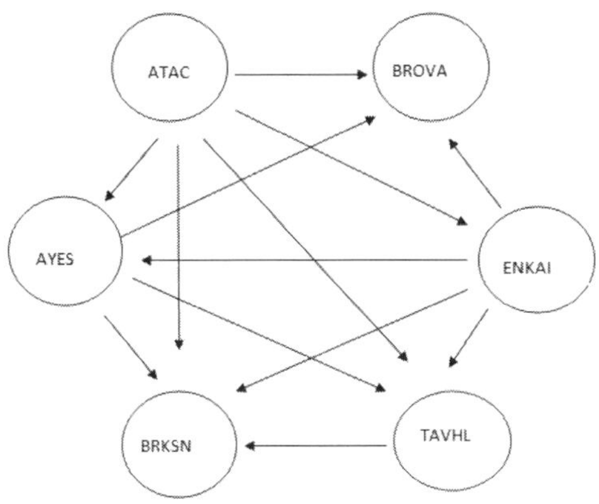

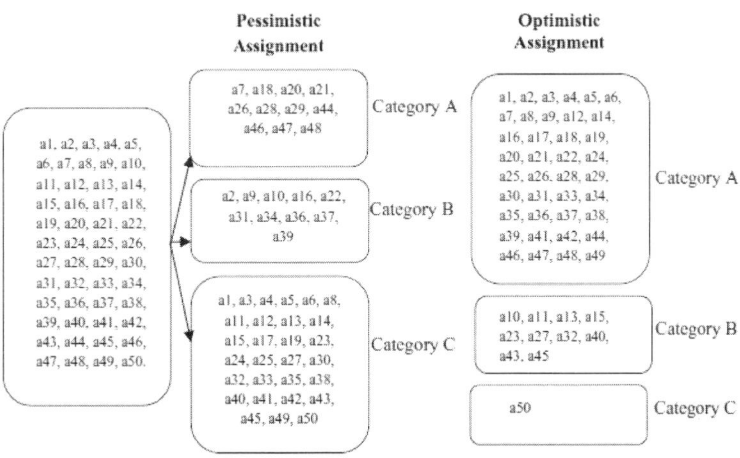

20.1 ELECTRE 개요

ELECTRE는 ELimination Et Choix Tranduisant la REalite라는 프랑스어의 약자이며 영어로는 Elimination and Choice Expressing the Reality라는 의미이다. ELECTRE 기법은 순위선호 관계를 기초로 열등한 대안을 체계적으로 제거하여 비교 대안들의 평가순위를 부여하는 다기준 의사결정 기법이다. 비교 대안의 순위선호 관계는 일치성 지수(Concordance Index)와 불일치성 지수(Discordance Index)에 의하여 측정한다.

ELECTRE는 대안들 간 쌍대비교를 통해 우열을 가리는 다기준 의사결정 방법론 중 하나이나 AHP가 전문가들의 설문을 통해 평가기준의 가중치와 최끝단의 평가기준 관점에서 대안의 가중치를 찾아 이를 종합함으로써 전체 대안들의 우선순위를 가리는 것에 비해서 ELECTRE는 대안과 평가기준으로 구성된 다기준 의사결정 행렬에서 평가기준의 평가값들로 각 대안들 간의 쌍대비교를 통해 두 대안에 대한 우열을 판단하고 대안들 간의 우열을 표현하는 관계로 전체 대안의 우선순위를 판단한다.

ELECTRE는 평가기준의 종류와 사용목적에 따라 여러 가지 형태가 있는데 임계치(Thresholds)가 없는 선호치(Preference) 구조를 가지는 절대기준(True Criteria) ELECTRE와 임계치(Thresholds)가 있는 선호치 구조를 가지는 의사기준(Pseudo Criteria) ELECTRE로 나눌 수 있다. 또한 사용목적에 따라 대안을 좋은 대안 집합과 덜 좋은 대안 집합으로 나누는 목적으로 사용할 수도 있고, 대안을 특정 기준으로 정해놓은 그룹에 할당하는 데도 사용 가능하며 대안의 우선순위를 결정하는 데도 사용 가능하다. 이를 분류하여 정리하면 표 20.1과 같다.

표 20.1 ELECTRE 분류

Outranking	Procedure / Criteria	Selection	Allocation (Classification)	Ranking
Crisp	True Criteria	ELECTRE I	–	ELECTRE II
Fuzzy	Pseudo Criteria	ELECTRE IS	ELECTRE TRI	ELECTRE III, IV

선호도 평가는 선호도 함수 $V(a)$로 표현되는 Value Function 또는 Utility Function을 기준으로 하는데 대안 a에 대한 $V(a)$는 각 평가기준에 의한 대안의 평가값의 함수로 다음과 같이 표현된다.

$$V(a) = V(g_1(a),\ g_2(a),\ \cdots,\ g_n(a))$$

의사결정자는 대안 a와 대안 b를 비교 시 만약 $V(a) = V(b)$이면 대안 a와 대안 b는 차이가 없다고 생각할 것이며 $V(a) > V(b)$이면 대안 a가 대안 b보다 더 우수하다고 생각할 것이다. $V(a) < V(b)$이면 대안 b가 대안 a보다 더 우수하다고 판단할 것이다.

그림 20.1과 같은 다기준 의사결정 문제 행렬을 생각해 보자. 대안은 a, b, c 등으로 기준은 g_1, g_2, g_3 등으로 가중치는 w_1, w_2, w_3 등으로 표현되었고 선호도는 $g_1(a)$, $g_2(a)$, $g_3(a)$ 등으로 표현하는데 $g_j(i)$는 평가기준 j에서 대안 i의 선호도를 평가한 평가값을 표현한다.

평가기준

대안		g_1	g_2	g_3	…
	a	$g_1(a)$	$g_2(a)$	$g_3(a)$	…
	b	$g_1(b)$	$g_2(b)$	$g_3(b)$	…
	c	…	평가값		
	…	…			

그림 20.1 다기준 의사결정 문제 행렬

AHP, PROMETHEE, Regime Method와 같은 다기준 의사결정 방법론에서 많이 사용되고 있는 분석방법은 대안을 2개씩 서로 비교한 결과를 바탕으로 우선순위를 최종적으로 결정하는 것이다. a와 b 두 가지 대안을 비교한다면 우리는 3가지 결론을 내릴 수 있다. 첫째, a가 b보다 더 우수한 대안이거나 b가 a보다 더 우수한 대안이다. 둘째, a와 b를 비교해 보니 선호도 측면에서 차이가 없다. 셋째, a와 b의 선호도를 비교할 수 없다. 각 대안 비교에 활용되는 또 다른 기법은 선호의 추이성이다. 선호의 추이성이란 대안 a가 대안 b보다 더 선호되고 대안 b가 대안 c보다 더 선호된다면 대안 a는 대안 c보다 더 선호된다는 것이다.

ELECTRE 방법에서 선호도 평가는 2진법의 선호순위에 의해 결정하는데 만약 S를 '최소한 나쁘지 않은'의 의미라면 우리는 다음과 같은 결론을 내릴 수 있다.

$$a\mathrm{S}b \text{ and not } b\mathrm{S}a \Leftrightarrow a\mathrm{P}b \ (a\text{가 } b\text{보다 강하게 선호됨})$$

$$b\mathrm{S}a \text{ and not } a\mathrm{S}b \Leftrightarrow b\mathrm{P}a \ (b\text{가 } a\text{보다 강하게 선호됨})$$

$$aSb \text{ and } bSa \Leftrightarrow aIb \text{ (}a\text{와 }b\text{는 차이가 없음)}$$

$$\text{Not } aSb \text{ and not } bSa \Leftrightarrow aRb \text{ (}a\text{와 }b\text{는 비교 불가능함)}$$

여기서 강하게 선호된다는 것은 의심할 여지없이 선호된다는 의미이다. 순위선호는 의사결정자가 두 대안 a, b를 비교할 때, 대안 a가 대안 b보다 미흡하지 않은 대안이라고 판단되면 두 대안 a와 b의 수학적 지배관계가 존재하지 않더라도 대안 a를 선택하려는 의사결정자의 주관적 선호성향을 의미한다. 순위선호 이론에서는 선호의 비추이성과 대안의 비교 불가능성을 가정하고 있으며 대안의 부분적 비교 가능성을 공리로 채택하고 있다. 선호의 비추이성은 선호판단 행위에 비이성적인 부분이 존재하여 일관성이 결여된 문제로 인식하기 보다는 선호판단 과정의 난해성 때문에 의사결정 과정에서 발생할 수 있는 자연스러운 현상으로 인식되어야 한다.

'a가 b보다 더 우수한 대안이다'라는 표현을 aPb라고 하고 'a와 b의 선호도 차이가 없다'를 aIb로 표현하고 'a와 b를 비교할 수 없다'를 aRb로 표현하면 아래와 같이 3가지 형태의 비교로 표현 가능하다.

1. 선호도 (Preference) 비교: aPb 또는 bPa
2. 무차별 (Indifference): aIb
3. 비교 불가능 (Incomparability): aRb

선호도의 논리적 구조는 표 20.2와 같이 정리할 수 있다.

표 20.2 선호도의 논리적 구조

$aPb \rightarrow$ not bPa	P is a symmetric
aIa	I is reflexive
$aIb \rightarrow bIa$	I is symmetric
Not aRa	R is irreflexive
$aRb \rightarrow bRa$	R is symmetric

만약 대안 a가 대안 b보다 더 선호된다면 대안 b는 대안 a보다 더 선호되지 않는다.

이것은 선호도 비교 평가구조 P는 비대칭적 것을 의미한다. 대안 a는 자신과 무차별하다는 의미는 무차별 평가구조 I는 반사적이다. 또한 대안 a와 대안 b가 무차별하면 대안 b와 대안 a도 무차별하다. 즉 무차별 평가구조 I는 대칭적이다. 대안 a가 자신과 비교 불가능한 것은 아니라는 의미는 비교 불가능 평가구조 R은 비반사적이다. 또한 만약 대안 a가 대안 b와 비교 불가능하다면 대안 b 역시 대안 a와 비교 불가능하다. 즉 비교 불가능 평가구조 R은 대칭적이다,

대안의 비교 불가능성이 성립하는 이유는 의사결정 문제에 대한 정보의 부족 및 불확실성으로 인하여 대안의 비교가 불가능한 경우와 적합한 가치 및 효용함수가 존재하지 않을 수도 있어 비교를 할 수 없는 경우가 발생하기 때문이다. 또한, 의사결정자의 선호에 대한 인식결여 또는 선호표현의 부정확성 등으로 비교가 불가능하기도 하다.

전통적인 선호도 평가에서는 다음과 같은 결론을 얻을 수 있다. 하나의 평가기준에서 대안의 집합 A의 원소인 대안 a와 대안 b를 평가한 결과가 대안 a가 대안 b보다 더 선호된다면 $g(a) > g(b)$라고 말할 수 있고 그 역도 성립한다. 만약 대안 a와 대안 b가 무차별하다면 $g(a) = g(b)$라고 말할 수 있고 그 역도 성립한다.

$$\forall \ a, b \in A \ : \begin{Bmatrix} a\mathrm{P}b \ \leftrightarrow \ g(a) > g(b) \\ a\mathrm{I}b \ \leftrightarrow \ g(a) = g(b) \end{Bmatrix}$$

결론적으로 비교 불가능 평가구조 R은 어떤 결론을 내릴 수 없고 선호도 비교 평가구조 P는 추이적이다. 즉, 대안 a가 대안 b보다 더 선호되고 대안 b가 대안 c보다 더 선호되면 대안 a는 당연히 대안 c보다 더 선호된다.

$$a\mathrm{P}b,\ b\mathrm{P}c \ \rightarrow \ a\mathrm{P}c$$

또한, 무차별 평가구조 I 역시 추이적이다. 즉, 대안 a가 대안 b와 차이가 없고 대안 b가 대안 c와 차이가 없다면 대안 a는 당연히 대안 c와 차이가 없다.

$$a\mathrm{I}b,\ b\mathrm{I}c \ \rightarrow \ a\mathrm{I}c$$

위에서 설명한 내용을 정리하면 다음과 같다.

표 20.3 선호도의 정의와 특성

구 분	정 의	특성
무차별 (Indifference)	$g(a)=g(b)$이면 iff a와 b는 무차별하다.	• ~으로 표현 • 대칭적(Symmetric) • 반사적(Reflexive) • 추이적(Transitive)
선호 (Preference)	$g(a)>g(b)$이면 iff a는 b보다 더 선호된다.	• $>$으로 표현 • 비대칭적(Asymmetric) • 비반사적(Irreflexive) • 추이적(Transitive)
비교 불가능 (Incomparability)	–	• R로 표현 • 대칭적(Symmetric) • 비반사적(Irreflexive)

절대기준하 순위선호 관계를 그림으로 표현하면 다음과 같다.

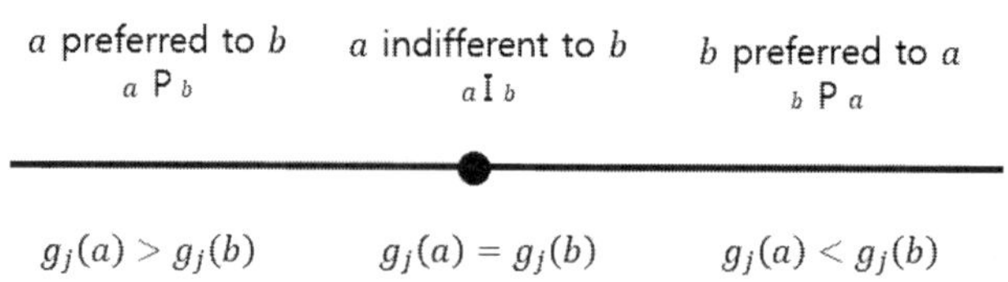

그림 20.2 절대기준하 순위선호 관계

Crisp 선호도 비교 평가구조 P에서는 $g(a)$가 조금이라도 $g(b)$보다 크다면 대안 a가 대안 b보다 더 선호된다고 말했다. 그러나 현실에서는 그렇지 않는 경우가 많다. 예를 들어 두 차량의 가격을 평가하여 어떤 차량을 구입할 것인가를 결정하는 문제에서 첫 번째 차량의 가격이 2,000만원이고 두 번째 차량의 가격이 2,010만원이라고 하자. 이를 현실적인 감각으로 재조정하여 두 개의 차량 가격이 최소 200만원 이상 날 때 첫 번째 차량이 더 비싸다고 200만원은 차이를 말하는 임계치가 된다. 물론 각 평가기준의 임계치 q는 다르게 설정될 수 있고 의사결정자가 설정한다. 우리는 이 q를 무차별 평가 구조 I를 위한 임계치라고 부른다. 즉, 위에서 정의한 무차별 평가구조 I를 현실적인 감각으로 좀 더 확장하면 다음과 같이 정의할 수 있다.

$$\forall\ a, b \in A\ :\ \begin{Bmatrix} aPb & \leftrightarrow\ g(a) > g(b) + q \\ aIb & \leftrightarrow\ |g(a) - g(b)| \le q \end{Bmatrix}$$

이러한 경우 선호도 평가구조 P는 여전히 추이적이나 무차별 평가구조 I는 비전이적이 된다. 물론 선호도 평가구조 P와 무차별 평가구조 I의 임계치도 다르게 설정할 수 있다. 만약 선호도 평가구조 P의 임계치가 p이고 무차별 평가구조 I의 임계치가 q'이라면 우리는 다음과 같이 위 식을 수정할 수 있다.

$$\forall \ a, b \in A \ : \begin{Bmatrix} a\mathrm{P}b \leftrightarrow g(a) > g(b) + p \\ a\mathrm{I}b \leftrightarrow |g(a) - g(b)| \leq q' \end{Bmatrix}$$

만약 하나의 평가기준하에서 모든 대안들을 서로 2개씩 상호 비교한다면 우리는 대안들 간의 완전한 선호관계를 파악할 수 있다. 그러나 평가기준은 다기준 의사결정하에서는 하나의 기준이 아니라 여러 개의 평가기준으로 대안들 간의 우선순위를 결정해야 하므로 단순한 문제는 아니다. 예를 들어 모든 평가기준하에서 대안 a가 대안 b보다 더 선호된다고 평가가 된다면 당연히 대안 a가 대안 b보다 더 우수한 대안이라고 말할 수 있다. 그러나 평가기준별로 대안 a와 대안 b가 서로 선호도가 다르다면 우리는 어떻게 의사결정을 해야 할까? 이것이 다기준 의사결정의 가장 핵심 문제이고 본질이다.

모든 ELECTRE 방법에서는 일치성 지수(Concordance Index)와 불일치성 지수(Discordance Index)를 평가하여 최종결론을 도출한다. 일치성 지수는 대안 a가 대안 b보다 우월하다고 판단되는 평가기준의 가중치를 고려하여 대안 a를 선택하려는 의사결정자의 성향이며 불일치성 지수는 대안 a가 대안 b보다 전반적으로 우월한 대안임에도 불구하고 대안 b에 매우 높은 평가점수를 부여하여 대안 b를 선택하려는 의사결정자의 성향을 말한다. 일치성 지수가 사전 결정된 임계치 이상인 대안과 불일치성 지수가 사전 결정된 임계치 이하인 대안이 우수한 대안으로 고려될 만한 대안이다. 각 ELECTRE 방법에서는 일치성 지수와 불일치성 지수가 각각 다르게 정의되어 있고 방법론에 따라 두 가지 지수를 고려하여 의사결정하는 방법도 상이하다.

20.2 ELECTRE I

ELECTRE I 방법은 주어진 대안 중에 가치함수(Value Function)로 평가하여 비교적 좋은 대안을 선택하는 방법이다. 문제의 성격에 따라 대안의 수가 의사결정자가 다루기 힘들 정도로 많을 경우에는 우수한 대안과 우수하지 않은 대안을 일차적으로 구분해 낼 필요가 있다. 이렇게 함으로써 의사결정 과정의 비용과 시간을 줄이고 우수한 대안들 중에 최적의 대안을 찾는 데 집중할 수 있어서 의사결정의 효율성을 높일 수 있다. ELECTRE I은 우수 대안을 전체 대안 집합에서 구분해 내는 방법이어서 최적 대안을 결정하기 이전 의사결정 문제의 사전 편집에 유용하다.

ELECTRE I 방법은 일치성 지수와 불일치성 지수를 이용하여 우수한 대안을 구분해 낸다.

20.2.1 일치성 지수

대안 a가 대안 b에 대한 일치성 지수는 대안 a가 대안 b보다 우세할 상대적 가능성으로 간주할 수가 있다. ELECTRE I에서의 일치성 지수는 식 (20.2-1)과 같이 정의한다.

$$c(a,\, b) = \frac{1}{W} \sum_{j \mid g_j(a) \,\geq\, g_j(b)} w_j \;\; where \;\; W = \sum_j w_j \tag{20.2-1}$$

$c(a,\, b)$는 대안 a의 평가값이 대안 b의 평가값 이상인 평가기준 가중치의 합을 전체 가중치의 합으로 나누어 구한다. $c(a,\, b)$가 클수록 대안 a가 대안 b보다 우세하다는 가능성이 크다고 생각할 수 있다. 모든 일치성 지수는 0과 1 사이의 값을 갖는다. 왜냐하면 W는 모든 가중치의 합으로 일반적으로는 '1'로 정규화 되어 있고 각 평가기준의 가중치는 0과 1 사이의 값을 가지기 때문이다.

$$0 \leq c(a,\, b) \leq 1 \;\; for \;\; all \;\; a,\, b \in A$$

$c(a,\, b)$를 정의한 것과 동일하게 $c(b,\, a)$는 식 (20.2-2)와 같이 정의된다.

$$c(b,\, a) = \frac{1}{W} \sum_{j \mid g_j(a) \,\leq\, g_j(b)} w_j \;\; where \;\; W = \sum_j w_j \tag{20.2-2}$$

따라서 $c(a,\, b)$와 $c(b,\, a)$의 합은 1보다 클 수 있다. 왜냐하면 $g_j(a) = g_j(b)$인 경우에는 w_j가 $c(a,\, b)$와 $c(b,\, a)$에 동시 적용되기 때문이다.

m개 대안으로 구성된 다기준 의사결정 문제에서 각 대안들 쌍으로 계산된 일치성 지수를 요소로 이루어진 일치성 지수(CI : Concordance Index) 행렬은 그림 20.3과 같은 모습을 가진다. 행렬 CI의 대각선 요소는 대안 자기자신에 대한 일치성 지수이므로 고려되지 않는다. 반면 다른 대안 간 일치성 지수는 CI 행렬 요소이다.

$$
CI = \begin{array}{c} \\ a \\ b \\ c \\ \vdots \\ m \end{array}
\begin{array}{c} \begin{array}{ccccc} a & b & c & \cdots & m \end{array} \\
\begin{bmatrix} & c(a,b) & c(a,c) & \cdots & c(a,m) \\ c(b,a) & & c(b,c) & \cdots & c(b,m) \\ c(c,a) & c(c,b) & & & c(c,m) \\ \vdots & \vdots & \vdots & & \\ c(m,a) & c(m,b) & c(m,c) & \cdots & \end{bmatrix} \end{array}
$$

그림 20.3 일치성 지수 행렬

20.2.2 불일치성 지수

대안 a가 대안 b에 대한 불일치성 지수는 대안 a가 대안 b보다 열세할 상대적 가능성으로 간주한다. 불일치성 지수는 선호구조에서 무차별한 관계를 제외하고 대안들 간의 선호의 대칭관계 발생 방지를 위해 도입하였다. 대안 a가 대안 b에 대한 불일치성 지수 $d(a, b)$는 식 (20.2-3)과 같이 정의한다.

$$
d(a, b) = \begin{cases} 0 & \text{if } g_j(a) \geq g_j(b) \ \forall j \\ \max\{g_j(b) - g_j(a)\} & \text{if } g_j(a) < g_j(b) \end{cases} \qquad (20.2-3)
$$

식 (20.2-3)의 의미는 모든 평가기준에서 대안 a의 평가값이 대안 b의 평가값 이상이면 대안 a가 대안 b보다 더 순위선호된다는 주장을 부정할 만한 근거는 없다는 것이다. 만약 하나 이상의 평가기준에서 대안 b가 대안 a보다 더 선호된다면 그 중 가장 큰 최댓값으로 대안 a가 대안 b보다 더 선호된다는 주장을 부정하는 정도로 삼는다는 것이다. 불일치성 지수를 구할 때 최댓값을 각 평가기준의 차이의 절대값 중 최댓값으로 나누어 정규화하여 사용하는 것이 일반적이다.

$$
d(a, b) = \begin{cases} 0 & \text{if } g_j(a) \geq g_j(b) \ \forall j \\ \dfrac{1}{\delta}\left[\max\{g_j(b) - g_j(a)\}\right] & \text{if } g_j(a) < g_j(b) \end{cases} \qquad (20.2-4)
$$

$$
where \ \delta = \max|g_j(a) - g_j(b)| \ \forall j
$$

$d(a, b)$는 대안 a가 대안 b보다 열세할 상대적 가능성으로 간주하기 때문에 모든 평가기준에서 대안 a가 대안 b보다 좋거나 같다면 당연히 $d(a, b) = 0$이 된다. 만약 어떤 평가기준에서 대안 a가 대안 b보다 열세한 경우가 있다면 이러한 열세한 평가기준하 대안 b의

평가값과 대안 a의 평가값의 차이 중 최대치를 구하여 δ로 나누어 정규화한다. δ는 모든 대안 c와 대안 d의 쌍의 평가값 차이 절대값 중 가장 큰 값이다. δ를 구할 때는 어느 대안의 평가값이 큰가를 따지지 않는다. 이렇게 정의된 $d(a, b)$는 당연히 0에서 1 사이의 값을 가진다.

$$0 \leq d(a, b) \leq 1$$

m개 대안으로 구성된 다기준 의사결정 문제에서 각 대안들 쌍으로 계산된 불일치성 지수를 요소로 이루어진 불일치성 지수(DI : Discordance Index) 행렬은 그림 20.4와 같은 모습을 가진다. 행렬 DI의 대각선 요소는 대안 자기자신에 대한 불일치성 지수이므로 고려되지 않는다. 반면 다른 대안 간 불일치성 지수는 DI 행렬 요소이다.

DI =

	a	b	c	.....	m
a		d(a,b)	d(a,c)	.....	d(a,m)
b	d(b,a)		d(b,c)	.....	d(b,m)
c	d(c,a)	d(c,b)			d(c,m)
.	.	.			.
.	.	.	.		.
.	.	.	.	.....	.
.	.	.	.	.....	.
m	d(m,a)	d(m,b)	d(m,c)	.....	

그림 20.4 불일치성 지수 행렬

20.2.3 신뢰성 지수

다음 단계로 신뢰성 지수를 구하는데 신뢰성 지수 $S(a, b)$는 앞에서 구한 일치성 지수와 불일치성 지수를 고려하여 구한다. 대안 a가 대안 b에 대한 신뢰성 지수 $S(a, b)$는 일치성 지수 $c(a, b)$가 사전 정의된 임계치 $\hat{c}$ 이상이고 불일치성 지수 $d(a, b)$가 사전 정의된 임계치 $\hat{d}$ 이하이면 1이고 그렇지 않으면 0의 값을 가진다. 즉, 신뢰성 지수 $S(a, b)$는 대안 a가 대안 b보다 우세할 가능성이 어느 정도 이상이고 대안 a가 대안 b보다 열세할 가능성이 어느 정도 이하일 때 대안 a가 대안 b보다 우위에 있다고 말할 수 있다는 지수이다. 임계치를 고려한 일치성 지수와 불일치성 지수 그리고 신뢰성 지수는 식 (20.2-5)~(20.2-7)과 같다.

$$C(a, b) = \begin{cases} 1 & \text{if } c(a, b) \geq \hat{c} \\ 0 & \text{if } c(a, b) < \hat{c} \end{cases} \quad (20.2\text{-}5)$$

$$D(a, b) = \begin{cases} 1 & \text{if } d(a, b) \leq \hat{d} \\ 0 & \text{if } d(a, b) > \hat{d} \end{cases} \quad (20.2\text{-}6)$$

$$S(a, b) = \begin{cases} 1 & \text{if } C(a, b) = 1,\ D(a, b) = 1 \\ 0 & otherwise \end{cases} \quad (20.2\text{-}7)$$

즉, $S(a, b) = 1$일 때 a는 b를 순위선호(Outranking)하다고 말하고 수학적 기호로 aSb라고 표현한다. 역으로 aSb이면 $S(a, b) = 1$이다. 일치성 지수 임계치 $\hat{c}$와 불일치성 지수 임계치 $\hat{d}$는 의사결정자가 결정하는 값이며 전문가 집단의 의견을 종합해서 결정할 수도 있고 경험치에 의해 결정할 수도 있다. 일치성 지수 임계치 $\hat{c}$는 $[0.5, 1 - \min_j w_j]$ 범위에서 결정되는데 주로 사용되는 방법은 일치성 지수 행렬 요소의 합을 대안의 수가 m개라면 $m(m-1)$로 나누어 일치성 지수 임계치를 사용한다. 즉, 일치성 지수 행렬 요소의 평균을 일치성 지수 임계치로 사용한다. 여기에서 $m \times m$으로 나누지 않고 $m(m-1)$로 나누는 이유는 $m \times m$ 행렬에서 대각선에 있는 요소는 일치성 지수를 계산하지 않기 때문이다. 불일치성 지수 임계치도 불일치성 지수 행렬의 요소의 합을 $m(m-1)$로 나누어 사용한다. 이 두 임계치의 크기에 따라 $C(a, b)$, $D(a, b)$, $S(a, b)$가 달라진다. 이러한 임계치에 따른 대안 선택의 결과에 대한 민감도 분석도 필요하다.

$$\hat{c} = \frac{\sum_{j=1}^{m} \sum_{i=1}^{m} CI_{ij}}{m(m-1)} \quad (20.2\text{-}8)$$

$$\hat{d} = \frac{\sum_{j=1}^{m} \sum_{i=1}^{m} DI_{ij}}{m(m-1)} \quad (20.2\text{-}9)$$

20.2.4 우선순위 결정

이러한 절차를 거쳐 대안들 간 선호관계를 확인 후 다음과 같은 평가기준으로 최종 우선순위를 정한다.

aSb and not $bSa \Leftrightarrow aPb$ (a가 b보다 강하게 선호됨)

$$bSa \text{ and not } aSb \Leftrightarrow bPa \ (b\text{가 } a\text{보다 강하게 선호됨})$$

$$aSb \text{ and } bSa \Leftrightarrow aIb \ (a\text{와 } b\text{는 차이가 없음})$$

$$\text{Not } aSb \text{ and not } bSa \Leftrightarrow aRb \ (a\text{와 } b\text{는 비교 불가능함})$$

그림 20.5는 대안 a, b, c, d, e의 Outranking 관계를 표현한 것이다. aSb, aSd, cSb, cSd, bSe, dSe, dSb이고 a와 e, c와 e, a와 c는 서로 비교 불가능하다. 이러한 경우 상대적 우세를 보아 대안 a와 대안 c가 우선적으로 좋은 대안으로 선택될 수가 있다. 왜냐하면 Outranking 관계는 추이적이기 때문이다. ELECTRE I 방법에서는 대안들 중 좋은 대안을 선택하는 문제로 최적의 대안 선택의 예비 단계에서 활용할 수 있고 단순히 좋은 대안들을 선택해 동일한 기준으로 간주하려고 할 때도 사용될 수 있다. ELECTRE I에서는 비교 대안들 중 우수한 대안을 찾는 탐색적 방법으로 대안들 간의 우선순위는 찾을 수 없는 단점이 있다.

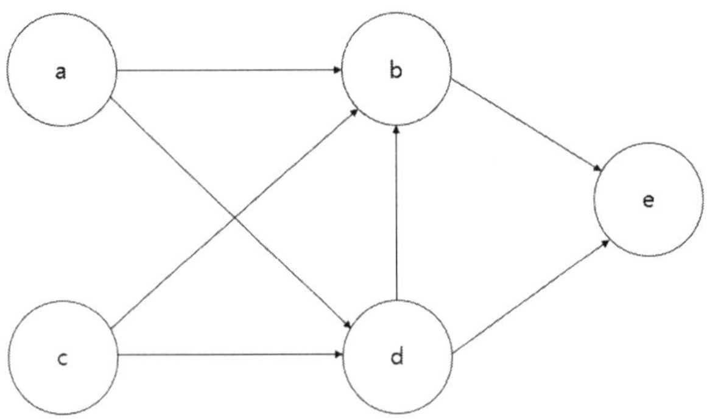

그림 20.5 대안 간 지배관계

[ELECTRE I **예제** 1]

ELECTRE I 방법을 예제를 들어 설명한다. 예제는 17장 TOPSIS 방법에서 사용했던 승용차 구입 의사결정 문제를 그대로 사용한다. 어떤 소비자가 승용차를 구입하려고 고려하고 있는 평가기준은 연비, 비용, 신뢰성, 디자인이며 평가기준에 대한 가중치는 그림 20.6에 나타난 것과 같이 결정하였다. 평가기준 중 비용만 Cost Criteria이며 나머지 3개의 평가기준은 Benefit Criteria이다. 승용차 구입 고려 차종은 A, B, C, D 4개를 고려하고 있으며 대안과 평가기준에 해당하는 평가값들은 아래 그림 20.6과 같다.

		가중치			
		0.2	0.3	0.4	0.1
		연비	비용	신뢰성	디자인
대안	A	7	9	2	6
	B	9	7	8	8
	C	8	5	4	8
	D	6	3	8	9

그림 20.6 승용차 선택 의사결정 행렬

ELECTRE I 방법에 의해 분석을 하기 위해서 이러한 다기준 의사결정 행렬을 가지고 먼저 수행해야 할 일은 자료의 정규화이다. 평가기준별 자료의 단위가 다른 것을 무차원의 자료로 만들어 동일한 척도로 비교하기 위해서이다. ELECTRE I 방법론에서 사용되는 방법은 여러 가지가 있을 수 있으나 여기서는 벡터 정규화 방법을 예를 들어 설명한다.

벡터 정규화 방법은 정규화 이론을 설명한 8장을 참고하고 Benefit Criteria와 Cost Criteria에 대해 그림 20.7과 같이 실시한다.

$$r_{ij} = \frac{x_{ij}}{\sqrt{\sum_{i=1}^{m} x_{ij}^{2}}} \quad i = 1, 2, \cdots, m, \ j = 1, 2, \cdots, n \quad \text{for Benefit Criteria}$$

$$r_{ij} = 1 - \frac{x_{ij}}{\sqrt{\sum_{i=1}^{m} x_{ij}^{2}}} \quad i = 1, 2, \cdots, m, \ j = 1, 2, \cdots, n \quad \text{for Cost Criteria}$$

	연비	비용	신뢰성	디자인
A	0.462	0.297	0.164	0.383
B	0.593	0.453	0.658	0.511
C	0.528	0.610	0.329	0.511
D	0.396	0.766	0.658	0.575

그림 20.7 벡터 정규화 이후 의사결정 행렬

다음으로 정규화된 r_{ij}들을 w_j를 곱해 가중 정규화 행렬 v_{ij}를 만든다. 가중 정규화 행렬은 그림 20.8과 같이 비교 가능한 무차원의 데이터에 가중치까지 고려된 행렬이 된다.

$$v_{ij} = r_{ij} w_j \ \text{for} \ i = 1, 2, \cdots, m, \ j = 1, 2, \cdots, n$$

	연비	비용	신뢰성	디자인
A	0.092	0.089	0.066	0.038
B	0.119	0.136	0.263	0.051
C	0.106	0.183	0.132	0.051
D	0.079	0.230	0.263	0.057

그림 20.8 가중 정규화 행렬

가중 정규화 행렬을 구한 다음 해야 할 일은 일치성 지수와 불일치성 지수를 구하는 것이다. 일치성 지수 행렬 CI를 구하면 그림 20.9와 같다.

	A	B	C	D
A		0	0	0.2
B	1		0.7	0.6
C	1	0.4		0.2
D	0.8	0.8	0.8	

그림 20.9 일치성 지수 행렬

일치성 지수 행렬의 요소 합은 6.5이며 요소의 수 12로 나누면 일치성 지수 임계치 $\hat{c}$를 구할 수 있다.

$$\hat{c} = \frac{\sum_{j=1}^{m} \sum_{i=1}^{m} CI_{ij}}{m(m-1)} = \frac{\sum_{j=1}^{4} \sum_{i=1}^{4} CI_{ij}}{4(4-1)} = \frac{6.5}{12} = 0.5417$$

일치성 지수 행렬 요소에서 $\hat{c}$ 이상인 요소는 1로 미만인 요소는 0으로 하는 $C(a, b)$ 행렬을 구한다.

	A	B	C	D
A		0	0	0
B	1		1	1
C	1	0		0
D	1	1	1	

그림 20.10 일치성 지수 행렬에서 임계치로 판단한 행렬

다음으로 불일치성 지수 행렬을 구한다. 불일치성 지수를 구하기 위해 모든 대안쌍들을 모든 평가기준에서 비교하는데 다음과 같은 조건에 의해 $d(a, b)$를 구한다.

$$
d(a,b)=\begin{cases} 0 & \text{if } g_j(a) \ge g_j(b)\ \forall j \\ \dfrac{1}{\delta}\left[\max\{g_j(b)-g_j(a)\}\right] & \text{if } g_j(a) < g_j(b) \end{cases}
$$

$$
where\ \delta = \max|g_j(a)-g_j(b)|\ \forall j
$$

모든 대안쌍들을 각 평가기준에서 비교해서 평가값의 차이의 절대값 중 최댓값을 구하면 $\delta = 0.197$이다. $d(a, b)$를 구하기 위해 임의의 대안쌍 c와 d에 대해 $d(c, d)$를 구해보자. $d(c, d)$를 구하기 위해 그림 20.11과 같이 모든 대안쌍들을 각 평가기준에서 비교해서 $g_j(d)-g_j(c)$가 양수인 것은 대안 (c, d)를 비교했을 때 대안 c가 대안 d보다 더 열세한 것을 나타낸다. 따라서 이중 최댓값을 구하여 δ로 나누어 $d(c, d)$를 구하고 $\max(g_j(d) - g_j(c))$가 0 이하이면 $g_j(d) \ge g_j(c)$이므로 $d(c, d)$는 0이 된다.

(c,d)	$g_j(d)-g_j(c)$				$\max\{g_j(d)-g_j(c)\}$	$\delta = max_{c,d}\lvert g_j(c)-g_j(d)\rvert$	$\frac{1}{\delta}[\max\{g_j(d)-g_j(c)\}]$
(A,B)	0.026	0.047	0.197	0.013	0.197	0.197	1.000
(A,C)	0.013	0.094	0.066	0.013	0.094	0.094	1.000
(A,D)	-0.013	0.141	0.197	0.019	0.197	0.197	1.000
(B,A)	-0.026	-0.047	-0.197	-0.013	0.000	0.197	0.000
(B,C)	-0.013	0.047	-0.132	0.000	0.047	0.132	0.356
(B,D)	-0.040	0.094	0.000	0.006	0.094	0.094	1.000
(C,A)	-0.013	-0.094	-0.066	-0.013	0.000	0.094	0.000
(C,B)	0.013	-0.047	0.132	0.000	0.132	0.132	1.000
(C,D)	-0.026	0.047	0.132	0.006	0.132	0.132	1.000
(D,A)	0.013	-0.141	-0.197	-0.019	0.013	0.197	0.067
(D,B)	0.040	-0.094	0.000	-0.006	0.040	0.094	0.422
(D,C)	0.026	-0.047	-0.132	-0.006	0.026	0.132	0.201

그림 20.11 불일치성 지수를 구하기 위한 중간 단계

임계치가 미고려된 부분적 불일치성 지수는 그림 20.12와 같고 임계치를 고려한 전역 불일치성 지수 행렬을 그림 20.13과 같이 구할 수 있다.

	A	B	C	D
A		1	1	1
B	0		0.356	1
C	0	1		1
D	0.067	0.422	0.201	

그림 20.12 불일치성 지수

불일치성 지수의 합을 행렬 요소의 수로 나누어 불일치성 지수 임계치 $\hat{d}$를 구한다.

$$\hat{d} = \frac{\sum_{j=1}^{m}\sum_{i=1}^{m} DI_{ij}}{m(m-1)} = \frac{\sum_{j=1}^{4}\sum_{i=1}^{4} DI_{ij}}{4(4-1)} = \frac{7.0458}{12} = 0.5871$$

	A	B	C	D
A		0	0	0
B	1		1	0
C	1	0		0
D	1	1	1	

그림 20.13 임계치를 적용한 불일치성 지수

마지막으로 신뢰성 지수를 구하는데 일치성 지수 행렬 요소와 불일치성 지수 행렬 요소를 각각 요소곱을 해서 구한다. 신뢰성 지수 행렬은 그림 20.14의 왼쪽 그림과 같으며 1로 표현된 (a, b)는 '대안 a의 선호도와 대안 b의 선호도 차이가 임계치 $\hat{c}$보다 좋으며, 대안 a의 비선호도와 대안 b의 비선호도 차이가 임계치 $\hat{d}$보다는 작아 대안 a가 대안 b보다 최소한 더 좋다고 말할 수 있다'고 하는 의미이다.

	A	B	C	D
A		0	0	0
B	1		1	0
C	1	0		0
D	1	1	1	

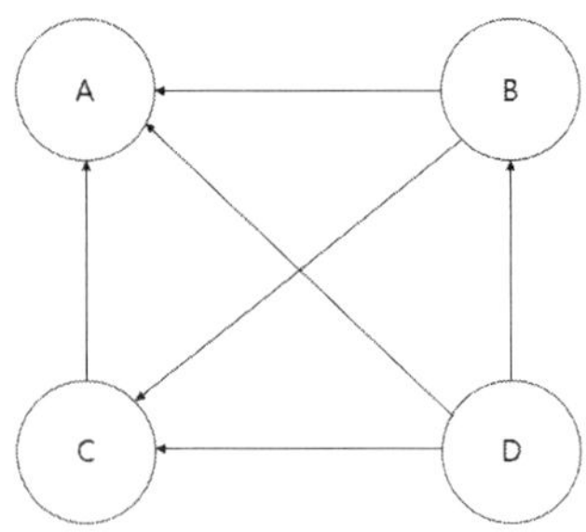

그림 20.14 신뢰성 지수와 대안의 지배관계

결론적으로 지배관계 Graph를 그려보면 그림 20.15의 오른쪽 그림과 같으며 대안 D는 다른 대안을 모두 Outranking 하고 있고 대안 A는 다른 대안들로부터 Outranking 받고 있다. 따라서 대안 A가 가장 나쁜 대안으로 제거 가능하고 2개를 제거한다면 대안 C까지 제거 가능하다. 대안의 수가 많을 때는 ELECTRE I을 이용하여 열세한 대안을 사전 제거하면 실제 대안의 우선순위를 결정하는 방법을 적용할 때 비용과 시간을 절약할 수 있다.

[ELECTRE I **예제** 2]

다음 예제로 Computer Numerical Control Machine을 선택하기 위한 Reliability

Design Scheme 문제를 생각해 보자. 대안은 RDS1, RDS2, RDS3, RDS4 4가지이다. 평가기준은 Mean Time To First Failure(MTTFF, hour), Mean Time Between Failures(MTBF, hour), Mean Time To Repair(MTTR, hour), Annual Maintenance Charge Rate(AMCR, %), Inherent Reliability(IR, %), Failure Rate(FR)이다. MTTFF, MTBF, IR은 클수록 좋은 값을 가지는 Benefit Criteria이고 MTTR, AMCR, FR은 작을수록 좋은 값을 가지는 Cost Criteria이다.

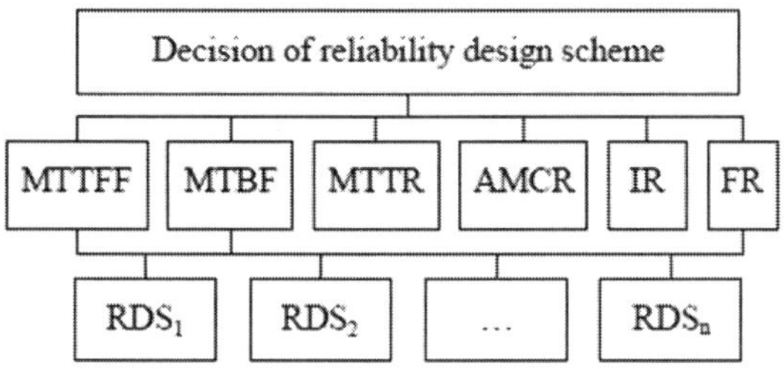

그림 20.15 Reliability Design Scheme 결정문제 계층구조

평가기준의 가중치를 AHP로 산출하기 위한 쌍대비교 행렬을 표 20.4와 같이 구하였다.

표 20.4 가중치를 구하기 위한 AHP 쌍대비교 행렬

	MTTFF	MTBF	MTTR	AMCR	IR	FR
MTTFF	1	2	1	1	4	3
MTBF	1/2	1	1/2	2	3	2
MTTR	1	2	1	3	7	5
AMCR	1	1/2	1/3	1	2	1/2
IR	1/4	1/3	1/7	1/2	1	1/7
FR	1/3	1/2	1/5	2	7	1

AHP로 가중치를 구한 결과 각 평가기준의 가중치를 표 20.5와 같이 구하였고 CI=6.5162이며 CR=0.0833으로 일관성이 있는 것으로 판단하여 구한 가중치를 채택하였다. 가중치와 대안의 우선순위를 결정할 수 있는 AHP 방법에 대한 자세한 내용은 이 책의 15장 AHP를 참고하라.

표 20.5 평가기준 가중치

평가기준	MTTFF	MTBF	MTTR	AMCR	IR	FR
가중치	0.2336	0.1652	0.3355	0.1021	0.0424	0.1212

$\lambda_{max} = 6.5162$, $CI = 0.1032$, $RI = 1.24$, $CR = 0.0833$

각 대안과 평가기준의 평가값 x_{ij}이 있는 다기준 의사결정 문제의 행렬은 표 20.6과 같다.

표 20.6 RDS 선택을 위한 다기준 의사결정 행렬

	MTTFF	MTBF	MTTR	AMCR	IR	FR
RDS1	1350	1850	7.5	2.58	93.5	0.045
RDS2	1680	1650	8.5	3.75	95.3	0.068
RDS3	1560	1950	6.5	4.86	88.6	0.095
RDS4	1470	1850	9.5	3.16	98.4	0.072

각 평가기준의 단위가 다르기 때문에 이 평가기준의 단위를 없앤 무차원의 데이터를 얻기 위해 벡터 정규화를 실시하였다. 벡터 정규화 방법은 정규화 이론을 설명한 8장을 참고하고 Benefit Criteria와 Cost Criteria에 대해 다음과 같이 실시한다.

$$v_{ij} = \frac{x_{ij}}{\sqrt{\sum_{i=1}^{m} x_{ij}^2}} \quad i = 1, 2, \cdots, m, \ j = 1, 2, \cdots, n \quad \text{for Benefit Criteria}$$

$$v_{ij} = 1 - \frac{x_{ij}}{\sqrt{\sum_{i=1}^{m} x_{ij}^2}} \quad i = 1, 2, \cdots, m, \ j = 1, 2, \cdots, n \quad \text{for Cost Criteria}$$

정규화가 수행 되고 난 후 다기준 의사결정 행렬은 그림 20.16과 같다.

가중치	0.2336	0.1652	0.3355	0.1021	0.0424	0.1212
	MTTFF	MTBF	MTTR	AMCR	IR	FR
RDS1	0.444	0.506	0.536	0.650	0.497	0.688
RDS2	0.553	0.451	0.474	0.491	0.507	0.529
RDS3	0.513	0.533	0.598	0.341	0.471	0.342
RDS4	0.484	0.506	0.412	0.571	0.523	0.501

그림 20.16 정규화 수행 이후 의사결정 행렬

정규화가 완료된 행렬에서 각 열을 평가기준의 가중치로 곱해서 가중 정규화 행렬을 구한다. 가중 정규화 행렬은 그림 20.17과 같다.

	MTTFF	MTBF	MTTR	AMCR	IR	FR
RDS1	0.1037	0.0836	0.1797	0.0664	0.0211	0.0834
RDS2	0.1291	0.0745	0.1590	0.0502	0.0215	0.0641
RDS3	0.1199	0.0881	0.2005	0.0348	0.0200	0.0415
RDS4	0.1130	0.0836	0.1382	0.0583	0.0222	0.0608

그림 20.17 가중 정규화 행렬

일치성 지수 행렬 CI는 식 (20.1-1)과 (20.1-2)에 따라 아래 그림 20.18과 같이 구할 수 있다.

	RDS1	RDS2	RDS3	RDS4
RDS1		0.7240	0.2657	0.7240
RDS2	0.2760		0.4993	0.6903
RDS3	0.7343	0.5007		0.7343
RDS4	0.4412	0.3097	0.2657	

그림 20.18 일치성 지수 행렬

일치성 지수의 합은 6.1652이고 요소 수 12로 나누면 0.5138로 일치성 지수 임계치 $\hat{c}$가 되며 임계치 이상 요소는 1, 미만 요소는 0으로 하는 행렬을 구한다.

$$\hat{C} = \frac{\sum_{j=1}^{m}\sum_{i=1}^{m} CI_{ij}}{m(m-1)} = \frac{6.1652}{12} = 0.5138$$

	RDS1	RDS2	RDS3	RDS4
RDS1		1	0	1
RDS2	0		0	1
RDS3	1	0		1
RDS4	0	0	0	

그림 20.19 임계치 적용 이후의 일치성 지수 행렬

불일치성 지수 행렬을 구하기 위해 편의상 RDS1은 1로, RDS2는 2로, RDS3은 3으로, RDS4는 4로 대안을 표현한다. 가중 정규화 행렬로 모든 대안쌍을 대상으로 평가값 차이를

구하는데 (1,2)의 차이는 대안 c에서 대안 d의 정규화 행렬 요소값을 빼서 구한다. 여기서 양수인 것이 대안 d가 대안 c보다 더 큰 값이므로 이러한 양수값 중 최댓값을 취하면 불일치성 지수의 분자가 된다. 불일치성 지수의 분모는 대안 c와 대안 d의 모든 평가기준 정규화 행렬요소 차이의 절대값 중 가장 큰 값 δ이 된다. 위에서 구한 가중 정규화 행렬은 아래 그림 20.20과 같다.

	MTTFF	MTBF	MTTR	AMCR	IR	FR
RDS1	0.1037	0.0836	0.1797	0.0664	0.0211	0.0834
RDS2	0.1291	0.0745	0.1590	0.0502	0.0215	0.0641
RDS3	0.1199	0.0881	0.2005	0.0348	0.0200	0.0415
RDS4	0.1130	0.0836	0.1382	0.0583	0.0222	0.0608

그림 20.20 가중 정규화 행렬

각 평가기준에서 대안 c와 대안 d 간 평가값을 비교하여 $g_j(c) < g_j(d)$를 만족하는 것 중 최댓값을 구하고 모든 평가기준에서 가중 정규화 차이의 절대값 중 최댓값 δ로 나누어 불일치성 지수 행렬 요소를 구한다.

$$\frac{1}{\delta}\left[\max\{g_j(d)-g_j(c)\}\right] \ \text{if } g_j(c) < g_j(d)$$

그림 20.21~20.22에서 $g_j(d)-g_j(c)$값이 0 이상인 평가항목 j가 $g_j(c) \le g_j(d)$인 조건을 만족하는 것이고 음수인 평가항목 j는 $g_j(c) > g_j(d)$ 조건을 만족하는 것이다.

(c,d)	$g_j(d)-g_j(c)$					
(1,2)	0.0254	-0.0090	-0.0208	-0.0162	0.0004	-0.0193
(1,3)	0.0161	0.0045	0.0208	-0.0316	-0.0011	-0.0420
(1,4)	0.0092	0.0000	-0.0415	-0.0080	0.0011	-0.0227
(2,1)	-0.0254	0.0090	0.0208	0.0162	-0.0004	0.0193
(2,3)	-0.0092	0.0136	0.0415	-0.0154	-0.0015	-0.0227
(2,4)	-0.0161	0.0090	-0.0208	0.0082	0.0007	-0.0034
(3,1)	-0.0161	-0.0045	-0.0208	0.0316	0.0011	0.0420
(3,2)	0.0092	-0.0136	-0.0415	0.0154	0.0015	0.0227
(3,4)	-0.0069	-0.0045	-0.0623	0.0235	0.0022	0.0193
(4,1)	-0.0092	0.0000	0.0415	0.0080	-0.0011	0.0227
(4,2)	0.0161	-0.0090	0.0208	-0.0082	-0.0007	0.0034
(4,3)	0.0069	0.0045	0.0623	-0.0235	-0.0022	-0.0193

그림 20.21 불일치성 지수를 구하기 위한 중간 단계 (1)

$\max\{g_j(d) - g_j(c)\}$	$\delta = max_{c,d}\| g_j(c) - g_j(d)\|$	$\frac{1}{\delta}[\max\{g_j(d) - g_j(c)\}]$
0.0254	0.0254	1.0000
0.0208	0.0420	0.4949
0.0092	0.0415	0.2220
0.0208	0.0254	0.8189
0.0415	0.0415	1.0000
0.0090	0.0208	0.4351
0.0420	0.0420	1.0000
0.0227	0.0415	0.5455
0.0235	0.0623	0.3780
0.0415	0.0415	1.0000
0.0208	0.0208	1.0000
0.0623	0.0623	1.0000

그림 20.22 불일치성 지수를 구하기 위한 중간 단계 (2)

불일치성 지수 행렬 DI는 그림 20.23과 같이 구할 수 있다.

	RDS1	RDS2	RDS3	RDS4
RDS1		1	0.4949	0.2220
RDS2	0.8189		1	0.4351
RDS3	1	0.5455		0.3780
RDS4	1	1	1	

그림 20.23 불일치성 지수

불일치성 지수의 행렬 요소 합은 8.8945이고 요소 수 12로 나누면 0.7412로 불일치성 지수 임계치 $\hat{d}$가 되며 임계치 $\hat{d}$ 이하 요소는 1로 하고 $\hat{d}$보다 큰 요소는 0으로 하는 행렬을 구한다.

$$\hat{d} = \frac{\sum_{j=1}^{m} \sum_{i=1}^{m} DI_{ij}}{m(m-1)} = \frac{8.8945}{12} = 0.7412$$

	RDS1	RDS2	RDS3	RDS4
RDS1		0	1	1
RDS2	0		0	1
RDS3	0	1		1
RDS4	0	0	0	

그림 20.24 임계치를 적용한 불일치성 지수

마지막으로 신뢰성 지수를 구하는데 일치성 지수 행렬 요소와 불일치성 지수 행렬 요소를 각각 요소곱을 해서 구한다. 신뢰성 지수 행렬은 그림 20.25의 왼쪽 그림과 같으며 1로 표현된 (a, b)는 '대안 a의 선호도와 대안 b의 선호도 차이가 임계치 $\hat{c}$보다 좋으며, 대안 a의 비선호도와 대안 b의 비선호도 차이가 임계치 $\hat{d}$보다는 작아 대안 a가 대안 b보다 최소한 더 좋다고 말할 수 있다'고 하는 의미이다.

	RDS1	RDS2	RDS3	RDS4
RDS1		0	0	1
RDS2	0		0	1
RDS3	0	0		1
RDS4	0	0	0	

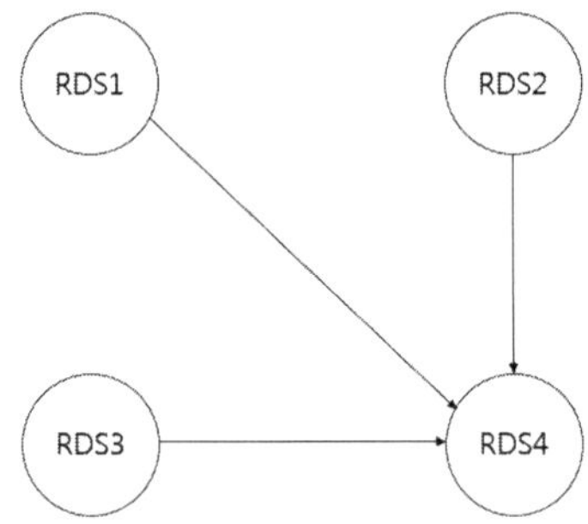

그림 20.25 신뢰성 지수와 대안 간 지배관계

결론적으로 RDS4가 가장 열등한 대안으로 식별되어 RDS4를 예비 분석 단계에서 제외하고 RDS1, RDS2, RDS3만 가지고 우선순위를 결정하는 다른 방법을 적용할 수 있다. RDS1, RDS2와 RDS3 서로 비교 불가능한 상태여서 우선순위를 결정하는 ELECTRE II, TOPSIS, AHP, PROMETHEE 등의 방법론을 사용하여 결정하는 것이 바람직하다.

1) Net Superior Value (NSV) / Net Inferior Value (NIV)를 이용하는 방법

대안을 비교하는 또 다른 하나의 방법은 Net Superior Value와 Net Inferior Value를 비교하는 방법이 있다. 앞에서 구한 일치성 지수와 불일치성 지수는 그림 20.26과 같다.

	RDS1	RDS2	RDS3	RDS4
RDS1		0.7240	0.2657	0.7240
RDS2	0.2760		0.4993	0.6903
RDS3	0.7343	0.5007		0.7343
RDS4	0.4412	0.3097	0.2657	

일치성 지수 행렬

	RDS1	RDS2	RDS3	RDS4
RDS1		1	0.4949	0.2220
RDS2	0.8189		1	0.4351
RDS3	1	0.5455		0.3780
RDS4	1	1	1	

불일치성 지수 행렬

그림 20.26 일치성 지수 행렬과 불일치성 지수 행렬

일치성 지수 임계치 $\hat{c}$와 불일치성 지수 임계치 $\hat{d}$는 다음과 같이 구하였다.

$$\hat{c} = \frac{\sum_{j=1}^{m}\sum_{i=1}^{m} CI_{ij}}{m(m-1)} = \frac{6.1652}{12} = 0.5138$$

$$\hat{d} = \frac{\sum_{j=1}^{m}\sum_{i=1}^{m} DI_{ij}}{m(m-1)} = \frac{8.8945}{12} = 0.7412$$

일치성 지수 행렬에서 RDS1이 다른 대안을 순위선호(Outranking)하는 값의 합은 행의 합이며 다른 대안으로부터 순위선호되는 값의 합은 열의 합이다.

$$\text{RDS1}_{\text{outrankig}} = 0.7240+0.2657+0.7240=1.7137$$

$$\text{RDS1}_{\text{outranked}} = 0.2760+0.7343+0.4412=1.4515$$

그러므로 RDS1의 순위선호 값 Net Superior Value는 $\text{RDS1}_{\text{NSV}} = \text{RDS1}_{\text{outrankig}} - \text{RDS1}_{\text{outranked}} = 1.7137-1.4515 = 0.2622$이다. 동일한 방법으로 RDS2_{NSV}, RDS3_{NSV}, RDS4_{NSV}는 그림 20.27과 같이 구할 수 있다.

$$\text{RDS2}_{\text{NSV}} = 1.4656-1.5344 = -0.0688$$

$$\text{RDS3}_{\text{NSV}} = 1.9693-1.0307 = 0.9386$$

$$\text{RDS4}_{\text{NSV}} = 1.0166-2.1486 = -1.1320$$

	RDS1	RDS2	RDS3	RDS4	Outranking	NSV
RDS1		0.7240	0.2657	0.7240	1.7137	0.2622
RDS2	0.2760		0.4993	0.6903	1.4656	-0.0688
RDS3	0.7343	0.5007		0.7343	1.9693	0.9386
RDS4	0.4412	0.3097	0.2657		1.0166	-1.1320
Outranked	1.4515	1.5344	1.0307	2.1486		

그림 20.27 Net Superior Value(NSV)

불일치성 지수 행렬에서 RDS1이 다른 대안으로부터 순위선호되는 값의 합은 행의 합이며 다른 대안을 순위선호하는 값의 합은 열의 합이다.

그러므로 RDS1 Net Inferior Value는 $RDS1_{NIV} = RDS1_{outranked} - RDS1_{outrankig}$ = 1.7170−2.8189 = −1.1019이다.

동일한 방법으로 $RDS2_{NIV}$, $RDS3_{NIV}$, $RDS4_{NIV}$는 그림 20.28과 같이 구할 수 있다.

$$RDS2_{NIV} = 2.2540 - 2.5455 = -0.2916$$

$$RDS3_{NIV} = 1.9235 - 2.4949 = -0.5714$$

$$RDS4_{NIV} = 3.0000 - 1.0351 = 1.9649$$

	RDS1	RDS2	RDS3	RDS4	Outranked	NIV
RDS1		1	0.4949	0.2220	1.7170	-1.1019
RDS2	0.8189		1	0.4351	2.2540	-0.2916
RDS3	1	0.5455		0.3780	1.9235	-0.5714
RDS4	1	1	1		3.0000	1.9649
Outranking	2.8189	2.5455	2.4949	1.0351		

그림 20.28 Net Inferior Value (NIV)

Net Superior Value와 Net Inferior Value를 계산하고 순위를 매기면 표 20.7과 같다. Net Superior Value는 크면 클수록 좋은 대안이라고 할 수 있고 Net Inferior Value는 작으면 작을수록 좋은 대안이라고 할 수 있다. 따라서 RDS2, RDS4가 Net Superior Value와 Net Inferior Value 관점에서 둘 다 3위와 4위이므로 예비 분석 단계에서 이를 제거하는 것이 타당하다.

표 20.7 대안별 NSV, NIV별 순위

구분	Net Superior Value (NSV)	Net Inferior Value (NIV)	Ranking of NSV	Ranking of NIV
RDS1	0.2622	−1.1019	2	1
RDS2	−0.0688	−0.2916	3	3
RDS3	0.9386	−0.5714	1	2
RDS3	−1.1320	1.9649	4	4

20.3 ELECTRE Iv

ELECTRE Iv는 ELECTRE I에서 거부 임계치(Veto Threshold)를 가지고 있는 모델이다. ELECTRE I 방법에서 단순히 거부 임계치만 포함하는 단순한 방법이지만 매우 유용한 방법이다. 거부 임계치란 다른 평가기준에서는 모두 대안 a가 대안 b보다 적어도 나쁘진 않지만 어떤 평가기준의 거부 임계치 이상의 차이가 나면 대안 a가 대안 b보다 적어도 나쁘진 않다고 할 수 없다는 임계치를 말한다. 예를 들어 표 20.8과 같은 다기준 의사결정 행렬을 생각해 보자.

표 20.8 ELECTRE Veto Threshold 예

구 분		가중치	
	0.45	0.25	0.3
대 안	가격($)	안전도	디자인
A	22,000	34	45
B	25,400	25	65
C	32,000	56	36
거부 임계치	15,000	20	40

기존의 다기준 의사결정 행렬과 비교하면 위의 다기준 의사결정 행렬에서는 평가기준별 거부 임계치가 미리 설정되어 있다. 거부 임계치의 의미는 다음과 같다. 예를 들어 대안 A와 대안 C를 비교해 보면 평가기준 '가격'에서는 대안 A가 대안 C보다 더 저렴하고 평가기준 '디자인'에서는 대안 A가 대안 C보다 더 높은 점수를 받아 2개 평가기준에서 더 좋은 것으로 평가되지만 평가기준 '안전도'에서는 대안 C가 대안 A보다 22점 더 높다. 즉, 안전도에서는 대안 C가 대안 A보다 거부 임계치보다 더 큰 차이가 생겨 다른 모든 조건이 대안 A가 대안 C보다 좋더라도 대안 A가 대안 C보다 더 좋다는 평가를 할 수가 없다. 우수 대안을 선정하는 절차는 ELECTRE I과 동일하다.

20.4 ELECTRE II

ELECTRE II는 대안들의 우선순위를 결정하는 방법이다. ELECTRE I에서 단지 우수한 대안을 선택하는 문제였다면 ELECTRE II에서는 대안들의 우선순위를 명확히 결정할 수 있다. 이를 위해 ELECTRE II에서는 선호관계를 좀 더 세분화하여 '강한 선호관계'와 '약한 선호관계'로 구분한다.

'강한 선호관계'와 '약한 선호관계'를 정의하기 위해 일단 일치성 지수 임계치를 2가지로 구분한다. ELECTRE I에서는 일치성 지수 임계치 $\hat{c}$와 불일치성 지수 임계치 임계치 $\hat{d}$를 정의하고 다음과 같은 조건으로 일치성 지수 행렬의 요소와 불일치성 지수 행렬의 요소를 결정하였다.

$$C(a, b) = \begin{cases} 1 & \text{if } c(a, b) \geq \hat{c} \\ 0 & \text{if } c(a, b) < \hat{c} \end{cases} \tag{20.4-1}$$

$$D(a, b) = \begin{cases} 1 & \text{if } d(a, b) \leq \hat{d} \\ 0 & \text{if } d(a, b) > \hat{d} \end{cases} \tag{20.4-2}$$

그러나 ELECTRE II에서는 식 (20.4-3)과 같이 일치성 지수 임계치를 '강한 일치성 지수 임계치 c^+'와 '약한 일치성 지수 임계치 c^-'로 구분하여 사용한다. 동일하게 불일치성 지수 임계치도 '강한 불일치성 지수 임계치 d^+'와 '약한 일치성 지수 임계치 d^-'로 구분하여 사용한다.

$$0 \leq c^- \leq c^+ \leq 1, \ 0 \leq d^- \leq d^+ \leq 1 \tag{20.4-3}$$

여기서 c^-와 c^+의 범위는 $[0.5, \ 1 - \min_j w_j]$에 속하는 값이다.

만약 $C(aSb) \geq c^-$ or $C(aSb) \geq c^+$ and $C(aSb) \geq C(bSa)$이면 a가 b를 순위선호한다고 말할 수 있다. $p^+(a, b)$는 대안 a가 대안 b보다 선호되는 평가기준들의 정규화된 가중치의 합을 의미하고 $p^-(a, b)$는 대안 b가 대안 a보다 선호되는 평가기준들의 정규화된 가중치의 합을 의미한다고 정의한다. 그러면 대안 a가 대안 b에 대한 강한 선호관계 S^F는 식 (20.4-4)와 같이 정의한다.

$$aS^F b \ iff \ (a, b) \geq c^+, \ d(a, b) \leq d^-, \ \frac{p^+(a, b)}{p^-(a, b)} \geq 1 \tag{20.4-4}$$

위 식의 의미는 대안 a가 대안 b보다 강한 선호관계에 있다는 것은 대안 a가 대안 b보다 우수하다는 일치성 지수가 강한 일치성 지수 c^+보다는 크거나 같고, 대안 a가 대안 b보다 열세하다는 불일치성 지수가 약한 불일치성 지수 d^-보다는 작거나 같고, 대안 a가 대안 b보다 선호되는 평가기준들의 정규화된 가중치의 합이 대안 b가 대안 a보다 선호되는 평가기준들의 정규화된 가중치의 합보다 크거나 같아야 한다는 것이다. 다시 말하면 대안 a가 대안 b보다 좋은 정도는 강하게 좋아야 하고, 대안 a가 대안 b보다 나쁜 정도는 약한 정도여야 하며, 대안 a가 대안 b보다 좋은 평가기준들의 정규화된 가중치 합이 대안 b가 대안 a보다 선호되는 평가기준들의 정규화된 가중치의 합보다는 같거나 더 커야 한다는 의미이다.

다음으로 대안 a가 대안 b에 대한 약한 선호관계를 S^f는 식 (20.4-5)와 같이 정의한다.

$$aS^f b \ iff \ (a, b) \ge c^-, \ d(a, b) \le d^+, \ \frac{p^+(a, b)}{p^-(a, b)} \ge 1 \qquad (20.4-5)$$

식 (20.4-5)의 의미는 대안 a가 대안 b보다 약한 선호관계에 있다는 것은 대안 a가 대안 b에 대한 일치성 지수가 약한 일치성 지수 임계치 c^-보다는 크거나 같고, 대안 a가 대안 b에 대한 불일치성 지수가 강한 불일치성 지수 임계치 d^+보다는 작거나 같고, 대안 a가 대안 b보다 선호되는 평가기준들의 정규화된 가중치의 합이 대안 b가 대안 a보다 선호되는 평가기준들의 정규화된 가중치의 합보다 크거나 같아야 한다는 것이다.

다시 말하면 대안 a가 대안 b보다 좋은 정도는 약한 임계치보다 커야 하고, 대안 a가 대안 b보다 나쁜 정도는 강한 임계치 이하여야 하며, 대안 a가 대안 b보다 좋은 평가기준들의 정규화된 가중치 합이 대안 b가 대안 a보다 선호되는 평가기준들의 정규화된 가중치의 합보다는 같거나 더 커야 한다는 의미이다. 약한 선호관계 역시 대안 a가 대안 b보다 더 선호되는 것이므로 $\frac{p^+(a, b)}{p^-(a, b)} \ge 1$ 역시 만족해야 한다.

대안 2개씩 서로 쌍대비교하여 강한 선호관계인지, 약한 선호관계인지, 비교 불가능한지를 모든 대안쌍을 비교한다. 예를 들어 대안 A, B, C, D, E, F, G가 있을 때 각각을 비교 시 그림 20.29와 같이 강한 선호관계 Graph G^F와 약한 선호관계 Graph G^f를 얻을 수 있다. 강한 선호관계는 실선으로 표현하고 약한 선호관계는 점선으로 표현하였다.

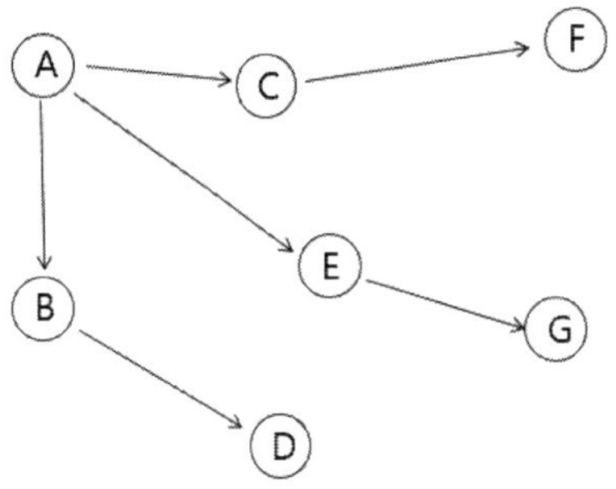

강한 선호관계 Graph G^F

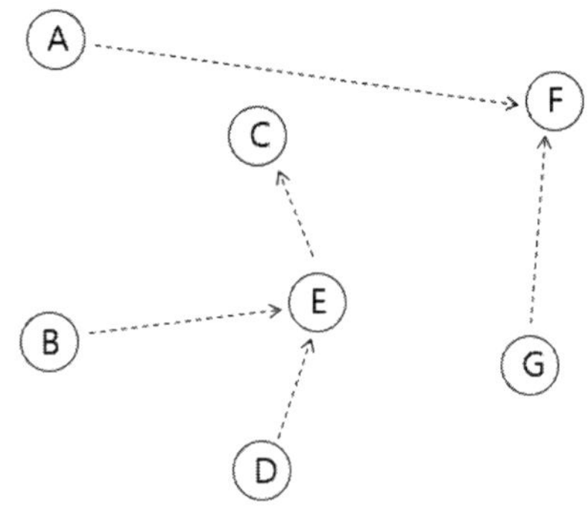

약한 선호관계 Graph G^f

그림 20.29 강한 선호관계와 약한 선호관계 그래프 표현

위의 그래프를 행렬로 표현할 수도 있는데 표 20.9와 같다.

표 20.9 강한 선호관계와 약한 선호관계 행렬 표현

대안	A	B	C	D	E	F	G
A		S^F	S^F		S^F	S^f	
B				S^F	S^f		
C						S^F	
D					S^f		
E			S^f				S^F
F							
G						S^f	

대안의 우선순위를 결정하는 ELECTRE II의 절차는 다음과 같다.

1. 의사결정 행렬에서 데이터 정규화를 수행한다.
2. 일치성 지수 임계치 c^-, c^+, 불일치성 지수 임계치 d^-, d^+를 정한다.
3. 대안들 간 쌍대비교로 강하게 선호, 약하게 선호, 비교 불가능을 결정하여 선호관계 그래프를 그린다.
4. Forward Ranking 방법에 의해 우선순위를 구한다.
5. Reverse Ranking 방법에 의해 우선순위를 구한다.

6. Forward Ranking과 Reverse Ranking 방법에 의해 구한 결과를 산술평균으로 최종 순위를 구한다.

1) Forward Ranking 절차

Y를 모든 대안의 집합이라고 하고 $Y(k)$는 k번째 단계에서 Y의 부분집합이다. $A(k)$를 $Y(k)$로부터 선택된 선호되는 대안들의 집합이라고 하면 Forward Ranking(순방향 순위) V'는 다음과 같이 결정된다. 먼저 $k=1$로 둔다. $k=1$에서 $Y(1)=Y$이다.

1. 강한 선호관계 Graph G^F로부터 다른 대안으로부터 지배 받지 않는(Outranking 되지 않는) 대안 집합을 구하여 C라 한다.

   * 다른 대안으로부터 지배 받지 않는 대안은 다른 대안으로부터 화살표를 받지 않는 대안이다.

2. C에 있는 대안 중 약한 선호관계 Graph G^f에서 지배관계를 확인하여 지배관계가 있는 arc를 집합 $\widehat{U_f}$에 포함하고 (C, $\widehat{U_f}$) Graph를 구한다. 이 Graph에서 지배 받지 않는 대안의 집합을 $A(k)$라 한다.

   * $A(k)$에 속하는 대안은 G^F와 G^f에서 다른 대안에 의해 지배 받지 않는다.

3. $A(k)$에 속하는 대안 x의 순위를 k로 한다.

$$V'(x)=k \ for \ all \ x \in A(k)$$

4. $k=k+1$로 증가시키고 $Y(k+1)=Y(k)-A(k)$로 둔다.

5. 만약 $Y(k+1)=\phi$이면 멈추고 아니면 1~4 단계의 절차를 반복한다.

2) Reverse Ranking 절차

Reverse Ranking은 G^F와 G^f의 지배관계 Graph를 원래 방향과 완전히 반대로 그린 그림 20.30과 같은 Graph를 대상으로 Forward Ranking 절차와 동일한 방법으로 Reverse Ranking V''을 결정한다.

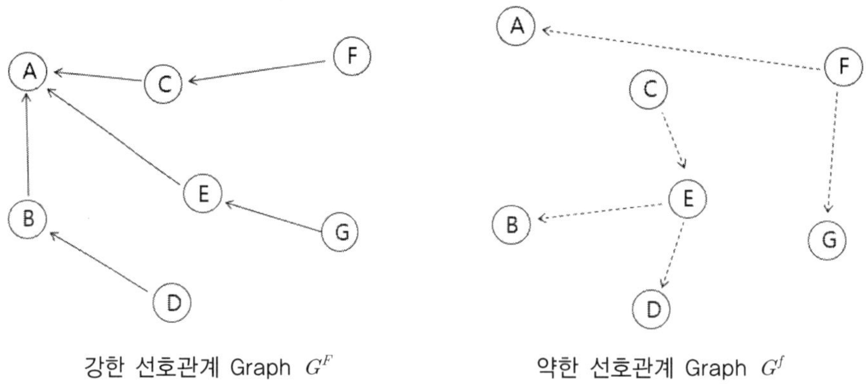

그림 20.30 Reverse Ranking 표현

Reverse Ranking 절차를 수행하면 Forward Ranking에서 결정된 우선순위가 더 명확해 진다. Forward Ranking에서는 동일한 대안 간의 우선순위가 발생할 수 있는데 실제 약간의 우열관계가 있음에도 불구하고 동일한 순위가 될 가능성이 있다. 이를 명확히 규명하기 위해 Reverse Ranking 절차를 거쳐 우열관계를 더 분명히 한다. Reverse Ranking에 의한 우선순위는 바로 된 우선순위가 아니라 원래 Graph의 지배관계를 반대로 한 결과이기 때문에 이를 정상적인 순위로 변경하는 절차를 거쳐야 한다.

V''는 G^F와 G^f의 지배관계 Graph를 원래 방향과 완전히 반대로 그린 Graph로 구한 순위를 $\alpha(x)$, $x \in Y$라 하면 $\alpha(x)$를 변환하여 우선순위를 구한다. 변환하는 절차는 먼저 $\alpha_{\max} = \max_{x \in Y} \alpha(x)$를 구하고 $V''(x) = 1 + \alpha_{\max} - \alpha(x)$로 Reverse Ranking을 구한다. $V''(x)$를 구할 때 1을 더하는 이유는 최고로 좋은 대안 우선순위를 1로 하기 위해서이다. $\alpha_{\max} - \alpha(x)$는 원래 방향과 반대로 그린 Graph로 구한 순위를 역순위로 구하기 위해서이다.

Forward Ranking V'와 Reverse Ranking V''을 결합한 최종 우선순위 $\widehat{V}(x)$ 결정은 식 (20.4-6)과 같이 Forward Ranking과 Reverse Ranking의 산술평균으로 한다.

$$\widehat{V}(x) = \frac{V'(x) + V''(x)}{2} \qquad (20.4\text{-}6)$$

[ELECTRE II **예제**]

ELECTRE II 방법을 설명하기 위해 그림 20.31과 같은 강한 선호관계와 약한 선호관계가 주어진 그래프로 예를 들어 설명한다.

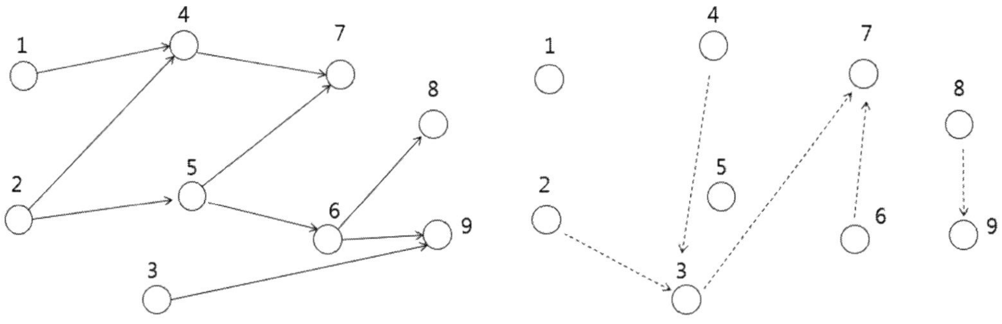

$G^F = Y(1),\ U_F(1)$ $G^f = Y(1),\ U_f(1)$

그림 20.31 강한 선호관계와 약한 선호관계(최초 그래프)

Forward Ranking $V'(x)$

$k = 1,\ Y(1) = G^F$

(1) $\mathrm{C} = \{1, 2, 3\}$

(2) $\widehat{U_f} = \{(2, 3)\}$

(3) $A(1) = \{1, 2\}$

(4) Ranking $V'(1) = V'(2) = 1$

$$Y(k+1) = Y(2) = Y(1) - A(1) = \{3, 4, 5, 6, 7, 8, 9\} \neq \varnothing$$

$A(1) = \{1, 2\}$를 제거한 Graph는 그림 20.32와 같다.

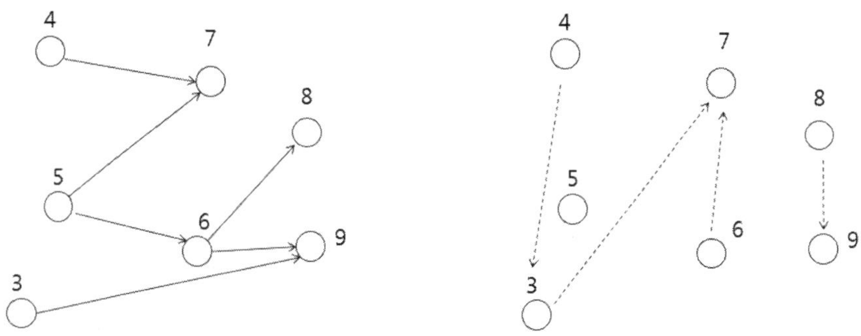

$G^F = Y(2),\ U_F(2)$ $G^f = Y(2),\ U_f(2)$

그림 20.32 $k=2$에서의 강한 선호관계와 약한 선호관계

$k=2,\ \ Y(2)=\{3, 4, 5, 6, 7, 8, 9\}$

(1) $C=\{3, 4, 5\}$

(2) $\widehat{U_f}=\{(4, 3)\}$

(3) $A(2)=\{4, 5\}$

(4) Ranking $V'(4)=V'(5)=2$

$$Y(k+1)=Y(3)=Y(2)-A(2)=\{3, 6, 7, 8, 9\}\neq\varnothing$$

$A(2)=\{4, 5\}$를 제거한 강한 선호관계와 약한 선호관계는 그림 20.33과 같다.

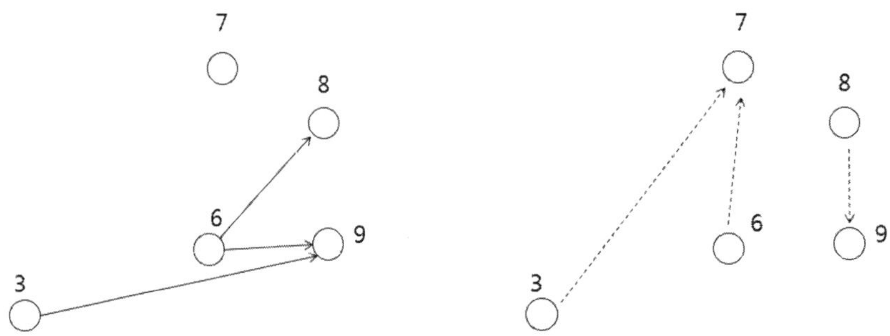

$G^F=Y(3),\ U_F(3)$ $\qquad$ $G^f=Y(3),\ U_f(3)$

그림 20.33 $k=3$에서의 강한 선호관계와 약한 선호관계

$k=3,\ \ Y(3)=\{3, 6, 7, 8, 9\}$

(1) $C=\{3, 6, 7\}$

(2) $\widehat{U_f}=\{(3, 7), (6, 7)\}$

(3) $A(3)=\{3, 6\}$

(4) Ranking $V'(3)=V'(6)=3$

$$Y(k+1)=Y(4)=Y(3)-A(3)=\{7, 8, 9\}\neq\varnothing$$

$A(3)=\{3, 6\}$을 제거한 강한 선호관계와 약한 선호관계 Graph는 그림 20.34와 같다.

$G^F = Y(4),\ U_F(4)$ $\quad\quad$ $G^f = Y(4),\ U_f(4)$

그림 20.34 $k=4$에서의 강한 선호관계와 약한 선호관계

$k=4,\ \ Y(4)=\{7,\ 8,\ 9\}$

(1) $\mathrm{C}=\{7,\ 8,\ 9\}$

(2) $\widehat{U}_f=\{(8,\ 9)\}$

(3) $A(4)=\{7,\ 8\}$

(4) Ranking $\ V'(7)=V'(8)=4$

$$Y(k+1)=Y(5)=Y(4)-A(4)=\{9\}\neq\varnothing$$

$A(4)=\{7,\ 8\}$을 제거한 강한 선호관계와 약한 선호관계 Graph는 그림 20.35와 같다.

$G^F = Y(5),\ U_F(5)$ $\quad\quad$ $G^f = Y(5),\ U_f(5)$

그림 20.35 $k=5$에서의 강한 선호관계와 약한 선호관계

$k=5,\ \ Y(5)=\{9\}$

(1) $\mathrm{C}=\{9\}$

(2) $\widehat{U}_f=\{\ \}$

(3) $A(5)=\{9\}$

(4) Ranking $\ V'(9)=5$

$$Y(k+1)=Y(6)=Y(5)-A(5)=\phi,\ \text{stop}$$

Forward Ranking으로 구한 대안들의 순위는 표 20.10과 같다.

표 20.10 Forward Ranking으로 구한 대안 순위

대안(x)	1	2	3	4	5	6	7	8	9
순위 $V'(x)$	1	1	3	2	2	3	4	4	5

Reverse Ranking $V''(x)$

Reverse Ranking은 원래의 Graph에서 모든 선호관계를 역으로 변환하여 Forward Ranking과 동일한 방법으로 대안들의 Reverse Ranking $V''(x) = 1 + \alpha_{\max} - \alpha(x)$을 구한다.

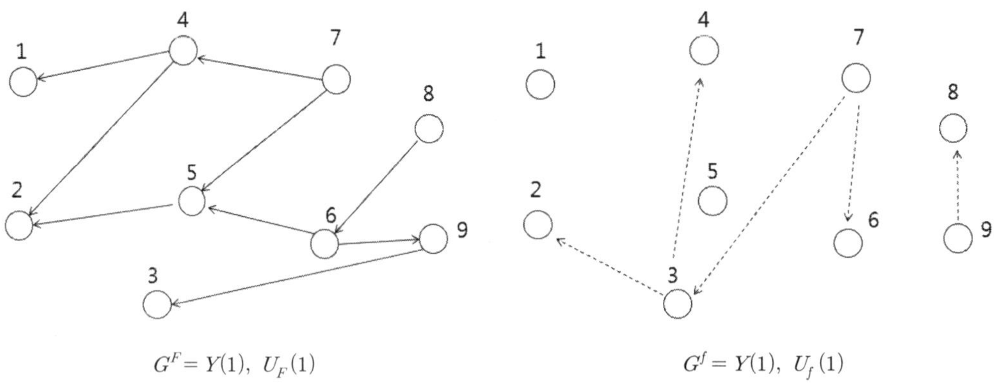

그림 20.36 $k=1$에서의 Reverse Ranking의 강한 선호관계와 약한 선호관계

Reverse Ranking으로 구한 대안들의 순위는 표 20.11과 같다.

표 20.11 Reverse Ranking으로 구한 대안의 우선순위

대안(x)	1	2	3	4	5	6	7	8	9
순위 $\alpha(x)$	4	5	2	3	4	3	1	2	1

$\alpha_{\max} = \max_{x \in Y} \alpha(x) = 5$이므로 $V''(x) = 1 + \alpha_{\max} - \alpha(x)$는 표 20.12와 같이 구한다.

표 20.12 Reverse Ranking으로 구한 순위를 조정

대안(x)	1	2	3	4	5	6	7	8	9
순위 $\alpha(x)$	4	5	2	3	4	3	1	2	1
$V''(x)$	2	1	4	3	2	3	5	4	5

최종적인 순위 $\hat{V}(x)$는 Forward Ranking과 Reverse Ranking의 산술평균 $\frac{V'(x)+V''(x)}{2}$으로 표 20.13과 같이 구한다.

표 20.13 최종 순위 산출

대안(x)	1	2	3	4	5	6	7	8	9
$V'(x)$	1	1	3	2	2	3	4	4	5
$V''(x)$	2	1	4	3	2	3	5	4	5
$\hat{V}(x)$	1.5	1	3.5	2.5	2	3	4.5	4	5

대안 2가 가장 좋은 대안이고 '대안 1', '대안 5', '대안 4', '대안 6', '대안 3', '대안 8', '대안 7', '대안 9' 순으로 좋은 것으로 결정된다.

20.5 ELECTRE IS

ELECTRE IS는 그림 20.37에 표현된 것과 같이 의사기준(Pseudo Criteria)으로 좋은 대안을 선택(Selection)하는 방법이다. 의사기준이란 절대기준(True Criteria)과 다르게 선호의 애매모호함을 표현한 방법이다. 이를 위해 j 평가기준별로 무차별(Indifference), 선호(Preference), 거부(Veto) 판정 임계치 q_j, p_j, v_j를 각각 지정한다.

의사기준으로 무차별, 선호, 거부 판정 임계치에 대한 논리적인 설정기준은 없으며 단지 의사결정자의 주관적 판단에 따라 결정된다. 그러나 Rogers and Breun(1998)의 연구에 따르면 선호 임계치는 무차별 임계치의 2~3배, 거부 임계치는 무차별 임계치의 5~6배 정도로 설정하는 것이 무난하다고 제시하였다.

어떤 평가기준 j에서 대안 a와 대안 b를 비교하는데 두 대안의 평가값 차이 $g_j(a)-g_j(b)$

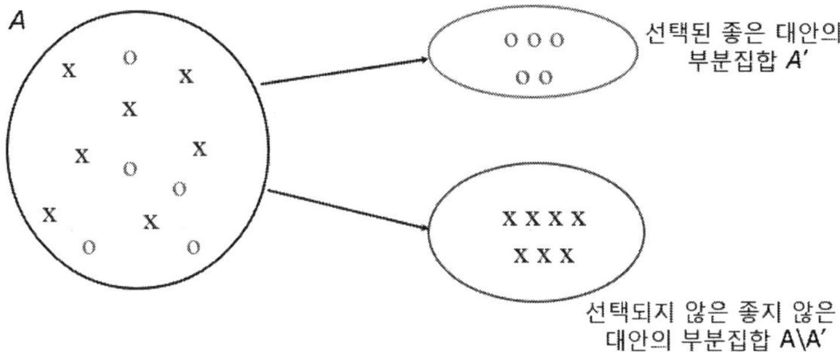

그림 20.37 전체 대안에서 우수한 대안 선택

가 $-q_j$ 이상이고 q_j 이하이면 두 대안은 차이가 없다고 평가한다. 절대기준하에서는 $g_j(a)=g_j(b)$이어야 두 대안은 차이가 없다고 평가했으나 의사기준하에서는 두 대안의 평가값 차이 $g_j(a)-g_j(b)$가 일정 크기 q_j 내에 있으면 차이가 없다고 평가한다. 예를 들어 재산이 100억 원을 가진 사람과 100.1억 원을 가진 사람이 있을 때 절대 기준하에서는 100.1억 원을 가진 사람이 더 부자라고 평가하지만 의사기준하에서는 적어도 두 사람의 재산 차이가 10억 원 이상 차이가 나야 더 부자라고 한다고 정해 놓았으면 두 사람의 재산은 동일한 것으로 평가하는 것과 같은 것이다.

두 대안의 차이값이 q_j 이상이고 p_j 이하이면 대안 a가 대안 b보다 약하게 선호된다(Weakly Outranking)고 평가한다. 약하게 선호된다는 말은 a가 대안 b보다 더 좋지만 확신에는 좀 망설임이 있다는 의미이다. 마찬가지로 두 대안의 차이값이 $-p_j$ 이상이고 $-q_j$ 이하이면 대안 b가 대안 a보다 약하게 선호된다고 평가한다. 대안 a와 대안 b의 차이값이 p_j 이상이면 대안 a가 대안 b보다 강하게 선호된다(Strongly Outranking)고 평가한다. 강하게 선호된다는 말은 대안 a가 대안 b보다 좋은 것이 확실하다는 의미이다. 반대로 $g_j(a)-g_j(b)$가 $-p_j$ 이하이면 대안 b가 대안 a보다 강하게 선호된다고 평가한다. 이를 수학적으로 표현하면 식 (20.5-1)~(20.5-5)와 같다.

$$aI_jb(=bI_ja)\ :\ -q_j \le g_j(a)-g_j(b) \le q_j \tag{20.5-1}$$

$$aQ_jb\ :\ q_j < g_j(a)-g_j(b) \le p_j \tag{20.5-2}$$

$$bQ_ja\ :\ -p_j \le g_j(a)-g_j(b) \le -q_j \tag{20.5-3}$$

$$aP_jb\ :\ p_j < g_j(a)-g_j(b) \tag{20.5-4}$$

$$bP_j a \ : \ g_j(a) - g_j(b) < -p_j \tag{20.5-5}$$

위의 조건을 이해하기 쉽게 표현하면 그림 20.38로 표현할 수 있다. 여기에서 aI_jb, aQ_jb, aP_jb 영역에 속하면 j 평가기준하 '대안 a는 대안 b보다 나쁘지 않다'라고 말할 수 있다. '나쁘지 않은 것'은 선호도 차이가 없는 것도 포함하기 때문이다. '대안 a는 대안 b보다 나쁘지 않다'라는 의미를 aS_jb로 표현한다.

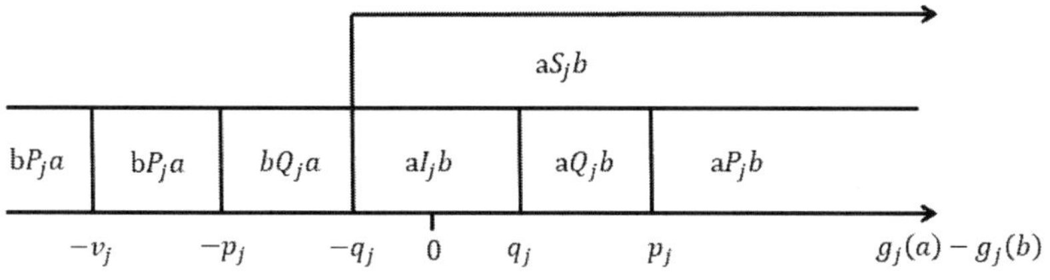

그림 20.38 선호관계 범위

한 평가기준 j에서 대안 a에 대한 대안 b의 평가값 차이 $g_j(a) - g_j(b)$가 거부 임계치보다 크게 되면 다른 모든 기준에서 $aS_jb(i \neq j)$가 성립된다 할지라도 aS_jb를 부정하게 된다. 이 경우 거부 효과가 발생되었다고 한다.

ELECTRE IS에서의 의사결정 행렬의 구조는 다음과 같다. 일반적인 다기준 의사결정 행렬 구성요소에 q_j, p_j, v_j가 추가된 구조이다.

표 20.14 임계치가 추가된 다기준 의사결정 문제

구 분		가중치	
	0.45	0.25	0.3
	가격($)	안전도	디자인
A	22,000	34	45
B	25,400	25	65
C	32,000	56	36
q_j	2,500	5	5
p_j	4,500	10	15
v_j	15,000	20	40

20.5.1 일치성 지수

ELECTRE IS에서도 모든 ELECTRE Family의 방법과 같이 일치성 지수와 불일치성 지수로 대안의 우열을 판단한다. Benefit Criteria인 경우 ELECTRE IS의 일치성 지수는 식 (20.5-6)과 같이 계산한다.

$$c_j(a, b) = \begin{cases} 1 & aS_j b \\ \dfrac{g_j(a) - g_j(b) + p_j}{p_j - q_j} & bQ_j a \\ 0 & bP_j a \end{cases} \tag{20.5-6}$$

일치성 지수 함수 $c_j(a, b)$는 Fuzzy Membership 함수 형태인데 평가기준 j에서 대안 a가 대안 b보다 나쁘지 않으면 1, 대안 b가 대안 a보다 확실히 좋으면 0, 대안 b가 대안 a보다 좋은데 판단하기가 애매모호한 상태이면 즉, 약하게 선호되면 0과 1 사이의 값을 보상하여 사용한다.

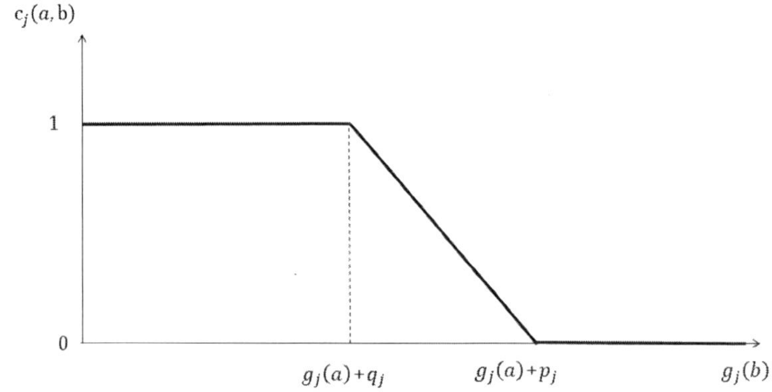

그림 20.39 Benefit Criteria에서 일치성 지수

Cost Criteria인 경우의 일치성 지수는 식 (20.5-7)과 같다.

$$c_j(a, b) = \begin{cases} 1 & if\ g_j(a) - g_j(b) \le q_j \\ \dfrac{g_j(b) - g_j(a) + p_j}{p_j - q_j} & if\ q_j < g_j(a) - g_j(b) < p_j \\ 0 & if\ g_j(a) - g_j(b) \ge p_j \end{cases} \tag{20.5-7}$$

Fuzzy Membership 함수 $c_j(a, b)$는 평가에 대한 성과치가 퍼지집합에 속하는 정도를

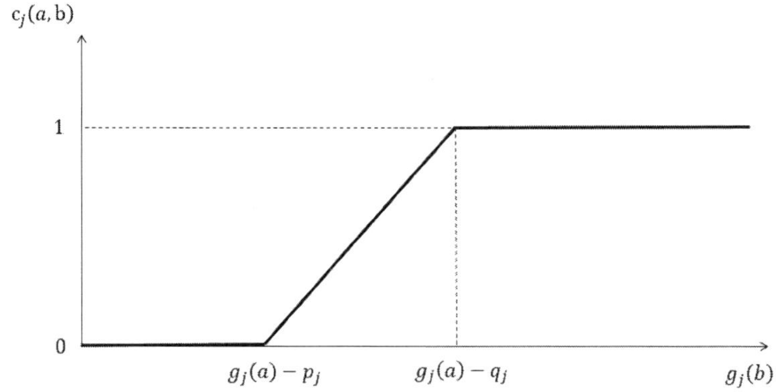

그림 20.40 Cost Criteria에서 일치성 지수

나타낸다. $c_j(a, b)$가 1에 가까우면 성과치가 퍼지집합에 속하는 정도가 높다는 것을 나타내고 반대로 0에 가까우면 성과치가 퍼지집합에 속하는 정도가 낮다는 것을 나타낸다. 일치성 지수 함수의 값과 각 선호도 관계 범위를 중첩해서 그리면 그림 20.41과 같다.

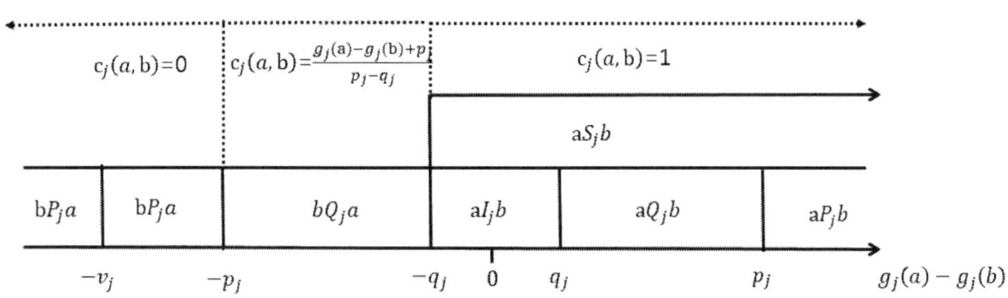

그림 20.41 ELECTRE IS에서의 선호관계 범위와 일치성 지수

최종적인 대안 a와 대안 b의 일치성 지수는 식 (20.5-8)과 같이 평가기준들의 가중합으로 결정한다. 여기서 가중치의 합은 1로 정규화된 가중치를 사용한다고 가정한다.

$$C(a, b) = \Sigma_{j=1}^{n} w_j c_j(a, b), \ 0 \le C(a, b) \le 1 \tag{20.5-8}$$

만약 합이 1로 된 정규화된 가중치 w_j를 사용하고 있지 않다면 식 (20.5-9)와 같이 조정하여 $C(a, b)$를 구한다.

$$C(a, b) = \frac{1}{\Sigma_j w_{j_j}} \Sigma_{j=1}^{n} w_j c_j(a, b), \ 0 \le C(a, b) \le 1 \tag{20.5-9}$$

20.5.2 불일치성 지수

Benefit Criteria에서 불일치성 지수는 식 (20.5-10)과 같이 결정한다.

$$d_j(a,b)=\begin{cases}0 & if\ \ g_j(a)-g_j(b)>q_j\dfrac{1-C(a,b)-w_j}{1-\lambda-w_j}-v_j \\ 1 & otherwise\end{cases} \tag{20.5-10}$$

여기서 λ는 사전 설정된 일치판정 기준 비율

모든 평가기준을 고려한 최종적인 불일치성 지수는 모든 평가기준에서 $d_j(a,b)=0$이면 0이고 그렇지 않으면 1로 간주한다. 만일 한 개 이상의 기준에서 거부효과가 발생하여 불일치 지수가 1이 되면 aS_jb 관계 성립을 부정하게 된다.

$$D(a,b)=\begin{cases}0 & if\ \ d_j(a,b)=0\ \forall j,\ a\neq b \\ 1 & otherwise\end{cases} \tag{20.5-11}$$

만약 데이터 정규화를 Cost Criteria 방법으로 실시하면 Cost Criteria 평가기준에 대해서 불일치성 지수를 식 (20.5-10)에 의해 구할 수 있다.

20.5.3 신뢰성 지수

다음으로 일치성 지수 행렬과 불일치성 지수 행렬로 식 (20.5-12)와 같이 신뢰성 지수 행렬 $S(a,b)$를 구한다.

$$S(a,b)=\begin{cases}1 & if\ \ C(a,b)>\lambda,\ D(a,b)=0 \\ 0 & otherwise\end{cases} \tag{20.5-12}$$

$$where\ 0.5\leq\lambda\leq\lambda^*,\ \lambda^*=1-\min_j w_j$$

거부 임계치 v_j가 다음 조건을 만족하면 aSb인 것을 강하게 부정한다.

$$g_j(b)-g_j(a)\geq v_j \quad \text{Benefit Criteria}$$

$$g_j(a)-g_j(b)\geq v_j \quad \text{Cost Criteria}$$

일치성 지수가 일치판정 기준 비율 λ보다 크고 불일치성 지수가 0이 되어 $S(a,b)$를 거부하지 못할 경우에 신뢰성 지수 $S(a, b)$는 1이 되어 대안 a가 대안 b보다 최소한 나쁘지 않다는 판단을 하게 된다. 여기서 λ는 일치판단 기준 비율로 정의되고 통상적으로 0.5 이상으로 정해진다. 0.5 이상으로 정하는 이유는 최소한 과반수의 기준들에서 $aS_j b$를 주장할 수 있어야 한다는 것을 의미한다. λ^*는 일치판단 기준 비율의 상한치이다. 만약 일치판단 기준 비율 λ를 상한치 λ^*보다 크게 설정하면 모든 기준에서 $aS_j b$이면 $S(a, b) = 1$이 된다.

20.5.4 핵심대안 선정

지금까지 설명한 과정을 거쳐 정해진 $S(a, b)$를 이용하여 다른 어떠한 대안들에 대하여서도 순위선호되지(Outranked, 지배당하지) 않는 핵심대안 집합(Kernel Set, N)으로 대안들을 선정한다. 핵심대안 집합이 ELECTRE IS에서 찾고자 하는 좋은 대안들의 집합이다. 핵심대안 집합으로 선정된 대안의 조건은 내부와 외부 안정성 조건을 만족해야 한다. 내부 안정성(Internal Stability) 조건은 핵심대안 집합에 속한 모든 대안들 사이에서는 $S(a, b)$, $a, b \in N$ 관계를 갖지 않아야 한다는 것이다. 외부 안정성(External Stability) 조건은 핵심대안 집합에 속하지 않은 대안 $c \in A/N$(여기서 A는 대안 집합)는 적어도 하나 이상의 대안 $a \in N$에 의해 aSc 관계를 가져야 한다는 것이다.

1. 핵심대안 집합에 속하는 대안은 핵심대안 집합에 속하는 다른 대안으로부터 Outranking되지 않는다.
2. 핵심대안 집합에 속하지 않는 대안은 적어도 하나 이상의 핵심대안으로부터 Outranking되어야 한다.

이러한 조건을 만족하는 대안 a는 $S(a, b)$ 행렬에서 모든 열의 합이 0인 대안으로 정의된다. 만약 대안들의 신뢰성 지수 행렬이 표 20.15와 같다면 핵심대안은 대안 A와 대안 D가 된다. 대안 A와 대안 D는 신뢰성 지수 행렬에서 열의 합이 0으로서 서로 순위선호하지 않으며 핵심대안에 속하는 대안 B와 대안 A로부터 순위선호되고 대안 C는 대안 B로부터 순위선호되어 위의 두 가지 조건을 다 만족하고 있기 때문이다.

표 20.15 대안 간 지배관계

대안	A	B	C	D
A	0	1	0	0
B	0	0	1	0
C	0	0	0	0
D	0	0	0	0

그러나 일반적으로 신뢰성 지수 행렬에서 열의 합이 0이 되는 경우를 구하기가 힘들 수 있다. 이러한 경우에 어떻게 핵심대안을 찾는지 알아보자. $S(a, b)$ 행렬이 다음과 같다면 어떤 대안이 핵심대안이 될 수 있는지 설명한다.

S	a	b	c	d	e
a	1	0	1	1	1
b	1	1	1	1	0
c	0	0	1	0	1
d	0	0	0	1	0
e	0	0	1	0	1

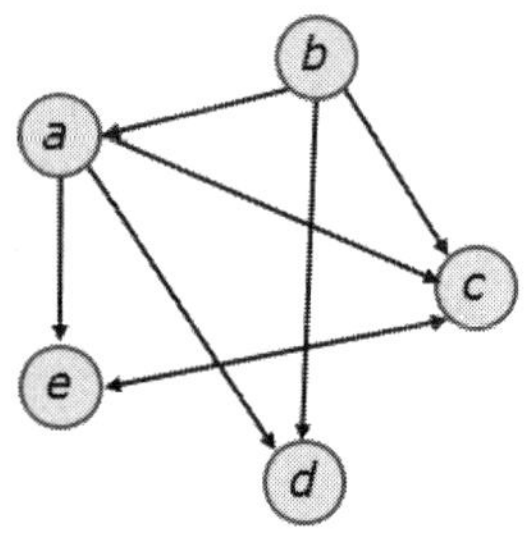

그림 20.42 대안 지배관계 행렬과 그래프

Graph에서 핵심대안이 되기 위해서는 Cycle이 생기면 안 된다. Cycle이란 어떤 대안이 다른 대안을 순위선호하고 있고 순위선호된 대안이 또 다른 대안을 순위선호하는 관계가 최초의 출발 대안을 순위선호하는 순환관계가 생기는 것을 말한다. Cycle이 생기면 안 되는 이유는 Cycle 관계에 있는 대안들은 상호 순위선호하기 때문에 위의 조건 1에 위배되기 때문이다.

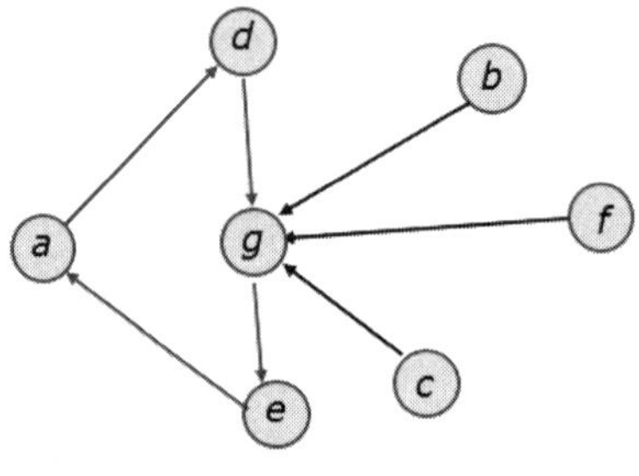

그림 20.43 Cycle 발생 (a → d → g → e → a)

그림 20.42의 예에서 대안 e와 대안 c는 상호 순위선호하고 있다. 이러한 경우는 가장 짧은 경로의 Cycle 관계를 가지고 있다. Cycle을 제거하기 위해서는 다음 2가지 방법 중 하나를 채택한다. 첫 번째 방법은 동일한 Class에 속하는 대안을 합해 Dummy 대안으로 대체하는 것이고 두 번째 방법은 선호도 평가 행렬에서 가장 약한 선호도 arc를 제거하는 것이다.

첫 번째 방법에 의해 Cycle을 제거해 보자. 먼저, 대안 e와 대안 c를 합해 Dummy 대안 f를 만들어 Graph를 조정한다. 대안 f는 대안 a와 대안 b로부터 순위선호되고 있다.

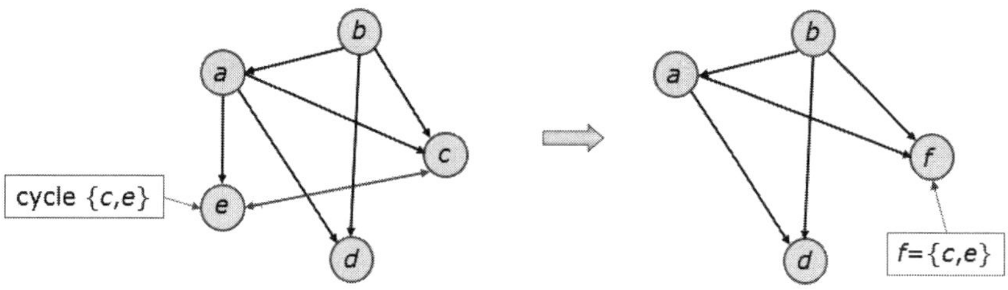

그림 20.44 Dummy Node 생성

이 경우 K가 핵심대안 집합이라면 그림 20.45와 같이 대안 b가 핵심대안 집합의 유일한 원소가 된다. 왜냐하면 대안 b는 핵심대안 집합에 속하는 유일한 대안이므로 핵심대안 조건 1을 만족하고 핵심대안 집합에 속하지 않는 대안 a, b, f는 핵심대안인 대안 b로부터 순위선호되고 있어야 하는 조건 2도 만족하기 때문이다.

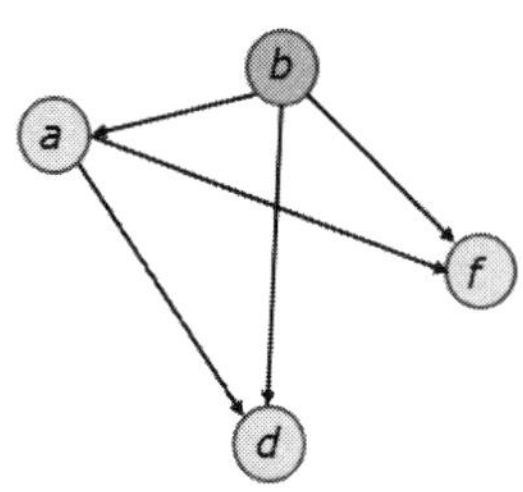

$K=\{b\}$

그림 20.45 핵심대안 선정

두 번째 방법은 Cycle에서 가장 약한 선호도를 가진 Arc(Edge)를 제거하는 것이다. 만약 대안 e가 대안 c를 지배하는 강도가 대안 c가 대안 e를 지배하는 강도보다 더 크다면 이 중 약한 arc를 제거하면 그림 20.46과 같은 Graph로 조정 가능하다.

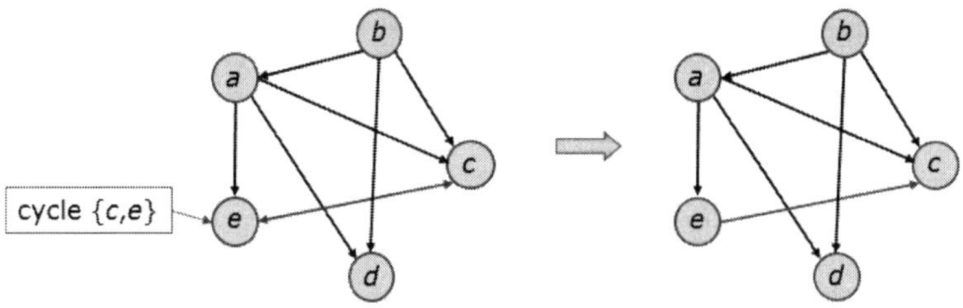

그림 20.46 약한 arc 제거 방법

이 경우 그림 20.47과 같이 대안 b, e가 핵심대안이 되는데 핵심대안이 되는 조건 1과 2를 다 만족하기 때문이다.

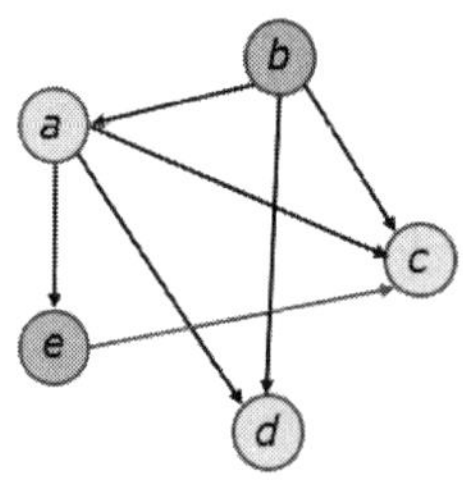

K={b,e}

그림 20.47 핵심대안 선정

몇 가지 예를 더 들면 그림 20.48~20.49와 같다.

신뢰성 지수 행렬이 그림 20.48의 왼쪽 Graph와 같을 때 핵심대안 집합은 K={b, d, e}이다.

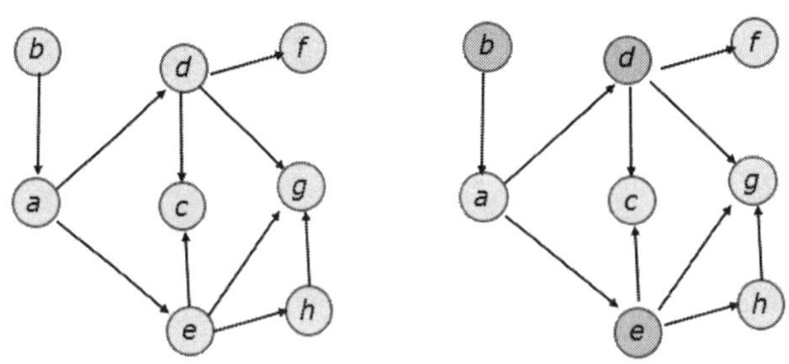

그림 20.48 핵심대안 선정 (예 1)

신뢰성 지수 행렬이 그림 20.49의 왼쪽 Graph와 같을 때 핵심대안 집합은 K={a, c, f}이다.

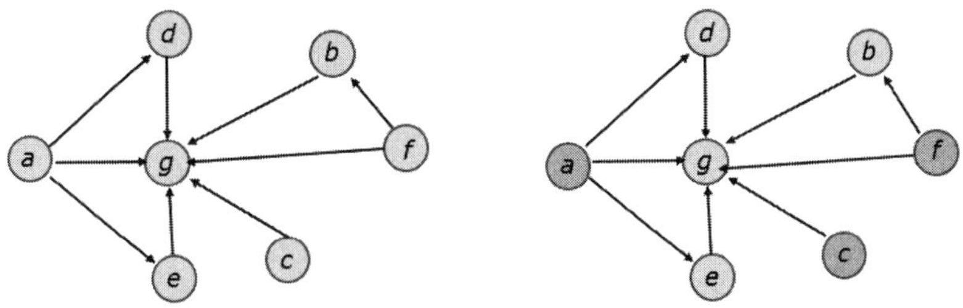

그림 20.49 핵심대안 선정 (예 2)

20.6 ELECTRE III

ELECTRE III는 의사기준(Pseudo Criteria)으로 대안의 우선순위를 결정하는 방법이다. 의사기준이란 절대기준(True Criteria)과 다르게 선호의 애매모호함을 표현한 방법이다. 이를 위해 식 (20.6-1)~(20.6-5)와 같이 ELECTRE IS와 동일하게 평가기준 j에 대하여 무차별((Indifference), 선호(Preference), 거부(Veto) 판정 경계치 q_j, p_j, v_j를 각각 지정한다.

$$aI_jb(=bI_ja)\ :\ -q_j \le g_j(a)-g_j(b) \le q_j \tag{20.6-1}$$

$$aQ_jb\ :\ q_j < g_j(a)-g_j(b) \le p_j \tag{20.6-2}$$

$$bQ_ja\ :\ -p_j \le g_j(a)-g_j(b) \le -q_j \tag{20.6-3}$$

$$aP_jb\ :\ p_j < g_j(a)-g_j(b) \tag{20.6-4}$$

$$bP_ja\ :\ g_j(a)-g_j(b) < -p_j \tag{20.6-5}$$

위의 조건을 이해하기 쉽게 표현하면 그림 20.50과 같다. 여기에서 aI_jb, aQ_jb, aP_jb 영역에 속하면 j 평가기준하 '대안 a는 대안 b보다 나쁘지 않다'라고 말할 수 있다. '나쁘지 않은 것'은 차이가 없는 것도 포함하기 때문이다. '대안 a는 대안 b보다 나쁘지 않다'라는 의미를 aS_jb로 표현한다.

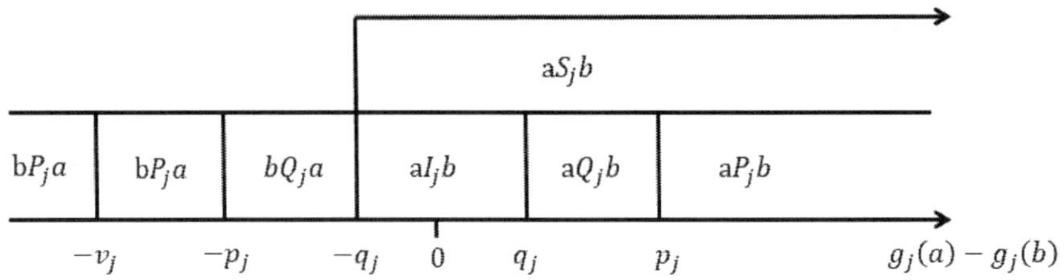

그림 20.50 선호관계별 범위

어떤 기준 j에서 대안 a에 대한 대안 b의 평가값 차이 $g_j(a)-g_j(b)$가 거부 임계치보다 크게 되면 다른 모든 기준에서 $aS_ib(i \neq j)$가 성립된다 할지라도 aS_jb를 부정하게 된다. 이 경우 거부 효과가 발생되었다고 한다.

ELECTRE III에서도 모든 ELECTRE Family에 속한 다른 방법과 같이 일치성 지수와 불일치성 지수를 가지고 대안의 우열을 판단한다. ELECTRE III의 일치성 지수는 ELECTRE IS와 동일하다.

20.6.1 일치성 지수

Benefit Criteria인 경우 일치성 지수 함수 $c_j(a, b)$는 식 (20.6-6)과 그림 20.51에서 보는 것과 같이 Fuzzy Membership 함수 형태인데 평가기준 j에서 대안 a가 대안 b보다 나쁘지 않으면 1, 대안 b가 대안 a보다 확실히 좋으면 0, 대안 b가 대안 a보다 좋은데 판단하기가 애매모호한 상태이면 즉, 약하게 선호되면 0과 1 사이의 값을 보삽하여 사용한다.

$$c_j(a, b)=\begin{cases} 1 & if\ \ g_j(a)-g_j(b) \le q_j \\ \dfrac{g_j(b)-g_j(a)+p_j}{p_j-q_j} & if\ \ q_j < g_j(a)-g_j(b) < p_j \\ 0 & if\ \ g_j(a)-g_j(b) \ge p_j \end{cases} \qquad (20.6\text{-}6)$$

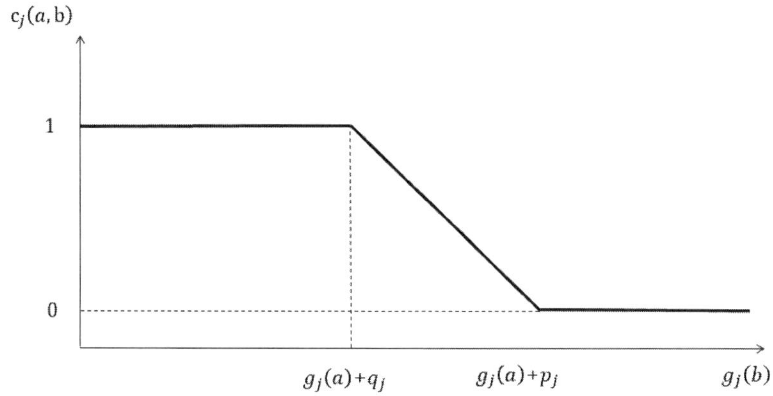

그림 20.51 Benefit Criteria 일치성 지수

Cost Criteria인 경우

$$c_j(a,\, b) = \begin{cases} 1 & if\ \ g_j(a) - g_j(b) \le q_j \\ \dfrac{g_j(b) - g_j(a) + p_j}{p_j - q_j} & if\ \ q_j < g_j(a) - g_j(b) < p_j \\ 0 & if\ \ g_j(a) - g_j(b) \ge p_j \end{cases} \tag{20.6-7}$$

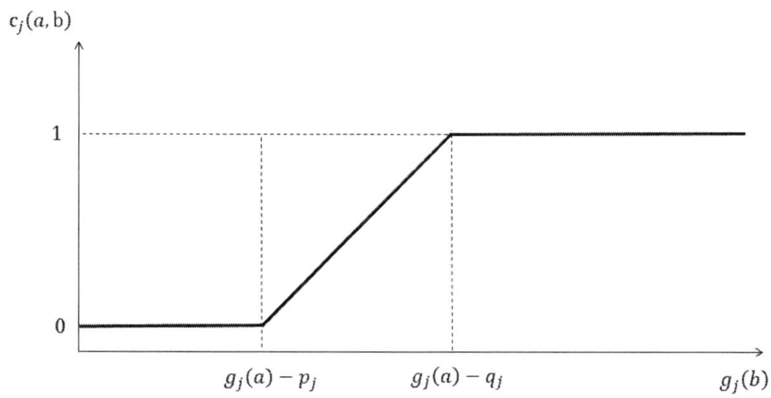

그림 20.52 Cost Criteria 일치성 지수

Fuzzy Membership 함수 $c_j(a,\, b)$는 평가에 대한 성과치가 Fuzzy 집합에 속하는 정도를 나타낸다. $c_j(a,\, b)$가 1에 가까우면 성과치가 Fuzzy 집합에 속하는 정도가 높다는 것을 나타내고 반대로 0에 가까우면 성과치가 Fuzzy 집합에 속하는 정도가 낮다는 것을 나타낸다. 최종적인 대안 a와 대안 b의 일치성 지수는 식 (20.6-8)과 같이 평가기준들의 가중합으

로 결정한다. 여기서 가중치의 합은 1로 정규화된 가중치를 사용한다고 가정한다.

$$C(a, b) = \Sigma_{j=1}^{n} w_j c_j(a, b),\ \ 0 \le C(a, b) \le 1 \tag{20.6-8}$$

만약 합이 1로 된 정규화된 가중치 w_j를 사용하고 있지 않다면 식 (20.6-9)와 같이 조정하여 $C(a, b)$를 구한다.

$$C(a, b) = \frac{1}{\Sigma_j w_{j_j}} \Sigma_{j=1}^{n} w_j c_j(a, b),\ \ 0 \le C(a, b) \le 1 \tag{20.6-9}$$

Membership 함수 $c_j(a, b)$는 평가에 대한 성과치가 Fuzzy 집합에 속하는 정도를 나타낸다. $c_j(a, b)$가 1에 가까우면 성과치가 Fuzzy 집합에 속하는 정도가 높다는 것을 나타내고 반대로 0에 가까우면 성과치가 Fuzzy 집합에 속하는 정도가 낮다는 것을 나타낸다. 일치성 지수 함수의 값과 각 선호도 관계 범위를 중첩해서 그리면 그림 20.53과 같다.

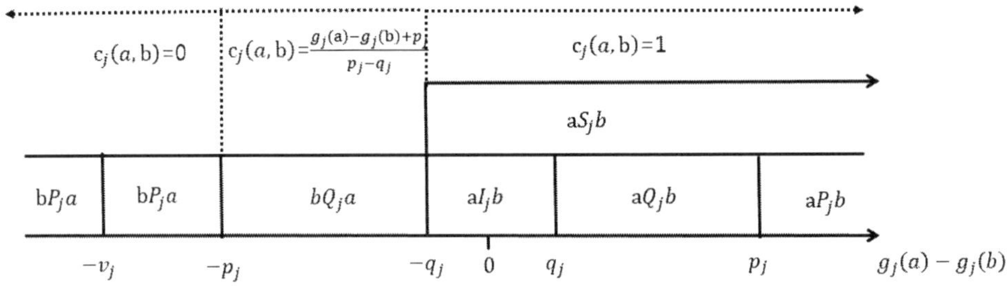

그림 20.53 선호관계 범위와 일치성 지수

20.6.2 불일치성 지수

Benefit Criteria 불일치성 지수는 식 (20.6-10)과 같이 결정한다.

$$d_j(a, b) = \begin{cases} 0 & if\ \ g_j(a) - g_j(b) \ge -p_j \\ \dfrac{g_j(a) - g_j(b) + p_j}{p_j - v_j} & if\ \ -v_j \le g_j(a) - g_j(b) < -p_j \\ 1 & if\ \ g_j(a) - g_j(b) < -v_j \end{cases} \tag{20.6-10}$$

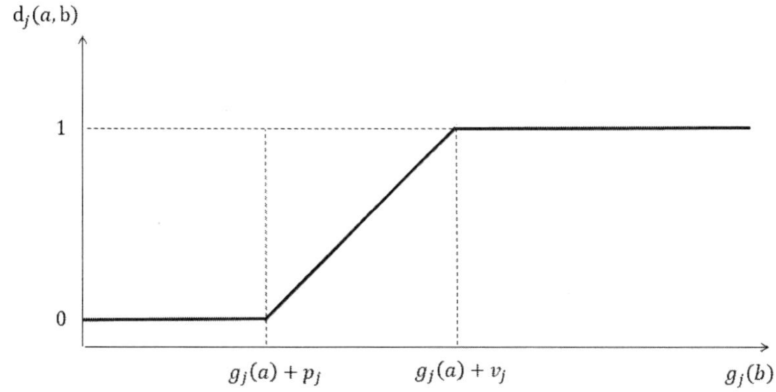

그림 20.54 불일치성 지수 범위

불일치성 지수에서는 대안 b가 대안 a를 Outranking한다고 말하는 것이 망설여지는 약하게 순위선호 될 때는 불일치성 지수를 0으로 둔다. 대안 b와 대안 a의 평가값 차이가 거부 임계치 v_j보다 큰 값일 때만 대안 a가 대안 b보다 Outranking되는 것을 확실히 부정한다.

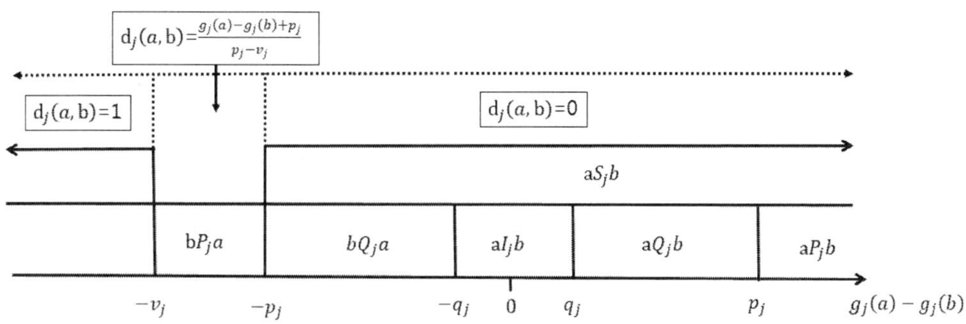

그림 20.55 선호관계 범위와 불일치성 지수

만약 데이터 정규화를 Cost Criteria 방법으로 실시하면 Cost Criteria 평가기준에 대해서 불일치성 지수를 식 (20.6-10)에 의해 구할 수 있다.

20.6.3 신뢰성 지수

다음으로 일치성 지수 행렬과 불일치성 지수 행렬로 신뢰성 지수 행렬 $\sigma(a,\ b)$를 구한다.

$$\sigma(a, b) = \begin{cases} C(a, b) & if\ \ C(a, b) \geq d_j(a, b),\ \forall j \\ C(a, b)\ \Pi_{j \in J(a, b)} \dfrac{1 - d_j(a, b)}{1 - C(a, b)} & otherwise \end{cases} \tag{20.6-11}$$

$$where\ \ j \in J(a, b)\ \ if\ and\ only\ if\ d_j(a, b) > C(a, b)$$

만약 모든 평가기준에서 대안 a와 대안 b의 일치성 지수가 불일치성 지수 이상이면 신뢰성 지수는 일치성 지수를 그대로 사용하고 만약 불일치성 지수가 일치성 지수보다 큰 평가기준이 하나라도 있으면 일치성 지수 $C(a, b)$를 조정하게 된다. 만약 어떤 평가기준에서 불일치성 지수가 1이라면 $\Pi_{j \in J(a, b)} \dfrac{1 - d_j(a, b)}{1 - C(a, b)}$의 분자가 0이 되어 신뢰성 지수는 0이 된다. 불일치성 지수가 일치성 지수 이상인 모든 평가기준에서 불일치성 지수가 1이 아니라면 $\Pi_{j \in J(a, b)} \dfrac{1 - d_j(a, b)}{1 - C(a, b)}$만큼 $C(a, b)$에 곱하여 신뢰성 지수를 수정한다.

신뢰성 지수 행렬로 오름차순 추출 절차(Ascending Distillation Procedure) Z_1와 내림차순 추출 절차(Decending Distillation Procedure) Z_2 2가지 방법의 추출 절차에 의해 부분 순위를 결정한다. 추출 절차를 수행하는 이유는 대안 a가 대안 b를 Outranking한다는 신뢰성 지수 $\sigma(a, b)$는 Fuzzy 신뢰성을 기반으로 만들어진 것이기 때문이며 더욱이 $\sigma(a, b)$는 선형 보삽(Linear Interpolation)이 계산과정에 포함되어 있기 때문에 절대적인 값은 아니다. 예를 들어, $\sigma(a, b) > \sigma(c, d)$의 의미가 '대안 a가 대안 b를 Outranking하는 신뢰성 지수가 대안 c가 대안 d를 Outranking하는 신뢰성 지수보다 반드시 크다는 것은 아니다'라는 것이다. 이러한 결점을 보완하기 위해 차별 임계치(Discrimination Threshold) $s(\lambda)$가 있어야 하는 이유이다. 차별 임계치(Discrimination Threshold) $s(\lambda)$는 식 (20.6-12)와 같다.

$$\lambda \in [0, 1]\ \ and\ if\ \ \sigma(a, b) = \lambda\ \ and\ \ \sigma(c, d) = \lambda - \eta\ \ with\ \eta > s(\lambda) \tag{20.6-12}$$

α와 β가 차별 계수라면 $s(\lambda) = \alpha + \beta\lambda$일 때 aSb가 cSd보다 완전히 더 신뢰할 만하다고 말할 수 있다. 식 (20.6-13)에서 보는 것과 같이 신뢰성 지수로 대안 a가 대안 b를 순위선호하는지를 판단한다. 대안 a와 대안 b의 신뢰성 지수가 λ 이상이고 비교 대안과의 신뢰도 지수 차이가 $s(\lambda)$ 이상이면 대안 a가 대안 b를 순위선호 한다고 할 수 있다.

$$aS^{\lambda}b\ \ iff\ \ \sigma(a, b) > \lambda\ \ and\ \ \sigma(a, b) - \sigma(b, a) > s(\lambda) \tag{20.6-13}$$

20.6.4 대안 추출법

신뢰성 지수를 구하고 난 이후 이를 기반으로 대안의 우선순위를 판단해야 하는데 ELECTRE III에서는 내림차순 추출 방법과 오름차순 추출 절차로 대안 우선순위를 찾고 이를 종합하여 의사결정을 한다.

λ-Strength, λ-Weakness, λ-Qualification을 설명하기 위해 다음과 같은 기호를 정의한다.

$aS_A^{\lambda_k}b$: 대안 집합 A에 속한 대안 a가 대안 b를 λ_k 수준에서 Outranking

$P_A^{\lambda_k}(a)$: 대안 집합 A에 속한 대안 a의 λ_k-Strength값

$f_A^{\lambda_k}(a)$: 대안 집합 A에 속한 대안 a의 λ_k-Weakness 값

$q_A^{\lambda_k}(a)$: 대안 집합 A에 속한 대안 a의 λ_k-Qualification 값

α, β 차별계수라 하고 $S(\lambda_k)$를 다음과 같이 선형 함수로 정의한다.

$$S(\lambda_k) = \alpha + \beta\lambda_k$$

대안 집합 A에 속한 대안 a가 대안 b를 Outranking하는 조건 $aS_A^{\lambda_k}b$는 다음과 같이 표현할 수 있다.

$$aS_A^{\lambda_k}b = \begin{cases} \sigma(a, b) > \lambda_k \\ \sigma(a, b) > \sigma(b, a) + S(\lambda_k) \end{cases}$$

대안 a의 λ-Strength $P_A^{\lambda_k}(a)$는 $aS_A^{\lambda_k}b$ 조건을 만족하는 대안 b의 개수를 의미하며 다음과 같이 표현 할 수 있다.

$$P_A^{\lambda_k}(a) = \left| \{ b \in A \mid aS_A^{\lambda_k}b \} \right| = card\{ b \in A \mid aS_A^{\lambda_k}b \}$$

대안 a의 λ-Weakness $f_A^{\lambda_k}(a)$는 $bS_A^{\lambda_k}a$ 조건을 만족하는 대안 b의 개수를 의미하며 다음과 같이 표현 할 수 있다.

$$f_A^{\lambda_k}(a) = \left| \{ b \in A \mid bS_A^{\lambda_k}a \} \right| = card\{ b \in A \mid bS_A^{\lambda_k}a \}$$

대안 a의 λ-Qualification은 대안 a가 다른 대안을 지배하는 순 지배대안 개수를 의미하며 다음과 같이 표현 할 수 있다.

$$q_A^{\lambda_k}(a) = P_A^{\lambda_k}(a) - f_A^{\lambda_k}(a)$$

아래 Distillation 알고리듬을 설명하기 위해 $Q(a) = q_A^{\lambda_k}(a)$라고 정의한다.

먼저 내림차순 추출 절차 Z_1은 다음과 같다.

1. 신뢰성 지수 행렬에서 가장 큰 값을 구한다.

$$\lambda_{\max} = \max_{\substack{(a,\, b) \in A \\ a \neq b}} \sigma(a,\, b)$$

2. $\lambda = \lambda_{\max} - (\alpha + \beta\lambda_{\max})$, 여기서 α와 β는 사전 정의된 차별 계수
3. 각 대안 a에 대한 λ-Strength 계산
4. 각 대안 a에 대한 λ-Weakness 계산
5. 각 대안에 대한 (λ-Strength)에서 (λ-Weakness)를 빼어 Qualification 값 계산
6. 가장 큰 Qualification 값을 가진 대안을 첫 번째 추출된 대안 집합 D_1에 포함
7. 만약 D_1이 2개 이상의 대안들로 구성되면 D_1을 대상으로 추출 절차를 다시 수행하여 모든 대안을 분류. 만약, 1개 대안만 D_1에 속하면 이 대안이 가장 선호되는 대안
8. 이러한 절차를 최초 대안 집합에서 D_1을 제외한 집합을 대상으로 모든 대안이 분류될 때까지 반복 수행

많은 연구에 의해 제안된 α, β의 값은 $\alpha = 0.3$, $\beta = -0.15$이다. 이 의미는 특정 단계에서의 가장 큰 신뢰성 지수에서 15%를 줄이고 여기에서 0.3을 더한 신뢰성 지수를 Cutting Level로 하여 그 이상인 신뢰성 지수들로 하나의 집합을 형성하여 Qualification 값을 구해 우선순위를 판단한다는 의미이다.

내림차순 추출 절차 Z_1의 구체적인 알고리듬은 다음과 같다.

```
l ← 0
A_l ← A,  C_{l+1} ← ∅
Repeat
k ← 0
D_k ← A_l
λ_k ← max_{(a,b)∈A_l, a≠b} σ(a, b)
  Repeat
        λ_{k+1} ← max_{(a,b)∈D_k, a≠b} σ(a, b) and σ(a, b) < λ_k − s(λ_k)
        If
         σ(a, b) > λ_k − s(λ_{k+1}), ∀ (a, b) ∈ D_k then
         λ_{k+1} ← 0
        endif
        Compute the qualification Q(a) for all a∈D_k
         Q^max ← max_{a∈D_k}{Q(a)}
         D_{k+1} ← {a∈D_k ; Q(a) = Q^max}
         k ← k+1
    until |D_k|=1 or λ_k=0
         C_{l+1} ← D_k
         A_{l+1} ← A_l \ C_{l+1}
         l ← l+1
until A_l = ∅
```

오름차순 추출 절차 Z_2는 내림차순 추출 절차와 유사하지만 가장 작은 Qualification 값을 가진 대안을 첫 번째 추출된 대안 집합 D_1에 포함하는 것만 다르다. Z_2 절차를 설명하면 다음과 같다.

1. 신뢰성 지수 행렬에서 가장 큰 값을 구한다.

$$\lambda_{\max} = \max_{\substack{(a,\, b) \in A \\ a \neq b}} \sigma(a,\, b)$$

2. $\lambda = \lambda_{\max} - (\alpha + \beta\lambda_{\max})$, 여기서 α와 β는 사전 정의된 차별 계수
3. 각 대안 a에 대한 λ-Strength 계산
4. 각 대안 a에 대한 λ-Weakness 계산
5. 각 대안에 대한 (λ-Strength)에서 (λ-Weakness)를 빼어 Qualification 값 계산
6. 가장 작은 Qualification 값을 가진 대안을 첫 번째 추출된 대안 집합 D_1에 포함
7. 만약 D_1이 2개 이상의 대안들로 구성되면 D_1을 대상으로 추출 절차를 다시 수행하여 모든 대안을 분류. 만약, 1개 대안만 D_1에 속하면 이 대안이 가장 선호되는 대안
8. 이러한 절차를 최초 대안 집합에서 D_1을 제외한 집합을 대상으로 모든 대안이 분류될 때까지 반복 수행

오름차순 추출 방법 Z_2의 구체적인 알고리듬은 다음과 같다.

$l \leftarrow 0$

$A_l \leftarrow A$, $E_{l+1} \leftarrow \varnothing$

Repeat

$k \leftarrow 0$

$D_k \leftarrow A_l$

$\lambda_k \leftarrow \max_{\substack{(a,b) \in A_l \\ a \neq b}} \sigma(a,b)$

Repeat

$\lambda_{k+1} \leftarrow \max_{\substack{(a,b) \in D_k \\ a \neq b}} \sigma(a,b) \ and \ \sigma(a,b) < \lambda_k - s(\lambda_k)$

If

$\sigma(a,b) > \lambda_k - s(\lambda_{k+1})$, $\forall \ (a,b) \in D_k \ then$

$\lambda_{k+1} \leftarrow 0$

endif

Compute the qualification $Q(a)$ for all $a \in D_k$

$Q^{\min} \leftarrow \min_{a \in D_k}\{Q(a)\}$

$$D_{k+1} \leftarrow \{a \in D_k ; Q(a) = Q^{\min}\}$$

$$k \leftarrow k+1$$

until $|D_k| = 1$ or $\lambda_k = 0$

$$E_{l+1} \leftarrow D_k$$

$$A_{l+1} \leftarrow A_l \setminus E_{l+1}$$

$$l \leftarrow l+1$$

until $A_l = \varnothing$

최종 부분 사전 순위(Final Partial Pre-order) Z는 Descending Distillation과 Ascending Distillation으로부터 Intersection Distillation을 구해 결정한다. 내림차순 추출절차 Z_1과 오름차순 추출절차 Z_2를 거쳐 선정된 사전 우선순위를 통합하는 방법에는 몇 가지가 있다. 가장 일반적으로 사용되는 방법은 두 가지 순위선호 관계의 결합 ($Z = Z_1 \cap Z_2$) 하는 것이다.

대안 a가 대안 b를 더 선호하는 경우는 대안 a가 대안 b를 Z_1과 Z_2에서 우선순위가 높은 경우, Z_1에서는 차이가 없지만 Z_2에서 우선순위가 높은 경우, 그리고 Z_2에서는 차이가 없지만 Z_1에서 우선순위가 높은 경우 중 하나이다.

$$(a >^{Z_1} b \wedge a >^{Z_2} b) \vee (aI^{Z_1} b \wedge a >^{Z_2} b) \vee (a >^{Z_1} b \wedge aI^{Z_2} b) \Leftrightarrow a > b$$

대안 a가 대안 b와 무차별한 경우는 Z_1과 Z_2에서 동시에 같은 우선순위에 있을 때이다.

$$aI^{Z_1} b \wedge aI^{Z_2} b \Leftrightarrow aIb$$

대안 a와 대안 b를 어느 것이 우선순위가 높은지 비교 불가능한 경우는 Z_1에서는 대안 a가 대안 b보다 우선순위가 높지만 Z_2에서는 대안 b가 대안 a보다 우선순위가 높은 경우와 반대로 Z_1에서는 대안 b가 대안 a보다 우선순위가 높지만 Z_2에서는 대안 a가 대안 b보다 우선순위가 높은 경우이다.

$$(a >^{Z_1} b \wedge b >^{Z_2} a) \vee (b >^{Z_1} a \wedge a >^{Z_2} b) \Leftrightarrow aRb$$

만약 내림차순 추출법에 의해 대안의 우선순위가 그림 20.56의 왼쪽 그림과 같이 결정되었고 오름차순에 추출법에 의해 대안의 우선순위가 그림 20.56의 중앙 그림과 같이 결정되었다면 이 두 추출법에 의해 나온 결과를 위에서 설명한 방식대로 결합하면 그림 20.56의 오른쪽 그림과 같이 결정된다.

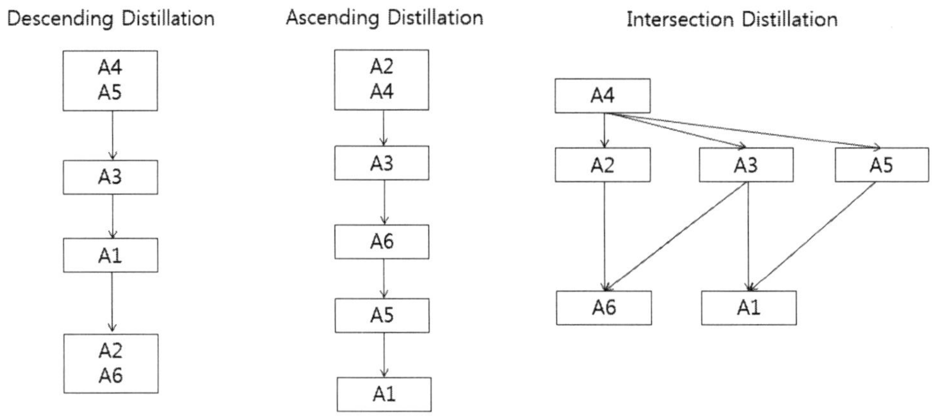

그림 20.56 내림차순 추출과 오름차순 추출로 최종적인 대안 우선순위 결정 (예 1)

내림차순 추출과 오름차순 추출법으로 대안의 최종 순위를 결정하는 또 다른 예는 그림 20.57과 같다.

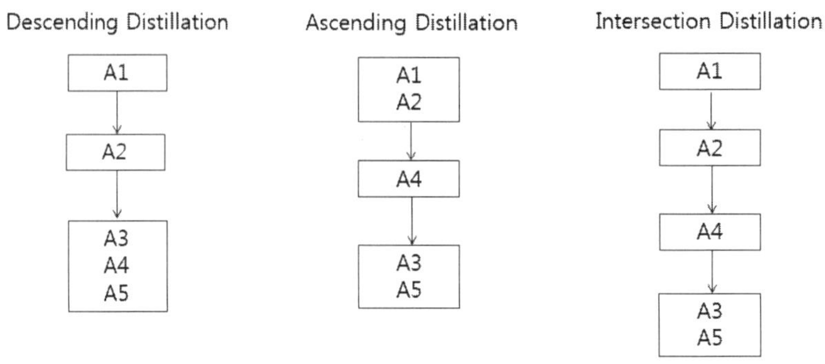

그림 20.57 내림차순 추출과 오름차순 추출로 최종적인 대안 우선순위 결정 (예 2)

[Descending Distillation **예제**]

대안 a_1, a_2, $\cdots$, a_{10}이 있는 문제에서 신뢰성 지수 행렬을 다음과 같이 구했다고 가정하자.

$\sigma(\cdots)$	a_1	a_2	a_3	a_4	a_5	a_6	a_7	a_8	a_9	a_{10}
a_1	1	0.692	0.692	0	0.153	0.692	0.778	0.382	0.562	0.382
a_2	0.898	1	0.734	0.163	0.623	1	0.748	0.659	0.692	0.735
a_3	0.769	0.671	1	0	0	0.769	0.649	0.846	0.71	0.692
a_4	0	0	0.392	1	0	0	0	0.647	0.923	0.846
a_5	0.369	0	0	0	1	0	0.333	0	0	0
a_6	0.965	0.895	0.815	0	0.525	1	0.714	0.686	0.769	0.692
a_7	1	0.846	0.846	0.472	0.654	0.846	1	0.757	0.781	0.757
a_8	0.665	0.723	0.843	0.767	0	0.769	0.416	1	0.963	0.846
a_9	0	0	0.32	0.769	0	0	0	0.484	1	0.822
a_{10}	0	0	0	0.355	0	0	0	0	0.769	1

Descending Distillation을 적용해서 대안을 추출하는 절차는 다음과 같다. 먼저 신뢰성 지수의 Cutting Level을 정하기 위해 많은 연구로부터 제안된 $\alpha = 0.3$, $\beta = -0.15$를 사용한다.

먼저 대각선 요소를 제외한 신뢰성 지수 요소에서 가장 큰 신뢰성 지수 λ_0를 구한다.

$$\lambda_0 = \max_{\substack{(a,\, b) \in A \\ a \neq b}} \sigma(a,\, b) = 1$$

위에서 구한 $\lambda_0 = 1$이 가장 큰 신뢰성 지수이므로 이보다 더 큰 신뢰성 지수는 없다. 만약 λ_0를 Cutting Level로 하여 그보다 높은 대안 집합을 구성해서 λ-Qualification을 찾으면 대안 집합이 하나의 대안으로만 형성될 수도 있고 경우에 따라서는 λ-Qualification을 구하지 못할 수도 있다. 그러므로 Cutting Level을 이용하여 한 단계 더 낮은 수준의 신뢰성 지수 λ_0로 수정한다.

$$\lambda_0 \leftarrow \lambda_0 - (0.3 - 0.15 \times \lambda_0) = 1 - (0.3 - 0.15 \times 1) = 0.85$$

다음으로 $\sigma(a,\, b) < \lambda_0$인 조건하 $\max_{\substack{(a,\, b) \in D_k \\ a \neq b}} \sigma(a,\, b)$인 신뢰성 지수를 찾으면 0.846이고 $\lambda_1 = 0.846$으로 둔다. $\sigma(a,\, b) > 0.846$이고 $\sigma(a,\, b) > \sigma(b,\, a) + (0.3 - 0.15 \times 0.846)$를 만족하면 '1', 만족하지 않으면 '0'으로 하는 행렬을 구하면 다음과 같다.

	a_1	a_2	a_3	a_4	a_5	a_6	a_7	a_8	a_9	a_{10}
a_1	0	0	0	0	0	0	0	0	0	0
a_2	1	0	0	0	0	0	0	0	0	0
a_3	0	0	0	0	0	0	0	0	0	0
a_4	0	0	0	0	0	0	0	0	0	0
a_5	0	0	0	0	0	0	0	0	0	0
a_6	1	0	0	0	0	0	0	0	0	0
a_7	1	0	0	0	0	0	0	0	0	0
a_8	0	0	0	0	0	0	0	0	1	0
a_9	0	0	0	0	0	0	0	0	0	0
a_{10}	0	0	0	0	0	0	0	0	0	0

위의 행렬에서 각 대안 a에 대한 λ-Strength 계산하는데 λ-Strength는 대안 a가 다른 대안보다 우세한 개수이다. 또한, 각 대안 a에 대한 λ-Weakness 계산하는데 λ-Weakness는 대안 a가 다른 대안보다 열세한 개수이다. 각 대안에 대한 λ-Strength에서 λ-Weakness를 빼어 λ-Qualification 값 계산한다.

위 행렬에서 각 대안의 행의 요소 합과 열의 요소 합이 λ-Strength와 λ-Weakness가 된다.

	a_1	a_2	a_3	a_4	a_5	a_6	a_7	a_8	a_9	a_{10}
λ_0-Strength	0	1	0	0	0	1	1	1	0	0
λ_0-Weakness	3	0	0	0	0	0	0	0	1	0
λ_0-Qualification	−3	1	0	0	0	1	1	1	−1	0

λ_0-Qualification이 가장 큰 a_2, a_6, a_7, a_8이 가장 좋은 대안으로 우선적으로 평가되는데 이 4개의 대안들만으로 다시 우선순위를 결정하기 위해 4개 대안으로 구성된 신뢰성 행렬로 위에서 수행한 동일한 절차를 반복한다.

$\sigma(\cdots)$	a_2	a_6	a_7	a_8
a_2	1	1	0.748	0.659
a_6	0.895	1	0.714	0.686
a_7	0.846	0.846	1	0.757
a_8	0.723	0.769	0.416	1

$$\lambda_1 \leftarrow \lambda_1 - (0.3 - 0.15 \times \lambda_1) = 0.846 - (0.3 - 0.15 \times 0.846) = 0.6729$$

다음으로 $\sigma(a, b) < \lambda_1$인 조건하 $\max_{\substack{(a, b) \in D_k \\ a \neq b}} \sigma(a, b)$인 신뢰성 지수를 찾으면 0.416이다. $\sigma(a, b) > 0.416$이고 $\sigma(a, b) > \sigma(b, a) + (0.3 - 0.15 \times 0.416)$를 만족하면 '1', 만족하지 않으면 '0'으로 하는 행렬을 구하면 다음과 같다.

	a_2	a_6	a_7	a_8
a_2	0	0	0	0
a_6	0	0	0	0
a_7	0	0	0	1
a_8	0	0	0	0

위의 행렬에서 각 대안 a에 대한 λ-Strength 계산하는데 λ-Strength는 대안 a가 다른 대안보다 우세한 개수이다. 또한, 각 대안 a에 대한 λ-Weakness 계산하는데 λ-Weakness는 대안 a가 다른 대안보다 열세한 개수이다. 각 대안에 대한 λ-Strength에서 λ-Weakness를 빼어 λ-Qualification 값 계산한다.

위 행렬에서 각 대안의 행의 요소 합과 열의 요소 합이 λ-Strength와 λ-Weakness가 된다.

	a_2	a_6	a_7	a_8
λ_1-Strength	0	0	1	0
λ_1-Weakness	0	0	0	1
λ_1-Qualification	0	0	1	-1

a_7의 Qualification 값이 가장 큰 값이므로 a_7이 가장 좋은 대안이라고 판단한다. 그러므로 a_7을 처음으로 추출하고 나머지 a_2, a_6, a_8은 다시 원래의 대안 집합에 포함하여 다시 Qualification 절차를 반복한다.

아래 대안의 신뢰성 지수 행렬은 a_7을 제외한 대안들로 구성된 신뢰성 지수 행렬이다.

$\sigma(\cdots)$	a_1	a_2	a_3	a_4	a_5	a_6	a_8	a_9	a_{10}
a_1	1	0.692	0.692	0	0.153	0.692	0.382	0.562	0.382
a_2	0.898	1	0.734	0.163	0.623	1	0.659	0.692	0.735
a_3	0.769	0.671	1	0	0	0.769	0.846	0.71	0.692
a_4	0	0	0.392	1	0	0	0.647	0.923	0.846
a_5	0.369	0	0	0	1	0	0	0	0
a_6	0.965	0.895	0.815	0	0.525	1	0.686	0.769	0.692
a_8	0.665	0.723	0.843	0.767	0	0.769	1	0.963	0.846
a_9	0	0	0.32	0.769	0	0	0.484	1	0.822
a_{10}	0	0	0	0.355	0	0	0	0.769	1

먼저 대각선 요소를 제외한 신뢰성 지수 요소에서 가장 큰 신뢰성 지수 λ_0를 구한다.

$$\lambda_0 = \max_{\substack{(a,\, b) \in A \\ a \neq b}} \sigma(a,\, b) = 1$$

위에서 구한 $\lambda_0 = 1$이 가장 큰 신뢰성 지수이므로 이보다 더 큰 신뢰성 지수는 없다. 만약 λ_0를 Cutting Level로 하여 그보다 높은 대안 집합을 구성해서 λ-Qualification을 찾으면 대안 집합이 하나의 대안으로만 형성될 수도 있고 경우에 따라서는 λ-Qualification을 구하지 못할 수도 있다. 그러므로 Cutting Level을 이용하여 한 단계 더 낮은 수준의 신뢰성 지수 λ_0로 수정한다.

$$\lambda_0 \leftarrow \lambda_0 - (0.3 - 0.15 \times \lambda_0) = 1 - (0.3 - 0.15 \times 1) = 0.85$$

다음으로 $\sigma(a,\, b) < \lambda_0$인 조건하 $\max_{\substack{(a,\, b) \in D_k \\ a \neq b}} \sigma(a,\, b)$인 신뢰성 지수를 찾으면 0.846이

고 $\lambda_1 = 0.846$으로 둔다. $\sigma(a, b) > 0.846$이고 $\sigma(a, b) > \sigma(b, a) + (0.3 - 0.15 \times 0.846)$를 만족하면 '1', 만족하지 않으면 '0'으로 하는 행렬을 구하면 다음과 같다.

	a_1	a_2	a_3	a_4	a_5	a_6	a_8	a_9	a_{10}
a_1	0	0	0	0	0	0	0	0	0
a_2	1	0	0	0	0	0	0	0	0
a_3	0	0	0	0	0	0	0	0	0
a_4	0	0	0	0	0	0	0	0	0
a_5	0	0	0	0	0	0	0	0	0
a_6	1	0	0	0	0	0	0	0	0
a_8	0	0	0	0	0	0	0	1	0
a_9	0	0	0	0	0	0	0	0	0
a_{10}	0	0	0	0	0	0	0	0	0

위의 행렬에서 각 대안 a에 대한 λ-Strength 계산하는데 λ-Strength는 대안 a가 다른 대안보다 우세한 개수이다. 또한, 각 대안 a에 대한 λ-Weakness 계산하는데 λ-Weakness는 대안 a가 다른 대안보다 열세한 개수이다. 각 대안에 대한 λ-Strength에서 λ-Weakness를 빼어 λ-Qualification 값 계산한다.

위 행렬에서 각 대안의 행의 요소 합과 열의 요소 합이 λ-Strength와 λ-Weakness가 된다.

	a_1	a_2	a_3	a_4	a_5	a_6	a_8	a_9	a_{10}
λ_0-Strength	0	1	0	0	0	1	1	0	0
λ_0-Weakness	2	0	0	0	0	0	0	1	0
λ_0-Qualification	−2	1	0	0	0	1	1	−1	0

대안 a_2, a_6, a_8의 λ_0-Qualification이 가장 큰 값이므로 이 대안들이 가장 좋은 대안으로 평가되고 이 대안들로만으로 구성된 일치성 지수 행렬로 다시 우선순위를 결정한다.

$\sigma(\cdots)$	a_2	a_6	a_8
a_2	1	1	0.659
a_6	0.895	1	0.686
a_8	0.723	0.769	1

$$\lambda_1 \leftarrow \lambda_1 - (0.3 - 0.15 \times \lambda_1) = 0.846 - (0.3 - 0.15 \times 0.846) = 0.6729$$

다음으로 $\sigma(a, b) < \lambda_1$인 조건하 $\max_{\substack{(a,\, b) \in D_k \\ a \neq b}} \sigma(a, b)$인 신뢰성 지수를 찾으면 0이다. 이 신뢰성 지수를 $\lambda_2 = 0$으로 한다. $\sigma(a, b) > 0$이고 $\sigma(a, b) > \sigma(b, a) + (0.3 - 0.15 \times 0)$를 만족하면 '1', 만족하지 않으면 '0'으로 하는 행렬을 구하면 다음과 같다.

	a_2	a_6	a_8
a_2	0	0	0
a_6	0	0	0
a_8	0	0	0

a_2, a_6, a_8의 λ_1-Strength, λ_1-Weakness, λ_1-Qualification을 구하면 다음과 같다.

	a_2	a_6	a_8
λ_1-Strength	0	0	0
λ_1-Weakness	0	0	0
λ_1-Qualification	0	0	0

모든 대안 a_2, a_6, a_8의 Qualification이 동일한 '0'이므로 동등한 순위를 가진다.

지금까지 수행한 추출법에 의해 $\{a_7\} \rightarrow \{a_2, a_6, a_8\}$ 순이라는 것을 알 수 있다. 다음 단계는 a_2, a_6, a_8 대안을 제외한 $\{a_1, a_3, a_4, a_5, a_9, a_{10}\}$들로만 구성된 신뢰성 지수 행렬로 동일한 절차를 반복한다.

$\sigma(\cdots)$	a_1	a_3	a_4	a_5	a_9	a_{10}
a_1	1	0.692	0	0.153	0.562	0.382
a_3	0.769	1	0	0	0.71	0.692
a_4	0	0.392	1	0	0.923	0.846
a_5	0.369	0	0	1	0	0
a_9	0	0.32	0.769	0	1	0.822
a_{10}	0	0	0.355	0	0.769	1

이러한 절차를 반복하면 Descending Distillation 절차로 대안의 우선순위를 판단할 수 있다.

Ascending Distillation은 Descending Distillation 방법과 동일한 절차를 적용하되 Qualification 단계에서 가장 작은 Qualification 값을 선정하여 그 단계에서 가장 열세한 대안으로 결정한다는 것만 다르다.

[ELECTRE III 예제 1]

여기서는 ELECTRE III를 이용하여 최선의 대안을 찾는 방법을 예제로 설명한다. 여기서 설명하는 방법은 앞에서 설명한 ELECTRE III의 추출법에 의해 대안의 우선순위를 결정하는 것과는 상이한 Fuzzy ELECTRE III 방법이다. 추출법에 의해 대안의 우선순위를 결정하는 절차는 [Descending Distillation 예제]를 참고하라.

평가기준별 부분 일치성 지수는 앞에서 설명한 ELECTRE III에서와 같이 다음과 같이 정의된다.

$$c_j(a,\ b) = \begin{cases} 1 & if\ \ g_j(a)+q_j \geq g_j(b) \\ 0 & if\ \ g_j(a)+p_j < g_j(b) \\ \dfrac{g_j(a)-g_j(b)+p_j}{p_j-q_j} & Otherwise \end{cases}$$

부분 일치성 지수를 이용하여 구한 전역 일치성 지수는 다음과 같다.

$$C(a,\ b) = \frac{1}{\sum_j w_j} \sum_{j=1}^{n} w_j c_j(a,\ b),\ \ 0 \leq C(a,\ b) \leq 1$$

여기서 w_j는 j번째 평가기준의 가중치이다.

전역 불일치성 지수 $D(a, b)$는 평가기준별 부분 불일치성 지수 $d_j(a, b)$와 부분 일치성 지수 $c_j(a, b)$, 전역 일치성 지수 $C(a, b)$를 이용하여 다음과 같이 구한다.

$$D(a, b) = \frac{1}{n}\sum_{j=1}^{n} f\left\{d_j(a, b),\ c_j(a, b)\right\}$$

$$where,\ f\left\{d_j(a, b),\ c_j(a, b)\right\} = \begin{cases} 1 & if\ d(\bullet) < C(\bullet) \\ \dfrac{1-d_j}{1-C(\bullet)} & if\ d(\bullet) > C(\bullet) \end{cases}$$

Fuzzy 순위선호 관계(Fuzzy Outranking Relation)는 전역 일치성 지수(일치성 관계)와 전역 불일치성 지수(불일치성 관계)를 고려하여 다음과 같이 정의된다.

$$aSb = C(a, b) \cdot D(a, b)$$

대안에 대한 순위를 결정하는 퍼지 우세관계(Fuzzy Dominance Relation)와 퍼지 열등관계(Fuzzy Non-dominance Relation)는 다음과 같이 정의된다.

Fuzzy Dominance Relation : $R_D(a, b) = \begin{cases} aSb - bSa & if\ aSb > bSa \\ 0 & Otherwise \end{cases}$

Fuzzy Non-dominance Relation : $R_{ND}(a, b) = 1 - R_D(a, b)$

Fuzzy Dominance Relation과 Fuzzy Non-dominance Relation을 이용하여 대안별 우세대안들의 값과 최적대안은 아래와 같이 구한다.

우세대안들의 값 :

$$R(A^+) = min[1 - R_{ND}(a, b)] = 1 - maxR_D(a, b) = 1 - max[aSb - bSa]$$

최적대안 : $B^* = maxR(A^+) = 1 - min\,max[aSb - bSa]$

어떤 문제를 해결하고자 다기준 의사결정 행렬을 그림 20.58과 같이 구하였다. 5개의 대안과 15개의 평가기준과 각 평가값, 무차별 임계치, 선호 임계치, 거부 임계치가 그림

20.58과 같이 제시되어 있다.

	C1	C2	C3	C4	C5	C6	C7	C8	C9	C10	C11	C12	C13	C14	C15
A1	5.667	4.500	3.833	5.921	4.626	4.333	5.255	5.755	5.126	5.421	5.721	5.755	5.921	5.421	5.421
A2	3.000	3.667	3.667	4.000	4.333	4.500	4.833	4.333	5.500	4.500	4.000	4.626	4.667	4.626	4.500
A3	1.293	1.801	2.420	1.684	3.167	2.209	4.333	3.087	3.709	3.167	3.209	3.543	5.088	2.876	2.920
A4	4.500	5.126	3.543	5.921	4.626	3.667	5.755	5.755	5.421	5.421	5.755	4.667	5.421	5.755	5.255
A5	2.420	3.709	4.833	4.333	4.000	4.333	5.255	3.709	5.500	4.626	3.667	5.126	4.667	3.709	4.626
q_k	0.854	0.954	0.623	1.325	0.583	1.062	0.561	0.623	0.856	0.73	0.495	0.662	0.611	0.875	0.853
p_k	1.707	1.909	1.246	2.65	1.167	2.124	1.122	1.246	1.712	1.459	0.99	1.324	1.222	1.75	1.706
v_k	4.268	4.771	3.116	6.625	2.917	5.31	2.805	3.116	4.28	3.648	2.475	3.31	3.055	4.375	4.264

그림 20.58 의사결정 행렬

앞에서 설명한 방법대로 일치성 지수 행렬을 구하면 그림 20.59와 같다.

	A1	A2	A3	A4	A5
A1	1	1	1	1	0.967
A2	0.556	1	1	0.502	0.952
A3	0.091	0.303	1	0.052	0.359
A4	0.86	1	1	1	0.945
A5	0.633	0.999	1	0.58	1

그림 20.59 일치성 지수 행렬

불일치성 지수 행렬을 구하면 그림 20.60과 같다.

	A1	A2	A3	A4	A5
A1	1	1	1	1	1
A2	1	1	1	0.998	1
A3	0.698	1	1	0.711	0.972
A4	1	1	1	1	1
A5	0.985	1	1	0.974	1

그림 20.60 불일치성 지수 행렬

마지막으로 대안에 대한 순위를 결정하고자 Fuzzy 우세관계(Fuzzy Dominance Relation)와 Fuzzy 열등관계(Fuzzy Nondomiance Relation)는 다음과 같이 구한다. Fuzzy 순위선호 관계(Fuzzy Outranking Relation)는 일치성 지수와 불일치성 지수를 요소곱을 하여 그림 20.61과 같이 구한다.

$$aSb = C(a,\ b) \cdot D(a,\ b)$$

	A1	A2	A3	A4	A5
	1	1	1	1	0.967
A2	0.556	1	1	0.502	0.952
A3	0.064	0.303	1	0.037	0.349
A4	0.86	1	1	1	0.945
A5	0.624	0.999	1	0.565	1

그림 20.61 일치성 지수와 불일치성 지수를 요소곱

Fuzzy 우세관계는 그림 20.62와 같은 관계로 정의된다.

$$R_D(a,\ b) = \begin{cases} aSb - bSa & if\ \ aSb > bSa \\ 0 & otherwise \end{cases}$$

	A1	A2	A3	A4	A5
A1	0	0.444	0.936	0.14	0.343
A2	0	0	0.697	0	0
A3	0	0	0	0	0
A4	0	0.498	0.963	0	0.38
A5	0	0.047	0.651	0	0

그림 20.62 Fuzzy 우세관계

Fuzzy 열등관계는 다음과 같이 정의되며 행렬로 표현하면 그림 20.63과 같다.

$$R_{ND} = 1 - R_D(a,\ b)$$

	A1	A2	A3	A4	A5
A1	1	0.557	0.064	0.86	0.657
A2	1	1	0.303	1	1
A3	1	1	1	1	1
A4	1	0.502	0.037	1	0.62
A5	1	0.953	0.349	1	1

그림 20.63 Fuzzy 열등관계

우세대안들의 값은 다음과 같이 결정된다.

$$R(A^+) = \min\{1 - R_D(a,\ b)\} = 1 - \max R_D(a,\ b) = 1 - \max(aSb - bSa)$$

우세지수는 Fuzzy 열등관계 행렬에서 각 열의 최솟값으로서 A1, A4, A5, A2, A3 순이다.

표 20.16 대안별 우세지수

대안	A1	A2	A3	A4	A5
우세지수	1	0.502	0.037	0.86	0.62

이 중 최적대안은 우세지수가 가장 높은 대안을 선택하는데 여기에서는 A1이다.

$$B^{*} = \max R(A^{+}) = 1 - \min\max(aSb - bSa)$$

또 다른 방법은 순수 일치성 지수와 순수 불일치성 지수로 대안의 우선순위를 판단하는 방법인데 앞에서 예를 든 일치성 지수 행렬이 그림 20.64와 같으면 ELECTRE I에서 예를 든 것처럼 각 대안의 행의 합에서 열의 합을 뺀 순수 일치성 지수(Pure Concordance Index)를 구한다.

	A1	A2	A3	A4	A5
A1	1	1	1	1	0.967
A2	0.556	1	1	0.502	0.952
A3	0.091	0.303	1	0.052	0.359
A4	0.86	1	1	1	0.945
A5	0.633	0.999	1	0.58	1

그림 20.64 일치성 지수

	A1	A2	A3	A4	A5	행의 합	열의 합	행의합-열의 합	순위
A1	1	1	1	1	0.967	4.967	3.140	1.827	1
A2	0.556	1	1	0.502	0.952	4.010	4.302	-0.292	4
A3	0.091	0.303	1	0.052	0.359	1.805	5.000	-3.195	5
A4	0.86	1	1	1	0.945	4.805	3.134	1.671	2
A5	0.633	0.999	1	0.58	1	4.212	4.223	-0.011	3

그림 20.65 순수 일치성 지수

앞에서 예를 든 불일치성 지수 행렬이 그림 20.66과 같으면 각 대안의 행의 합에서 열의 합을 뺀 순수 불일치성 지수(Pure Discordance Index)를 그림 20.66과 같이 구한다.

	A1	A2	A3	A4	A5
A1	1	1	1	1	1
A2	1	1	1	0.998	1
A3	0.698	1	1	0.711	0.972
A4	1	1	1	1	1
A5	0.985	1	1	0.974	1

그림 20.66 불일치성 지수

	A1	A2	A3	A4	A5	행의 합	열의 합	행의합-열의 합	순위
A1	1	1	1	1	1	5.000	4.683	0.317	4
A2	1	1	1	0.998	1	4.998	5.000	-0.002	3
A3	0.698	1	1	0.711	0.972	4.381	5.000	-0.619	1
A4	1	1	1	1	1	5.000	4.683	0.317	4
A5	0.985	1	1	0.974	1	4.959	4.972	-0.013	2

그림 20.67 순수 불일치성 지수

순수 불일치성 지수는 작을수록 좋은 값이다.

표 20.17 일치성 지수와 불일치성 지수 순위 평균

대안	순수 일치성 지수 순위	순수 불일치성 지수 순위	순위 평균
A1	1	4	2.5
A2	4	3	3.5
A3	5	1	3
A4	2	4	3
A5	3	2	2.5

순수 일치성 지수 순위와 순수 불일치성 지수 순위의 평균을 구하면 표 20.17의 순위 평균과 같으며 따라서 대안의 우선순위는 (A1 = A5) → (A3 = A4) → A2 순이다.

[ELECTRE III 예제 2]

출처: ELECTRE III METHOD IN ASSESSMENT OF VARIANTS OF INTEGRATED URBAN PUBLIC TRANSPORT SYSTEM IN CRACOW(Katarzyna SOLECKA, 2014)

폴란드 남부 도시인 CRACOW의 교통 대안을 ELECTRE III 방법을 이용하여 분석한 사례를 소개한다. 이 도시에서 고려하고 있는 교통 대안은 아래와 같이 8개이다.

W0 – Existing state presenting the current level of public transport integration in Cracow

W1 – Bus and rail. Integration of Light Express City Train (LECT) with bus transport

W2 – Rail–tram–bus. Integration of the LECT with tram and bus transport

W3 – Underground railway. Integration of underground railway with the LECT and tram and bus transport

W4 – Tram and rail. Integration of the LECT with tram transport

W5 – Tram. Tram transport integration (particularly fast trams [FT]) with bus transport

W5A – Tram – a W5 variant sub–variant. Integration of tram transport (particularly the fast tram FT])

W6 – Two–system tram. Integration of the two–system tram with tram transport

대안의 우선순위를 결정하기 위한 평가기준은 12개로 아래와 같다. 각 평가기준의 단위는 상이하고 단위가 없는 기준도 있다.

1. Travel time (TT) [min]
2. Standard of Travel [–]
3. Rolling stock utilization index (RSU) [%]
4. Environmental friendliness (EF) [–]
5. Urban public transport system integration level (UTI) [%]
6. Criterion K5 Standard of Value(C5SV) (%)
7. Reliability of the Urban public Transport system (RUT) [%]
8. Safety of Travel (ST) [–]
9. Criterion K7 Standard of Value(C7SV) (%)
10. Urban public transport system profitability (UPT) [%]
11. Urban public transport system accessibility (AUTS) [–]
12. Investment costs (IC) [PLN]

의사결정 행렬에서 평가값들은 표 20.18과 같이 얻었다.

표 20.18 의사결정 행렬

Attribute	TT	ST	RSU	EF	UTI	C5SV	RUT	ST	C7SV	UPT	AUTS	IC
Benefit/ Cost	Cost	Benefit	Benefit	Benefit	Benefit	Benefit	Benefit	Benefit	Benefit	Benefit	Benefit	Cost
	[min]	[-]	[%]	[%]	[%]	[%]	[-]	[-]	[%]	[%]	[-]	[PLN]
W0	53.32	0.456	50.14	0	25.9	0	92.8	0.19	0	-26	1.61	0
W1	51.65	0.495	48.77	49	37.69	42.57	93.4	0.39	48	-24	1.69	432,892,800
W2	51.02	0.55	38.84	59	45.88	72.15	93.5	0.4	53	-34	1.75	955,630,600
W3	50.84	0.506	43.01	78	31.2	19.15	93.6	0.57	93	-31	1.69	9,685,460,000
W4	49.45	0.519	47.34	57	32.73	24.64	93.5	0.53	82	-33	1.71	1,459,193,100
W5	50.93	0.487	47.23	81	50.68	89.45	93.4	0.59	97	-30	1.67	1,958,287,800
W5A	50.11	0.582	41.8	100	44.22	66.14	94.1	0.57	93	-48	1.53	2,678,189,200
W6	50.22	0.501	46.68	64	53.6	100	92.8	0.6	100	-34	1.69	2,128,785,200

12개의 평가기준들을 세밀히 검토하여 10개 평가기준으로 줄이고 의사결정자별 가중치를 구하였다.

표 20.19 의사결정자별·평가기준별 가중치

	의사 결정자	시 당국 외 외부 참여자					
	시 당국	공공교통관리위원회	운전자	승객	기타참여자	외부참여 평가자 평균	전체 평균
TT	3	5.3	5.17	6.44	2.4	4.83	4.46
ST	7	4.77	4.74	5.44	2.29	4.31	4.85
RSU	1	5.29	5.27	2.93	1.45	3.73	3.19
EF	6	5.29	4.87	3.97	5.16	4.82	5.06
UTI	7	5.74	5.73	6.17	3	5.16	5.53
RUT	7	6.32	6.19	6.33	2.68	5.38	5.7
ST	7	5.62	6.07	6	4.58	5.57	5.86
UPT	5	6.53	5.72	1.83	1.56	3.91	4.13
AUTS	4	5.45	4.4	6.13	3.05	4.76	4.61
IC	3	6.69	2.08	2.03	2.96	3.44	3.35

의사결정자인 City Authorities, Transport Management Board, Operator, Passenger, Other Participant, Interveners, Interveners+Decision Maker가 제안한 q, p, v와 가중치 w의 값이 그림 20.68~20.70에 제시되어 있다. 각 값들은 원데이터를 정규화한 다음 구한 값이다.

	시 당국				공공교통관리위원회			
	q	p	v	w	q	p	v	w
TT	3	3.8	4	3	1	2	3	5.3
ST	0.005	0.03	0.08	7	0.05	0.1	0.2	4.77
RSU	4.5	13	15	1	1	2	5	5.29
EF	2	3	10	6	3	5	20	5.29
UTI	2	3	5	7	5	10	15	5.74
RUT	0.009	0.01	0.12	7	0.02	0.03	0.1	6.32
ST	0.01	0.03	0.09	7	0.1	0.15	0.2	5.62
UPT	6	13	18	5	2	5	10	6.53
AUTS	0.16	0.19	0.21	4	0.05	0.1	0.15	5.45
IC	1.7	4	6	3	1	1.5	3	6.69

그림 20.68 시 당국과 공공교통관리위원회 설정 임계치와 가중치

	운전자				승객			
	q	p	v	w	q	p	v	w
TT	1.5	3	4	5.17	0.05	0.9	1.8	6.44
ST	0.05	0.1	0.2	4.74	0.008	0.05	0.1	5.44
RSU	1.5	2.5	5	5.27	3	8	15	2.93
EF	10	15	30	4.87	15	25	50	3.97
UTI	5	10	15	5.73	3	5	10	6.17
RUT	0.04	0.05	0.15	6.19	0.02	0.03	0.1	6.33
ST	0.03	0.05	0.1	6.07	0.05	0.08	0.15	6
UPT	5	10	15	5.72	15	18	20	1.83
AUTS	0.15	0.18	0.2	4.4	0.03	0.05	0.1	6.13
IC	3	7	9	2.08	3	7	9	2.03

그림 20.69 운전자 및 승객 설정 임계치와 가중치

	기타참여자				시 당국 외 외부 참여자				시당국+외부참여자			
	q	p	v	w	q	p	v	w	q	p	v	w
TT	2.5	3.5	5	2.4	2	3.5	4	4.83	2.5	3.8	4	4.46
ST	0.1	0.12	0.2	2.29	0.08	0.11	0.2	4.31	0.01	0.08	0.15	4.85
RSU	4	10	15	1.45	2	5	10	3.73	2.5	7	10	3.19
EF	5	10	25	5.16	10	15	30	4.82	5	10	25	5.06
UTI	15	20	25	3	10	15	20	5.16	8	13	18	5.53
RUT	0.1	0.15	0.2	2.68	0.05	0.1	0.15	5.38	0.05	0.08	0.11	5.7
ST	0.25	0.3	0.4	4.58	0.1	0.15	0.3	5.57	0.1	0.15	0.25	5.86
UPT	18	20	22	1.56	10	15	18	3.91	8	13	15	4.13
AUTS	0.18	0.2	0.22	3.05	0.1	0.15	0.18	4.76	0.13	0.16	0.19	4.61
IC	2	5	7	2.96	1.5	3	5	3.44	1.6	3.5	5.5	3.35

그림 20.70 기타 참여자, 시 당국 외 외부 참여자, 시 당국+외부 참여자 설정 임계치와 가중치

Interveners + Decision Maker가 제안한 q, p, v와 가중치 w를 적용하여 ELECTRE III Software로 구한 일치성 지수 행렬과 불일치성 지수 행렬 그리고 신뢰성 지수 행렬로 최종적으로 대안의 우선순위를 결정하였다.

일치성 행렬을 구하면 그림 20.71과 같다.

	W0	W1	W2	W3	W4	W5	W5A	W6
W0	1	0.23	0.14	0.27	0.27	0.14	0.27	0.14
W1	1	1	0.62	0.4	0.57	0.57	0.4	0.52
W2	0.95	0.96	1	0.65	0.7	0.65	0.4	0.71
W3	0.93	0.94	0.59	1	0.65	0.82	0.41	0.69
W4	1	1	0.7	0.92	1	0.76	0.63	0.82
W5	1	0.95	0.76	0.6	0.65	1	0.53	0.7
W5A	0.77	0.8	0.85	0.84	0.7	0.82	1	0.84
W6	0.99	1	0.76	0.78	0.7	0.92	0.53	1

그림 20.71 일치성 지수 행렬

신뢰성 행렬을 구하면 그림 20.72와 같다.

	W0	W1	W2	W3	W4	W5	W5A	W6
W0	1	0	0	0	0	0	0	0
W1	1	1	0.62	0	0	0	0	0
W2	0.95	0.96	1	0	0	0	0	0
W3	0	0	0.065	1	0	0	0	0
W4	1	1	0.7	0	1	0	0	0
W5	1	0.95	0.76	0.6	0	1	0	0.7
W5A	0.77	0	0	0	0	0	1	0
W6	0.99	1	0.76	0.78	0.6	0	0	1

그림 20.72 신뢰성 지수 행렬

신뢰성 지수 행렬로 대안 간 우선순위를 판단해 보면 그림 20.73와 같다. 여기서 I는 무차별 관계, P-는 열의 대안이 행의 대안보다 열세한 것을 나타내고 P는 행의 대안이 열의 대안보다 우세한 것을, R은 대안 간 비교 불가능을 표현한다.

	W0	W1	W2	W3	W4	W5	W5A	W6
W0	I	P-	P-	P-	P-	P-	P-	P-
W1	P	I	P-	R	P-	P-	R	P-
W2	P	P	I	R	P-	P-	R	P-
W3	P	R	R	I	P-	P-	P-	P-
W4	P	P	P	P	I	P-	R	P-
W5	P	P	P	P	P	I	P	P
W5A	P	R	R	P	R	P-	I	R
W6	P	P	P	P	P	P-	R	I

그림 20.73 대안 우선순위 관계 행렬

대안 간 우선순위를 바탕으로 대안 간 순위를 판단해서 그래프로 그려보면 표 20.20과 같다.

표 20.20 대안 간 우선순위 판단

순위	대안
1	W5
2	W5A, W6
3	W4
4	W2, W3
5	W1
6	W0

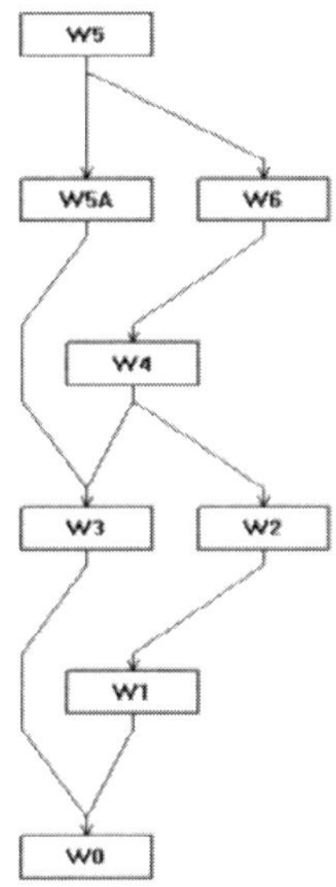

이와 같이 복잡한 공공 분야 의사결정에 ELECTRE III 방법은 광범위하게 사용되고 있다.

20.7 ELECTRE IV

ELECTRE IV는 ELECTRE III와 같이 의사기준(Pseudo Criteria)을 사용한다. ELECTRE III와 같이 동일한 무차별(Indifference), 선호도(Preference), 거부(Veto) 판정 경계치(q_j, p_j, v_j)의 개념을 사용하여 대안쌍을 비교 시 강하게 선호되는지 약하게 선호되는지 무차별한지를 결정한다. 다만 ELECTRE III와 다른 것은 ELECTRE IV에서는 다른 ELECTRE I, II, III, IS, TRI 방법론과는 달리 가중치를 사용하지 않는다. 그러나 가중치를 사용하지 않는다는 것이 모든 가중치가 동일하다는 의미는 아니다. 다만, 우열관계를 판단하는 기준이 평가기준의 개수가 되고 가중치는 여기에 내재되어 있다고 간주한다.

ELECTRE IV 방법을 설명하기 위해 다음과 같은 Notation을 정의한다.

$n_p(x, y)$: 대안 x가 대안 y보다 강하게 선호되는 평가기준의 개수

$n_q(x, y)$: 대안 x가 대안 y보다 약하게 선호되는 평가기준의 개수

$n_i(x, y)$: 대안 x와 대안 y가 무차별한 평가기준의 개수

ELECTRE IV에서는 5가지의 지배(Dominance) 관계를 정의하는데 강하게 선호되는 평가기준의 수와 약하게 선호되는 평가기준의 수, 무차별한 평가기준의 개수로 지배관계를 정의한다.

1) Quasi-dominance (S_q)

식 (20.7-1) 조건을 만족하면 Quasi-dominance라 부르고 S_q로 표기한다.

$$aS_q b = \begin{cases} n_p(b, a) + n_q(b, a) = 0 \\ n_i(b, a) < n_i(a, b) + n_p(a, b) + n_q(a, b) \end{cases} \tag{20.7-1}$$

대안 a가 대안 b를 Quasi-dominate한다는 의미는 대안 b가 대안 a를 강하게 선호하거나 약하게 선호하는 평가기준이 없고 대안 a가 대안 b와 무차별하거나 강하게 선호하거나 약하게 선호하는 평가기준 개수의 합이 대안 b와 대안 a의 무차별한 평가기준의 개수보다는 커야 한다는 것이다.

마찬가지로 Canonic-dominance, Pseudo-dominance, Sub-dominance, Veto-dominance의 정의를 식 (20.7-2)~(20.7-6)과 같이 정의한다.

2) Canonic-dominance (S_c)

$$aS_c b = \begin{cases} n_p(b, a) = 0 \\ n_q(b, a) \le n_p(a, b) \\ n_q(b, a) + n_i(b, a) < n_i(a, b) + n_q(a, b) + n_p(a, b) \end{cases} \tag{20.7-2}$$

3) Pseudo-dominance (S_p)

$$aS_p b = \begin{cases} n_p(b, a) = 0 \\ n_q(b, a) \le n_q(a, b) + n_p(a, b) \end{cases} \tag{20.7-3}$$

4) Sub-dominance (S_s)

$$aS_s b \Leftrightarrow n_p(b, a) = 0 \qquad (20.7\text{-}4)$$

5) Veto-dominance (S_v)

$$aS_v b \Leftrightarrow n_p(b, a) = 0 \qquad (20.7\text{-}5)$$

또는

$$aS_v b = \begin{cases} n_p(b, a) = 1 \\ n_p(a, b) \geq \dfrac{n}{2} \\ g_j(a) + v_j \geq g_j(b), \ \forall j \end{cases} \qquad (20.7\text{-}6)$$

여기서 n은 평가기준의 개수

각 Dominance의 관계를 표현하면 식 (20.7-7)과 같다.

$$S_q \subset S_c \subset S_p \subset S_s \subset S_v \qquad (20.7\text{-}7)$$

이렇게 결정된 지배관계로 대안 a와 대안 b의 신뢰성 지수 행렬은 식 (20.7-8)과 같이 결정한다. 여기에서 각 지배관계에 부여하는 수는 통상적으로 부여하는 지배의 강도이며 의사결정자 임의대로 결정할 수 있다. ELECTRE III와 ELECTRE IV의 차이는 ELECTRE III에서는 일치성 지수와 불일치성 지수로 신뢰성 지수를 구하는 데 비해 ELECTRE IV에서는 지배관계로 신뢰성 지수를 부여한다는 것이다.

$$\sigma(a, b) = \begin{cases} 1 & if \ aS_q b \ (\text{Quasi} - \text{dominance}) \\ 0.8 & if \ aS_c b \ (\text{Canonic} - \text{dominance}) \\ 0.6 & if \ aS_p b \ (\text{Pseudo} - \text{dominance}) \\ 0.4 & if \ aS_s b \ (\text{Sub} - \text{dominance}) \\ 0.2 & if \ aS_v b \ (\text{Veto} - \text{dominance}) \\ 0 & \quad otherwise \end{cases} \qquad (20.7\text{-}8)$$

신뢰성 지수 행렬로 대안들의 우선순위를 결정할 때는 ELECTRE III와 같이 Ascending Distillation과 Descending Distillation 방법을 사용하여 결정한다. 다만 ELECTRE IV에

서의 추출 임계치 함수 $s(\lambda)=\alpha+\beta\lambda$의 추출 계수는 일반적으로 $\alpha=0.1$, $\beta=0$으로 한다. 왜냐하면 각 Dominance의 관계가 $(S_q=1)\subset(S_c=0.8)\subset(S_p=0.6)\subset(S_s=0.4)\subset(S_v=0.2)$이기 때문에 0.1 단위로 추출하는 것이 바람직하기 때문이다.

[ELECTRE IV 예제]

11개의 대안과 9개의 속성을 가지고 있는 다기준 의사결정 문제의 행렬이 표 20.21과 같다고 가정하자.

표 20.21 의사결정 행렬

	C1	C2	C3	C4	C5	C6	C7	C8	C9
P1	775.79	0.083	4	10	10	8	10	10	10
P2	393.06	0.061	6	10	8	10	8	10	10
P3	343.93	0.628	4	10	10	10	10	10	10
P4	1,572.24	0.1	6	8	10	8	10	10	10
P5	327.55	0.102	6	10	10	10	8	10	10
P6	884.38	0.192	8	6	10	6	10	10	10
P7	15,117.73	0.092	0	10	10	10	10	10	10
P8	884.39	0.096	4	10	8	10	8	10	10
P9	929.54	0.122	0	10	10	10	10	10	10
P10	982.67	0.305	6	10	10	8	8	10	10
P11	3,684.94	0.064	4	10	10	10	10	10	10

각 속성의 선호 임계치와 무차별 임계치가 표 20.22와 같다고 하자.

표 20.22 선호 및 무차별 임계치

	−p	−q	q	p
C1	−8,671.97	−4,335.98	4,335.98	8,671.97
C2	−0.336	−0.168	0.168	0.336
C3	−3	−1	1	3
C4	−3	−1	1	3
C5	−3	−1	1	3
C6	−3	−1	1	3
C7	−3	−1	1	3
C8	−3	−1	1	3
C9	−3	−1	1	3

앞에서 설명한 것과 같이 Quasi, Canonic, Pseudo, Sub, Veto Dominance의 경우를 계산하여 각 Dominance 경우에 따라 표 20.23과 같은 신뢰성 지수를 부여한다.

$$\sigma(a,b)=\begin{cases}1 & if\ aS_qb\ (\text{Quasi}-\text{dominance})\\ 0.8 & if\ aS_cb\ (\text{Canonic}-\text{dominance})\\ 0.6 & if\ aS_pb\ (\text{Pseudo}-\text{dominance})\\ 0.4 & if\ aS_sb\ (\text{Sub}-\text{dominance})\\ 0.2 & if\ aS_vb\ (\text{Veto}-\text{dominance})\\ 0 & otherwise\end{cases}$$

표 20.23 신뢰성 지수 행렬

	P1	P2	P3	P4	P5	P6	P7	P8	P9	P10	P11
P1	0.4	0.4	0	0.4	0.4	0	0.8	0.4	0.4	0.4	0.4
P2	0.4	0.4	0	0.4	0.4	0.4	0.4	0.8	0.4	0.4	0.4
P3	0.8	0.8	0.4	0.8	0.8	0	0.8	0.8	0.8	0.4	0.8
P4	0.4	0.4	0	0.4	0.4	0.4	0.4	0.4	0.4	0.4	0.4
P5	0.4	0.8	0	0.4	0.4	0.4	0.8	0.8	0.4	0.4	0.4
P6	0	0	0	0.4	0	0.4	0	0	0	0	0
P7	0	0	0	0	0	0	0.4	0	0	0	0
P8	0.4	0.4	0	0.4	0.4	0	0.4	0.4	0.4	0.4	0.4
P9	0	0	0	0	0	0	0.8	0	0.4	0	0
P10	0.4	0.4	0.4	0.4	0.4	0.4	0.8	0.4	0.4	0.4	0.4
P11	0.8	0.4	0	0.4	0.4	0	0.8	0.8	0.8	0.4	0.4

신뢰성 지수 행렬로 대안들의 우선순위를 결정할 때는 ELECTRE III와 같이 Ascending, Descending Distillation방법을 사용하여 결정하면 $P_3 > P_5 > P_2 > P_{11} > P_{10} > P_1 > P_4 > P_8 > P_9 > P_6 > P_7$가 된다.

20.8 ELECTRE TRI

ELECTRE TRI는 분류(Classification) 문제에 적용하기 위해 만들어진 방법이다. 그림 20.74와 같이 대안 집합에 속해 있는 대안들을 사전 정의된 Class로 분류하기 위한 방법이다.

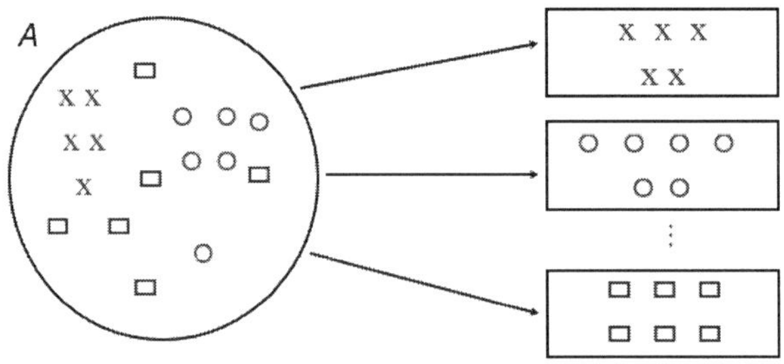

그림 20.74 대안을 Class별로 분류

ELECTRE TRI의 원리는 ELECTRE III와 동일하다. 다만 ELECTRE III에서는 대안과 대안의 쌍을 비교하여 일치성 지수 행렬과 불일치성 지수 행렬을 만들고 이것을 이용하여 신뢰성 행렬로 Ascending Distillation과 Descending Distillation 방법으로 순위를 찾고 이를 결합하여 최종 순위를 찾는 방법이었다. ELECTRE TRI에서는 대안들을 분류하기 위해 분류할 Class를 사전에 정한다. ELECTRE TRI에서의 입력 자료는 대안 집합, 평가기준 집합, Class이다. Class를 결정짓기 위해 Limit Profile b_t, $t=0$, 1, 2, $\cdots$, p를 사전 설정한다.

그림 20.75에서 보는 것과 같이 각 평가기준에 해당하는 b_t에 의해서 각 Class Cl_1, Cl_2, $\cdots$, Cl_p가 정해진다. 만약 대안 d가 온전히 모든 평가기준에서 Cl_{p-1}에 다 들어간다면 당연히 대안 d는 Cl_{p-1}에 속할 것이다. 그러나 그림 20.75에서 보는 것과 같이 대안 a는 평가기준 g_1에서는 Cl_2에 속하지만 평가기준 g_2에서는 Cl_3에 속하고 평가기준

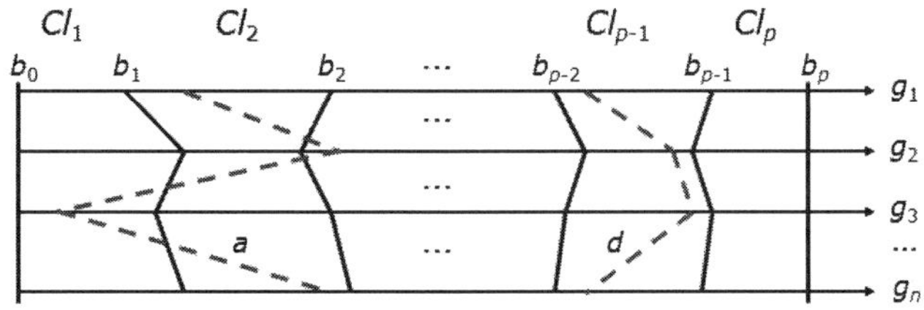

그림 20.75 Limit Profile

g_3에서는 Cl_1에 속하고 있다. 이러한 경우 대안 a는 어느 Class에 속해야 하는지를 결정하는 것이 ELECTRE TRI 방법에서 결정하고자 하는 것이다. 따라서 ELECTRE TRI에서는 각 대안을 b_t, $t=0,\ 1,\ 2,\ \cdots,\ p$와 비교하여 일치성 지수와 불일치성 지수를 결정하고 신뢰성 지수를 결정하여 최종적인 의사결정을 하게 된다.

모든 Limit Profile b_t, $t=0,\ 1,\ 2,\ \cdots,\ p$에 대해 $0 \le q_j^{\ t} \le p_j^{\ t} \le v_j^{\ t}$가 미리 결정된다.

먼저 일치성 지수는 ELECTRE III와 동일하다. 의사기준을 사용하여 일치성 지수를 결정한다. 자세한 내용은 ELECTRE IS와 ELECTRE III를 설명한 부분을 참고로 하면 된다.

20.8.1 일치성 지수

Benefit Criteria에서의 일치성 지수는 그림 20.76과 같다.

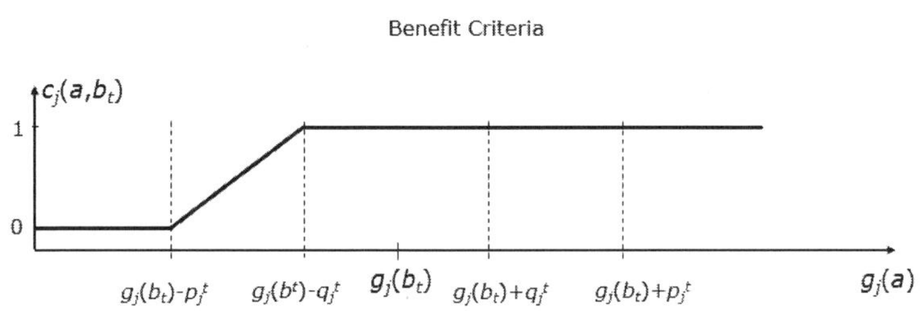

그림 20.76 Benefit Criteria 일치성 지수

Cost Criteria에서의 일치성 지수는 그림 20.77과 같다. 자료 정규화 시 Cost Criteria를 고려한 정규화를 실시하면 Benefit Criteria 정규화한 데이터로 간주해서 평가해도 무방하다.

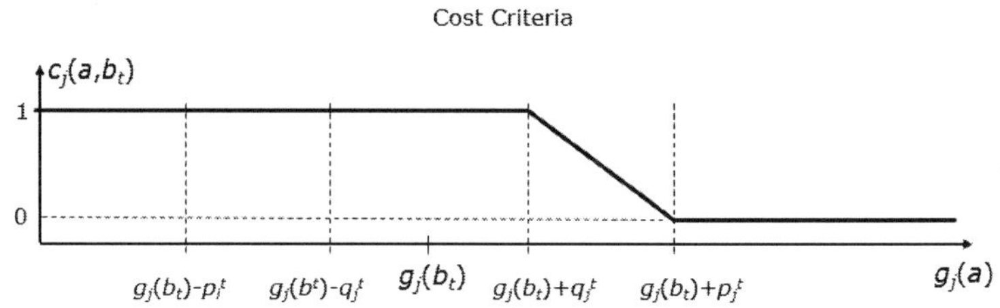

그림 20.77 Cost Criteria에서 일치성 지수

Benefit Criteria 기준하 부분 일치성 지수는 식 (20.8-1)과 같이 계산된다.

$$c_j(a,\ b_t)=\begin{cases} 1 & if\ -q_j^{\ t} \le g_j(a)-g_j(b_t) \\ 0 & if\ g_j(a)-g_j(b_t) \le -p_j^{\ t} \\ \dfrac{g_j(a)-g_j(b_t)+p_j^{\ t}}{p_j^{\ t}-q_j^{\ t}} & otherwise \end{cases} \tag{20.8-1}$$

각 평가기준에서의 일치성 지수로 대안과 b_t, $t=0,\ 1,\ 2,\ \cdots,\ p$ 쌍의 일치성 지수 행렬은 식 (20.8-2)와 같다.

$$C(a,\ b_t)=\frac{1}{\Sigma_j w_{j_j}}\Sigma_{j=1}^{n} w_j c_j(a,\ b_t),\ \ 0 \le C(a,\ b_t) \le 1 \tag{20.8-2}$$

20.8.2 불일치성 지수

각 평가기준의 불일치성 지수는 Benefit Criteria와 Cost Criteria에 따라 그림 20.78과 그림 20.79와 같이 결정된다.

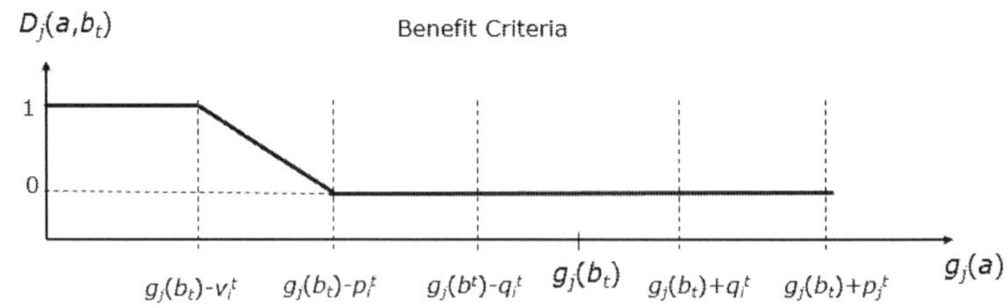

그림 20.78 Benefit Criteria에서 불일치성 지수

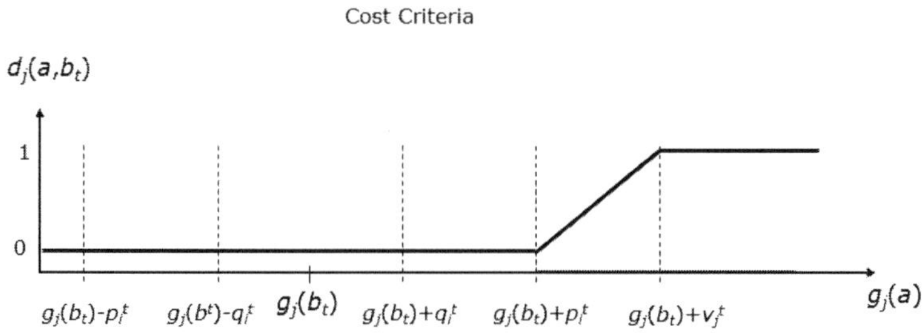

그림 20.79 Cost Criteria에서 불일치성 지수

Benefit Criteria 기준하 불일치성 지수는 식 (20.8-3)과 같이 구할 수 있다.

$$d_j(a, b_t) = \begin{cases} 0 & if \;\; g_j(a) - g_j(b_t) \geq -p_j{}^t \\ \dfrac{g_j(a) - g_j(b_t) + p_j{}^t}{p_j{}^t - v_j{}^t} & if \;\; -v_j{}^t \leq g_j(a) - g_j(b_t) < -p_j{}^t \\ 1 & if \;\; g_j(a) - g_j(b_t) \leq -v_j{}^t \end{cases} \quad (20.8\text{-}3)$$

Cost Criteria에서의 일치성 지수는 그림 20.79와 같다. 자료 정규화 시 Cost Criteria를 고려한 정규화를 실시하면 Benefit Criteria 정규화한 데이터로 간주해서 식 (20.8-3)을 사용해도 무방하다.

20.8.3 신뢰성 지수

앞에서 구한 일치성 지수 행렬과 평가기준의 불일치성 지수로 대안과 b_t, $t=0, 1, 2, \cdots, p$ 쌍에 대한 신뢰성 지수를 구할 수 있다.

$$\sigma(a, b_t) = \begin{cases} C(a, b_t) & if \;\; C(a, b_t) \geq d_j(a, b_t), \; \forall \; j \\ C(a, b_t) \, \Pi_{j \in J(a, b_t)} \dfrac{1 - d_j(a, b_t)}{1 - C(a, b_t)} & otherwise \end{cases} \quad (20.8\text{-}4)$$

$$where \;\; j \in J(a, b_t) \;\; if \;\; and \;\; only \;\; if \;\; d_j(a, b_t) > C(a, b_t)$$

20.8.4 대안과 Limit Profile 간 우열관계 결정

신뢰성 지수로 대안과 b_t, $t=0, 1, 2, \cdots, p$ 간 우열관계를 결정하는데 $\sigma(a, b_t)$가 일정 임계치 λ보다 크고 $\sigma(b_t, a)$가 λ보다 크지 않으면 대안 a는 b_t보다 강하게 선호되거나

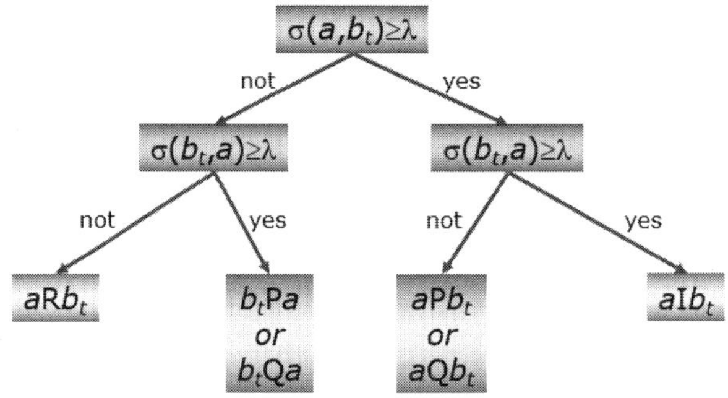

그림 20.80 신뢰성 지수로 대안 우열관계 판단

약하게 선호된다. 이러한 방법으로 대안과 b_t 간 선호관계와 무차별 관계, 비교 불가능 관계를 결정한다.

최종적으로 대안이 어느 Class에 속하는 것인가를 결정하는 것은 위에서 구한 대안과 b_t의 선호관계를 바탕으로 Pessimistic Assignment Procedure와 Optimistic Assignment Procedure에 의해 결정한다. 첫 번째 방법은 비교하는 b_t보다는 적어도 나쁘지 않은 첫 번째 b_t를 만나면 바로 그 Class에 속하게 하는 것이다.

1) Pessimistic (Conjunctive) Assignment Procedure

1. 대안 a를 b_t와 연속적으로 비교. t=p−1, p−2,⋯⋯, 1
2. 처음으로 aSb_t를 만족하는 b_t를 찾고 대안 a를 C_{t+1} class에 포함

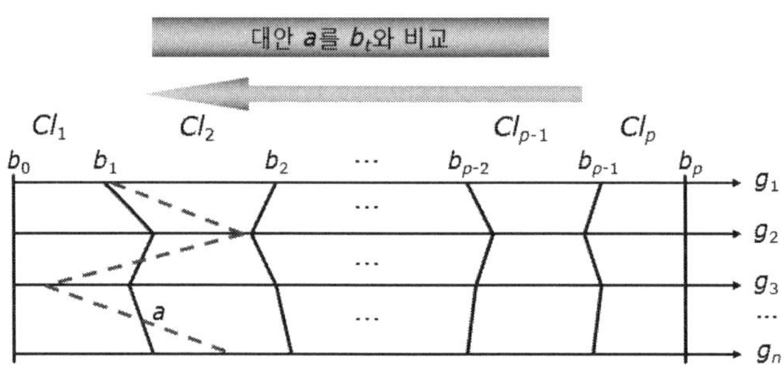

그림 20.81 Pessimistic(Conjunctive) Assignment Procedure

2) Optimistic(Disjunctive) Assignment Procedure

1. 대안 a를 b_t와 연속적으로 비교 $t=1, 2, \cdots, p-2, p-1, p$

2. 처음으로 aSb_t를 만족하는 b_t를 찾고 대안 a를 C_t Class에 포함

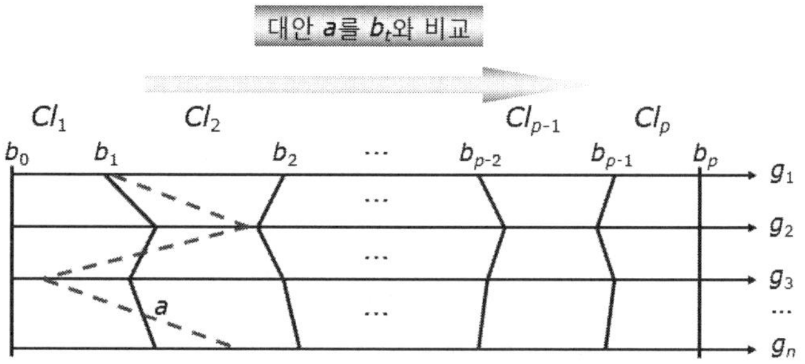

그림 20.82 Optimistic(Disjunctive) Assignment Procedure

[ELECTRE TRI 예제]

ELECTRE TRI의 예제를 아주 간단한 경우를 들어 설명한다.

대안은 a_1, a_2, a_3 3개이며 평가기준은 g_1, g_2, g_3, g_4, g_5 5개가 있다. 모든 평가기준은 Benefit Criteria이고 최솟값은 '0', 최댓값은 '100'이다.

표 20.24 의사결정 행렬

	g_1	g_2	g_3	g_4	g_5
a_1	75	67	85	82	90
a_2	28	35	70	90	95
a_3	45	60	55	68	60

Limit Profile b=(70, 75, 80, 75, 85)가 하나인 경우이며 2개의 Class에 분류하는 문제이다. 이러한 경우 Limit Profile b와 a_1의 값은 그림 20.83과 같다. 이러한 경우 대안 a_1은 Cl_1으로 분류하는 것이 타당한지 Cl_2로 분류하는 것이 타당한지에 관한 의사결정이다.

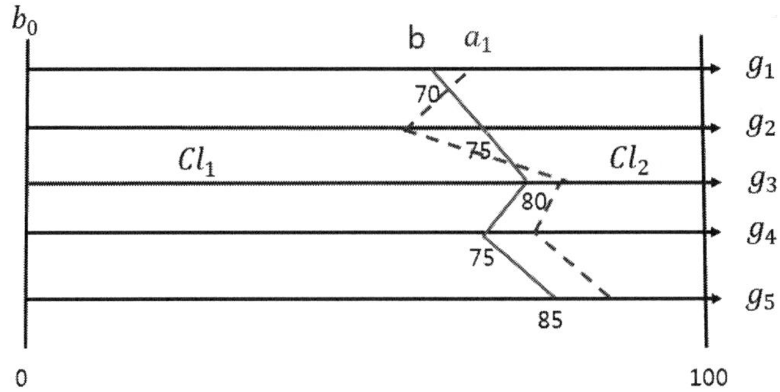

그림 20.83 Limit Profile과 대안의 평가값

각 평가기준의 Limit Profile에 대한 w_j, $q_j(b)$, $p_j(b)$, $v_j(b)$를 표 20.25와 같이 사전 결정한다. $q_j(b)$, $p_j(b)$, $v_j(b)$는 b를 기반으로 정한 임계치이다.

표 20.25 임계치 설정

	g_1	g_2	g_3	g_4	g_5
w_j	1	1	1	1	1
$q_j(b)$	5	5	5	5	5
$p_j(b)$	10	10	10	10	10
$v_j(b)$	30	30	30	30	30

앞에서 설명한 부분 일치성 지수를 계산하는 공식에 의해 a_1과 b의 부분 일치성 지수 $c_j(a_1, b)$, $c_j(b, a_1)$를 계산하면 표 20.26과 같다.

$$c_j(a_1, b) = \begin{cases} 1 & if\ -q_j(b) \le g_j(a_1) - g_j(b) \\ 0 & if\ g_j(a_1) - g_j(b) \le -p_j(b) \\ \dfrac{g_j(a_1) - g_j(b) + p_j(b)}{p_j(b) - q_j(b)} & otherwise \end{cases}$$

표 20.26 a_1, b 일치성 지수

	g_1	g_2	g_3	g_4	g_5
$c_j(a_1, b)$	1	0.4	1	1	1
$c_j(b, a_1)$	1	1	1	1	1

일치성 지수 $C(a_1, b)$와 $C(b, a_1)$를 다음과 같이 공식을 사용하여 계산한다.

$$C(a_1, b) = \frac{1}{\sum_j w_{j_j}} \sum_{j=1}^{n} w_j c_j(a_1, b), \ 0 \le C(a_1, b) \le 1$$

$$C(a_1, b) = \frac{1}{5}[(1\times1)+(1\times0.4)+(1\times1)+(1\times1)+(1\times1)] = 0.88$$

$$C(b, a_1) = \frac{1}{5}[(1\times1)+(1\times1)+(1\times1)+(1\times1)+(1\times1)] = 1$$

부분 불일치성 지수 $d_j(b, a_1)$과 $d_j(a_1, b)$를 표 20.27과 같이 계산한다.

표 20.27 a_1, b 불일치성 지수

	g_1	g_2	g_3	g_4	g_5
$d_j(a_1, b)$	0	0	0	0	0
$d_j(b, a_1)$	0	0	0	0	0

신뢰성 지수 $\sigma(a_1, b)$와 $\sigma(b, a_1)$를 다음과 같이 계산한다.

$$\sigma(a_1, b) = \begin{cases} C(a_1, b) & if \ \ C(a_1, b) \ge d_j(a_1, b), \ \forall j \\ C(a_1, b) \prod_{j \in J(a_1, b)} \dfrac{1 - d_j(a_1, b)}{1 - C(a_1, b)} & otherwise \end{cases}$$

$$where \ \ j \in J(a_1, b) \ \ if \ and \ only \ if \ d_j(a_1, b) > C(a_1, b)$$

$d_j(a_1, b) = d_j(b, a_1) = 0 \ \ for \ all \ j$이기 때문에 $\sigma(a_1, b)$와 $\sigma(b, a_1)$는 다음과 같다.

$$\sigma(a_1, b) = C(a_1, b) = 0.88$$

$$\sigma(b, a_1) = (b, a_1) = 1$$

$\lambda = 0.75$로 설정하여 a_1과 b의 우열을 판단하면 그림 20.84와 같다.

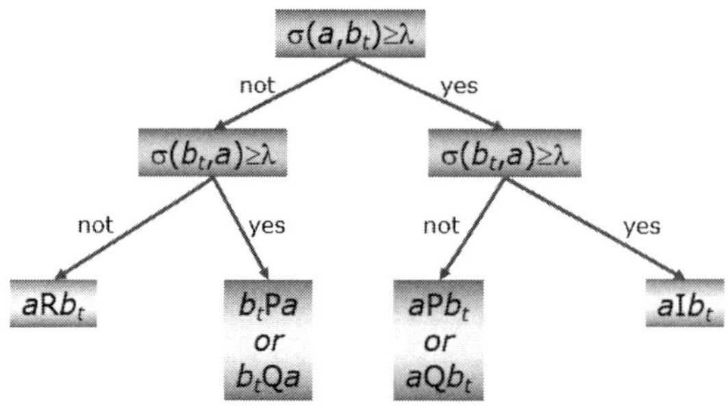

$$\sigma(a_1, b) \geq \lambda \text{ and } \sigma(b, a_1) \geq \lambda$$
$$\Rightarrow a_1 I b$$

그림 20.84 a_1과 b의 우열을 판단

다음으로 a_2와 b에 대해서 알아보자. 부분 일치성 지수 $c_j(a_2, b)$과 $c_j(b, a_2)$과 계산하면 표 20.28과 같다.

표 20.28 a_2, b 일치성 지수

	g_1	g_2	g_3	g_4	g_5
$c_j(a_2, b)$	0	0	0	1	1
$c_j(b, a_2)$	1	1	1	0	0

일치성 지수 $C(a_2, b)$와 $C(b, a_2)$를 다음과 같이 계산한다.

$$C(a_2, b) = \frac{1}{5}[(1\times0)+(1\times0)+(1\times0)+(1\times1)+(1\times1)] = 0.4$$

$$C(b, a_2) = \frac{1}{5}[(1\times1)+(1\times1)+(1\times1)+(1\times0)+(1\times0)] = 0.6$$

부분 불일치성 지수 $d_j(b, a_2)$과 $d_j(a_2, b)$를 표 20.29와 같이 계산한다.

표 20.29 a_2, b 불일치성 지수

	g_1	g_2	g_3	g_4	g_5
$d_j(a_2, b)$	1	1	0	0	0
$d_j(b, a_2)$	0	0	0	0.25	0

신뢰성 지수 $\sigma(a_2, b)$와 $\sigma(b, a_2)$를 다음과 같이 계산한다. $d_j(b, a_2)=1$ for $j=1, 2$이기 때문에 $\sigma(a_2, b)=0$이 되고 $d_j(b, a_2)<d_j(a_2, b)$ $\forall j$이기 때문에 $\sigma(b, a_2)=0.6$이 된다.

$\lambda=0.75$로 설정하여 a_2와 b의 우열을 판단하면 다음과 같다.

$$\sigma(a_2, b)<\lambda \Rightarrow \text{not } a_2Sb$$

$$\sigma(b, a_2)<\lambda \Rightarrow \text{not } bSa_2$$

그러므로 a_2Rb이 된다.

다음으로 a_3와 b에 대해서 알아보자. 부분 일치성 지수 $c_j(a_3, b)$와 $c_j(b, a_3)$를 계산하면 표 20.30과 같다.

표 20.30 a_3, b 일치성 지수

	g_1	g_2	g_3	g_4	g_5
$c_j(a_3, b)$	0	0	0	0.6	1
$c_j(b, a_3)$	1	1	1	1	1

일치성 지수 $C(a_3, b)$와 $C(b, a_3)$를 다음과 같이 계산한다.

$$C(a_3, b)=\frac{1}{5}[(1\times 0)+(1\times 0)+(1\times 0)+(1\times 0.6)+(1\times 1)]=0.12$$

$$C(b, a_3)=\frac{1}{5}[(1\times 1)+(1\times 1)+(1\times 1)+(1\times 1)+(1\times 1)]=1$$

부분 불일치성 지수 $d_j(b, a_3)$와 $d_j(a_3, b)$를 표 20.31과 같이 계산한다.

표 20.31 a_3, b 불일치성 지수

	g_1	g_2	g_3	g_4	g_5
$d_j(a_3, b)$	0.75	0.25	0.75	0	0.75
$d_j(b, a_3)$	0	0	0	0	0

신뢰성 지수 $\sigma(a_3, b)$와 $\sigma(b, a_3)$를 다음과 같이 계산한다.

$$\sigma(a_3, b) = 0.12 \times \frac{1-0.75}{1-0.12} \times \frac{1-0.25}{1-0.12} \times \frac{1-0.75}{1-0.25} \approx 0$$

$$\sigma(b, a_3) = c(b, a_3) = 1 \quad \because\ d_j(b, a_3) = 0\ for\ all\ j$$

$\lambda = 0.75$로 설정하여 a_3와 b의 우열을 판단하면 다음과 같다.

$$\sigma(a_3, b) < \lambda \Rightarrow \text{not } a_3 S b$$

$$\sigma(b, a_3) \geq \lambda \Rightarrow b S a_3$$

그러므로 bPa_3가 된다.

Limit Profile이 2개 있는 경우의 예를 들어보자. Limit Profile이 2개 있으면 Class는 3개가 생긴다.

표 20.32 2개의 Limit Profile

	g_1	g_2	g_3	g_4	g_5
b_1	50	48	55	55	60
b_2	70	75	80	75	85

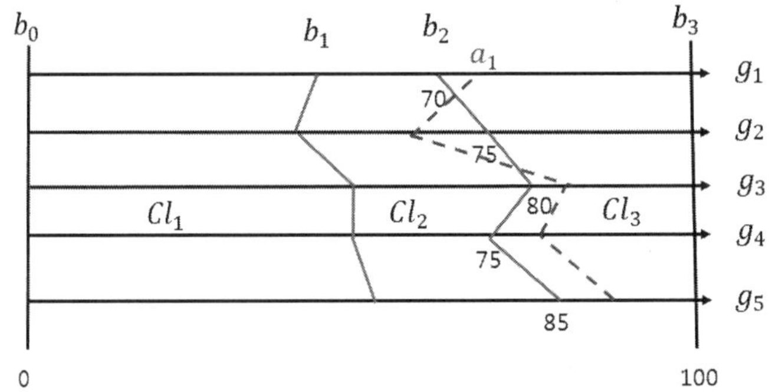

그림 20.85 2개의 Limit Profile과 대안 a_1

대안 a_1, a_2, a_3와 Limit Profile b_1, b_2 간의 신뢰성 지수를 구해보면 표 20.33과 같다.

표 20.33 신뢰성 지수

	$\sigma(a_1, b_1)$	$\sigma(b_1, a_1)$	$\sigma(a_1, b_2)$	$\sigma(b_2, a_1)$
a_1	1	0	0.88	1
a_2	0.6	0	0	0.6
a_3	1	0.6	0	1

$\lambda = 0.75$로 설정하여 대안과 Limit Profile 간의 우열관계를 결정하면 표 20.34와 같다.

표 20.34 대안과 Limit Profile 우열관계

	b_1	b_2
a_1	$>$	I
a_2	R	R
a_3	$>$	$<$

우열 결과를 Pessimistic Assignment Procedure와 Optimistic Assignment Procedure로 각 대안을 Class로 분류하면 다음과 같다. 먼저 Pessimistic Assignment Procedure로 분류해 보면 a_1은 a_1Sb_3은 성립하지 않지만 a_1Sb_2는 성립하기 때문에 Cl_3로 분류한다. a_2는 a_2Sb_3, a_2Sb_2, a_2Sb_1은 성립하지 않지만 a_2Sb_0가 성립하기 때문에 Cl_1으로 분류한다. a_3는 a_3Sb_3, a_3Sb_2는 성립하지 않지만 a_3Sb_1은 성립하기 때문에 Cl_2으로 분류한다.

다음으로 Optimistic Assignment Procedure로 각 대안을 Class로 분류하면 다음과 같다. a_1은 b_0Sa_1, b_1Sa_1, b_2Sa_1은 성립하지 않지만 b_3Sa_1은 성립하기 때문에 Cl_3로 분류한다. a_2는 b_0Sa_2, b_2Sa_2는 성립하지 않지만 b_3Sa_2가 성립하기 때문에 Cl_3로 분류한다. a_3는 b_0Sa_3, b_1Sa_3는 성립하지 않지만 b_2Sa_3은 성립하기 때문에 Cl_2으로 분류한다.

표 20.35에 나타난 것과 같이 a_2는 Pessimistic Assignment Procedure에서는 Cl_1으로 분류되었고 Optimistic Assignment Procedure에서는 Cl_3로 분류되어 상이한 결과가 나왔는데 그 이유는 a_2가 b_1, b_2와 비교 불가능한 관계이기 때문이다.

표 20.35 Pessimistic(Optimistic) Assignment Procedure로 구한 class 분류

분류법 / 대안	Pessimistic Assignment Procedure	Optimistic Assignment Procedure
a_1	Cl_3	Cl_3
a_2	Cl_1	Cl_3
a_3	Cl_2	Cl_2

21장

PROMETHEE(Preference Ranking Organization METHod for Enrichment Evaluations)

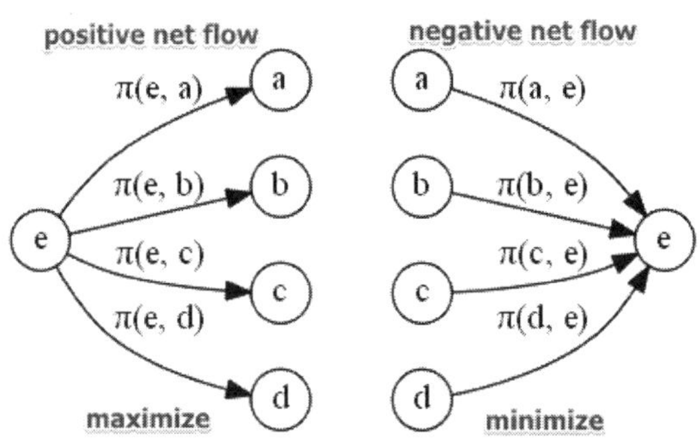

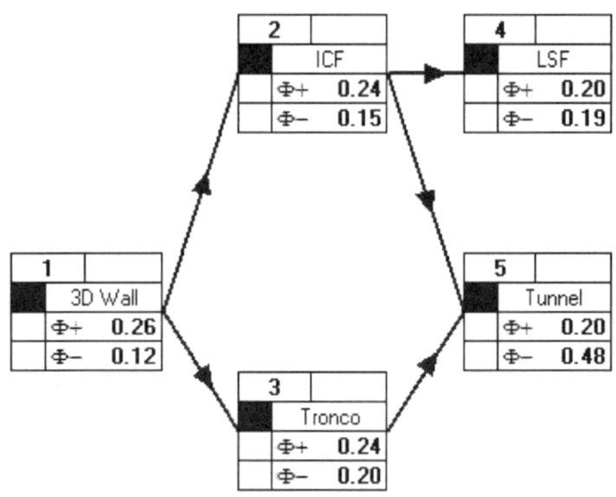

다기준 의사결정이란 평가기준이 다수인 경우, 각 기준하에서 선택대상으로 고려하고 있는 다수 대안들의 선호도를 각각 측정하고, 이를 종합하여 최선의 대안을 선택하고자 하는 과정을 말한다. 따라서 다기준 의사결정은 평가기준들의 상대적 가중치를 도출하고, 고려하고 있는 대안들 각각이 일련의 평가기준하에서 어느 정도 선호되는지를 계량화한 후, 이를 체계적으로 종합하면 가능하다. 그러나 다기준 의사결정이란 현실적으로 쉬운 문제가 아닌데, 그 이유는 평가기준들의 속성이 다양하고, 이에 따라 평가기준별로 대안들의 선호도를 측정하는 척도 또한 상이하기 때문이다. 또한 다기준 의사결정에서 평가기준들이 상충관계에 있는 경우, 모든 평가기준들의 Trade-off를 고려하여 최적의 대안을 찾는 것은 현실적으로 어려우며, 평가자의 선호도를 객관적으로 측정하는 것도 쉽지 않은 문제이다. 이러한 어려운 문제를 해결하기 위해 많은 다기준 의사결정 문제들이 개발되었고 AHP, ELECTRE, LAM, TOPSIS, MACBETH, MAUT, UTA, Regime Method 등이 있다.

PROMETHEE 방법에서는 AHP와 ELECTRE 방법에서 사용하는 대안과 대안의 쌍대비교 방법을 사용한다. AHP에서는 대안 또는 평가기준의 쌍대비교를 통해 가중치를 찾고 가중치의 곱으로 전체 대안의 우선순위를 결정하고 ELECTRE에서는 대안의 쌍대비교를 절대기준이나 의사기준으로 하여 일치성 지수, 불일치성 지수, 신뢰성 지수를 산출 후 대안의 우선순위를 결정한다.

아래 그림 21.1과 같은 다기준 의사결정 문제 행렬을 생각해 보자. 대안은 a, b, c 등으로, 기준은 g_1, g_2, g_3 등으로, 가중치는 w_1, w_2, w_3 등으로 표현되었고, 선호도는 $g_1(a)$, $g_2(a)$, $g_3(a)$ 등으로 표현하는데 $g_j(i)$는 대안을 평가기준으로 선호도를 평가한 평가값을 표현한다.

평가기준

		g_1	g_2	g_3	…
대안	a	$g_1(a)$	$g_2(a)$	$g_3(a)$	…
	b	$g_1(b)$	$g_2(b)$	$g_3(b)$	…
	c	…	평가값		
	…	…			

그림 21.1 의사결정 행렬

여기에서 어떤 평가기준이 정성적인 평가기준이라 하더라도 정량적 수치로 전환하여 사용하기 때문에 $g_j(Alternative_i)$ $i = 1, 2, \cdots, m$, $j = 1, 2, \cdots, n$은 실수로 표현 가능하다는 가정을 전제로 한다.

다기준 의사결정 방법론에서 많이 사용되고 있는 분석방법은 대안 2개씩을 서로 비교하고 모든 쌍을 비교한 결과를 바탕으로 우선순위를 최종적으로 결정하는 것이다. a와 b 두 가지 대안을 비교한다면 우리는 3가지 결론을 내릴 수 있다. 첫째, a가 b보다 더 우수한 대안이거나 b가 a보다 더 우수한 대안이다. 둘째, a와 b를 비교해 보니 선호도 측면에서 차이가 없다. 셋째, a와 b의 선호도를 비교할 수 없다.

선호도 평가는 2진법의 선호순위에 의해 결정하는데 만약 S를 '최소한 나쁘지 않은(at least as good as)'의 의미라면 우리는 다음과 같은 결론을 내릴 수 있다.

$$aSb \text{ and not } bSa \Leftrightarrow aPb \ (a\text{가 } b\text{보다 강하게 선호됨})$$

$$bSa \text{ and not } aSb \Leftrightarrow bPa \ (b\text{가 } a\text{보다 강하게 선호됨})$$

$$aSb \text{ and } bSa \Leftrightarrow aIb \ (a\text{와 } b\text{는 차이가 없음})$$

$$\text{Not } aSb \text{ and not } bSa \Leftrightarrow aRb \ (a\text{와 } b\text{는 비교 불가능함})$$

PROMETHEE 방법에서 사용하는 대안 간의 쌍대비교를 통한 대안의 우월성 평가는 사전 정해진 6가지 함수를 사용하여 실시한다. 선호 유출량(Leaving Flow, ϕ^+)과 선호 유입량(Entering Flow, ϕ^-) 개념을 이용하여 대안들의 순위선호를 도출하는 PROMETHEE는 선호 유출량과 유입량을 계산하기 위해 사용되는 선호지수(Preference Index) $\pi(a, b)$는 식 (21-1)과 같이 정의된다.

$$\pi(a, b) = \sum_{j=1}^{n} w_j P_j(a, b) \tag{21-1}$$

w_j : 평가기준 j의 가중치

$P_j(a, b)$: 평가기준 j의 선호함수 값

여기서, 선호함수 값 $P_j(a, b)$는 두 대안 a와 b의 평가점수 차이에 대한 평가자의 선호성향을 반영하는 함수의 값이다. 평가기준별 선호함수는 그림 21.2에서와 같이 이분형(Usual Type), U형(Quais Type), V형(Linear Preferance Type), 계단형(Level Type),

선형 선호 및 무차별(Linear Preference and Indifference Type), 정규분포형(Gaussian Type) 등 여섯 가지가 있다. 선호함수 표현의 편의를 위하여 평가기준 j에서 두 대안 a와 b의 평가점수 $g_j(a)$와 $g_j(b)$의 차이를 x_j라고 할 때, 선호함수 $H(x_j)$는 식 (21-2)와 같이 표현할 수 있다.

$$H(x_j) = \begin{cases} P_j(a,\, b) & \text{if } x_j \geq 0 \\ P_j(b,\, a) & \text{if } x_j \leq 0 \end{cases} \tag{21-2}$$

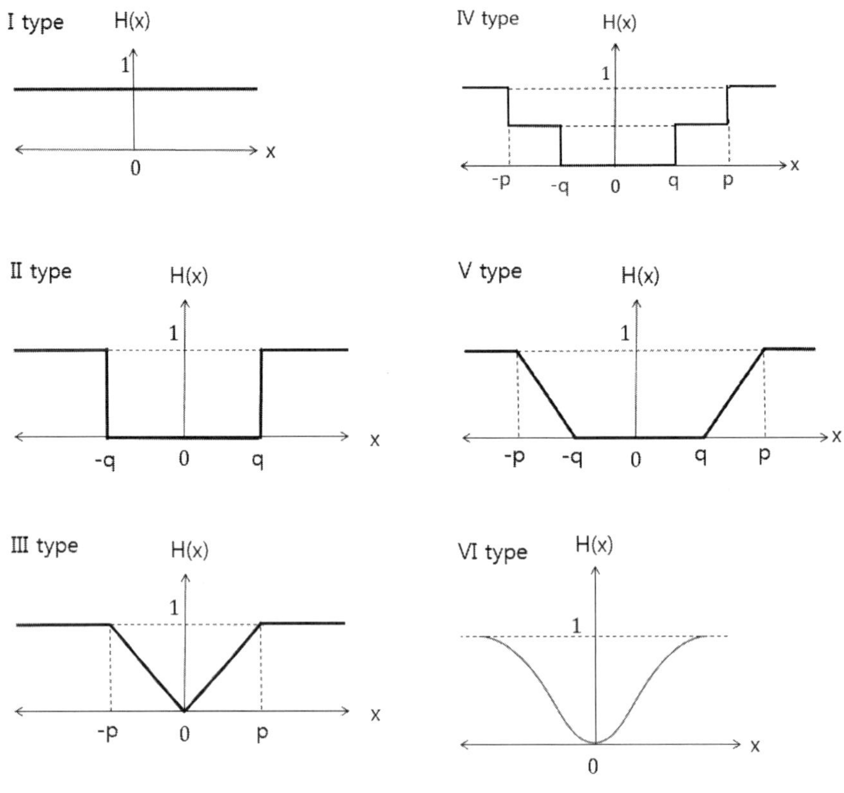

그림 21.2 선호함수 형태

각 평가기준별로 선호함수를 선택할 수 있는데 어떤 선호함수를 사용하느냐 하는 것은 많은 데이터 축적에 의한 분석과 경험으로 선택할 수 있다. 각 선호함수의 형태와 선호 임계치는 표 20.1에서 확인할 수 있다.

표 20.1 PROMETHEE 선호함수

Type	선호함수	선호 임계치
I (이분형)	$H(x)=\begin{cases}0 & \text{if } x\le 0\\ 1 & \text{if } x>0\end{cases}$	
II (U형)	$H(x)=\begin{cases}0 & \text{if } x\le l\\ 1 & \text{if } x>l\end{cases}$	$l>0$
III (V형)	$H(x)=\begin{cases}x/m & \text{if } x<m\\ 1 & \text{if } x\ge m\end{cases}$	$m>0$
IV (계단형)	$H(x)=\begin{cases}0 & \text{if } x\le q\\ \frac{1}{2} & \text{if } x\le q+p\\ 1 & \text{if } x>q+p\end{cases}$	$q>0,\ p>0$
V (선형 선호 및 무차별형)	$H(x)=\begin{cases}0 & \text{if } x\le s\\ \frac{x-s}{r} & \text{if } s<x\le s+r\\ 1 & \text{if } x>s+r\end{cases}$	$s>0,\ r>0$
VI (정규분포형)	$H(x)=\begin{cases}0 & \text{if } x\le 0\\ 1-e^{-x^2/2\sigma^2} & \text{if } x\ge 0\end{cases}$	$\sigma>0$

선호 유출량(Leaving Flow, ϕ^{+})과 선호 유입량(Entering Flow, ϕ^{-}), 선호의 순 흐름량(Net Flow, $\phi(a)$)에 대한 정의는 식 (21-3)~(21-5)와 같다.

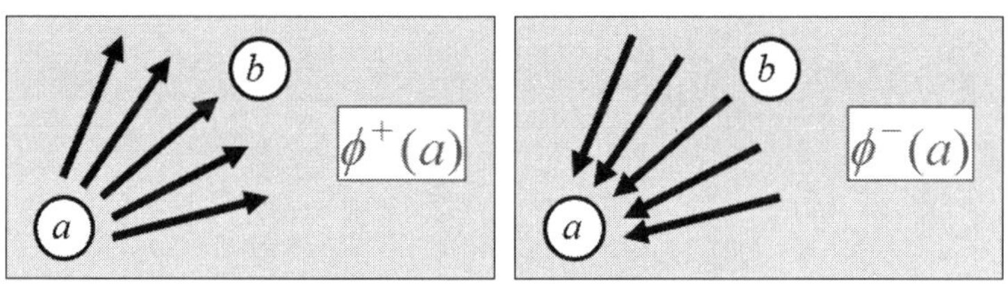

그림 21.3 선호의 유출량 및 유입량

선호의 유출량(Leaving Flow, ϕ^{+}) $\phi^{+}(a)=\frac{1}{m-1}\Sigma_{b\in A}\pi(a,b)$ (21-3)

선호의 유입량(Entering Flow, ϕ^{-}) $\phi^{-}(a)=\frac{1}{m-1}\Sigma_{b\in A}\pi(b,a)$ (21-4)

선호의 순 흐름량(Net Flow, $\phi(a)$) $\phi(a)=\phi^{+}(a)-\phi^{-}(a)$ (21-5)

모든 대안의 Net Flow의 합은 0이라는 성질이 있다. A를 대안의 집합이라고 정의하면 $\sum_{a \in A} \phi(a) = 0$이 된다. 특정 대안의 Net Flow $\phi(a) = \sum_{j=1}^{n} w_j \phi_j(a)$, $\phi_j(a) = \frac{1}{m-1}$ $\sum_{a,\, b \in A} [P_j(a,\, b) - P_j(b,\, a)]$가 된다.

PROMETHEE 우선순위 결정방법에는 PROMETHEE I과 PROMETHEE II가 있다. PROMETHEE I 방법은 선호 유출량과 선호 유입량으로 대안을 2개씩 쌍대비교하여 각 대안의 우선순위를 결정하는 방법이고 PROMETHEE II 방법은 선호의 순 흐름량만으로 우선순위를 판단하는 방법이다.

21.1 PROMETHEE I

aPb, aIb, aRb를 평가하기 위해 식 (21-6)~(21-9)와 같이 aP^+b, aP^-b, aI^+b, aI^-b를 정의한다. aP^+b는 a 대안의 선호의 유출량이 b 대안의 선호 유출량보다 큰 것을 의미한다. 마찬가지로 aP^-b는 a 대안의 선호의 유입량이 b 대안의 선호 유입량보다 작은 것을 의미한다. aI^+b는 a 대안의 선호의 유출량이 b 대안의 선호 유출량과 같다는 것을 의미하고 aI^-b는 a 대안의 선호의 유입량이 b 대안의 선호 유입량과 같다는 것을 의미한다.

$$aP^+b \ iff \ \phi^+(a) > \phi^+(b) \tag{21-6}$$

$$aP^-b \ iff \ \phi^-(a) < \phi^-(b) \tag{21-7}$$

$$aI^+b \ iff \ \phi^+(a) = \phi^+(b) \tag{21-8}$$

$$aI^-b \ iff \ \phi^-(a) = \phi^-(b) \tag{21-9}$$

이렇게 정의된 aP^+b, aP^-b, aI^+b, aI^-b를 가지고 aPb, aIb, aRb를 표 21.2에서와 같이 판단한다.

만약 aP^+b and aP^-b이거나 aP^+b and aI^-b이거나 aI^+b and aP^-b이면 aPb라고 판단한다. aP^+b and aP^-b의 의미는 a 대안의 선호의 유출량이 b 대안의 선호 유출량보다 크고 a 대안의 선호 유입량은 b 대안의 선호 유입량보다 작으므로 당연히 대안 a가 대안

표 21.2 대안 선호관계 판단 기준

구 분	조 건
aPb	aP^+b and aP^-b or aP^+b and aI^-b or aI^+b and aI^-b
aIb	aI^+b and aI^-b
aRb	Not (aPb or aIb)

b보다 더 선호된다고 말할 수 있다. aP^+b and aI^-b의 의미는 a 대안의 선호의 유출량이 b 대안의 선호 유출량보다 크고 a 대안의 선호 유입량은 b 대안의 선호 유입량과 동일하므로 당연히 대안 a가 대안 b보다 더 선호된다고 말할 수 있다. aI^+b and aP^-b의 의미는 선호 유출량 측면에서는 두 대안이 동일하지만 선호 유입량 측면에서는 대안 b가 대안 a보다 크므로 당연히 대안 a가 대안 b보다 더 선호된다고 말할 수 있다. aI^+b and aI^-b라면 선호 유출량과 선호 유입량 측면에서 두 대안이 동일하므로 두 대안은 차이가 없다고 말할 수 있다. 즉, aIb이다. 마지막으로 두 대안이 aPb 또는 aIb 관계가 아니라면 두 대안은 비교 불가능하다고 판단한다.

21.2 PROMETHEE II

PROTMETHEE II는 선호의 순 흐름량 $\phi(a) = \phi^+(a) - \phi^-(a)$으로 대안의 우선순위를 판단한다.

표 21.3 PROMETHEE I에서 선호관계 조건

구 분	조 건
aPb	$\phi(a) > \phi(b)$
aIb	$\phi(a) = \phi(b)$
aRb	Not (aPb or aIb)

[PROMETHEE 예제]

PROMETHEE 방법으로 다기준 의사결정을 분석하는 예제를 살펴본다. 표 21.4와 같이 6개의 대안과 6개의 평가기준을 가진 다기준 의사결정 문제를 PROMETHEE 방법에 의해 분석하고자 한다. 대안은 시설의 위치이며 C1은 소요 인원수, C2는 생산량, C3는 100만 달러 단위 설치 비용, C4는 백만 달러 단위 운영유지비, C5는 장비설치를 위한 면적, C6는 생산제품의 질이다. 각 대안들의 Benefit Criteria와 Cost Criteria가 표시되어 있고 각 평가기준의 선호도 평가 함수가 명시되어 있으며 평가기준 Type에 따른 임계치가 표시되어 있다. 이 예에서는 각 평가기준의 가중치는 동일한 것으로 가정한다.

표 21.4 의사결정 행렬 및 선호함수와 임계치

평가기준	Benefit/ Cost	대안 1 (A1)	대안 2 (A2)	대안 3 (A3)	대안 4 (A4)	대안 5 (A5)	대안 6 (A6)	평가기준 Type	임계치
C1	Cost	80	65	83	40	52	94	II	$l-10$
C2	Benefit	90	58	60	80	72	96	III	$m=30$
C3	Cost	60	20	40	100	60	70	V	$s=5$, $r=45$
C4	Cost	5.4	9.7	7.2	7.5	2	3.6	IV	$q=1$, $p=5$
C5	Cost	8	1	4	7	3	5	I	–
C6	Benefit	5	1	7	10	8	6	VI	$\sigma=5$

이 경우 각 임계치를 고려한 선호함수의 형태는 아래와 같게 된다.

$$H_1(x)=\begin{cases}0 & \text{if } x\le 10\\ 1 & \text{if } x>10\end{cases}$$

$$H_2(x)=\begin{cases}x/30 & \text{if } x<30\\ 1 & \text{if } x\ge 30\end{cases}$$

$$H_3(x)=\begin{cases}0 & \text{if } x\le 5\\ \dfrac{x-5}{45} & \text{if } 5<x\le 50\\ 1 & \text{if } x>50\end{cases}$$

$$H_4(x) = \begin{cases} 0 & \text{if } x \le 1 \\ \frac{1}{2} & \text{if } 1 < x \le 6 \\ 1 & \text{if } x > 6 \end{cases}$$

$$H_5(x) = \begin{cases} 0 & \text{if } x \le 0 \\ 1 & \text{if } x > 0 \end{cases}$$

$$H_6(x) = 1 - e^{-x^2/50} \quad \text{if } x \ge 0$$

예를 들어 평가기준 C2에 대해 평가를 할 때 이 평가기준은 Benefit Criteria이므로 그림 21.4와 같은 선호도 함수를 가진다.

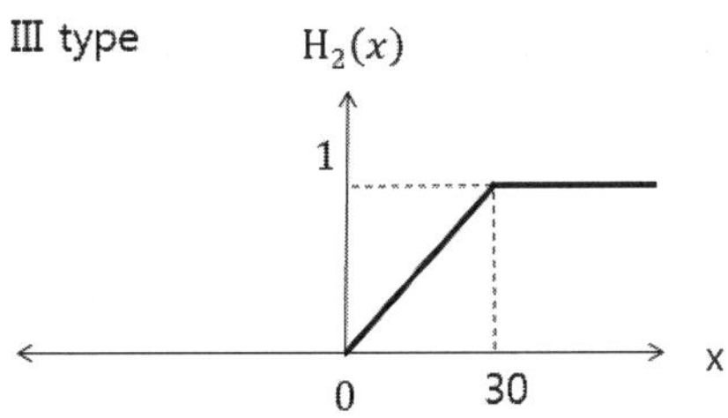

그림 21.4 Type Ⅲ의 Benefit Criteria 선호도 함수

대안 A1과 A2에 대해 선호도를 비교할 때 아래와 같은 조건을 맞추어 평가해 본다.

$$H(x_j) = \begin{cases} P_j(a, b) & \text{if } x_j \ge 0 \\ P_j(b, a) & \text{if } x_j \le 0 \end{cases}$$

평가기준 C2에서 대안 A1의 값은 90이고 대안 A2의 값은 58이므로 90−58=32이므로 $H_2(x) = 1$이 된다. 즉, $P_2(A1, A2) = 1$이다.

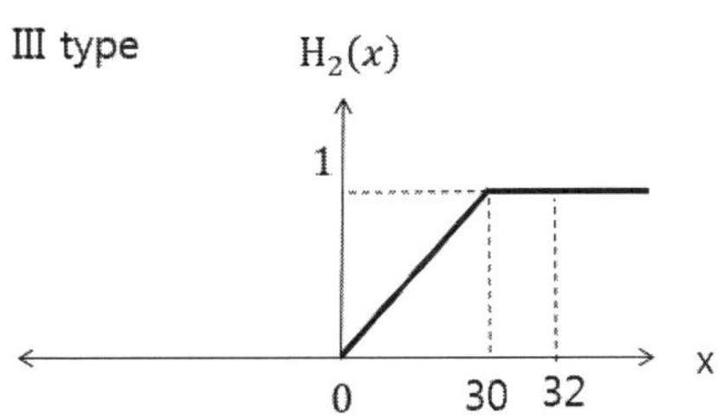

그림 21.5 Type Ⅲ의 Benefit Criteria 선호도 함수 예

동일한 방법으로 각 대안별 $P_j(a, b)$, $j \in Criteria \;\; a, b \in Alterative$를 구하고 난 후 $\pi(a, b) = \sum_{j=1}^{n} w_j P_j(a, b)$를 구하면 표 21.5와 같다.

표 21.5 $P_j(a, b)$ 행렬

대안	A1	A2	A3	A4	A5	A6
A1	–	0.296	0.250	0.268	0.100	0.185
A2	0.462	–	0.389	0.333	0.296	0.500
A3	0.236	0.180	–	0.333	0.056	0.429
A4	0.399	0.505	0.305	–	0.223	0.212
A5	0.444	0.515	0.487	0.380	–	0.448
A6	0.286	0.399	0.250	0.432	0.133	–

각 대안의 선호 유출량 $\phi^+(a)$과 선호 유입량 $\phi^-(a)$ 그리고 선호의 순 흐름량 $\phi(a)$을 구해보면 표 21.6과 같다. 선호 유출량은 $\pi(a, b)$ 행렬에서 각 대안 행의 합이며 선호 유입량은 각 대안 열의 합이다.

표 21.6 선호 유출량 및 유입량, 선호 순 흐름량

구분	A1	A2	A3	A4	A5	A6
$\phi^+(a)$	1.099	1.980	1.234	1.644	2.274	1.500
$\phi^-(a)$	1.827	1.895	1.681	1.746	0.808	1.744
$\phi(a)$	-0.728	0.085	-0.447	-0.102	1.466	-0.244

선호 유출량, 유입량, 순 흐름량으로 대안의 우선순위를 판단해 보면 우선순위 결과를 얻을 수 있다. PROMETHEE I으로 각 대안의 우선순위 판단은 아래와 같은 방법으로 진행한다. 전체 대안을 다 비교하는 것은 너무 많은 양이므로 여기에서는 대안 A5와 대안 A1을 비교하는 것만 예를 들어 설명한다.

$\phi^+(A5) = 2.274$, $\phi^-(A5) = 0.808$, $\phi^+(A1) = 1.099$, $\phi^-(A1) = 1.827$이다. $\phi^+(A5) > \phi^+(A1)$, $\phi^-(A5) < \phi^-(A1)$이므로 $A5P^+A1$, $A5P^-A1$ 조건을 만족하므로 ${}_{A5}\mathrm{P}_{A1}$이 되어 대안 A5가 대안 A1보다 선호된다. 이러한 조건을 각 대안쌍별로 다 평가하여 종합하면

PROMETHEE I 순위는 아래와 같다.

$_{A5}P_{A1}$, $_{A5}P_{A2}$, $_{A5}P_{A3}$, $_{A5}P_{A4}$, $_{A5}P_{A6}$, $_{A3}P_{A1}$, $_{A4}P_{A1}$, $_{A4}P_{A6}$, $_{A6}P_{A1}$

이 순위를 그래프로 표현하면 그림 21.6과 같다.

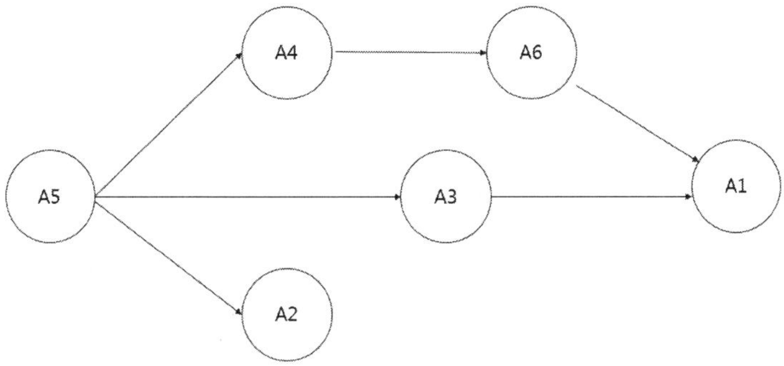

그림 21.6 PROMETHEE I 방법에 의한 대안의 우선순위

반면, 선호의 순 흐름량만으로 우선순위를 판단하는 PROMETHEE II 방법에 의한 우선순위는 $\phi(A5) > \phi(A2) > \phi(A4) > \phi(A6) > \phi(A3) > \phi(A1)$이므로 그림 21.7과 같다.

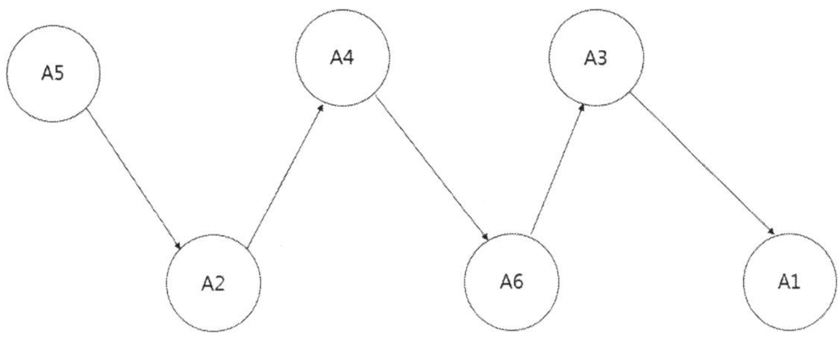

그림 21.7 PROMETHEE II 방법에 의한 대안의 우선순위

21.3 EXPROME2(Extended PROMETHEE II)

EXPROME2 방법은 기본적으로 PROMETHEE II 방법의 수정된 버전이다. 이 방법에서 한 대안이 다른 대안에 대한 상대적 우세는 2개의 지표에 의해 정의된다. 첫 번째 지표는 PROMETHEE II에서 결정된 평가기준의 가중치를 고려한 종합된 선호함수에 기초한

Weak 선호 지표이다. 두 번째 지표는 이상적 해와 반(反)이상적(Negative Ideal) 해의 개념에 기초한 Strict 선호 지표이다. 이상적 및 반이상적 값은 의사결정 행렬로부터 직접적으로 유도되고 특정 평가기준의 극단값을 반영한다. 총 선호 지표는 Strict 지표와 Weak 선호 지표를 더함으로써 계산되고 모든 가치기준을 고려한 한 대안이 다른 대안에 대한 선호 강도를 정확하게 표현한다.

EXPROME2 방법의 단계는 다음과 같다.

1. 범위 정규화 방법을 사용하여 의사결정 행렬을 정규화한다. r_{ij}는 정규화된 행렬에서 j 평가기준에서 i 대안의 값이다.

2. 대안 i가 다른 대안 i'에 대한 평가 차이 $P_j(i, i')$를 계산한다. 이 단계는 j 평가기준에서 다른 대안쌍들간 평가기준의 값의 차이 d_j를 계산하는 것을 포함한다.

3. 선호함수 $P_j(i, i')$을 계산한다.
   EXPROME2에서는 식 (21-10)의 함수를 사용하여 선호도를 계산한다.

$$P_j(i, i') = \begin{cases} 0 & \text{if } r_{ij} \le r_{i'j} \\ r_{ij} - r_{i'j} & \text{if } r_{ij} > r_{i'j} \end{cases} \tag{21-10}$$

4. 평가기준의 가중치를 고려하여 Weak 선호 지표를 식 (21-11)과 같이 계산한다.

$$\mathrm{WP}(i, i') = \Sigma_{j=1}^{n} w_j P_j(i, i') / \Sigma_{j=1}^{n} w_j \tag{21-11}$$

5. Strict 선호함수 $SP_j(i, i')$을 식 (21-12)와 같이 계산한다. Strict 선호함수는 하나의 평가기준에서 모든 대안평가에 의해 정의된 값의 범위와 차이 값 (dm_j)의 비교에 기초한다.

$$SP_j(i, i') = [\max(0, d_j - L_j)] / [dm_j - L_j] \tag{21-12}$$

   여기서 L_j는 선호도의 임계치이다. 여기서 PROMETHEE의 이분형 선호함수에서는 $L_j = 0$이지만 다른 5개의 선호 함수에서는 무차별 임계치나 선호 임계치를 사용한다. dm_j는 해당 평가기준의 Ideal Value와 Negative Ideal Value의 차이이다. Benefit

Criteria에서는 가장 큰 값이 Ideal Value이고 가장 작은 값이 Negative Ideal Value 이다. Cost Criteria에서는 그 반대이다.

6. Strict 선호 지표를 식 (21-13)과 같이 계산한다.

$$SP(i,\, i') = \Sigma_{j=1}^{n} w_j SP_j(i,\, i') / \Sigma_{j=1}^{n} w_j \tag{21-13}$$

7. 총 선호 지표값을 식 (21-14)와 같이 계산한다.

$$TP(i,\, i') = \min[1,\ WP(i,\, i') + SP(i,\, i')] \tag{21-14}$$

8. 선호 유입량과 선호 유출량을 식 (21-15), (21-16)과 같이 계산한다.

선호의 유출량 (Leaving Flow, ϕ^+) $\phi^+(i) = \dfrac{1}{m-1} \Sigma_{i' \in A} TP(i,\, i')$ (21-15)

선호의 유입량 (Entering Flow, ϕ^-) $\phi^-(i) = \dfrac{1}{m-1} \Sigma_{i' \in A} TP(i',\, i)$ (21-16)

여기서 m은 대안의 개수이다.

9. 각 대안의 선호의 순 흐름량으로 순 순위선호를 (21-17)과 같이 결정한다.

선호의 순 흐름량 [Net Flow, $\phi(i)$] $\phi(i) = \phi^+(i) - \phi^-(i)$ (21-17)

$\phi(i)$가 크면 클수록 더 선호되는 대안이다.

[EXPROME2 예제]

FMS(Flexible Manufacturing System)를 결정하는 다기준 의사결정 문제를 생각해 보자. 가용한 FMS 대안은 8개이며 평가기준은 Capital and Operating Cost(COC), Requried Floor Space(RFS), Work In Progress(WIP), Product Flexibility(PF), Volume Flexibility(VF), Expansion Flexibility(EF), Lead Time Reduction(LTR), Quality Improvement(QI) 등 8개 이다. 이중 PF, VF, EF, LTR, QI는 정성적 평가기준이며 나머지 평가기준은 정량적 평가기준이다. 또한 COC, RFS, WIP는 Cost Criteria이고 나머지 평가기준은 Benefit Criteria이다.

의사결정 행렬은 표 21.7과 같다.

표 21.7 FMS 선정을 위한 의사결정 행렬

FMS	COC	RFS	WIP	PF	VF	EF	LTR	QI
1	3.8	630	42	0.7	0.5	0.7	0.5	0.2
2	3.1	620	37	0.7	0.7	0.5	0.9	0.5
3	5	425	32	0.9	0.7	0.7	0.7	0.7
4	6.4	500	54	0.7	0.5	0.5	0.7	0.9
5	3.6	600	44	0.2	0.7	0.7	0.5	0.7
6	6.7	780	59	0.9	0.9	0.5	0.5	0.5
7	3.4	740	37	0.5	0.2	0.2	0.7	0.9
8	3.7	550	36	0.5	0.9	0.9	0.5	0.5

평가기준별 가중치는 표 21.8과 같다.

표 21.8 평가기준별 가중치

평가기준	COC	RFS	WIP	PF	VF	EF	LTR	QI
가중치	0.1297	0.142	0.14	0.1173	0.1173	0.1194	0.1194	0.115

범위 정규화 방법을 적용하여 의사결정 행렬을 정규화한 의사결정 행렬은 표 21.9와 같다.

표 21.9 정규화한 의사결정 행렬

FMS	COC	RFS	WIP	PF	VF	EF	LTR	QI
1	0.8056	0.4225	0.6296	0.7143	0.4286	0.7143	0.4286	0
2	1	0.4507	0.8148	0.7143	0.7143	0.4286	1	0.4286
3	0.4722	1	1	1	0.7143	0.7143	0.7143	0.7143
4	0.0833	0.7887	0.1852	0.7143	0.4286	0.4286	0.7143	1
5	0.8611	0.507	0.5556	0	0.7143	0.7143	0	0.7143
6	0	0	0	1	1	0.4286	0.4286	0.4286
7	0.9167	0.1127	0.8148	0.4286	0	0	0.7143	1
8	0.8333	0.6479	0.8519	0.4286	1	1	0.4286	0.4286

FMS별 $WP(i, i')$, $SP(i, i')$, $TP(i, i')$를 구하면 표 21.10과 같다.

표 21.10 대안쌍별 Weak 선호 지표, Strict 선호 지표, 총 선호 지표

FMS	$WP(i, i')$	$SP(i, i')$	$TP(i, i')$	FMS	$WP(i, i')$	$SP(i, i')$	$TP(i, i')$
(1,2)	0.0341	0.0341	0.0682	(5,1)	0.1349	0.1349	0.2698
(1,3)	0.0432	0.0432	0.0865	(5,2)	0.075	0.075	0.15
(1,4)	0.19	0.19	0.38	(5,3)	0.0504	0.0504	0.1009
(1,5)	0.1453	0.1453	0.2906	(5,4)	0.2203	0.2203	0.4407
(1,6)	0.2867	0.2867	0.5734	(5,6)	0.3284	0.3284	0.6569
(1,7)	0.213	0.213	0.4261	(5,7)	0.225	0.225	0.4501
(1,8)	0.0335	0.0335	0.067	(5,8)	0.0365	0.0365	0.0729
(2,1)	0.2062	0.2062	0.4123	(6,1)	0.1498	0.1498	0.2996
(2,3)	0.1026	0.1026	0.2051	(6,2)	0.067	0.067	0.134
(2,4)	0.2746	0.2746	0.5493	(6,3)	0.0335	0.0335	0.067
(2,5)	0.2574	0.2574	0.5149	(6,4)	0.1005	0.1005	0.201
(2,6)	0.376	0.376	0.7519	(6,5)	0.2019	0.2019	0.4039
(2,7)	0.2613	0.2613	0.5227	(6,7)	0.2354	0.2354	0.4709
(2,8)	0.1233	0.1233	0.2467	(6,8)	0.067	0.067	0.134
(3,1)	0.3171	0.3171	0.6342	(7,1)	0.1895	0.1895	0.379
(3,2)	0.2044	0.2044	0.4088	(7,2)	0.0657	0.0657	0.1315
(3,4)	0.2956	0.2956	0.5912	(7,3)	0.0905	0.0905	0.181
(3,5)	0.3347	0.3347	0.6695	(7,4)	0.1962	0.1962	0.3924
(3,6)	0.4443	0.4443	0.8886	(7,5)	0.2119	0.2119	0.4238
(3,7)	0.3879	0.3879	0.7759	(7,6)	0.3488	0.3488	0.6976
(3,8)	0.2047	0.2047	0.4094	(7,8)	0.1107	0.1107	0.2213
(4,1)	0.2012	0.2012	0.4023	(8,1)	0.2171	0.2171	0.4343
(4,2)	0.1137	0.1137	0.2275	(8,2)	0.1349	0.1349	0.2698
(4,3)	0.0329	0.0329	0.0657	(8,3)	0.1145	0.1145	0.2289
(4,5)	0.2419	0.2419	0.4838	(8,4)	0.3258	0.3258	0.6516
(4,6)	0.2486	0.2486	0.4971	(8,5)	0.2305	0.2305	0.461
(4,7)	0.2309	0.2309	0.4618	(8,6)	0.3875	0.3875	0.7751
(4,8)	0.1534	0.1534	0.3067	(8,7)	0.3178	0.3178	0.6356

$\phi^{+}(i)$, $\phi^{-}(i)$, $\phi(i)$를 구하면 다음과 같다. 이를 기초로 대안의 우선순위를 판단하면 표 21.11과 같이 FMS3, FMS8, FMS2, FMS4, FMS1, FMS5, FMS7, FMS6 순이다.

표 21.11 선호 순 흐름량으로 우선순위 결정

FMS	$\phi^{+}(i)$	$\phi^{-}(i)$	$\phi(i)$	순위
1	0.2703	0.4045	−0.1342	5
2	0.4579	0.1985	0.259	3
3	0.6254	0.1336	0.4918	1
4	0.3493	0.458	−0.1088	4
5	0.3059	0.4639	−0.158	6
6	0.2443	0.6915	−0.4472	8
7	0.3467	0.5347	−0.1881	7
8	0.4938	0.2083	0.2855	2

22장

Regime Method

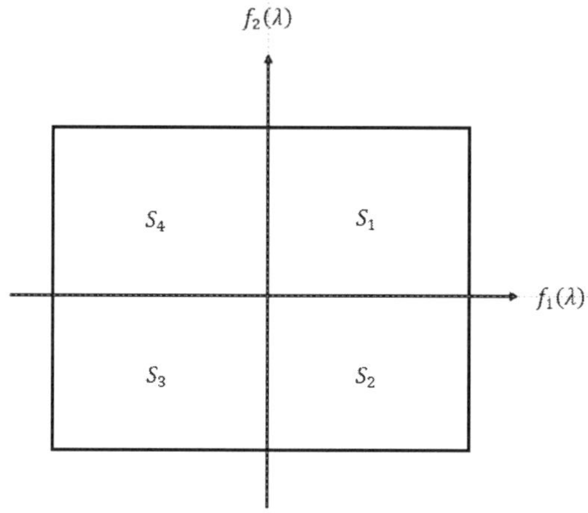

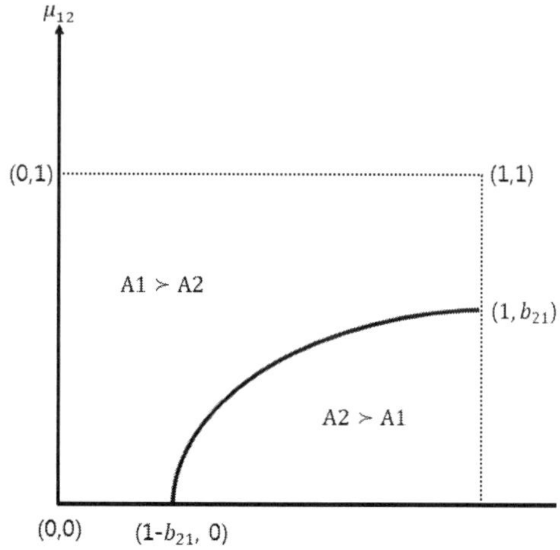

다기준 의사결정을 할 때 각 평가기준별 대안의 우선순위만 가지고 평가를 해야 할 경우가 있다. 즉 의사결정 행렬의 평가값이 비율 데이터가 아니고 서열 데이터일 때 어떻게 각 평가기준을 고려한 대안의 우선순위를 결정하느냐 하는 문제에 봉착한다. 이러한 문제를 해결하는 방법이 Regime Method이다. 따라서 Regime Method는 정성적인 문제를 다루는 데 적합하다고 할 수 있다.

Regime Method는 부분적으로 보상적 방법(Partially Compensatory Method)이며 평가기준 간 약간의 보상을 허용한다. Regime Method는 또한 이산적 방법이며 유한한 대안 집합을 비교하며 대안들 간 이분법으로 비교하며 서열 또는 범주 데이터뿐만 아니라 비율 데이터나 간격 데이터와 같은 Cardinal 데이터도 사용 가능하며 정성적 데이터와 정량적 데이터가 혼합된 문제에서도 사용 가능하다. 이 경우 정성적 데이터는 다루기 쉽게 정량적 데이터로 변환한 후 사용한다. Regime Method 역시 AHP나 ELECTRE, PROMETHEE처럼 대안쌍들을 비교하는 절차를 사용한다. Regime Method는 Nijkamp에 의해 1982년 개발되있다.

먼저 대안들의 순위를 동등한 순위 없이 매긴다고 가정을 한다. P_{ij}를 j 평가기준에서 i 대안의 순위라고 하면 i 대안과 i' 대안을 j 평가기준에서 비교하여 식 (22-1)과 같은 $r_{ii',j}$ 값을 부여한다. $r_{ii',j}$는 1과 -1의 값을 가진다.

$$r_{ii',j} = \begin{cases} 1 & \text{if } P_{ij} > P_{i'j} \\ -1 & \text{if } P_{ij} < P_{i'j} \end{cases} \qquad (22-1)$$

그러면 평가기준이 n개라면 각 모든 평가기준을 고려한 $r_{ii'}$는 식 (22-2)와 같다. 이를 i 대안과 i' 대안에 해당하는 Regime이라고 한다.

$$r_{ii'} = (r_{ii',1},\ r_{ii',2},\ r_{ii',3},\ \cdots,\ r_{ii',n}) \qquad (22-2)$$

대안의 개수가 m개라면 모든 대안쌍별 Regime 벡터는 식 (22-3)과 같다.

$$R = (r_{12},\ r_{13},\ \cdots,\ r_{1m},\ r_{21},\ r_{23},\ \cdots,\ r_{2m},\ \cdots,\ r_{m,m-1})^T \qquad (22-3)$$

만약 P_{ij}를 요소로 하는 행렬 P가 그림 22.1과 같다고 가정하자.

		C1	C2	C3	C4
	A1	1	3	3	2
P=	A2	2	2	1	3
	A3	3	1	2	1

그림 22.1 Permutation 행렬 예

P 행렬은 대안 3개와 평가기준 4개를 가진 구조이고 가장 서열이 높은 것이 가장 큰 수로 표현되어 있다. 예를 들어 평가기준 1에서 대안 3이 가장 높은 서열이고 대안 1이 가장 낮은 서열이다. 이렇게 하는 이유는 비록 서열은 1, 2, 3 순위로 나가지만 나중에 가장 큰 수가 가장 높은 우선순위로 판단하기 위해 조정한 결과이다.

또한 평가기준의 우선순위도 서열로 매기는데 서열을 λ라 하고 $\lambda=(1, 4, 2, 3)$이라고 가정하자. 이러한 경우 평가기준 2가 가장 높은 우선순위를 가지고 있고 평가기준 1이 가장 낮은 우선순위를 가진다. 만약 $\lambda=(0.2, 0.35, 0.22, 0.23)$과 같은 Cardinal 데이터라면 대안 1과 대안 2의 선호도 차이 $\mu_{1,2}=\lambda_2+\lambda_3-\lambda_1-\lambda_4=0.35+0.22-0.2-0.23$ $=0.14$로 계산된다. 왜냐하면 대안 1과 대안 2를 비교해 보면 평가기준 2와 3에서 대안 1이 더 높은 순위를 가지고 평가기준 1과 4에서는 더 낮은 순위를 가지기 때문에 평가기준의 가중치 λ가 Cardinal 데이터이기 때문에 이러한 방법이 가능하다. 그러나 평가기준의 가중치가 아니라 Ordinal 데이터만 가지고 있다면 이러한 방법을 적용하는 것은 불가능하다. 왜냐하면 Ordinal 데이터는 사칙연산이 불가능하기 때문이다.

그림 22.2의 Permutation 행렬 P에서 Regime을 만들어 보자.

		C1	C2	C3	C4
	A1	1	3	3	2
P=	A2	2	2	1	3
	A3	3	1	2	1

그림 22.2 Permutation 행렬

		C1	C2	C3	C4
	(1,2)	-1	1	1	-1
	(1,3)	-1	1	1	1
R=	(2,1)	1	-1	-1	1
	(2,3)	-1	1	-1	1
	(3,1)	1	-1	-1	-1
	(3,2)	1	-1	1	-1

그림 22.3 Regime 행렬

그림 22.3의 Regime 행렬 R은 다른 1/2의 Regime으로부터 나머지 1/2 Regime의 유도가 가능한 성질이 있다. 예를 들어 Regime (1,2)로부터 Regime (2,1)을 알 수 있는데 Regime (1,2)가 (−1, 1, 1, −1)이라면 Regime (2,1)은 (1, −1, −1, 1)이 된다. 즉, 대안쌍들의 경우 반대 Regime은 요소의 부호가 반대가 되는 성질이 있으므로 우리는 모든 Regime을 다 확인할 필요는 없다. 앞에서 말한 대로 가중치 벡터가 Cardinal 데이터라면 식 (22−4)와 같이

$$\mu_{ii'} = \sum_j \lambda_j r_{ii'} \qquad (22-4)$$

로 하면 i 대안과 i' 대안이 서로 비교 가능하다. 그러나 λ_j는 Ordinal 데이터로 이 연산이 불가능하다. 다만, Ordinal 데이터로 알 수 있는 것은 서열뿐이다.

예를 들어 가중치가 높은 것을 큰 값으로 표현한 가중치 벡터 $\lambda = (1, 4, 2, 3)$으로 알 수 있는 것은 식 (22−5), (22−6)과 같다.

$$\lambda_2 \ge \lambda_4 \ge \lambda_3 \ge \lambda_1 \ge 0 \qquad (22-5)$$

$$\sum_j \lambda_j = 1 \qquad (22-6)$$

서열 데이터 $\lambda_2 \ge \lambda_4 \ge \lambda_3 \ge \lambda_1 \ge 0$에서 '≥'의 '='는 아주 작은 수 ε을 더해 '>'를 '≥'로 만들 수 있고 $\sum_j \lambda_j = 1$은 가중치 합이 1이라는 가정에서 오는 것이다.

그러면 Regime (1,2)에 대해 $\mu_{1,2} = \sum_j \lambda_j r_{1,2}$를 구해 보자. $r_{1,2} = (-1, 1, 1, -1)$이므로 식 (22−7)과 같이

$$\mu_{1,2} = -\lambda_1 + \lambda_2 + \lambda_3 - \lambda_4 \ge 0 \qquad (22-7)$$

$$\sum_j \lambda_j = 1$$

이라는 것을 알 수 있다. 왜냐하면 $\lambda_2 \ge \lambda_4$이고 $\lambda_3 \ge \lambda_1$이기 때문이다.

그렇다면 모든 가중치 순서에 대해 동일한 결론을 내릴 수는 없다. 예를 들어 가중치 벡터가 $\lambda_1 \ge \lambda_2 \ge \lambda_3 \ge \lambda_4 \ge 0$, $\sum_j \lambda_j = 1$로 주어지면 다음 두 벡터는 위의 조건을 만족한다.

$$\lambda^1 = (0.4, 0.35, 0.2, 0.05)$$

$$\lambda^2 = (0.45,\ 0.3,\ 0.15,\ 0.1)$$

Regime (1,2)에 대해 $\mu_{1,2}$를 구해보면 다음과 같다.

$$\lambda^1 \text{의 경우 } \mu_{1,2} = -0.4 + 0.35 + 0.2 - 0.05 = 1 > 0$$

$$\lambda^2 \text{의 경우 } \mu_{1,2} = -0.45 + 0.3 + 0.15 - 0.1 = -0.1 < 0$$

즉 대응되는 Regime (1, −1, −1, 1)의 부호만으로는 명확한 결론을 내리기 힘들다. 이렇게 가중치 벡터에 의해 Positive하기도 하고 Negative하기도 한 Regime을 Critical Regime이라고 정의한다. 그래서 Regime Method에서는 Regime의 부호만으로 명확한 결론을 내리기 힘든 점을 극복하기 위해 μ의 부호로 명확한 결론을 유도하도록 가능 가중치 집합을 분할한다.

1) Partitioning the Set of Feasible Weights

우선 4개의 평가기준으로 예제를 들어보면

$$\lambda_1 \geq \lambda_2 \geq \lambda_3 \geq \lambda_4 \geq 0$$

$$\sum_j \lambda_j = 1$$

라고 가정하면 이를 만족하는 가중치 집합을 S라 하면 A, B, C, D 4개의 Extreme Point로 표현되는 Convex Polyhedron으로 표현이 가능하다.

A = (1, 0, 0, 0)

B = (1//2, 1/2, 0, 0)

C = (1/3, 1/3, 1/3 ,0)

D = (1/4, 1/4, 1/4, 1/4)

Convex Polyhedron의 Extreme Point를 찾는 방법은 다음과 같다.

$$\lambda_1 \geq \lambda_2 \geq \lambda_3 \geq \lambda_4 \geq 0$$

$$\sum_j \lambda_j = 1$$

위의 식으로 구성되는 다면체는 (P 1)과 같은 Inequality와 Equality로 표현한다.

(P 1)

$$\lambda_1 \geq \lambda_2$$

$$\lambda_2 \geq \lambda_3$$

$$\lambda_3 \geq \lambda_4$$

$$\lambda_4 \geq 0$$

$$\lambda_1 + \lambda_2 + \lambda_3 + \lambda_4 = 1$$

이렇게 구성되는 Polyhedron (P 1)은 4개의 변수와 5개의 제약식으로 구성되며 Linearly Independent한 변수는 4개이며 Binding 제약식은 4개이다. 이 Polyhedron으로부터 Extreme Point를 찾을 수 있다.

①. Critical Regime을 찾는다.
대안쌍 (1, 2)의 Regime은 (−1, 1, 1, −1)이다.

A = (1, 0, 0, 0) → $\mu_{12} = \sum_j \lambda_j r_{12} = -1 + 0 + 0 + 0 = -1 < 0$

B = (1/2, 1/2, 0, 0) → $\mu_{12} = \sum_j \lambda_j r_{12} = -\frac{1}{2} + \frac{1}{2} + 0 + 0 = 0 = 0$

C = (1/3, 1/3, 1/3 ,0) → $\mu_{12} = \sum_j \lambda_j r_{12} = -\frac{1}{3} + \frac{1}{3} + \frac{1}{3} + 0 = \frac{1}{3} > 0$

D = (1/4, 1/4, 1/4, 1/4) → $\mu_{12} = \sum_j \lambda_j r_{12} = -\frac{1}{4} + \frac{1}{4} + \frac{1}{4} - \frac{1}{4} = 0 = 0$

Extreme Point를 가중치 벡터라고 생각하면 μ_{12}의 결과가 Positive가 되기도 하고 Negative한 결과가 나오기도 하기 때문에 Critical Regime이라고 정의한다. Regime

(1,2)에 대응되는 (2,1)이 Critical Regime이 되고 역으로 (2,1)에 대응되는 (1,2)이 Critical Regime이 된다. Regime (1,3)에 대해 살펴보자. 대안쌍 (1,3)의 Regime은 (−1, 1, 1, 1)이다.

$$A = (1,\ 0,\ 0,\ 0) \rightarrow \mu_{13} = \sum_j \lambda_j r_{13} = -1+0+0+0 = -1 < 0$$

$$B = (1/2,\ 1/2,\ 0,\ 0) \rightarrow \mu_{13} = \sum_j \lambda_j r_{13} = -\frac{1}{2}+\frac{1}{2}+0+0 = 0 = 0$$

$$C = (1/3,\ 1/3,\ 1/3\ ,0) \rightarrow \mu_{13} = \sum_j \lambda_j r_{13} = -\frac{1}{3}+\frac{1}{3}+\frac{1}{3}+0 = \frac{1}{3} > 0$$

$$D = (1/4,\ 1/4,\ 1/4,\ 1/4) \rightarrow \mu_{13} = \sum_j \lambda_j r_{13} = -\frac{1}{4}+\frac{1}{4}+\frac{1}{4}+\frac{1}{4} = \frac{1}{2} > 0$$

Regime (1,3)에 대응되는 (3,1)이 Critical Regime이 되고 역으로 (3,1)에 대응되는 (1,3)이 Critical Regime이 된다. Regime (2,3)에 대해 살펴보자. 대안쌍 (2,3)의 Regime은 (−1, 1, −1, 1)이다.

$$A = (1,\ 0,\ 0,\ 0) \rightarrow \mu_{23} = \sum_j \lambda_j r_{23} = -1+0+0+0 = -1 < 0$$

$$B = (1/2,\ 1/2,\ 0,\ 0) \rightarrow \mu_{23} = \sum_j \lambda_j r_{23} = -\frac{1}{2}+\frac{1}{2}+0+0 = 0 = 0$$

$$C = (1/3,\ 1/3,\ 1/3\ ,0) \rightarrow \mu_{23} = \sum_j \lambda_j r_{23} = -\frac{1}{3}+\frac{1}{3}-\frac{1}{3}+0 = -\frac{1}{3} < 0$$

$$D = (1/4,\ 1/4,\ 1/4,\ 1/4) \rightarrow \mu_{23} = \sum_j \lambda_j r_{23} = -\frac{1}{4}+\frac{1}{4}-\frac{1}{4}+\frac{1}{4} = 0 = 0$$

Extreme Point를 가중치 벡터라고 생각하면 μ_{23}의 결과가 Non-Positive한 결과가 나오기 때문에 Critical Regime이라고 할 수 없다. 즉 Regime (2,3)에 대응되는 (3,2)이 Non-critical Regime이 되고 역으로 (3,2)에 대응되는 (2,3)이 Non-critical Regime이 된다. 어떤 Regime r 이 Critical Regime이면 $-r$ 역시 Critical Regime이 된다. 따라서 Critical Regime의 개수는 항상 짝수이다.

		C1	C2	C3	C4
R=	(1,2)	-1	1	1	-1
	(1,3)	-1	1	1	1
	(2,1)	1	-1	-1	1
	(2,3)	-1	1	-1	1
	(3,1)	1	-1	-1	-1
	(3,2)	1	-1	1	-1

그림 22.4 Regime 행렬

우리가 예로 든 위의 Regime 행렬은 Regime (1,2), (2,1), (3,1), (1,3)이 Critical Regime이 된다.

②. Critical Regime 구조를 이용하여 전체 Feasible Region S의 부분집합을 특성화시킨다.

Critical Regime (1,2)를 이용하여 다음과 같은 Equality를 만든다.

$$f_1(\lambda) = \lambda_1 - \lambda_2 - \lambda_3 + \lambda_4 = 0$$

동일하게 Critical Regime (3,1)을 이용하여 다음과 같은 Equality를 만든다.

$$f_2(\lambda) = \lambda_1 - \lambda_2 - \lambda_3 - \lambda_4 = 0$$

앞의 두 식에서 '= 0'으로 두는 이유는 $f_1(\lambda)$, $f_2(\lambda)$를 Hyperplane화 하여 전체 Feasible Set S를 부분집합으로 분할하기 위해서이다. 이렇게 하면 전체 Feasible Set S를 다음과 같은 4개의 부분집합으로 나눌 수 있다.

$$S_1 = S \cap \{\lambda | f_1(\lambda) > 0 \text{ and } f_2(\lambda) > 0\}$$

$$S_2 = S \cap \{\lambda | f_1(\lambda) > 0 \text{ and } f_2(\lambda) < 0\}$$

$$S_3 = S \cap \{\lambda | f_1(\lambda) < 0 \text{ and } f_2(\lambda) < 0\}$$

$$S_4 = S \cap \{\lambda | f_1(\lambda) < 0 \text{ and } f_2(\lambda) > 0\}$$

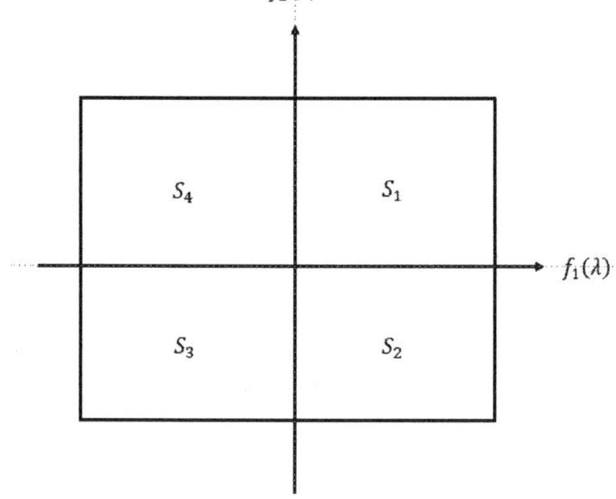

그림 22.5 Feasible Set 분할

여기에서 S_4는 가능하지 않은 영역이 된다. 왜냐하면

$$f_1(\lambda) = \lambda_1 - \lambda_2 - \lambda_3 + \lambda_4 < 0 \text{이 되고 } \lambda_1 + \lambda_4 < \lambda_2 + \lambda_3 \text{가 된다.}$$

$$f_2(\lambda) = \lambda_1 - \lambda_2 - \lambda_3 - \lambda_4 > 0 \text{이 되고 } \lambda_1 - \lambda_4 < \lambda_2 + \lambda_3 \text{이 된다.}$$

$$\lambda_1 + \lambda_4 < \lambda_2 + \lambda_3 \rightarrow \lambda_4 < \lambda_2 + \lambda_3 - \lambda_1$$

$$\lambda_1 - \lambda_4 < \lambda_2 + \lambda_3 \rightarrow -\lambda_4 < \lambda_2 + \lambda_3 - \lambda_1$$

위의 두 식은 Contradiction이 되어 성립되지 않는다. 따라서 실행 가능한 영역은 S_1, S_2, S_3이다.

③. ②단계에서 찾은 부분집합의 Extreme Point를 찾는다. 4개의 평가기준인 경우 다음과 같이 Extreme Point를 찾을 수 있다.

E = (1/2, 1/4, 1/4, 0)

F = (1/2, 1/6, 1/6, 1/6)

Extreme Point E를 찾는 방법을 설명하면 다음과 같다. 기존 제약식과 $f_1(\lambda) = 0$, $f_2(\lambda) = 0$으로 정의되는 영역이므로 다음과 같이 표현할 수 있다.

$$\lambda_1 \geq \lambda_2$$

$$\lambda_2 \geq \lambda_3$$

$$\lambda_3 \geq \lambda_4$$

$$\lambda_4 \geq 0$$

$$\lambda_1 + \lambda_2 + \lambda_3 + \lambda_4 = 1$$

$$\lambda_1 - \lambda_2 - \lambda_3 + \lambda_4 = 0$$

$$\lambda_1 - \lambda_2 - \lambda_3 - \lambda_4 = 0$$

여기서 $\lambda_1 \geq \lambda_2$와 $\lambda_3 \geq \lambda_4$를 제외하면

$$\lambda_2 \geq \lambda_3$$

$$\lambda_4 \geq 0$$

$$\lambda_1 + \lambda_2 + \lambda_3 + \lambda_4 = 1$$

$$\lambda_1 - \lambda_2 - \lambda_3 + \lambda_4 = 0$$

$$\lambda_1 - \lambda_2 - \lambda_3 - \lambda_4 = 0$$

Extreme Point는 Equality가 성립하므로 $\lambda_4 = 0$, $\lambda_2 = \lambda_3$이면 $(\lambda_1, \lambda_2, \lambda_3, \lambda_4) =$ (1/2, 1/4, 1/4, 0)을 찾을 수 있다. Extreme Point F를 찾는 방법을 설명하면 다음과 같다. 기존 제약식과 $f_1(\lambda) = 0$, $f_2(\lambda) = 0$으로 정의되는 영역이므로 다음과 같이 표현할 수 있다.

$$\lambda_1 \geq \lambda_2$$

$$\lambda_2 \geq \lambda_3$$

$$\lambda_3 \geq \lambda_4$$

$$\lambda_4 \geq 0$$

$$\lambda_1 + \lambda_2 + \lambda_3 + \lambda_4 = 1$$

$$\lambda_1 - \lambda_2 - \lambda_3 + \lambda_4 = 0$$

$$\lambda_1 - \lambda_2 - \lambda_3 - \lambda_4 = 0$$

여기에서 $\lambda_1 \geq \lambda_2$, $\lambda_4 \geq 0$, $\lambda_1 - \lambda_2 - \lambda_3 + \lambda_4 = 0$ 3개의 제약식을 제거하면

$$\lambda_2 \geq \lambda_3$$

$$\lambda_3 \geq \lambda_4$$

$$\lambda_1 + \lambda_2 + \lambda_3 + \lambda_4 = 1$$

$$\lambda_1 - \lambda_2 - \lambda_3 - \lambda_4 = 0$$

이 되고 Extreme Point는 Equality가 성립하므로 아래의 다면체로부터 F = (1/2, 1/6, 1/6, 1/6)을 구할 수 있다.

$$\lambda_2 = \lambda_3 = \lambda_4$$

$$\lambda_1 + \lambda_2 + \lambda_3 + \lambda_4 = 1$$

$$\lambda_1 - \lambda_2 - \lambda_3 - \lambda_4 = 0$$

다음으로 부분집합 S_1을 구성하는 Extreme Point를 구한다.

$$f_1(\lambda) = \lambda_1 - \lambda_2 - \lambda_3 + \lambda_4 > 0$$

$$f_2(\lambda) = \lambda_1 - \lambda_2 - \lambda_3 - \lambda_4 > 0$$

위 식과 기존 제약식으로 구성되는 부집합이므로 다음과 같은 제약식으로 구성되는 Polyhedron이다.

$$\lambda_1 \geq \lambda_2$$

$$\lambda_2 \geq \lambda_3$$

$$\lambda_3 \geq \lambda_4$$

$$\lambda_4 \geq 0$$

$$\lambda_1 + \lambda_2 + \lambda_3 + \lambda_4 = 1$$

$$\lambda_1 - \lambda_2 - \lambda_3 + \lambda_4 \geq 0$$

$$\lambda_1 - \lambda_2 - \lambda_3 - \lambda_4 \geq 0$$

$\lambda_1 - \lambda_2 - \lambda_3 + \lambda_4 > 0$을 $\lambda_1 - \lambda_2 - \lambda_3 + \lambda_4 \geq 0$으로 변경한 이유는 Strict한 Inequality는 Polyhedron을 구성할 수 없어 아주 작은 수 ε을 더해 '≥'를 만들 수 있다.

A = (1, 0, 0, 0)

B = (1/2, 1/2, 0, 0)

C = (1/3, 1/3, 1/3 ,0)

D = (1/4, 1/4, 1/4, 1/4)

E = (1/2, 1/4, 1/4, 0)

F = (1/2, 1/6, 1/6, 1/6)

위에서 구한 6개의 Extreme Point를 S_1을 구성하는 제약식에 만족하는지 대입하여 확인해 본다

A = (1, 0, 0, 0), B = (1/2, 1/2, 0, 0)의 경우 모든 제약식을 만족하므로 S_1을 구성하는 제약식이다. 그러나 C = (1/3, 1/3, 1/3, 0)의 경우 $\lambda_1 - \lambda_2 - \lambda_3 + \lambda_4 = \frac{1}{3} - \frac{1}{3} - \frac{1}{3} + 0 = -\frac{1}{3} \ngeq 0$이므로 S_1을 구성하는 제약식이 아니다. 동일한 방법으로 모든 Extreme Point에 대해 확인해 보면 S_1의 Extreme Point는 A, B, E, F이다. 동일한 방법으로 S_2의 Extreme Point는 B, D, E, F이고 S_3의 Extreme Point는 B, C, D, E라는 것을 알 수 있다.

다음으로 각 부분집합의 Extreme Point로 구성되는 부분집합 영역의 Centroid를 구하는데 Centroid는 각 평가기준 값의 산술평균으로 구한다. 예를 들어 부분집합 S_1의 λ_1에

해당되는 Centroid는 (1+1/2+1/2+1/2)/4 = 30/48이다.

표 22.1 Extreme Point로 구성되는 부분집합 영역의 Centroid

S_1 Extreme Point	λ_1	λ_2	λ_3	λ_4
A	1	0	0	0
B	1/2	1/2	0	0
E	1/2	1/4	1/4	0
F	1/2	1/6	1/6	1/6
Centroid	30/48	11/48	5/48	2/48

동일한 방법으로 각 부분집합에 대한 Extreme Point로 구성되는 부분집합의 상대적 크기는 다음과 같다. 상대적 크기는 전체집합 크기에서 부분집합이 차지하는 크기의 비율인데 $f_1(\lambda)$와 $f_2(\lambda)$로 분할 이전 전체집합의 Extreme Point로 구성되는 행렬식(Determinant)과 $f_1(\lambda)$와 $f_2(\lambda)$로 분할된 부분집합 Extreme Point의 행렬식의 비율이다.

표 22.2 Extreme Point와 Centroid, 부분집합의 크기

부분집합	Extreme point	Centroid	상대적 크기
S_1	A, B, E, F	(30/48, 11/48, 5/48, 2/48)	0.5
S_2	B, D, E, F	(21/48, 14/48, 8/48, 5/48)	0.25
S_3	B, C, D, E	(19/48, 16/48, 10/48, 3/48)	0.25

$f_1(\lambda)$와 $f_2(\lambda)$로 분할 이전 전체집합의 Extreme Point로 구성된 행렬은 다음과 같다.

$$S: \begin{matrix} A \\ B \\ C \\ D \end{matrix} \begin{bmatrix} 1 & 0 & 0 & 0 \\ 1/2 & 1/2 & 0 & 0 \\ 1/3 & 1/3 & 1/3 & 0 \\ 1/4 & 1/4 & 1/4 & 1/4 \end{bmatrix}$$

그림 22.6 전체집합의 Extreme Point로 구성된 행렬

이 행렬식은 Det(S) = 0.04167이다.

$$S_1: \begin{array}{c} A \\ B \\ E \\ F \end{array} \begin{bmatrix} 1 & 0 & 0 & 0 \\ 1/2 & 1/2 & 0 & 0 \\ 1/2 & 1/4 & 1/4 & 0 \\ 1/2 & 1/6 & 1/6 & 1/6 \end{bmatrix}$$

그림 22.7 부분집합 S_1 Extreme Point로 구성된 행렬

이 행렬식은 Det(S_1) = 0.02084이다. 따라서 S_1의 전체집합 S에 대한 상대적 비율은 0.02084 / 0.04167 = 0.5가 된다. 동일한 방법으로 S_2의 전체집합 S에 대한 상대적 비율은 0.25이며 S_3의 전체 집합 S에 대한 상대적 비율은 0.25이라는 것을 알 수 있다.

결론적으로 평가기준의 순위가 균등분포(Uniformly Distributed) 되어 있다면 λ는 S_1, S_2, S_3에 속할 확률이 각각 0.5, 0.25, 0.25라고 말할 수 있다. 마지막으로 우리가 구해야 하는 것은 대안들의 우선순위이다. 대안들 상호 간 우선순위를 구하기 위해서 다음과 같은 Notation을 정의한다. $\mu_{ii'}$ 조건으로 i 대안과 i' 대안에 대해 $v_{ii'}$을 정의한다.

$$v_{ii'} = \begin{cases} 1 & \text{if } \mu_{ii'} > 0 \\ -1 & \text{if } \mu_{ii'} < 0 \end{cases}$$

여기서 각 부분집합 S_1, $i = 1, 2, 3$에 대해 하나의 점을 선정하여 λ로 사용하여야 하는데 중심점 Centroid를 대표되는 점으로 사용한다. $\mu_{ii'} = \sum_j \lambda_j r_{ii'}$라고 정의하였으므로 이 정의로부터 $\mu_{ii'}$를 구한다.

		C1	C2	C3	C4
R=	(1,2)	-1	1	1	-1
	(1,3)	-1	1	1	1
	(2,1)	1	-1	-1	1
	(2,3)	-1	1	-1	1
	(3,1)	1	-1	-1	-1
	(3,2)	1	-1	1	-1

그림 22.8 Regime

표 22.3 부분집합별 Centroid

부분집합	Centroid
S_1	(30/48, 11/48, 5/48, 2/48)
S_2	(21/48, 14/48, 8/48, 5/48)
S_3	(19/48, 16/48, 10/48, 3/48)

S_1에 대한 $v_{ii'}$ 행렬을 구하면 다음과 같다.

$$\mu_{12} = -1 \times \frac{30}{48} + 1 \times \frac{11}{48} + 1 \times \frac{5}{48} - 1 \times \frac{2}{48} = -\frac{15}{48} < 0 \rightarrow v_{12} = -1$$

$$\mu_{23} = -1 \times \frac{30}{48} + 1 \times \frac{11}{48} - 1 \times \frac{5}{48} + 1 \times \frac{2}{48} = -\frac{22}{48} < 0 \rightarrow v_{23} = -1$$

동일한 방법으로 모든 $v_{ii'}$ 행렬을 구하면 다음과 같다. 행렬요소에서 1은 지배를, -1은 피지배를 의미하므로 그림 22.9의 오른쪽과 같은 관계를 얻을 수 있다.

V_1 :

	A1	A2	A3
A1	0	-1	-1
A2	1	0	-1
A3	1	1	0

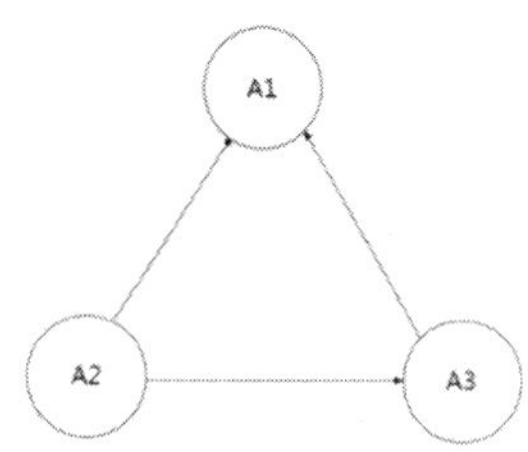

그림 22.9 V_1 행렬에서 대안 간 지배관계와 그래프

V_1 행렬에서 각 대안의 지배력은 행의 합으로 표현된다. A1 대안의 지배력은 -2이며 A2 대안의 지배력은 0, A3 대안의 지배력은 2이므로 A3 대안이 가장 좋고 A2, A1 대안 순이다. 동일한 방법으로 S_2에 해당하는 V_2와 S_3에 해당하는 V_3을 구하면 다음과 같다.

V_2 :

	A1	A2	A3
A1	0	-1	1
A2	1	0	-1
A3	-1	1	0

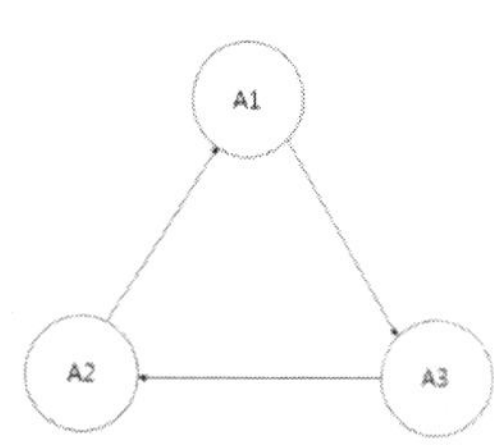

그림 22.10 V_2 행렬에서 각 대안의 지배력

V_2 행렬에서 각 대안의 지배력은 행의 합으로 표현된다. A1 대안의 지배력은 0이며 A2 대안의 지배력은 0, A3 대안의 지배력은 0이므로 대안들 간에 지배력 관점에서 우선순위를 말하기는 어렵고 동등한 것으로 간주한다.

$$V_3 : \begin{array}{c} \\ A1 \\ A2 \\ A3 \end{array} \begin{array}{c} \begin{array}{ccc} A1 & A2 & A3 \end{array} \\ \begin{bmatrix} 0 & 1 & 1 \\ -1 & 0 & -1 \\ -1 & 1 & 0 \end{bmatrix} \end{array}$$

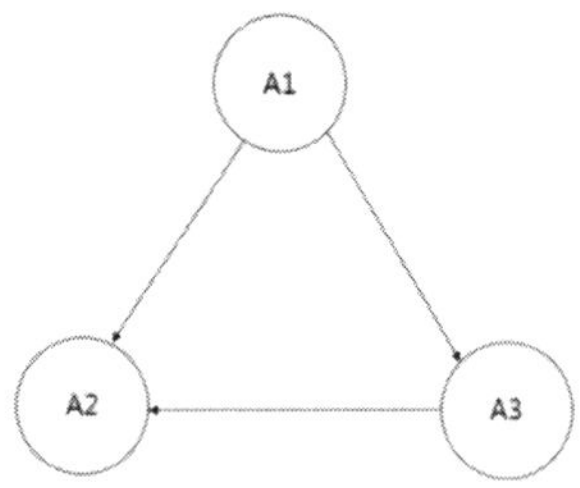

그림 22.11 V_3 행렬에서 각 대안의 지배력

V_3 행렬에서 각 대안의 지배력은 행의 합으로 표현된다. A1 대안의 지배력은 2이며 A2 대안의 지배력은 −2, A3 대안의 지배력은 0이므로 A1 대안이 가장 좋고 A3, A2 대안 순이다.

이와 같은 정보와 앞에서 구한 부분집합의 상대적 크기를 이용하여 최종적인 대안의 우선순위를 구한다.

표 22.4 최종적인 대안의 우선순위 계산 (1)

구 분	실제 순위	3	2	1
상대적 크기	실제 순위 조정 (클수록 좋은 순위)	1	2	3
0.5	V_1	A1	A2	A3
0.25	V_2	$\frac{1}{3}\times\begin{pmatrix} A1 \\ A2 \\ A3 \end{pmatrix}$	$\frac{1}{3}\times\begin{pmatrix} A1 \\ A2 \\ A3 \end{pmatrix}$	$\frac{1}{3}\times\begin{pmatrix} A1 \\ A2 \\ A3 \end{pmatrix}$
0.25	V_3	A2	A3	A1

대안 A1이 실제 순위로 3위 할 확률을 구해보면 표 22.5에서 실제 순위 3위를 보면 굵게 표시된 ***A*1**은 V_1에는 A1만이 차지하고 있고 V_2에서는 대안들 간 우선순위를 동일한

것으로 보아 1/3로 균등하게 나누어 가진다. V_3에서는 A1은 없고 A2가 차지하고 있어 다음과 같이 계산된다.

$$0.5 \times 1 + 0.25 \times \frac{1}{3} = 0.58$$

표 22.5 최종적인 대안의 우선순위 계산 (2)

구 분	실제 순위	3	2	1
상대적 크기	실제 순위 조정 (클수록 좋은 순위)	1	2	3
0.5	V_1	***A1***	A2	A3
0.25	V_2	$\frac{1}{3} \times \begin{pmatrix} \boldsymbol{A1} \\ A2 \\ A3 \end{pmatrix}$	$\frac{1}{3} \times \begin{pmatrix} A1 \\ A2 \\ A3 \end{pmatrix}$	$\frac{1}{3} \times \begin{pmatrix} A1 \\ A2 \\ A3 \end{pmatrix}$
0.25	V_3	A2	A3	A1

동일한 방법으로 A1이 2위 할 가능성은 $0.25 \times \frac{1}{3} = 0.08$이 된다. 대안 A3가 실제 1위 할 확률은 $0.5 + 0.25 \times \frac{1}{3} = 0.58$이 된다. 동일한 방법으로 각 대안별 우선순위의 확률을 구하면 표 22.6과 같다.

표 22.6 최종적인 대안의 우선순위 계산 (3)

구 분	실제 순위	3	2	1
대안	실제 순위 조정 (클수록 좋은 순위)	1	2	3
A1	−	0.58	0.08	0.33
A2	−	0.33	0.58	0.08
A3	−	0.08	0.33	0.58

표 22.6을 보면 결론적으로 대안 A3가 실제로 1위 할 가능성이 0.58, 2위 할 가능성이 0.33, 3위할 가능성이 0.08이 되어 제일 좋은 대안으로 평가된다.

앞에서 설명한 Regime Method를 일반화하여 이론적으로 정리하면 다음과 같다.

1. Critical Regime 결정

(Set 1)

$$\lambda_1 \geq \lambda_2 \geq \lambda_3 \geq \lambda_4, \cdots, \lambda_n \geq 0$$

$$\sum_j \lambda_j = 1$$

$$\sum_j r_j \lambda_j > 0$$

(Set 2)

$$\lambda_1 \geq \lambda_2 \geq \lambda_3 \geq \lambda_4, \cdots, \lambda_n \geq 0$$

$$\sum_j \lambda_j = 1$$

$$\sum_j r_j \lambda_j < 0$$

$$where \;\; r_j = [+1, -1]$$

만약 Set 1, Set 2 식 모두 Feasible r_j를 포함하는 Regime이라면 Critical Regime이다.

2. Critical Regime의 수는 짝수이므로 그 수가 2L개라고 하면 대응되는 Regime은 제거하고 1/2인 수인 L만큼의 Critical Regime을 결정.

$$f_l(\lambda) = \sum_j r_j \lambda_j = 0, \;\; l = 1, 2, 3, \cdots, L$$

전체영역 S의 부분영역의 잠재적인 2^L개의 부분영역 생성

$$S_1 = S \cap \{\lambda | f_1(\lambda) > 0, f_2(\lambda) > 0, f_3(\lambda) > 0, \cdots, f_L(\lambda) > 0\}$$

$$S_2 = S \cap \{\lambda | f_1(\lambda) > 0, f_2(\lambda) > 0, f_3(\lambda) > 0, \cdots, f_L(\lambda) < 0\}$$

....

$$S_{2^L} = S \cap \{\lambda \mid f_1(\lambda) < 0,\ f_2(\lambda) < 0,\ f_3(\lambda) < 0,\ \cdots,\ f_L(\lambda) < 0\}$$

모든 부분집합 S_i, $i = 1, 2, 3, \cdots, 2^L$에 대해 Feasible Solution을 포함하는지 검사한다. $M \le 2^L$개의 Non-empty Set를 찾는다. 다기준 의사결정 문제의 평가기준의 수가 7보다 크면 부분집합의 분할은 어려워진다.

3. 각 부분집합이 어떤 Extreme Point로 구성되는지 확인하고 Centroid를 구한다. Centroid는 각 Extreme Point의 산술평균으로 구한다.

4. 분할된 부분집합의 전체집합에 대한 상대적 크기를 구한다. 상대적 크기는 전체집합의 Extreme Point로 구성된 행렬의 행렬식과 부분집합의 Extreme Point로 구성된 행렬의 행렬식의 상대적 비로 구한다.

5. i 대안과 i' 대안에 대해 $v_{ii'}$을 $\mu_{ii'}$를 구하여 구한다. $\mu_{ii'}$를 구할 때는 Regime의 $r_{ii'}$와 Centroid를 λ로 간주하여 구한다.

6. $v_{ii'}$를 i 대안과 i' 대안에 대한 지배력으로 해석하여 각 부분집합 S_i, $i = 1, 2, 3, \cdots, M$에 대해 S_i에 대응하는 V_i, $i = 1, 2, 3, \cdots, m$을 구한다.

7. 부분집합의 상대적 크기와 V_i으로 판단한 상대적 지배력을 가지고 각 대안이 우선순위에 있을 확률을 계산하여 우선순위를 판단한다.

다음은 Regime을 이용하여 확률론적 접근 방법으로 대안의 우선순위를 판단하는 방법을 알아보자.

그림 22.12와 같은 다기준 의사결정 문제를 생각해 보자. 3개의 대안과 4개의 평가기준이 제시되어 있고 각 평가기준의 가중치 서열이 제시되어 있다. 이 행렬의 (대안, 평가기준) 평가기준의 값은 서열이며 큰 값이 높은 서열을 의미한다. 예를 들어 평가기준 C1에서 실제 서열은 A1, A2, A3 순이나 계산상 편의를 위해 서열 1위 A1 평가값을 3으로 표현하였다. 가중치 서열도 동일하게 가장 큰 값을 가지는 C1이 서열 1위를 의미한다. 여기에서 가중치 서열은 균등분포 되어 있다고 가정한다.

	가중치 서열			
	4	3	2	1
	C1	C2	C3	C4
A1	3	2	1	1
A2	2	1	2	3
A3	1	3	3	2

그림 22.12 Permutation 행렬

가중치 서열이 정량적으로는 $w_1^* > w_2^* > w_3^* > w_4^*$라는 의미이다.

이 다기준 의사결정 문제에 대해 앞에서 설명한 Regime을 구성해 보면 그림 22.13과 같다.

R=		C1	C2	C3	C4
	(1,2)	1	1	-1	-1
	(1,3)	1	-1	-1	-1
	(2,1)	-1	-1	1	1
	(2,3)	1	-1	-1	1
	(3,1)	-1	1	1	1
	(3,2)	-1	1	1	-1

그림 22.13 Regime 행렬

Regime (1,2)의 가중치로 $v_{12} = w_1^* + w_2^* - w_3^* - w_4^*$라고 놓으면

$$p_{12} = prob(v_{12} > 0) = prob\{(w_1^* + w_2^* - w_3^* - w_4^*) > 0\}$$

라는 답을 얻을 수 있는가 하는 문제에 직면하게 된다. 물론 p_{12}뿐만 아니라 모든 p_{ij}, $i = 1, 2, \cdots, m$, $j = 1, 2, \cdots, n$, $i \neq j$에 대해 직면하게 되는 질문이다. 만약 $p_{ij} > 0$라면 대안 i가 대안 j보다 더 좋은 대안이라고 판단할 수 있다. p_{12}의 경우 $p_{12} > 0$이라는 것은 자명하다. 왜냐하면 $w_1^* > w_3^*$이고 $w_2^* > w_4^*$이기 때문이다.

그러나 $p_{13} = prob(v_{13} > 0) = prob\{(w_1^* - w_2^* - w_3^* - w_4^*) > 0\}$인 경우는 판단하기가 쉽지 않다. 왜냐하면 이 경우 각 가중치가 균등분포하다는 가정하에 4차원의 Hyperplane에서 v_{13}가 차지하는 상대적 크기를 이용하여 해석해야 한다. 만약 각 가중치가 균등분포되어 있다면 $p_{13} = 1/6$이라는 것을 알 수 있다. 같은 방법으로 $p_{23} = prob(v_{23} > 0)$

$= prob\left\{(w_1^* - w_2^* - w_3^* + w_4^*) > 0\right\} = 1/2$이라는 것을 알 수 있다.

$p_{12} = 1$, $p_{13} = \dfrac{1}{6}$, $p_{23} = \dfrac{1}{2}$의 정보로 각 대안이 다른 대안을 선호하는 정도를 확률론적 관점에서 해석할 수 있다. P_i를 i 대안의 선호 정도로 표현하면

$$P_1 = \frac{1}{2} \times (p_{12} + p_{13}) = \frac{1}{2} \times \left(1 + \frac{1}{6}\right) = \frac{7}{12}$$

$$P_2 = \frac{1}{2} \times (p_{21} + p_{23}) = \frac{1}{2} \times \left(0 + \frac{1}{2}\right) = \frac{1}{4}$$

$$P_3 = \frac{1}{2} \times (p_{31} + p_{32}) = \frac{1}{2} \times \left(\frac{5}{6} + \frac{1}{2}\right) = \frac{2}{3}$$

$P_1 = 1/2 \times (1 + 1/6) = 7/12$은 대안 A1이 대안 A2보다 선호될 확률이 1이며 대안 A1이 대안 A3보다 선호될 확률은 1/6이다. 이들을 더하고 평균을 취하기 위해 2로 나눈 것이다. 결론적으로, 대안 A3가 가장 우수한 대안이고 대안 A1, A2 순으로 우수한 대안이다.

이제까지는 대안의 순위를 부여할 때 동등한 서열은 부여하지 않는 것으로 가정하였다. 그러나 경우에 따라서는 우선순위가 같은 순위가 될 수가 있다. 이러한 경우는 어떻게 처리하는지 알아보자. 그림 22.14와 같이 평가기준 C1에서 대안 A1과 A2가 같은 순위를 부여 받았다.

	가중치 서열			
	4	3	2	1
	C1	C2	C3	C4
A1	2	2	1	1
A2	2	1	2	3
A3	1	3	3	2

그림 22.14 Permutation 행렬

이 경우 Regime (1,2)만 앞의 예제와 비교해서 변경된다.

		C1	C2	C3	C4
R=	(1,2)	0	1	-1	-1
	(1,3)	1	-1	-1	-1
	(2,1)	-1	-1	1	1
	(2,3)	1	-1	-1	1
	(3,1)	-1	1	1	1
	(3,2)	-1	1	1	-1

그림 22.15 Regime 행렬.

$v_{12} = w_2^* - w_3^* - w_4^*$라고 놓으면

$$p_{12} = prob(v_{12} > 0) = prob\{(w_2^* - w_3^* - w_4^*) > 0\} = 1/2$$

이 되며

$$P_1 = \frac{1}{2} \times (p_{12} + p_{13}) = \frac{1}{2} \times \left(\frac{1}{2} + \frac{1}{6}\right) = \frac{1}{3}$$

$$P_2 = \frac{1}{2} \times (p_{21} + p_{23}) = \frac{1}{2} \times \left(\frac{1}{2} + \frac{1}{2}\right) = \frac{1}{2}$$

$$P_3 = \frac{1}{2} \times (p_{31} + p_{32}) = \frac{1}{2} \times \left(\frac{5}{6} + \frac{1}{2}\right) = \frac{2}{3}$$

결론적으로, 대안 A3가 가장 우수한 대안이고 대안 A2, A1 순으로 우수한 대안이다.

다음으로 가중치 서열에도 동등 서열이 있을 경우 어떻게 처리하는지 알아보자. 평가기준 C3와 평가기준 C4가 같은 서열을 부여 받았다.

	가중치 서열			
	4	3	2	2
	C1	C2	C3	C4
A1	3	2	1	1
A2	2	1	2	3
A3	1	3	3	2

그림 22.16 Permutation 행렬

이 경우 Regime 행렬은 다음과 같다.

R=		C1	C2	C3	C4
	(1,2)	1	1	-1	-1
	(1,3)	1	-1	-1	-1
	(2,1)	-1	-1	1	1
	(2,3)	1	-1	-1	1
	(3,1)	-1	1	1	1
	(3,2)	-1	1	1	-1

그림 22.17 Regime 행렬

$$p_{12} = prob(v_{12} > 0) = prob\{(w_1^* + w_2^* - w_3^* - w_4^*) > 0\} = 1$$

$$p_{13} = prob(v_{13} > 0) = prob\{(w_1^* - w_2^* - 2w_3^*) > 0\} = 1/3$$

$$p_{23} = prob(v_{23} > 0) = prob\{(w_1^* - w_2^* - w_3^* + w_4^*) > 0\} = prob\{(w_1^* - w_2^*) > 0\} = 1$$

$$P_1 = \frac{1}{2} \times \left(1 + \frac{1}{3}\right) = \frac{2}{3}$$

$$P_2 = \frac{1}{2} \times (0 + 1) = \frac{1}{2}$$

$$P_3 = \frac{1}{2} \times \left(\frac{2}{3} + 0\right) = \frac{1}{3}$$

결론적으로, 대안 A1이 가장 우수한 대안이고 대안 A2, A3 순으로 우수한 대안이다.

다음으로 의사결정 행렬의 평가값과 가중치에 Cardinal 데이터와 Ordinal 데이터가 같이 있을 때 어떻게 Regime 방법을 적용하는지 알아보자. 그림 22.18과 같이 다기준 의사결정 문제가 있다. a_{ij}는 Cardinal 데이터이고 e_{ij}는 Ordinal 데이터이다. Cardinal 데이터는 Benefit Criteria이다.

	w_1 C1	w_2 C2
A1	a_{11}	e_{12}
A2	a_{21}	e_{22}
A3	a_{31}	e_{32}

그림 22.18 Cardinal 데이터와 Ordinal 데이터가 혼재된 의사결정 행렬 (1)

먼저 가중치 벡터를 정규화시킨다. 가중치 벡터는 Benefit Critreia이므로 정규화 방법은 비율 정규화 중 Benefit Criteria 방법을 사용한다.

$$\lambda_j = \frac{w_j}{\max_j(w_j)} \ \ for\ all\ j$$

이렇게 비율 정규화하면 $\lambda_j \le 1\ for\ all\ j$가 되고 w_j가 균등분포 되어 있다고 가정하면 λ_j도 균등분포가 된다. 마찬가지로 Ordinal 데이터로 이루어진 평가값 e_{ij}도 정규화시킨다. 여기서 e_{ij}도 균등분포 되어 있다고 가정한다.

$$\mu_{ij} = \frac{e_{ij}}{\max\{|e_{ij}|, |e_{i'j}|\}}$$

이렇게 정규화된 μ_{ij}는 $-1 \le \mu_{ij} \le 1$의 범위 내의 값이 된다. Cardinal 데이터의 정규화는 비율 정규화 방법을 적용한다고 가정하자. 비율 정규화와 관련된 부분은 이 책 8장의 데이터 정규화를 참조하라. 위의 다기준 의사결정 문제 행렬에서 $a_{11} > a_{21} > a_{31}$, $e_{12} < e_{22} < e_{32}$, $w_1 > w_2$라고 가정해 보자. 가중치와 Cardinal 데이터와 Ordinal 데이터의 정규화는 아래와 같이 수행한다.

$$\lambda_1 = \frac{w_j}{\max_j(w_j)} = \frac{w_1}{w_1} = 1$$

$$\lambda_2 = \frac{w_j}{\max_j(w_j)} = \frac{w_2}{w_1}$$

$$b_{11} = \frac{a_{ij}}{\max_j\{a_{ij},\ a_{i'j}\}} = \frac{a_{11}}{a_{11}} = 1$$

$$b_{21} = \frac{a_{ij}}{\max_j\{a_{ij},\ a_{i'j}\}} = \frac{a_{21}}{a_{11}}$$

$$\mu_{12} = \frac{e_{ij}}{\max\{|e_{ij}|, |e_{i'j}|\}} = \frac{e_{12}}{e_{22}}$$

$$\mu_{22} = \frac{e_{ij}}{\max\{|e_{ij}|, |e_{i'j}|\}} = \frac{e_{22}}{e_{22}} = 1$$

각 데이터를 정규화하고 난 후 그림 22.19와 같은 행렬을 구할 수 있다.

	w_1	w_2
	1	λ_2
	C1	C2
A1	1	μ_{12}
A2	b_{21}	1

그림 22.19 정규화 이후 행렬

그러면 대안 A1이 대안 A2보다 더 선호될 확률은 다음과 같이 표현할 수 있다.

$$p(A1 \succ A2) = p(1 \times (1 - b_{21}) + \lambda_2 \times (\mu_{12} - 1) > 0)$$

$(1 - b_{21}) + \lambda_2 (1 - \mu_{12}) = 0$이라고 가정하면 $\lambda_2 \mu_{12} = (b_{21} - 1) + \lambda_2$가 되고

$$\mu_{12} = 1 - \frac{1 - b_{21}}{\lambda_2}$$

이다. 이 식으로 μ_{12}와 λ_2의 관계식 그래프를 그려보면 다음과 같고 대안 A1이 대안 A2보다 선호되는 영역과 대안 A2가 대안 A1보다 선호되는 영역으로 분할된다.

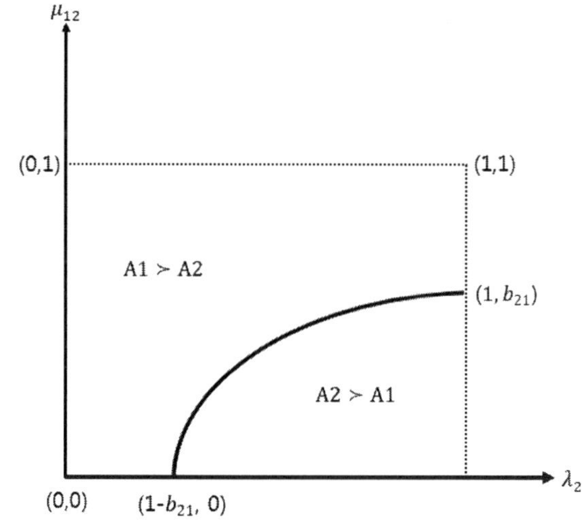

그림 22.20 A1, A2 우열관계 영역

$$p_{12} = p(A1 > A2) = 1 - p(A2 > A1) = 1 - \int_{1-b_{21}}^{1} 1 - \frac{1-b_{21}}{\lambda_2} d\lambda_2$$

$$= (1-b_{21})\{1-\ln(1-b_{21})\}$$

이다. 동일한 방법으로

$$p_{13} = p(A1 > A3) = (1-b_{31})\{1-\ln(1-b_{31})\}$$

$$p_{23} = p(A2 > A3) = (1-b_{32})\{1-\ln(1-b_{32})\}$$

를 구할 수 있다.

만약 $a_{11} = 3$, $a_{21} = 2$, $a_{31} = 1$이면 $p(A1 > A2)$ 경우는 $b_{21} = \frac{a_{21}}{a_{11}} = \frac{2}{3}$가 되고 $p(A1 > A2) = \left(1-\frac{2}{3}\right)\left\{1-\ln\left(1-\frac{2}{3}\right)\right\} = 0.699537$이 된다. $p(A1 > A3)$ 경우는 $b_{31} = \frac{a_{31}}{a_{11}} = \frac{1}{3}$이 되고 $p(A1 > A3) = \left(1-\frac{1}{3}\right)\left\{1-\ln\left(1-\frac{1}{3}\right)\right\} = 0.93697$이 된다. 마찬가지로 $p(A2 > A3)$ 경우는 $b_{32} = \frac{a_{31}}{a_{21}} = \frac{1}{2}$이 되고 $p(A2 > A3) = \left(1-\frac{1}{2}\right)\left\{1-\ln\left(1-\frac{1}{2}\right)\right\} = 0.846573$이 된다.

$$p(A1 > A2) = 0.6995$$

$$p(A1 > A3) = 0.9370$$

$$p(A2 > A3) = 0.8466$$

마지막으로 각 대안의 우선순위를 결정하기 위해 각 대안이 다른 대안에 대한 선호확률의 평균을 구한다.

$$P_1 = \frac{1}{2} \times (p_{12} + p_{13}) = \frac{1}{2}(0.6995 + 0.9370) = 0.8183$$

$$P_2 = \frac{1}{2} \times (p_{21} + p_{23}) = \frac{1}{2}\{(1-0.6995) + 0.8466\} = 0.57355$$

$$P_3 = \frac{1}{2} \times (p_{31} + p_{32}) = \frac{1}{2}\{(1-0.0.9370) + (1-0.8466)\} = 0.1082$$

그러므로 대안의 우선순위는 A1, A2, A3 순이 된다.

그러나 평가기준의 수가 많아지면 대안 i가 대안 i'보다 선호될 확률 $p_{ii'}$를 수학적으로 구하는 것은 상당히 어려운 일이 된다. 이러한 경우 Stochastic Choice Process를 이용하여 $p_{ii'}$를 구한다. 그림 22.21의 예로 Stochastic Choice Process를 설명한다.

평가기준 C1은 Cardinal 데이터이며 평가기준 C2와 C3는 Ordinal 데이터이다.

$e_{12} < e_{22} < e_{32}$, $e_{23} > e_{13} = e_{33}$, $w_1 = w_2 > w_3$이다.

	w_1 C1	w_2 C2	w_3 C3
A1	3	e_{12}	e_{13}
A2	2	e_{22}	e_{23}
A3	2	e_{32}	e_{33}

그림 22.21 Cardinal 데이터와 Ordinal 데이터가 혼재된 의사결정 행렬 (2)

1. 동등한 순위를 가지는 가중치를 고려하여 Random 가중치를 생성한다.
   생성된 가중치가 0.2와 0.8이라면 $w_1 = w_2 = 0.8$, $w_3 = 0.2$를 부여한다.

2. 생성된 가중치를 비율 정규화 방법을 사용하여 정규화시킨다.

$$w_1 = w_2 = \frac{0.8}{0.8} = 1, \quad w_3 = \frac{0.2}{0.8} = 0.25$$

3. 평가기준 C2에서 0보다 크고 1보다 작은 Random Number를 생성한다.
   생성된 Random Number가 0.4, 0.2, 0.3이라면 $e_{12} < e_{22} < e_{32}$ 관계식을 만족하도록 $e_{12} = 0.2$, $e_{22} = 0.3$, $e_{32} = 0.4$로 부여한다.

4. 평가기준 C3에서 동등한 순위를 고려하여 0보다 크고 1보다 작은 Random Number를 생성한다. 생성된 Random Number가 0.3, 0.6이라면 $e_{23} > e_{13} = e_{33}$ 관계식을 만족하도록 $e_{23} = 0.6$, $e_{13} = e_{33} = 0.3$을 부여한다.

	0.8	0.8	0.2
	w_1	w_2	w_3
	C1	C2	C3
A1	3	0.2	0.3
A2	2	0.4	0.6
A3	2	0.3	0.3

위의 Ordinal 데이터에 대해 Random Number로 생성한 행렬을 앞에서 설명한 동일한 방법에 의해 각 대안쌍별로 선호관계를 판단한다. 대안 A1과 A2를 가지고 비교하면 아래의 행렬로 비교한다.

	0.8	0.8	0.2
	w_1	w_2	w_3
	C1	C2	C3
A1	3	0.2	0.3
A2	2	0.4	0.6

가중치 및 각 평가기준별로 비율 정규화를 수행하고 대안 A1과 대안 A2를 비교하는 행렬은 다음과 같다.

	1	1	0.25
	w_1	w_2	w_3
	C1	C2	C3
A1	1	0.5	0.5
A2	0.66	1	1

$$p_{12} = p(A1 > A2) = p\left\{\left(1-\frac{2}{3}\right)+1\left(\frac{1}{2}-1\right)+\frac{1}{4}\left(\frac{1}{2}-1\right)>0\right\}$$

$$= p\left(\frac{1}{3}-\frac{5}{8}>0\right)=0$$

가중치 및 각 평가기준별로 비율 정규화를 수행하고 대안 A1과 대안 A3를 비교하는 행렬은 다음과 같다.

$$
\begin{array}{cccc}
 & 1 & 1 & 0.25 \\
 & w_1 & w_2 & w_3 \\
 & C1 & C2 & C3 \\
\begin{array}{c} A1 \\ A3 \end{array} & \multicolumn{3}{c}{\left[\begin{array}{ccc} 1 & 0.75 & 1 \\ 2/3 & 1 & 1 \end{array}\right]}
\end{array}
$$

$$
\begin{aligned}
p_{13} = p(A1 > A3) &= p\left\{\left(1-\frac{2}{3}\right)+1\left(\frac{3}{4}-1\right)+\frac{1}{4}(1-1)>0\right\} \\
&= p\left(\frac{1}{3}-\frac{5}{4}>0\right)=1
\end{aligned}
$$

가중치 및 각 평가기준별로 비율 정규화를 수행하고 대안 A2와 대안 A3를 비교하는 행렬은 다음과 같다.

$$
\begin{array}{cccc}
 & 1 & 1 & 0.25 \\
 & w_1 & w_2 & w_3 \\
 & C1 & C2 & C3 \\
\begin{array}{c} A2 \\ A3 \end{array} & \multicolumn{3}{c}{\left[\begin{array}{ccc} 1 & 2/3 & 1 \\ 1 & 1 & 0.5 \end{array}\right]}
\end{array}
$$

$$
\begin{aligned}
p_{23} = p(A2 > A3) &= p\left\{1(1-1)+1\left(\frac{1}{3}-1\right)+\frac{1}{2}\left(1-\frac{1}{2}\right)>0\right\} \\
&= p\left(-\frac{1}{3}+\frac{1}{4}>0\right)=0
\end{aligned}
$$

이러한 절차를 충분히 큰 수 N번 반복한다. 만약 N번 반복 중 $p_{12}=1$이 M번 발생한다면 $\widehat{p_{12}}=M/N$이라고 추정할 수 있다. 마찬가지로 P_{13}, P_{23}에 대해서도 이런 절차로 구하고 수렴된 값으로 최종 대안들의 우선순위를 아래의 식으로 구한다.

$$P_1 = \frac{1}{2}\times\left(\widehat{p_{12}}+\widehat{p_{13}}\right)$$

$$P_2 = \frac{1}{2}\times\left(\widehat{p_{21}}+\widehat{p_{23}}\right)$$

$$P_3 = \frac{1}{2}\times\left(\widehat{p_{31}}+\widehat{p_{32}}\right)$$

23장

MAUT(Multi-Attribute Utility Theory)

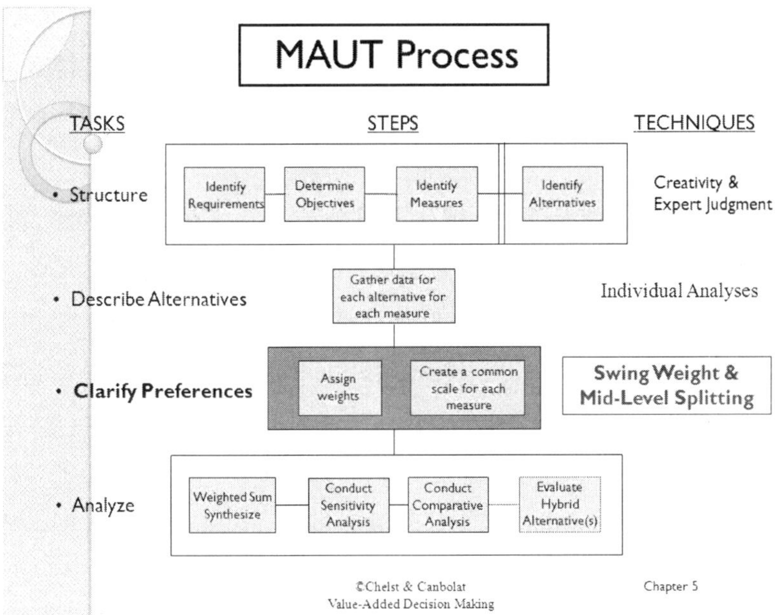

다속성 효용이론(MAUT)은 복잡한 의사결정과정에 통찰력을 얻는 데 유용하게 사용되는 방법으로 통계적 의사결정 이론으로부터 개념적인 구조를 도입하고 있으며 심리학, 경영과학 등에서 개발된 응용기법과 실증경험을 의사결정 과정에 포함한 기법이다. MAUT는 건설입지 선정문제, 계획의 대안 선정, 직장 및 투자품목 선택, 자연 생태 보호 문제, 발전소 입지선정, 교통수단 선정, 댐 건설 의사결정, 공공기관 의사결정 등 다양한 의사결정 문제에 적용되어 왔다.

MAUT는 상식을 사용하기에 너무 복잡한 문제에 대해 문제를 구성하는 여러 속성들의 가치를 정량화하여 전체적인 의사결정이 가능하도록 의사결정자를 지원하는 수단으로써 활용된다. MAUT는 의사결정자나 이해 관련자가 지닌 효용에 분석의 초점을 맞추어 분석하는 방법론이다. 통상적으로 MAUT는 해결하고자 하는 문제의 속성을 식별하고 이에 대한 분석을 통해 평가자가 지닌 개별 속성에 대한 효용함수를 찾아낸다. 다음으로 개별 속성들이 독립적이라는 가정하에 의사결정자나 이해관련자의 MUF(Multi-attribute Utility Function)를 도출한다. 일반적으로 MAUT는 속성별 효용힘수와 이에 따른 MUF의 도출에 많은 시간과 노력이 요구되지만 일단 해당 문제의 MUF를 구성하면 이에 대한 효용 측면의 가치 측정이 용이하고 평가하는 대안의 수가 많아도 재계산이 매우 쉽다는 장점이 있다.

또한 MAUT는 새로운 대안의 출현에도 불구하고 기존 모형을 수정하지 않고 대안이 지니고 있는 속성의 값을 파악함으로써 결과의 도출이 가능하다는 장점이 있다. 즉, 변화하는 조건에 따라 속성의 가치 변화 및 대안의 추가 등에 대한 높은 유연성을 가지고 있다. MAUT의 또 다른 장점은 정량적인 가치와 정성적인 가치의 결합이 가능하며 문제를 구성하는 속성을 세분화하여 문제에 내재된 소규모의 가치까지 유도해 낼 수 있다는 점이다.

MAUT는 주관적인 느낌 또는 가치의 효용을 계량화하면서 많은 속성들에 대한 평가값들을 하나의 평가값으로 결합하여 문제해결을 쉽게 하는 것이다. MAUT의 필수적인 과정은 상충되는 각 속성들 사이의 선호관계를 나타내는 가중치의 산출이며 속성의 가중치는 각 속성의 중요도를 나타내는 것으로서 각 속성에 대한 의사결정자의 선호 강도를 정량화한 것이다. MAUT는 한 번에 하나의 속성씩 각 속성에 대한 효용함수를 도출한다. 따라서 의사결정자는 한 번에 하나의 속성에 대해서만 그 선호도를 표시하므로 평가작업이 매우 단순하며 실용성이 높다. 일반적으로 문제에 대한 복잡성이 증가할 때 단순화 전략에 의존한다는 의사결정 이론과 일치한다.

일반적으로 다속성 의사결정 문제는 여러 속성들에 의해 설명되는 대안들 간의 선택을 다룬다. 이러한 상황 속에서 의사결정 문제의 최적해는 서로 상반되는 속성들에 대해 의사결정자의 효용을 극대화하여 구해질 수 있다. 이때 속성들 간의 상충 때문에 자연히 선호의 상충(Trade-off) 문제가 발생한다. 이를 해결하기 위해 MAUT가 개발되었으며 이 방법은 Von Neumann and Morgenstern에 의해 제시된 가정에 기초를 두고 Kenny와 Raiffa 등에 의해 구체적인 적용절차가 개발되었다.

MAUT 적용단계는 해당문제의 정의와 목표 및 목표를 설명할 수 있는 속성이 설정되면 속성에 대한 가중치를 어떻게 산정할 것인지, 속성별 효용함수를 어떻게 구성할 것인지, 속성별 가중치와 효용함수를 어떤 모형으로 결합할 것인가에 따라 여러 가지 방법이 제시되어 있다.

MAUT의 적용절차는 다음과 같다.

1. 속성 및 속성 수준의 정량화 결정
   해결해야 할 문제와 관련된 자료를 수집, 분석, 식별하여 속성을 도출하며 속성의 평가 단위, 평가 범위 등을 결정한다.

2. 대안 도출
   최종 우선순위를 결정할 수 있는 대안의 도출

3. 단일 속성 효용함수를 도출
   다속성 효용함수의 구성요소로서 속성의 효용을 결정

4. 속성의 가중치 평가
   속성 간 우선순위 및 크기 판단

5. 다속성 효용함수 도출
   단일 속성 효용함수를 결합하여 다속성 효용함수 도출

6. 속성별 및 대안의 효용성 산출
   속성별 효용함수 값을 산출하고 도출된 다속성 효용함수에 대입하여 대안의 효용값 산출

7. 대안의 평가 및 분석
   효용값을 바탕으로 대안의 우선순위를 판단하고 최적 대안 결정

효용이란 선호하는 정도를 수치로 표현한 것이다. 선호의 정도를 함수로 표현한 것을 효용함수라 한다. 효용이론에서 가장 중요한 것은 의사결정자의 위험성향을 정확히 파악하는 효용함수를 찾는 것이다. 위험성향은 그림 23.1과 같이 위험회피형(Risk Averse), 위험선호형(Risk Seeking), 위험중립형(Risk Neutral)의 세 가지 형태로 나눌 수 있다. 일반적으로는 개인이나 집단은 위험을 회피하는 경향이 있으나 때에 따라서는 위험선호형이나 위험중립형을 취할 수도 있다.

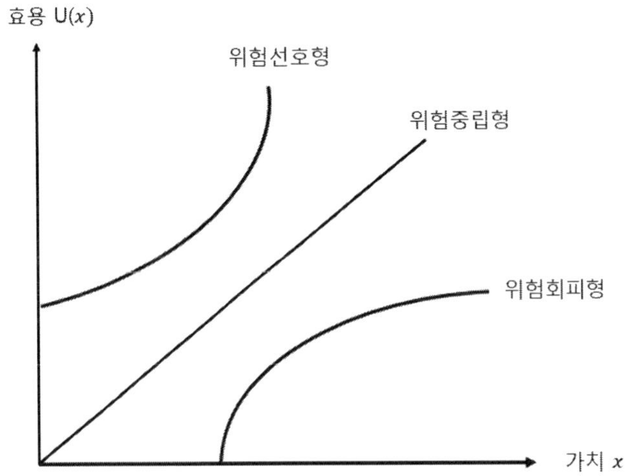

그림 23.1 위험성향

효용함수 이론에는 두 가지 개념이 관련되어 있다. 그림 23.2에서 나타나 있는 것과 같은 확실등가(CE: Certainty Equivalent)와 위험보상(RP: Risk Preminum)의 개념이다. 확실등가는 의사결정의 수학적인 기대가치(EV: Expected Value)와 불확실성으로 인한 위험을 비교하여 불확실성을 회피하기 위한 교환절충(Trade-off) 가능한 값으로 정의할 수 있으며 의사결정자의 위험성향을 반영하여 주관적으로 결정한다. 이 때 불확실성을 회피하기 위해 원래의 기대가치에서 확실등가만큼으로 만족하는 대신 포기한 기대가치를 위험보상이라 한다.

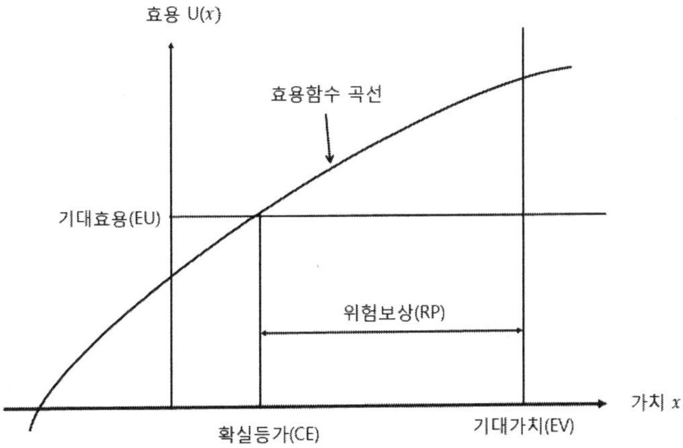

그림 23.2 기대효용, 확실등가, 기대가치, 위험보상 관계

그림 23.2는 효용함수에 의한 기대효용, 확실등가, 기대가치, 위험보상의 관계를 표현한 것이다. 효용함수는 위험회피형, 위험중립형, 위험선호형을 지수함수 형태로 표현 가능하며 아래와 같다.

$$\text{위험회피형: } U(x)=\alpha-\beta e^{-\gamma x}(\gamma>0)$$

$$\text{위험중립형: } U(x)=\alpha+\beta x$$

$$\text{위험선호형: } U(x)=\alpha+\beta e^{\gamma x}(\gamma>0)$$

여기서 α, β는 $U(x)\in[0,1]$을 보장하는 양의 상수이며 r은 위험회피 계수(Risk Aversion Coefficient)이다. r은 증가함수이면 1, 감소함수이면 -1이다.

이론적으로 구간에 따라 증감이나 서로 다른 위험 태도가 혼재된 보다 복잡한 효용함수의 형태를 결정할 수 있다. 하지만 다른 실증적 연구결과로 판단할 때 단일 속성 효용함수가 MUF의 구성요소로 사용되는 경우에는 복잡한 효용함수가 거의 요구되지 않는다.

모수 α, β, γ를 결정하기 위해 각 속성 범주의 최솟값과 최댓값을 결정하여 식 (23-1)과 (23-2)와 같이 표시한다.

$$U(a)=1,\quad a\text{는 속성의 범주 내에서 가능한 최댓값} \tag{23-1}$$

$$U(b)=0,\quad b\text{는 속성의 범주 내에서 가능한 최솟값} \tag{23-2}$$

그리고 효용의 중간값인 0.5가 되는 속성치를 구해 이 때의 속성치를 c라 하면 식 (23-3)

과 같이 되며 의사결정자가 c를 a와 b의 중간값을 선택한다면 이는 위험중립형 성향이고 중간값보다 큰 값을 선택하면 위험선호형, 중간값보다 작은 값을 선택하면 위험회피형 성향이다.

$$U(c) = 0.5\,U(a) + 0.5\,U(b) \tag{23-3}$$

만일 어떠한 사업을 시행하는 경우에 최대 150만원의 이익이 나고, 잘못될 경우에는 최대 20만원의 손해가 난다고 보자. 이렇게 화폐단위로 측정된 결과를 효용으로 전환하기 위해서 효용의 최댓값을 100, 최솟값을 0으로 하는 효용의 한계(Boundary)를 설정해준다. 이 경우 U(150만)=100, U(−20만)=0의 관계가 성립한다고 설정할 수 있다. 의사결정자에게 150만원의 수익이 발생할 확률이 50%이고 20만원의 손해가 발생할 확률이 50%인 복권(Lottery)을 얼마에 구입할 것인가를 질문을 던졌을 때 그 가격이 30만원이었다고 가정하자. 그러면 U(30만원)=0.5×U(150만원)+0.5×U(−20만원)=0.5×100+0.5×0=50의 관계가 성립하여 30만원의 효용, 즉 U(30만원)은 50의 값을 갖게 된다. 유사한 질문을 반복하여 150만원의 수익이 발생할 확률이 50%이고 30만원의 수익이 발생할 확률이 50%인 복권을 얼마에 구입할 것인가에 대해 질문을 던졌을 때 응답한 가격이 100만원이라고 가정하자. 그러면 U(100만원)=0.5×U(30만원)+0.5×U(150만원)=0.5×50+0.5×100=75가 된다. 이러한 방식의 질의응답을 반복하면 단일요인에 대한 효용함수를 도출할 수 있다. MAUT는 이러한 단일요인에 대한 효용함수를 도출할 수 있다는 것을 전제로 한다.

식 (23-1), (23-2), (23-3)이 결정된다면 독립적인 방정식이 3개이고 미지수인 모수가 3개이므로 모수를 구할 수 있다. 그런데 이와 같은 초월함수에 대한 방정식을 풀 때는 직접 계산하는 것보다 MAPLE, MACSYSMA와 같은 Computer Algebra System을 이용하는 것이 일반적이다. 추가적인 효용함수를 구하는 방법 중 SMART와 DVM에 대해서는 뒤에서 설명한다. 다음은 다속성 효용함수의 이론적 배경과 종류이다.

23.1 다속성 효용분석의 이론적 배경

Neumann과 Morgenstern은 8가지 공리를 제안함으로써 다속성 효용분석의 이론적 토대를 마련하였다. 여기서 3가지 대안 x, y, z가 있고 0에서 1 사이의 효용을 갖는 각 대안이 발생할 확률을 P_x, P_y, P_z라 하자. '>'는 '보다 선호한다', '<'는 '보다 선호하지 않는다'라는 것을 나타내며 '~'는 '동등하게 선호한다'는 것을 나타낸다고 하자.

$\{P_x x,\ (1-P_x)y\}$는 $L=(x,\ P_x,\ y)$와 같은 의미이다.

공리 1. 종결성 및 서열성(Closure and Orderability)

의사결정자가 각 대안들을 짝지어 비교한다면 $x > y$, $y > z$, $x \sim y$와 같이 표현할 수 있다.

공리 2. 전이성(Transitivity)

의사결정자가 $x > y$, $y > z$이면 $x > z$이고 $x \sim y$, $y \sim z$이면 $x \sim z$이다.

공리 3. 확신성(Sure-thing)

만약, $x > y$이면 $x > \{P_x x,\ (1-P_x)y\}$이다.

만약, $x < y$이면 $x < \{P_x x,\ (1-P_x)y\}$이다.

공리 4. 연속성(Continuity)

$x > y > z$인 관계가 존재할 때, 결과 y와 동등한 선호를 갖는 대체안 $L=\{x,\ P_x,\ z\}$에 대해서 확률 P_x가 존재한다. 즉, $\{x,\ P_x,\ z\} \sim y$인 P_x가 존재한다.

공리 5. 대체성(Substitutability)

$x \sim y$라면 x는 y에 의해 대체될 수 있으므로 두 대안 $L_1=\{x,\ P,\ z\}$와 $L_2=\{y,\ P,\ z\}$는 대등하게 선호된다. 즉, $x \sim y$는 $\{Px,\ (1-P)z\} \sim \{Py,\ (1-P)z\}$이다.

공리 6. 단조성(Monotonicity)

만약 P_1이 P_2보다 크다면 $L_1=\{x,\ P_1,\ z\}$이 $L_2=\{x,\ P_2,\ z\}$보다 더 선호되어야 한다.

공리 7. 분할성(Decomposibility)

구성하고 있는 복잡한 대안들을 분할 혹은 분해할 수 있어서 단순한 대안으로 줄일 수 있다. x에 대한 확률 P_x, y에 대한 확률 P_y, z에 대한 확률 $1-P_x-P_y$를 갖는 복합 대안 $L_1=\{x, P_x, y, P_y, z, P_z\}$가 있다. 여기서 분할성이란 단순한 대안 $L_2=\{x, P, z\}$가 복합적인 대안 L_1에 대해서 동등하게 선호되는 확률 P가 존재한다는 것이다.

공리 8. 효용차별(Utility Difference)

y보다 x를 선호하고 z보다 y를 선호한다면, y보다 선호되는 $L=\{x, P, z\}$에서 P가 존재한다. 즉, $x>y>z$라면 $\{Px, (1-P)z\}>y$를 만족시키는 P가 존재한다.

만약 의사결정자가 위의 공리를 받아들였고 결과 x, y, z가 이들 가정을 만족하다면 효용함수 $U(\bullet)$는 다음 관계가 성립한다.

① $U_x > U_y > U_z$라면 $x>y>z$이다.
② $U\{Px, (1-P)y\}=PU(x)+(1-P)\,U(y)$

또한 복합 대안을 채택하기로 결정하였고 이 대안의 기대효용을 평가하려 한다면 $E(U(L_1))=P_xU(x)+P_yU(y)+(1-P_x-P_y)\,U(z)$가 된다. 마지막으로 V가 위의 공리들을 만족하는 어떤 효용함수라면 이 함수는 위의 공리를 만족하는 어떤 다른 효용함수와 선형관계에 있다.

③ $V(x)=aU(x)+b$

즉, 효용함수는 서로 양(+)의 선형변환을 한다.

23.2 다속성 효용함수 도출

다속성 효용함수를 도출하기 위해서는 효용 독립, 선호 독립, 상호효용 독립, 가산적 독립의 조건을 검사하여 적절한 다속성 효용함수를 채택해야 한다. 다음은 이러한 독립의 정의와 조건들이다. 다속성 효용함수의 독립적 조건은 다음과 같다.

1) 효용 독립(Utility Independence)

두 가지 속성일 경우 효용 독립은 다음과 같이 정의된다.

> 주어진 z에서 y에 대한 대안의 조건부 선호가 z의 특정수준에 의존하지 않으면 y는 z에 대해 효용 독립이다. y가 z에 대해 효용 독립이면 다음 식이 성립한다.
>
> $$U(y, z) = g(z) + h(z)\,U(y, z')$$
>
> 여기서 $g(\cdot) > 0$, $h(\cdot) > 0$이다.

여기서 $g(\cdot)$, $h(\cdot)$는 단지 z에만 종속되고 y에는 종속되지 않는다. 물론 $g(\cdot)$와 $h(\cdot)$의 함수형태는 선택된 특정의 z'에만 종속된다. 또한 효용 독립은 다음과 같이 표현할 수도 있다.

$$(y, z') \sim (y_1, z')P(y_2, z')$$

여기서 $(y_1, z')P(y_2, z') = P(y_1, z') + (1-P)(y_2, z')$.

$z^0 \le z' \le z^*$ ($z^0 = 0$: 최저 효용, $z^* = 1$: 최고 효용)

2) 선호 독립(Preferential Independence)

> 만약 (x, y) 공간 내에서의 조건부 선호가 제 3의 속성 z의 수준에 의존하지 않는다면, 두 속성 x와 y의 쌍 (x, y)는 z에 대해서 선호 독립이다. 다시 말해서, 만약 z의 어떤 수준에 대해서도 $(x, y) > (x', y')$ 그리고 $(x, y, z) > (x', y', z')$가 성립하면, (x, y)는 z에 대해 선호 독립이다.

3) 상호효용 독립(Mutual Utility Independence)

속성들의 모든 적정 부분집합이 그들의 여집합과 효용 독립일 때 상호효용 독립이라고 한다. x_1과 x_2가 서로 효용 독립이면 $\{x_1, x_2\}$는 상호효용 독립이다. 두 가지 속성일 경우, 상호효용 독립성은 다음과 같은 일반적 형태로 나타낼 수 있다.

$$U(x_1, x_2) = k_1 U_1(x_1) + k_2 U_2(x_2) + k_{12} U_1(x_1) U_2(x_2)$$

여기서, x_i : i번째 속성값

U_i : i번째 속성의 효용함수

k_i : 속성 i의 가중치

앞에서 설명한대로 상호효용 독립성을 만족하려면, 속성들의 부분집합 모두가 그의 여집합에 대해 효용 독립이어야 한다. 따라서 n개의 속성을 가진 경우, 속성들의 부분집합은 $2^n - 2$개이며, 이들 모두가 효용 독립 조건을 만족해야 한다. 예를 들면, 10가지 속성인 경우 $2^{10} - 2 = 1{,}022$회의 효용 독립성 검정을 하여야 한다. 이와 같은 어려움을 해소하기 위해 다음과 같이 상호효용 독립성에 대한 필요조건을 완화한 정리가 유용하다.

> x_1이 $\overline{x_1}$에 대해 효용 독립이고, $\{x_1, x_i\}$가 $\{\overline{x_1}, \overline{x_i}\}$에 대해 선호 독립이면, x_i는 상호효용 독립이다. 여기서 $i = 2, \cdots, n$, $n \geq 3$이다.

위의 정리를 이용하면 1회의 효용 독립성 검정과 $(n-1)$회의 선호 독립성 검정을 통해 상호효용 독립성 검정이 가능하다.

4) 가산적 독립(Additive Independence)

두 가지 속성 Y와 Z에 대한 두 결합확률 분포에 의해서 정의되는 어떤 두 확률을 서로 짝지어 선호를 비교하는 것이 단지 이들의 주변확률 분포(Marginal Probability Distribution)에만 의존한다면, 속성 y와 z는 가산적 독립이다.

임의로 선택된 y', z' 그리고 y, z의 어떤 수준에 대해서도 그림 23.3과 같은 두 확률 L1과 L2가 무차별(L1 ~ L2)하면 가산적 독립이다.

$$U[0.5(y, z) + 0.5(y', z')] \sim U[0.5(y, z') + 0.5(y', z)]$$

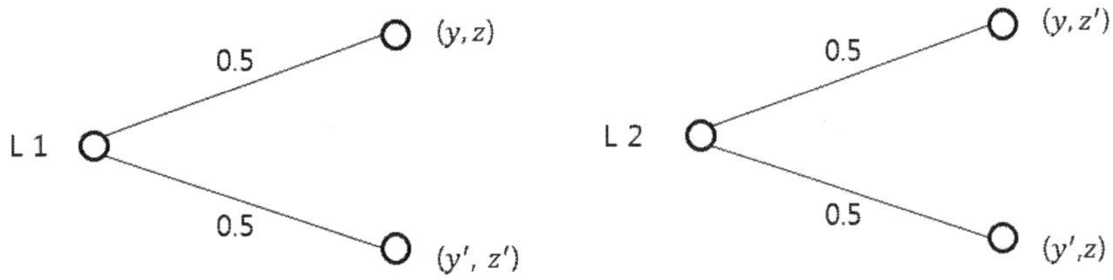

그림 23.3 두 가지 확률 분포 예

23.3 다속성 효용함수의 선택

이러한 효용성 이론을 바탕으로 어떤 다속성 함수를 사용할 것인가를 결정해야 하는데 그림 23.4와 같은 절차를 따른다.

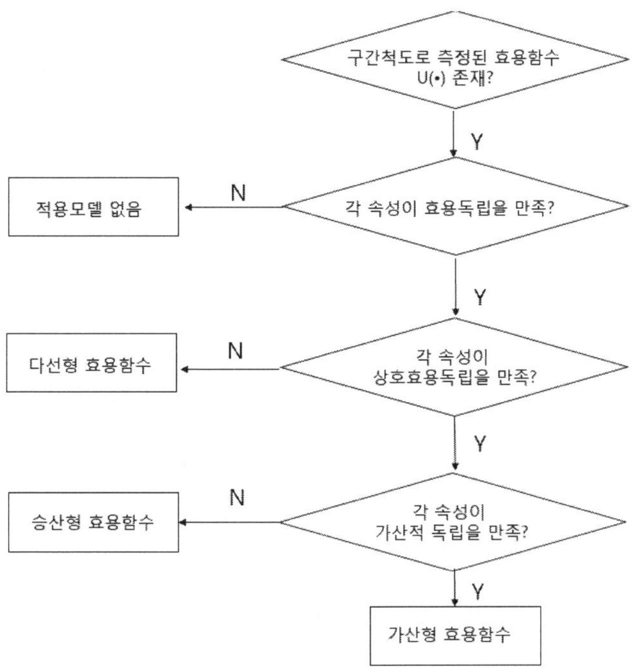

그림 23.4 다속성 함수 결정 절차

1) 가산형 효용함수(Additive Utility Function)

n개의 속성 x_1, x_2, $\cdots$, x_n에 대하여 효용 독립, 상호효용 독립, 가산적 독립 조건이

만족되면 다음과 같이 표시할 수 있다.

$$U(X) = \Sigma_{i=1}^{n-1}\Sigma_{j=2}^{n}(x_i, x_j) \text{ 또는 } U(X) = \Sigma_{i=1}^{n} k_i U_i(x_i)$$

여기서 k_i는 가중치

이와 같은 형태는 다음의 조건들을 기초로 하고 있다.

1. U는 $U(x_1^0, x_2^0, x_3^0, \cdots, x_n^0) = 0$에서 $U(x_1^*, x_2^*, x_3^*, \cdots, x_n^*) = 1$까지의 값을 갖는다.
2. $U_i(x_i)$는 x_i에 대한 조건부 효용함수로서 $U_i(x_i^0) = 0$에서 $U_i(x_i^*) = 1$까지의 값을 갖는다. 여기서 $i = 1, 2, \cdots, n$
3. $k_i = U(x_i^*, \overline{x_i^0})$ $i = 1, 2, \cdots, n$. $\overline{x_i}$는 x_i의 여집합

k_i를 측정하기 위해 속성이 두 가지($i = 1, 2$)인 경우에 대한 그림 23.5와 같은 대안을 고려해 보자.

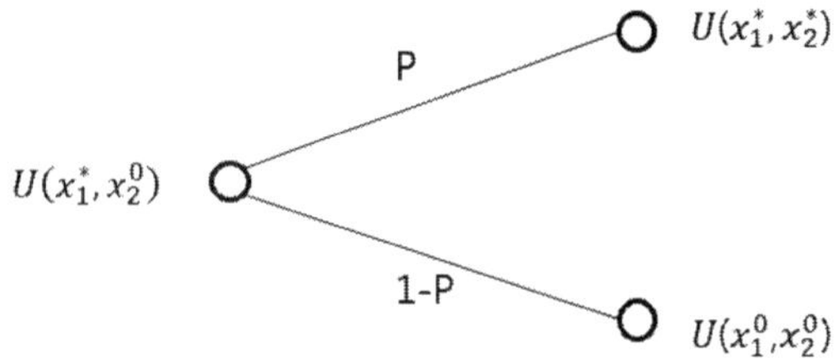

그림 23.5 대안의 상태 변화 확률

위의 대안에서 확실한 결과와 확률 사이에 차이가 없게 될 때까지 P를 변경시켜서 다음과 같이 등가가 되도록 한다.

$$U(x_1^*, x_2^0) = P \cdot U(x_1^*, x_2^*) + (1-P) \cdot U(x_1^0, x_2^0)$$

정의에 의해서 $U(x_1^*, x_2^0) = k_1$, $U(x_1^0, x_2^0) = 0$, $U(x_1^*, x_2^*) = 1$이 성립한다.

$$k_1 = P \times 1 + (1-P) \times 0 = P$$

이와 같은 과정을 되풀이해서 k_i를 결정한다. 그리고 $\sum_{i=1}^{n} k_i = 1$이 성립하지 않으면 k_i값에 대한 비일관성이 존재하거나 가산적 독립 가정이 만족되지 않으므로 다른 형태의 효용함수를 이용해야 한다.

2) 승산형 효용함수(Multiplicative Utility Function)

속성 x_1, x_2, ⋯, x_n이 효용 독립과 상호효용 독립을 만족하지만 가산적 독립을 만족하지 않는다면 다음과 같은 승산형 효용함수가 성립한다.

$$\begin{aligned} U(X) = & \sum_{i=1}^{n} k_i U_i(x_i) + K \sum_{i=1}^{n-1} \sum_{j=2}^{n} k_i k_j U_i(x_i) U_j(x_j) \\ & + K^2 \sum_{i=1}^{n-2} \sum_{j=2}^{n-1} \sum_{l=3}^{n} k_i k_j k_l U_i(x_i) U_j(x_j) U_l(x_l) \\ & + \cdots + K^{n-1} k_1 k_2 \cdots k_n U_1(x_1) U_2(x_2) \cdots U_n(x_n) \end{aligned}$$

예) $$\begin{aligned} U(x_1, x_2, x_3) = & k_1 U_1(x_1) + k_2 U_2(x_2) + k_3 U_3(x_3) + K k_1 k_2 U_1(x_1) U_2(x_2) \\ & + K k_1 k_3 U_1(x_1) U_3(x_3) + K k_2 k_3 U_2(x_2) U_3(x_3) \\ & + K^2 k_1 k_2 k_3 U_1(x_1) U_2(x_2) U_3(x_3) \end{aligned}$$

이와 같은 승산형 효용함수 형태는 다음과 같은 조건을 전제로 한다.

1. U는 $U(x_1^0, x_2^0, x_3^0, \cdots, x_n^0) = 0$에서 $U(x_1^*, x_2^*, x_3^*, \cdots, x_n^*) = 1$까지의 값을 갖는다.
2. $U_i(x_i)$는 x_i에 대한 조건부 효용함수로서 $U_i(x_i^0) = 0$에서 $U_i(x_i^*) = 1$까지의 값을 갖는다. 여기서 $i = 1, 2, \cdots, n$
3. $k_i = U(x_i^*, \overline{x_i^0})$ $i = 1, 2, \cdots, n$. $\overline{x_i}$는 x_i의 여집합
4. K는 -1보다 큰 Scaling Constant로서 $1 + K = \prod_{i=1}^{n}(1 + K k_i)$에 대한 해이다.

만약 위 식에서 $\sum_{i=1}^{n} k_i = 1$이고 $K = 0$이면 $U(X) = \sum_{i=1}^{n} k_i U_i(x_i)$와 같은 가산형 효용함수가 된다. 그 외의 경우에 x_1, x_2, x_3, ⋯, x_n의 모든 부분집합이 효용 독립일 경우 효용함수는 다음과 같은 곱의 형태로 표시될 수 있다. 이를 승산형 효용함수라고 한다.

$$K \cdot U(X)+1=\Pi_{i=1}^{n}[Kk_iU_i(x_i)+1]$$

승산형 효용함수에서 Scaling Constant K를 평가측정하는 방법은 $\Sigma_{i=1}^{n}k_i=1$인 경우에는 위 식에 대해서 x_i^*에 대해 평가측정할 수 있다.

$$1+K=\Sigma_{i=1}^{n}(1+Kk_i)$$

Keeney는 $\Sigma_{i=1}^{n}k_i>1$인 경우에는 $-1<K<0$임을 증명하였다. k_i는 이미 결정되었기 때문에 위 식에서 K의 적절한 값에 대해서 수렴시킴으로써 반복적으로 풀 수 있다.

3) 다선형 효용함수(Multi Linear Utility Function)

만약 속성 $X=(x_1, x_2, \cdots, x_n)$, $n \geq 2$에서 x_i가 $\overline{x_l}$에 대하여 효용 독립만 만족하면 다음과 같은 다선형 효용함수가 적용 가능하다.

$$\begin{aligned} U(X) &= \Sigma_{i=1}^{n}k_iU_i(x_i)+\Sigma_{i=1}^{n-1}\Sigma_{j=2}^{n}k_{ij}U_i(x_i)U_j(x_j) \\ &+\Sigma_{i=1}^{n-2}\Sigma_{j=2}^{n-1}\Sigma_{l=3}^{n}k_{ijl}U_i(x_i)U_j(x_j)U_l(x_l) \\ &+\cdots+k_{123\cdots n}U_1(x_1)U_2(x_2)\cdots U_n(x_n) \end{aligned}$$

예) $U(x_1, x_2, x_3)=k_1U_1(x_1)+k_2U_2(x_2)+k_3U_3(x_3)+k_{12}U_1(x_1)U_2(x_2)$
$+k_{13}U_1(x_1)U_3(x_3)+k_{23}U_2(x_2)U_3(x_3)$
$+k_{123}U_1(x_1)U_2(x_2)U_3(x_3)$

이와 같은 형태는 다음의 조건들을 기초로 하고 있다.

1. U는 $U(x_1^0, x_2^0, x_3^0, \cdots, x_n^0)=0$에서 $U(x_1^*, x_2^*, x_3^*, \cdots, x_n^*)=1$까지의 값을 갖는다.
2. $U_i(x_i)$는 x_i에 대한 조건부 효용함수로서 $U_i(x_i^0)=0$에서 $U_i(x_i^*)=1$까지의 값을 갖는다. 여기서 $i=1, 2, \cdots, n$
3. 가중치 k_i는 다음과 같이 구할 수 있다.

$$k_i=U(x_i^*, \overline{x_i^0}) \quad i=1, 2, \cdots, n$$

$$k_{ij} = U(x_i^*, x_j^*, \overline{x_{ij}^0}) - k_i - k_j$$

$$k_{ijl} = U(x_i^*, x_j^*, x_l^*, \overline{x_{ijl}^0}) - k_{ij} - k_{jl} - k_{il} - k_i - k_j - k_l$$

MAUT는 전체에 대한 효용함수를 구하지 않고 둘 이상의 속성별로 각각 효용함수를 구해서 이를 합하는 형식으로 구성된다. 이러한 원리를 효용함수의 가분성(Separability)라고 한다. 가분성에 의해 효용함수를 합하려면 각 속성들 간에 선호 독립과 효용 독립이라는 전제조건을 만족해야 한다. 하나의 기준의 결과에 대해 다른 기준에 대해 영향을 받지 않는다면 이를 선호 독립이라고 한다. 효용 독립은 선호 독립과 유사하나 더 강한 조건으로서 불확실성하에서 선호를 평가한다.

선호 독립, 효용 독립 및 선호의 가법성으로 구성되는 가치 독립에 관한 테스트는 여러 가지 길고 복잡한 과정을 거쳐야 하는 문제가 있다. 각 속성이 다른 속성에 대한 수단이 아니라는 점에 있어서 근본적이고 속성의 목록이 포괄적이라면 독립성에 대한 검증 없이 가산형 형태의 다속성 효용함수를 사용하는 것이 별 무리가 없기 때문이다. 대부분의 실증연구에서도 의사 유도 절차의 복잡성을 줄이기 위해 단순한 가산형 구조가 거의 항상 사용된다. 가산형 함수는 다양한 상황에서 강건하고 복잡한 승산형 함수의 기본적인 출발점이 되기에 충분하다. 그림 23.6은 MAUT의 다양한 효용함수를 이용하여 효용값을 결정하는 개념을 표현하고 있다.

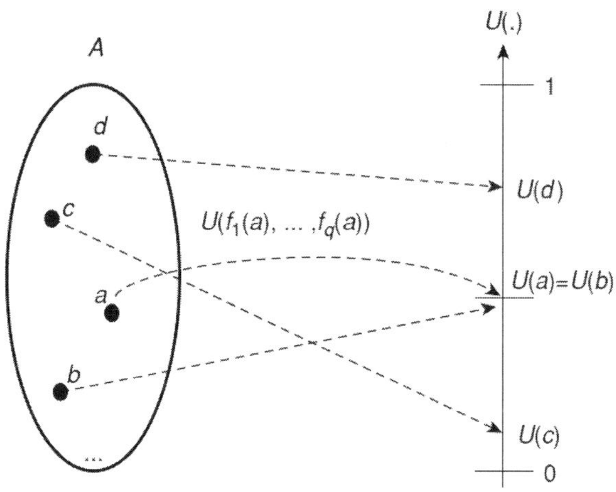

그림 23.6 MAUT를 이용한 대안 집합 A의 대안의 효용 결정

4) 가중치 적용방법

가중치를 구하는 방법은 이 책의 9장을 참고하라.

5) 효용함수를 구하는 방법

효용함수를 구하는 방법은 여러 가지가 있다. 여기서는 SMART(Simple Multi-Attribute Rating Technique), DVM(Different Value Measurement), Swing Method를 설명한다.

(1) SMART(Simple Multi-Attribute Rating Technique)

SMART 기법에서의 각 속성별 효용함수 작성은 우선 최종목표를 설명하는 속성에 대한 최대, 최소 범위를 설정하고 최소 범위의 효용가치를 0으로, 최대 범위의 효용가치를 100으로 설정한 후 최대, 최소 범위에 대한 효용가치를 직접 점수화하여 함수화한다. 각 속성별로 동일한 측정기준을 가질 필요는 없다. 표 23.1과 같이 속성별 성과 측정도구는 다 상이할 수가 있다. 그러나 어떤 속성이든지 최소치와 최대치를 정해 주고 그 사이 값은 보간법으로 추정한다.

표 23.1 속성별 최소치와 최대치 설정

속성	성과 측정도구	최소	최대
A	9점 척도	1	9
B	비율 (%)	10	80
C	VP, P, F, G, VG	VP(Very Poor)	VG(Very Good)
D	참여 인원	10	300
E	점수	0	100
F	시간	0	30

예를 들어 그림 23.7의 왼쪽 그림과 같이 속성 A는 9점 척도를 사용하므로 9점 척도에서 1점은 0으로 9점은 100으로 최소와 최댓값을 선정한 후, 주로 실시하는 전문가들의 참여에 의해 3점은 30점으로 6점은 75점으로 정한 다음 나머지 사이 값은 보간법으로 추정한다.

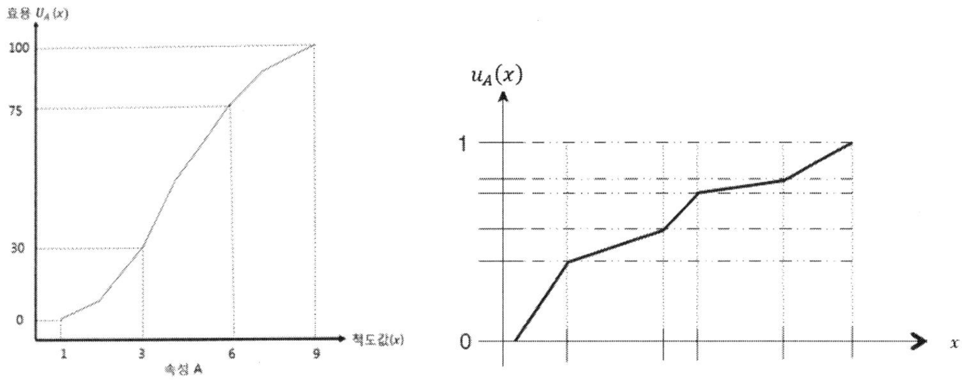

그림 23.7 Piecewise Linear 효용함수

(2) DVM(Different Value Measurement)

DVM 기법은 효용가치의 무차별화를 이용해 효용함수와 가중치를 설정하는 쌍대비교 방법이다. DVM에서 활용하는 무차별성(Indifference)은 각 속성 간 혹은 속성 내에서의 특정값이 지니는 효용과 동일한 값이나 비율을 설정함으로써 가중치 효용함수를 작성하게 된다. 예를 들어 A 속성의 가치와 B 속성의 가치를 상호 비교할 경우 A 속성이 B 속성보다 더 중요하다면 얼마만큼 더 중요한가에 대한 문제가 생긴다. 이를 전문가 혹은 의사결정자의 판단에 따라 그 정도를 결정하게 되는데 만약 A : B = 0.5 : 1이라면 B 속성의 1단위 중요도는 A 속성의 0.5단위 중요성과 동일하다고 할 수 있다.

표 23.1의 속성 B의 경우 최솟값 10%, 최댓값 80%의 범위에서 최솟값인 10%일 때 효용가치가 1이라면 동일한 1의 효용가치를 추가하는 척도값이 30%라면 30%의 효용가치는 2가 된다. 30% 효용가치에서 동일한 1의 효용가치를 추가하는 척도값이 50%라면 50%의 효용가치는 3이 된다. 이와 같이 동일한 방식을 반복함으로써 효용함수를 작성할 수 있다.

이러한 방법으로 각 속성별로 효용함수를 작성할 수 있고 이 효용함수를 근거로 각 효용함수의 가중치를 구하는 방법을 알아보자.

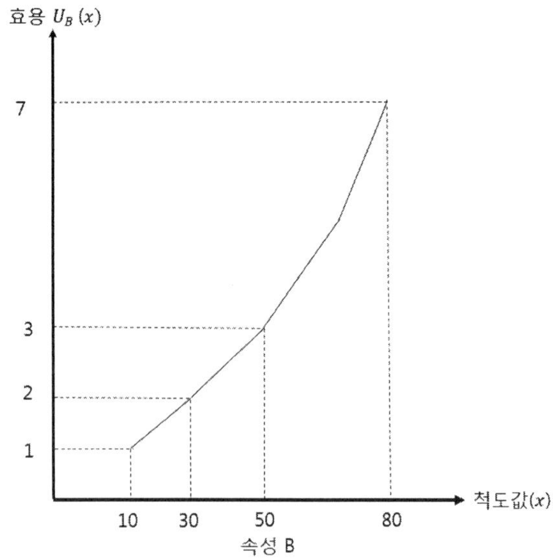

그림 23.8 속성별 효용함수 도출

다음은 DVM 기법에 의한 속성별 가중치를 결정하는 방법을 알아보자. 그림 23.9와 표 23.2와 같이 만약 속성 A 대 속성 B의 중요성이 0.9 대 1이고 속성 B 대 속성 C의 중요성이 0.7 대 1이고 나머지 (속성 C, 속성 D), (속성 D, 속성 E), (속성 E, 속성 F)도 다음의 표와 같이 결정했다면 이 정보를 가지고 각 속성의 가중치를 어떻게 결정하느냐 하는 문제이다.

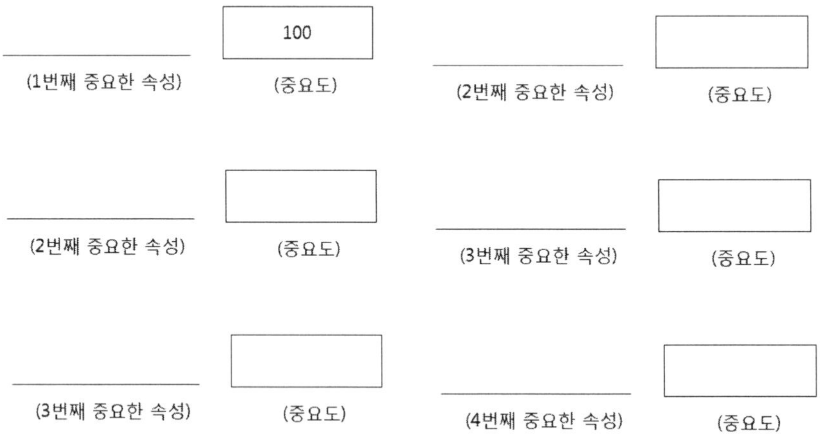

그림 23.9 쌍대비교에 의한 가중치 도출 기법

표 23.2 속성별 교차 비교로 DVM 기법 적용

속성	A	B	C	D	E	F
중요도	0.9	1				
		0.7	1			
			0.7	1		
				0.9	1	
					0.6	1

속성 A의 가중치를 k_A, 속성 B의 가중치를 k_B, ……, 속성 F의 가중치를 k_F라 한다면 다음과 같은 식을 구할 수 있다.

$$k_A U_A(0.9) - k_B = 0$$

$$k_B U_B(0.7) - k_C = 0$$

$$k_C U_C(0.7) - k_D = 0$$

$$k_D U_D(0.9) - k_E = 0$$

$$k_E U_E(0.6) - k_F = 0$$

$$k_A + k_B + k_C + k_D + k_E + k_F = 1$$

$U_A(0.9)$는 앞에서 구한 속성 A의 효용함수에서 0.9를 대입해서 구한 값이다. 마찬가지로 모든 속성에 대한 척도값을 입력하여 효용값을 구할 수 있으므로 $U_i(x)$, $i = A, B, C, D, E, F$는 상수이다. 각 속성의 효용함수에서 $U_A(0.9) = 0.35$, $U_B(0.7) = 0.282$, $U_C(0.7) = 0.137$, $U_D(0.9) = 0.085$, $U_E(0.6) = 0.075$를 찾았다고 가정하면 선형 독립인 방정식이 6개이고 미지수가 6개이므로 가중치들을 표 23.3과 같이 구할 수 있다.

표 23.3 속성별 가중치 도출

속성	A	B	C	D	E	F
가중치	0.350	0.282	0.137	0.085	0.075	0.071

(3) Swing Method

Swing 기법은 비계층적 가치 도출 방법이다. Swing 기법에서의 최하위에 존재하는 판단과제들은 모든 판단과제가 가장 '최악'인 경우에서 해당 판단과제만이 최상으로 격상되었을 때 전체적인 결과를 얼마나 향상시킬 것인가에 대한 의사결정자의 판단에 따라 결정된다. 의사결정자들은 최악의 상황을 상정한 후에 해당 판단과제만이 최상의 수준으로 향상되었을 때 전체적인 결과를 '가장' 향상시킬 것으로 여겨지는 판단과제를 선택하여 점수를 부여한다. 이런 연속적인 작업은 대안의 속성의 가중치에 대한 순위를 부여하는 작업이며 결과적으로 각 판단과제에 대한 가중치는 전체 결과에 미치는 상대적 기여도를 나타내게 된다. 이처럼 Swing 기법은 이론적으로 최악인 대안을 기준으로 대안들의 비교가 가능하게 한다. Swing이란 해당 속성을 좋고 나쁜 것으로 상정하는 '방향전환'을 의미한다고 한다.

Swing 기법의 적용을 위해서는 먼저, 가치나무(Value Tree)를 사용해 각 요소들을 확인하고 가장 하위에 존재하는 판단과제들을 선정한다. 가치나무는 의사결정의 최종목표를 의사결정자의 총 만족도로 설정한다. 또한 최종 목표를 구성하고 있는 요소를 찾아내어 달성하기 위한 목표와 측정 수단을 찾아냄으로써 목표와 평가기준을 객관적으로 탐색하는 기법이다.

의사결정자는 각 요소가 가능한 최악의 수준인 경우를 연상한 후 대안별 상대적 선호도에 따라 이를 서열화한다. 의사결정자는 만약 모든 대안이 최악의 수준일 때 해당 요소만이 최악의 수준에서 바람직한 수준으로 향상된다면 전체적인 의사결정 목표의 가치가 최상으로 향상될 것이라 여겨지는 요소를 선택하여 최고의 가중치를 부여한다. 두 번째와 그 이후의 요소들도 상대적 선호도의 순서에 따라 서열화한다. 서열화가 끝나면 가장 선호하는 대안에 0점에서 100점 사이의 점수가 부여되고 나머지 대안들도 0에서 100점 사이의 차등적인 점수가 부여된다. 상대적 기여도에 대한 평가점수는 그 합이 1이 된다. 마지막으로 평가의 수리적 모형에 따라 가중치를 산출한다.

Swing Method를 간략하게 표현하면 그림 23.10과 같이 응답자가 선호하는 속성을 순서대로 나열하도록 했을 때 응답자가 선호하는 속성을 100으로 설정하고 나머지 속성은 순차적 상대점수를 부여하는 방법이라고 할 수 있다. 그러나 구체적으로 Swing Method를 적용하기 위해서는 위에서 설명한 좀 더 정교한 방법이 필요하다.

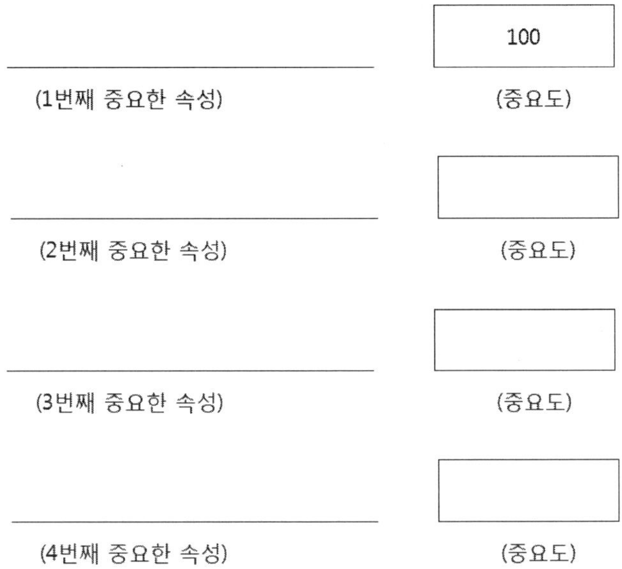

그림 23.10 Swing 기법에 의한 가중치 결정

일반적으로 Swing기법이 쌍대비교법보다 바람직하다고 알려져 있지만 속성이 다수일 때는 쌍대비교법이 더 정교한 결과를 가져온다고 알려져 있다. 구체적인 Swing 방법은 이 책의 9.12절을 참조하라.

[MAUT 예제 1]

출처: MAUT를 이용한 차세대 에너지 기술평가 및 선정 연구(이덕기 등)

(1) 문제의 구조화

차세대 에너지 기술평가 및 선정을 위해 MAUT 방법을 적용하여 분석하기로 하였다. MAUT 방법을 적용하기 위해서는 먼저 문제를 구조화해야 한다. 차세대 에너지 기술평가 및 선정을 위해 먼저 목표를 달성하기 위한 환경성, 경제성, 자원성을 대(大)속성으로 두고 그 세부 속성으로 6가지를 정하였다. 그리고 각 속성 수준의 정량화를 위해 기준을 설정하였다. 대속성의 가중치는 전문가들의 평가에 의해 결정하였다.

표 23.4 속성의 계층화

대속성	세부 속성	속성 수준의 정량화
환경성 (0.487)	1. CO_2 저감 (0.395)	CO_2 저감량 (TC)
	2. SO_x, NO_x 저감 (0.355)	SO_x, NO_x 저감율 (%)
	3. VOC (휘발성 유기화합물) 저감 (0.25)	VOC 저감율 (%)
경제성 (0.231)	4. 에너지 이용효율 향상 (1.000)	에너지 이용효율 향상율 (%)
자원성 (0.282)	5. 자원 공급 가능량 (0.447)	자원 공급 증가 정도 (TOE)
	6. 기술 파급 효과 (0.368)	기술개발에 따른 경제가치 증가 (억원)

(2) 대안의 설정

다음으로 속성별 기술대안을 설정하였는데 대속성별 기술대안은 표 23.5와 같다.

표 23.5 대속성별 기술대안

대 속성	기술명
환경성 (0.487)	Tech 6: 폐기물 에너지 이용기술 (추천) Tech 7: VOC 제거기술 (추천) Tech 8: 고효율 열펌프 냉난방기술 (0.361) Tech 9: 환경친화적 건물 부하 저감 기술 (0.283) Tech 10: 저연비 저공해 자동차 기술 (0.651) Tech 11: 석탄가스화 복합발전 (IGCC) 기술 (0.351)
경제성 (0.231)	Tech 4: 산업용 연소설비의 고효율화 기술 (0.607) Tech 2: 고효율 집단 에너지 공급기술 (0.513) Tech 13: 에너지 절약형 축열시스템 기술 (0.351)
자원성 (0.282)	Tech 1: 수소 에너지 이용기술 (0.495) Tech 3: 연료전지 발전기술 (추천) Tech 5: 바이오매스 이용기술 (추천) Tech 12: 산업용 태양열 시스템 개발 (0.373)

(3) 단일 속성 효용함수 결정

x_i을 i번째 속성이라고 하면 단일 속성 효용함수는 다음과 같이 결정되었다. 효용함수 결정방법은 앞의 이론을 설명한 방법을 참고하라.

$$U(x_1) = -1.06002 - 1.45838e^{-0.00319x_1}$$

$$U(x_2) = -1.06002 - 1.45838e^{-0.00319x_2}$$

$$U(x_3) = -1.06002 - 1.45838e^{-0.00319x_3}$$

$$U(x_4) = -1.00000 - 511.99805e^{-0.69315x_4}$$

$$U(x_5) = -1.00000 - 511.99805e^{-0.69315x_5}$$

$$U(x_6) = -1.00000 - 3.99998e^{-0.13863x_6}$$

(4) 속성의 가중치 결정

속성(평가기준)은 앞에서 결정한 것과 같이 다음과 같다.

속성 1 (Attribute 1): CO_2 저감

속성 2 (Attribute 2): 자원공급 가능량

속성 3 (Attribute 3): 에너지 이용효율 향상

속성 4 (Attribute 4): SO_x, NO_x 저감

속성 5 (Attribute 5): VOC(휘발성 유기화합물) 저감

속성 6 (Attribute 6): 기술 파급 효과

속성의 가중치를 결정하기 위해 전문가 S1부터 S14까지 14명의 의견을 들어 표 23.6과 같은 결과를 얻었다. 평가방법은 우선순위를 매기도록 해서 평가한 것이다. 이 방법은 제일 좋은 것이 1로, 제일 좋지 않는 것을 6으로 하여 결정한 것이기 때문에 실제 순위는 역순이 되어야 한다. 따라서 우선순위를 역으로 하여 정규화한다. 정규화할 때 벡터 정규화

방법을 사용하였다.

가중치 산출결과를 보면 속성 3인 에너지 이용효율 향상이 가장 중요한 속성으로 나타났으며 다음으로 CO_2 저감, 자원공급 가능량, 기술 파급 효과, SO_x NO_x 저감, VOC(휘발성유기화합물) 저감 순으로 나타났다.

표 23.6 속성에 대한 전문가별 가중치

속성	1	2	3	4	5	6	계
전문가							
1	0.24	0.29	0.19	0.14	0.05	0.10	1.00
2	0.24	0.14	0.29	0.10	0.05	0.19	1.00
3	0.14	0.29	0.24	0.19	0.10	0.05	1.00
4	0.14	0.29	0.24	0.10	0.05	0.19	1.00
5	0.19	0.24	0.29	0.10	0.14	0.05	1.00
6	0.29	0.14	0.24	0.10	0.05	0.19	1.00
7	0.29	0.10	0.24	0.14	0.05	0.19	1.00
8	0.24	0.29	0.14	0.19	0.10	0.05	1.00
9	0.24	0.05	0.29	0.19	0.14	0.10	1.00
10	0.14	0.19	0.24	0.05	0.10	0.29	1.00
11	0.24	0.05	0.29	0.14	0.10	0.19	1.00
12	0.24	0.05	0.29	0.10	0.19	0.14	1.00
13	0.19	0.10	0.29	0.24	0.14	0.05	1.00
14	0.19	0.14	0.29	0.10	0.05	0.24	1.00
평균	0.21	0.17	0.25	0.13	0.09	0.14	1.00
순위	2	3	1	5	6	4	

(5) 다속성 효용함수 도출

앞에서 결정한 단일 속성 효용함수와 속성별 가중치를 결합하여 다속성 효용함수를 도출한다. 앞에서 설명한 것과 같이 다속성 효용함수 도출방법은 Additive, Multi-linear, Multiplicative 등 여러 가지가 있으나 여기서는 단일 속성 효용함수가 독립적인 것으로 생각하여 Additive 모델을 적용하였다.

$$
\begin{aligned}
U(x_1,\, x_3,\, x_3,\, x_4,\, x_5,\, x_6) = {} & 0.21(-1.06002 - 1.45838e^{-0.00319x_1}) \\
& + 0.17(-1.06002 - 1.45838e^{-0.00319x_2}) \\
& + 0.25(-1.06002 - 1.45838e^{-0.00319x_3}) \\
& + 0.13(-1.00000 - 511.99805e^{-0.69315x_4}) \\
& + 0.09(-1.00000 - 511.99805e^{-0.69315x_5}) \\
& + 0.14(-1.00000 - 3.99998e^{-0.13863x_6})
\end{aligned}
$$

(6) 속성치 및 기술대안의 효용치 산출

설문 시 전문가는 속성치로 직접 응답한 것이 아니라 각 기술별 우선순위로 응답하였으므로 그 우선순위를 속성치로 변환해야 한다. 변환방법은 속성범주에 우선순위를 등간격으로 맵핑한다. 예를 들면 CO_2 저감에 해당하는 범위는 1,000~100 (TC)이므로 전체 13개 기술에 대한 우선순위가 8이라면 우선순위가 높은 수치가 속성치도 높게 하기 위해 역을 취한다. 따라서 수정 우선순위는 5(=13-8)가 된다. 이 때의 속성치는 다음과 같이 구한다.

$$1{,}000 - 100 : 13 - 1 = 1{,}000 - x : 13 - 5$$

전문가 14명의 각 기술에 대한 효용치를 구하면 표 23.7과 같다.

표 23.7 전문가들의 기술에 대한 효용치

전문가	1	2	3	4	5	6	7	8	9	10	11	12	13	14	계	순위
기술																
tech 1	0.0778	0.0592	0.0912	0.0817	0.0825	0.0835	0.0618	0.1041	0.0814	0.0816	0.0782	0.0855	0.0744	0.0931	1.136	6
tech 2	0.0837	0.1035	0.0698	0.102	0.0863	0.0778	0.099	0.069	0.0768	0.0794	0.0796	0.1053	0.0877	0.0799	1.1998	3
tech 3	0.787	0.0773	0.1236	0.0865	0.0654	0.0871	0.0714	0.0854	0.0783	0.0786	0.078	0.0842	0.0738	0.1302	1.1985	4
tech 4	0.798	0.1045	0.1029	0.949	0.0799	0.862	0.1235	0.0871	0.084	0.0797	0.0796	0.121	0.1087	0.1306	1.3624	1
tech 5	0.0841	0.0835	0.0522	0.0606	0.0983	0.0859	0.045	0.0479	0.0587	0.0812	0.0796	0.0688	0.0558	0.0305	0.9321	10
tech 6	0.1072	0.0845	0.0517	0.0749	0.0959	0.0894	0.0722	0.1136	0.075	0.079	0.0794	0.0469	0.1049	0.0522	1.1268	7
tech 7	0.0345	0.0506	0.0354	0.0341	0.0751	0.0782	0.0136	0.0383	0.0587	0.0455	0.0794	0.0822	0.0584	0.0119	0.6959	13
tech 8	0.596	0.894	0.536	0.0792	0.0801	0.0706	0.1007	0.0836	0.0681	0.0782	0.0796	0.0456	0.0821	0.0503	1.0207	9
tech 9	0.0609	0.0451	0.0377	0.0704	0.0447	0.0855	0.09	0.058	0.0897	0.0774	0.0651	0.0552	0.059	0.0771	0.9158	12
tech 10	0.0881	0.0974	0.1121	0.1039	0.0828	0.0712	0.1135	0.0894	0.0766	0.0809	0.0795	0.1076	0.0787	0.1225	1.3042	2
tech 11	0.0998	0.832	0.0847	0.979	0.791	0.0577	0.0919	0.0465	0.0962	0.0778	0.0796	0.0578	0.0667	0.1371	1.155	5
tech 12	0.0763	0.0397	0.1065	0.0511	0.544	0.0856	0.0525	0.1327	0.0879	0.0805	0.0625	0.069	0.0759	0.0518	1.0264	8
tech 13	0.0705	0.082	0.0784	0.0628	0.0753	0.0856	0.0648	0.0443	0.0687	0.0801	0.0796	0.0709	0.074	0.0328	0.9698	11
total	1	1	1	1	1	1	1	1	1	1	1	1	1	1	14.0434	

이렇게 속성치를 계산하고 이후 각 전문가의 각 기술에 대한 효용치를 각 속성에 대한 속성치를 다속성 효용함수에 대입하여 구한다. 각 전문가의 기술에 대한 효용치의 합계는 서로 다르게 나타날 수 있는데 그 이유는 위험에 대한 성향이 서로 다르기 때문이다. 효용치가 큰 전문가는 위험회피형이며 효용치가 작은 전문가는 위험선호형이라고 할 수 있다. 전문가 의견 모두에 대하여 같은 비중으로 정규화하기 위하여 각 기술 효용치의 합이 같도록 한 후 이를 선형변환하여 지표로 나타낸 것이 표 23.8과 같다.

결론적으로 기술 4가 가장 좋은 것으로 나타나고 기술 7이 가장 좋지 않는 것으로 분석된다. 이를 종합하여 정리하면 표 23.8~23.9와 같다.

표 23.8 기술 효용치의 선형변환 지표와 순위

전문가	1	2	3	4	5	6	7	8	9	10	11	12	13	14
기술														
tech 1	0.624	0.500	0.558	0.629	0.646	0.852	0.382	0.626	0.771	0.862	0.718	0.667	0.647	0.524
tech 2	0.671	0.874	0.427	0.785	0.676	0.794	0.612	0.415	0.727	0.838	0.730	0.821	0.763	0.450
tech 3	0.632	0.653	0.756	0.666	0.512	0.889	0.441	0.514	0.741	0.830	0.716	0.656	0.643	0.733
tech 4	0.640	0.882	0.629	0.731	0.626	0.880	0.763	0.524	0.795	0.842	0.730	0.943	0.946	0.735
tech 5	0.674	0.705	0.319	0.467	0.770	0.876	0.278	0.288	0.556	0.858	0.730	0.536	0.485	0.171
tech 6	0.860	0.713	0.316	0.577	0.751	0.912	0.446	0.683	0.710	0.834	0.729	0.366	0.913	0.294
tech 7	0.276	0.428	0.217	0.262	0.588	0.798	0.084	0.230	0.555	0.481	0.728	0.641	0.508	0.067
tech 8	0.478	0.755	0.328	0.610	0.627	0.721	0.623	0.503	0.645	0.826	0.730	0.356	0.714	0.283
tech 9	0.488	0.381	0.230	0.542	0.350	0.872	0.555	0.349	0.849	0.818	0.598	0.430	0.514	0.434
tech 10	0.707	0.823	0.685	0.800	0.648	0.727	0.702	0.538	0.725	0.854	0.730	0.839	0.685	0.689
tech 11	0.793	0.703	0.518	0.754	0.619	0.589	0.568	0.280	0.910	0.822	0.730	0.450	0.580	0.772
tech 12	0.612	0.335	0.651	0.394	0.426	0.873	0.325	0.798	0.832	0.850	0.574	0.538	0.661	0.292
tech 13	0.566	0.693	0.480	0.484	0.590	0.425	0.400	0.267	0.650	0.846	0.730	0.552	0.644	0.185
total	8.021	8.445	6.114	7.701	7.829	10.208	6.179	5.727	9.466	10.561	9.173	7.439	8.703	5.629

(7) 대안 우선순위 결정

표 23.9 기술별 효용치와 순위

순위	기술명	환산 효용치	대속성 위치
1	산업용 연소설비 고효율화 기술	1.362	경제성
2	저연비 저공해 자동차 기술	1.304	환경성
3	고효율 집단 에너지 공급 기술	1.200	경제성
4	연료전지 발전기술	1.199	자원성
5	석탄가스화 복합발전 기술	1.155	환경성
6	수소 에너지 이용 기술	1.136	자원성
7	폐기물 에너지 이용기술	1.127	환경성
8	산업용 태양열 시스템 개발 기술	1.027	자원성
9	고효율 열펌프 냉난방 기술	1.021	환경성
10	바이오매스 이용 기술	0.932	자원성
11	에너지 절약형 축열시스템 기술	0.926	경제성
12	환경친화적 건물 부하 저감 기술	0.916	환경성
13	VOC 제거 기술	0.696	환경성
합계		14.000	

[MAUT 예제 2]

출처: 환경을 고려한 댐 건설사업의 평가지표 도출: MAUT를 이용하여(곽승준 등)

(1) 문제의 구조화

댐 건설을 하게 되면 어떤 효과가 있는지 대분류, 중분류, 소분류 순으로 문제를 구조화하여 표 23.10과 같은 형태의 문제 구조를 얻었다.

표 23.10 댐 건설 효과의 구조화

<table>
<tr><th>구 분</th><th>주 항 목</th><th>세 부 항 목</th></tr>
<tr><td rowspan="5">1. 이·치수적 효과</td><td rowspan="2">1.1 홍수조절 효과</td><td>1.1.1 홍수피해 감소 효과</td></tr>
<tr><td>1.1.2 자산이용의 고도화 효과</td></tr>
<tr><td rowspan="2">1.2 용수공급 효과</td><td>1.2.1 생활·공업 용수의 공급 효과</td></tr>
<tr><td>1.2.2 관개 효과</td></tr>
<tr><td colspan="2">1.3 비상용수 공급 효과</td></tr>
<tr><td rowspan="4">2. 국민경제적 효과</td><td rowspan="3">2.1 국가적 효과</td><td>2.1.1 전력생산 효과</td></tr>
<tr><td>2.1.2 경제적 파급 효과</td></tr>
<tr><td>2.1.3 댐 건설 및 유지의 재정부담 효과</td></tr>
<tr><td colspan="2">2.2 지역적 효과: 관광 및 레크리에이션 제고 효과</td></tr>
<tr><td rowspan="2">3. 자연환경적 효과</td><td colspan="2">3.1 식물상 손실 효과</td></tr>
<tr><td colspan="2">3.2 동물상 손실 효과</td></tr>
<tr><td rowspan="5">4. 인간환경적 효과</td><td rowspan="2">4.1 생활환경적 효과</td><td>4.1.1 주민의 생활불편 효과</td></tr>
<tr><td>4.1.2 수몰민의 피해 효과</td></tr>
<tr><td rowspan="3">4.2 사회환경적 효과</td><td>4.2.1 수몰로 인한 지역경제 피해 효과</td></tr>
<tr><td>4.2.2 문화유적지 및 유물 소실 효과</td></tr>
<tr><td>4.2.3 주민의 개발 및 재산권 행사 제한 효과</td></tr>
</table>

소분류상에 있는 단일 속성의 단위와 가장 나쁜 수준과 가장 좋은 수준을 결정하여 범위를 정하였다.

표 23.11 댐 건설 효과의 가장 좋은 수준과 나쁜 수준

속 성	단 위	가장 좋은 수준	가장 나쁜 수준
1.1.1 홍수피해 감소 효과	홍수피해액의 경감 (억 원/년)	200	0
1.1.2 자산이용의 고도화 효과	침수면적의 감소 (만 ha)	24	0
1.2.1 생활 및 농업용수의 공급 효과	생활용수 및 공용수 공급량 (억 m^3/년)	30	0
1.2.2 관개 효과	관개용수 공급량 (억 m^3/년)	34	0
1.3 비상용수 공급 효과	비상용수 공급량 (억 m^3/년)	5	0
2.1.1 전력생산 효과	발전량(Gwh/년)	860	0
2.1.2 경제적 파급 효과	부가가치 창출액 (억 원)	2,600	0
2.1.3 댐 건설 및 유지의 재정부담 효과	댐 건설 및 유지 비용 (억 원)	0	8000
2.2 관광 및 레크리에이션 제고 효과	관광 및 레크리에이션 편익 (억 원/년)	80	0
3.1 수몰로 인한 식물상 손실 효과	수몰로 인한 식물 종수의 감소 (종)	0	300
3.2 수몰로 인한 동물상 손실 효과	수몰로 인한 동물 종수의 감소 (종)	0	160
4.1.1 주민의 생활불편 효과	교통 불편액 (억 원/년)	0	220
4.1.2 수몰민의 피해 효과	수몰민의 수 (만 명)	0	4
4.2.1 수몰로 인한 지역경제 피해 효과	수몰 피해액 (억 원/년)	0	880
4.2.2 문회유적지 및 유물 소실 효과	소실 또는 이전되는 문화 유적지 및 유물의 수 (개)	0	60
4.2.3 주민의 개발 및 재산권 행사 제한 효과	주민의 개발 및 재산권 행사 제한 건수 (건/년)	0	30

(2) 단일 속성 효용함수

문제 구조에서 정해진 Index를 사용하여 속성별 효용함수를 구하면 다음과 같다. 단, 단일 속성들은 독립성이 보장된다는 가정하에 다음과 같은 Additive 효용함수를 적용하였다.

$$U(x_1, x_3, x_3, x_4) = k_1 U_1(x_1) + k_2 U_2(x_2) + k_3 U_3(x_3) + k_4 U_4(x_4)$$

$$U_1(x_1) = U_1(x_{11}, x_{12}, x_{13}) = k_{11} U_{11}(x_{11}) + k_{12} U_{12}(x_{12}) + k_{13} U_{13}(x_{13})$$

$$U_{11}(x_{11}) = U_{11}(x_{111}, x_{112}) = k_{111} U_{111}(x_{111}) + k_{112} U_{112}(x_{112})$$

$$U_{12}(x_{12}) = U_{12}(x_{121}, x_{122}) = k_{121} U_{121}(x_{121}) + k_{122} U_{122}(x_{122})$$

$$U_2(x_2) = U_{21}(x_{21}, x_{22}) = k_{21} U_{21}(x_{21}) + k_{22} U_{22}(x_{22})$$

$$U_{21}(x_{21}) = U_{21}(x_{211}, x_{212}, x_{213}) = k_{211} U_{211}(x_{211}) + k_{212} U_{212}(x_{212}) + k_{213} U_{213}(x_{213})$$

$$U_3(x_3) = U_{31}(x_{31}, x_{32}) = k_{31} U_{31}(x_{31}) + k_{32} U_{32}(x_{32})$$

$$U_4(x_4) = U_{41}(x_{41}, x_{42}) = k_{41} U_{41}(x_{41}) + k_{42} U_{42}(x_{42})$$

$$U_{41}(x_{41}) = U_{41}(x_{411}, x_{412}) = k_{411} U_{411}(x_{411}) + k_{412} U_{412}(x_{412})$$

$$U_{42}(x_{42}) = U_{42}(x_{421}, x_{422}, x_{423}) = k_{421} U_{421}(x_{421}) + k_{422} U_{422}(x_{422}) + k_{423} U_{423}(x_{423})$$

여기서 각 식들의 가중치들은 모두 합이 1로 정규화된 가중치들이다.

(3) 다속성 효용함수 결정

이를 종합하면 다속성 효용함수는 다음과 같다.

$$\begin{aligned} & U(x_1, x_3, x_3, x_4) \\ &= U(x_{111}, x_{112}, x_{121}, x_{122}, x_{211}, x_{212}, x_{213}, x_{31}, x_{32}, x_{411}, x_{412}, x_{421}, x_{422}, x_{423}) \\ &= k_{111} U_{111}(x_{111}) + k_{112} U_{112}(x_{112}) + k_{121} U_{121}(x_{121}) + k_{122} U_{122}(x_{122}) \\ &\quad + k_{211} U_{211}(x_{211}) + k_{212} U_{212}(x_{212}) + k_{213} U_{213}(x_{213}) + k_{31} U_{31}(x_{31}) \\ &\quad + k_{32} U_{32}(x_{32}) + k_{411} U_{411}(x_{411}) + k_{412} U_{412}(x_{412}) + k_{421} U_{421}(x_{421}) \\ &\quad + k_{422} U_{422}(x_{422}) + k_{423} U_{423}(x_{423}) \end{aligned}$$

이 논문에서는 단일 속성 효용함수를 구하기 위해 수자원 관련 전문가 11명을 대상으로 직접 면담을 실시하고 단일 속성 효용함수를 위험중립 성향으로 가정하여 표 23.12와 같은 단일 속성 효용함수를 구하였다.

표 23.12 단일 속성 효용함수

속 성	함 수
홍수피해 감소 효과(x_{111})	$u_{111}(x_{111}) = 0.00500(x_{111})$
자산이용의 고도화 효과(x_{112})	$u_{112}(x_{112}) = 0.04167(x_{112})$
생활용수 및 공용수의 공급 효과(x_{121})	$u_{121}(x_{121}) = 0.03333(x_{121})$
관개 효과(x_{122})	$u_{122}(x_{122}) = 0.02941(x_{122})$
비상용수 공급 효과(x_{13})	$u_{13}(x_{13}) = 0.2000(x_{13})$
전력생산 효과(x_{211})	$u_{211}(x_{211}) = 0.00116(x_{211})$
경제적 파급 효과(x_{212})	$u_{212}(x_{212}) = 0.00038(x_{212})$
댐 건설 및 유지의 재정 부담 효과(x_{213})	$u_{213}(x_{213}) = 1 - 0.0013(x_{213})$
관광 및 레크리에이션 효과(x_{22})	$u_{22}(x_{22}) = 0.01250(x_{22})$
식물상 손실 효과(x_{31})	$u_{31}(x_{31}) = 1 - 0.00333(x_{31})$
동물상 손실 효과(x_{32})	$u_{32}(x_{32}) = 1 - 0.00625(x_{32})$
주민의 생활 불편 효과(x_{411})	$u_{411}(x_{411}) = 1 - 0.00455(x_{411})$
수몰민의 피해 효과(x_{412})	$u_{412}(x_{412}) = 1 - 0.2500(x_{412})$
수몰로 인한 지역경제 피해 효과(x_{421})	$u_{421}(x_{421}) = 1 - 0.00114(x_{421})$
문화유적지 및 유물 소실 효과(x_{422})	$u_{422}(x_{422}) = 1 - 0.01667(x_{422})$
주민의 개발 및 재산권 행사 제한 효과(x_{423})	$u_{423}(x_{423}) = 1 - 0.03333(x_{423})$

속성의 가중치를 찾기 위해 앞에서 설명한 쌍대비교법을 사용하여 표 23.13과 같은 단일 속성 가중치를 구하였다. 한 명의 전문가를 대상으로 MAUT를 적용할 경우 단일 속성 효용함수들을 가법적 형태로 합치기만 하면 된다. 하지만 다수 전문가들을 대상으로 한 경우 다수의 MUF를 어떤 형태로 수렴 시킬지에 대한 문제에 봉착한다. 이 논문에서는 각 전문가의 단일 속성 효용함수를 위험중립의 형태로 가정하였다. 이 가정을 통해 개별 전문가들의 속성별 가중치를 산술평균과 기하평균 방법으로 총합하여 총 MUF를 구하였

다. 기하평균은 산술평균에 비해 극단적인 값의 영향을 덜 받는다는 장점이 있다.

표 23.13 속성별 산술평균 및 기하평균에 따른 순위

구분	산술평균		기하평균	
속성	가중치	순위	가중치	순위
1.1.1	0.11736	2	0.13193	2
1.1.2	0.06699	5	0.05470	7
1.2.1	0.12328	1	0.14982	1
1.2.2	0.08201	3	0.09115	3
1.3	0.04961	10	0.04963	8
2.1.1	0.05330	8	0.05508	6
2.1.2	0.06510	6	0.07004	4
2.1.3	0.04566	15	0.04139	12
2.2	0.03615	16	0.03901	14
3.1	0.05414	7	0.04465	10
3.2	0.04879	11	0.03678	15
4.1.1	0.05049	9	0.04842	9
4.1.2	0.06744	4	0.06775	5
4.2.1	0.04652	13	0.04310	11
4.2.2	0.04736	12	0.04007	13
4.2.3	0.04582	14	0.03648	16
계	1.0000		1.0000	

한편 Nonparametric Bootstrap 방법을 이용하여 각 가중치의 신뢰구간을 구할 수 있는데 이 과정은 다음과 같다. 특정 속성에 대한 전문가들의 가중치를 자료의 총 수만큼 임의로 복원추출하고 이를 통해 얻어진 가중치들을 산술평균이나 기하평균을 이용하여 통합하고, 해당 속성에 대한 이런 과정을 1,000번 반복하여 계산된 가중치의 경험적 분포를 도출하여 해당 속성의 가중치의 신뢰구간을 구한다. 신뢰구간 95%의 경우 그 결과는 표 23.14와 같다.

표 23.14 속성별 산술평균과 기하평균의 하한 및 상한값

구분	산술평균		기하평균	
속성	하한	상한	하한	상한
1.1.1	0.10366	0.13254	0.11179	0.15461
1.1.2	0.05161	0.08918	0.04027	0.07290
1.2.1	0.11173	0.13604	0.13243	0.16824
1.2.2	0.07035	0.09587	0.07451	0.10867
1.3	0.04094	0.05961	0.03993	0.05987
2.1.1	0.04587	0.06144	0.04278	0.06719
2.1.2	0.05541	0.07437	0.05807	0.08366
2.1.3	0.03497	0.05595	0.03137	0.05253
2.2	0.03039	0.04198	0.03217	0.04470
3.1	0.04162	0.06722	0.03259	0.05830
3.2	0.03669	0.06290	0.02606	0.05034
4.1.1	0.04014	0.06172	0.03787	0.06036
4.1.2	0.05707	0.07765	0.05288	0.08348
4.2.1	0.03913	0.05479	0.03213	0.05535
4.2.2	0.03664	0.05827	0.02892	0.05261
4.2.3	0.03483	0.05792	0.02605	0.04957

(4) 비례상수 도출

마지막으로 위에서 구한 산술평균과 기하평균의 상·하한 값과 각 효용함수의 비례상수에 대한 식들을 비교하면 다음과 같은 k값을 구할 수 있다.

표 23.15 산술평균과 기하평균으로 구한 비례상수

비례상수	산술평균	기하평균
k_1	0.43925	0.47723
k_2	0.20021	0.20552
k_3	0.10293	0.08143
k_4	0.25763	0.23582
k_{11}	0.41969	0.39107
k_{12}	0.46736	0.50493
k_{13}	0.11294	0.10400
k_{21}	0.81944	0.78936
k_{22}	0.18056	0.18981
k_{31}	0.52599	0.54832
k_{32}	0.47401	0.45168
k_{41}	0.45775	0.49262
k_{42}	0.54225	0.50738
k_{111}	0.63662	0.70691
k_{112}	0.36338	0.29309
k_{121}	0.60052	0.62174
k_{122}	0.39948	0.37826
k_{211}	0.32488	0.33079
k_{212}	0.39681	0.42064
k_{213}	0.27831	0.24857
k_{411}	0.42814	0.41680
k_{412}	0.57187	0.58620
k_{421}	0.33300	0.36022
k_{422}	0.33901	0.33489
k_{423}	0.32799	0.30489

다음은 관계, 학계, 연구계, 환경단체들의 의견의 차이를 확인하기 위해 2차 설문을 통해 기하평균에 의한 단일 속성별 가중치를 구하였다. 표 23.16을 보면 각 계에서 중요시하는 것이 무엇인지 명확히 드러나고 있다.

정부는 속성 중 「생·공용수 공급 효과」, 「홍수피해 감소 효과」, 「관개 효과」를 중요하게 여긴다. 반면 관계는 「댐 건설 및 유지의 재정부담 효과」, 「문화유적지 및 유물 소실 효과」, 「동물상 손실 효과」를 상대적으로 덜 중요하게 여긴다. 학계는 「생·공용수 공급 효과」,

「홍수피해 감소 효과」, 「관개 효과」를 중요하게 여기며 「동물상 손실 효과」, 「관광 및 레크리에이션 제고 효과」, 「자산이용의 고도화 효과」를 상대적으로 덜 중요하게 여긴다.

특히, 학계는 관계가 가장 덜 중요하게 여긴 「댐 건설 및 유지의 재정부담 효과」를 상대적으로 중요하게 여겨 댐 건설의 기회비용적 성격을 중시하고 있다. 한편 연구계는 「홍수피해 감소 효과」, 「생·공용수 공급 효과」, 「자산이용의 고도화 효과」를 중요하게 여기고 「주민의 개발 및 재산권 행사 제한 효과」, 「수몰로 인한 지역경제 피해 효과」, 「주민의 생활불편 효과」 등 인간환경적 효과를 상대적으로 덜 중요하게 간주한다. 관·학·연은 공통적으로 「홍수피해 감소 효과」, 「생·공용수 공급 효과」, 「관개 효과」를 중요하게 여긴다.

반면 환경단체는 「동물상 손실 효과」, 「수몰민의 피해 효과」, 「식물상 손실 효과」 등을 중요하게 여겨 자연환경적 효과와 생활환경적 효과를 중시하는 경향을 보였다. 그리고 「자산이용의 고도화 효과」, 「경제적 파급 효과」, 「주민의 개발 및 재산권 행사 제한 효과」 등을 덜 중요하게 생각한다. 속성에 대한 중요도의 차이는 각 그룹의 내재된 가치를 반영하는 것으로 판단된다.

표 23.16 각 분야별 속성의 가중치와 순위

구분	관계		학계		연구계		환경단체	
속성	가중치	순위	가중치	순위	가중치	순위	가중치	순위
1.1.1	0. 13429	2	0. 12383	2	0. 14472	1	0. 02945	11
1.1.2	0. 07153	4	0. 03125	14	0. 09421	3	0. 00825	16
1.2.1	0. 16916	1	0. 15328	1	0. 13397	2	0.05113	7
1.2.2	0. 10123	3	0. 08297	3	0. 08931	4	0. 03105	9
1.3	0. 04373	10	0. 04437	11	0. 05298	8	0. 02772	12
2.1.1	0. 04772	9	0. 04095	13	0. 07256	6	0. 02964	10
2.1.2	0. 06937	5	0. 06071	6	0. 07799	5	0. 01229	15
2.1.3	0. 02514	16	0. 06964	5	0. 04512	9	0. 02235	13
2.2	0. 03596	12	0. 03031	15	0. 04361	11	0. 04574	8
3.1	0. 03318	13	0. 04528	10	0. 05353	7	0. 13596	3
3.2	0. 03189	14	0. 02945	16	0.04414	10	0. 14311	1
4.1.1	0. 03834	11	0. 05921	7	0. 03093	14	0. 12476	4
4.1.2	0. 06561	6	0. 08103	4	0. 03667	15	0. 13949	2
4.2.1	0. 05964	7	0. 04246	12	0. 02749	13	0. 09789	5
4.2.2	0. 02527	15	0. 05416	8	0. 03399	16	0. 08810	6
4.2.3	0. 04796	8	0.05111	9	0. 01879	9	0. 01307	14

24장

UTA(UTilities Additives) Method

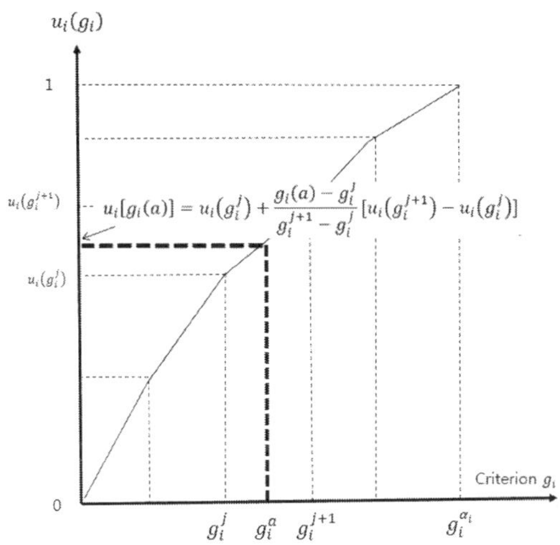

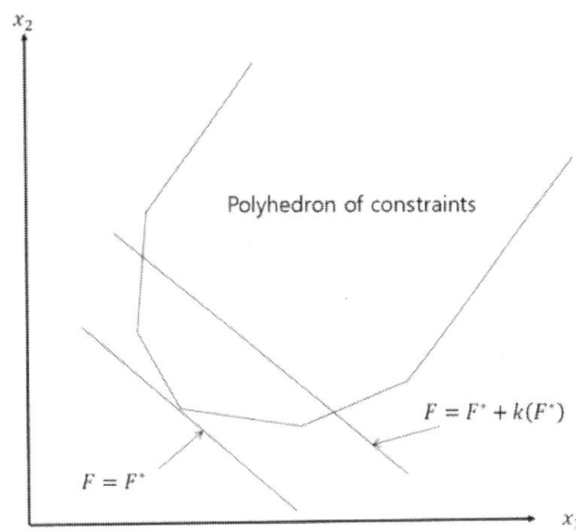

UTA 방법은 MAUT와 유사하게 가치(Value) 또는 유용성(Utility) 함수를 기반으로 선호도를 분해하여 평가하는 방법을 채택하고 있으며 가치 또는 유용성의 합을 추정하기 위해 선형계획법을 사용한다. UTA 방법은 먼저 각 평가기준의 최소 선호값과 최대 선호값을 범위로 하고 최소 선호값은 0으로, 최대 선호값은 1로 변환하는 Non-decreasing Real Valued Function을 구한다. 여기서 최소 선호값과 최대 선호값이라고 표현하는 것은 평가기준이 Benefit Criteria인가 Cost Criteria인가에 따라 적절히 선정해야 하기 때문이다.

n개 속성에 대한 Non-decreasing Real Valued Function u_i, $i=1, 2, \cdots, n$을 Marginal Value 또는 Utility Function이라고 한다. Marginal Value(Utility Function)는 최소 선호값과 최대 선호값 사이의 적절한 값들을 선정하여 Piecewise Linear Function으로 추정하고 주어진 평가값을 0~1 사이의 값으로 Mapping하여 정규화한다.

n개의 평가기준이 있을 때 대안의 전체 Utility $u(g)$는 식 (24-1)과 같다. p_i를 평가기준 i의 가중치, $u_i(g_i)$를 평가기준 g_i에서 주어진 평가값을 0~1로 정규화한 값이라고 하면 그림 24.1과 같이 평가기준 i의 최소 선호값의 정규화값은 $u_i(g_{i*})$로 0으로 정규화되고 평가기준 i의 최대 선호값의 정규화값은 $u_i(g_{i*})$로 1로 정규화된다.

(UTA 1)

$$u(g) = \Sigma_{i=1}^{n} p_i u_i(g_i) \tag{24-1}$$

$$\text{s.t} \sum_{i=1}^{n} p_i = 1$$

$$u_i(g_{i*}) = 0,\ u_i(g_i^*) = 1,\ \forall i = 1, 2, \cdots, n, \quad p_i\text{는 평가기준 } i\text{의 가중치}$$

Utility Function으로 대안을 비교하게 되는데 만약 대안 a의 Utility Function이 $u[g(a)]$이고 대안 b의 Utility Function이 $u[g(b)]$라고 하면 다음과 같은 우열관계 판단이 가능하다.

$$u[g(a)] > u[g(b)] \ \Rightarrow\ aPb$$

$$u[g(a)] = u[g(b)] \ \Rightarrow\ aIb$$

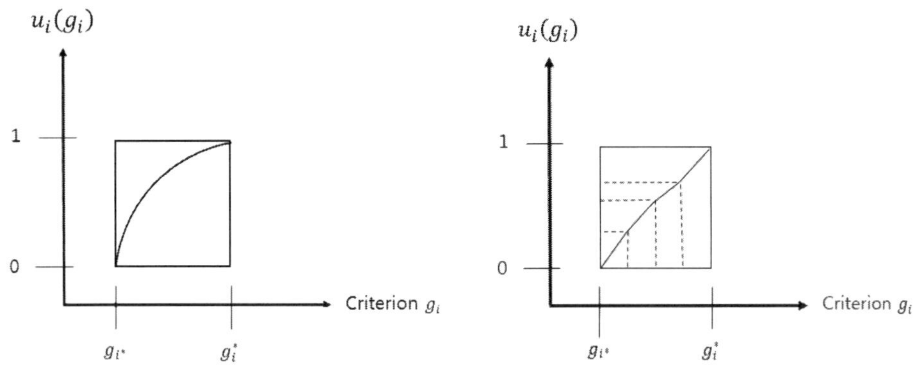

Utility Function

그림 24.1 Utility Function과 Piecewise Linear Form Utility Function

앞에서 가중치를 적용한 모형을 각 평가기준들이 독립적이라는 가정하에 가중치를 제거하여 (UTA 2)와 같은 동일한 의미의 모형으로 변환 가능하다. 이 때 식 (24-1)은 식 (24-2)와 같은 형태로 변환되며 제약식에서 가중치가 제거된다.

(UTA 2)

$$u(g) = \Sigma_{i=1}^{n} u_i(g_i) \tag{24-2}$$

$$\text{s.t} \sum_{i=1}^{n} u_i(g_i^*) = 1$$

$$u_i(g_{i^*}) = 0, \quad \forall\, i = 1, 2, \cdots, n$$

A_R을 대안 집합이라고 하면 식 (24-3)과 같이 오차를 고려한 $u[g(a)]$는 $u'[g(a)]$로 표현 가능하다.

$$u'[g(a)] = \Sigma_{i=1}^{n} u_i[g_i(a)] + \sigma(a) \ \forall\ a \in A_R \tag{24-3}$$

여기서 $\sigma(a)$는 $u[g(a)]$의 오차

Utility Function을 Linear Interpolation을 사용하기 위하여 Piecewise Linear Form으로 변환시키는데 $\left[g_{i^*}, g_i^*\right]$ 범위를 $\alpha_i - 1$개의 동일한 간격으로 나눈다.

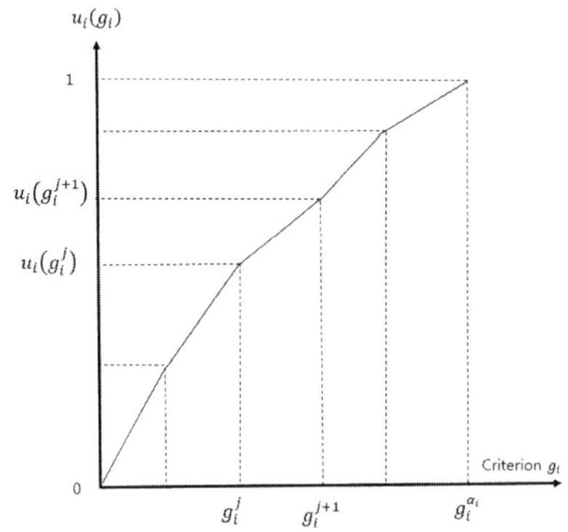

그림 24.2 Utility Function을 Piecewise Linear Form으로 변환

각 Criterion g_i의 분할점(End Point) g_i^j는 식 (24-4)와 같다.

$$g_i^j = g_{i^*} + \frac{j-1}{\alpha_i - 1}(g_i^* - g_{i^*}) \ \forall \ j = 1, 2, \cdots, \alpha_i \tag{24-4}$$

예를 들어 $g_{i^*} = 2$, $g_i^* = 10$이고 $\alpha_i = 3$이라면 동일한 간격을 2개로 나눈다는 의미가 되고 $g_i^1 = 2$, $g_i^2 = 6$, $g_i^3 = 10$이 된다.

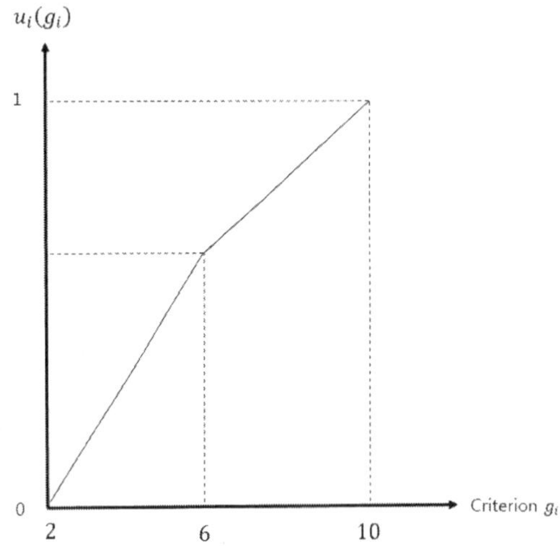

$$g_i^1 = g_{i^*} + \frac{j-1}{\alpha_i - 1}(g_i^* - g_{i^*}) = 2 + \left(\frac{1-1}{3-1}\right)(10-2) = 2$$

$$g_i^2 = g_{i^*} + \frac{j-1}{\alpha_i - 1}(g_i^* - g_{i^*}) = 2 + \left(\frac{2-1}{3-1}\right)(10-2) = 6$$

$$g_i^3 = g_{i^*} + \frac{j-1}{\alpha_i - 1}(g_i^* - g_{i^*}) = 2 + \left(\frac{3-1}{3-1}\right)(10-2) = 10$$

그림 24.3 Criterion g_i의 분할점

평가기준 i에서 대안 a의 평가값 $g_i(a)$을 Linear Interpolation으로 추정한 대략적인 Utility Function의 값 Marginal Utility $u_i[g_i(a)]$는 식 (24-5)와 같다.

$$u_i[g_i(a)] = u_i(g_i^j) + \frac{g_i(a) - g_i^j}{g_i^{j+1} - g_i^j}\left[u_i(g_i^{j+1}) - u_i(g_i^j)\right] \tag{24-5}$$

다음은 대안 집합 $A_R = \{a_1, a_2, a_3, \cdots, a_m\}$을 우선순위에 따라 가장 중요한 순으로 다시 재정렬한 것이라 하면 모든 k에 대해 $a_k Pa_{k+1}$ 또는 $a_k Ia_{k+1}$가 되는 Weak Order 순으로 정렬된다. 따라서 다음의 관계가 성립한다. Weak Order 순을 정할 때는 원 의사결정 행렬의 행렬값들을 비율 정규화를 먼저 실시하고 대안별 비율 정규화 값 합으로 정한다. 비율 정규화는 다음의 식으로 정규화를 실시한다. J^+는 Benefit Criteria이고 J^-는 Cost Criteria이다.

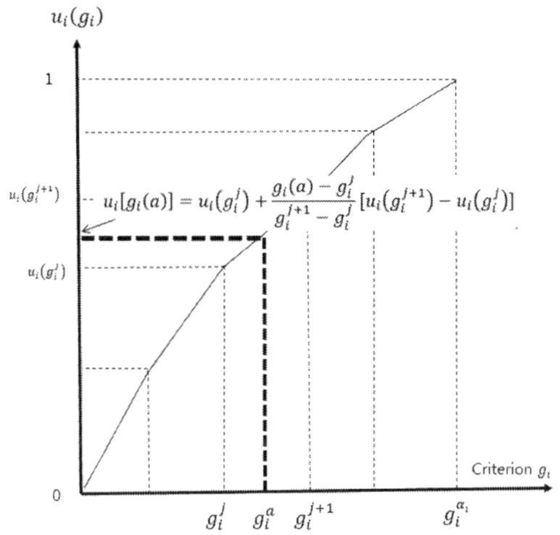

그림 24.4 Marginal Utility

$$p_{ij} = \frac{x_{ij}}{\max_i(x_{ij})} \quad i = 1, 2, \cdots, m, \; j = 1, 2, \cdots, n, \; j \in J^+$$

$$p_{ij} = \frac{\min_i(x_{ij})}{x_{ij}} \quad i = 1, 2, \cdots, m, \; j = 1, 2, \cdots, n, \; j \in J^-$$

정규화된 행렬값의 $\sum_j p_{ij}$ 순으로 대안의 Weak Order를 결정한다.

$$\Delta(a_k, a_{k+1}) = u'[g(a_k)] - u'[g(a_{k+1})]$$

$$\Delta(a_k, a_{k+1}) \geq \delta \ iff \ a_k P a_{k+1}$$

$$\Delta(a_k, a_{k+1}) = 0 \ iff \ a_k I a_{k+1}$$

여기서 δ은 아주 작은 양수

각 평가기준에서의 평가값은 비감소 함수로 단조성(Monotonicity)을 가정하면 $u_i(g_i)$는 다음을 만족해야 한다.

$$u_i(g_i^{j+1}) - u_i(g_i^j) \geq s_i \ \forall \ j = 1, 2, \cdots, \alpha_i, \ i = 1, 2, \cdots, n$$

$$s_i \geq 0$$

s_i는 무차별 임계치

UTA 방법에서는 $s_i = 0$으로 놓고 무차별 임계치를 적용하지 않아도 된다. 그러나 무차별 임계치를 적용하면 $g_i^{j+1} > g_i^j$인 경우에 $u_i(g_i^{j+1}) = u_i(g_i^j)$ 경우가 발생하는 것을 방지하는 효과가 있다.

그러면 모든 대안 오차의 합을 최소화하는 (UTA 3)과 같은 선형계획 모형을 구성할 수 있다.

(UTA 3)

$$\min F = \sum_{\alpha \in A_R} \sigma(a)$$

$$\text{s.t} \ \Delta(a_k, a_{k+1}) \geq \delta \ iff \ a_k P a_{k+1}$$

$$\Delta(a_k, a_{k+1}) = 0 \ iff \ a_k I a_{k+1}$$

$$u_i(g_i^{j+1}) - u_i(g_i^j) \geq 0 \ \forall \ i, \ j$$

$$\sum_{i=1}^{n} u_i(g_i^*) = 1$$

$$u_i(g_{i*}) = 0, \quad \forall\, i$$

$$u_i(g_i^j) \geq 0 \ \forall\, i,\ j$$

$$\sigma(a) \geq 0 \ \forall\, a \in A_R$$

이 문제의 최적해를 F^*라 하자. 만약 $F^* = 0$이라면 이 문제의 실행가능 영역이 존재한다는 의미가 되고 많은 가치함수들이 완전한 Weak Order로 표현될 수 있다. $F^* > 0$이라고 하더라도 F보다 더 좋지 않지만 다른 실행 가능한 평가기준들을 개선할 수 있다. $F^* > 0$라는 의미는 대안별 추정한 Marginal Utility에 오차가 포함되어 있다는 의미가 된다.

$k(F^*)$를 F^*의 작은 비율인 양의 임계치라 하고 $F \leq F^* + k(F^*)$ 제약식을 하나 더 추가하면 제약식이 구성하는 실행가능 영역인 다면체는 그림 24.5의 오른쪽 그림의 빗금친 부분과 같다.

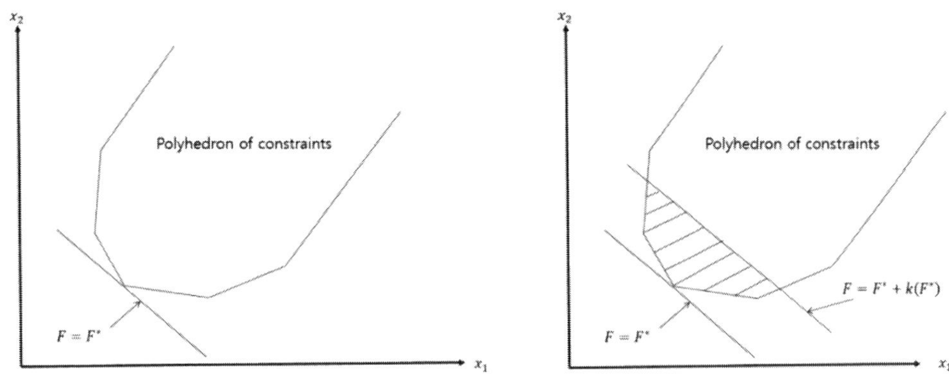

그림 24.5 제약식이 구성하는 실행가능 영역

최적화 이후 분석을 위해 그림 24.6과 같이 $F \leq F^* + k(F^*)$이 추가된 실행가능 영역에서 각 평가기준별 Marginal Utility들을 최소화와 최대화 문제를 구성해서 푼다.

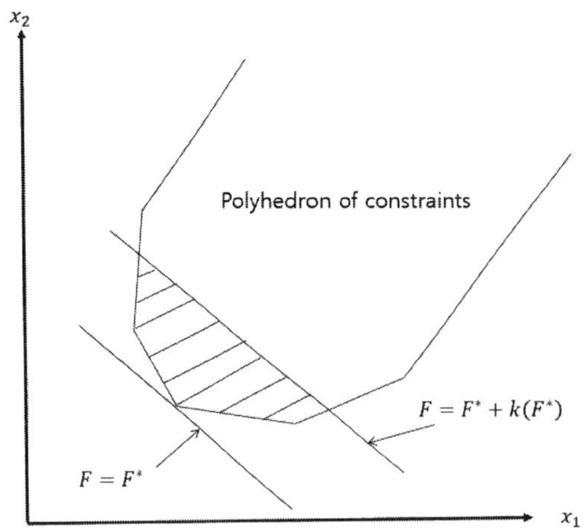

$$\min u_i(g_i^*) \text{ 또는 } \max u_i(g_i^*)$$
$$\text{s.t} \sum_{\alpha \in A_R} \sigma(a) \leq F^* + k(F^*)$$
$$\Delta(a_k, a_{k+1}) \geq \delta \ iff \ a_k P a_{k+1}$$
$$\Delta(a_k, a_{k+1}) = 0 \ iff \ a_k I a_{k+1}$$
$$u_i(g_i^{j+1}) - u_i(g_i^j) \geq 0 \ \forall i, j$$
$$\sum_{i=1}^{n} u_i(g_i^*) = 1$$
$$u_i(g_{i^*}) = 0, \ \forall i$$
$$u_i(g_i^j) \geq 0 \ \forall i, j$$
$$\sigma(a) \geq 0 \ \forall a \in A_R$$

$k(F^*)$는 F^*의 작은 비율인 양의 임계치

그림 24.6 최적화 이후 분석

이 문제는 Revered Simplex Method와 같은 Branch and Bound Method로 풀 수 있을 뿐만 아니라 더 많은 방법이 개발되어 있으나, UTA 방법을 개발한 Jacquet- Lagrèze and Siskos는 모든 i에 대해 목적함수를 $u_i(g_i^*)$로 두고 최소화 문제와 최대화 문제를 풀어서 평균하는 방법을 제안하였다.

$\min u_i(g_i^*)$	$\max u_i(g_i^*)$
$\text{s.t} \sum_{\alpha \in A_R} \sigma(a) \leq F^* + k(F^*)$	$\text{s.t} \sum_{\alpha \in A_R} \sigma(a) \leq F^* + k(F^*)$
$\Delta(a_k, a_{k+1}) \geq \delta \ iff \ a_k P a_{k+1}$	$\Delta(a_k, a_{k+1}) \geq \delta \ iff \ a_k P a_{k+1}$
$\Delta(a_k, a_{k+1}) = 0 \ iff \ a_k I a_{k+1}$	$\Delta(a_k, a_{k+1}) = 0 \ iff \ a_k I a_{k+1}$
$u_i(g_i^{j+1}) - u_i(g_i^j) \geq 0 \ \forall i, j$	$u_i(g_i^{j+1}) - u_i(g_i^j) \geq 0 \ \forall i, j$
$\sum_{i=1}^{n} u_i(g_i^*) = 1$	$\sum_{i=1}^{n} u_i(g_i^*) = 1$
$u_i(g_{i^*}) = 0, \ \forall i$	$u_i(g_{i^*}) = 0, \ \forall i$
$u_i(g_i^j) \geq 0 \ \forall i, j$	$u_i(g_i^j) \geq 0 \ \forall i, j$
$\sigma(a) \geq 0 \ \forall a \in A_R$	$\sigma(a) \geq 0 \ \forall a \in A_R$

만약 오차가 과다히 많을 때는 위의 두 최대화 문제와 최소화 문제의 최적해의 차이가 많이 발생하여 평균을 하는 것의 의미가 감소된다. 어떠한 경우에도 위의 선형계획법은 모든 평가기준의 가중치의 내부적 변동을 알려주고 결과적으로 의사결정자가 결정한 선호도에 대한 평가기준의 중요성에 대한 정보를 제공해 준다.

1) UTASTAR 알고리듬

UTASTAR 알고리듬은 기존 UTA 방법의 오차를 과다 추정해서 발생한 오차와 과소 추정해서 발생한 오차로 구분하여 오차의 최소화를 추구한다. 그림 24.7과 같이 UTA 방법에서 정의한 $u'[g(a)]=\sum_{i=1}^{n}u_i[g(a)]+\sigma(a)\ \forall\ a\in A_R$을 $u'[g(a)]=\sum_{i=1}^{n}u_i[g(a)]-\sigma^+(a)+\sigma^-(a)\ \forall\ a\in A_R$로 세분화한다. 여기서 $\sigma^+(a)$는 과다 추정해서 발생한 오차이고 $\sigma^-(a)$는 과소 추정해서 발생한 오차이다.

또 다른 하나의 차이는 평가기준 제약식의 단조성을 수정한 것이다. $u_i(g_i^{j+1})-u_i(g_i^j)\geq s_i$에서 $s_i=0$이기 때문에 비음 변수 w_{ij}를 도입하여 $w_{ij}=u_i(g_i^{j+1})-u_i(g_i^j)\geq 0$ $\forall\ i=1,2,\cdots,n,\ j=1,2,\cdots,\alpha_i-1$로 수정한다.

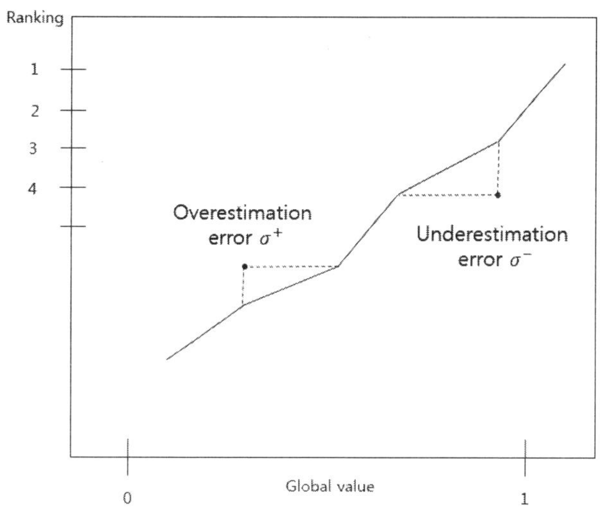

그림 24.7 과다 및 과소 추정 오차 개념

2) UTASTAR 단계

1단계: $u[g(a_k)]$, $k=1, 2, \cdots, m$을 Utility Function $u_i(g_i)$의 첫 번째 항목 $u_i(g_i^1)$와 w_{ij}로 표현한다.

$$u_i(g_i^1)=0 \quad \forall\, i=1, 2, \cdots, n$$

$$u_i(g_i^j)=\Sigma_{t=1}^{j-1} w_{it} \ \forall\, i=1, 2, \cdots, n \text{ and } j=1, 2, \cdots, \alpha_i-1$$

2단계: σ^+와 σ^-를 도입하여 순위가 부여된 연속적 대안들에 대해 쌍별비교를 한다.

$$\Delta(a_k, a_{k+1})=u[g(a_k)]-\sigma^+(a_k)+\sigma^-(a_k)-u[g(a_{k+1})]+\sigma^+(a_{k+1})-\sigma^-(a_{k+1})$$

3단계: 선형계획 문제를 푼다.

$$\min z=\sum_{k=1}^{m}[\sigma^+(a_k)+\sigma^-(a_k)]$$

$$\text{s.t } \Delta(a_k, a_{k+1}) \geq \delta \ iff \ a_k P a_{k+1}$$

$$\Delta(a_k, a_{k+1})=0 \ iff \ a_k I a_{k+1}$$

$$u_i(g_i^{j+1})-u_i(g_i^j) \geq 0 \ \forall\, i, j$$

$$\sum_{i=1}^{n}\sum_{j=1}^{\alpha_i-1} w_{ij}=1$$

$$w_{ij} \geq 0,\ \sigma^+(a_k) \geq 0,\ \sigma^-(a_k) \geq 0 \ \forall\, i, j, k$$

δ는 아주 작은 양수

4단계: 다중해 또는 Near Optimal Solution이 있는지 시험한다. 다중해가 있을 경우 $\Sigma_{k=1}^{m}[\sigma^+(a_k)+\sigma^-(a_k)] \leq z^*+\varepsilon$($\varepsilon$는 아주 작은 양수)를 제약식에 추가하고 $u_i(g_i^j)=\Sigma_{j=1}^{\alpha_j-1} w_{ij} \ \forall\, i=1, 2, \cdots, n$을 최대화하는 Utility Function의 가중평균을 구한다.

[UTA 예제 1]

제조 공정에서 금속을 결정하는 문제를 생각해 보자. 표 24.1에 나타난 것과 같이 금속 대안은 $M_1 \sim M_{10}$으로 10개이고 평가기준은 Fatigue Limit (σ_{limit}/ρ), Fracture Toughness (K_{IC}/ρ), Price per Unit Mass, Fragmentability 4개이다.

표 24.1 의사결정 행렬

Sl.No	Material	$\sigma_{\mathrm{lim}}/\rho$	K_{IC}/ρ	Price/Mass	Fragmentability
M_1	300 M	10	8.61	4,200	Poor (3)
M_2	2024-T3	49.65	13.47	2,100	Poor (3)
M_3	7050-T73651	78.01	12.55	2,100	Poor (3)
M_4	Ti-6Al-4V	108.88	26	10,500	Poor (3)
M_5	E glass-epoxy FRP	70	10	2,735	Excellent (9)
M_6	S glass-epoxy FRP	165	25	4,095	Excellent (9)
M_7	Carbon-epoxy FRP	440.25	22.01	35,470	Fairly good (7)
M_8	Kevlar 29-epoxy FRP	242.86	28.57	11,000	Fairly good (7)
M_9	Kevlar 49-epoxy FRP	616.44	34.25	25,000	Fairly good (7)
M_{10}	Boron-epoxy FRP	500	23	315,000	Good (5)

비율 정규화 방법으로 정규화를 실시한다. J^+는 Benefit Criteria이고 J^-는 Cost Criteria이다.

$$p_{ij} = \frac{x_{ij}}{\max_i(x_{ij})} \quad i = 1, 2, \cdots, m, \ j = 1, 2, \cdots, n, \ j \in J^+$$

$$p_{ij} = \frac{\min_i(x_{ij})}{x_{ij}} \quad i = 1, 2, \cdots, m, \ j = 1, 2, \cdots, n, \ j \in J^-$$

정규화된 행렬값의 $\sum_j p_{ij}$ 순으로 대안의 Weak Order를 결정한다. Weak Order는 M_9, M_8, M_7, M_6, M_5, M_4, M_3, M_2, M_1 순으로 결정되었다.

표 24.2 비율 정규화 수행 이후 의사결정 행렬

Sl.No	*FL*	*FT*	*P*	*F*
M_1	0.1622	0.2514	0.5000	0.3333
M_2	0.0805	0.3933	1.0000	0.3333
M_3	0.1265	0.3664	1.0000	0.3333
M_4	0.1766	0.7591	0.2000	0.3333
M_5	0.1136	0.2920	0.7678	1.0000
M_6	0.2677	0.7299	0.5128	1.0000
M_7	0.7142	0.6426	0.0592	0.7778
M_8	0.3940	0.8342	0.1909	0.7778
M_9	1.0000	1.0000	0.0840	0.7778
M_{10}	0.8111	0.6715	0.0067	0.5556

FL Fatigue Limit, *FT* Fracture Toughness, *F* Fragmentability, *P* Price/Mass

각 평가기준별 최대 선호도와 최소 선호도 Piecewise Linear Form의 간격 수, 간격을 표 24.3과 같이 정한다.

표 24.3 문제해결을 위한 기준 설정

Attribute	*FL*	*FT*	*P*	*F*
g_i^*	0.1622	0.2514	0.5000	0.3333
g_{i*}	0.0805	0.3933	1.0000	0.3333
No. of intervals (α_i)	0.1265	0.3664	1.0000	0.3333
Interval difference, $[(g_i^* - g_{i*})/\alpha_i]$	0.1766	0.7591	0.2000	0.3333

다음으로 각 Marginal Utility를 구한다.

$$u_1(0.0805) = u_{11} = 0$$

$$u_1(0.0805 + 0.2299) = u_1(0.3104) = u_{12}$$

$$u_1(0.3104 + 0.2299) = u_1(0.5403) = u_{13}$$

$$u_1(0.5403+0.2299)=u_1(0.7701)=u_{14}$$
$$u_1(0.7701+0.2299)=u_1(1)=u_{15}$$

$$u_2(0.2514)=u_{21}=0$$
$$u_2(0.2514+0.2495)=u_2(0.5009)=u_{22}$$
$$u_2(0.5009+0.2495)=u_2(0.7505)=u_{23}$$
$$u_2(0.7505+0.2495)=u_2(1)=u_{24}$$

$$u_3(0.0067)=u_{31}=0$$
$$u_3(0.0067+0.1987)=u_3(0.2053)=u_{32}$$
$$u_3(0.2035+0.1987)=u_3(0.4040)=u_{33}$$
$$u_3(0.4040+0.1987)=u_3(0.6027)=u_{34}$$
$$u_3(0.6027+0.1987)=u_3(0.8013)=u_{35}$$
$$u_3(0.8013+0.1987)=u_3(1)=u_{36}$$

$$u_4(0.3333)=u_{41}=0$$
$$u_4(0.3333+0.3333)=u_4(0.6667)=u_{42}$$
$$u_4(0.6667+0.3333)=u_4(1)=u_{43}$$

각 대안에 대한 Utility function을 구한다.

$$U[g(M_1)]=u_1(0.1622)+u_2(0.2514)+u_3(0.5)+u_4(0.3333)$$
$$U[g(M_2)]=u_1(0.0805)+u_2(0.3933)+u_3(1)+u_4(0.3333)$$
$$U[g(M_3)]=u_1(0.1265)+u_2(0.3664)+u_3(0.5)+u_4(0.3333)$$
$$U[g(M_4)]=u_1(0.1766)+u_2(0.7591)+u_3(0.2)+u_4(0.3333)$$
$$U[g(M_5)]=u_1(0.1136)+u_2(0.2920)+u_3(0.7678)+u_4(1)$$
$$U[g(M_6)]=u_1(0.2677)+u_2(0.7299)+u_3(0.5128)+u_4(1)$$
$$U[g(M_7)]=u_1(0.7142)+u_2(0.6426)+u_3(0.0592)+u_4(0.7778)$$
$$U[g(M_8)]=u_1(0.3940)+u_2(0.8342)+u_3(0.1909)+u_4(0.7778)$$
$$U[g(M_9)]=u_1(1)+u_2(1)+u_3(0.0840)+u_4(0.7778)$$

$$U[g(M_{10})] = u_1(0.8111) + u_2(0.6715) + u_3(0.0067) + u_4(0.5556)$$

오차를 고려하여 위의 식들을 수정한다.

$$U'[g(M_1)] = 0.3553\,u_{12} + 0.5168\,u_{33} + 0.4832\,u_{34} + \sigma_1$$

$$U'[g(M_2)] = 0.5686\,u_{22} + u_{36} + \sigma_2$$

$$U'[g(M_3)] = 0.2001\,u_{11} + 0.461\,u_{22} + u_{36} + \sigma_3$$

$$U'[g(M_4)] = 0.418\,u_{12} + 0.9653\,u_{23} + 0.0347\,u_{24} + 0.9732\,u_{32} + \sigma_4$$

$$U'[g(M_5)] = 0.1436\,u_{12} + 0.1626\,u_{22} + 0.1687\,u_{34} + 0.8313\,u_{35} + u_{43} + \sigma_5$$

$$U'[g(M_6)] = 0.8141\,u_{12} + 0.0823\,u_{22} + 0.9177\,u_{23} + 0.4522\,u_{33} + 0.5478\,u_{34} + u_{43} + \sigma_6$$

$$U'[g(M_7)] = 0.2434\,u_{13} + 0.7566\,u_{14} + 0.4321\,u_{22} + 0.5679\,u_{23} + 0.2645\,u_{32} + 0.6667\,u_{42} + 0.3333\,u_{43} + \sigma_7$$

$$U'[g(M_8)] = 0.6365\,u_{12} + 0.3635\,u_{13} + 0.6645\,u_{23} + 0.3354\,u_{24} + 0.9274\,u_{32} + 0.6667\,u_{42} + 0.3333\,u_{43} + \sigma_8$$

$$U'[g(M_9)] = u_{15} + u_{24} + 0.3893\,u_{32} + 0.6667\,u_{42} + 0.3333\,u_{43} + \sigma_9$$

$$U'[g(M_{10})] = 0.8218\,u_{14} + 0.1782\,u_{15} + 0.3163\,u_{22} + 0.6837\,u_{23} + 0.6667\,u_{42} + \sigma_{10}$$

오차의 합을 최소화하는 선형계획 모형을 설정한다.

$$\text{Min}(F) = \sigma_1 + \sigma_2 + \sigma_3 + \sigma_4 + \sigma_5 + \sigma_6 + \sigma_7 + \sigma_8 + \sigma_9 + \sigma_{10}$$

subject to $\Delta(9, 6) \geq \delta$, $\Delta(6, 8) \geq \delta$, $\Delta(8, 7) \geq \delta$, $\Delta(7, 5) \geq \delta$,
$\Delta(5, 10) \geq \delta$, $\Delta(10, 3) \geq \delta$, $\Delta(3, 2) \geq \delta$, $\Delta(2, 4) \geq \delta$, $\Delta(4, 1) \geq \delta$,
$u_{15} - u_{14} \geq 0$, $u_{14} - u_{13} \geq 0$, $u_{13} - u_{12} \geq 0$, $u_{24} - u_{23} \geq 0$, $u_{23} - u_{22} \geq 0$,
$u_{36} - u_{35} \geq 0$, $u_{35} - u_{34} \geq 0$, $u_{34} - u_{33} \geq 0$, $u_{33} - u_{32} \geq 0$, $u_{43} - u_{42} \geq 0$,
$u_{14} + u_{23} + u_{35} + u_{45} = 1$

u_{12}, u_{13}, u_{14}, u_{15}, u_{22}, u_{23}, u_{24}, u_{32}, u_{33}, u_{34}, u_{35}, u_{36}, u_{42}, u_{43},
σ_1, σ_2, σ_3, σ_4, σ_5, σ_6, σ_7, σ_8, σ_9, $\sigma_{10} \geq 0$

위의 개념화된 선형계획 모형을 실 변수를 도입하여 선형계획 모형을 구성한다.

$$\text{Minimize}(F) = \sigma_1 + \sigma_2 + \sigma_3 + \sigma_4 + \sigma_5 + \sigma_6 + \sigma_7 + \sigma_8 + \sigma_9 + \sigma_{10}$$

subject to

$$-0.8141u_{12} + u_{15} - 0.0823u_{22} - 0.9177u_{23} + u_{24} + 0.3893u_{32} - 0.4522u_{33}$$
$$-0.5478u_{34} + 0.6667u_{42} - 0.6667u_{43} + \sigma_9 - \sigma_6 \geq 0.0001$$
$$0.1776u_{12} - 0.3635u_{13} + 0.0823u_{22} + 0.2532u_{23} - 0.3354u_{24} - 0.9274u_{32}$$
$$+0.4522u_{33} + 0.5478u_{34} - 0.6667u_{42} + 0.6667u_{43} + \sigma_6 - \sigma_8 \geq 0.0001$$
$$0.6365u_{12} + 0.1201u_{13} - 0.7566u_{14} - 0.4321u_{22} + 0.0966u_{23} + 0.3354u_{24}$$
$$+0.6629u_{32} + \sigma_8 - \sigma_7 \geq 0.0001$$
$$-0.1436u_{12} + 0.2434u_{13} + 0.75662u_{14} + 0.2695u_{22} + 0.5679u_{23} + 0.2645u_{32}$$
$$-0.1687u_{34} - 0.8313u_{35} + 0.6667u_{42} - 0.6667u_{43} + \sigma_7 - \sigma_5 \geq 0.0001$$
$$0.1436u_{12} - 0.8218u_{13} - 0.1782u_{15} - 0.1537u_{22} - 0.6837u_{23} + 0.1687u_{34}$$
$$+0.8313u_{35} - 0.6667u_{42} + u_{43} + \sigma_5 - \sigma_{10} \geq 0.0001$$
$$-0.2001u_{12} + 0.8218u_{14} + 0.1782u_{15} - 0.1447u_{22} + 0.6837u_{23} - u_{36}$$
$$+0.6667u_{42} + \sigma_{10} - \sigma_3 \geq 0.0001$$
$$0.2001u_{12} - 0.1076u_{22} + \sigma_3 - \sigma_2 \geq 0.0001$$
$$-0.418u_{12} + 0.5686u_{22} - 0.9653u_{23} - 0.0347u_{24} - 0.9732u_{32}$$
$$+u_{36} + \sigma_2 - \sigma_4 \geq 0.0001$$
$$0.0627u_{12} + 0.9653u_{23} + 0.0347u_{24} + 0.9732u_{32} - 0.5168u_{33}$$
$$-0.4832u_{34} + \sigma_4 - \sigma_1 \geq 0.0001$$

$$u_{15} - u_{14} \geq 0,\ u_{14} - u_{13} \geq 0,\ u_{13} - u_{12} \geq 0,\ u_{24} - u_{23} \geq 0,\ u_{23} - u_{22} \geq 0,$$
$$u_{36} - u_{35} \geq 0,\ u_{35} - u_{34} \geq 0,\ u_{34} - u_{33} \geq 0,\ u_{33} - u_{32} \geq 0,\ u_{43} - u_{42} \geq 0,$$
$$u_{15} + u_{24} + u_{36} + u_{43} = 1$$

$$u_{12},\ u_{13},\ u_{14},\ u_{15},\ u_{22},\ u_{23},\ u_{24},\ u_{32},\ u_{33},\ u_{34},\ u_{35},\ u_{36},\ u_{42},\ u_{43},$$
$$\sigma_1,\ \sigma_2,\ \sigma_3,\ \sigma_4,\ \sigma_5,\ \sigma_6,\ \sigma_7,\ \sigma_8,\ \sigma_9,\ \sigma_{10} \geq 0$$

선형계획 모형을 풀면 목적함수는 $F=0$이 되고 $u_{12}=0.0005$, $u_{13}=0.0005$, $u_{14}=0.0005$, $u_{15}=0.0007$, $u_{22}=0$, $u_{23}=0.0003$, $u_{32}=0$, $u_{33}=0.0002$, $u_{34}=0.0002$, $u_{35}=0.0002$, $u_{36}=0.3999$, $u_{42}=0.5991$, $u_{43}=0.5991$이다.

최종 대안의 우선순위는 M_9, M_6, M_8, M_7, M_5, M_{10}, M_3, M_2, M_4, M_1 순이 된다.

[UTA 예제 2 : UTASTAR]

표 24.4에서 보는 바와 같이 교통 대안 A, B, C, D, E가 있고 평가기준으로는 '탑승 비용', '목적지 도달 소요시간', '안락함'이 있으며 각 평가값이 주어져 있다. 의사결정자는 각 대안에 대해 우선순위를 결정하였다.

표 24.4 의사결정 행렬

평가기준 / 대안	탑승 비용 (1,000원)	목적지 도달 소요시간(분)	안락함	의사결정자 순위
A	3	10	+	1
B	4	20	++	2
C	2	20	0	2
D	6	40	0	3
E	30	30	+++	4

그림 24.8에서 보는 것과 같이 첫 번째 평가기준인 '탑승 비용'에 대해서는 가장 좋은 값이 2이다. 왜냐하면 가장 싼 비용이기 때문에 Cost Criteria가 되어 작으면 작을수록 좋은 값이기 때문이다. 탑승 비용은 2, 3, 4, 6, 30 (단위: 1,000원)이 있지만 이를 적절한 간격으로 나누기 위하여 최소 선호값 30, 중간값 16, 최대 선호값 2로 정하였다. 최소 선호값 30에 해당하는 $u_1(g_1)$값은 0이 되고 최대 선호값 2에 해당하는 $u_1(g_1)$값은 1이다.

$$[g_{i^*}, g_i^*] = [30, 16, 2]$$

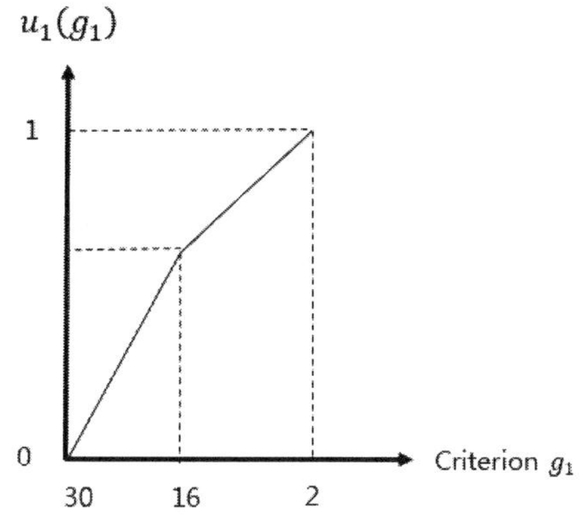

그림 24.8 최소 및 최대 선호값에 대응되는 Utility Function

두 번째 평가기준인 '목적지 도달 소요시간'도 동일한 개념으로 범위를 나누는데 의사결정자는 3개의 간격으로 나누었다.

$$[g_{2*}, g_2^*] = [40, 30, 20, 10]$$

세 번째 평가기준인 '안락함'도 같은 개념으로 3개의 간격으로 다음과 같이 나누었다.

$$[g_{3*}, g_3^*] = [0, +, ++, +++]$$

대안 A의 탑승 비용은 3으로 의사결정자가 나눈 2와 16 사이에 위치하고 있어 Linear Interpolation이 필요하다. 3은 2로부터는 1만큼 이격되어 있고 16과는 13만큼 이격되어 있다. 따라서 2와 16의 차이 14로 비율적으로 구하면 $u_1(16)$의 가중치는 1/14 = 0.07이고 $u_1(2)$의 가중치는 13/14 = 0.93이다. 따라서 대안 A가 g_1에 대한 정규화 값은 $0.7u_1(16)$ $0.93u_1(2)$가 된다. g_2에 대한 $u_2(10)$은 분할점이기 때문에 그대로 사용하고 g_3에 대한 $u_3(+)$도 분할점이기 때문에 Linear Interpolation이 필요 없다.

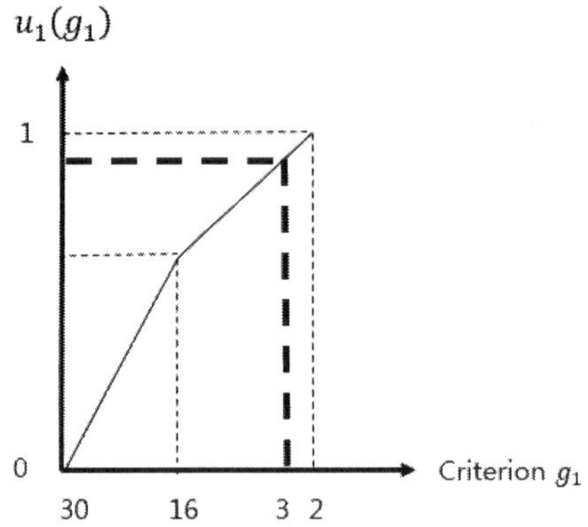

그림 24.9 Linear Interpolation

그러면 대안 A에 대한 $u[g(A)]$는 다음과 같다.

$$u[g(A)] = 0.07u_1(16) + 0.93u_1(2) + u_2(10) + u_3(+)$$

동일한 방법으로 대안 B, C, D, E에 대한 Marginal Utility을 구하면 다음과 같다. $u_1(30) = u_2(40) = u_3(0) = 0$이기 때문에 $u_1(30)$, $u_2(40)$, $u_3(0)$이 나타나는 항목은 0으로 처리한다.

$$u[g(B)] = 0.14u_1(16) + 0.86u_1(2) + u_2(20) + u_3(++)$$

$$u[g(C)] = u_1(2) + u_2(20) + u_3(0) = u_1(2) + u_2(20)$$

$$\begin{aligned} u[g(D)] &= 0.29u_1(16) + 0.71u_1(2) + u_2(40) + u_3(0) \\ &= 0.29u_1(16) + 0.71u_1(2) \end{aligned}$$

$$u[g(E)] = u_1(30) + u_2(30) + u_3(+++) = u_2(30) + u_3(+++)$$

$w_{ij} = u_i(g_i^{j+1}) - u_i(g_i^j)\ \forall\, i = 1, 2, \cdots, n,\ j = 1, 2, \cdots, \alpha_i - 1$이므로 위의 식들을 w_{ij}로 표현하면 그림 24.10과 같다. w_{ij}에서 i는 Criterion Index이고 j는 정규화되는 간격 Index이다. 대안 A에 대한 30~16에 대한 정규화 간격이 w_{11}이고 16~2에 대한 정규화 간격이 w_{12}인데 3에 해당하는 Marginal Utility의 정규화 크기는 $w_{11} + 0.93w_{12}$이 된다. 따라서 $u[g(A)] = w_{11} + 0.93w_{12} + w_{21} + w_{22} + w_{23} + w_{31}$이 된다.

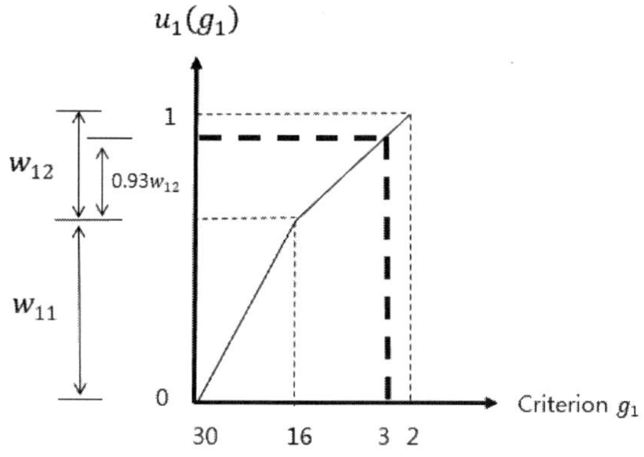

그림 24.10 Marginal Utility 정규화

동일한 방법으로 각 대안에 대한 Utility Function 값 Marginal Utility로 표현하면 다음과 같다.

$$u[g(B)] = w_{11} + 0.86w_{12} + w_{21} + w_{22} + w_{31} + w_{32}$$

$$u[g(C)] = w_{11} + w_{12} + w_{21} + w_{22}$$

$$u[g(D)] = w_{11} + 0.71w_{12}$$

$$u[g(E)] = w_{21} + w_{31} + w_{32} + w_{33}$$

UTASTAR 알고리듬에 따라 각 대안의 우선순위에 따른 대안 쌍대비교를 하면 다음과 같다.

$$\Delta(A, B) = 0.07w_{12} + w_{23} - w_{32} - \sigma_A^+ + \sigma_A^- + \sigma_B^+ - \sigma_B^-$$

$$\Delta(B, C) = -0.14w_{12} + w_{31} + w_{32} - \sigma_B^+ + \sigma_B^- + \sigma_C^+ - \sigma_C^-$$

$$\Delta(C, D) = 0.29w_{12} + w_{21} + w_{22} - \sigma_C^+ + \sigma_C^- + \sigma_D^+ - \sigma_D^-$$

$$\Delta(D, E) = w_{11} + 0.71w_{12} - w_{21} - w_{31} - w_{32} - w_{33} - \sigma_D^+ + \sigma_D^- + \sigma_E^+ - \sigma_E^-$$

$\delta = 0.05$로 놓으면 위의 목적함수와 제약식은 다음과 같이 구성할 수 있다.

$$\min z = \sigma_A^+ + \sigma_A^- + \sigma_B^+ + \sigma_B^- + \sigma_C^+ + \sigma_C^- + \sigma_D^+ + \sigma_D^- + \sigma_E^+ + \sigma_E^-$$

$$\text{s.t } 0.07w_{12} + w_{23} - w_{32} - \sigma_A^+ + \sigma_A^- + \sigma_B^+ - \sigma_B^- \geq 0.05$$

$$-0.14w_{12} + w_{31} + w_{32} - \sigma_B^+ + \sigma_B^- + \sigma_C^+ - \sigma_C^- = 0$$

$$0.29w_{12} + w_{21} + w_{22} - \sigma_C^+ + \sigma_C^- + \sigma_D^+ - \sigma_D^- \geq 0.05$$

$$w_{11} + 0.71w_{12} - w_{21} - w_{31} - w_{32} - w_{33} - \sigma_D^+ + \sigma_D^- + \sigma_E^+ - \sigma_E^- \geq 0.05$$

$$w_{11} + w_{12} + w_{21} + w_{22} + w_{23} + w_{31} + w_{32} + w_{33} = 1$$

$$w_{ij} \geq 0, \ \forall\, i, j$$

$$\sigma_k^+, \sigma_k^- \geq 0, \ k = A, B, C, D, E$$

최적해는 $w_{11} = 0.5$, $w_{21} = 0.05$, $w_{23} = 0.05$, $w_{33} = 0.4$이고 목적함수 $z = 0$이다. $w_{ij} = u_i(g_i^{j+1}) - u_i(g_i^j)$이므로 $w_{11} = u_1(g_1^2) - u_1(g_1^1) = u_1(16) - u_1(30) = u_1(16) = 0.5$, $w_{12} = u_1(g_1^3) - u_1(g_1^2) = u_1(2) - u_1(16) = 0$으로부터 $u_1(2) = 0.500$을 구할 수 있다. 동일한 방법으로 모든 Marginal Utility를 구하면 표 24.5와 같다.

표 24.5 Marginal Utility

가 격	시 간	안락함
$u_1(30) = 0.000$	$u_2(40) = 0.000$	$u_3(0) = 0.000$
$u_1(16) = 0.500$	$u_2(30) = 0.050$	$u_3(+) = 0.000$
$u_1(2) = 0.500$	$u_2(20) = 0.050$	$u_3(++) = 0.000$
	$u_2(10) = 0.100$	$u_3(+++) = 0.400$

최적해에서 목적함수 값 $z^* = 0$이기 때문에 $\sigma_k^+ = \sigma_k^- = 0 \ \forall\, k$라는 의미와 동일하다.

$$z^* = 0 \ \Leftrightarrow \ \sigma_k^+ = \sigma_k^- = 0 \ \forall\, k$$

각 대안의 Utility Function의 값을 구해보면 다음과 같다.

$$u[g(A)] = 0.07u_1(16) + 0.93u_1(2) + u_2(10) + u_3(+)$$
$$= 0.07 \times 0.5 + 0.93 \times 0.5 + 0 = 0.6$$

$$u[g(B)] = 0.14u_1(16) + 0.86u_1(2) + u_2(20) + u_3(++)$$
$$= 0.14 \times 0.5 + 0.86 \times 0.05 + 0 = 0.55$$

$$u[g(C)] = u_1(2) + u_2(20) + u_3(0) = u_1(2) + u_2(20)$$
$$= 0.5 + 0.05 = 0.55$$

$$u[g(D)] = 0.29u_1(16) + 0.71u_1(2) + u_2(40) + u_3(0)$$
$$= 0.29u_1(16) + 0.71u_1(2) = 0.29 \times 0.5 + 0.71 \times 0.5 = 0.5$$

$$u[g(E)] = u_1(30) + u_2(30) + u_3(+++) = u_2(30) + u_3(+++)$$
$$= 0.05 + 0.4 = 0.45$$

Utility Function 값에 따른 대안의 우선순위는 A, $(B = C)$, D, E 순이다.

$$u[g(A)] > u[g(B)] = u[g(C)] > u[g(D)] > u[g(E)]$$

Post Optimality 분석단계를 적용해 보면 다음 3개의 선형계획 모형 POA 1 ~ POA 3을 구성하여 푼다.

[POA 1 : $\max u_1(g_1^*)$]

$$\max z = w_{11} + w_{12}$$

$$\text{s.t}\quad 0.07w_{12} + w_{23} - w_{32} \geq 0.05$$

$$-0.14w_{12} + w_{31} + w_{32} = 0$$

$$0.29w_{12} + w_{21} + w_{22} \geq 0.05$$

$$w_{11} + 0.71w_{12} - w_{21} - w_{31} - w_{32} - w_{33} \geq 0.05$$

$$w_{11} + w_{12} + w_{21} + w_{22} + w_{23} + w_{31} + w_{32} + w_{33} = 1$$

$$w_{ij} \geq 0,\ \ \forall\ i,\ j$$

[POA 2 : $\max u_2(g_2^*)$]

$$\max z = w_{21} + w_{22} + w_{23}$$

$$\text{s.t} \quad 0.07w_{12} + w_{23} - w_{32} \geq 0.05$$

$$-0.14w_{12} + w_{31} + w_{32} = 0$$

$$0.29w_{12} + w_{21} + w_{22} \geq 0.05$$

$$w_{11} + 0.71w_{12} - w_{21} - w_{31} - w_{32} - w_{33} \geq 0.05$$

$$w_{11} + w_{12} + w_{21} + w_{22} + w_{23} + w_{31} + w_{32} + w_{33} = 1$$

$$w_{ij} \geq 0, \quad \forall\ i,\ j$$

[POA 3 : $\max u_3(g_3^*)$]

$$\max z = w_{31} + w_{32} + w_{33}$$

$$\text{s.t} \quad 0.07w_{12} + w_{23} - w_{32} \geq 0.05$$

$$-0.14w_{12} + w_{31} + w_{32} = 0$$

$$0.29w_{12} + w_{21} + w_{22} \geq 0.05$$

$$w_{11} + 0.71w_{12} - w_{21} - w_{31} - w_{32} - w_{33} \geq 0.05$$

$$w_{11} + w_{12} + w_{21} + w_{22} + w_{23} + w_{31} + w_{32} + w_{33} = 1$$

$$w_{ij} \geq 0, \quad \forall\ i,\ j$$

3개의 모형에서 구한 값은 표 24.6과 같고 3개 모형으로부터 얻은 값을 평균한다.

표 24.6 3개의 모형에서 구한 w_{ij}와 평균

	w_{11}	w_{12}	w_{21}	w_{22}	w_{23}	w_{31}	w_{32}	w_{33}
$\max u_1(g_1^*)$	0.7625	0.175	0	0	0.0375	0.025	0	0
$\max u_2(g_2^*)$	0.05	0	0	0.05	0.9	0	0	0
$\max u_3(g_3^*)$	0.3562	0.175	0	0	0.0375	0.025	0	0.4063
평 균	0.3896	0.1167	0	0.0167	0.3250	0.0167	0.0167	0.1354

$w_{ij} = u_i(g_i^{j+1}) - u_i(g_i^j)$로부터 Marginal Utility를 구하면 표 24.7과 같다.

표 24.7 속성별 Marginal Utility

가 격	시 간	안락함
$u_1(30) = 0.000$	$u_2(40) = 0.000$	$u_3(0) = 0.000$
$u_1(16) = 0.390$	$u_2(30) = 0.000$	$u_3(+) = 0.017$
$u_1(2) = 0.506$	$u_2(20) = 0.017$	$u_3(++) = 0.017$
	$u_2(10) = 0.342$	$u_3(+++) = 0.152$

$$\begin{aligned} u[g(A)] &= 0.07u_1(16) + 0.93u_1(2) + u_2(10) + u_3(+) \\ &= 0.07 \times 0.390 + 0.93 \times 0.506 + 0.342 + 0.017 = 0.856 \end{aligned}$$

$$\begin{aligned} u[g(B)] &= 0.14u_1(16) + 0.86u_1(2) + u_2(20) + u_3(++) \\ &= 0.14 \times 0.390 + 0.86 \times 0.506 + 0.017 + 0.017 = 0.523 \end{aligned}$$

$$\begin{aligned} u[g(C)] &= u_1(2) + u_2(20) + u_3(0) = u_1(2) + u_2(20) \\ &= 0.506 + 0.017 = 0.523 \end{aligned}$$

$$\begin{aligned} u[g(D)] &= 0.29u_1(16) + 0.71u_1(2) + u_2(40) + u_3(0) \\ &= 0.29u_1(16) + 0.71u_1(2) = 0.29 \times 0.390 + 0.71 \times 0.506 = 0.473 \end{aligned}$$

$$\begin{aligned} u[g(E)] &= u_1(30) + u_2(30) + u_3(+++) = u_2(30) + u_3(+++) \\ &= 0.00 + 0.152 = 0.152 \end{aligned}$$

Utility Function은 각 $u_i(g_i^j)$를 $u_i(g_i^*)$로 나누어 정규화한다. 이 예제의 경우는 Utility의 합은 다음과 같이 표현 가능하다.

$$u(g) = 0.506u_1(g_1) + 0.342u_2(g_2) + 0.152u_3(g_3)$$

25장

MACBETH(Measuring Attractiveness by a Categorical Based Evaluation TecHnique) Method

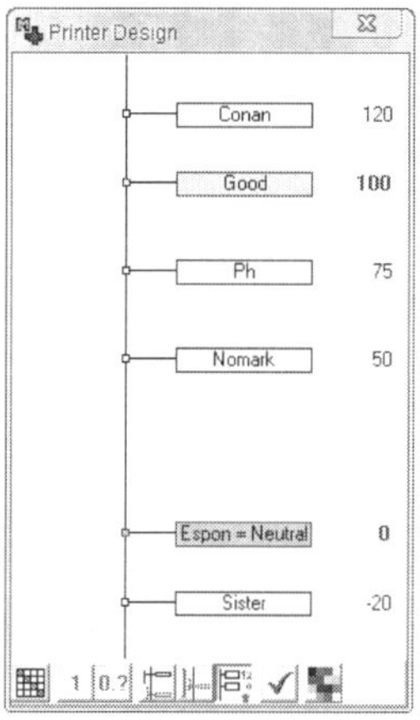

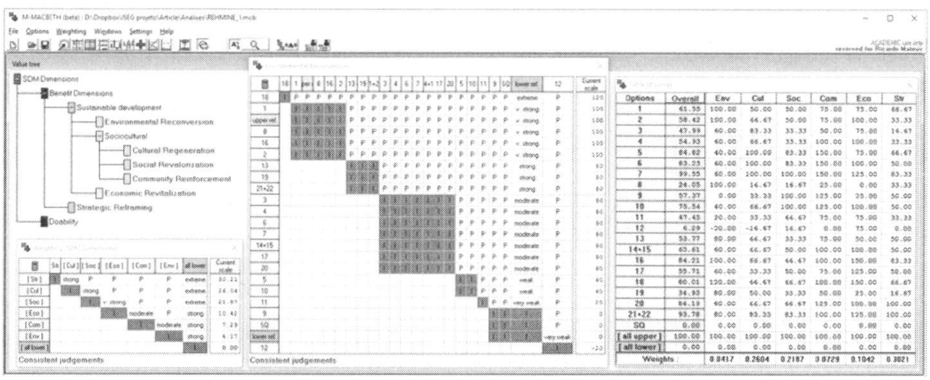

MACBETH Method는 평가기준의 선호도 차이로 다기준 의사결정 문제를 분석하는 방법이다. AHP(Analytic Hierarchy Process)에서는 평가기준 또는 대안의 선호도의 비율로 다기준 의사결정을 분석하여 대안의 우선순위를 구하였다. 예를 들어 AHP에서 항목 A와 항목 B의 선호도가 각각 500과 100이라면 항목 A가 항목 B보다 500/100＝5배 더 좋다고 간주하는 데 비해 MACBETH에서는 500－100＝400 차이라고 생각한다.

MACBETH 방법을 적용하는 절차는 다음과 같다.

1. 문제의 구조화
2. 쌍대비교에 의한 의사결정 행렬 구성
3. 일관성 검사
4. 만약 일관성이 있다면 대안의 선호도 총합 계산
   만약 일관성이 없다면 기존 평가한 쌍대비교 수정 후 의시결정 행렬 재구성
   수정된 의사결정 행렬로 일관성 검사
5. 필요 시 민감도 분석 실시

문제를 구조화하는 것은 AHP나 MAUT에서도 동일한 방법을 사용한다. 그러나 이 두 가지 방법과 MACBETH가 다른 것은 MACBETH software에서는 항목을 Criteria Node와 Non－Criteria Node로 구분한다. Non－Criteria Node는 실제 평가는 하지 않고 문제 구조에 대한 설명만 하는 Node이다. 반면 Criteria Node에서는 가치나무(Value Tree)의 최상위 Node로부터 최끝단 Node 사이에 적절하게 설정 가능하다.

문제 구조화를 설명하기 위해 어떤 학교 행사의 Caterer를 선택하는 문제를 생각해 보자. 선택의 기준은 '품질', '가격', '신뢰성', '융통성'으로 설정하였으며 '품질'은 '음료'와 '음식'과 같은 '소비재'와 '서비스'로 구분하여 문제를 구조화하였다. 여기에서 '품질', '가격', '신뢰성', '융통성'은 Criteria Node로서 실제로 가중치를 구해 대안을 분석하는 데 사용하고 '음료'와 '음식'과 같은 '소비재'와 '서비스'는 Non－Criteria Node로서 '품질'을 설명하는 목적으로만 사용하고 실제 가중치를 구하지는 않는 Node이다.

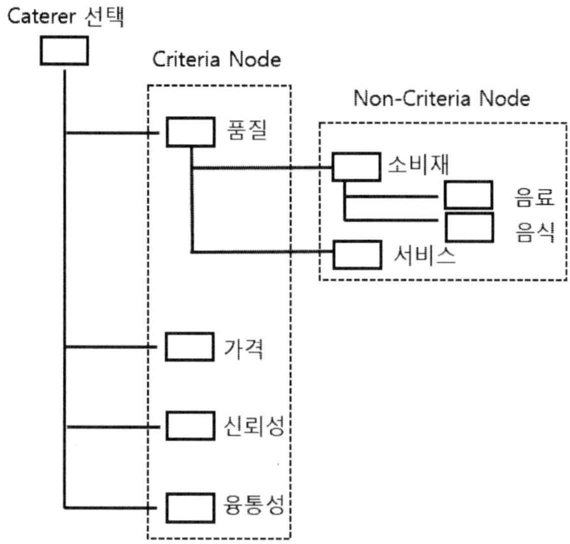

그림 25.1 Caterer 선정을 위한 계층구조

MACBETH Method에서의 대안의 평가점수의 계산 절차는 Hierarchical Additive Weighting Method를 사용한다. 먼저 평가기준의 가중치 결정하고 다음으로 평가기준 관점에서 대안의 가중치를 결정한 다음 이를 총합하여 대안의 평가 총점을 계산한다. 그렇게 하려면 각 평가기준별 쌍대비교를 통해 쌍대비교 대안의 선호도 차이를 평가하고 선호도 차이로 구성된 의사결정 행렬이 일관성이 있는지를 검사한 다음 일관성이 있으면 그 의사결정 행렬로 가중치를 구한다. 만약 의사결정 행렬이 일관성이 없는 평가라고 판단되면 쌍대비교 행렬의 요소별 선호도 차이를 상향 또는 하향 조정 후 다시 평가한다. 일관성 검사를 통과한 의사결정 행렬로 가중치를 구한다. 모든 평가기준 및 대안에 대해 동일한 절차를 실시한 다음 각 평가기준 및 대안의 가중치를 총합하여 대안의 우선순위를 결정하는 것이다. 의사결정 행렬의 일관성 검사는 선형계획법(Linear Programming)으로 실시한다.

위에서 예를 든 Caterer 선택 문제를 가지고 MACBETH Method를 설명한다. 어떤 학교의 행사에 Caterer를 선택하는 데 평가기준은 앞에서 설명한 것과 같이 음식, 음료와 같은 소비재의 '품질', '가격', '신뢰성', '융통성'으로 선정하였다. 대안은 '미국식', '인도식', '중국식', '일본식' 4가지가 있다. 이 4가지 대안의 장단점은 다음과 같다.

표 25.1 Caterer 형태별 장단점

Caterer	장단점
미국식	다른 Caterer보다 고가 가격. 융통성 있음.
인도식	고품질, 합리적 가격, 대규모 행사 경험 없음
중국식	중간 정도의 품질, 저가 가격
일본식	미국식 Caterer와 동일한 가격, 고품질 음식, 융통성/신뢰성은 알려지지 않음

MACBETH Method에서도 AHP처럼 정성적인 표현을 정량적 수치로 정규화하는데 그 전환 수치의 예는 다음과 같다. 정성적 표현의 범주나 정량적 수치는 의사결정자에 따라 다르게 표현할 수 있다.

표 25.2 정성적 표현을 정량적 수치로 변환

정성적 표현	정량적 수치
No	1
Very Weak	2
Weak	3
Moderate	4
Strong	5
Very Strong	6
Extreme	7

만약 각 평가기준끼리 쌍대비교를 하여 평가를 한 결과 다음과 같은 결과를 얻었다면 이 의사결정 행렬은 다음과 같다.

표 25.3 평가기준별 쌍대비교 평가

평가기준	품질	가격	신뢰성	융통성
품질	No	Very Weak	Weak	Moderate
가격		No	Very Weak	Weak
신뢰성			No	Weak
융통성				No

표 25.3이 의미하는 것은 '품질'은 '가격'보다 약간 더 중요하다는 것이고 '품질'이 '신뢰성'보다는 중요하다는 것을 말하며 '품질'을 '융통성'과 비교 시 더 중요하다는 것을 말한다. 이러한 평가는 의사결정자가 세밀한 준비와 엄격한 조건하에 평가하는 것이 아니고 자연스럽게 생각나는 대로 평가하는 것이기 때문에 각 항목 간의 관계에 있어서 일관성이 결여될 수가 있다. 일관성 결여는 인지공학적 측면에서도 타당한 것이고 인간의 판단오류를 어느 정도 인정해 주는 것이 AHP와 동일하다. 이 행렬에서 빈 칸은 행렬의 주 대각선 기준으로 대칭되는 판단이 적용되지만 기록할 필요는 없다.

MACBETH Method의 불일치성 검사는 다음과 같이 '비교 판단'과 '의미 판단' 두 가지 판단을 가지고 수행한다.

(1) 비교(Comparative) 판단

비교 판단은 항목들끼리 비교하는 것을 말한다. 예를 들어 'A가 B보다 약간 더 중요하다.' 또는 'C는 B보다 더 중요하다.'와 같이 표현한다.

다음의 비교 판단은 불일치성을 나타낸다.

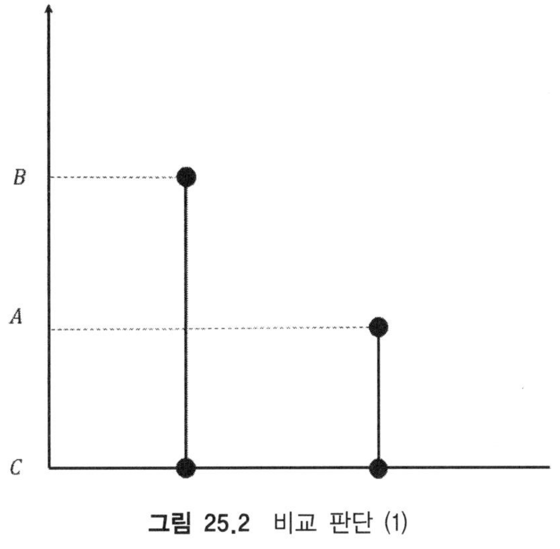

그림 25.2 비교 판단 (1)

그림 25.2에서 A, B, C 관계를 보면 'B − C 〉 A − C and A 〉 B'인 것은 성립되지

않는다. 동일하게 'B - A 〉 A - C and A = B' 역시 성립되지 않는다.

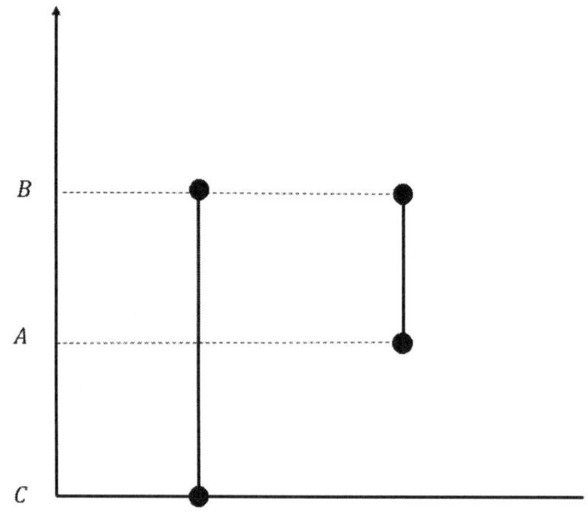

그림 25.3 비교 판단 (2)

그림 25.3에서 A, B, C 관계를 보면 'B-C > B-A and C > A'는 성립하지 않는다. 동일하게 'B-C > B-A and C=A' 역시 성립하지 않는다.

(2) 의미(Semantic) 판단

의미 판단은 두 항목의 차이로 판단하는 것을 말한다. 예를 들면 다음과 같이 표현한다. 'C와 B의 선호도의 차이는 A와 B의 선호도 차이보다 더 크다.'

의미 비일관성은 각 항목의 간접 거리의 비일관성을 나타낸다.

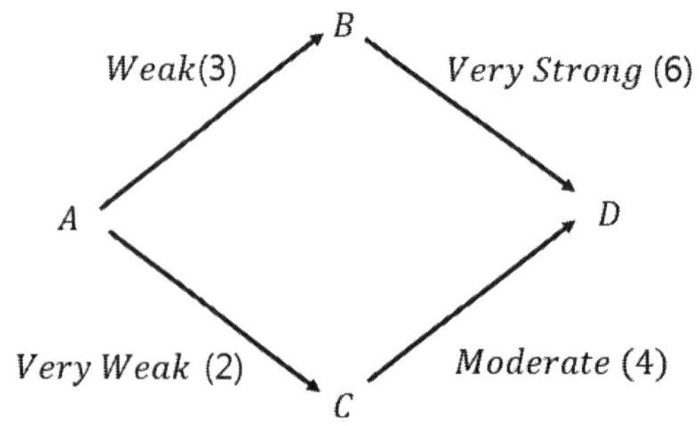

그림 25.4 의미 비일관성 판단

그림 25.4의 A, B, C, D 항목 간 선호도 평가를 보면 A → B → D는 선호도의 거리가 3+6=9이고 A → C → D는 2+4=6으로서 상당한 차이가 난다. 가장 이상적인 것은 두 경로의 거리가 동일한 것이다. 그런데 이 두 가지 경로의 거리가 동일하려면 (A~B) > (A~C)이면 (B~D) < (C~D)가 되어야 하는데 반대로 (B~D) > (C~D)가 되어 동일할 수가 없다. 따라서 일관성이 유지가 되지 않는다.

MACBETH Method에서는 의사결정자가 판단한 각 항목 간 선호도 차이의 일관성을 비교 판단과 의미 판단을 이용하여 판단한다. 비일관성을 검사하는 것은 선형계획법을 구성하고 풀어서 비일관성 검사를 실시한다.

MACBETH Method를 좀 더 구체적으로 알아보자.

1. 평가기준을 쌍대비교하여 선호도 차이를 평가한다. 이는 표 25.4와 같이 말로 하는 표현 그대로를 표현할 수 있다. 앞에서 예를 든 정성적 표현을 정량적 수치로 표현하는 것과 다소 상이하지만 그 기준은 의사결정자가 정할 수 있다.

표 25.4 선호도 차이 범주

범 주	표 현
C_1	Negligible or Very Weak
C_2	Weak
C_3	Moderate
C_4	Strong
C_5	Very Strong
C_6	Extreme

이렇게 정리하면 대안 집합 A에 속하는 모든 대안 a와 b에 대해 다음과 같은 Rule 1과 Rule 2가 성립한다.

(Rule 1)

$$\forall\ a, b \in A : aPb \Leftrightarrow \mu(a) > \mu(b)$$

여기서 $\mu(\cdot)$는 대안 $\cdot$ 의 중요도 또는 선호도

(Rule 2)

$$\forall\ k,\ k' \in \{1,\ 2,\ 3,\ 4,\ 5,\ 6\}\ with\ \ k \neq k'\ and$$

$$\forall\ a,\ b,\ c,\ d \in A\ \ with\ (a,\ b) \in C_k\ \ and\ \ (c,\ d) \in C_{k'}:$$

$$k > k'\ \Leftrightarrow\ \mu(a) - \mu(b) > \mu(c) - \mu(d)$$

2. 선호도를 내림차순으로 행렬형태로 정리한다. 예를 들어 평가기준이 n개가 있는 문제에서 평가기준 x_n이 다른 평가기준과의 쌍대비교에서 제일 선호된다는 평가를 받았다고 가정하자. x_n 기준이 가장 첫 행과 첫 열에 오도록 내림차순으로 정리한다. 아래 행렬의 의미하는 바는 평가기준 x_n은 평가기준 x_{n-1}과 비교 시 매우 강하게 (Very Strong) 선호된다는 의미이다. 범주에 속하는 인덱스를 사용하여 의사결정 행렬을 정할 수 있다.

	x_n	x_{n-1}	x_{n-2}	$\cdots\cdots$	x_1
x_n	*	5	4	$\cdots\cdots$	1
x_{n-1}		*	3	2 2	
x_{n-2}			*		
$\vdots$				$\ddots$	
x_1					*

그림 25.5 선호도 내림차순으로 정리한 행렬

3. 아래 그림 25.6과 같이 각 범주가 속하는 범위의 한계점 S_i, $i = 1, 2, 3, 4, 5$를 결정하고 $\mu(x_i)$, $i = 1, 2, 3, \cdots, n$을 결정해야 한다. 여기서 $\mu(x_i)$는 평가기준 또는 대안 x_i의 가중치이다.

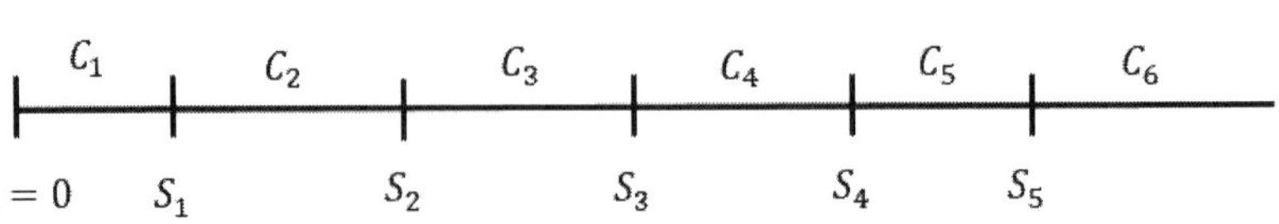

그림 25.6 각 범주의 범위와 한계점

4. 선호도 차이로 구성된 의사결정 행렬의 일관성을 검사한다. 만약 일관성이 없다면 수정하도록 해야 하기 때문이다. 일관성 검사의 조건은 다음과 같다. 아래 ①, ②, ③ 조건을 만족하면 일관성이 있다고 말할 수 있다. 여기에서 x와 y는 평가기준 또는 대안이다. 여기서 $x\text{P}y$는 x가 y보다 더 선호된다는 의미이다.

① $S_{k-1} < \mu(x) - \mu(y) \le S_k$ *if and only if* $(x, y) \in C_k$ *for* $k \in \{1, 2, 3, 4, 5\}$

$S_5 < \mu(x) - \mu(y)$ *if and only if* $(x, y) \in C_6$

② $0 < S_1 < S_2 < S_3 < S_4 < S_5$

③ $S_k - S_{k-1} \ge S_1 - S_0, \ \forall \ k \in \{2, 3, 4, 5\}$ *for all* $x\text{P}y$

Caterer 선택 문제를 다시 살펴보자. 평가기준 '품질'을 'Very Expensive', 'High', 'Medium', 'Affordable', 'Low'로 정하면 그림 25.7과 같이 평가할 수 있다.

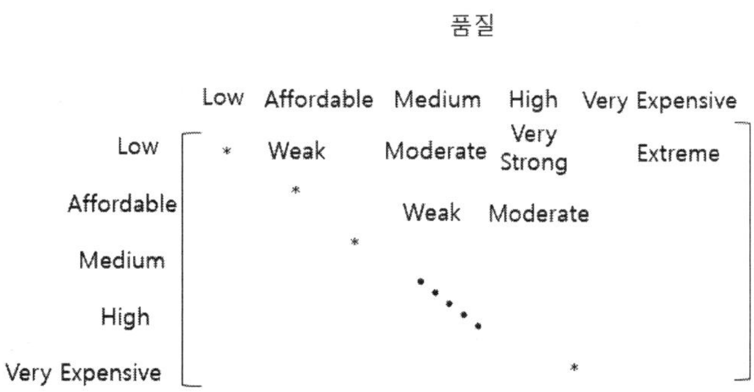

그림 25.7 Caterer 선택문제 품질에 대한 항목 비교

'가격', '신뢰성', '융통성'에 대해서도 동일하게 의사결정 행렬을 구성할 수 있다. 대안의 경우도 그림 25.8과 같이 동일한 개념으로 의사결정 행렬을 구할 수 있다. 또한 평가기준들끼리 쌍대비교하는 의사결정 행렬도 구할 수 있다. 의사결정 행렬 구성 시 주의할 점은 가장 좋은 평가기준이나 대안 순으로 내림차순의 행렬을 구성하는 것이다.

대안 비교

품질	일본식	인도식	미국식	중국식
일본식	*	Very Weak	Very Strong	Extreme
인도식		*	Very Weak	Very Strong
미국식			*	
중국식				*

그림 25.8 품질에 대한 대안 비교

'가격', '신뢰성', '융통성'에 대해서도 동일하게 의사결정 행렬을 구성할 수 있다. 대안의 경우도 그림 25.8과 같은 동일한 개념으로 의사결정 행렬을 구할 수 있다. 또한 평가기준들끼리 쌍대비교하는 의사결정 행렬도 구할 수 있다. 의사결정 행렬 구성 시 주의할 점은 가장 좋은 평가기준이나 대안 순으로 내림차순의 행렬을 구성하는 것이다.

의사결정 행렬로부터 각 대안 가중치와 평가기준 가중치를 구하고 이를 총합하여 대안별 최종 평가값을 구하고 우선순위를 결정한다. 예를 들어 구한 평가기준의 가중치가 다음과 같다고 가정하자.

표 25.5 평가기준 가중치

품질	신뢰성	융통성	가격
38.9	33.3	22.2	5.6

표 25.6 대안별 선호도

일본식	인도식	미국식	중국식
100	87.71	14.29	0

최종적으로 구한 대안의 점수는 그림 25.9와 같이 최고로 선호되는 대안인 '일본식 Caterer'가 100점이며 가장 좋지 않은 '중국식 Caterer'가 0점으로 환산된 점수로 계산되며 '인도식 Caterer'는 87.71점, '미국식 Caterer'는 14.29점이 된다.

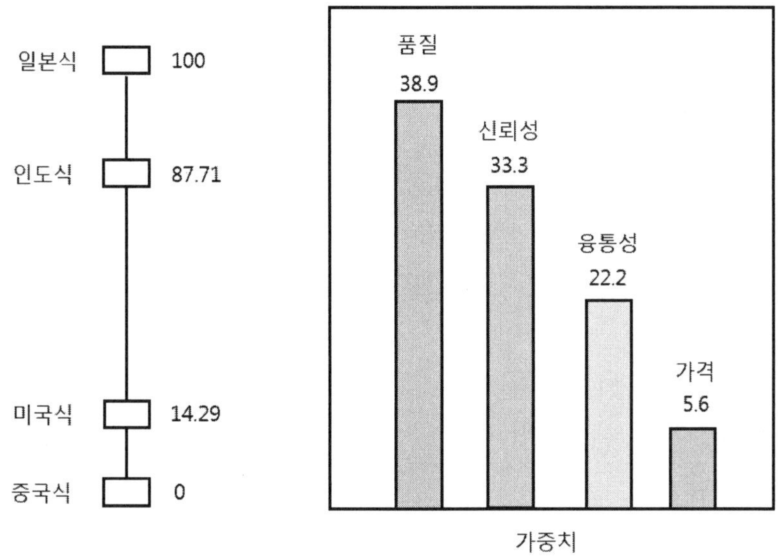

그림 25.9 대안 및 평가기준 가중치

평가기준 x와 y쌍 (x, y)에 대해 앞에서 정의한 6개 중 한 개의 범주에 할당한다. 그 다음 이것을 정량적 수치로 결정하기 위해서는 다음 2가지를 동시에 결정해야 한다.

$0 < S_1 < S_2 < S_3 < S_4 < S_5$가 되는 S_1, S_2, S_3, S_4, S_5를 결정해야 한다.

다음으로

$$S_{k-1} < \mu(x) - \mu(y) \le S_k \ if \ and \ only \ if \ (x, y) \in C_k \ for \ k \in \{1, 2, 3, 4, 5\}$$

$$S_5 < \mu(x) - \mu(y) \ if \ and \ only \ if \ (x, y) \in C_6$$

를 결정해야 한다.

이를 위해 $\mu(x)$의 값을 결정한다. 실수 S_1, S_2, S_3, S_4, S_5와 $\mu(x)$, $x \in \{1, 2, 3, \cdots, n\}$를 결정하기 위해 다음의 ①, ②, ③을 구성한다.

① $S_{k-1} < \mu(x) - \mu(y) \le S_k \ if \ and \ only \ if \ (x, y) \in C_k \ for \ k \in \{1, 2, 3, 4, 5\}$
$S_5 < \mu(x) - \mu(y) \ if \ and \ only \ if \ (x, y) \in C_6$

② $0 < S_1 < S_2 < S_3 < S_4 < S_5$

③ $S_k - S_{k-1} \geq S_1 - S_0, \ \forall \ k \in \{2, 3, 4, 5\} \ for \ all \ x\mathrm{P}y$

이 문제는 S_1, S_2, S_3, S_4, S_5와 $\mu(x)$가 존재하지 않을 수도 있는 문제점이 있다. 이러한 문제점을 해결하기 위해 몇 개의 선형계획법 모형이 개발되었다. 선형계획 모형을 구성하기 위해 다음과 같은 기호를 먼저 정의한다.

θ : 0보다 큰 임의의 아주 작은 양수
$x\mathrm{P}y$: x가 y보다 더 선호된다.
A: 대안의 집합

(MC_1)

$$
\begin{aligned}
& \min C \\
& \text{s.t} \\
& \quad (1)\ S_0 = 0 \text{ and } S_1 = 1 \\
& \quad (2)\ S_k - S_{k-1} \geq 1, \ \forall \ k \in \{2, 3, 4, 5\} \\
& \quad (3)\ \forall \ x, y \in A \ with \ x\mathrm{P}y, \ \mu(x) - \mu(y) \geq \theta \\
& \quad (4)\ \mu(x^-) = 0 \ \ where \ \forall \ x \in A \ x\mathrm{P}x^- \\
& \quad (5)\ \forall \ k \in \{1, 2, 3, 4, 5\} \text{ and } \forall \ (x, y) \in C_k \\
& \quad \quad S_{k-1} + \theta - C \leq \mu(x) - \mu(y) \leq S_k + C \\
& \quad (6)\ \forall \ (x, y) \in C_6 \text{에 대해} \\
& \quad \quad S_5 + \theta - C \leq \mu(x) - \mu(y) \\
& \quad (7)\ S_k \geq 0, \ \mu(x_k) \geq 0, \ C \geq 0 \ for \ all \ k
\end{aligned}
$$

(MC_1)의 (1)은 C1에 해당하는 범주의 차원을 부여한다는 의미이며 (2)는 각 범주의 간격이 최소 1 이상이어야 한다는 의미이다. (3)은 $x\mathrm{P}y$의 경우 평가항목의 선호도 차이는 양수여야 한다는 의미이다. (4)는 모든 x보다 덜 선호되는 x^-는 '0'으로 고정한다는 의미이다. 즉, 가장 선호되지 않는 항목 x^-에 대해 $\mu(x^-) = 0$으로 설정한다. (5)와 (6)은 평가항목의 선호도 차이가 해당 범주에 속해야 한다는 의미이며 좌측변의 θ는 '$<$'를 '$\leq$'로 변환하기

위해 도입되었다. (MC_1)의 결정변수는 'S_k, $k \in \{1, 2, 3, 4, 5\}$와 $\mu(x)$, $x \in A$와 C이다.

만약 의사결정자의 평가가 일관성이 있으면 MC_1 모형에서 목적함수 C는 0이 된다. 이러한 경우 $C_{\min} = 0$을 MC_2에 대입하여 MC_2를 푼다. 만약 $C_{\min} > 0$이라면 평가자의 답에 비일관성이 있다는 의미가 되므로 다시 선호도 평가를 위해 최초의 의사결정 행렬을 개선하기 위하여 평가항목별 선호도 차이의 범주를 수정하기 위한 Interactive 절차를 거치는데 이 때 사용하는 선형계획 모형이 MC_2이다.

MC_2에서는 $\forall\ (x, y) \in C_k\ k \in \{1, 2, 3, 4, 5\}$에 대해서 $\mu(x) - \mu(y)$가 해당 C_k의 중간 값에 근접하도록 만들고 $(x, y) \in C_6$에 대해서는 $\mu(x) - \mu(y)$가 C_6의 범주의 바깥으로 가는 것을 최소화한다. MC_2를 구성하기 위해 $(x, y) \in C_k\ k \in \{2, 3, 4, 5\}$에 대해 다음과 같은 보조 변수를 정의한다.

- $\eta(x, y)$: $\mu(x) - \mu(y)$가 $s_{k-1} + \theta$ 방향으로 $(s_{k-1} + \theta + S_k)/2$와 이격된 거리를 나타내는 변수이다.
- $\varepsilon(x, y)$: $\mu(x) - \mu(y)$가 s_k 방향으로 $(s_{k-1} + \theta + S_k)/2$와 이격된 거리를 나타내는 변수이다.

따라서 $\varepsilon(x, y) \cdot \eta(x, y) = 0$이 된다. 즉, $\eta(x, y)$가 양의 값을 가지면 $\varepsilon(x, y)$는 0이 된다. 역으로 $\varepsilon(x, y)$가 양의 값을 가지면 $\eta(x, y) = 0$이 된다. 두 변수가 동시에 양의 값을 가질 수는 없다.

- $\beta(x, y)$: $\mu(x) - \mu(y)$가 s_{k+1} 방향으로 s_k와 이격된 거리를 나타내는 변수이다. 만약 $\beta(x, y) > 0$이면 $\mu(x) - \mu(y) > S_k$라는 것을 의미한다. $\beta(x, y) > 0$이면 기존 $\mu(x) - \mu(y)$의 범주를 상향하여야 한다.
- $\gamma(x, y)$: $\mu(x) - \mu(y)$가 $s_{k-1} + \theta$ 방향으로 s_k와 이격된 거리를 나타내는 변수이다.

따라서 $\beta(x, y) \cdot \gamma(x, y) = 0$이 된다. 즉, $\beta(x, y)$가 양의 값을 가지면 $\gamma(x, y)$는 0이 된다. 역으로 $\gamma(x, y)$가 양의 값을 가지면 $\beta(x, y) = 0$이 된다. 두 변수가 동시에 양의 값을 가질 수는 없다.

- $\alpha(x, y)$: $\mu(x) - \mu(y)$가 s_{k-2} 방향으로 $s_{k-1} + \theta$와 이격된 거리를 나타내는 변수이다. 만약 $\alpha(x, y) > 0$이면 $\mu(x) - \mu(y) > S_{k-1} + \theta$라는 것을 의미한다. $\alpha(x, y) > 0$이

면 기존 $\mu(x)-\mu(y)$ 범주를 하향하여야 한다.

• $\delta(x, y)$: $\mu(x)-\mu(y)$가 s_k 방향으로 $s_{k-1}+\theta$와 이격된 거리를 나타내는 변수이다.

따라서 $\alpha(x, y) \cdot \delta(x, y)=0$이 된다. 즉, $\alpha(x, y)$가 양의 값을 가지면 $\delta(x, y)$는 0이 된다. 역으로 $\delta(x, y)$가 양의 값을 가지면 $\alpha(x, y)=0$이 된다. 두 변수가 동시에 양의 값을 가질 수는 없다.

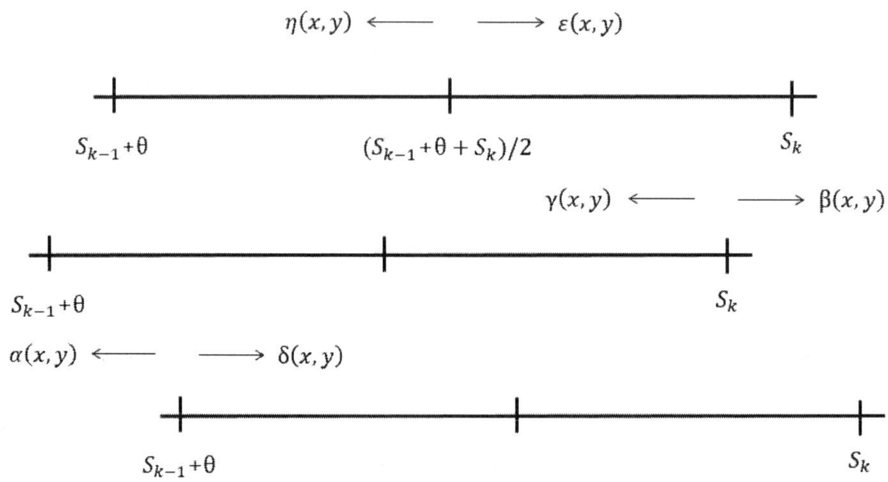

그림 25.10 보조 변수의 의미

(MC_2)

$$\min\left[\textstyle\sum_{(x,y)\in C_k,\, k\in\{1,2,3,4,5\}}\{\varepsilon(x,y)+\eta(x,y)\}+\sum_{(x,y)\in C_6}\alpha(x,y)\right]$$

s.t.

(1) $S_0=0$ and $S_1=1$

(2) $S_k-S_{k-1}\geq 1,\ \forall\ k\in\{2,3,4,5\}$

(3) $\forall\ x, y\in A$ *with* $x\mathrm{P}y,\ \mu(x)-\mu(y)\geq\theta$

(4) $\mu(x^-)=0$ *where* $\forall\ x\in A\ \ x\mathrm{P}x^-$

(5) $\forall\ k\in\{1,2,3,4,5\}$ and $\forall\ (x,y)\in C_k$

$S_{k-1}+\theta-C_{\min}\leq\mu(x)-\mu(y)\leq S_k+C_{\min}$

(6) $\forall\ (x,y)\in C_6$에 대해

$S_5+\theta-C_{\min}\leq\mu(x)-\mu(y)$

(7) $\forall\ k \in \{1, 2, 3, 4, 5\}$ and $\forall\ (x, y) \in C_k$

$\mu(x) - \mu(y) = S_k + \beta(x, y) - \gamma(x, y)$

(8) $\forall\ k \in \{2, 3, 4, 5, 6\}$ and $\forall\ (x, y) \in C_k$

$\mu(x) - \mu(y) = S_{k-1} + \theta - \alpha(x, y) + \delta(x, y)$

(9) $\forall\ k \in \{1, 2, 3, 4, 5\}$ and $\forall\ (x, y) \in C_k$

$\mu(x) - \mu(y) = (S_{k-1} + \theta + S_k)/2 + \varepsilon(x, y) - \eta(x, y)$

(10) $S_k \geq 0,\ \mu(x_k) \geq 0,\ C \geq 0\ for\ all\ k$

(11) $\alpha(x, y) \geq 0,\ \beta(x, y) \geq 0,\ \gamma(x, y) \geq 0,\ \delta(x, y) \geq 0,$

$\varepsilon(x, y) \geq 0,\ \eta(x, y) \geq 0,\ for\ all\ pair\ (x, y)$

MC_2의 목적함수는 각 범주의 중간값의 변이와 범주의 좌측 변이의 합을 최소화하는 것이다. MC_2를 거치면 MC_1보다는 좀 더 개선된 $\mu(x),\ x \in A$를 얻을 수 있다. MC_2를 거쳐 궁극적으로 $C_{\min} = 0$을 얻으면 의사결정자의 판단이 일관성이 있다고 평가할 수 있으므로 다음 단계로 갈 수 있지만, $C_{\min} > 0$이라면 의사결정자의 판단에 비일관성이 존재한다고 할 수 있으므로 MC_3와 MC_4를 구성하여 비일관성이 있는 의사결정자의 판단을 조정하게 해준다. MC_3와 MC_4는 의사결정자의 판단이 일관성이 없을 때 어느 항목의 평가를 어떤 방향으로 줄이거나 키워야 할지를 알려준다. MACBETH는 이러한 과정을 거쳐 의사결정자의 평가가 어느 정도 일관성이 있을 때 평가항목의 가중치를 구하여 최종 대안의 우선순위를 판단하는 방법이다. 따라서 다른 다기준 의사결정 방법과 달리 Interactive한 속성을 가지고 있다.

MC_3와 MC_4의 차이는 MC_3는 비일관성 조정을 비일관성 크기 범위 내에서 조정하는 것이고 MC_4는 비일관성 조정을 범위 제한 없이 조정하는 것이다. MC_3와 MC_4의 문제구성은 다음과 같다.

(MC_3)

$$\min\left[\textstyle\sum_{(x, y) \in C_k,\ k \in \{1, 2, 3, 4, 5\}} \beta(x, y) + \sum_{(x, y) \in C_k,\ k \in \{2, 3, 4, 5, 6\}} \alpha(x, y)\right]$$

s.t.

(1) $S_0 = 0$ and $S_1 = 1$

(2) $S_k - S_{k-1} \geq 1,\ \ \forall\ k \in \{2, 3, 4, 5\}$

(3) $\forall\ x, y \in A\ with\ x\text{P}y,\ \mu(x) - \mu(y) \ge \theta$

(4) $\mu(x^-) = 0\ where\ \forall\ x \in A\ x\text{P}x^-$

(5) $\forall\ k \in \{1, 2, 3, 4, 5\}$ and $\forall\ (x, y) \in C_k$

$S_{k-1} + \theta - C_{\min} \le \mu(x) - \mu(y) \le S_k + C_{\min}$

(6) $\forall\ (x, y) \in C_6$

$S_5 + \theta - C_{\min} \le \mu(x) - \mu(y)$

(7) $\forall\ k \in \{1, 2, 3, 4, 5\}$ and $\forall\ (x, y) \in C_k$

$\mu(x) - \mu(y) = S_k + \beta(x, y) - \gamma(x, y)$

(8) $\forall\ k \in \{2, 3, 4, 5, 6\}$ and $\forall\ (x, y) \in C_k$

$\mu(x) - \mu(y) = S_{k-1} + \theta - \alpha(x, y) + \delta(x, y)$

(9) $S_k \ge 0,\ \mu(x_k) \ge 0,\ C \ge 0\ for\ all\ k$

(10) $\alpha(x, y) \ge 0,\ \beta(x, y) \ge 0,\ \gamma(x, y) \ge 0,\ \delta(x, y) \ge 0,$

$for\ all\ pair\ (x, y)$

(MC_3)의 (5)식과 (6)식의 의미는 다음과 같다. (8)식과 (7)식의 $\mu(x) - \mu(y)$을 (5)식과 (6)식에 각각 대입해 보면 아래 식이 성립하는 것을 알 수 있다.

$$\forall\ k \in \{2, 3, 4, 5, 6\} \text{ and } \forall\ (x, y) \in C_k,\ \alpha(x, y) \le C_{\min}$$

$$\forall\ k \in \{1, 2, 3, 4, 5\} \text{ and } \forall\ (x, y) \in C_k,\ \beta(x, y) \le C_{\min}$$

$k \in \{2, 3, 4, 5, 6\}$에서 $\alpha(x, y)$와 $\beta(x, y)$가 $C_{\min}$ 이하여야 하는 제약조건이 있다. 반면 다음의 (MC_4)에서는 이러한 조정범위의 한계에 대한 제약조건이 없다.

(MC_4)

$$\min\left[\textstyle\sum_{(x, y) \in C_k, k \in \{1, 2, 3, 4, 5\}} \beta(x, y) + \sum_{(x, y) \in C_k, k \in \{2, 3, 4, 5, 6\}} \alpha(x, y)\right]$$

s.t.

(1) $S_0 = 0$ and $S_1 = 1$

(2) $S_k - S_{k-1} \ge 1,\ \forall\ k \in \{2, 3, 4, 5\}$

(3) $\forall\ x, y \in A\ with\ x\text{P}y,\ \mu(x) - \mu(y) \ge \theta$

(4) $\mu(x^-) = 0 \ \ where \ \forall \ x \in A \ x\mathrm{P}x^-$

(5) $\forall \ k \in \{1, 2, 3, 4, 5\}$ and $\forall \ (x, y) \in C_k$

$\mu(x) - \mu(y) = S_k + \beta(x, y) - \gamma(x, y)$

(6) $\forall \ k \in \{2, 3, 4, 5, 6\}$ and $\forall \ (x, y) \in C_k$

$\mu(x) - \mu(y) = S_{k-1} + \theta - \alpha(x, y) + \delta(x, y)$

(7) $\alpha(x, y) \geq 0, \ \beta(x, y) \geq 0, \ \gamma(x, y) \geq 0, \ \delta(x, y) \geq 0,$

$for \ all \ pair \ (x, y)$

MC_3와 MC_4는 가능한 비일관성에 대해 다른 관점을 제공하고 둘 다 비일관성 제거 절차에 유용하다. 의사결정자와 대화형으로 평가의 범주를 조정하여 비일관성을 제거하고 가중치를 구해 HAWM 방법으로 대안의 우선순위를 결정한다.

[MACBETH 예제 1]

어떤 생산시설을 어느 도시에 위치시킬 것인가를 결정하는 문제를 생각해 보자. 이 예제는 사전 가중치를 가지고 있는 경우이다. 후보지는 San Fransico(x_6), Boston(x_5), San Diego(x_4), Los Angeles(x_3), Chicago(x_2), Ann Arbor(x_1)와 같이 6가지 도시가 있다. Direct Ranking 방법에 의해 각 도시의 정량적 가중치를 다음과 같이 구하였다.

$$v(x_6) = 100, \ v(x_5) = 60, \ v(x_4) = 50, \ v(x_3) = 40, \ v(x_2) = 15, \ v(x_1) = 0$$

평가자의 구두에 의한 판단은 다음과 같다.

$(x_i, x_j) \in C_1 \ when \ 0 < v(x_i) - v(x_j) \leq 15$ (범주 간격: 15)

$(x_i, x_j) \in C_2 \ when \ 15 < v(x_i) - v(x_j) \leq 31$ (범주 간격: 16)

$(x_i, x_j) \in C_3 \ when \ 31 < v(x_i) - v(x_j) \leq 48$ (범주 간격: 17)

$(x_i, x_j) \in C_4 \ when \ 48 < v(x_i) - v(x_j) \leq 66$ (범주 간격: 18)

$(x_i, x_j) \in C_5 \ when \ 66 < v(x_i) - v(x_j) \leq 85$ (범주 간격: 19)

$(x_i, x_j) \in C_6 \ when \ 85 < v(x_i) - v(x_j)$

위 조건을 의사결정 행렬로 표현하면 다음과 같다. (x_6, x_5)의 3은 $v(x_6) - v(x_5) = 100 - 60 = 40$이 C_3에 속하기 때문에 범주의 인덱스로 표현한 것이다.

$$
\begin{array}{c|cccccc|}
 & x_6 & x_5 & x_4 & x_3 & x_2 & x_1 \\
\hline
x_6 & * & 3 & 4 & 4 & 5 & 6 \\
x_5 & & * & 1 & 2 & 3 & 4 \\
x_4 & & & * & 1 & 3 & 4 \\
x_3 & & & & * & 2 & 3 \\
x_2 & & & & & * & 1 \\
x_1 & & & & & & *
\end{array}
$$

그림 25.11 대안별 선호도 차이를 범주의 인덱스로 표현한 행렬

이 문제를 MC_1으로 풀어보면 $C_{\min} = 0$이 된다. $\theta = 0.001$로 하여 MC_2로 풀어보면 다음과 같은 변수의 값을 구할 수 있다.

$$\mu(x_1) = 0,\ \mu(x_2) = 1,\ \mu(x_3) = 2.5,\ \mu(x_4) = 3,\ \mu(x_5) = 3.5,\ \mu(x_6) = 6$$

구한 가중치를 Rescaling한다. Rescaling 방법은 $\left[\mu(x_i) \times \frac{100}{6},\ i = 1, 2, 3, 4, 5, 6\right]$을 사용한다. 왜냐하면 제일 큰, $\mu(x_i)$값인 $\mu(x_6) = 6$을 100으로 만들기 위해서이다.

표 25.7 가중치를 0~100의 값으로 조정

$\mu(x_i)$	0	1	2.5	3	3.5	6
$\mu(x_i) \times \frac{100}{6}$	0	16.7	41.7	50	58.3	100

기존의 $v(x_i)$와 MACBETH에 의해 조정된 $v(x_i)$를 비교해 보면 표 25.8과 같다. MACBETH 방법에 의해 구한 $v(x_i)$는 $\mu(x_i) \times \frac{100}{6}$이다.

표 25.8 기존 $v(x_i)$와 MACBETH로 조정된 $v(x_i)$

기존 $v(x_i)$	0	15	40	50	60	100
MACBETH $v(x_i)$	0	16.7	41.7	50	58.3	100

이 결과는 Direct Ranking에 의한 가중치 결과와 MACBETH에 의한 가중치 결과가 근접하다는 것을 말해 준다. 만약 범주의 간격을 달리하면 가중치 결과는 다르게 나온다. 그럼에도 불구하고 MACBETH의 결과는 항상 좋은 결과를 준다. 예를 들어 범주의 간격을 달리해 보자.

$$(x_i,\ x_j) \in C_1 \ \ when \ \ 0 < v(x_i) - v(x_j) \le 5 \ \ (\text{범주 간격: } 5)$$

$$(x_i,\ x_j) \in C_2 \ \ when \ \ 5 < v(x_i) - v(x_j) \le 25 \ \ (\text{범주 간격: } 20)$$

$$(x_i,\ x_j) \in C_3 \ \ when \ \ 25 < v(x_i) - v(x_j) \le 45 \ \ (\text{범주 간격: } 20)$$

$$(x_i,\ x_j) \in C_4 \ \ when \ \ 45 < v(x_i) - v(x_j) \le 65 \ \ (\text{범주 간격: } 20)$$

$$(x_i,\ x_j) \in C_5 \ \ when \ \ 65 < v(x_i) - v(x_j) \le 85 \ \ (\text{범주 간격: } 20)$$

$$(x_i,\ x_j) \in C_6 \ \ when \ \ 85 < v(x_i) - v(x_j)$$

표 25.9 기존 $v(x_i)$와 MACBETH로 조정된 $v(x_i)$

기존 $v(x_i)$	0	15	40	50	60	100
MACBETH $v(x_i)$	0	18.7	37.5	50	62.5	100

또 다른 예를 들어보자. 만약 의사결정 행렬이 다음과 같다고 하자.

	x_6	x_5	x_4	x_3	x_2	x_1
x_6	*	3	4	4	5	6
x_5		*	1	2	3	5
x_4			*	1	3	5
x_3				*	1	5
x_2					*	1
x_1						*

그림 25.12 대안별 선호도 차이를 범주의 인덱스로 표현한 행렬

$\theta = 0.001$로 두고 이 문제를 MC_1으로 풀어보면 $C_{\min} = 0.667 > 0$이 된다. $C_{\min} = 0$이 아니므로 의사결정자의 대안 간 비교에 비일관성이 존재한다는 것을 의미한다. 비일관성을 해결하기 위해 MC_2로 풀어보면 다음과 같은 결과를 얻을 수 있다.

$$\mu(x_1) = 0,\ \mu(x_2) = 1.667,\ \mu(x_3) = 3.334,$$

$$\mu(x_4) = 4,\ \mu(x_5) = 4.5,\ \mu(x_6) = 7.001$$

$\alpha(x, y)$			$\beta(x, y)$		
	x_1			x_1	x_2
x_3	0.667		x_2	0.667	
			x_3		0.667
x_4	0.001				
			x_6		0.334

즉, $\alpha(x_3, x_1) = 0.667$, $\alpha(x_4, x_1) = 0.001$, $\beta(x_2, x_1) = 0.667$, $\beta(x_3, x_2) = 0.667$, $\beta(x_6, x_2) = 0.334$가 된다.

MC_3로 풀어보면 다음과 같다.

MC_3의 경우 $\alpha(x, y) \le C_{\min}$ 제약식이 있기 때문에 최댓값이 0.667까지 나오게 된다. (x_3, x_1)의 값은 범주를 하향조정해야 한다는 의미이고 (x_2, x_1)와 (x_3, x_2)의 평가는 범주를 상향조정해야 한다는 의미이다.

$\alpha(x, y)$			$\beta(x, y)$		
	x_1			x_1	x_2
x_3	0.667		x_2	0.667	
			x_3		0.667

MC_4로 풀어보면 다음과 같다. $\alpha(x, y) \le C_{\min}$, $\beta(x, y) \le C_{\min}$ 제약식이 없기 때문에 1.000과 0.999와 같은 값이 나올 수 있다. (x_3, x_1)의 값은 범주를 하향조정해야 한다는 의미이고 (x_2, x_1)와 (x_3, x_2)의 평가는 상향조정해야 한다는 의미이다. (x_2, x_1)와 (x_3, x_2)는 둘 다 C_1에 있는데 C_2로 상향조정하면 $C_{\min} = 0$이 된다.

$\alpha(x, y)$

	x_1
x_3	0.002

$\beta(x, y)$

	x_1	x_2
x_2	1.000	
x_3		0.999

이렇게 (x_2, x_1)와 (x_3, x_2)를 C_1에서 C_2로 상향조정하여 MC_2로 풀어보면 다음과 같은 결과를 얻을 수 있다.

$$\mu(x_1) = 0,\ \mu(x_2) = 2.002,\ \mu(x_3) = 4.003,$$

$$\mu(x_4) = 4.503,\ \mu(x_5) = 5.004,\ \mu(x_6) = 7.506$$

첫 번째 MC_2 결과로 얻은 결과

표 25.10 기존 가중치와 MACBETH 가중치

기존 가중치	0	1.667	3.334	4	4.5	7.001
MACBETH 가중치	0	23.8	47.6	51.7	64.3	100

범주 상향조정 및 하향조정 후 두 번째 MC_2 결과로 얻은 결과는 다음과 같다.

기존 가중치	0	2.002	4.003	4.503	5.004	7.506
MACBETH 가중치	0	26.7	53.3	60.0	66.7	100

[MACBETH 예제 2] 이론적 비일관성이 포함된 예

이 예는 앞에서 보인 예제보다 더 어려운 문제이다. 왜냐하면 비교 판단 비일관성과 의미 판단 비일관성이 동시에 포함되어 있기 때문이다.

의사결정 행렬이 다음과 같다고 하자. 먼저 비교 판단 비일관성을 살펴보자. 그림 25.13과 같은 MACBETH 행렬에서 보면 $(x_5, x_3) \in C_2$, $(x_3, x_2) \in C_2$, $(x_5, x_2) \in C_5$이어서 $S_4 < 2S_2$가 되어야 한다.

	x_5	x_4	x_3	x_2	x_1
x_5	*	1	2	5	6
x_4		*	1	3	4
x_3			*	2	4
x_2				*	3
x_1					*

그림 25.13 대안별 선호도 차이를 범주의 인덱스로 표현한 행렬

왜냐하면 $(x_5, x_3) \in C_2$, $(x_3, x_2) \in C_2$는 $S_1 < v(x_5) - v(x_3) \le S_2$, $S_1 < v(x_3) - v(x_2) \le S_2$가 된다. 이를 정리하면 $2S_1 < v(x_5) - v(x_2) \le 2S_2$가 되며 $(x_5, x_2) \in C_5$는 $S_4 < v(x_5) - v(x_2) \le S_5$가 된다. 이를 비교해 보면 $S_4 < 2S_2$가 된다. 또 $(x_4, x_2) \in C_3$, $(x_2, x_1) \in C_3$, $(x_4, x_1) \in C_4$는 동일한 방법으로 $2S_2 < S_4$가 된다. 앞의 결과와 비교해 보면 완전히 상반되는 결과가 나온다. 이와 같은 비일관성은 비교 판단 비일관성이다.

의미 판단 비일관성은 $(x_5, x_4) \in C_1$, $(x_4, x_1) \in C_4$, $(x_5, x_1) \in C_6$이다. 반면, $(x_5, x_4) \in C_1$, $(x_4, x_2) \in C_3$, $(x_5, x_2) \in C_5$이다. 그림 25.14의 좌측 그림에서 $x_5 \to x_4 \to x_1$을 경유하는 경로를 보면 $v(x_5) - v(x_1) \in C_5 \,(= C_1 + C_4)$인 데 비해 $x_5 \to x_1$ 경로는 $v(x_5) - v(x_1) \in C_6$이어서 비일관성이 존재한다. 우측 그림에서도 $x_5 \to x_4 \to x_2$ 경로에서는 $v(x_5) - v(x_2) \in C_4 \,(= C_1 + C_3)$인 데 비해 $x_5 \to x_2$ 경로에서는 $v(x_5) - v(x_1) \in C_5$이어서 일관성이 결여되어 있다.

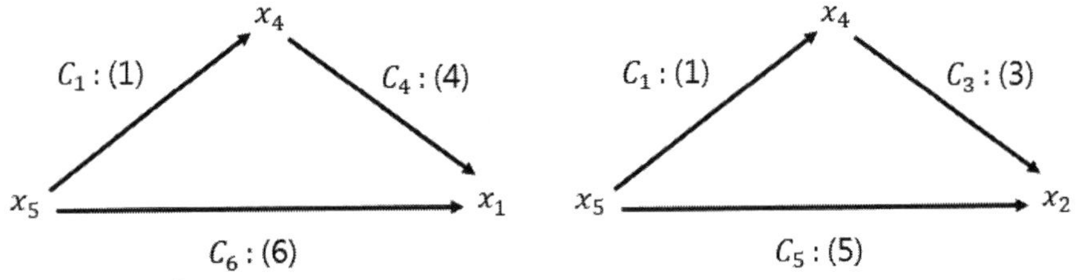

그림 25.14 의미판단 비일관성

위 문제를 MC_1, MC_2, MC_3, MC_4로 풀어보면 다음과 같다.

$\theta = 0.001$로 MC_1으로 문제를 풀어 본 결과 목적함수 값이 $C_{\min} = 0.250$이었다. 의사결정자의 판단에 비일관성이 존재한다는 의미이므로 MC_2에 $C_{\min} = 0.250$을 C에 넣어 문제를 풀어 다음과 같은 답을 얻었다.

$$\mu(x_1) = 0,\ \mu(x_2) = 1.750,\ \mu(x_3) = 3.500,\ \mu(x_4) = 4.250,\ \mu(x_5) = 5.501$$

$\alpha(x, y)$

	x_1	x_2
x_3	0.250	
x_5		0.250

$\beta(x, y)$

	x_1	x_3	x_4
x_4	0.250		
x_5		0.0005	0.250

$\forall\ k \in \{2, 3, 4, 5, 6\}$ and $\forall\ (x, y) \in C_k$, $\alpha(x, y) \le C_{\min} = 0.25$와 $\forall\ k \in \{1, 2, 3, 4, 5\}$ and $\forall\ (x, y) \in C_k$, $\beta(x, y) \le C_{\min} = 0.25$의 제한식을 부여하여 MC_3를 풀어보면 아래와 같은 답을 얻을 수가 있는데 (x_2, x_1), (x_5, x_2), (x_4, x_1), (x_5, x_4) 평가값에 비일관성이 있다는 것을 알려준다. 구체적으로 검토해 보면 (x_2, x_1), (x_5, x_2), (x_4, x_1)은 비교 판단 비일관성이 있고 (x_5, x_2), (x_4, x_1), (x_5, x_4)에는 의미 판단 비일관성이 있다는 것을 알 수 있다.

$\alpha(x,y)$

	x_1	x_2
x_2	0.250	
x_5		0.250

$\beta(x,y)$

	x_1	x_4
x_4	0.250	
x_5		0.250

$\alpha(x, y) \le C_{\min} = 0.25$, $\beta(x, y) \le C_{\min} = 0.25$ 제한을 주지 않고 MC_4를 풀어보면 아래와 같이 수정방향을 알려주고 구체적으로 검토해 보면 (x_5, x_2)는 비교 판단 비일관성과 의미 판단 비일관성이 존재한다.

$\alpha(x,y)$

	x_1	x_2
x_2	0.001	
x_5		1.000

$\beta(x,y)$

	x_1
x_4	0.001

(x_5, x_2)가 C_5에서 C_4로 내리면 이러한 비일관성을 제거할 수 있다. 이렇게 C_5에서 C_4로 범주를 변경하면 $C_{\min} = 0.003$이 되며 $\mu(x_1) = 0$, $\mu(x_2) = 2.001$, $\mu(x_3) = 3.501$, $\mu(x_4) = 4.002$, $\mu(x_5) = 5.002$로 변경된다. MC_3를 풀면 (x_5, x_4), (x_4, x_1), (x_5, x_1)가 비일관성을 초래하는 평가라는 것을 알 수 있다. MC_4를 풀면 (x_4, x_1)이 의미 판단 비일관성이라는 것을 알 수 있다. 만약 $C_{\min}$이 매우 작은 값이면 바로 MC_2로 가서 문제를 풀면 된다.

26장

ORESTE(Organization, Rangement Et Synthese De Donnes Relationnelles) Method

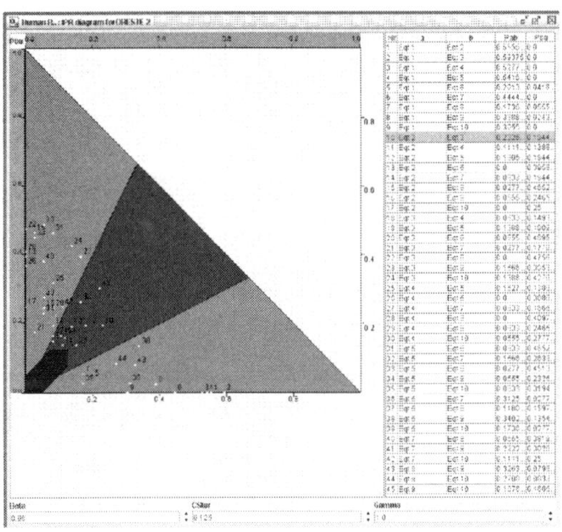

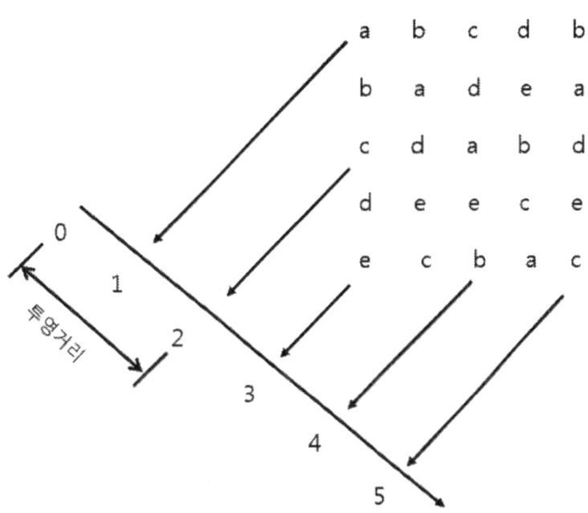

ORESTE는 정성적 데이터인 서열 데이터로 다기준 의사결정을 분석하는 방법이다. 서열 데이터만으로 다기준 의사결정을 분석하는 방법은 Regime 방법이 있으며 AHP, ANP, TOPSIS, PROMETHEE, ELECTRE, MAUT 등은 정량적 데이터로 다기준 의사결정 문제를 분석하는 방법이다. ORESTE 방법으로 다기준 의사결정 문제를 해결하기 위해서는 평가기준들의 선호도 우선순위와 평가기준 내 대안들의 우선순위가 먼저 결정되어야 한다. 평가기준들의 우선순위와 평가기준 내의 대안들의 우선순위를 결정하는 방법은 의사결정자가 결정할 수도 있고 이 책의 9장 가중치 결정 방법론을 참고하면 된다.

ORESTE 방법의 수행절차는 다음과 같다. 수행절차를 설명하기 위해 다음과 같은 기호를 정의한다.

A : 대안의 집합
C : 평가기준의 집합
m : 대안의 수
n : 평가기준의 수
A_i : i번째 대안 $i = 1, 2, \cdots, m$
C_j : j번째 평가기준 $j = 1, 2, \cdots, n$
xPy : x가 y보다 더 선호됨
xIy : x의 선호도와 y의 선호도의 차이가 없음
xRy : x의 선호도와 y의 선호도의 순위를 판단할 수 없음

ORESTE 방법의 수행절차는 다음과 같다.

1. 의사결정 행렬로부터 선호도를 내림차순으로 정렬

예를 들어 평가기준 C_j, $j = 1, 2, \cdots, n$을 우선순위에 따라 다음과 같이 정렬한다.

$$C_1 P C_2 I C_3 P C_4 I C_5 \cdots C_{n-3} I C_n$$

위에서 의미하는 것은 평가기준 C_1이 가장 중요하며 C_1은 C_2보다 더 선호된다는 것이다. C_2는 C_3와 선호도에서 차이가 없고 C_3는 C_4보다 더 선호된다. 이런 식으로 모든 평가기준을 선호도가 큰 순으로 기호 P와 I를 이용하여 정렬한다.

2. 각 평가기준별로 대안의 우선순위를 평가기준에서 한 것처럼 동일하게 선호도의 내림차순으로 정렬한다.

$$C_1 \ : \ A_1PA_2IA_3PA_4 \cdots \ A_{m-1}PA_m$$

$$C_2 \ : \ A_2PA_1IA_4PA_m \cdots \ A_{m-3}IA_3$$

$$C_3 \ : \ A_mPA_2IA_3PA_4 \cdots \ A_{m-2}IA_1$$

$$\vdots$$

$$C_n \ : \ A_4PA_mIA_3PA_2 \cdots \ A_{m-3}PA_{m-1}$$

3. 평가기준과 대안의 Besson 순위를 구한다.

Besson 순위는 다음과 같은 방법으로 구한다. 예를 들어 평가기준이 4개가 있고 각 평가기준의 내림차순 순위가 다음과 같다고 가정하자.

$$C_1IC_2PC_3PC_4$$

C_1, C_2가 공동 1순위이며 C_3는 단독 3순위, C_4는 단독 4순위이다. 본래 4항목 순위의 합은 1+2+3+4=10이 되는데 C_1, C_2의 순위는 1순위와 2순위가 공동으로 표현된 것이기 때문에 1순위와 2순위의 평균인 (1+2)/2=1.5순위가 된다. C_3, C_4는 단독 순위이기 때문에 그대로 3순위와 4순위가 된다.

각 평가기준 Besson 순위는 $r(c_j)$, $j=1, 2, \cdots, n$으로 표현하고 평가기준별 대안의 Besson 순위는 $rc_i(A_i)$, $i=1, 2, \cdots, m$으로 표현한다.

4. 투영거리(Projection Distance)를 계산한다.

투영거리는 임의의 원점 0로부터 대안 및 평가기준 가중치 사이의 상대적인 거리를 의미한다. 투영 방법은 Linear Orthogonal, Linear Oblique, Non-linear 방법 등이 있다.

1) Linear Orthogonal 투영법

그림 26.1과 같이 평가기준을 선호 순서에 따라 좌에서 우로 정렬시킨다. 각 평가기준에서 대안의 선호도도 좋은 것이 위로 오도록 정렬시키고 이렇게 정렬된 행렬의 요소 즉,

대안을 행렬의 주 대각선이 좌하단으로 내려온 사선으로 투영시킨다. 주 대각선이 좌하단으로 내려온 사선은 좌측에 임의의 원점이 설정되어 있다. 이렇게 각 대안을 사선에 투영시키면 특정한 평가기준에서 좋은 대안은 작은 수에 투영되고 나쁜 대안은 큰 수에 투영된다. 이 수가 원점으로부터의 투영거리이다.

이렇게 되면 작은 수에 투영된 것은 순위가 높다는 의미가 되고 큰 수에 투영된 것은 순위가 낮다는 의미가 된다. C_j 평가기준에 해당하는 대안 x, y를 투영시키면 다음과 같은 조건이 만족된다. $D_j(x)$를 C_j 평가기준에서 대안 x의 투영된 거리라고 하자. 그러면 다음과 같은 식이 만족된다.

$$\text{만약 } xP_jy\text{이면 } D_j(x) < D_j(y)\text{이다.}$$

$$rc_1(a) = rc_2(b)\text{이고 } c_1Pc_2\text{이면 } D_1(a) < D_2(b)\text{이다.}$$

즉 평가기준 j에서 x가 y보다 더 선호되면 x의 투영거리는 y의 투영거리보다 작게 된다. 또 첫 번째로 좋은 평가기준에서 대안 a의 Besson 순위가 두 번째로 좋은 평가기준에서 대안 b의 Besson 순위와 같고, 첫 번째 평가기준이 두 번째 평가기준보다 Besson 순위가 높다면 대안 a의 투영거리는 대안 b의 투영거리보다 작다.

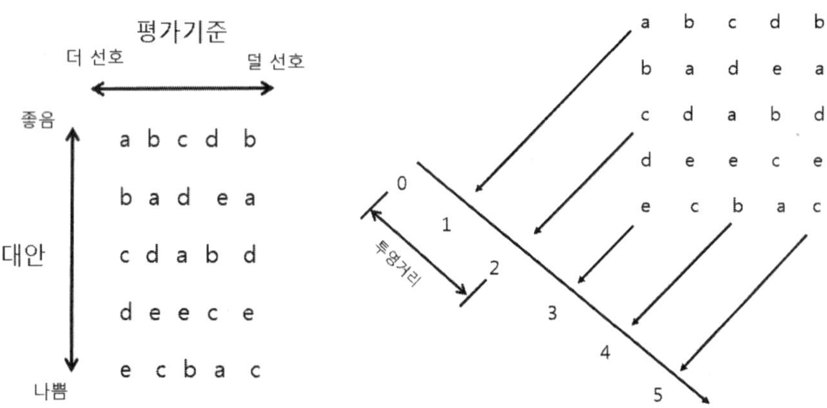

그림 26.1 의사결정 행렬 및 투영거리

그림 26.1에서 보는 것과 같이 Linear Orthogonal 방법으로 투영시키면 가장 중요한 평가기준의 4번째 중요한 대안 d와 두 번째 중요한 평가기준의 세 번째 중요한 대안 d가 같은 거리에 위치하게 된다.

대안과 평가기준의 순위에 대한 투영거리의 변화율을 비교해 보면 항상 1로서 동일하다. 즉, 특정 평가기준에 있는 대안의 투영거리는 대안의 순위와 평가기준의 순위를 동일한 가중치로 고려한다는 의미가 된다. 평가기준과 대안의 대체율 T는 다음과 같다.

$$\mathrm{T} = \frac{\dfrac{\partial D_j}{\partial rc_j(a)}}{\dfrac{\partial D_j}{\partial r(c_j)}} = 1$$

위 식은 $r(c_j)$와 $rc_j(a)$에 대한 투영거리 D_j에 대한 대체율이 동일하다는 것을 의미한다. 이것이 의미하는 것은 평가기준의 우선순위와 대안의 우선순위 간의 상호 보완이 가능하다는 것이다. 평가기준 C_j에 있는 대안 a의 투영거리 D_j는 식 (26-1)과 같이 평가기준의 순위와 대안의 순위의 산술평균으로 정의할 수 있다.

$$D_j(a) = 1/2[r(c_j) + rc_j(a)] \qquad (26-1)$$

식 (26-1)은 식 (26-2)와 동일하다.

$$S = 1,\ \ \forall q > 0,$$
$$D_j(a) = q^s \cdot D_i(b) \text{ for } r(c_j) = q \cdot r(c_i) \text{ and } rc_j(a) = q \cdot rc_i(b) \qquad (26-2)$$

식 (26-2)는 가장 중요한 평가기준 C_i와 이 평가기준의 가장 중요한 대안 b가 있을 때 평가기준 C_i와 대안 b의 순위를 동시에 q배 증가시킨 것이 각각 평가기준 C_j의 순위와 이 평가기준에 있는 대안 a의 순위와 동일할 때, 평가기준 C_j의 대안 a의 투영거리는 평가기준 C_i에 속한 대안 b의 투영거리를 q배 증가시킨 것과 동일하다는 의미이다.

만약 주 대각선을 좌하단으로 이동시킨 사선의 원점을 약간 이동시켜 그림 26.2와 같이 투영하면 이 투영법은 City-block(Manhattan) 거리를 적용한 것이 된다. City- block 거리는 x와 y축을 가진 2차원상의 원점으로부터의 $D(x, y) = \Sigma_{i=1}^{n} |x_i - y_i|$로 정의된다. 각 대안이 투영된 거리는 제일 중요한 평가기준 중 가장 좋은 대안 순위로부터의 거리이다.

그러나 일반적으로는 City-block 거리보다는 식 (26-1)을 많이 사용한다. 왜냐하면 식 (26-1)이 적용하기에 용이하기 때문이다.

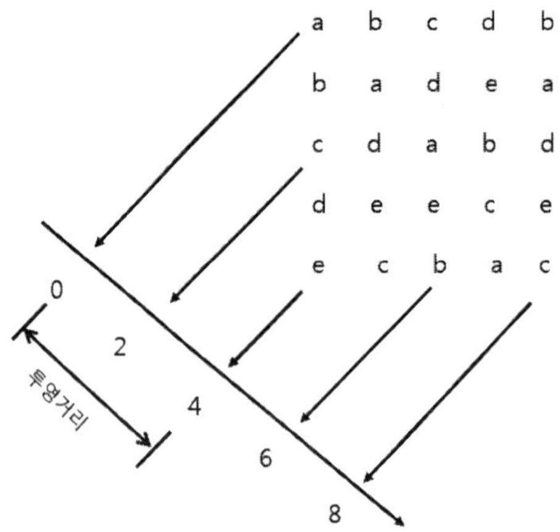

그림 26.2 Linear Orthogonal 투영

2) Linear Oblique 투영법

Linear Oblique 투영법에서는 식 (26-3)과 같이 평가기준의 순위에 α를 곱하고 해당 평가기준에 있는 대안의 우선순위에 $(1-\alpha)$를 곱하여 더하는 거리를 가진다. 즉 평가기준에 α 가중치를 주고 해당 평가기준의 대안에 $(1-\alpha)$ 가중치를 준다는 것이다. 의사결정자에 따라 어느 요소에 가중치를 많이 줄 것인가는 적절한 값으로 결정할 수 있다.

$$D_j'(a) = \alpha \cdot r(c_j) + (1-\alpha) \cdot rc_j(a),\ \ 0 \le \alpha \le 1 \tag{26-3}$$

Linear Oblique 투영법에서의 평가기준과 대안의 대체율 T′는 식 (26-4)와 같이 $\frac{1-\alpha}{\alpha}$이다.

$$\mathrm{T}' = \frac{\dfrac{\partial D_j'}{\partial rc_j(a)}}{\dfrac{\partial D_j'}{\partial r(c_j)}} = \frac{1-\alpha}{\alpha} \tag{26-4}$$

$\alpha \neq 1/2$이면 $T' \neq 1$이 되고 이 때 T'는 주어진 α에 대해 일정하다. 왜냐하면 (26-5)와 같이 되기 때문이다.

$$\frac{1-\alpha}{\alpha} = \mathrm{T}' \approx -\left(\frac{\Delta r(c_j)}{\Delta rc_j(a)}\right)_{D_j' = C} \tag{26-5}$$

가 되기 때문이다. 만약 의사결정자가 투영거리는 동일하게 유지를 원하면서 대안의 순위를 감소시킬 때 평가기준의 가중치를 얼마나 줄여야 하는지 질문을 한다면 α를 조정함으로써 답을 얻을 수 있다.

3) Non-linear 투영법

Non-linear 투영법에서 $T'' \approx -\left(\dfrac{\Delta r(c_j)}{\Delta rc_j(a)}\right)_{D_j''=C}$ 이기 때문에 대체율 T″는 식 (26-6)과 같다.

$$T'' = \frac{rc_j(a)}{r(c_j)} \tag{26-6}$$

Non-linear 투영법에서 Euclidean Distance 개념을 적용하여 투영거리를 결정하는 수식은 식 (26-7)과 같다.

$$D_j''(a) = [r(c_j)^2 + rc_j(a)^2]^{1/2} \tag{26-7}$$

Euclidean Distance 개념을 일반화하는 차원 R을 도입하면 식 (26-8)과 같이 표현할 수 있다.

$$D_j''(a) = [r(c_j)^R + rc_j(a)^R]^{1/R} \tag{26-8}$$

정규화 가중치 α와 $(1-\alpha)$를 도입하여 식 (26-8)을 수정하면 식 (26-9)와 같다.

$$D_{Rj}'(a) = [\alpha \cdot r(c_j)^R + (1-\alpha) \cdot rc_j(a)^R]^{1/R} \tag{26-9}$$

여기에서 R의 값에 따라 투영거리를 다음과 같이 해석할 수 있다. $R=1$인 경우는 Linear Oblique 투영거리와 동일하다.

$R=1$: 평균 순위 (가중산술평균)
$R=-1$: 조화평균 순위
$R=2$: 2차 평균 순위
$R=-\infty$: $\min(rc_j, rc_j(a))$
$R=+\infty$: $\max(rc_j, rc_j(a))$

Non-linear 투영법에서의 대체율은 식 (26-10)과 같다.

$$T = \frac{\dfrac{\partial DR_j}{\partial rc_j(a)}}{\dfrac{\partial DR_j}{\partial r(c_j)}} = \left(\frac{rc_j(a)}{r(c_j)}\right)^{R-1} \tag{26-10}$$

만약 동일한 순위가 발생하면 다음과 같은 조건식을 검사한다.

> 만약 $a\mathrm{I}_j b$이면 $DR_j(a) = DR_j(b)$이다.
> 만약 $c_i\mathrm{I}c_j$이고 $rc_i(a) = rc_j(b)$이면 $DR_i(a) = DR_j(b)$이다.

ORESTE 방법에 있어서 우선순위를 결정하는 것은 투영방법의 선택과 Non-Linear 투영법을 사용한다면 정규화 계수 α와 어떤 평균을 사용할 것인가를 결정하는 계수 R이다.

투영된 상대적 위치는 정확한 거리 DR_j가 아니기 때문에 투영된 거리로 다시 Besson 순위를 매긴다. 이것은 만약 $DR_1(a) \le DR_2(b)$이면 거리 $DR_j(a)$에 평균 순위 $r_j(a)$를 할당하여 $r_1(a) \le r_2(b)$로 만드는 것이다. 투영된 거리에 Besson 순위를 부여한 것을 '전역순위(Global Rank)'라고 한다. 전역순위가 (1, $m \times n$) 범위 내에 있다는 것은 자명하다.

다음으로 식 (26-11)과 같이 각 대안에 대한 모든 평가기준의 전역순위의 합을 구해서 대안의 선호도로 간주한다.

$$r(a) = \Sigma_{j=1}^{n} r_j(a) \tag{26-11}$$

이것은 식 (26-12)와 같이 비모수 통계학의 Mann-Whitney 테스트 절차와 동일하다고 말할 수 있다.

$$\begin{aligned} n &= (r_1(a) - 1) + (r_2(a) - 2) + \cdots + (r_n(a) - n) \\ &= r(a) - (1/2)n(n+1) \end{aligned} \tag{26-12}$$

다음으로 대안 a가 대안 b에 대한 전역적 우세 강도를 측정하기 위해 $r_j(a)$와 $r_j(b)$의 차이와 $r(a)$와 $r(b)$의 차이를 사용한다. 대안 a가 대안 b에 대한 선호 강도 $C'(a, b)$는 식 (26-13)과 같이 표현할 수 있다.

$$C'(a, b) = \sum_{j : aP_j b} (r_j(a) - r_j(b)) \tag{26-13}$$

식 (26-3)에서 식 (26-14)와 같은 순 선호 강도(Net Preference Intensity)를 쉽게 유도할 수 있다.

$$C'(a, b) - C'(b, a) = r(b) - r(a) \tag{26-14}$$

선호 강도의 상한값을 대안의 수 m과 평가기준의 수 n으로 표현하면 $(m-1) \times n^2$이다. 순 선호 강도, $C'(a, b)$는 상한값으로 나누어 정규화할 수 있다. 정규화된 $C(a, b)$와 $C(a, b) - C(b, a)$의 범위는 식 (26-15)와 같다.

$$0 \le C(a, b) \le 1, \ \ 0 \le C(a, b) - C(b, a) \le 1 \tag{26-15}$$

다음 단계는 선호 강도를 이용하여 무차별 및 비교 불가능 판정을 내리는 단계이다. 대안쌍별 선호 강도를 이용하여 두 대안이 선호도 측면에서 차이가 없는지 비교 불가능한지 또는 하나의 대안이 다른 대안보다 좋은 대안인지 판단하는 방법을 설명한다. 먼저 β, γ, C^*와 같은 임계치를 먼저 설정한다. 이 임계치들을 어떻게 설정하는지는 나중에 설명하기로 한다.

먼저 두 대안 a, b의 정규화된 선호 강도로 $|C(a, b) - C(b, a)| \le \beta$를 측정하여 이 조건을 만족하면 $C(a, b) \le C^*$ and $C(b, a) \le C^*$를 다시 검사하여 두 조건을 만족하면 두 대안은 선호도 측면에서 차이가 없다고 판단한다. 다시 말하면 두 대안의 상호 차이가 각각 C^* 이하이고 $C(a, b) - C(b, a)$의 절대값 차이가 β 이하이므로 두 대안은 선호도 차이가 있다고 말할 수 없다. 만약 $|C(a, b) - C(b, a)| \le \beta$ 조건은 만족하지만 $C(a, b) \le C^*$, $C(b, a) \le C^*$는 만족하지 않는다면 두 대안 a, b는 비교 불가능하다고 판단한다.

만약 $|C(a, b) - C(b, a)| > \beta$이고 $\dfrac{C(b, a)}{|C(a, b) - C(b, a)|} \ge \gamma$이면 두 대안 a, b는 비교 불가능하다. $|C(a, b) - C(b, a)| > \beta$이고 $\dfrac{C(b, a)}{|C(a, b) - C(b, a)|} < \gamma$이고 $C(a, b) > C(b, a)$이면 대안 a가 대안 b보다 더 선호도가 높다고 할 수 있으며 $|C(a, b) - C(b, a)| > \beta$이고 $\dfrac{C(b, a)}{|C(a, b) - C(b, a)|} < \gamma$이고 $C(a, b) < C(b, a)$이면 대안 b가 대안 a보다 더 선호도가 높다고 할 수 있다.

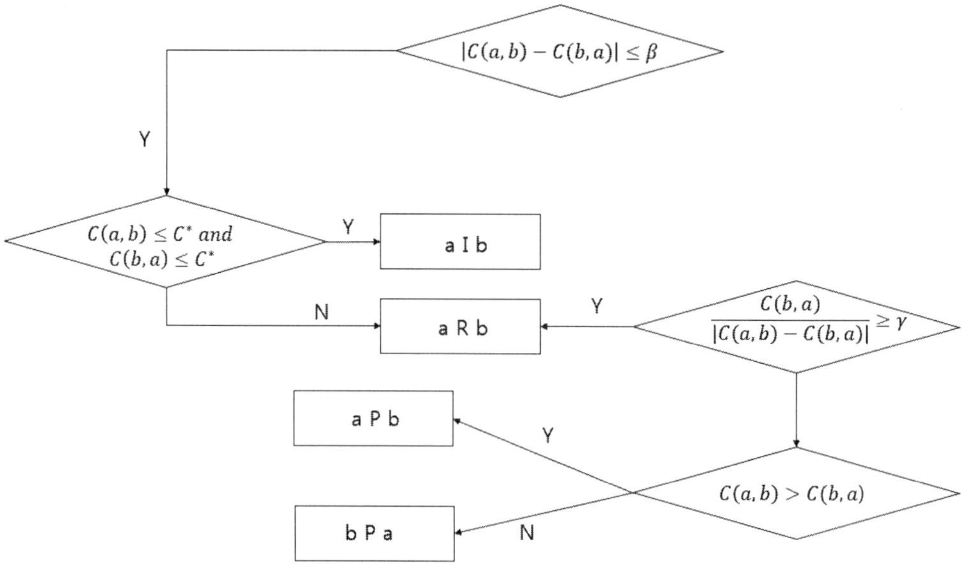

그림 26.3 대안 선호관계 판단

2개의 대안을 비교 시 아주 의사결정을 내리기가 어려운 경우가 있다. 이러한 경우 무차별 임계치와 비교 불가능 임계치를 사용한다. 무차별 임계치 β를 결정하는 절차는 다음과 같다. m을 의사결정자의 수라고 하고 n을 평가기준의 수라고 하자. '만약 $aP_jb\ \forall\ j = 1, 2, \cdots, n$이면 완전히 aPb이다.'라는 Pareto Unanimity Principle를 만족한다면 무차별 임계치 β는 다음과 같은 상한치를 가진다. 즉, $\beta < 1/[(m-1)n]$이다.

무차별 임계치 C^*는 다음과 같은 개념으로 구한다. n이 짝수라고 가정하고 표 26.1처럼 대안 a와 b의 순위가 다음과 같고 각 평가기준의 중요도는 동일하다고 하자.

표 26.1 1급 완전 갈등 대안의 Besson 순위

평가기준	C_1	C_2	C_3	……	C_{n-2}	C_{n-1}	C_n
대안 a의 Besson순위	1	1	1	……	2	2	2
대안 b의 Besson순위	2	2	2	……	1	1	1

이 경우 대안 a는 처음 $n/2$ 평가기준에서는 1위이고 나머지 평가기준에서는 2위이다. 반대로 대안 b는 처음 $n/2$ 평가기준에서는 2위이고 나머지 평가기준에서는 1위이다. 이러한 경우 '1급 완전 갈등(Perfect Conflict of Degree 1)'이라고 부른다. 만약 의사결정

자가 이런 경우는 비교 불가능이라고 평가한다면 $C^* < \frac{1}{[2(m-1)]}$ 이다.

같은 원리로 표 26.2와 같이 두 대안 a, b의 Besson 순위가 표 26.2와 같다면 '2급 완전 갈등'이라고 부른다. '2급 완전 갈등' 상황은 대안 a는 처음 $n/2$ 평가기준에서는 1위이고 나머지 평가기준에서는 3위이다. 반대로 대안 b는 처음 $n/2$ 평가기준에서는 3위이고 나머지 평가기준에서는 1위이다.

표 26.2 2급 완전 갈등 대안의 Besson 순위

평가기준	C_1	C_2	C_3	……	C_{n-2}	C_{n-1}	C_n
대안 a의 Besson순위	1	1	1	……	3	3	3
대안 b의 Besson순위	3	3	3	……	1	1	1

일반적으로 'd급 완전 갈등'을 의사결정자가 비교 불가능하다고 평가한다면 $C^* < \frac{d}{[2(m-1)]}$, $d = 1, 2, 3, \cdots, (m-1)$이 된다.

비교 불가능 임계치 γ를 설명하기 위해 표 26.3과 같은 경우를 생각해 보자. '1급 완전 갈등' 상황에서 1개의 평가기준에서만 순위가 바뀐 상태이다.

표 26.3 '1급 완전 갈등' 상황에서 1개의 평가기준에서만 순위가 변경된 상태

평가기준	C_1	C_2	C_3	……	C_{n-3}	C_{n-2}	C_{n-1}	C_n
대안 a의 Besson순위	1	1	1	……	1	2	2	2
대안 b의 Besson순위	2	2	2	……	2	1	1	1

이 경우 상대적 순 선호 강도 $C(a, b)$는 식 (26-16)과 같다.

$$\frac{C(a, b) - C(b, a)}{C(b, a)} = 4/(n-2) \tag{26-16}$$

만약 의사결정자가 이러한 경우를 aPb로 평가한다면 $\gamma > (n-2)/4$가 된다. 이를 일반화하면 '1급 완전 갈등' 상황에서 p개의 순위가 변경되었다면 상대적 순 선호 강도는 $4p/(n-2p)$가 되고 어떤 급수 완전 갈등에서도 동일한 결과를 얻는다. 그러므로 $\gamma > (n-2p)/4p$가 하한선이 된다.

[ORESTE 예제 1]

5개의 평가기준과 5개의 대안이 있는 다기준 의사결정 문제에서 각 평가기준의 중요도를 다음과 같이 평가하였다.

$$C_1 IC_2 PC_3 PC_4 IC_5$$

평가기준 C_1과 C_2는 차이가 없고 C_2는 C_3보다 더 중요하며 C_3는 C_4보다 더 중요하고 C_4와 C_5는 중요도 차이가 없다. 각 평가기준에서 대안들의 선호도 평가는 아래와 같다.

$$C_1 \ : \ a\mathrm{P}b\mathrm{I}c\mathrm{P}d\mathrm{P}e$$

$$C_2 \ : \ b\mathrm{P}a\mathrm{P}d\mathrm{I}e\mathrm{P}c$$

$$C_3 \ : \ c\mathrm{P}d\mathrm{P}a\mathrm{P}e\mathrm{P}b$$

$$C_4 \ : \ d\mathrm{P}e\mathrm{P}b\mathrm{P}c\mathrm{P}a$$

$$C_5 \ : \ b\mathrm{P}a\mathrm{P}d\mathrm{I}e\mathrm{P}c$$

평가기준 C_3를 살펴보면 대안 c가 가장 선호도가 높고 d, a, e, b 순으로 선호도가 높아 대안 b의 선호도가 최하위이다. 이러한 정보를 바탕으로 각 평가기준과 평가기준 내 대안의 Besson 순위를 구하면 다음과 같다.

$$r(c_1)=1.5,\ r(c_2)=1.5,\ r(c_3)=3,\ r(c_4)=4.5,\ r(c_5)=4.5$$

$$rc_1(a)=1,\ rc_1(b)=2.5,\ rc_1(c)=2.5,\ rc_1(d)=4,\ rc_1(e)=5$$

$$rc_2(a)=2,\ rc_2(b)=1,\ rc_2(c)=5,\ rc_2(d)=3.5,\ rc_2(e)=3.5$$

$$rc_3(a)=3,\ rc_3(b)=5,\ rc_3(c)=1,\ rc_3(d)=2,\ rc_3(e)=4$$

$$rc_4(a)=5,\ rc_4(b)=3,\ rc_4(c)=4,\ rc_4(d)=1,\ rc_4(e)=2$$

$$rc_5(a)=2,\ rc_5(b)=1,\ rc_5(c)=5,\ rc_5(d)=3.5,\ rc_5(e)=3.5$$

위 식을 행과 열을 재정리하여 행렬 형태로 표현하면 다음과 같다.

	1.5	1.5	3	4.5	4.5
	c1	c2	c3	c4	c5
a	1	2	3	5	2
b	2.5	1	5	3	1
c	2.5	5	1	4	5
d	4	3.5	2	1	3.5
e	5	3.5	4	2	3.5

다음으로 투영거리를 계산하여야 하는데 투영거리를 계산하기 위해 Non-linear 투영법을 사용하기로 하여 식 (26-17)의 공식을 채택하였다.

$$D'_{Rj}(a) = [\alpha \cdot r(c_j)^R + (1-\alpha) \cdot rc_j(a)^R]^{1/R} \quad (26\text{-}17)$$

평가기준과 대안의 중요도를 부여하는 α와 어떤 평균을 사용할 것인가 하는 R을 $\alpha = \frac{1}{2}$, $R = 2.8$로 결정하면 다음과 같은 각 평가기준에서 각 대안의 투영거리는 다음 식에 의해 구할 수 있다.

$$D'_{Rj}(a) = [1/2 \cdot r(c_j)^{2.8} + 1/2 \cdot rc_j(a)^{2.8}]^{1/2.8}$$

위 식에 의해 구한 투영거리는 다음과 같다.

	c1	c2	c3	c4	c5
a	1.29	1.78	3.00	4.76	3.64
b	2.11	1.29	4.21	3.88	3.53
c	2.11	3.95	2.38	4.26	4.76
d	3.19	2.82	2.59	3.53	4.06
e	3.95	2.82	3.56	3.64	4.06

투영된 상대적 위치는 정확한 거리 DR_j가 아니기 때문에 투영된 거리로 다시 Besson 순위를 매긴다. 투영거리를 오름차순으로 정리하면 다음과 같다. 행 순으로, 우측 순으로, 오름차순으로 정리한 것이다. 1행의 제일 우측에 있는 2.11 다음은 2행 제일 좌측에 있는 2.38로 연결된다.

1.29	1.29	1.78	2.11	2.11
2.38	2.59	2.82	2.82	3.00
3.19	3.53	3.53	3.56	3.64
3.64	3.88	3.95	3.95	4.06
4.06	4.21	4.26	4.76	4.76

제일 좋은 순위 1.29는 2개가 공동 1위이므로 Besson 순위는 1위와 2위를 합해 2로 나눈 1.50이 된다. 다음은 1.78인데 단독 3위가 되어 Besson 순위는 3.00이다. 4, 5위 2.11은 2개가 있어 공동 4위이므로 4, 5위의 평균 4.5가 Besson 순위가 된다.

	c1	c2	c3	c4	c5
a	1.50	3.00	10.00	24.50	15.50
b	4.50	1.50	22.00	17.00	12.50
c	4.50	18.50	6.00	23.00	24.50
d	11.00	8.50	7.00	12.50	20.50
e	18.50	8.50	14.00	15.50	20.50

투영거리를 다시 Besson 순위로 전환한 위 행렬에서 각 대안 기준 각 평가기준에서의 순위의 합을 구해서 대안의 총 거리 ($r(i)$, $i = 1, 2, 3, \cdots, m$)로 간주한다.

	c1	c2	c3	c4	c5	합계
a	1.50	3.00	10.00	24.50	15.50	54.50
b	4.50	1.50	22.00	17.00	12.50	57.50
c	4.50	18.50	6.00	23.00	24.50	76.50
d	11.00	8.50	7.00	12.50	20.50	59.50
e	18.50	8.50	14.00	15.50	20.50	77.00

만약 $r(a) < r(b)$이면 $a\mathrm{P}b$이고 만약 $r(a) = r(b)$이면 $a\mathrm{I}b$이다. 이 예에서는 $a\mathrm{P}b$, $a\mathrm{P}c$, $a\mathrm{P}d$, $a\mathrm{P}e$, $b\mathrm{P}c$, $b\mathrm{P}d$, $b\mathrm{P}e$, $d\mathrm{P}c$, $d\mathrm{P}e$, $c\mathrm{P}e$이다.

대안 x가 대안 y에 대한 선호 강도 $C'(x, y)$, $x, y \in A$는 식 (26-18)과 같이 표현할 수 있다.

$$C'(x, y) = \sum_{j: xP_jy}(r_j(y) - r_j(x)) \qquad (26\text{-}18)$$

$C'(a, b)$를 구하는 절차를 살펴보면 평가기준 c_1과 c_3에서만 대안 a가 대안 b보다 더

선호되어 $C'(a, b) = (4.5 - 1.5) + (22.0 - 10.0) = 15.0$이다. $C'(d, e)$를 구할 때는 c_1, c_3, c_4에서만 대안 d가 대안 e보다 더 선호되어 $(18.5 - 11.0) + (14.0 - 7.0) + (15.5 - 12.5) = 17.5$가 된다.

순 선호 강도 $C'(a, b)$는 상한값으로 나누어 정규화할 수 있다. 선호 강도의 상한값을 대안의 수 m과 평가기준의 수 n으로 계산하면 $(m-1) \times n^2 = (5-1) \times 5^2 = 100$이다. 상한값으로 나누어 정규화한 $C(x, y)$, x, $y \in A$ 행렬은 다음과 같다.

	a	b	c	d	e
a	0.00	0.15	0.28	0.20	0.32
b	0.12	0.00	0.35	0.21	0.29
c	0.06	0.16	0.00	0.07	0.22
d	0.15	0.20	0.24	0.00	0.17
e	0.09	0.10	0.21	0.00	0.00

$C(a, b) = 0.15$이고 $C(b, a) = 0.12$이다. 즉, 대안 a가 대안 b보다 더 선호되는 강도는 0.15이고 대안 b가 대안 a보다 더 선호되는 강도는 0.12이다.

선호 강도에 의한 대안 간 무차별 및 비교 불가능 판단을 실시하여 정규화된 선호도 강도 Plot을 그려보면 그림 26.4와 같다.

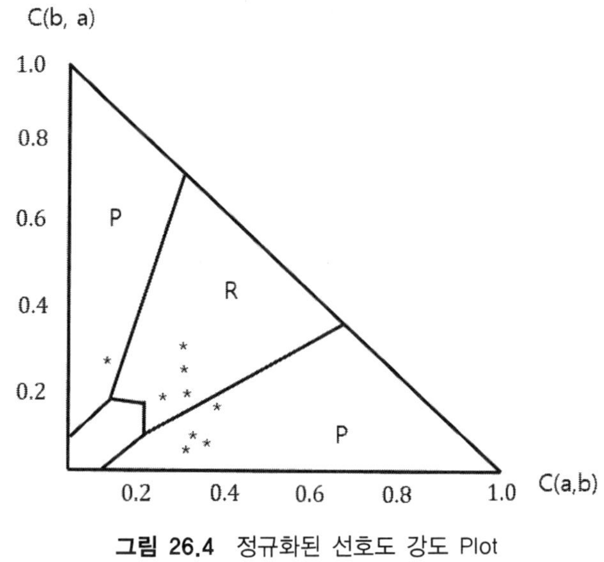

그림 26.4 정규화된 선호도 강도 Plot

대안 간 선호관계 행렬과 우열관계는 그림 26.5와 같다.

	a	b	c	d	e
a	I	R	>	R	>
b	R	I	>	R	>
c	<	<	I	<	R
d	R	R	>	I	>
e	<	<	R	<	I

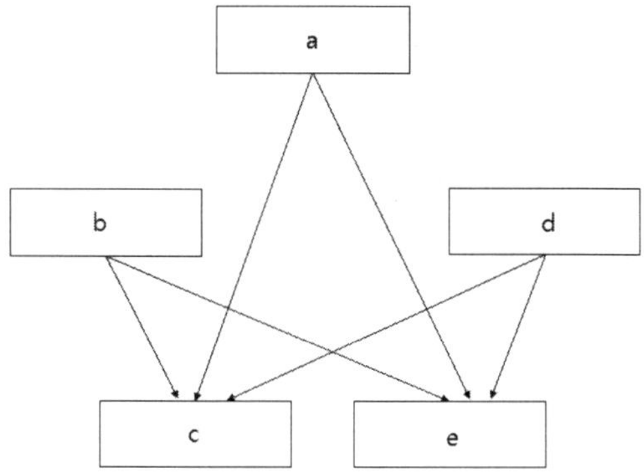

그림 26.5 대안 간 선호관계 행렬 및 우열관계

[ORESTE 예제 2]

FMS(Flexible Manufacturing System)를 결정하는 다기준 의사결정 문제를 생각해 보자. 가용한 FMS 대안은 8개이며 평가기준은 Capital and Operating Cost(COC), Requried Floor Space(RFS), Work In Progress(WIP), Product Flexibility(PF), Volume Flexibility(VF), Expansion Flexibility(EF), Lead Time Reduction(LTR), Quality Improvement(QI)와 같이 8개이다. 이중 PF, VF, EF, LTR, QI는 정성적 평가기준이며 나머지 평가기준은 정량적 평가기준이다. 또한 COC, RFS, WIP는 Cost Criteria이고 나머지 평가기준은 Benefit Criteria이다. 의사결정 행렬은 표 26.4와 같다.

표 26.4 의사결정 행렬

FMS	COC	RFS	WIP	PF	VF	EF	LTR	QI
1	3.8	630	42	0.7	0.5	0.7	0.5	0.2
2	3.1	620	37	0.7	0.7	0.5	0.9	0.5
3	5	425	32	0.9	0.7	0.7	0.7	0.7
4	6.4	500	54	0.7	0.5	0.5	0.7	0.9
5	3.6	600	44	0.2	0.7	0.7	0.2	0.7
6	6.7	780	59	0.9	0.9	0.5	0.5	0.5
7	3.4	740	37	0.5	0.2	0.2	0.7	0.9
8	3.7	550	36	0.5	0.9	0.9	0.5	0.5

평가기준별 가중치는 표 26.5와 같이 구하였다.

표 26.5 평가기준별 가중치

평가기준	COC	RFS	WIP	PF	VF	EF	LTR	QI
가중치	0.1297	0.142	0.14	0.1173	0.1173	0.1194	0.1194	0.115

평가기준별 대안의 선호관계는 표 26.6과 같다.

표 26.6 평가기준별 대안의 선호관계

평가기준	선호관계
C1	2P7P5P8P1P3P4P6
C2	3P4P8P5P2P1P7P6
C3	3P8P2I7P1P5P4P6
C4	3I6P1I2I4P7I8P7
C5	6I8P2I3I5P1I4P7
C6	8P1I3I5P2I4I6P7
C7	2P3I4I7P1I6I8P5
C8	4I7P3I5P2I6I8P1

평가기준별 Besson 순위는 표 26.7과 같다.

표 26.7 평가기준 Besson 순위

평가기준	C1	C2	C3	C4	C5	C6	C7	C8
Besson 순위	3	1	2	6.5	6.5	4.5	4.5	8

평가기준별 대안의 Besson 순위는 표 26.8과 같다.

표 26.8 평가기준별 대안의 Besson 순위

평가기준	FMS1	FMS2	FMS3	FMS4	FMS5	FMS6	FMS7	FMS8
C1	5	1	6	7	3	8	2	4
C2	6	5	1	2	4	8	7	3
C3	5	3.5	1	7	6	8	3.5	2
C4	4	4	1.5	4	8	1.5	6.5	6.5
C5	6.5	4	4	6.5	4	1.5	8	1.5
C6	3	6	3	6	3	6	8	1
C7	6	1	3	3	8	6	3	6
C8	8	5	5	1.5	5	5	1.5	5

투영거리는 다음과 같다. 투영거리는 표 26.9와 같이 Linear Orthogonal Projection Method $D_j(a) = 1/2[r(c_j) + rc_j(a)]$로 계산하였다.

표 26.9 Linear Orthogonal Projection method에 의한 투영거리

평가기준	FMS1	FMS2	FMS3	FMS4	FMS5	FMS6	FMS7	FMS8
C1	4	2	4.5	5	3	5.5	2.5	3.5
C2	3.5	3	1	1.5	2.5	4.5	4	2
C3	3.5	1.5	1.5	4.5	4	5	2.75	2
C4	5.25	5.25	4	5.25	7.25	4	6.5	6.5
C5	6.5	5.25	5.25	6.5	5.25	4	7.25	4
C6	3.75	5.25	3.75	5.25	3.75	5.25	6.25	2.75
C7	5.25	2.75	3.75	3.75	6.25	5.25	3.75	5.25
C8	8	6.5	6.5	4.75	6.5	6.5	4.75	6.5

평균 전역 Besson 순위는 표 26.10과 같다.

표 26.10 평균 전역 Besson 순위

평가기준	FMS1	FMS2	FMS3	FMS4	FMS5	FMS6	FMS7	FMS8
C1	27	6	32	36.5	13.5	50	8.5	16
C2	16	13.5	1	3	8.5	32	27	6
C3	16	3	3	32	27	36.5	11	6
C4	43.5	43.5	27	43.5	62.5	27	57	57
C5	57	43.5	435.	57	43.5	27	62.5	27
C6	20.5	43.5	20.5	43.5	20.5	43.5	51.5	11
C7	43.5	11	20.5	20.5	51.5	43.5	20.5	43.5
C8	64	57	57	34.5	57	57	34.5	57

전역순위 합 및 순위는 표 26.11과 같다.

표 26.11 전역순위 합 및 순위

전역순위	1	2	3	4	5	6	7	8
전역순위 합	287.5	221	204.5	270.5	284	316.5	272.5	223.5
순위	7	2	1	4	6	8	5	3

[ORESTE **예제** 3]

평가기준의 가중치가 표 26.12와 같다고 가정하자.

표 26.12 평가기준 가중치

평가기준	C1	C2	C3	C4	C5	C6	C7	C8	C9	C10	C11	C12	C13	C14	C15
가중치	0.07	0.05	0.07	0.06	0.1	0.05	0.06	0.05	0.08	0.09	0.07	0.06	0.06	0.06	0.07

의사결정 행렬은 표 26.13과 같다.

표 26.13 의사결정 행렬

대안/평가기준	C1	C2	C3	C4	C5	C6	C7	C8	C9	C10	C11	C12	C13	C14	C15
A	6	6.5	4	5.76	7.18	7.69	6.98	7.1	6.89	3.13	7.9	6.93	8	7.8	7.5
B	7.5	8	5	6.7	8	8.33	8.4	8.6	7	3.2	8.66	8	8.3	8	8.5
C	6	7	8	5.8	7.25	7.82	7	7	6	3	6.99	5.96	7.88	7.9	7.3
D	8	9	7	7	8.23	9	9	9	7.63	4	9	8.9	9	7.6	8.9

평가기준별 대안의 Besson 순위를 판단해 보면 표 26.14와 같다.

표 26.14 평가기준별 대안 Besson 순위

대안/평가기준	C1	C2	C3	C4	C5	C6	C7	C8	C9	C10	C11	C12	C13	C14	C15
A	3.5	4	4	4	4	4	4	3	3	3	3	3	3	3	3
B	2	2	3	2	2	2	2	2	2	2	2	2	2	1	2
C	3.5	3	1	3	3	3	3	4	4	4	4	4	4	2	4
D	1	1	2	1	1	1	1	1	1	1	1	1	1	4	1

Linear Orthogonal Projection method로 측정한 투영거리는 표 26.15와 같다.

$$D_j(a) = 1/2[r(c_j) + rc_j(a)]$$

표 26.15 Linear Orthogonal 투영거리

대안/평가기준	C1	C2	C3	C4	C5	C6	C7	C8	C9	C10	C11	C12	C13	C14	C15
A	3.76	10.14	4.55	6.6	3.19	11.19	7.34	11.93	3	2.59	4.95	8	8.78	9.57	5.69
B	3.3	10.33	4.23	6.38	1.65	11.12	7.16	11.91	2.59	2	4.82	7.95	8.74	9.52	5.59
C	3.76	10.36	3.97	6.45	2.41	11.14	7.23	11.98	3.57	3.3	5.19	8.1	8.86	9.53	5.88
D	3.19	10.32	4.05	6.35	1	11.11	7.14	11.9	2.41	1.65	4.77	7.94	8.73	9.64	5.56

따라서 대안의 전역순위 합에 따른 순위는 표 26.16과 같다.

표 26.16 대안의 전역순위와 순위

순위	대안	전역순위 합
1	D	430.5
2	B	444.5
3	A	476.5
4	C	478.5

27장

EVAMIX(EVAluation of MIXed data) Method

앞에서 알아본 것과 같이 Regime 방법과 ORESTE 방법은 순위 데이터로 구성된 정성적 데이터로 대안의 우선순위를 결정하는 방법이었다. AHP, TOPSIS, ELECTRE, PROMETHEE, MAUT 방법 등은 정량적 데이터로 구성된 다기준 의사결정 문제를 해결하는 방법이었다. EVAMIX 방법은 다른 방법과는 다르게 어떤 평가기준에서는 정량적 데이터로 구성되어 있고 나머지 평가기준에서는 정성적 데이터로 구성된 문제를 다룰 수 있다.

EVAMIX에서는 정성적 및 정량적 데이터를 각각 0에서 1 사이의 범위 내에서 선형 정규화 방법으로 정규화시킨다. 이 방법에서는 각 대안쌍의 지배 정도를 높은 선호도를 가진 대안을 낮은 선호도를 가진 대안과 비교하여 그 차이로 평가한다.

EVAMIX를 다기준 의사결정 문제에 적용하는 절차는 다음과 같다.

1. 정량적 데이터로 구성된 평가기준과 정성적 데이터로 구성된 평가기준을 구분

2. Benefit Criteria와 Cost Criteria에 따라 정규화를 실시한다. Benefit Criteria는 크면 클수록 좋은 값으로 구성된 평가기준이고 Cost Criteria는 작으면 작을수록 좋은 값으로 구성된 평가기준이다. 예를 들어 차량의 선택 기준으로 연비, 가격, 안락함, 내부크기, 디자인으로 정했다면 연비, 안락함, 내부크기, 디자인은 Benefit Criteria이고 가격은 Cost Criteria가 된다. 자세한 정규화 방법은 8장 정규화 방법을 참고하라.

데이터 정규화를 위해 먼저 Benefit Criteria와 Cost Criteria 집합을 정의하자. J^+를 Benefit Criteria, J^-를 Cost Criteria로 정의하자. 정규화는 각 평가기준별로 정규화된다.

$$J^+ = \{\text{값이 클수록 좋은 평가기준 } j\text{의 집합}\}$$

$$J^- = \{\text{값이 작을수록 좋은 평가기준 } j\text{의 집합}\}$$

범위 정규화는 Min-Max 정규화라고 말하기도 한다. 정규화 대상 데이터를 [0, 1]의 범위로 한정시키는 것이다. 아래와 같이 정규화시키면 모든 정규화 대상 데이터는 0~1 사이의 값으로 변환된다. x_{ij}를 i 대안의 j 평가기준에서의 평가값이라고 하면 범위 정규화된 평가값 r_{ij}는 다음과 같다.

$$r_{ij} = \frac{x_{ij} - min_i(x_{ij})}{max_i(x_{ij}) - min_i(x_{ij})}$$

$$i = 1,\ 2,\ \cdots,\ m,\ \ j = 1,\ 2,\ \cdots,\ n,\ \ j \in J^+$$

$$r_{ij} = \frac{max_i(x_{ij}) - x_{ij}}{max_i(x_{ij}) - min_i(x_{ij})} = 1 - \frac{x_{ij} - min_i(x_{ij})}{max_i(x_{ij}) - min_i(x_{ij})}$$

$$i = 1,\ 2,\ \cdots,\ m,\ \ j = 1,\ 2,\ \cdots,\ n,\ \ j \in J^-$$

3. 각 대안과 다른 대안과의 정성적 및 정량적 평가기준에서의 차이를 계산한다.

4. 대안 (i, i')의 지배 점수를 계산한다.

O를 정성적 데이터로 구성된 평가기준의 집합이라 하고 C를 정량적 데이터로 구성된 평가기준의 집합이라 하자. β는 Scaling Parameter이다.

정성적 데이터 평가기준에 있는 대안 (i, i')의 지배강도는 식 (27-1)과 같다.

$$\alpha_{ii'} = \left[\textstyle\sum_{j \in O} \{ w_j sgn(r_{ij} - r_{i'j}) \}^{\beta} \right]^{1/\beta} \tag{27-1}$$

정량적 데이터 평가기준에 있는 대안 (i, i')의 지배강도 $\gamma_{ii'}$는 식 (27-2)와 같다.

$$\gamma_{ii'} = \left[\textstyle\sum_{j \in C} \{ w_j sgn(r_{ij} - r_{i'j}) \}^{\beta} \right]^{1/\beta} \tag{27-2}$$

여기서 $sgn(r_{ij} - r_{i'j})$는 식 (27-3)과 같이 결정한다.

$$sgn(r_{ij} - r_{i'j}) = \begin{cases} +1 & \text{if } r_{ij} > r_{i'j} \\ 0 & \text{if } r_{ij} = r_{i'j} \\ -1 & \text{if } r_{ij} < r_{i'j} \end{cases} \tag{27-3}$$

5. 정규화된 지배강도를 계산한다.

정성적 데이터 평가기준에 있는 정규화된 지배강도 $\delta_{ii'}$는 식 (27-4)와 같이 계산된다.

$$\delta_{ii'} = \frac{\alpha_{ii'} - \alpha^-}{\alpha^+ - \alpha^-} \tag{27-4}$$

여기서 α^+는 대안 (i, i') 쌍 중에 가장 큰 값이고 α^-는 대안 (i, i') 쌍 중에 가장

작은 값이다.

정량적 데이터 평가기준에 있는 정규화된 지배강도 $d_{ii'}$는 식 (27-5)와 같이 계산된다.

$$d_{ii'} = \frac{\gamma_{ii'} - \gamma^-}{\gamma^+ - \gamma^-} \tag{27-5}$$

여기서 γ^+는 대안 (i, i') 쌍 중에 가장 큰 값이고 γ^-는 대안 (i, i') 쌍 중에 가장 작은 값이다.

6. 총 지배강도 $D_{ii'}$를 계산한다. 총 지배강도는 식 (27-6)과 같이 앞에서 구한 정규화된 지배강도와 가중치의 가중합으로 구한다.

$$D_{ii'} = w_O \delta_{ii'} + w_C d_{ii'} \tag{27-6}$$

여기서 식 (27-7)에서와 같이 w_O는 정성적 평가기준들의 가중치 합이고 w_C는 정량적 평가기준들의 가중치 합이다.

$$\Sigma_{j \in O} w_j = w_O, \ \ \Sigma_{j \in C} w_j = w_C \tag{27-7}$$

7. 각 대안 i에 대한 평가점수 S_i를 식 (27-8)로 계산한다. S_i가 높을수록 좋은 대안으로 간주된다.

$$S_i = \Sigma_{i'} \left(\frac{D_{i'i}}{D_{ii'}} \right)^{-1} \tag{27-8}$$

[EVAMIX 예제]

FMS(Flexible Manufacturing System)를 결정하는 다기준 의사결정 문제를 생각해 보자. 가용한 FMS 대안은 8개이며 평가기준은 Capital and Operating Cost(COC), Requried Floor Space(RFS), Work In Progress(WIP), Product Flexibility(PF), Volume Flexibility(VF), Expansion Flexibility(EF), Lead Time Reduction(LTR), Quality Improvement(QI) 8개이다. 이중 PF, VF, EF, LTR, QI는 정성적 평가기준이며 나머지 평가기준은 정량적 평가기준이다. 또한 COC, RFS, WIP는 Cost Criteria이고 나머지 평가기준은 Benefit Criteria이다.

이 문제의 의사결정 행렬은 표 27.1과 같다.

표 27.1 의사결정 행렬

FMS	COC	RFS	WIP	PF	VF	EF	LTR	QI
1	3.8	630	42	0.7	0.5	0.7	0.5	0.2
2	3.1	620	37	0.7	0.7	0.5	0.9	0.5
3	5	425	32	0.9	0.7	0.7	0.7	0.7
4	6.4	500	54	0.7	0.5	0.5	0.7	0.9
5	3.6	600	44	0.2	0.7	0.7	0.2	0.7
6	6.7	780	59	0.9	0.9	0.5	0.5	0.5
7	3.4	740	37	0.5	0.2	0.2	0.7	0.9
8	3.7	550	36	0.5	0.9	0.9	0.5	0.5

평가기준별 가중치는 표 27.2와 같이 구하였다.

표 27.2 평가기준별 가중치

평가기준	COC	RFS	WIP	PF	VF	EF	LTR	QI
가중치	0.1297	0.142	0.14	0.1173	0.1173	0.1194	0.1194	0.115

정규화 의사결정 행렬은 표 27.3과 같다.

표 27.3 정규화 의사결정 행렬

FMS	COC	RFS	WIP	PF	VF	EF	LTR	QI
1	0.8056	0.4225	0.6296	0.7143	0.4286	0.7143	0.4286	0
2	1	0.4507	0.8148	0.7143	0.7143	0.4286	1	0.4286
3	0.4722	1	1	1	0.7143	0.7143	0.7143	0.7143
4	0.0833	0.7887	0.1852	0.7143	0.4286	0.4286	0.7143	1
5	0.8611	0.507	0.5556	0	0.7143	0.7143	0	0.7143
6	0	0	0	1	1	0.4286	0.4286	0.4286
7	0.9167	0.1127	0.8148	0.4286	0	0	0.7143	1
8	0.8333	0.6479	0.8519	0.4286	1	1	0.4286	0.4286

대안쌍별 지배 및 정규화된 지배강도($\beta=1$)는 표 27.4와 같다.

표 27.4 대안쌍별 지배 및 정규화된 지배강도($\beta=1$)

FMS	$\alpha_{ii'}$	$\gamma_{ii'}$	$\delta_{ii'}$	$d_{ii'}$	FMS	$\alpha_{ii'}$	$\gamma_{ii'}$	$\delta_{ii'}$	$d_{ii'}$
(1,2)	−0.2323	−0.4116	0.1611	0	(5,1)	−0.0043	0.1317	0.3163	0.3749
(1,3)	−0.469	0.1522	0	0.1838	(5,2)	−0.0022	−0.1276	0.3177	0.2012
(1,4)	−0.115	0.1276	0.2409	0.3821	(5,3)	−0.2366	−0.1522	0.1581	0.1838
(1,5)	0.0043	−0.1317	0.3222	0.1983	(5,4)	−0.115	0.1276	0.2409	0.3821
(1,6)	−0.2302	0.4116	0.1625	0.5832	(5,6)	−0.1195	0.4116	0.2379	0.5832
(1,7)	0.1195	−0.1276	0.4006	0.2012	(5,7)	−0.115	−0.1276	0.2409	0.2012
(1,8)	1	1	1	1	(5,8)	1	1	1	1
(2,1)	0.2323	0.4116	0.4774	0.5832	(6,1)	0.2302	−0.4116	0.4759	0
(2,3)	−0.2323	−0.1522	0.1611	0.1838	(6,2)	0.1151	−0.4116	0.3976	0
(2,4)	0.1216	0.1276	0.402	0.3821	(6,3)	−0.2366	−0.4116	0.1582	0
(2,5)	0.0022	0.1276	0.3208	0.3821	(6,4)	0.0001	−0.4116	0.3193	0
(2,6)	−0.1151	0.4116	0.2409	0.5832	(6,5)	0.1195	−0.4116	0.4006	0
(2,7)	0.3582	0.2717	0.5631	0.4841	(6,7)	0.1195	−0.4116	0.4006	0
(2,8)	0	−0.1522	0.3192	0.1838	(6,8)	1	1	1	1
(3,1)	0.469	0.1522	0.6385	0.3995	(7,1)	−0.1195	0.1276	0.2379	0.3821
(3,2)	0.2323	0.1522	0.4774	0.3995	(7,2)	−0.3582	−0.2717	0.0754	0.991
(3,4)	0.2389	0.4116	0.4817	0.5832	(7,3)	−0.2389	−0.1522	0.1566	0.1838
(3,5)	0.2366	0.1522	0.4803	0.3995	(7,4)	−0.3539	0.1276	0.0783	0.3821
(3,6)	0.2366	0.4116	0.4803	0.5832	(7,5)	0.115	0.1276	0.3976	0.3821
(3,7)	0.2389	0.1522	0.4818	0.3995	(7,6)	−0.1195	0.4116	0.2379	0.5832
(3,8)	1	1	1	1	(7,8)	−0.0022	−0.1522	0.3177	0.1838
(4,1)	0.115	−0.1277	0.3976	0.2012	(8,1)	0.2344	0.4116	0.4788	0.5832
(4,2)	−0.1216	−0.1277	0.2365	0.2012	(8,2)	0	0.1522	0.3192	0.3995
(4,3)	−0.2389	−0.4177	0.1566	0	(8,3)	−0.115	−0.1522	0.2409	0.1838
(4,5)	0.115	−0.1277	0.3976	0.2012	(8,4)	−0.115	0.1276	0.2409	0.3821
(4,6)	−0.0001	−0.1277	0.3192	0.5832	(8,5)	0.3582	0.1522	0.5631	0.3995
(4,7)	0.3539	−0.14958	0.5602	0.2012	(8,6)	0.0021	0.4116	0.3207	0.5832
(4,8)	1	0.002	1	1	(8,7)	0.0022	0.1522	0.3208	0.3995

총 지배강도는 표 27.5와 같다.

표 27.5 총 지배강도

FMS	$d_{ii'}$	FMS	$d_{ii'}$	FMS	$d_{ii'}$	FMS	$d_{ii'}$
(1,2)	0.0948	(3,1)	0.5401	(5,1)	0.3445	(7,1)	0.2973
(1,3)	0.757	(3,2)	0.4453	(5,2)	0.2697	(7,2)	0.0852
(1,4)	0.299	(3,4)	0.5236	(5,3)	0.1687	(7,3)	0.1678
(1,5)	0.2712	(3,5)	0.447	(5,4)	0.299	(7,4)	0.2034
(1,6)	0.3357	(3,6)	0.5227	(5,6)	0.3801	(7,5)	0.3912
(1,7)	0.3185	(3,7)	0.4479	(5,7)	0.2246	(7,6)	0.3801
(1,8)	1	(3,8)	1	(5,8)	1	(7,8)	0.2626
(2,1)	0.521	(4,1)	0.3167	(6,1)	0.28	(8,1)	0.5218
(2,3)	0.1704	(4,2)	0.2219	(6,2)	0.2339	(8,2)	0.3523
(2,4)	0.3938	(4,3)	0.0922	(6,3)	0.0931	(8,3)	0.2174
(2,5)	0.346	(4,5)	0.3167	(6,4)	0.1879	(8,4)	0.299
(2,6)	0.3818	(4,6)	0.4279	(6,5)	0.2357	(8,5)	0.4957
(2,7)	0.5306	(4,7)	0.4124	(6,7)	0.2357	(8,6)	0.4288
(2,8)	0.2635	(4,8)	1	(6,8)	1	(8,7)	0.3532

각 대안 i에 대한 평가점수 S_i와 우선순위는 표 27.6과 같다.

표 27.6 각 대안 i에 대한 평가점수 S_i와 우선순위

FMS	1	2	3	4	5	6	7	8
S_i	0.0323	0.0689	0.1565	0.0489	0.0589	0.0379	0.0357	0.0776
순위	8	3	1	5	4	6	7	2

28장

COPRAS(COmplex PRoportional ASsessment) Method

COPRAS 방법은 비교적 최근에 고안된 다기준 의사결정 방법이다. 1996년 Vilnius Gediminas Technical University에 있는 Zavadskas와 Kaklauskas가 COPRAS 방법을 개발하였다.

COPRAS 방법의 절차는 다음과 같다.

1. 데이터 정규화를 실시한다.

데이터 정규화를 위해 먼저 Benefit Criteria와 Cost Criteria 집합을 정의하자. J^+를 Benefit Criteria, J^-를 Cost Criteria로 정의하자. 정규화는 각 평가기준별로 정규화된다.

$$J^+ = \{\text{값이 클수록 좋은 평가기준 } j\text{의 집합}\}$$

$$J^- = \{\text{값이 작을수록 좋은 평가기준 } j\text{의 집합}\}$$

COPRAS 방법에서는 비율 정규화 방법을 사용한다. 비율 정규화 방법은 모든 획득 가능한 평가값을 포함하지 못하는 정성적 척도들을 갖는 평가기준들의 경우에 부분가치들은 상대적으로 최고 평가값과의 비율로 계산되어야 한다. 각 대안 i와 평가기준 j에 해당하는 평가값 x_{ij}가 있다면 평가기준 j의 평가값의 최대치 $\max_i(x_{ij})$와 최소치 $\min_i(x_{ij})$를 찾고 Benefit Criteria에서는 각 평가값 x_{ij}들을 최대치로 나누고 Cost Criteria에서는 최소치로 각 평가값 x_{ij}를 나누어 정규화한다. 비율 정규화된 평가값 p_{ij}는 다음과 같다.

$$p_{ij} = \frac{x_{ij}}{max_i(x_{ij})} \quad i = 1, 2, \cdots, m, \; j = 1, 2, \cdots, n, \; j \in J^+$$

$$p_{ij} = \frac{min_i(x_{ij})}{x_{ij}} \quad i = 1, 2, \cdots, m, \; j = 1, 2, \cdots, n, \; j \in J^-$$

2. 가중치가 적용된 정규화 행렬 D를 구한다. D의 원소 d_{ij}는 정규화 행렬을 각 평가기준 가중치를 곱한 값이 된다.

$$d_{ij} = p_{ij} w_j \text{ for } i = 1, 2, \cdots, m, \; j = 1, 2, \cdots, n$$

가중 정규화 행렬의 열의 합은 해당 평가기준의 가중치와 항상 같게 된다. 왜냐하면 j번째 평가기준의 가중치는 가중 정규화된 행렬 $[y_{ij}]$의 모든 대안에 비율적으로 분포되어 있기 때문이다.

$$\sum_{i=1}^{m} y_{ij} = w_j \quad j = 1, 2, \cdots, n$$

3. 대안 i의 Benefit Criteria에서의 가중 정규화 행렬 값 합 S_i^B와 Cost Criteria에서의 가중 정규화 행렬 값 합 S_i^C는 식 (28-1)과 식 (28-2)와 같이 계산된다.

$$S_{+i} = \sum_{j=1}^{n} y_{ij} \quad i = 1, 2, \cdots, m, \ j \in J^{+} \tag{28-1}$$

$$S_{-i} = \sum_{j=1}^{n} y_{ij} \quad i = 1, 2, \cdots, m, \ j \in J^{-} \tag{28-2}$$

S_i^B는 클수록 좋은 대안이고 S_i^C는 작을수록 좋은 대안이 된다.

$$S_{+} = \sum_{i=1}^{m} S_i^B = \sum_{i=1}^{m} \sum_{j=1}^{n} y_{ij} \quad j \in J^{+}$$

$$S_{-} = \sum_{i=1}^{m} S_i^C = \sum_{i=1}^{m} \sum_{j=1}^{n} y_{ij} \quad j \in J^{-}$$

4. S_{+}와 S_{-}에 기초해서 대안의 중요도를 결정한다.

5. 식 (28-3)과 같이 i 대안의 상대적 중요도 Q_i를 결정한다.

$$Q_i = S_{+i} + \frac{\min(S_{-i}) \sum_{i=1}^{m} S_{-i}}{S_{-i} \sum_{i=1}^{m} \left(\frac{\min(S_{-i})}{S_{-i}} \right)} \quad i = 1, 2, \cdots, m \tag{28-3}$$

Q_i가 크면 클수록 좋은 대안으로 평가할 수 있다.

6. i 대안의 유용도 U_i를 식 (28-4)로 계산한다.

$$U_i = \left(\frac{Q_i}{Q_{\max}} \right) \times 100(\%) \quad i = 1, 2, \cdots, m \tag{28-4}$$

식 (28-5)와 같이 U_i가 큰 값을 가지는 대안 순으로 중요한 순이다.

$$Q_{\max} = \max(Q_i) \quad i = 1, 2, \cdots, m \tag{28-5}$$

[COPRAS 예제]

FMS(Flexible Manufacturing System)를 결정하는 다기준 의사결정 문제를 생각해 보자. 가용한 FMS 대안은 8개이며 평가기준은 Capital and Operating Cost(COC), Requried Floor Space(RFS), Work In Progress(WIP), Product Flexibility(PF), Volume Flexibility(VF), Expansion Flexibility(EF), Lead Time Reduction(LTR), Quality Improvement(QI) 8개이다. 이중 PF, VF, EF, LTR, QI는 정성적 평가기준이며 나머지 평가기준은 정량적 평가기준이다. 또한 COC, RFS, WIP는 Cost Criteria이고 나머지 평가기준은 Benefit Criteria이다.

이 문제의 의사결정 행렬은 표 28.1과 같다.

표 28.1 의사결정 행렬

FMS	COC	RFS	WIP	PF	VF	EF	LTR	QI
1	3.8	630	42	0.7	0.5	0.7	0.5	0.2
2	3.1	620	37	0.7	0.7	0.5	0.9	0.5
3	5	425	32	0.9	0.7	0.7	0.7	0.7
4	6.4	500	54	0.7	0.5	0.5	0.7	0.9
5	3.6	600	44	0.2	0.7	0.7	0.2	0.7
6	6.7	780	59	0.9	0.9	0.5	0.5	0.5
7	3.4	740	37	0.5	0.2	0.2	0.7	0.9
8	3.7	550	36	0.5	0.9	0.9	0.5	0.5

평가기준별 가중치는 표 28.2와 같이 구하였다.

표 28.2 평가기준별 가중치

평가기준	COC	RFS	WIP	PF	VF	EF	LTR	QI
가중치	0.1297	0.142	0.14	0.1173	0.1173	0.1194	0.1194	0.115

1) 가중 정규화 의사결정 행렬

비율 정규화 기법을 사용하여 정규화를 실시한 다음 가중 정규화 의사결정 행렬을 표 28.3과 같이 얻는다.

표 28.3 가중 정규화 의사결정 행렬

FMS	COC	RFS	WIP	PF	VF	EF	LTR	QI
1	0.0138	0.0185	0.0172	0.0161	0.0115	0.0178	0.0127	0.0047
2	0.0113	0.0182	0.0152	0.0161	0.0161	0.0127	0.0229	0.0117
3	0.0182	0.0125	0.0131	0.0207	0.0161	0.0178	0.0178	0.0164
4	0.0233	0.0147	0.0222	0.0161	0.0115	0.0127	0.0178	0.0211
5	0.0131	0.0176	0.0181	0.0046	0.0161	0.0178	0.0178	0.0164
6	0.0243	0.0229	0.0242	0.0207	0.0207	0.0127	0.0127	0.0117
7	0.0124	0.0217	0.0152	0.0115	0.0046	0.0051	0.0178	0.0211
8	0.0134	0.0161	0.0148	0.0115	0.0207	0.0229	0.0127	0.0117

대안별 S_{+i}와 S_{-i}를 구하면 표 28.4와 같다.

표 28.4 대안별 S_{+i}와 S_{-i}

FMS	S_{+i}	값	S_{-i}	값
1	S_{+1}	0.0628	S_{-1}	0.0495
2	S_{+2}	0.0795	S_{-2}	0.0446
3	S_{+3}	0.0888	S_{-3}	0.0438
4	S_{+4}	0.0792	S_{-4}	0.0601
5	S_{+5}	0.06	S_{-5}	0.0487
6	S_{+6}	0.0785	S_{-6}	0.0714
7	S_{+7}	0.0601	S_{-7}	0.0492
8	S_{+8}	0.0795	S_{-8}	0.0443

대안별 Q_i, U_i를 구하고 우선순위를 구하면 표 28.5와 같다.

표 28.5 대안별 Q_i, U_i, 우선순위

FMS	Q_i	U_i	순위
1	0.1149	77.7559	5
2	0.1373	92.9376	3
3	0.1478	100	1
4	0.1222	82.675	4
5	0.113	76.4438	7
6	0.1147	77.5975	6
7	0.1125	76.1433	8
8	0.1377	93.1865	2

29장

OCRA(Operational Competitiveness Rating Analysis) Method

OCRA 방법은 자원이 가치를 추가하는 산출물을 생산하는 생산 단위 집합의 상대적 성과를 측정하기 위해 개발되었다. 첫 번째 단계에서 Cost Criteria와 관련된 선호도를 결정한다. 두 번째 단계에서는 Benefit Criteria 선호도를 결정한다. 마지막 단계에서 정성적 및 정량적 평가기준하 가용한 대안의 모든 선호도를 평가한다. OCRA 방법은 의사결정자의 평가기준의 상대적 중요성에 관한 선호도를 포함하는 직관적 방법이다. OCRA에서 대안의 선호도는 의사결정자의 평가기준에 대한 선호 정도를 반영한다. 이 외에도 OCRA 방법의 장점은 모든 대안에 어떤 평가기준을 적용하기 어려운 상황뿐만 아니라 평가기준의 상대적 가중치가 대안에 종속되거나 다른 대안에 다른 가중치가 분포되어 있을 때에도 유용하다는 것이다.

먼저 Cost Criteria와 Benefit Criteria로 분류한다. Cost Criteria 수가 C개가 있고 Benefit Criteria의 수가 B개 있으면 C+B는 총 평가기준 수 n이 된다. 이때 Cost Criteria와 Benefit Criteria의 가중치 합은 1이 되는 것은 자명하다.

$$\sum_{k=1}^{C} w_k + \sum_{l=1}^{B} w_l = 1$$

1. Cost Criteria에 관련된 선호도를 계산한다.

Cost Criteria의 평가값은 낮으면 낮을수록 좋은 값이다. 대안 i의 모든 Cost Criteria에 속한 평가기준에 대한 종합성과 $\overline{I}_i$는 식 (29-1)과 같다.

$$\overline{I}_i = \sum_{k=1}^{C} w_k \frac{\max_i(x_{ik}) - x_{ik}}{\min_i(x_{ik})} \quad i = 1, 2, \cdots, m, \ k = 1, 2, \cdots, C \qquad (29\text{-}1)$$

여기서 w_k는 Cost Criteria에 속한 평가기준 k의 가중치이며 x_{ik}는 대안 i의 평가기준 k에 해당하는 평가값이다. $\frac{\max_i(x_{ij}) - x_{ij}}{\min_i(x_{ij})}$는 한 평가기준 대안들 중 최대 평가값에서 해당 평가값을 빼고 최소 평가값으로 나눈 값으로 $\min(x_{ij})$는 Cost Criteria에서는 가장 좋은 값이고 $\max(x_{ij})$는 가장 좋지 않은 값이다.

2. 대안 i의 평가기준 선호도를 크기조정을 통해 $\overline{\overline{I}}_i$을 식 (29-2)와 같이 구한다.

$$\overline{\overline{I}}_i = \overline{I}_i - \min(\overline{I}_i), \ i = 1, 2, \cdots, m \qquad (29\text{-}2)$$

크기조정은 가장 좋지 않은 대안을 '0'으로 설정하는 것이다. 이렇게 구한 $\overline{\overline{I}}_i$는 대안 i의 종합된 선호도를 의미한다.

3. Benefit Criteria에 대한 선호도를 식 (29-3)으로 계산한다.

$$\overline{O}_i = \Sigma_{i=1}^{B} w_l \frac{x_{il} - \min(x_{il})}{\min(x_{il})} \quad i = 1, 2, \cdots, m, \ \ l = 1, 2, \cdots, B \qquad (29-3)$$

4. Benefit Criteria에서 구한 제일 작은 선호도를 '0'으로 만들기 위해 식 (29-4)와 같이 크기를 조정한다.

$$\overline{\overline{O}}_i = \overline{O}_i - \min(\overline{O}_i), \ \ i = 1, 2, \cdots, m \qquad (29-4)$$

5. 총 선호도를 계산한다.

총 선호도는 $\overline{\overline{I}}_i + \overline{\overline{O}}_i$로 구할 수 있다. 제일 작은 대안의 선호도를 '0'으로 만들기 위해 식 (29-5)와 같이 다시 한 번 크기조정을 실시한다.

$$\overline{\overline{P}}_i = (\overline{\overline{I}}_i + \overline{\overline{O}}_i) - \min(\overline{\overline{I}}_i + \overline{\overline{O}}_i) \qquad (29-5)$$

$\overline{\overline{P}}_i$값이 클수록 좋은 대안으로 간주할 수 있다.

Notation을 I, O, P로 사용한 것은 Input, Output, Performance의 약자이기 때문이다. Cost Criteria를 Input Criteria라고 말하기도 하고 Benefit Criteria를 Output Criteria라고 부르기도 한다.

[OCRA 예제]

FMS(Flexible Manufacturing System)를 결정하는 다기준 의사결정 문제를 생각해 보자. 가용한 FMS 대안은 8개이며 평가기준은 Capital and Operating Cost(COC), Requried Floor Space(RFS), Work In Progress(WIP), Product Flexibility(PF), Volume Flexibility(VF), Expansion Flexibility(EF), Lead Time Reduction(LTR),

Quality Improvement(QI) 8개이다. 이중 PF, VF, EF, LTR, QI는 정성적 평가기준이며 나머지 평가기준은 정량적 평가기준이다. 또한 COC, RFS, WIP는 Cost Criteria이고 나머지 평가기준은 Benefit Criteria이다.

이 문제의 의사결정 행렬은 표 29.1과 같다.

표 29.1 의사결정 행렬

FMS	COC	RFS	WIP	PF	VF	EF	LTR	QI
1	3.8	630	42	0.7	0.5	0.7	0.5	0.2
2	3.1	620	37	0.7	0.7	0.5	0.9	0.5
3	5	425	32	0.9	0.7	0.7	0.7	0.7
4	6.4	500	54	0.7	0.5	0.5	0.7	0.9
5	3.6	600	44	0.2	0.7	0.7	0.2	0.7
6	6.7	780	59	0.9	0.9	0.5	0.5	0.5
7	3.4	740	37	0.5	0.2	0.2	0.7	0.9
8	3.7	550	36	0.5	0.9	0.9	0.5	0.5

평가기준별 가중치는 표 29.2와 같이 구하였다.

표 29.2 평가기준별 가중치

평가기준	COC	RFS	WIP	PF	VF	EF	LTR	QI
가중치	0.1297	0.142	0.14	0.1173	0.1173	0.1194	0.1194	0.115

$\overline{I}_i$, $\overline{\overline{I}}_i$, $\overline{O}_i$, $\overline{\overline{O}}_i$, $\overline{\overline{P}}_i$를 계산하고 $\overline{\overline{P}}_i$ 크기 순으로 표 29.3과 같이 순위를 결정한다.

표 29.3 대안별 우선순위

FMS	$\overline{I}_i$	$\overline{\overline{I}}_i$	$\overline{O}_i$	$\overline{\overline{O}}_i$	$\overline{\overline{P}}_i$	순위
1	0.2458	0.2458	0.9466	0.0696	0.0677	6
2	0.3003	0.3003	1.3558	0.4788	0.5314	3
3	0.3078	0.3078	1.5881	0.7111	0.7712	1
4	0.128	0.128	1.3492	0.4722	0.3525	4
5	0.2555	0.2555	0.8792	0.0022	0.01	7
6	0	0	1.3515	0.4745	0.2269	5
7	0.2477	0.2477	0.877	0	0	8
8	0.303	0.303	1.3558	0.4788	0.5341	2

30장

ARAS(Additive Ratio ASsessment) Method

ARAS 방법은 정량적 측정과 Utility 이론에 근거한 방법이다. 이 방법에서 Utility 함수 값은 한 대안의 다른 대안에 대한 상대적인 효율성에 의해 결정된다. 이 Utility 함수는 평가기준의 값의 상대적인 효과와 평가기준의 가중치에 직접적으로 비율적이다. 대안의 Utility 값은 이상적으로 가장 좋은 대안과 비교한 값이다.

1. Benefit Criteria에 대해 선형 정규화 방법 중 비중 정규화 방법을 사용하여 정규화 의사결정 행렬을 만든다.

데이터 정규화를 위해 먼저 Benefit Criteria와 Cost Criteria 집합을 정의하자. J^+를 Benefit Criteria, J^-를 Cost Criteria로 정의하자. 정규화는 각 평가기준별로 정규화된다.

$$J^+ = \{\text{값이 클수록 좋은 평가기준 } j\text{의 집합}\}$$

$$J^- = \{\text{값이 작을수록 좋은 평가기준 } j\text{의 집합}\}$$

비중 정규화(Linear Scale Transformation Sum)는 각 데이터를 하나의 평가기준에 해당하는 모든 대안들의 데이터의 합을 계산한 후, Benefit Criteria에서는 각 데이터를 데이터의 합으로 나누고 Cost Criteria에서는 데이터 역수를 역수의 합으로 나누어 정규화한다. 비중 정규화된 평가값 r_{ij}는 다음과 같다.

$$r_{ij} = \frac{x_{ij}}{\sum_{i=1}^{m} x_{ij}} \quad i = 1, 2, \cdots, m, \ j = 1, 2, \cdots, n, \ j \in J^+$$

$$r_{ij} = \frac{\frac{1}{x_{ij}}}{\sum_{i=1}^{m} \frac{1}{x_{ij}}} \quad i = 1, 2, \cdots, m, \ j = 1, 2, \cdots, n, \ j \in J^-$$

2. 평가기준의 가중치를 정규화 행렬에 곱해 가중 정규화 행렬 D를 만든다. D의 원소 d_{ij}는 식 (30-1)과 같은 값을 가진다.

$$d_{ij} = r_{ij} w_j \quad i = 1, 2, \cdots, m, \ j = 1, 2, \cdots, n \tag{30-1}$$

3. 대안 i에 대한 최적화 함수 S_i를 식 (30-2)로 결정한다.

$$S_i = \sum_{j=1}^{n} d_{ij} \quad i = 1,\ 2,\ \cdots,\ m \tag{30-2}$$

S_i값이 클수록 좋은 대안이다. 최적화 함수 S_i는 의사결정 행렬 및 평가기준 가중치의 값과 직접적이고 비율적인 관계를 가지고 있다.

4. i 대안의 유용도 U_i를 계산한다.
S_0를 가장 효율적인 대안이라고 한다면 U_i는 식 (30-3)으로 구할 수 있다. 유용도 U_i는 0~1 사이의 값을 가진다. U_i값은 크면 클수록 좋은 값이 되므로 가장 큰 U_i값을 갖는 i 대안이 가장 우수한 대안이라고 할 수 있다.

$$U_i = \frac{S_i}{S_0} \tag{30-3}$$

[ARAS 예제]

FMS(Flexible Manufacturing System)를 결정하는 다기준 의사결정 문제를 생각해 보자. 가용한 FMS 대안은 8개이며 평가기준은 Capital and Operating Cost(COC), Requried Floor Space(RFS), Work In Progress(WIP), Product Flexibility(PF), Volume Flexibility(VF), Expansion Flexibility(EF), Lead Time Reduction(LTR), Quality Improvement(QI) 8개이다. 이중 PF, VF, EF, LTR, QI는 정성적 평가기준이며 나머지 평가기준은 정량적 평가기준이다. 또한 COC, RFS, WIP는 Cost Criteria이고 나머지 평가기준은 Benefit Criteria이다.

이 문제의 의사결정 행렬은 표 30.1과 같다.

표 30.1 의사결정 행렬

FMS	COC	RFS	WIP	PF	VF	EF	LTR	QI
1	3.8	630	42	0.7	0.5	0.7	0.5	0.2
2	3.1	620	37	0.7	0.7	0.5	0.9	0.5
3	5	425	32	0.9	0.7	0.7	0.7	0.7
4	6.4	500	54	0.7	0.5	0.5	0.7	0.9
5	3.6	600	44	0.2	0.7	0.7	0.2	0.7
6	6.7	780	59	0.9	0.9	0.5	0.5	0.5
7	3.4	740	37	0.5	0.2	0.2	0.7	0.9
8	3.7	550	36	0.5	0.9	0.9	0.5	0.5

평가기준별 가중치는 표 30.2와 같다.

표 30.2 평가기준별 가중치

평가기준	COC	RFS	WIP	PF	VF	EF	LTR	QI
가중치	0.1297	0.142	0.14	0.1173	0.1173	0.1194	0.1194	0.115

가중 정규화 의사결정 행렬은 아래의 비중 정규화 방법으로 정규화한 다음 가중치를 곱해 표 30.3과 같이 구할 수 있다.

$$r_{ij} = \frac{x_{ij}}{\sum_{i=1}^{m} x_{ij}} \quad i = 1, 2, \cdots, m, \ j = 1, 2, \cdots, n, \ j \in J^+$$

$$r_{ij} = \frac{\frac{1}{x_{ij}}}{\sum_{i=1}^{m} \frac{1}{x_{ij}}} \quad i = 1, 2, \cdots, m, \ j = 1, 2, \cdots, n, \ j \in J^-$$

$$d_{ij} = r_{ij} w_j \quad i = 1, 2, \cdots, m, \ j = 1, 2, \cdots, n$$

표 30.3 가중 정규화 의사결정 행렬

FMS	COC	RFS	WIP	PF	VF	EF	LTR	QI
1	0.0177	0.0165	0.171	0.0161	0.0115	0.0178	0.0127	0.0047
2	0.0216	0.0168	0.0194	0.0161	0.0161	0.0127	0.0229	0.0117
3	0.0134	0.0244	0.0224	0.0207	0.0161	0.0178	0.0178	0.0164
4	0.0105	0.0208	0.0133	0.0161	0.0115	0.0127	0.0178	0.0211
5	0.0186	0.0173	0.0163	0.0046	0.0161	0.0178	0.0051	0.0164
6	0.01	0.0133	0.0122	0.0207	0.0207	0.0127	0.0127	0.0117
7	0.0197	0.014	0.0194	0.0115	0.0046	0.0051	0.0178	0.0211
8	0.0181	0.0189	0.0199	0.0115	0.0207	0.0229	0.0127	0.0117

$S_i = \sum_{j=1}^{n} d_{ij}, i = 1, 2, \cdots, m$을 구하고 이중 최댓값인 $S_0 = \max_i(S_i) = 0.1491$를 구한 다음 각 S_i를 S_0로 나누어 $U_i = \frac{S_i}{S_0}$를 구하고 U_i의 크기 순으로 우선순위를 결정한다. 그 결과는 표 30.4에 나타나 있다.

표 30.4 대안의 우선순위

FMS	S_i	U_i	순위
1	0.114	0.7647	6
2	0.1373	0.9209	2
3	0.1491	1	1
4	0.1237	0.8302	4
5	0.1122	0.753	8
6	0.114	0.7649	5
7	0.1132	0.7597	7
8	0.1364	0.9153	3

31장

Permutation Method

$$P_1 = (A_1, A_2, A_3, A_4) \qquad P_{13} = (A_3, A_1, A_2, A_4)$$
$$P_2 = (A_1, A_2, A_4, A_3) \qquad P_{14} = (A_3, A_1, A_4, A_2)$$
$$P_3 = (A_1, A_3, A_2, A_4) \qquad P_{15} = (A_3, A_2, A_1, A_4)$$
$$P_4 = (A_1, A_3, A_4, A_2) \qquad P_{16} = (A_3, A_2, A_4, A_1)$$
$$P_5 = (A_1, A_4, A_2, A_3) \qquad P_{17} = (A_3, A_4, A_1, A_2)$$
$$P_6 = (A_1, A_4, A_3, A_2) \qquad P_{18} = (A_3, A_4, A_2, A_1)$$
$$P_7 = (A_2, A_1, A_3, A_4) \qquad P_{19} = (A_4, A_1, A_2, A_3)$$
$$P_8 = (A_2, A_1, A_4, A_3) \qquad P_{20} = (A_4, A_1, A_3, A_2)$$
$$P_9 = (A_2, A_3, A_1, A_4) \qquad P_{21} = (A_4, A_2, A_1, A_3)$$
$$P_{10} = (A_2, A_3, A_4, A_1) \qquad P_{22} = (A_4, A_2, A_3, A_1)$$
$$P_{11} = (A_2, A_4, A_1, A_3) \qquad P_{23} = (A_4, A_3, A_1, A_2)$$
$$P_{12} = (A_2, A_4, A_3, A_1) \qquad P_{24} = (A_4, A_3, A_2, A_1)$$

Permutation 방법은 대안의 모든 가능한 순위를 열거하여 가장 우수한 순위를 찾는 방법이다. 이 방법은 모든 대안의 순위를 식별할 수 있으나 대안의 수가 m개이면 Permutation으로 가능한 순위가 $m!$이 된다. 따라서 대안의 수가 많은 경우에는 적용하기가 상당히 어려운 방법이다. 왜냐하면 m이 조금만 커져도 $m!$의 수는 엄청나게 큰 수가 되어 모든 경우의 수를 다 검사하기가 상당히 어렵기 때문이다. 다음은 12!까지의 수를 나타낸 것이다. 12! 정도만 되어도 약 5억 개의 순위가 생긴다.

$$1! = 1 = 1$$

$$2! = 2 \times 1 = 2$$

$$3! = 3 \times 2 \times 1 = 6$$

$$4! = 4 \times 3 \times 2 \times 1 = 24$$

$$5! = 5 \times 4 \times 3 \times 2 \times 1 = 120$$

$$6! = 6 \times 5 \times 4 \times 3 \times 2 \times 1 = 720$$

$$7! = 7 \times 6 \times 5 \times 4 \times 3 \times 2 \times 1 = 5{,}040$$

$$8! = 8 \times 7 \times 6 \times 5 \times 4 \times 3 \times 2 \times 1 = 40{,}320$$

$$9! = 9 \times 8 \times 7 \times 6 \times 5 \times 4 \times 3 \times 2 \times 1 = 362{,}880$$

$$10! = 10 \times 9 \times 8 \times 7 \times 6 \times 5 \times 4 \times 3 \times 2 \times 1 = 3{,}628{,}800$$

$$11! = 11 \times 10 \times 9 \times 8 \times 7 \times 6 \times 5 \times 4 \times 3 \times 2 \times 1 = 39{,}916{,}800$$

$$12! = 12 \times 11 \times 10 \times 9 \times 8 \times 7 \times 6 \times 5 \times 4 \times 3 \times 2 \times 1 = 479{,}001{,}600$$

다음과 같은 의사결정 행렬을 생각해 보자. 일반적으로 대안은 m개, 평가기준은 n개가 있다고 생각한다.

가중치

$$w_1 \quad w_2 \quad \cdots\cdots \quad w_n$$

평가기준

$$c_1 \quad c_2 \quad \cdots\cdots \quad c_n$$

$$\text{대안}\quad \begin{array}{c} A_1 \\ A_2 \\ \vdots \\ A_m \end{array} \begin{bmatrix} x_{11} & x_{12} & \cdots & x_{1n} \\ x_{21} & x_{22} & \cdots & x_{2n} \\ \vdots & & \ddots & \\ x_{m1} & & \cdots & x_{mn} \end{bmatrix}$$

Permutation 방법의 개념을 설명하기 위해 3개의 대안이 있는 경우를 생각해 보자. 이 경우 가능한 대안의 순서는 3!=6개로 다음과 같다.

$$P_1 = (A_1,\ A_2,\ A_3) \qquad P_4 = (A_2,\ A_3,\ A_1)$$

$$P_2 = (A_1,\ A_3,\ A_2) \qquad P_5 = (A_3,\ A_1,\ A_2)$$

$$P_3 = (A_2,\ A_1,\ A_3) \qquad P_6 = (A_3,\ A_2,\ A_1)$$

$P_5 = (A_3,\ A_1,\ A_2)$의 경우를 보면 $\{A_3 \geq A_1,\ A_3 \geq A_2,\ A_1 \geq A_2\}$가 열거된 순위와 일치하는 순서이고 $\{A_3 \leq A_1,\ A_3 \leq A_2,\ A_1 \leq A_2\}$는 불일치하는 순서이다. 만약 j 평가기준에서 순서 $A_k \geq A_l$에서 $x_{kj} \geq x_{ij}$는 w_j로, $x_{kj} \leq x_{ij}$는 $-w_j$로 평가된다. 이러한 순서의 평가는 가중치의 합으로 평가될 수 있다.

$$P_i = (\cdots,\ A_k,\ \cdots,\ A_l,\ \cdots),\ \ i = 1,\ 2,\ \cdots,\ m!$$

$$R_i = \Sigma_{j \in C_{kl}} w_j - \Sigma_{j \in D_{kl}} w_j,\ \ i = 1,\ 2,\ \cdots,\ m!$$

여기서 $C_{kl} = \{j \mid x_{kj} \geq x_{lj}\} \quad k,\ l = 1,\ 2,\ \cdots,\ m \quad k \neq l$

$D_{kl} = \{j \mid x_{kj} \leq x_{lj}\} \quad k,\ l = 1,\ 2,\ \cdots,\ m \quad k \neq l$이다.

즉, 순서 일치 집합 C_{kl}은 $x_{kj} \geq x_{lj}$가 되는 평가기준의 부분집합이고 순서 불일치 집합 D_{kl}은 $x_{kj} \leq x_{lj}$이 되는 평가기준의 부분집합이다.

[Permutation Method 예제]

그림 31.1과 같은 의사결정 행렬을 생각해 보자. 이 의사결정 행렬은 항공기를 획득하기 위한 의사결정인데 평가기준은 C1(최대 속도), C2(항속거리), C3(최대 무장능력), C4(획득 비용), C5(신뢰성), C6(기동성)이다. 따라서 C4는 Cost Criteria이며 나머지 평가기준은 Benefit Criteria이다. 가능한 항공기 기종은 A1부터 A4까지 4개가 있으며 각 평가기준의 가중치는 주어져 있다.

가중치	0.2	0.1	0.1	0.1	0.2	0.3
	C1	C2	C3	C4	C5	C6
A1	2.0	1500	20000	5.5	average	very high
A2	2.5	2100	18000	6.5	low	average
A3	1.8	2000	21000	4.5	high	high
A4	2.2	1800	20000	5	average	average

그림 31.1 의사결정 행렬

대안이 4개로 총 가능한 대안 순서는 4!=24개이고 각 대안 순서는 아래와 같다.

$P_1 = (A_1, A_2, A_3, A_4)$　　$P_{13} = (A_3, A_1, A_2, A_4)$

$P_2 = (A_1, A_2, A_4, A_3)$　　$P_{14} = (A_3, A_1, A_4, A_2)$

$P_3 = (A_1, A_3, A_2, A_4)$　　$P_{15} = (A_3, A_2, A_1, A_4)$

$P_4 = (A_1, A_3, A_4, A_2)$　　$P_{16} = (A_3, A_2, A_4, A_1)$

$P_5 = (A_1, A_4, A_2, A_3)$　　$P_{17} = (A_3, A_4, A_1, A_2)$

$P_6 = (A_1, A_4, A_3, A_2)$　　$P_{18} = (A_3, A_4, A_2, A_1)$

$P_7 = (A_2, A_1, A_3, A_4)$　　$P_{19} = (A_4, A_1, A_2, A_3)$

$P_8 = (A_2, A_1, A_4, A_3)$　　$P_{20} = (A_4, A_1, A_3, A_2)$

$P_9 = (A_2, A_3, A_1, A_4)$　　$P_{21} = (A_4, A_2, A_1, A_3)$

$$P_{10} = (A_2,\ A_3,\ A_4,\ A_1) \qquad P_{22} = (A_4,\ A_2,\ A_3,\ A_1)$$

$$P_{11} = (A_2,\ A_4,\ A_1,\ A_3) \qquad P_{23} = (A_4,\ A_3,\ A_1,\ A_2)$$

$$P_{12} = (A_2,\ A_4,\ A_3,\ A_1) \qquad P_{24} = (A_4,\ A_3,\ A_2,\ A_1)$$

이 가능한 대안 순서로 일치성 지수와 불일치성 지수를 나타내는 행렬 H를 구한다. 여기에서는 열거한 대안 순위 중 $P_4 = (A_1,\ A_3,\ A_4,\ A_2)$를 예를 들어 H4를 구한다. 이 대안의 주 대각선을 기준으로 우상단 삼각 행렬의 원소는 대안 순서에 일치하는 일치성 지수이며 좌하단 삼각 행렬의 원소는 불일치성 지수를 표시한다.

H4=	1	3	4	2
1	0	0.5	0.6	0.7
3	0.5	0	0.8	0.7
4	0.7	0.2	0	0.7
2	0.3	0.6	0.3	0

그림 31.2 일치성 지수와 불일치성 지수

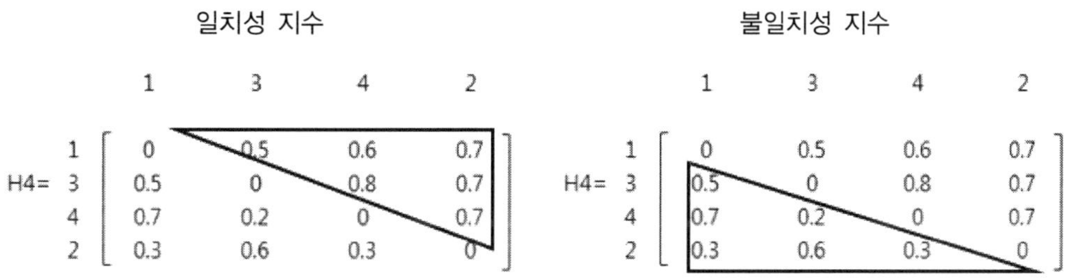

그림 31.3 일치성 지수와 불일치성 지수 분해

의사결정 행렬에서 대안 A1과 대안 A3를 비교해 일치성 지수를 구해보면 C1과 C6에서만 대안 A1이 대안 A3보다 더 우수하다. C1에서는 $x_{12}(2.0) > x_{31}(1.8)$이고 $x_{16}(very\ high) > x_{36}(high)$이다. C4는 Cost Criteria여서 작을수록 좋은 기준이므로 대안 A3가 더 우수하다. 따라서 C1과 C6의 가중치 0.2와 0.6을 더해 H 행렬의 (1,3) 원소를 구한다.

$$h_{13} = \sum_{j \in C_{13}} w_j = w_1 + w_6 = 0.2 + 0.3 = 0.5$$

한편, 대안 A1과 대안 A3를 비교해 불일치성 지수를 구해보면 C2, C3, C4, C5에서 대안 A3가 대안 A1보다 더 우수하다. 이것은 $P_4 = (A_1, A_3, A_4, A_2)$ 순서를 위배하는 것이다. C2, C3, C4, C5의 가중치를 더해서 h_{31}을 구한다.

$$h_{31} = \sum_{j \in D_{13}} w_j = w_2 + w_3 + w_4 + w_5 = 0.1 + 0.1 + 0.1 + 0.2 = 0.5$$

$$\begin{aligned} R_4 &= \sum_{j \in C_{kl}} w_j - \sum_{j \in D_{kl}} w_j \\ &= (0.5 + 0.6 + 0.7 + 0.8 + 0.7 + 0.7) - (0.5 + 0.7 + 0.2 + 0.3 + 0.6 + 0.3) \\ &= 1.4 \end{aligned}$$

동일한 방법으로 모든 $R_i,\ i = 1, 2, \cdots, 24$를 구해보면 다음과 같다.

$$\begin{aligned} R = \{ & R_1 = 0.4,\ R_2 = -0.6,\ R_3 = 1.2,\ R_4 = 1.4,\ R_5 = -0.6, \\ & R_6 = 0.2,\ R_7 = -0.4,\ R_8 = -1.6,\ R_9 = -0.4,\ R_{10} = -0.2, \\ & R_{11} = -1.4,\ R_{12} = -1.4,\ R_{13} = 1.2,\ R_{14} = 1.4,\ R_{15} = 0.4, \\ & R_{16} = 0.6,\ R_{17} = 1.6,\ R_{18} = 0.8,\ R_{19} = -0.4,\ R_{20} = 0.4, \\ & R_{21} = -1.2,\ R_{22} = -1.2,\ R_{23} = 0.4,\ R_{24} = -0.4 \} \end{aligned}$$

따라서 $R_{17} = 1.6$으로서 가장 큰 값을 가지므로 $P_{17} = (A_3, A_4, A_1, A_2)$의 순서를 가장 좋은 순서로 채택한다.

평가기준의 가중치가 정량적 값이 아니라 순서인 정성적 값으로 주어졌을 때 어떻게 의사결정을 하는지 알아본다.

평가기준의 가중치 벡터 $W = (w_1, w_2, w_3, w_4)$가 (1, 0, 0, 0), (1/2, 1/2, 0, 0), (1/3, 1/3, 1/3, 0), (1/4, 1/4, 1/4, 1/4)이라면 $w_1 \geq w_2 \geq w_3 \geq w_4$인 것은 명백하다. 이 사실을 일반화하여 다음과 같은 정리를 알 수 있다. $\sum_j w_j = 1,\ j = 1, 2, \cdots, n,\ w_k \geq w_l,\ k < l$로 구성된 다면체는 (1, 0), (1/2, 1/2, 0), (1/3, 1/3, 1/3, 0), (1/4, 1/4, 1/4, 1/4, 0)………로 Extreme Point로 구한 R_i를 기초로 분할된다. 따라서, 각 Extreme Point에서 R_i를 계산하여 가장 큰 R_i를 가진 P_i의 대안 순서를 최선의 대안 순서로 결정한다.

만약 어떤 순위가 다른 두 개의 Extreme Point에서 나타나면 이 순위는 이 두 Extreme

Point를 연결하는 선을 따라 공유된다. 만약 다른 대안이 두개의 Extreme Point에 나타나면 순위는 연결하는 선 어디에서 두 대안의 결합값으로 표현된다. 그러나 이 값이 어떤 값을 가지든지 공동의 Extreme Points에 지배된다.

앞에서 예를 든 동일한 문제로 평가기준의 가중치가 순위 값인 경우의 대안 우선순위를 결정하는 방법을 설명한다.

	C1	C2	C3	C4	C5	C6
A1	2.0	1500	20000	5.5	average	very high
A2	2.5	2100	18000	6.5	low	average
A3	1.8	2000	21000	4.5	high	high
A4	2.2	1800	20000	5	average	average

그림 31.4 의사결정 행렬

평가기준의 순위가 $w_6 \geq w_5 \geq w_1 \geq w_2 \geq w_3 \geq w_4$이고 $\sum_j w_j = 1,\ j = 1, 2, \cdots, 6$이다. 이 다면체를 만족하는 Extreme Point와 가장 좋은 순서를 앞에서 설명한 대로 구해보면 다음과 같다.

표 31.1 평가기준의 순위로 구성된 다면체의 Extreme Point와 최선 대안 순위

$W = (w_1, w_2, w_3, w_4, w_5, w_6)$	최선의 대안 순위
(0, 0, 0, 0, 0, 1)	$P_3 = (A_1, A_3, A_2, A_4)$, $P_4 = (A_1, A_3, A_4, A_2)$
(0, 0, 0, 0, 1/2, 1/2)	$P_4 = (A_1, A_3, A_4, A_2)$, $P_{14} = (A_3, A_1, A_4, A_2)$
(1/3, 0, 0, 0, 1/3, 1/3)	$P_4 = (A_1, A_3, A_4, A_2)$
(1/4, 1/4,0, 0, 1/4, 1/4)	$P_{10} = (A_2, A_3, A_4, A_1)$, $P_{16} = (A_3, A_2, A_4, A_1)$
(1/5, 1/5, 1/5, 0, 1/5, 1/5)	$P_{17} = (A_3, A_4, A_1, A_2)$
(1/6, 1/6, 1/6, 1/6, 1/6, 1/6)	$P_{17} = (A_3, A_4, A_1, A_2)$

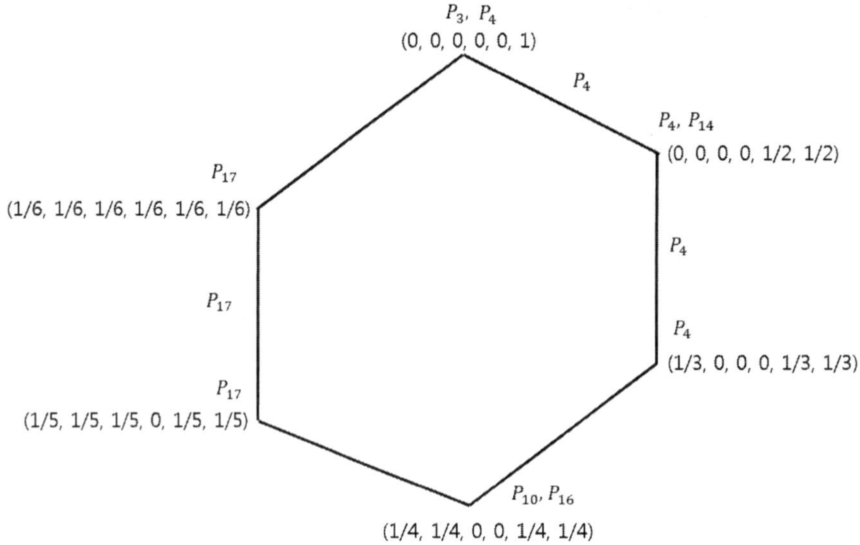

그림 31.5 Extreme Point와 대안

32장

MODM(Multi-Objective Decision Making) Method

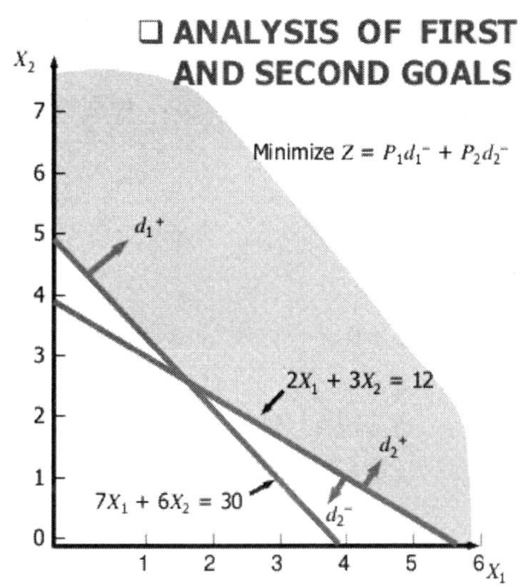

Goal Programming - Goals ordered by priorities

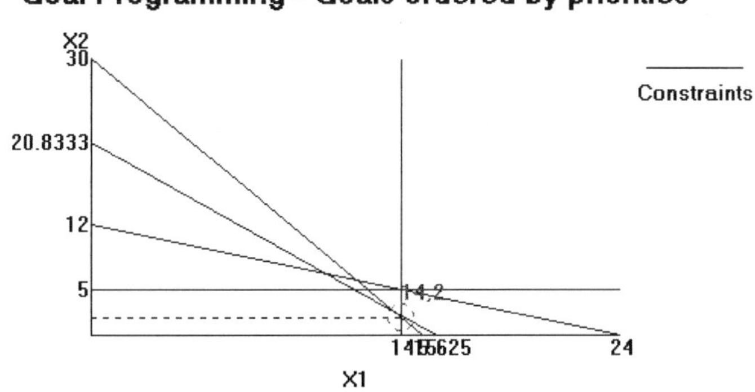

MODM은 MADM(Multiple Attribute Decision Making)과 함께 MCDM(Multiple Criteria Decision Making)을 구성하는 요소이다. MADM은 다수의 속성들과 대안, 그리고 가중치로 구성된 의사결정 행렬로부터 가장 바람직한 대안을 선정하는 방법이다. 일반적으로 MADM은 유한한 속성과 대안을 고려한다. 그러나 MODM에서는 무한한 대안의 집합 중에서 만족해(Satisficing Solution)를 구하는 방법이다. MODM의 대표적인 방법이 목표계획법(GP: Goal Programming)인데 GP는 다수 목표가 존재하는 문제를 체계적으로 해결할 수 있는 방법이다.

다수의 상충되는 목표가 있을 때 일정한 제약조건하에서 모든 목표를 달성할 수 있는 해는 존재하지 않는다. 따라서 전체적인 관점에서 고려하는 목표들을 가급적 달성하면서 달성되지 않는 목표의 희생을 최소화하는 방법을 찾게 되는데, 이렇게 찾은 해를 최적해(Optimal Solution)라 부르지 않고 만족해(Satisficing Solution)라고 부른다. GP는 다수 목표 각각에 대해 의사결정자가 달성하기를 원하는 목표수준을 정해 놓고 가능한 각 목표의 목표수준을 만족시키는 해를 찾는 방법을 추구한다.

MODM의 실행가능 영역은 제약식을 모두 만족하는 영역이다. 예를 들어 다음과 같이 2차원 제약식이 있다고 하자.

$$x \le 10$$

$$10x + 5y \le 300$$

$$10x + 4y \le 260$$

$$x \ge 0$$

$$y \ge 0$$

이 제약식을 만족하는 영역은 그림 32.1에서 빗금 친 부분이다. 이 실행 가능한 영역에 있는 모든 점은 대안이 될 수 있기 때문에 무한한 대안의 집합으로 생각할 수 있다. 이 실행 가능한 영역을 만족하면서 목적함수를 최적화하는 문제를 해결하는 방법이 선형계획법이다.

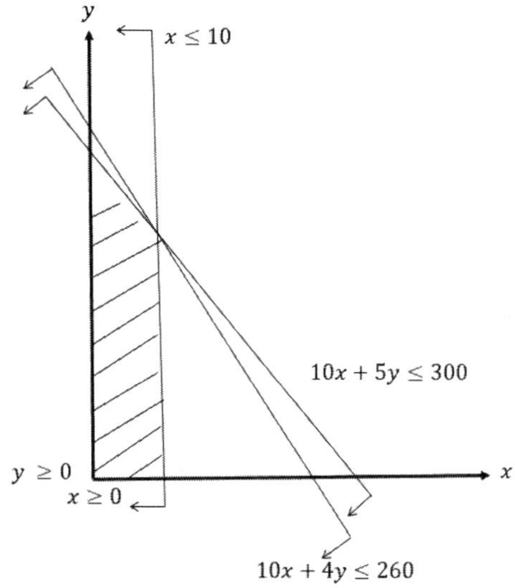

그림 32.1 제약식으로 구성된 실행가능 영역

목표계획법도 약간의 문제 변환을 하여 선형계획법으로 문제를 해결한다. 목표계획법도 선형계획 모형, 비선형계획 모형, 정수계획 모형처럼 수리적 모형이므로 수리적 의사결정 모형의 구성요소인 결정변수, 목적함수, 제약식을 식별하여 모형화한다. 목표계획법에서 추구하는 목표는 목적함수로 표현되는 것이 아니라 그 수가 다수이므로 적절한 변환을 통해 제약조건으로 표현한다. 그리고 목표계획법의 목적함수는 항상 최소화 형태인데 왜냐하면 바람직하지 않은 편차변수들의 합을 최소화하는 개념으로 문제를 구성하기 때문이다.

먼저 목적계획법의 변수는 두 가지가 있는데 하나는 의사결정변수이고 또 다른 하나는 편차변수이다. 편차변수는 각 목표의 목표달성 부족분과 잉여분을 나타내는 Non-negative 변수이다. 목표계획법에서는 바람직하지 않은 편차변수들의 값을 가능한 한 줄여나감으로써 만족해를 찾는다. 편차변수 중 목표 i의 부족분을 η_i라 하고 잉여분을 ρ_i라고 정의한다.

목표계획법에서는 다수의 목표를 함수로 표현하지 않고 제약조건으로 표현한다. 제약조건들로 표현한 다수의 목표들을 목표 제약조건이라 한다. 일반적으로 모든 목표를 만족시키는 해가 존재하지 않으므로 목표 제약조건은 불가피할 경우 위배될 수 있다. 만약 $x \le 200$이라는 제약식이 있다면 목표계획법에서는 $x + \eta - \rho = 200$이라고 표현한다. 만약 부족분이 발생하였다면 당연히 잉여분 ρ는 0이 될 것이고 부족분 $\eta = 200 - x$가 된다.

잉여분과 부족분은 비음 변수이므로 $200 - x \geq 0$ 부족분으로 해석 가능하다.

목표 제약조건에서 바람직하지 않은 편차변수는 '좌변 ≤ 우변' 형태 제약식에서는 잉여분이 바람직하지 않은 편차변수이고, '좌변 ≥ 우변' 형태 제약식에서는 부족분이 바람직하지 않은 편차변수가 되며, '좌변 = 우변' 형태의 제약식에서는 잉여분과 부족분 모두 바람직하지 않은 편차변수가 된다.

다음으로 목적함수의 형태는 항상 바람직하지 않은 잉여분과 부족분의 합을 최소화하는 것이다. 바람직하지 않은 잉여분과 부족분의 합을 0으로 만드는 것이 최선이나 상충되는 목표들을 모두 만족시키는 것은 현실적으로 불가능하다. 따라서 적절한 수준에서 바람직하지 않은 잉여분과 부족분의 합을 최소화하는 만족해를 찾는 방향을 추구한다.

[MODM 예제]

표 32.1과 같이 제품 A, B를 생산할 때 제품 A를 생산하여 판매하면 1개당 이익이 80원이 생기고 제품 B를 생산하여 판매하면 1개당 이익이 100원이 생긴다. 제품 A를 생산하는 데는 부품 α 4개, 부품 β 4개, 부품 γ 1개가 필요하다. 제품 B를 생산하는 데는 부품 α 5개, 부품 β 2개가 필요하며 부품 γ는 필요하지 않다. 부품 α는 80개가 가용하며 부품 β는 40개, 부품 γ는 6개가 가용하다. 회사 경영진은 제품 A, B를 판매하여 이익이 800원 이상 발생하기를 희망하고 있다.

표 32.1 의사결정 행렬

제품	제품 단위당 이익	부품 α	부품 β	부품 γ
A	80	4	4	1
B	100	5	2	0
가용량		80	48	6

제품 A 생산량을 x_1이라 하고 제품 B 생산량을 x_2라 하면 이 문제를 해결하기 위한 선형계획 모형을 (MODM 1)과 같이 구성할 수 있다.

(MODM 1)

$$min\ x_1 + x_2$$

$$\text{s.t } 4x_1 + 5x_2 \leq 80$$

$$4x_1 + 2x_2 \leq 48$$

$$x_1 \leq 6$$

$$80x_1 + 100x_2 \geq 800$$

$$x_1,\ x_2 \geq 0$$

목적함수는 생산량을 최소화하는 것이며 각 제약식은 부품의 사용량 제약과 이익의 요망수준이다.

이 문제의 실행가능 영역을 표현하면 그림 32.2와 같다.

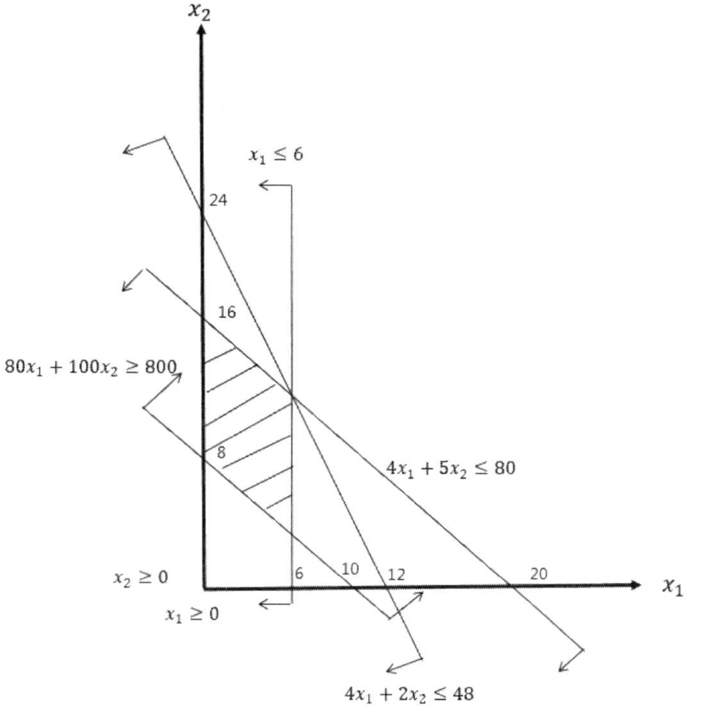

그림 32.2 실행가능 영역

따라서 $x_1 + x_2$를 최소화하는 해를 선형계획법으로 찾을 수 있다.

만약 경영진에서 x_1과 x_2 생산량 합을 7개 이하로 하고 싶다는 희망사항을 표시해 오면 위 문제의 제약식은 다음과 같이 재구성된다.

$$\begin{aligned} \text{s.t}\ \ & 4x_1 + 5x_2 \le 80 \\ & 4x_1 + 2x_2 \le 48 \\ & x_1 \le 6 \\ & 80x_1 + 100x_2 \ge 800 \\ & x_1 + x_2 \le 7 \\ & x_1,\ x_2 \ge 0 \end{aligned}$$

이러한 경우 아래 그림 32.3에서와 같이 실행 가능한 영역이 존재하지 않는다.

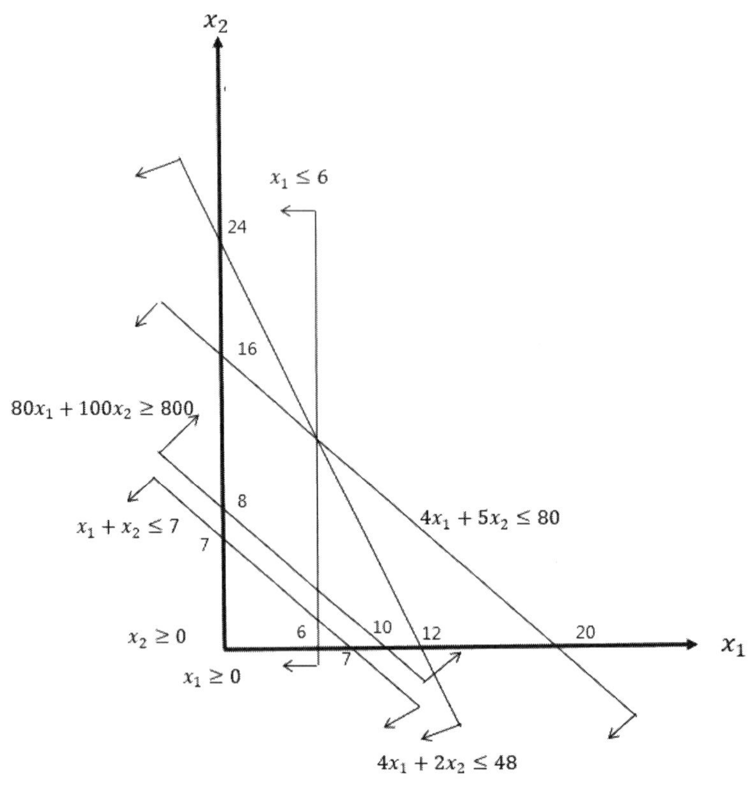

그림 32.3 실행가능 영역이 존재하지 않는 제약식

이러한 경우 어떤 제약식을 우선적으로 만족시킬 것인가 하는 것이 먼저 결정되어야 하고 우선순위가 높은 제약식의 바람직하지 않은 '부족분과 잉여분', 또는 '부족분 또는 잉여분'의 합을 최소화하는 전략으로 나아가는 것이 바람직한 방향이라 할 수 있다.

앞에서 정의한 부족분과 잉여분 기호를 사용하여 이 문제를 (MODM 2)와 같이 새로 구성한다.

(MODM 2)

$$\text{Lexicographically minimize} \quad a = \{(\rho_1 + \rho_2), \eta_4, \rho_3, \rho_5\}$$

$$\begin{aligned} \text{s.t} \quad & 4x_1 + 5x_2 + \eta_1 - \rho_1 = 80 \\ & 4x_1 + 2x_2 + \eta_2 - \rho_2 = 48 \\ & x_1 + \eta_3 - \rho_3 = 6 \\ & 80x_1 + 100x_2 + \eta_4 - \rho_4 = 800 \\ & x_1 + x_2 + \eta_5 - \rho_5 = 7 \\ & x_1, x_2 \geq 0 \\ & \eta_i, \rho_i \geq 0 \quad i = 1, 2, 3, 4, 5 \end{aligned}$$

'$\leq$'의 제약식에서는 잉여분이 바람직하지 않은 편차변수이므로 먼저 부품 α, β의 잉여분이 최소화되고, 그 다음 이익에 관련된 '$\geq$' 제약식에서 부족분 편차변수를 최소화하고 부품 γ의 잉여분과 생산량 요망수준 잉여분 편차변수를 최소화하는 우선순위로 이 문제를 해결한다.

Lexicographically minimize라고 하는 의미는 목적함수에 있는 각 요소들을 하나씩 목적함수로 하여 동일한 제약식을 해결한다는 의미이다. 처음으로 풀어야 하는 선형계획 모형은 (MODM 3)과 같다.

(MODM 3)

$$min \ \rho_1 + \rho_2$$

$$\begin{aligned} \text{s.t}\quad & 4x_1 + 5x_2 + \eta_1 - \rho_1 = 80 \\ & 4x_1 + 2x_2 + \eta_2 - \rho_2 = 48 \\ & x_1 + \eta_3 - \rho_3 = 6 \\ & 80x_1 + 100x_2 + \eta_4 - \rho_4 = 800 \\ & x_1 + x_2 + \eta_5 - \rho_5 = 7 \\ & x_1,\ x_2 \geq 0 \\ & \eta_i,\ \rho_i \geq 0 \quad i = 1,\ 2,\ 3,\ 4,\ 5 \end{aligned}$$

이 선형계획 모형을 풀면 $\rho_1 + \rho_2 = 0$이 된다. ρ_1과 ρ_2가 비음 변수이므로 $\rho_1 + \rho_2 = 0$은 $\rho_1 = 0$, $\rho_2 = 0$과 같은 의미이다. 즉, 부품 α, β의 잉여분이 발생하지 않았다는 의미가 된다. 다음으로 풀어야 될 선형계획 모형은 앞에서 해결한 모형에서 구한 $\rho_1 = 0$, $\rho_2 = 0$을 추가하고 두 번째 목적함수 요소를 목적함수로 둔 (MODM 4)이다.

(MODM 4)

$$\begin{aligned} & min\ \eta_4 \\ \text{s.t}\quad & 4x_1 + 5x_2 + \eta_1 - \rho_1 = 80 \\ & 4x_1 + 2x_2 + \eta_2 - \rho_2 = 48 \\ & x_1 + \eta_3 - \rho_3 = 6 \\ & 80x_1 + 100x_2 + \eta_4 - \rho_4 = 800 \\ & x_1 + x_2 + \eta_5 - \rho_5 = 7 \\ & x_1,\ x_2 \geq 0 \\ & \rho_1 = 0 \\ & \rho_2 = 0 \end{aligned}$$

$$\eta_i \geq 0 \quad i = 1, 2, 3, 4, 5$$

$$\rho_i \geq 0 \quad i = 3, 4, 5$$

이 모형을 선형계획법으로 풀면 목적함수 $\eta_4 = 0$이 된다. 즉, 이익에 관련된 제약식에 부족분이 발생하지 않았다는 의미가 된다. 다음으로 해결할 선형계획 모형은 앞의 두 단계에서 구한 값을 포함한 모형을 구성한 (MODM 5)이다.

(MODM 5)

$$min \ \rho_3$$

$$\text{s.t} \quad 4x_1 + 5x_2 + \eta_1 - \rho_1 = 80$$

$$4x_1 + 2x_2 + \eta_2 - \rho_2 = 48$$

$$x_1 + \eta_3 - \rho_3 = 6$$

$$80x_1 + 100x_2 + \eta_4 - \rho_4 = 800$$

$$x_1 + x_2 + \eta_5 - \rho_5 = 7$$

$$x_1, x_2 \geq 0$$

$$\rho_1 = 0$$

$$\rho_2 = 0$$

$$\eta_4 = 0$$

$$\eta_i \geq 0 \quad i = 1, 2, 3, 5$$

$$\rho_i \geq 0 \quad i = 3, 4, 5$$

이 선형계획법을 풀면 목적함수 $\rho_3 = 0$이 된다. 즉, 부품 γ의 잉여분이 없다는 의미이다. 마지막으로 풀어야 할 선형계획 모형은 앞의 세 단계에서 구한 모든 값을 포함하고 목적함수의 마지막 요소를 목적함수로 하는 모형인 (MODM 6)이다.

(MODM 6)

$$\min \ \rho_5$$

$$\begin{aligned} \text{s.t} \quad & 4x_1 + 5x_2 + \eta_1 - \rho_1 = 80 \\ & 4x_1 + 2x_2 + \eta_2 - \rho_2 = 48 \\ & x_1 + \eta_3 - \rho_3 = 6 \\ & 80x_1 + 100x_2 + \eta_4 - \rho_4 = 800 \\ & x_1 + x_2 + \eta_5 - \rho_5 = 7 \\ & x_1, x_2 \geq 0 \\ & \rho_1 = 0 \\ & \rho_2 = 0 \\ & \rho_3 = 0 \\ & \eta_4 = 0 \\ & \eta_i \geq 0 \ \ i = 1, 2, 3, 5 \\ & \rho_i \geq 0 \ \ i = 4, 5 \end{aligned}$$

이 문제를 풀면 $\rho_5 = 1$, $x_1 = 0$, $x_2 = 8$을 구한다. 즉, 생산량의 잉여분 편차변수 값이 '1'로서 $x_1 + x_2 \leq 7$ 제약식을 위배하게 된다. 생산량을 7 이하로 하지 못하고 1 단위 더 추가된 8로 해야 한다는 의미가 된다. 앞에서 설명한 대로 목표계획법에서는 상충되는 모든 제약식을 다 만족하는 최적해를 구할 수는 없지만 각 제약식의 우선순위를 두어 우선순위가 높은 제약식을 먼저 만족시키는 전략을 사용한다.

목표계획법에서는 목적함수 요소에 가중치를 부여할 수도 있다. 예를 들어 앞의 문제에서 $a = \{(\rho_1 + \rho_2), \eta_4, \rho_3, \rho_5\}$에서 $\rho_1 + \rho_2$는 ρ_5보다 12배 더 중요하고 η_4는 ρ_5보다 6배 더 중요하고 ρ_3은 ρ_5보다 2배 더 중요하다고 하면 $a = \{12(\rho_1 + \rho_2), 6\eta_4, 2\rho_3, \rho_5\}$로 둘

수 있다. 또, 목적함수의 요소들의 중요도가 6 : 3 : 2 : 1이라고 하면 $a=\{6(\rho_1+\rho_2), 3\eta_4, 2\rho_3, \rho_5\}$로 둘 수도 있다.

순차적으로 선형계획법을 해결하는 것을 약간의 편법을 동원하여 한 번에 풀 수도 있다. 이러한 편법은 목적함수의 요소들에 대한 가중치들을 엄청난 차이의 배로 설정하는 것이다. 예를 들어 $a=\{1000(\rho_1+\rho_2), 10\eta_4, 0.1\rho_3, 0.001\rho_5\}$로 두면 다음과 같은 선형계획 모형을 한 번만 풀어도 동일한 값을 얻을 수 있다. 이러한 방법을 사용하기 위해서는 목적함수 요소들의 계수들을 최소한 100배 이상 크게 해야 한다. 이러한 모형은 (MODM 7)이다.

(MODM 7)

$$
\begin{aligned}
min\ \ & 1000(\rho_1+\rho_2)+10\eta_4+0.1\rho_3+0.001\rho_5 \\
\text{s.t}\ \ & 4x_1+5x_2+\eta_1-\rho_1=80 \\
& 4x_1+2x_2+\eta_2-\rho_2=48 \\
& x_1+\eta_3-\rho_3=6 \\
& 80x_1+100x_2+\eta_4-\rho_4=800 \\
& x_1+x_2+\eta_5-\rho_5=7 \\
& x_1, x_2 \geq 0 \\
& \eta_i, \rho_i \geq 0 \ \ i=1, 2, 3, 4, 5
\end{aligned}
$$

제3부

MCDM을 넘어서

33장

MCDM의 발전방향과 미래

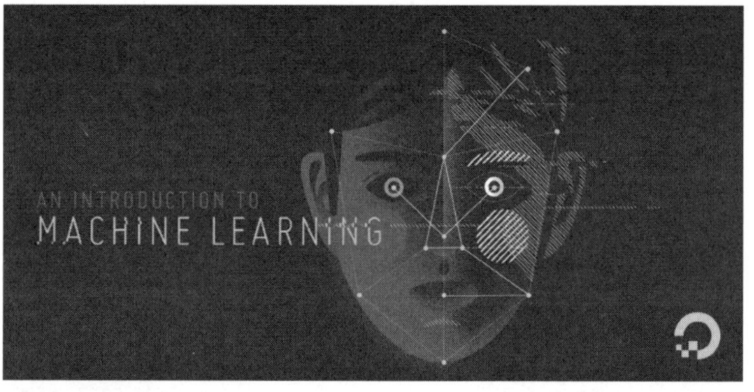

33.1 MCDM의 발전방향

많은 MCDM 방법론은 어떤 MCDM 방법론을 적용하느냐에 따라 대안의 우선순위 등 그 결과가 상이하다. 동일한 MCDM 방법론을 적용하더라도 가중치 적용에 따라 대안의 우선순위는 변경될 수 있다. 또 하나의 결과에 영향을 미치는 요소는 데이터를 정규화하는 방법에 따라 대안의 우선순위도 변경 가능하다. 따라서 분석가는 어떤 MCDM 방법론을 적용하고 어떤 가중치 방법을 적용할 것이며 어떤 데이터 정규화 방법을 사용할 것인가를 미리 결정해야 한다.

신뢰성 있는 분석결과를 기대한다면 여러 MCDM 방법을 사용해서 대안의 우선순위를 판단해서 비교해 볼 수 있다. 예를 들어 AHP와 MACBETH를 적용해서 문제를 해결해 본다든지 같은 의사결정 행렬로 ELECTRE 방법과 TOPSIS, PROMETHEE를 적용해서 대안의 우선순위를 판단해 보는 것이다. 2개 이상의 MCDM 방법론을 적용해서 나온 결과를 보고 분석가는 대안 우선순위에 대한 직관을 얻을 수 있고 다수의 방법론의 산술평균이나 가중평균을 사용해서 대안의 우선순위를 정량적으로 판단해 볼 수 있다. 많은 연구결과에 의하면 상이한 MCDM 방법들이 동일한 대안의 우선순위를 보장해 주지는 않지만 하나의 MCDM 방법에서 상위 우선순위에 있는 대안은 다른 MCDM 방법에서도 상위 우선순위에 있을 가능성이 높다.

26, 27, 28, 29, 30장에서 예를 든 FMS(Flexible Manufacturing System)를 결정하는 다기준 의사결정 문제를 여러 MADM 방법으로 풀어보면 대안별 우선순위가 각각 상이하

표 33.1 FMS 선택 문제의 다양한 MADM 방법으로 비교

FMS	ORESTE	COPRAS	OCRA	EVAMIX	ARAS
1	7	5	6	8	6
2	2	3	3	3	2
3	1	1	1	1	1
4	4	4	4	5	4
5	6	7	7	4	8
6	8	6	5	6	5
7	5	8	8	7	7
8	3	2	2	2	3

다. 그러나 FMS 3은 모든 MADM 방법에서 1위를 차지하여 가장 좋은 대안인 것으로 나타나고 있고 FMS 8과 FMS 2가 상대적으로 우수한 대안으로 식별되고 있다. 이처럼 여러 MADM 방법을 적용해 보면 어떤 대안이 좋은 대안인지 명확히 드러난다.

Brans & Vincke와 이진규 등에서 연구한 소수력 발전소 입지 선정을 위한 연구에서 LINMAP, PROMETHEE I, PROMETHEE II 분석 결과를 비교해 보자. 먼저 소수력 발전소 입지 선정을 위한 PROMETHEE의 데이터는 표 33.2와 같다. 기준에서 min은 Cost Criteria, max는 Benefit Criteria를 의미한다. PROMETHEE는 이 책의 21장을, LINMAP은 17장을 참고하라.

표 33.2 소수력 발전소 입지 선정을 위한 자료

평가기준	기준	대안						선호함수	모수
		A1	A2	A3	A4	A5	A6		
C1	min	80	65	83	40	52	94	II	$l=10$
C2	max	90	58	60	80	72	96	III	$m=30$
C3	min	60	20	40	100	60	70	V	$q=5$, $p=45$
C4	min	5.4	9.7	7.2	7.5	2	3.6	IV	$s=1$ $r=5$
C5	min	8	1	4	7	3	5	I	–
C6	max	5	1	7	10	8	6	VI	$\sigma=5$

분석결과는 다음과 같다. 분석방법에 따라 우선순위의 변동이 발생 가능함을 알 수 있다. 그러나 A5, A2와 같은 대안은 모든 방법에서 상위 순위 그룹에 속해 좋은 대안이라고 판단할 수 있다.

표 33.3 분석방법에 따른 대안의 우선순위

PROMETHEE I	A5→A4→A6 A5 →A3→A1 A5 →A2
PROMETHEE II	A5→A2→A4→A6→A3→A1
LINMAP	A5→A4→A2→A1→A6→A3

또 가중치를 구하는 다양한 방법들로 구한 가중치로 하나의 MCDM 방법에 적용해 보고 결과에 대한 산술평균이나 가중평균을 구해 가중치의 변화에 따른 대안의 우선순위 변동을 분석해 보는 것도 일반적인 MCDM의 방법론이다.

데이터 정규화 방법의 상이함에 따른 대안의 우선순위 변동도 많은 연구자들이 관심을 가지고 있는 분야인데 정상적인 데이터 분포에서는 데이터 정규화 방법에 따라 우선순위 변동의 폭이 그렇게 크지는 않지만, 데이터 분포의 분산이 매우 큰 데이터 집합이거나 가중치의 폭이 아주 작을 때는 데이터 정규화 방법에 따라 대안의 우선순위 변동이 발생할 가능성이 충분히 있다.

따라서 의사결정자 또는 분석가는 MCDM 방법론과 가중치 도출 방법, 데이터 정규화 방법에 대해 잘 고려해서 최종적인 의사결정을 내려야 한다. MCDM 방법론과 가중치 도출 방법, 데이터 정규화 방법에 따라 대안의 우선순위가 다르게 산출되는 것에 대해 과연 과학적인가 하는 의문이 발생할 수 있으나, 다기준 의사결정 방법은 인간의 가치판단 기준에 따라 같은 내용이라도 사람에 따라 다르게 판단하는 것과 같이 아주 자연스러운 것이어서 인간의 사고 판단 행위를 잘 묘사하고 있다고 할 수 있다. 동일한 인간도 의사결정 시점에 따라 다른 의사결정을 하곤 한다는 것을 보면 의사결정 판단의 기준이나 관점이 얼마나 중요한 것인가를 잘 알 수 있다.

다기준 의사결정 방법에서 가장 중요한 것은 현실을 정확히 묘사하는 데이터를 얻는 것이다. 모든 것이 데이터에 근거해서 의사결정이 이루어지는데 데이터가 부정확하다면 의사결정 자체가 의미가 없을 수 있다. 따라서 현실문제를 가장 정확히 묘사하는 데이터를 얻으려는 노력이 더 없이 중요하다. 다기준 의사결정 문제의 평가기준이 시간, 크기, 길이, 무게, 비용, 효율성 등 여러 가지로 표현되는데 측정을 통한 가장 정확한 데이터를 구하는 것이 다기준 의사결정 문제를 해결하는 핵심적 요소라고 할 수 있다.

33.2 MCDM의 미래

MCDM은 인간이 여러 의사결정을 하는 모습 중에서 가장 많이 볼 수 있는 현상에 대한 해석이다. 대부분의 인간은 알게 모르게 의사결정을 할 때 2가지 이상의 평가기준을 고려한다. 극단적으로 하나의 기준, 예를 들어 비용 최소화, 거리 최소화, 이익 최대화, 생산량 최대화, 시간 최소화 등만 고려하는 단일기준 의사결정도 다기준 의사결정 방법론에서는 다른 평가기준의 가중치를 '0'으로 놓은 극단적인 경우로 생각할 수 있다. 그러나 단일기준 의사결정 방법은 다기준 의사결정 방법과는 다른 수리적 계획법이나 시뮬레이션, 대기행렬 이론, 마아코프 체인 등 여러 가지 수리적, 통계적 방법으로 의사결정을 한다. 일반적으로 단일기준 의사결정 방법은 최적해를 알려주고 NP-hard 문제인 경우 최적해를 찾기 힘들면 최적해의 근사해를 찾기도 한다.

반면 다기준 의사결정 방법은 문제를 보는 관점에 따라 아주 다양하게 발달되어 있고 동일한 결과를 항상 제공해 주지는 않는다는 특징이 있다. 의사결정자에 따라 가중치가 다르고 문제를 해결하는 방법이 다른 인간의 특징을 잘 표현하고 있다고 할 수 있다.

다시 말하면 MCDM은 다기준하에서 여러 대안 중 가장 바람직한 대안을 비교하는 방법이다. 전통적으로는 학교, 기업, 산업체, 공공, 국방 등에서 많이 사용되고 있는 기법이다. 대한민국의 정부 사업과 지자체 사업 중 일정 금액 이상의 사업 예비타당성 조사 시 반드시 AHP 기법을 적용하여 그 결과를 제시하도록 법령화되어 있다. B/C (Benefit/Cost) 비율이 반드시 1 이상이어야 하는데 Benefit Cost Analysis에서 주로 AHP와 같은 기법이 많이 사용되고 있다. 또한 공공기관에서의 의사결정과 기업에서의 주요 의사결정에서도 다기준 의사결정 방법을 많이 사용하고 있다.

MCDM은 이제 제4차 산업혁명 시대을 맞이하여 로봇과 드론, 의·과학, 뇌공학, 인공지능 등 여러 최첨단 기술 영역에서도 그 가치를 발휘하리라 생각된다. 예를 들어 달 탐사에서도 달 탐사에 드는 비용과 가치, 시간 등의 기준으로 사업여부를 결정할 수 있을 것이다. 미래의 주파수 관리에서도 초기 설치 비용과 수익, 가치, 실현가능성, 잠재고객 확보 가능성 등 여러 기준으로 새로운 주파수 획득에 대한 기업의 의사결정을 할 수 있을 것이다. 국방분야에서는 무기체계로 개발된 인공지능을 탑재한 드론이 주어진 타격 목표물군을 공격할 때 발생 가능한 여러 가치판단 기준하에 어떤 경로로 이동하여 어떤 방법을 사용하여 다수의 다양한 위치에 있는 목표물 중 어떤 목표물을 공격할 것인가 하는 문제를 다기준 의사결정 문제로 풀 수 있다. 뿐만 아니라 다수의 공격목표가 있을 때 표적의 위협과 위치, 타격 가용 수단의 여부, 표적 크기 등의 기준으로 목표에 대한 공격의 우선순위를 결정할 수도 있을 것이다.

따라서 MCDM은 인간이 존속하는 한 모든 의사결정의 근간을 이루는 방법론이며 미래에도 지속적으로 사용될 것이다.

참고 문헌

A. Shanian, A.S. Milani, C. Carson, R.C. Abeyaratne, A new application of ELECTRE III and revised Simos' procedure for group material selection under weighting uncertainty, Knowledge-Based System, Vol 21. pp. 709–720, 2008.

Ad van Delft, Peter Nijkamp, Multi-Criteria Analysis and Regional Decision Making, Martinus Nijhoff Social Sciences Division Leiden 1977.

Alessio Ishizaka, Multi-Criteria Decision Analysis, Wiley, 2013.

Ali Jahan, Kevin L. Edwards, Marjan Bahraminasab, Multi-criteria Decision Analysis for Supporting the Selection of Engineering Materials in Product Design, ELSEVIER, 2016.

Amalia Moriki, Michael Karydis, Application of Multicriteria Choice-Methods in Assessing Eutrophication, Environmental Monitoring and Assessment Vol. 33, pp. 1–18, 1994.

Birsen Karpak, Stanley Zionts, Multiple Criteria Decision Making and Risk Analysis Using Microcomputers, Springer-Verlag, 1989.

Brans, J. P., Mareschal and P. Vinke, PROMETHEE: A New family of Outranking methods in multicriteria analysis, in Brans, J. P. (Ed.), OR 84, North Holland, 1984.

Carlos A. Bana e Costa, João Carlos Lourenço, Joãoa Oliveira Soares, An Interval Weighting Assignment Model for Credit Analysis, Journal of Financial Decision Making, Vol. 3, No. 2, pp. 1–9. Dec. 2007.

Carlos A. Bana e Costa, Manuel P. Chagas, A career choice problem: An Example of How to use MACBETH to build a quantitative value model based on qualitative value judgments, European Journal of Operations Research, Vol. 153, No. 2, pp. 323–331, Mar. 2004.

Carlos A. Bana e Costa, Monica D. Oliveira, A multi–criteria Decision Analysis Model for Faculty Evaluation, Omega Vol. 40, pp. 424–436. 2012.

Ching–Lai Hwang, Kwangsun Yoon, Multiple Attribute Decision Making Methods and Applications, Springer–Verlag, 1981.

Constantin Zopounidis, Panos M. Pardalos, Handbook of Multicriteria Analysis, Springer, 2010.

D.L. Olson and V.K. Dorai, Implementation of the centroid method of Solymosi and Dombi, European Journal of Operational Research Vol. 60, pp. 117–129, 1992

David L. Olson, Decision Aids for Selection Problems, Springer, 1996.

Dubravka M. PAVLICIC, Normalization of Attribute Values in MADM Violtes the Conditions of Consistent Choice IV, DI and α, Yugoslav Journal of Operations Research Vol. 10. No. 1, pp. 109–122, 2000.

Edwin Hinloopen, Peter Nijkamp and Piet Rietveld, Qualitative Discrete Multiple Criteria Choice Models in Regional Planning, Regional Science and Urban Economics Vol. 13, pp. 77–102, 1983.

Edwin Hinloopen, Peter Nijkamp, Qualitative multiple criteria choice analysis, Quality & Quantity Vol. 24, pp. 37–56, 1990.

Evangelos Triantaphyllou, Multi–Criteria Decision Making Methods: A Comparative Study, Kluwer Academic Publishers, 2000.

Ewa Roszkowska, Rank Ordering Criteria Weighting Methods: A Comparative Overview, Optimum Studia Ekonomixzne Vol. 5, 2013.

F. Montignac, I. Noirot, S. Chaudourne, Multi-criteria Evaluation of On-board Hydrogen Storage Technologies Using the MACBETH Approach, International Journal of Hydrogen Energy, Vol. 34. pp. 4,561-4,583, 2009.

Gunter Fandel, Tomas Gal, Multiple Criteria Decision Making: Proceedings of the Twelfth International Conference, Hagen Germany, Springer, 1997

Gwo-Hshiung Tzeng, Jih-Jeng Huang, Multiple Attribute Decision Making: Methods and Applications, CRC Press, 2011.

Henk Voogd, Qualitative Multicirteria Evaluation Methods for Development Planning, Canadian Journal of Regional Science, Vol. 4, pp. 73-87, 1981.

Hamid Esna Asharia and Masoud Parsaei, From Application of the multi-criteria decision method ELECTRE III for the Weapon selection, Decision Science Letters 3, pp. 511-522, 2014.

Howard Thomas, MCDM: Past Decade and Future Trends, JAI Press INC, 1984.

Ignacio Contreras, A Distance-Based Consensus Model with Flexible Choice of Rank-Position Weights, Group Decis Negot Vol. 19, pp. 441-456, 2010.

Igor Linkov, Emily Moberg, Multi-Criteria Decision Analysis: Environmental Applications and Case Studies. CRC Press, 2012.

J. Almeida-Dias, J.R. Figueira, B. Roy, ELECTRE TRI-C: A multiple criteria sorting method based on characteristic reference actions, European Journal of Operational Research Vol. 204, pp. 565-580, 2010.

Jose Figueria, Bernard Roy, Determing the weights of criteria in the ELECTRE type methods with a revised Simos' procedure, European Journal of Operations Research, Vol. 139, pp.317-326, 2002.

J. P. Brans, PH. Vincke, A Preference Ranking Organization Method: The PROMETHEE Method for Multiple Criteria Decision-Making, Management Science Vol. 31, No. 6, pp. 647-656, Jun. 1985.

J.P. Brans, Ph. Vincke, B. Mareschal, How to Select and How to Rank Projects: The PROMETHEE Method, European Journal of Operational Research Vol. 24, pp. 228–238, 1986.

James P. Ignizio, Linear Programming in single & Multiple Objective Systems, Prentice Hall, 1982.

Jihong Pang, Genbao Zhang, Guohua Chen, ELECTRE I Decision Model of Reliability Design Scheme for Computer NumEal Control Machine, Journal of Software, Vol. 6, No. 5, pp. 894–900, May. 2011.

Joonas Hokkanen, Pekka Salminen, ELECTRE III and IV Decision Aids in an Environmental Problem, Journal of Multi–Criteria Decision Analysis, Vol. 6, pp. 215–226, 1997.

Jose Figueira, Salvatore Greco, Matthias Ehrgo, Multiple Criteria Decision Analysis: State of the Art Survey, Springer, 2005.

Katarzyna Solecka, ELECTRE III Method in Assessment of Variants of Integrated Urban Public Transport System in CRACOW, Transport Problems, Vol. 9, No. 4, pp. 83–96. 2014.

Luís Ao Duncan Rangel, Luiz Flávi Autran Monteiro Gomes, Rogério Amadel Moreira, Decision Theory with Multiple Criteria: An Application of ELECTRE IV and TODIM to SEBRAE/RJ, Pesquisa Operacional, Vol. 29, No.3, pp.577–590, Sep. 2009.

Marion Hersh, Mathematical Modelling for Sustainable Development, Springer, 2006.

OECD European Commission, Handbook on Constructing Composite Indicators, OECD 2008.

P. Nijkamp, P. Rietveld, Multi–Objective Programming Models: New Ways in Regional Decision–Making, Regional Science and Urban Economics Vol. 6, pp. 253–274, 1976.

Prasenjit Chatterjee, Suprakash Mondal, Shankar Chakraborty, A Comprehensive Solution To Automated Inspection Device Selection Problems Using ELECTRE Methods,

International Journal of Technology Vol. 2, pp. 193–208, 2014.

Roger M. and Breun M. 1998. "Choosing realistic values of indifference, preference and veto thresholds for use with environmental criteria within ELECTRE." European Journal of Operational Research, 101, pp. 542–551.

Thomas L. Saaty, The Analytic Hierarchy Process, McGraw–Hill, 1980.

V. Mousseau, R. Slowinski, P. Zielniewicz, ELECTRE TRI 2.0a Metodological Guide and User's Manual.

V. Mousseau, R. Slowinski, Inferring an ELECTRE TRI Model from Assignment Examples, Journal of Global Optimization vol. 12, pp. 157–174, 1998.

Veera p. Darji, Ravipudi V. Rao, Application of AHP/EVAMIX Method for Decision Making in the Industrial Environment, AmEan Journal of Operations Research, Vol. 3, pp.542–569, 2013.

Vijay anikrao Athawale, Rajanikar Kumar, Decision Making for Material Selection using the UTA method, International Journal of Advanced Manufacutre Technology, Vol. 57, pp. 11–22, 2011.

Vincent Cliville, Lamia Berrah, Gilles Mauris, Quantitative expression and aggregation of performance measurements based on the MACBETH multi–criteria method, Int. J. Production Economics Vol. 105, pp. 171–189, 2007.

Vincent Cliville´, Lamia Berrah, Gilles Mauris, Quantitative Expression and Aggregation of Performance Measurements Based on the MACBETH Multi–Criteria Method, International Journal of Production Economics, Vol. 105, pp. 171–189, 2007.

Wade D. Cook, Moshe Kress, Lawrence M. Seiford, A General Framework for Distance–based Consensus in Ordinal Ranking Models, European Journal of Operational Research Vol. 96, pp. 392–397, 1996.

Wim De Keyser, Peter Peeters, A note on the Use of PROMETHEE Multi–Criteria Methods, European Journal of Operational Research Vol. 89, pp. 457–461, 1996.

Xenofon Damaskos, Glykeria Kalfakakou, Application of ELECTRE III AND DEA Methods in the BPR of a Bank Branch Network, Yugoslav Journal of Operations Research Vol. 15, No. 2, pp. 259-276, 2005.

Yu Liping, Pan Yuntao, Wu Yishan, Research on Data Normalization method in Multi-Attribute Evaluation, 2009 International Conference on Computational Intelligence and Software Engineering, pp. 1-25, Dec. 2009.

고현정, 국내 해상 풍력발전 전용항만 입지선정에 관한 연구, 해양정책연구 제29권 제2호, pp. 58-80, 2014.

고형대, 다속성 효용함수를 이용한 정보의 가치분석에 관한 연구, '92 통신학술연구과제, 1993. 3.

곽승준, 유승훈, 김찬준, 다속성 효용이론을 이용한 평가지표개발, 한국기술혁신학회 학술대회, pp. 389-408, May. 2001.

곽승준, 조승국, 유승훈, 환경을 고려한 댐 건설사업의 평가지표 도출: MAUT를 이용하여, 경제학연구 제51집 제4호, pp. 316-335, 2003.

김병욱, 델파이(Delphi) 분석방법, 킴스정보전략연구소, 2015. 4.

김승권, 박영준, 댐군의 연계운영을 위한 수학적 모형, 한국수자원학회논문집 제31권, 제6호, pp. 779-793, 1998.

나관식, 다속성 효용함수를 이용한 정보시스템의 위협평가, 과학과 문화 제1권 3호 pp. 57-66, Apr. 2004.

민재형, 송영민, PROMETHEE를 이용한 다기준의사결정, 서강경영논총 14-2, 서강대학교 서울, pp. 1-19, 2013.

민재형, 송영민, PROMETHEE를 이용한 다기준의사결정, 서강경영논총 제14권, 제2호, pp. 109-127. 서강대학교 경영연구소, 2003.

민재형, 송영민, 국내 생명보험회사의 재무건전성 평가: ELECTRE Ⅱ, 단순가중합모형, 군집분석의 비교, 한국경영과학회지, 제28권 제4호, pp. 39-59, Dec. 2003.

민재형, 스마트 경영과학, 생능, 2015.

박석영, 김재희, 김승권, ELECTRES IS의 구현 시 일치판정 기준비율 도출과 핵심대안 선정을 위한 혼합정수계획 모형, 대한산업공학회지, 제31권, 제4호, pp. 265-276, 2005.

박용성, AHP에 의한 의사결정 이론과 실제, 교우사, 2012.

박영선, 정규화 및 통합방법이 순위의 변동성과 순위 역전에 미치는 영향, Journal of Korean Soc Qual Manag, vol .41, No. 4, pp. 709-724, Dec. 2013.

박주형, 김정흡, 연구개발사업 우선순위 선정기법 비교: 다속성 효용이론(MAUT) 및 계층분석과정(AHP)을 중심으로, 한국기술혁신학회 학술대회, pp. 229-244, May. 1999.

박혜선, 김정빈, 엄명진, 김연주, 주관적· 객관적 가중치를 활용한 TOPSIS 기반 단위 유역별 물이용 취약성 평가, Journal of Korea Water Resource Association Vol. 49, No. 8, pp. 685-692, 2016.

백천우, 전환돈, 김중훈, HSPDA모형과 거리척도방법을 이용한 상수관망의 신뢰성분석, 한국수자원학회 논문집, 제43권 9호, pp. 769-780, Sep. 2010.

봉인식, 단순가중합 모형을 적용한 도시계획 관련 의사결정방식의 한계, 국토연구 통권 제62권, pp. 169-179, Sep. 2009.

성주현, 변요셉, AHP 및 엔트로피 기법을 적용한 절리암 반비탈면 상태평가항목의가중치 연구, Journal of the Korean Society of Safety, Vol. 31, No. 5, pp. 61-66, Oct. 2016.

손충렬, 이강수, 김만응, 김건훈, 황병선 외 8인, 해상풍력발전, 아진, 2010.

송영민, ELECTRE 기법을 이용한 국내 생명보험회사의 상대적 재무건전성 평가에 대한 연구, 석사학위논문. 서강대, 2002.

유도근, 전환돈, 정동휘, 김중훈, 가중치 산정기법과 Utopian Approach를 결합한 Weighted Utopian Approach의 제안, 한국 방재학회 논문집, 제10권 4호, pp. 119-125, Aug. 2010.

유승훈, 허재용, 안윤기, 지식정보 가치평가 모형의 실증적 개발, 정보관리연구 Vol. 40, No. 1, pp. 113-132, 2009.

이강인, 엔트로피 척도를 이용한 MADM 문제의 선호 대안 선정, Journal of the Society of Korea Industrial and System Engineering, Vol. 26. No. 2, pp. 55-61,Mar. 2003.

이덕기, 박수억, 김경희, 양종택, MAUT를 이용한 차세대 에너지기술 평가 및 선정연구, 기술혁신학회지 Vol .4, No. 2, pp. 143-156, Jul. 2001.

이명호, MADM 방법에 의한 신뢰성 평가방법의 선택, 경영학연구 제17권 제2호, pp. 175-196, May. 1988.

이상혁, 강정은, 배현주, 윤동근, 엔트로피 가중치를 활용한 대기오염 취약성 평가: 오존을 중심으로, 한국지역지리학회지 제21권 제4호, pp. 751-763, 2015.

이인성, 복합기준 평가방법 ELECTRE의 신뢰도 증진을 위한 방안 연구, 한국조경학회지, Vol. 23, No. 1, pp. 23-38, Apr. 1995.

이종성, 델파이 방법, 교육과학사, 2016.

이진규, 조성구, 김영겸, 대안의 전체적 순위 결정을 위한 거리 모형의 설정, 경영과학 제8권 제2호, pp. 135-146, Dec. 1991.

이충성, 이상철, 김형수, 심명필, 치수사업을 위한 다기준의사결정모형 개발 1. AHP오 MAUT의 비교분석, 대한토목공학논문집 제25권 제5B호 pp. 337-346, Sep. 2005.

이충성, 이상철, 김형수, 치수사업을 위한 다기준 의사결정모형 개발, 대한토목학회 논문집, 제25권 제5B호, pp. 337-346, 2005.

조남웅, 김재희, 김승권, 최소거리척도를 이용한 대화형 다기준 그룹 의사결정, Journal of the Korean Institute of Industrial Engineers, Vol. 32, No. 1, pp. 42-50, Mar. 2006.

조남웅, 최소 거리척도를 이용한 대화형 다기준 그룹 의사결정, 고려대학교 석사학위 논문, 2006.

정은성, 이길성, 다기준 의사결정기법을 이용한 공간위험 순위산정, 한국수자원학논문집, 제40권 제12호, pp. 969-983, dec. 2007.

최지윤, 김재희, 김승권, 거부 및 무차별 선호 정보가 감안된 그룹의사결정 모형을 활용한 저수지군 연계 운영 대안의 결정, 한국경영과학회/대한산업공학회 춘계공동학술대회 논문집,

2011.

최지윤, 김재희, 김승권, 거부 및 무차별 선호 조건을 고려한 다기준 그룹 의사결정, Journal of the Korean Institute of Industrial Engineers, Vol. 38, No. 1, pp. 57-66, Mar. 2012.

키노시타 에이조, 오오야 타카오, 전략적 의사결정기법 AHP, 도서출판 청람, 2007.

홍성준, 이용대, 김승권, 김중훈, PROMETHEE와 ANP 기법을 활용한 상수도관망의 위험요소 평가, IE Interfaces, Vol. 19, No.2, pp. 106-116, Jun. 2006.

http://salserver.org.aalto.fi/.../OutrankingMethods/Outranking-material

https://ko.wikipedia.org/wiki/%EB%B8%8C%EB%A0%88%EC%9D%B8%EC%8A%A4%ED%86%A0%EB%B0%8D

http://terms.naver.com/entry.nhn?docId=586052&cid=42094&categoryId=42094

찾아보기

Z

기 타

다기준 의사결정 방법론

이론과 실제

2018년 7월 5일 1판 1쇄 인쇄
2018년 7월 10일 1판 1쇄 발행

저　자 ◎ 권 오 정

발행인 ◎ 조 승 식

발행처 ◎ (주)도서출판 북스힐
서울시 강북구 한천로 153길 17

등　록 ◎ 1998년 7월 28일 제 22-457 호

TEL (02)994-0071

FAX (02)994-0073

E-MAIL bookshill@bookshill.com
www.bookshill.com

값 35,000원

잘못된 책은 교환해 드립니다.

ISBN 979-11-5971-144-2